Donald Clarke

BILLIE HOLIDAY –
Wishing on the Moon

Donald Clarke

BILLIE HOLIDAY –

Wishing on the Moon

EINE BIOGRAPHIE

Aus dem Englischen
von Barbara Schaden
und Ingeborg Schober

Mit 25 Abbildungen
und einer Diskographie
von H. Lukas Lindenmaier

Zweitausendeins

Die Originalausgabe erschien unter dem Titel »Wishing on the Moon – The Life and Times of Billie Holiday« 1994 bei Viking (published by the Penguin Group, Harmondsworth Middlesex, England).

Das Vorwort und die Kapitel 1–10 wurden von Ingeborg Schober, die Kapitel 11–19 von Barbara Schaden übersetzt.

Gesamtherstellung: Kösel, Kempten
Printed in Germany.

Dieses Buch gibt es nur bei Zweitausendeins im Versand, Postfach, D-60348 Frankfurt am Main, Telefon 069-420 8000 oder 01805-23 2001, Fax 069-415 003 oder 01805-24 2001, Internet www.Zweitausendeins.de,
E-Mail: Info@Zweitausendeins.de. Oder in den Zweitausendeins-Läden in Berlin, Düsseldorf, Essen, Frankfurt am Main, Freiburg, 2x in Hamburg, in Hannover, Köln, Mannheim, München, Nürnberg, Saarbrücken, Stuttgart.

In der Schweiz über buch 2000, Postfach 89, CH-8910 Affoltern a. A.

ISBN 3-86150-409-x

Inhalt

Für Ethne,
die alles möglich macht,
in Liebe ...

Vorwort und Danksagung

1955 wurde in den USA ein Album mit dem Titel »I Like Jazz« veröffentlicht. Es war einer der ersten Sampler überhaupt und enthielt zwölf Stücke von Jazzkünstlern der Columbia, die man fast alle in irgendeinem Keller ausgegraben hatte. Vermutlich wollte man damit den Markt für Jazz-Wiederveröffentlichungen testen, denn das Album wurde für nur 98 Cents angeboten – eine normale Pop-LP kostete sonst 3,98 Dollar – und verkaufte sich so gut, daß es sich in den Top Fünf der *Billboard*-Album-Chart plazierte. Eines der Stücke war »I'll Never Be The Same«, das Teddy Wilson 1937 zusammen mit Billie Holiday und Lester Young aufgenommen hatte, und das war für mich – ich war gerade vierzehn – die erste Einführung in die Musik von Lady Day. (Lady Day arbeitete damals noch, aber im Radio wurde sie nicht gespielt. Da hörten wir statt dessen Patti Page.)

Einige Jahre später kaufte die junge Linda Lipnack in Sam Goodys Plattenladen ein Verve-Album von Ladys Carnegie-Hall-Konzert aus dem Jahre 1956, und sie war, genau wie ich zuvor, völlig hingerissen.

Nachdem ich fünf Jahre an der *Penguin Encyclopedia Of Popular Musik* gearbeitet hatte, schlug mir Anfang 1990 mein Lektor Jon Riley bei Vikin/Penguin in London vor, eine Biographie über Billie Holiday zu schreiben. Die Idee gefiel mir, aber sie machte mir auch angst. Es war klar, daß ich versuchen mußte, das herkömmliche Bild der »tragischen Schwarzen« zurechtzurücken. Ihre Platten widerlegen diese stereotype Sicht eindeutig und aufs beste und beweisen, daß sie eine ungleich faszinierendere Persönlichkeit war, neben der alle erfundenen Roman-Charaktere verblassen.

Mein zweiter Gedanke galt dem immensen Aufwand an notwendigen Nachforschungen, und das dreißig Jahre nach ihrem Tod.

Ihre von einem Ghostwriter verfaßte Autobiographie (*Lady Sings The Blues*, 1956)*, im Hinblick auf eine Verfilmung geschrieben worden, war hoffnungslos ungenau, und der Film aus dem Jahre 1972 untermauerte nur noch diese Klischees. Diskographien und John Chiltons Buch *Billie's Blues* aus dem Jahr 1975 waren zwar gute chronologische Wegweiser, aber beide schwiegen sich über die ersten zwanzig Jahre ihres Lebens aus. Wo sollte ich anfangen?

Bevor ich den Vertrag unterschrieb, hörten Jon und ich aus verschiedenen Quellen von einem Holiday-Archiv. John Jeremy hatte bei seinen Recherchen zu seinem exzellenten Film *The Night Of Lady Day* festgestellt, daß er bei all seinen Schritten einer Spur folgte, die Linda gelegt hatte.

Linda Lipnack Kuehl hatte fast 150 Leute interviewt, manche davon bis an den Rand der Erschöpfung, und viele sind inzwischen tot. Die meisten Gespräche hatte sie 1970–72 geführt und anschließend einen Buchvertrag abgeschlossen. Aber sie starb, bevor sie das Buch schreiben konnte. Ich ging nach New York, um mir Lindas Material persönlich anzusehen, und Viking/Penguin schloß mit dem damaligen Besitzer einen Vertrag ab, der uns, wie wir annahmen, den Zugang zum kompletten Archiv garantierte. Ohne Lindas Arbeit wäre dieses Buch in seiner jetzigen Form niemals möglich gewesen.

Linda war eine talentierte Interviewerin, die Sprache und Persönlichkeiten plastisch vermitteln konnte. Aber ihr Verhältnis zu Billie Holiday war ausgesprochen gefühlsbetont, wofür ich ihr keinen Vorwurf machen kann. Sie hatte Lady durch die Aufnahme des Carnegie-Hall-Konzerts entdeckt, die auch Lesungen aus ihrer Autobiographie enthielt, und sie schenkte diesem Buch zuviel Glauben.

Leider war es mir nicht möglich, die Interviewbänder abzuhören. Einige der Interviews waren nicht vollständig transkribiert, und Linda war sich über wichtige Dinge nicht immer im klaren. Manchmal wußte sie nicht, über wen gesprochen wurde. Jimmy Luntsford war offensichtlich Jimmie Lunceford, aber ich zerbrach

* Dt.: *Billie Holiday: »Lady Sings the Blues«. Autobiographie*, erschienen bei Edition Nautilus, Hamburg (4. Aufl. 1992). Aus dem Amerikanischen von Frank Witzel. Eine frühere Übersetzung von Werner Burkhardt erschien 1957 unter dem Titel *Schwarze Lady* bei Hoffmann & Campe, Hamburg. *(A. d. Ü.)*

mir über Wallace Stein den Kopf, bis mir klar wurde, daß es sich um Ted Wallerstein handelte, einen leitenden Angestellten in der Plattenindustrie. Carl Drinkard sprach über die Europareise 1954. Es existiert ein Blatt Papier mit der Überschrift »Stichworte aus den Europa-Bändern«, auf dem vermerkt ist, daß »Paris furchtbar war«, und »Ich mußte immer befürchten, daß ihr der Stoff ausging. Ich glaube, sie tobte einfach und schlug – wie immer – blinden Alarm.« Das würde bedeuten, daß sie in Europa Drogen genommen hatte, aber keiner von denen, die heute noch leben, kennt dieses Interview. Doch da von den meisten Interviews nur die Antworten ohne die dazugehörigen Fragen transkribiert sind, könnte man die endgültigen Aussagen nur durch das Abhören der Bänder abklären. Ein Beispiel: Hat sich Wee Wee Hill in »diesem Sommer 1927« freiwillig zum Militärdienst gemeldet, zu dem Zeitpunkt, als Eleanora Gough Baltimore verließ, um Billie Holiday zu werden, oder war er irgendwie dazu gedrängt worden? Ich kann nur hoffen, daß die Bänder für zukünftige Historiker überleben.

Die Interviewten selbst sind einer köstlicher als der andere. Big Stump war ein furchtbarer Name-Dropper, der mit Prominenten Eindruck schinden wollte, während Pops Foster Spaß daran hatte, beim Obszönen zu verweilen. Bobby Tucker und John Levy der Bassist sind sicher geborene Gentlemen, Jimmy Fletcher ist absolut vertrauenswürdig, und Jimmy Rowles ist einfach große Klasse. Vor allem aber waren die Frauen – Mae Barnes, Marie Bryant und viele andere – wichtige und liebevolle Beobachter.

Linda hatte entdeckt, daß Sadie Fagans Geburtsname Harris war, aber sie hat sich nicht um Ladys Geburtsurkunde bemüht. Dafür heuerte ich Susan F. Koelble in Philadelphia an. Ich hatte von den damaligen Vorschriften in Amerika keine Ahnung und erzählte deshalb Susan, daß meine Schwiegermutter Irin sei und ich Nachforschungen über die Fagan-Familie anstellte, und daß diese gewisse Fagan möglicherweise eine Harris gewesen sei, was absolut zutraf. Susan fand es sofort heraus, und als ich ihr erzählte, wessen Geburtsurkunde das sei, war sie begeistert und stellte anschließend weitere Nachforschungen in den Einwohnermeldeämtern von Baltimore und Philadelphia an.

John Jeremy erlaubte mir Einblick in sein Recherchenmaterial, und ich stellte fest, daß seine Sammlung von Zeitungsausschnitten wesentlich besser als die von Linda war. So hatte er zum Beispiel die kompletten Einlieferungspapiere von Alderson. Neben all den oben erwähnten Leuten habe ich Ernie Anderson, Jean Bach, Beryl Bryden, Thelma Carpenter, Leonard Feather, Delilah Jackson, Max Jones, Professor Robert O'Meally, Chris Parker, Mary Schoonover, Bobby Tucker und Laurie Wright zu danken, die mir erlaubt haben, ihnen zu schreiben, sie anzurufen und manchmal sogar bei ihnen aufzutauchen. Es war mir eine Ehre, daß ich Johnny Fagan in Baltimore kennenlernen und mit ihm und Tondaleyo Levy, Ron Levy, Helen Clark und Jimmy Monroe in New York sprechen durfte. Und schließlich gilt mein Dank auch Jon Riley, Clare Alexander, Caroline Stevenson und David Duguid von Viking.

Und am allermeisten Lady selbst. Was einen beim Schreiben über Musik und Musiker wirklich aufbaut, ist die Entschuldigung, daß man sich alle ihre Platten anhören muß. Ich hatte geglaubt, Ladys Arbeit zu kennen, aber ich habe aufs neue entdeckt, daß sie eine der großartigsten Plattenkünstlerinnen und ihr Werk so vollendet ist, daß es einen beim Anhören von Anfang bis Ende entschädigt. Ich kann nur hoffen und beten, daß ich ihr gerecht geworden bin.

1 Eine neue Nation: die Afroamerikaner

Im August 1619 ging vor der Küste von Virginia ein niederländisches Kriegsschiff vor Anker und verkaufte den Einheimischen zwanzig Neger. Es waren keine Sklaven, denn sie hatten einen siebenjährigen Arbeitsvertrag und waren danach freie Leute; mindestens einer von ihnen wurde später Grundbesitzer. Aber um 1650 wurde die Sklaverei in Virginia gesetzlich geregelt, weil die britische Seemacht und der Sklavenhandel wuchsen: über 6000 Afrikaner wurden allein zwischen 1699 und 1708 in die Sklaverei nach Virginia verkauft.

Die Sklaven waren Yoruba, Ashanti, Mandingo, Angola, Wolof, Ibo und Angehörige anderer Stämme, aber sie wurden getrennt und über ganz Amerika verteilt: Sie konnten ihre Stammesidentität nicht bewahren, und so wurden ihre vielfältigen Sprachen und Gebräuche in einen einzigen gemeinsamen Topf geworfen. Der Kreistanz ist ein typisches Beispiel: Er stammte aus gesamt Zentral- und Westafrika und wurde mit schlurfenden Schritten meist gegen den Uhrzeigersinn getanzt. Aber es gab Ausnahmen: So tanzten ihn zum Beispiel die Frauen aus Togo zu bestimmten Anlässen im Uhrzeigersinn. In Amerika wurde aus dem Kreistanz der Kreisgesang der Sklaven, und damit verschwand die Drehung im Uhrzeigersinn völlig, weil die Afrikaner von der Sehnsucht nach einer ganz anderen Richtung besessen waren. So entfernten sie sich durch die Erfahrungen des Sklavendaseins mehr und mehr von ihren ursprünglichen Stammeskulturen. Doch gleichzeitig entstand damit eine neue Nation: die der Afroamerikaner.

Ihre Entstehung ließ sich mühelos geheimhalten. Die Sklavenbesitzer waren natürlich davon überzeugt, daß Sklaven überhaupt keine Kultur besaßen. Von jenen, die das Leben der Sklaven schon sehr früh studierten, berichten einige, daß sie manchmal Jahre warten mußten, bis sie Zeuge eines Kreisgesangs wurden. Und ehemalige Sklaven, die erst in den zwanziger Jahren interviewt wurden, erklärten, sie seien damals alle davon überzeugt gewesen, daß es besser wäre, nicht einmal die Hälfte dessen, was man wußte, preiszugeben. Wenn die Weißen überzeugt waren, daß Sklaven keine Fähigkeit besaßen, kulturelle oder spirituelle Werte zu entwickeln, dann bitteschön. Mit Sicherheit fühlten sich die Sklaven auf diese Weise sicherer und auch eher in der Lage, ihre eigene Identität zu bewahren.

Die afroamerikanische Kultur entwickelte sich im Laufe von über 350 Jahren auf amerikanischem Boden und wurde anfangs durch die Sklaverei, später durch blanken Rassismus geformt. Und dieser Kultur entstammt die Person unserer Geschichte. Schon allein deshalb ist es unmöglich, ihr Leben oder ihre Arbeit mit den Maßstäben eines europäischen Puritanismus zu messen, der sich allzusehr durch Ignoranz und Heuchelei hervorgetan hat.

1630 befand ein Gericht in Virginia, daß ein gewisser Hugh Smith »vor einer Ansammlung von Negern und anderen tüchtig ausgepeitscht werden soll, weil er sich selbst, Gott und die Christenheit schmähend, entehrt hat, indem er seinen Körper durch die Zeugung eines Kindes mit einer Negerin besudelte«. Trotz gesellschaftlicher Mißbilligung der Rassenmischung wurde die sehr wohl vorhandene Wollust des weißen Mannes kurz danach gesetzlich sanktioniert, weil 1662 der Status der Kinder geklärt werden mußte, die zwischen Engländern und Negerfrauen gezeugt wurden: »… alle Kinder, die in diesem Siedlungsgebiet geboren werden, sollen entweder Leibeigene oder frei sein ausschließlich gemäß dem Stand der Mutter.« Damit wurde das Prinzip der Sklaverei als Erbrecht bekräftigt und demgemäß auch ein wesentliches Element des Rassismus: Wenn ein Kind schwarzes Blut in den Adern hatte, war es Sklave, egal, wer sein Vater war. 1705 mußte die Gesetzgebung den Terminus »Mulatte« festlegen, und schon bald danach führte die eigene Praxis der Rassenmischung innerhalb der Sklavengemeinschaften dazu, daß im Süden die weiße Frau aufs Podest gehoben wurde, weil sie die einzige war, die für den immerwährenden Fortbestand der überlegenen Rasse sorgen konnte. Ein gewisser Reverend Thomas Hawley wurde 1839 in einem Buch folgendermaßen zitiert: »… Ich kann sagen, daß ich in (sogenannten) respektablen Familien verkehrt habe, in denen ich die Familienähnlichkeit von Sklaven, die am Tisch bedienten, erkennen konnte. Ich habe einmal einen Sklaven gemietet, der seinem eigenen Onkel gehörte.« Und nicht lange danach wurde Rebecca Fagan geboren. Im Totenschein einer ihrer Söhne wurde ein Jahrhundert später ihr Mädchenname als Hammond angegeben. Wie auch immer: der Name Fagan war von Iren auf eine afroamerikanische Familie in Baltimore, Maryland, übergegangen.

2 *Baltimore*

Trotz der ökonomischen und sozialen Unterschiede zwischen dem Norden und Süden des Staates veränderte sich in Maryland schon seit etlichen Jahrzehnten der Arbeitsmarkt hin zu immer mehr befristeten Tätigkeiten. Der Staat lebte hauptsächlich vom Getreideanbau, für den man während der Erntezeit riesige Arbeitskolonnen benötigte, denen man aber keine regelmäßige Arbeit für den Rest des Jahres garantieren konnte. Und somit gab es für die Grundbesitzer keine wirtschaftliche Notwendigkeit, sich Unmengen von Sklaven zu halten. 1810 hatte Maryland die höchste Bevölkerungszahl unabhängiger Schwarzer in den USA, und zur Zeit des Bürgerkrieges war die unabhängige schwarze Bevölkerung fast genauso groß wie die der Sklaven.

Während in einigen Sklavengesellschaften in Lateinamerika mehr Schwarze als Weiße lebten und damit die freien Schwarzen als Handwerker, Ladenbesitzer und kleine Grundbesitzer einen wichtigen Wirtschaftsfaktor darstellten, gab es in den USA immer eine beständige weiße Mehrheit, die auch in Maryland niemals unter 62 Prozent (1810) fiel. Und solange die Schwarzen in der Unterzahl waren, litt Baltimore niemals unter jenen ökonomischen Einschränkungen durch die Sklaverei, die die Entwicklung anderer Städte weiter unten im Süden behinderte. Das Bevölkerungswachstum zwischen 1830 und 1840 beschränkte sich fast ausschließlich auf Baltimore, und 40 Prozent dieses Zuwachses stellten unabhängige Schwarze. Um 1850 lebte in Baltimore fast die Hälfte der Bevölkerung der nördlichen Siedlungsgebiete und über ein Viertel der Gesamtbevölkerung des Staates.

Natürlich wurden auch in Maryland die Bürgerrechte der freien Schwarzen wie überall im Land grob verletzt. Wer sich weigerte, für weiße Arbeitgeber zu arbeiten, konnte dazu gezwungen werden, und man konnte ihn per Gericht zu jährlich neu festgelegten

Terminen verkaufen; die freien Schwarzen durften weder Hunde noch alkoholische Getränke, Schußwaffen oder Munition besitzen und keine wertvollen Güter, insbesondere Lebensmittel, ohne schriftliche Genehmigung verkaufen, womit sie den Nachweis erbringen mußten, daß sie sie ehrlich erworben hatten und so weiter und so fort. Aber diese Vorschriften waren wohl eher dafür gedacht, die guten Sitten zu wahren und zu fördern und wurden nicht stur angewandt. In Baltimore gab es neben den freien Schwarzen Tausende von Sklaven, aber der Arbeitsmarkt kannte viele Varianten: Ein Sklavenbesitzer war nicht verpflichtet, Sklaven in Zeiten, in denen er für sie keine Arbeit hatte, zu unterhalten, und so waren die Sklaven gezwungen, sich eigene Arbeit zu suchen. Hier unterschieden sich die Städte im Süden, insbesondere aber Baltimore, von den ländlichen Gebieten, aber aufgrund dieser relativen sozialen Unbeständigkeit wuchs die Bevölkerung mehr und mehr, denn im Gegensatz zu vielen anderen Städten bot Baltimore den Schwarzen größere Anonymität, mehr Freiheit und mehr Entscheidungsmöglichkeiten über ihr eigenes Schicksal.

Baltimore wurde wegen seiner strategischen Lage während der Unabhängigkeits- und der Napoleonischen Kriege bekannt. In den dreißiger Jahren des 19. Jahrhunderts war es die Baltimore & Ohio Railroad, die als erste eine in Amerika gebaute Lokomotive einsetzte, und um 1845 war es möglich, in einem Tag von New York nach Baltimore zu reisen. Mit Sicherheit war es eine anstrengende Sechzehn-Stunden-Reise, aber dadurch wurde die Stadt enger an den wohlhabenden Nordosten als den ziemlich rückständigen Süden angebunden. Da sich Maryland während des Bürgerkriegs 1861–65 nicht von der Union lossagte, blieb dem Staat eine Zerstörung, wie sie der tiefere Süden erlebte, erspart. Trotzdem war auch seine große schwarze Bevölkerung vom allgemeinen Umschwung betroffen. Eine neue Staatsverfassung wurde im November 1864 eingeführt, die nach dem Vorbild Abraham Lincolns die Sklaverei abschaffen sollte, aber wie bemerkte ein Historiker: »Bis zum Schluß ein Frontstaat, hat Maryland nur widerwillig zugestimmt … Wenn nicht die Soldaten im Feld bei der Wahl mit abgestimmt hätten – durch ein Verfahren, das viele für gesetzwidrig hielten –, wäre das Unterfangen, in Maryland eine Mehrheit zu gewinnen, zwangsläufig fehlgeschlagen.«

Die neue Verfassung hielt sich weitgehend an den Wortlaut des föderativen Textes von 1789 (»alle Menschen sind von Geburt an frei und gleich ...«), wurde aber schon 1867 durch eine davon abweichende Fassung ersetzt. Viel wichtiger als die Theorie war jedoch die Praxis. Beamte konnten ehemaligen Sklaven die Genehmigung verweigern, der Beerdigung eines engen Verwandten außerhalb des Wohnorts beizuwohnen, was sie weiterhin zu Leibeigenen degradierte. Und selbst die Verfassung von 1864, die sich über diese Frage ausschwieg, hielt an der Unzulässigkeit schwarzer Zeugen bei Gerichtsverfahren fest und gewährte das Wahlrecht ausschließlich den Weißen. Für die neue Verfassung von 1867 mogelten die südlichen Siedlergebiete des Staates: Sie führten eine Volkszählung ihrer schwarzen Bürger durch, um mehr Repräsentanten in den Senat zu bekommen, so daß die Schwarzen, die kein Wahlrecht besaßen, damit die Macht ihrer schlimmsten Feinde vergrößerten. Inzwischen gab es wie überall in den Staaten keinen Unterschied mehr zwischen freien Schwarzen und ehemaligen Sklaven: alle waren im selben Maße Menschen zweiter Klasse.

Baltimore ist schon immer eine sehr lebendige Stadt gewesen, und zwar in jeglicher Hinsicht, und war weithin bekannt für Gewalttätigkeiten und Bandenaufruhr; um 1850 fanden sogar zwischen konkurrierenden Feuerwehrstationen Schußwechsel statt. Es gab eine Menge ausländischer Immigranten, und die Vorurteile der Einheimischen trugen das Ihre zu einem aufregenden politischen Gemenge bei: die Baltimore Plug-Uglies waren ein bekannter lokaler Verein, die nationale (und nationalistische) Know-Nothing oder American Party hingegen besaß in den fünfziger Jahren des 19. Jahrhunderts eine effektive Organisation in Maryland und Baltimore und feierte ihre größten politischen Erfolge während einer politisch instabilen Dekade. Sanitäre Einrichtungen waren eine Frage der privaten Initiative, und deshalb waren noch weit in das 19. Jahrundert hinein die Straßen mit Abfall übersät, den die Schweine fraßen. Und selbst 1915, zur Zeit von Billie Holidays Geburt, war es immer noch die größte Stadt Amerikas ohne ein kommunales Kanalisationssystem.

John White zitiert in seinem verdienstvollen Buch *Billie Holiday* (1987) einen anonymen Journalisten einer Tageszeitung in Baltimore, der 1896 über einen Slum, den man Pigtown nannte, schrieb:

> Offene Sickerrohre ... Asche und Abfall ... Keller voll brakkigem, schwarzem Wasser ... schurkisch aussehende Neger, die an den Straßenecken herumlungern und schlafen und niemals arbeiten; schmutzige, verderbte Frauen, deren Blöße nur mit einem Hemd bedeckt ist, räkeln sich in den Hauseingängen oder hocken auf den Treppen, stoßen widerliche Beschimpfungen voller Kraftausdrücke gegen jeden, der vorbeigeht, aus; faulige Straßen, faule Leute in fauligen Mietskasernen und Fäulnisgeruch ...

Aus diesen wenigen Worten trieft literweise Rassismus. Es gab schon immer Journalisten, die Kapital aus dem schlugen, was sie für die öffentliche Meinung hielten. Doch erfahren wir hier immerhin, daß es bereits vor einem Jahrhundert in den Städten der Vereinigten Staaten eine unterprivilegierte Klasse gab.

Laut der Liste der Volkszählung von 1880 lebte Rebecca Fagan in der 42 Little McEldery Street in Baltimore. Sie gab ihr Alter mit achtundzwanzig an, womit sie um 1852 geboren wurde; sie arbeitete als Wäscherin. Sie hatte vier Kinder, wovon Charles mit elf Jahren der älteste war, der 1869 geboren wurde. Rebecca teilte den Behörden mit, daß sie 1880 geheiratet habe, aber dem Haushalt gehörte kein Mann an, und über einen Mr. Fagan ist nichts bekannt. Ein paar Türen weiter, in Nr. 36 der Little McEldery Street, wohnten Henry und Ginnie Harris und ihre drei Töchter Fannie, Lottie und Josephine. Ginnie war ebenfalls Wäscherin, Henry arbeitete auf einem Schleppdampfer.

Die Liste der Volkszählung aus dem Jahr 1890 wurde durch ein Feuer vernichtet, in der aus dem Jahr 1900 lebte Rebecca in der 710 North Spring Street, und die älteren Kinder hatten alle das Haus verlassen. Zu den vier Kindern, die damals im Haus lebten, gehörten Rose (1881 geboren) und John (1895 geboren). 1900 gab Rebecca ihr Alter mit zweiundvierzig Jahren an (damit wäre sie um1858 geboren) und daß sie Witwe sei. Sie gab außerdem an, daß sie insgesamt acht Kinder gehabt habe, von denen noch fünf lebten.

Charlie Fagan, Rebeccas Erstgeborener, schien 1900 nicht in Maryland gelebt zu haben. In den Familienannalen der Fagans wird behauptet, daß er eine sehr lange Beziehung mit einer Frau in einem anderen Bundesstaat hatte. Wir wissen nicht, ob er mit ihr verheiratet war, aber mit Sicherheit hatte er eine Affäre mit einer

Frau namens Harris, mit der er zwar nicht verheiratet war, der aber Sara, geboren am 18. August 1896, entstammte. Irgendwann kehrte Charlie nach Baltimore zurück. In seinem Totenschein wird 1871 als sein Geburtsjahr angegeben, aber in den Listen der Volkszählung von 1920 war sein Alter mit fünfundvierzig angegeben, was bedeuten würde, daß er 1875 geboren wurde. 1920 arbeitete er als Kellner und lebte mit seiner Frau Mattie, die um 1880 in Virginia zur Welt kam und Wäscherin war, in einer Mietswohnung.

Charlie und Mattie waren Katholiken, der Rest der Fagans Methodisten, was sie auf der sozialen Leiter eine Stufe über die übrige Ghettobevölkerung stellte. Sie waren eine afroamerikanische Familie, die erfolgreich um ihr Ansehen kämpfte: Selbst in den schlechtesten Zeiten hatten die Männer immer Arbeit; sie verpackten im Hafen Meeresfrüchte oder Gemüse in der Konservenfabrik Lord Mott's und arbeiteten als Pförtner. Zur heutigen Generation der Nachkommenschaft von Rebecca zählen unter anderem Lehrer, Polizisten, Sozialarbeiter und so weiter.

Charlies Geschwister lebten in einer ärmlicheren Ghettogegend an der East Side von Baltimore, doch Charlie war der erste, der in eine bessere Gegend zog. Er arbeitete in verschiedenen Hotels von Baltimore und gegen Ende seines Lebens als Liftführer im B&O-Gebäude. Er verdiente und sparte genug Geld, um ein eigenes Haus in West Baltimore, in der 1117 Brevort Road, erwerben zu können. Vielleicht hat Mattie Charlie dazu gebracht, zu ihrem geheiligten Glauben überzutreten, obwohl der Hang zum Katholizismus durchaus auch von der irischen Herkunft der Fagans gekommen sein mag. Es ist bekannt, daß Mattie die Herrin im Haus und ohne Zweifel zum Großteil für Charlies relativen Wohlstand verantwortlich war. Sie sah aber auch auf ihre angeheiratete methodistische Verwandtschaft herab, begleitete Charlie niemals bei seinen Besuchen an der East Side und lud niemanden zu sich nach Hause ein. Und vor allem wollte sie nichts mit Sara Harris zu tun haben.

Durch die gesamte Geschichte der afroamerikanischen Nation, angefangen von den schrecklichen Absurditäten der Sklaverei, zieht sich der Kampf, die Familien zusammenzuhalten: So mußte etwa in Louisiana per Gesetz der Verkauf von Kindern unter zehn Jahren verboten werden, damit sie nicht von ihren Müttern getrennt wurden.

Das unerträgliche Leid, das entstand, als man unzählige Blutsverwandte brutal auseinanderriß, wurde auch nicht durch den folgenden, über Generationen institutionalisierten Rassismus wiedergutgemacht. Schwarze Familien standen immer unter dem Druck, sich sozial anzupassen. Und das hätten sie sicher auch gerne getan. Aber die sozialen und wirtschaftlichen Nachteile machten es oft schlicht unmöglich. Dadurch wurde die von Haus aus zweitklassige schwarze Staatsbürgerschaft bestätigt, womit sich der Kreis schließt.

Die Geschichte der schwarzen Musik liefert dafür genug Beweise. Charlie Parker und Dizzy Gillespie waren beide musikalische Genies. Parker, der 1920 geboren wurde, starb mit vierunddreißig als körperliches Wrack. Der fast drei Jahre ältere Gillespie hingegen ging erst 1993 als allseits geliebter Großvater der amerikanischen Musik von uns. Der große Unterschied zwischen den beiden war, daß Parker ohne Vater aufwuchs, während Gillespie einen strengen, liebevollen Vater in seinen prägenden Jahren hatte und selbst eine sehr dauerhafte Ehe einging. Die schwarzen Bluessängerinnen wie Ma Rainey, Bessie Smith und andere wurden am Klavier begleitet, vielleicht deshalb, weil sie als Kinder im Haus gearbeitet haben. Fast alle der legendären schwarzen männlichen Bluessänger begleiteten sich jedoch selbst auf der Gitarre, einem wesentlich beweglicheren Instrument, und viele von ihnen zogen durch die Lande. Aus diesem Grund stellte die schwarze Frau für die Weißen eine geringere Bedrohung dar als der schwarze Mann, den man so stark in seine Grenzen verwies, bis man es geschafft hatte, einen Weichling aus ihm zu machen, der oftmals nicht einmal mehr in der Lage war, die traditionelle Rolle als Oberhaupt seiner Familie wahrzunehmen.

Für dieses Problem bezahlt das heutige Amerika in seinen Innenstädten noch immer einen hohen Preis, und der bevormundende Wohlfahrtsstaat verschlimmerte die Lage zusätzlich. In den sechziger und siebziger Jahren war man überzeugt, daß nicht der Lohnempfänger, sondern ein monatlicher Scheck die Familien zusammenhalten würde. Doch jede ernstzunehmende soziologische Studie über dieses Problem beweist, daß eine Familie ohne Vater unzählige Schwierigkeiten nach sich zieht. Und das trifft auf die gesamte Menschheit zu, unabhängig von Zeit und Rasse. Viele schwarze Familien haben mit Erfolg um Ansehen gerungen, damit das amerikanische Ideal erreicht und dann weiter darum gekämpft, es zu bewahren. Es ist schon schwer genug, die entsprechende charakterliche Stärke und den Mut für diesen Kampf aufzubringen, aber manche haben einfach kein Glück.

Über Sara Harris' frühe Jahre wissen wir nichts, aber sie gehörte zu den Glücklosen. Irgendwann einmal wurde aus ihrem Namen Sadie, eine gebräuchliche amerikanische Variante (im England des 17. Jahrhunderts war »Sarey« gebräuchlich, das im 19. zu »Sairey« verkam). Vielleicht hegte Sadie den Wunsch, sich selbst als eine Fagan zu sehen, und nahm deshalb die katholische Konfession ihres Vaters an. Aber man hatte sie bereits aus dem engen Familienkreis ausgeschlossen, als sie im Sommer 1914 als Hausangestellte bei einer weißen Familie arbeitete und wohnte und ein Volksfest oder einen Tanzabend besuchte, auf dem sie der jüngere Clarence Holiday verführte.

Als die achtzehnjährige Sadie herausfand, daß sie schwanger war, ging sie nach Philadelphia, um dort ihr Baby zu bekommen. Dazu nahm sie einen sogenannten »Transportation Job« an, einen Vertrag zwischen einem weißen Arbeitgeber und einem schwarzen Bediensteten aus dem tieferen Süden. Vielleicht wollte sie ihr Baby nicht in der Nähe der Fagans bekommen, oder sie hatte einfach kein Vertrauen zu den Hebammen im Ghetto.

Sadie wurde am 14. Februar 1915 auf die Entbindungsstation des Philadelphia General Hospital eingewiesen; warum man sie so früh dort aufgenommen hat, ist nicht bekannt. Elinore Harris wurde am 7. April 1915 um 2.30 Uhr geboren, der Entbindungsarzt hieß Samuel R. Stillman. Der Name des Babys wird in der Geburtsurkunde »Elinore« geschrieben, im Bericht des Arztes »Elenoir« und in den Akten des Krankenhauses »Eleanor«. Zeit ihres Lebens wurde er auf verschiedene Weise geschrieben, aber »Eleanora« war die häufigste Variante, und aus diesem Grund werde ich diese auch im folgenden benutzen.

Sadie lebte damals in Philadelphia in der 331 South Broad Street; zur Zeit der Geburt hatte sie bereits ihren neunzehnten Geburtstag gefeiert, und ihr Beruf wird als Haushaltshilfe angegeben. Das Krankenhaus war eine Art Armenhaus, in dem man sich um Mittellose kümmerte. Im Aufnahmeprotokoll steht, daß Sadie »keine Freunde« habe und man »einen Sozialdienst in Kenntnis setzen würde – Brief in der Mappe«, aber der Bericht des Sozialdienstes ist nicht erhalten geblieben. Mutter und Tochter wurden am 19. April entlassen, und die Geburt wurde am 24. April amtlich registriert.

Die einzige wirkliche Überraschung auf der Geburtsurkunde des Kindes, aus dem Billie Holiday wurde, ist die Eintragung über einen vermeintlichen Vater. Frank DeViese lebte in der 1131 South Broad Street, war zweiundzwanzig Jahre alt und arbeitete als Kellner. Es gibt überhaupt keinen Zweifel, daß Clarence Holiday der Vater war, aber Sadie hatte offensichtlich einen Freund gewonnen, stand also nicht völlig alleine da, und somit ist wenigstens statt eines weißen Flecks ein Name auf der Geburtsurkunde eingetragen. Ob sich nun Sadie von ihrer Beziehung zu Frank DeViese mehr als nur Freundschaft versprochen hat, wissen wir nicht, aber in der Liste der Volkszählung von 1920 steht ein gewisser Frank H. DeVeasy, vierundzwanzig Jahre alt, wohnhaft in der 817 North Burns Street in Philadelphia. Als Beruf ist Fahrer angegeben, und er war mit der gleichaltrigen Jennie verheiratet, deren Eltern aus Maryland stammten. Vielleicht war Frank einfach ein Freund der Familie, der nur helfen wollte. Das Traurige daran ist nur, daß Eleanora wahrscheinlich nie erfahren hat, daß es bei ihrer Geburt jemanden gab, der für Sadie einstand.

1900 waren Nelson und Mary Holiday etwa dreiundvierzig und fünfunddreißig Jahre alt und hatten einen Sohn, Clarence, dessen Alter mit zwei angegeben ist, aber als sein Geburtsdatum ist der April 1892 eingetragen. Vermutlich ist es ein Fehler, den ein Beamter bei der Volkszählung gemacht hat oder der beim Eintrag in die Listen unterlief. Clarence wurde am 23. Juli 1898 in Baltimore geboren und scheint bis 1915 bei seinen Eltern gewohnt zu haben. Nach der Schule lieferte er Lebensmittel aus und finanzierte damit seine Banjo-Stunden.

Baltimore war eine Stadt der Musik: der Schlagzeuger und Bandleader Chick Webb (1900–1939) stammte von dort ebenso wie das Rock-*Enfant terrible* Frank Zappa (1940–1993). Aber zwei der berühmtesten Emigranten aus Baltimore waren der Pianist und Komponist Eubie Blake (1883–1983) und der Multiinstrumentalist und Bandleader Elmer Snowden (1900–1973). Blake arbeitete mit dem Bandleader Noble Sissle im Team. Sie schrieben und produzierten zusammen erfolgreiche Broadway-Shows. Elmer Snowden zog nach Washington und anschließend nach New York, und seiner Band, den Washingtonians, gehörte 1923 Duke Ellington am Piano an – das war der Beginn von Dukes Karriere.

Snowden leitete in New York so viele Bands, daß er Schwierigkeiten mit der Musikergewerkschaft bekam und für mehrere Jahre nach Philadelphia zog. Aber lange Zeit davor spielten sowohl Clarence als auch Elmer in ihrer Jugend Banjo, und Elmer erinnert sich, daß er einen Auftritt mit Blake bekam, weil Clarence damals noch keine Noten lesen konnte. Elmer und Clarence besuchten dieselbe Knabenschule, die in einer umgewandelten Konservenfabrik untergebracht war, und sie »lauerten den Mädchen auf, die eine Schule einen Block um die Ecke besuchten, die Cafly Street School«. Nach der achten Klasse kamen sie auf verschiedene High Schools.

> Ich war in Northwest Baltimore, und er in East, und wir sahen uns nur dann, wenn wir auf einer Tanzveranstaltung spielten. Wir traten in Mary's Casino in der Preston Street, in der St. Mary's Hall auf, und sehr oft veranstalteten wir Musikwettbewerbe. Damals trugen wir Jungs noch kurze Hosen ... in die Schule gingen wir in kurzen Hosen, und dann, wenn wir zur Arbeit gingen, wechselten wir sie gegen lange Hosen aus.

1917 sagte Clarence zu Elmer: »Weißt du, ich bin jetzt Vater.«

> Ich meinte, *was* bist du? ... Das erste Mal sah ich sie [Eleanora] 1918 oder 1919. Ein Freund von uns, Joe Rochester, der Piano spielte, nahm die Band mit in die Jefferson Street in East Baltimore. Clarence lebte dort ... Als ich sie sah, als sie vielleicht drei Jahre alt war, bat mich Clarence, ihr Patenonkel zu werden. Ich war viel zu jung, um zu wissen, was das bedeutete, deshalb fragte ich den Pianisten, der schon ein Mann war, und er sagte mir, es heißt, daß ich mich um sie kümmern müßte. Und ich dachte mir, oh, oh. Mit dem Geld, das wir damals verdienten, konnte ich ja kaum für mich selbst sorgen ... Ich fand, daß sie ein kleines, häßliches Ding war, ein unscheinbares Baby, doch dann wurde daraus ein wunderschönes Mädchen ... Und ihr ganzes Leben lang sah sie in mir ihren Patenonkel, obwohl ich nie ja oder nein dazu gesagt habe, und egal, wo ich spielte, tauchte sie auf und sah mich an, als ob ich ihr zweiter Vater sei.

Clarence besuchte Sadie regelmäßig und unterstützte sie auch bei ihren Mietzahlungen. Es gibt keine Anhaltspunkte, daß sie jemals zusammengelebt haben, aber Sadie blieb ihm auf den Fersen. Sie nahm weiterhin »Transportation Jobs« an, nicht nur, weil die besser bezahlt waren, sondern weil sie auf diese Weise Clarence folgen konnte. Nach der Volkszählung des Jahres 1920 lebte ein gewisser Clarence Halliday, Alter einundzwanzig, als Untermieter in Baltimore und arbeitete als Pförtner in einer Fabrik. Sadie erfuhr wahrscheinlich nie, daß Clarence (diesmal wurde sein Name wieder »Holliday« geschrieben) am 16. Oktober 1922 Helen Bouldin, ein achtzehnjähriges Mädchen aus Baltimore, heiratete. Im selben Jahr verließ Clarence Helen und Baltimore und ging nach Philadelphia. Dort bediente er den Aufzug in einem Tanzsaal, um sich seine Musikstunden zu finanzieren. Sehr bald spielte er mit den Jazzmusikern aus South Philadelphia zusammen. Und er hatte hier bereits seine zweite Frau, Fanny, kennengelernt.

Sadie suchte weiterhin nach Sicherheit. Sie arbeitete hart und sah immer ordentlich aus. Sie trug niemals auffällige Kleider, versuchte aber, ihre Tochter entsprechend auszustatten. In den Berichten der Volkszählung von 1920 lebte eine gewisse Sadie Harris in West Chester, einem Vorort von Philadelphia, bei einer schwarzen Familie zusammen mit mehreren anderen jungen Kostgängern. Eleanora war nicht aufgeführt, und Sadies Alter wird mit neunzehn angegeben. Vielleicht ist es nicht unsere Sadie, oder aber sie hat bezüglich ihres Alters geflunkert, um bessere Chancen für eine Anstellung zu haben. Aber wer auf diesem Gebiet Nachforschungen anstellt, weiß auch, daß die Informationen der Volkszählungen aus jener Zeit nur so gut wie ihre Informanten waren: die Zähler sprachen mit jedem, der ihnen die Tür öffnete. Im selben Jahr sind Sadie und Eleanora in der Volkszählungsliste von Baltimore aufgeführt, und zwar als Mitbewohner von Robert und Eva Miller, dreiundvierzig und dreiunddreißig Jahre alt, und deren beider Kinder, Charles und Dorothy. Sämtliche Volkszählungen haben angeblich im Januar stattgefunden. Die Millers haben vielleicht angegeben, daß sie bei ihnen lebt, obwohl sie zu der Zeit in West Chester weilte, weil sie davon ausgingen, daß Baltimore ihr Hauptwohnsitz war. In der Volkszählung von Baltimore stimmt Sadies Alter, und ihr Name ist als Sadie Fagan angegeben. Sie ist als »Schwägerin« aufgelistet, die in einer Hemdenfabrik arbeitet.

Billie Holiday hat ihre Autobiographie nicht selbst geschrieben, und sie prahlte damit, daß sie sie auch nie gelesen habe. *Lady Sings The Blues* wurde von dem Journalisten William Dufty verfaßt und 1956 veröffentlicht. In dem Buch heißt es, daß Sadie während des Ersten Weltkriegs in einer Kleiderfabrik gearbeitet habe und danach eine Arbeit außerhalb der Stadt angenommen habe, wo sie mit einer Cousine namens Ida und deren zwei Kindern gelebt habe. Vielleicht wurde aus Eva in Billies Buch dann Ida. Billie beschwerte sich darüber, daß Ida eine Tyrannin gewesen sei, aber Eva hatte wohl alle Hände voll zu tun mit diesem kleinen Hausgast, der bereits erkannt hatte, daß er keine richtige Familie besaß.

In Billies Buch heißt es auch, daß im selben Haus ihre Großeltern und ihre Urgroßmutter lebten, aber in den Listen der Volkszählung wird niemand weiter aufgeführt, und es gibt keinen Hinweis, daß Eleanora jemals mit einem der Fagans zusammengelebt hat. Sadie hatte damals beschlossen, sich selbst Fagan zu nennen, und das war einer ihrer typischen Fehler: Normalerweise bekam ein uneheliches Kind den Familiennamen seiner Mutter. Und nichts hätte Tante Rosie mehr verärgern können als jemand, der den Namen Fagan benutzte, ohne einen Anspruch darauf zu haben.

Im Alter von vierundzwanzig stand Sadie kurz davor, endlich das zu erreichen, was ihre Familie von ihr zu erwarten schien: Sie heiratete am 20. Oktober 1929 Philip Gough, einen fünfundzwanzigjährigen Hafenarbeiter, und Charlie verschaffte ihr ein Haus in der 1421 North Fremont Avenue in West Baltimore. Aber Sadies Ausflug in die Wohlanständigkeit endete drei Jahre später, als Gough sie verließ. 1923 wurde sie von der Emory Street Permanent Building & Loan Company wegen einer rückständigen Hypothekenzahlung über 2500 Dollar verklagt. Charlie übernahm die jährliche Miete von 48 Dollar, die wöchentlichen Hypothekenzahlungen von 9,25 Dollar und wöchentlich 2,19 Dollar für die Steuern, Grundzinsen und Wasser – und Sadie zog aus.

Zwar lebte Sadie nun in ärmlichen Verhältnissen, aber sie schneiderte Kleider für Eleanora und schickte abgelegte Kleidung der Reichen, bei denen sie arbeitete. Eleanora übertrieb nicht, als sie Jahre später behauptete, daß sie, wenn sie sich »rausputzte, die schärfste Göre der Gegend war«. Aber das Geld reichte nie, und es gab keine richtige Familie. Eine Quelle behauptet, Sadie habe mit der Frau ihres Cousins John in einer Fabrik gearbeitet (oder aber mit seiner Schwester, die ebenfalls Rebecca hieß) und dieser Familie an den Sonntagnachmittagen ein paar Besuche abgestattet. Vielleicht hat Eleanora dabei ihre Urgroßmutter kennengelernt. Aber dabei blieb es auch für Sadie und Eleanora.

Der Boß der Fagans und Wächter ihrer Respektabilität war Tante Rosie, eine streitbare und durch nichts aus der Ruhe zu bringende Matrone, die außerdem die Familienbibel hütete. Dieser zufolge, so wurde jedem unmißverständlich erklärt, konnte man den Stammbaum der Familie auf »sehr anständige Leute« aus Virginia zurückverfolgen. Aber der Stammbaum führte zur Sklaverei zurück, und keiner hatte Lust, darüber zu reden. Keiner der Fagans traute sich, Rosie um mehr Informationen zu bitten. Und Rosie wollte absolut nichts mit Sadie und Eleanora zu schaffen haben.

Einiges deutet darauf hin, daß Charlie Fagan seine Tochter und seine Enkelin liebte und daß auch Clarence die beiden auf seine leichtfertige Weise gern hatte. Clarence wurde schließlich ein bekannter Musiker, und so wurden beide zu wichtigen Figuren in Sadies Vorstellungswelt: der wohlhabende Hausbesitzer und der romantische, reisende Künstler. Genauer besehen waren sie beide eher schwache oder aber einfach nur durchschnittliche Männer. Beide ließen sich lieber von starken Frauen bemuttern, statt sich irgendwie, und wenn auch nur erfolglos, dagegen zu wehren, daß andere über Familienleben und Blutsverwandtschaft bestimmten.

Es war schwer, im Baltimore der zwanziger Jahre finanzielle Sicherheit zu erreichen und sie zu behalten: Charlie und seine Brüder nahmen jede Arbeit an, die sie bekommen konnten; oft war es eine saisonal bedingte, und es gab keine Gewerkschaften, die sie beschützt hätten. John Fagan starb 1951. Johnny Fagan, Eleanoras Onkel, beschrieb es viele Jahre später so: »Wir waren anständige Leute. Vater war sein ganzes Leben lang nichts anderes als Pförtner, aber er fütterte uns durch und brachte uns durch die Junior High School. Er machte seine Sache ziemlich gut.«

Als aus Eleanora die berühmte Billie Holiday geworden war, traf Johnny sie bei einem ihrer Besuche im Point in einer Bar Ecke Pratt/Bethel Street.

> Hab' ihr einen Drink spendiert. Sie fragt mich, wie's der Familie geht, aber ich hab' mein Leben und sie ihrs. Einmal hat sie gemeint, »schick meinen Paps vorbei«. Aber Paps will

> nicht. Er hat am Tag zu arbeiten, da kann er nicht morgens um halb zwei in einen Nachtclub, wenn sie von der Arbeit kommt. Is' ja egal, er hat erwartet, daß sie kommt und ihn daheim besucht. War ja ihre Pflicht, ihn zu besuchen.

Ein andermal, so Johnny, meinte sie, nachdem einige der Fagans aufkreuzten, um sie zu besuchen: »Was mich betrifft, sind alle Fagans tot.« Sie waren beleidigt und standen auf und gingen, und eine der Frauen drehte sich um und schrie: »*Du* bist diejenige, die tot ist, Mädchen.« Billie machte nicht auf vornehm, wenn sie Baltimore besuchte, aber sie nahm es der Familie übel, daß sie sie und ihre Mutter abgelehnt hatten, und dieser Bruch war nicht mehr zu kitten. Eleanora, aus der Billie Holiday, ein großer Name im Showgeschäft, geworden war, gehörte nun für immer einer anderen Welt an als die älteren Fagans. Ihr Onkel John besaß eine Menge Platten von ihr und liebte ihren Gesang, aber er war auch stolz auf seine kirchentreue Ehefrau und die Kinder, die sie aufzogen. Und daß er ein Zuhause hatte mit einer starken Frau, ohne sich dessen schämen zu müssen, war ein wirklicher Fortschritt im Vergleich zu der alten Sklavenklage:

> Diese Welt ist nicht mein Zuhause,
> Diese Welt ist nicht mein Zuhause,
> Diese Welt ist eine elende Wildnis,
> Diese Welt ist nicht mein Zuhause.

Johnny Fagan erinnerte sich an die alten Zeiten:

> Seeleute kamen, weil sie was erleben wollten. Es war eine Hafenstadt ... Als Billie Holiday mit »I Cover the Waterfront« berühmt wurde, hatte dieses Lied für uns eine besondere Bedeutung, und für sie auch. Sie wußte, woher sie kam.
>
> Heutzutage ist's hier wie im Dschungel. Wenn ich in eine Bar gehe, kenne ich keine Menschenseele, glauben Sie mir! Für Leute, die drei Häuser weiter wohnen, bin ich ein Fremder. Aber damals gab's eine Gemeinschaft. Der Point hatte Format. Ethel Moore besaß ein berühmtes Vergnügungslokal; Ethel war ganz schön gerissen. Man brauchte nicht zu fürchten, daß man durch die Hintertür abhauen mußte, sie zahlte ihre Schutzgelder. Die ganzen Jahre, in denen sie das Lokal

hatte, war sie nicht ein einziges Mal im Gefängnis. Man könnte sagen, sie hat es regiert, so wie manche Wall Street regieren.

Billie Holiday sah zu Ethel auf wie zu einer älteren Schwester. Sie kam immer wieder hierher zurück und sang in den Clubs, und sie besuchte jedesmal Ethel. Denn Eleanora hat in Ethels Lokal gesungen. Sie hat dort auch gearbeitet, klar, natürlich. Was sollte sie denn damals sonst machen? Es war 'ne Möglichkeit, zu überleben. Ich wußte, wie man 'nen Stich macht, als ich zehn war. Man mußte sich nach der Decke strecken.

Ich kenn' ein paar Typen, die immer noch hier leben, die mit ihr gingen. Burley ging eine Zeitlang mit ihr. Vor Jahren ist Burley mal ein Amateurboxer gewesen, aber so großartig war er nun auch nicht ... Penny ging auch mit ihr. Piano-Penny – wie war noch mal sein richtiger Name? Das ist 'ne andere Sache, mit der man hier leben muß, Spitznamen. Ich kenne Leute mein Leben lang nur bei ihrem Spitznamen. Hat was mit dem Zusammenhalt zu tun, geht auf die Nachbarschaftsgefühle zurück.

Billie Holiday war in ihrer frühen Jugend sehr hübsch. Hatte die Hautfarbe von meinem Onkel Charlie – das ist ihr Großvater, der Bruder meines Vaters ... Er sah wie ein Mulatte aus. Mein Vater war auch ein ziemlich hellhäutiger Kerl, aber mein Onkel Charlie war heller als er, er war fast weiß. Unser Name ist irisch, die Kinder in der Schule haben uns deswegen gehänselt. Paps erwähnte gewisse Leute aus den Bürgerkriegszeiten, die anständig waren, die irgendwo aus Virginia stammten, aber Familien mögen es nicht, wenn man Sachen ans Tageslicht bringt. Weiße können zurückblicken, aber Schwarze nicht. Manche Dinge, die ich die Familie frage, wollen sie mir nicht einmal erzählen. Wenn man einen Blick in die Familienbibel werfen könnte, das wäre ein Gewinn. Sie wissen schon mehr, als ich weiß. Aber ich glaube nicht, daß sie das jemals irgendwem erlauben würden ...

Wissen Sie, Sadie und Eleanora standen den Fagans nicht gerade nahe. Der Bruch kam dadurch, weil sie Sadie so kühl behandelten, wegen dem Kind. Sie haben ihr schwer zugesetzt. Es war nicht so sehr Paps, es war mehr eine Frauensache. Es war'n Querelen zwischen den Frauen.

Ethel Moore (1906–1968) war tatsächlich bei den Bewohnern des Viertels wohlbekannt. Johnny erwähnte auch, daß die meisten Kinder zu Hause durch eine Hebamme entbunden wurden und Sadie deshalb nach Philadelphia gegangen sei, um Eleanora zur Welt zu bringen.

Eine andere Geschichte, die in Billies Autobiographie erzählt wird, handelt von ihrer dort namentlich nicht genannten Urgroßmutter, die sechzehn Kinder gehabt haben soll, von denen alle außer Charlie gestorben seien, und die siebenundneunzig oder siebenundachtzig geworden sei (in einem Radio-Interview erzählte Billie, sie sei mit 109 Jahren gestorben). Die Urgroßmutter hatte Wassersucht und mußte deshalb aufrecht sitzend schlafen. Einmal sei sie so müde gewesen, daß sie sich, während sie Eleanora eine Geschichte erzählte, ein paar Minuten hingelegt habe. Und ein paar Stunden später wachte das Kind auf und war von den Armen der Toten umklammert. Diese Geschichte basiert wenigstens im Kern auf gewissen Tatsachen.

Rebecca und etliche andere Fagans lebten mehrere Jahre zusammen in einem Haus in der Fayette Street, bis John Fagan senior fand, daß es zu eng für alle wurde. Er zog mit seiner Familie um die Ecke in die Dallas Street und nahm seine Mutter mit. Aber weder Sadie noch Eleanora haben jemals in einem der beiden Häuser gelebt. John hatte ungefähr sieben Kinder. Johnny Fagan, 1916 geboren, wurde 1992 abermals interviewt, und er erinnerte sich an den Tod seiner Großmutter.

Rebecca wurde wohl über siebzig, und sie litt an Wassersucht (ein Ödem, durch das das Wasser im Körper zurückgehalten wird, ein Symptom für eine Erkrankung der Nieren oder Leber). Sie mußte deshalb tatsächlich aufrecht sitzend schlafen. Sie hatte schon in sehr jungen Jahren viele Kinder geboren, und somit war es nicht verwunderlich, daß ihre Gesundheit angegriffen war. Aber einige der Kinder lebten noch, als sie starb, und Billie war bei ihrem Tod mit Sicherheit nicht anwesend. Johnny erinnerte sich so gut daran, weil es während der Thanksgiving-Zeit passierte und er deshalb so aufgeregt war.

> Es war ganz still in ihrem Zimmer, und ich wollte schon reingehen und sie wecken, aber mein Vater hielt mich davon ab und meinte: »Alles in Ordnung, Sohn.« Sie hatte einen

> leichten Schlaf, und man konnte gar nichts hören, und mein Vater wußte, was passiert war.

1992 bedauerte es Johnny noch viel mehr, daß er nichts über seine Familie wußte. Rose war irgendwann in den siebziger Jahren gestorben. Sie hatte drei Kinder mit dem Nachnamen Fagan gehabt und einige weitere, die einen anderen Familiennamen trugen. Was aus der Familienbibel geworden ist, weiß niemand. Johnny erinnerte sich an eine Tante namens Sophonia Smith.

> Sie sagte immer zu meinem Vater: »Du solltest dich was schämen, diese Kinder Fagans zu nennen. Ich werd' ihnen schon erzählen, was sie *wirklich* sind.« Und sie sagte mir immer, daß sie mir schon noch die Wahrheit über unsere Familie erzählen würde. Aber ich war ja noch ein Kind, und mich hat das nicht interessiert, ich wollte nicht zuhören. Ich bereue das *verdammt noch mal* sehr.

Johnny hatte zwei Frauen überlebt und nie eigene Kinder gehabt, aber sie hatten eine adoptierte Tochter aufgezogen und einen der Söhne von Johnnys Brüdern. »Kinder sollte man nicht so aufziehen«, brummelte er und meinte damit, daß er der jüngeren Generation gerne mehr über ihre eigene Familie erzählen würde. Er sprach über Eleanoras Großvater wesentlich klarer, als er es 1972 getan hatte: »Charlie war *ein Mulatte*«, erklärte er kategorisch. Und damit hatte Charlie mit ziemlicher Sicherheit einen anderen Vater als die jüngeren Fagans, vielleicht einen Weißen. Und die afroamerikanische Gemeinschaft hatte ihre eigenen Vorurteile. Das spielte selbst bei der Einstellung der Volkszähler eine Rolle: 1880 wurden Rebecca und ihre Kinder als »Mulatten« eingestuft, 1890 sind sie einfach nur Schwarze. Tatsächlich war es nach der Volkszählung von 1910 nicht mehr erlaubt, jemanden als Mulatten zu bezeichnen. Von da an forderte die Bürokratie eine strenge rassische Zweiteilung. Während zum Beispiel dunkelhäutige Europäer und sogar gewisse Asiaten und Lateinamerikaner als Weiße angesehen wurden, waren ein paar Tropfen afrikanischen Blutes eine massive Angelegenheit.

Üblicherweise herrscht die Meinung, daß weiße Haut gleichbedeutend mit einem höheren gesellschaftlichen Status ist, aber das ist nicht immer der Fall. Die in Brooklyn geborene Lena Horne zog als Kind nach Georgia und mußte erleben, daß man sich über ihre helle Haut (und auch ihre Sprache) lustig machte. »Für manche Neger ist eine helle Haut das Gegenteil von einem Statussymbol ... es ist der Beweis, daß dein Stammbaum durch einen Weißen verwässert worden ist.« Sie schrieb weiter: »Auf der einen Seite gab man eine Menge Geld für Mittel aus, mit denen man das Haar entkrauste und die Haut aufhellte, auf der anderen Seite wurde man niedergemacht, weil man dem vorherrschenden Schönheitsideal annähernd glich. Ich wußte nicht, ob ich auf meine Hautfarbe stolz sein oder mich ihrer schämen sollte.«

Für Leute, die »das ganze Jahre über braun sind«, muß es der blanke Hohn sein, daß Weiße Geld für Chemikalien ausgeben, um ihre Haut zu bräunen und über Männer reden, die »groß, dunkel und gutaussehend« sind. Vielleicht waren es gerade Charlies Hellhäutigkeit und dazu Matties Distanziertheit, die innerhalb der Familie auf die eine oder andere Weise zur Abkühlung der Gefühle geführt haben. Auf alle Fälle hat sich die Haltung der afroamerikanischen Gemeinde in den zwanzig Jahren zwischen den beiden Interviews von Johnny Fagan grundsätzlich verändert. Studien über Schwarze sind zu einer anerkannten akademischen Disziplin geworden, und Alex Haleys Buch *Roots* hatte enorme Auswirkungen. Johnny hat es mehrmals gelesen. Aber die ältere Generation der Fagans war gestorben und hatte ihre Geheimnisse mit ins Grab genommen.

Charlie hatte unter Matties Pantoffel gestanden, und Rosie hatte alles getan, um sich Sadie vom Leib zu halten; und Clarence hatte bald darauf eine andere Frau in New York. Das Kind Eleanora sehnte sich nach dem stattlichen Großvater und dem eleganten Vater, Männer, die etwas erreicht hatten und respektiert wurden. Aber sie bekam nur mit, wie sehr sich Sadie für einen Hungerlohn abstrampelte und trotz ihrer guten Absichten nichts dabei herauskam. Sadie blieb arm, und man lehnte sie ab, während Moralapostel wie Mattie und Rosie auf dem hohen Roß saßen und naserümpfend auf Eleanora herabblickten. Jahre später erinnerte sich Eleanora/Billie in ihrer Autobiographie voller Herzlichkeit an Philip Gough und erzählte ihrem Ghostwriter, daß er gestorben sei. Wir können nur mutmaßen, warum er Sadie verlassen hat und welche Auswirkungen das für das Kind hatte. Nach seinem Verschwinden versuchte Eleanora auf ihre Weise zurechtzukommen und fällte ihre Entscheidungen selbst. Auf der Straße fand sie ihre eigene Lebensphilosophie.

Sie besuchte die vierte Klasse der Public School 104 in West Baltimore, aber als man sie mehr als einmal beim Schuleschwänzen erwischte, brachte sie ein Bewährungshelfer namens W. Dawson vor das Jugendgericht. Laut Gerichtsprotokoll gab Sadie ihre Namen mit Sadie und Eleanora Gough an, und den Namen von Eleanoras Vormund mit Philip Gough, derzeitiger Aufenthaltsort unbekannt. Ein Richter beurteilte Eleanora als »Minderjährige ohne entsprechende Aufsicht und Obhut« und wies sie in das House of Good Shepherd für farbige Mädchen ein.

Am 5. Januar 1925 betrat sie ein abstoßendes rotes Backsteingebäude an der Calverton/Ecke Franklin Street, das von den Little Sisters Of The Poor mit ein paar Groschen auf einer Selbstversorgerbasis unterhalten wurde. Sie erhielt den Fürsorgenamen Madge (den sie Jahre später in Theresa änderte). Aus irgendeinem Grund nahm man im Good Shepherd an, daß sie 1914 in Baltimore geboren sei, gab aber später zu, daß Sadies Angaben korrekt gewesen seien: Eleanora war erst neun und damit viel jünger als die anderen, die zwischen dreizehn und achtzehn Jahre alt waren. Viele der Mädchen hatten bereits einschlägige Erfahrungen und waren mit kleineren kriminellen Delikten in Berührung gekommen. Als jüngste und hübscheste könnte Eleanora dort erste lesbische Erfahrungen gemacht haben. Denn, wie ihre Jugendfreundin Pony später erklärte, lagen die Dinge nun mal so.

Mary »Pony« Kane war die einzige Frau aus Baltimore, die 1971 bereit war, mit Linda Kuehl über Eleanora zu reden. »Die anderen lehnten vorsichtshalber ab, die eine wegen ihres Ehemannes, die andere, weil sie die Tochter eines Schulpsychologen war, und einige behaupteten, daß sie gar nichts wüßten, und schickten mich mit einem unergründlichen Lächeln zum Teufel.« Vielleicht, so vermutete Linda, weil deren Leben dem von Eleanora zu sehr ähnelte und viele von ihnen als Mädchen arm gewesen und auf den Strich gegangen waren. Aber Pony, eine muntere Überlebende von sechzig Jahren, kümmerte sich nicht um Moralvorstellungen anderer. Sie hatte ebenfalls die Schule geschwänzt. »Meine Mutter behauptete zwar, daß sie mich zur Schule geschickt hätte, aber der Direktor machte eine Meldung.« Sie war ein bißchen jünger als Eleanora und kam etwas später als sie ins Good Shepherd.

Mich hat auch der Staat eingewiesen ... Dann haben sie mich rausgeworfen, weil ich mich mit Mother Margaret angelegt habe. Mother Margaret war böse, schlug mich mit dem Lineal auf die Finger. Ich sag' also: »Wenn Sie mich nochmal schlagen, dann soll ich verflucht sein, wenn ich nicht zurückschlage.« Nun, sie packt meine kleinen Röcke und Blusen zusammen und ruft sofort meine Mutter an, und sie sagt ihr, daß ich schon unterwegs sei. Sie sagt: »Wenn du nochmal böse bist, kommst du bestimmt nicht wieder hierher. Du kommst in diesen *anderen* Ort [eine strengere Besserungsanstalt]. Hat mich in keinster Weise unglücklich gemacht, nö.

Manche der älteren Mädchen waren hart, hart. Die älteren Mädchen haben die jüngeren gebumst. Haben für sie Süßigkeiten abgestaubt, Süßholz geraspelt, und dann, wenn sie sie im Bett erwischt haben, haben sie sie gebumst. Manche haben geweint, viele haben's ihren Eltern erzählt, aber 'ne ganze Menge haben keinem was gesagt ... Also, normalerweise gingen die Mädchen mit anderen Mädchen ins Bett, weil's aufregend war. Ich kannte einige Frauen, die fingen damit einfach nur an, um irgendwas zu tun ...

Es war nicht gerade die gesündeste Umgebung. Und wie draußen in der Welt lebten dort Engel und Teufel, und das zweifelsohne straff organisierte System konnte nicht alles unter Kontrolle halten. Eleanora wurde in der Sacred Heart Chapel getauft. Da Sadie keinen Nachweis beibringen konnte, daß Billie bei ihrer Geburt die Taufe erhalten hatte, taufte sie Father Edward Casserly am 14. August 1925 und erteilte ihr die bedingte Absolution. Und damit war Eleanora jetzt, zumindest in den Augen der Kirche, anerkannt. Als Taufpate wurde ein gewisser Oliver Welsh angegeben, als Taufpatin Christine Scott.

Good Shepherd erhielt vom Staat jährlich 3000 Dollar. Um über die Runden zu kommen, wuschen die Ordensschwestern für andere Wäsche und zogen Hühner auf, und alle Insassinnen waren für Hausarbeiten eingeteilt. Christine Scott arbeitete in der Küche und verbrachte ihr gesamtes Leben in Anstalten, ein Kompromiß, der ihr das Gefühl von Sicherheit vermittelte. So war sie nicht gerade auf die Rolle einer Taufpatin vorbereitet, vor allem fehlte ihr die nötige Lebenserfahrung. Als man sie im Alter von vierundachtzig interviewte, lebte sie im St. Martin's, einem Altenheim der Little Sisters Of The Poor. Sie hatte ein ausgezeichnetes Gedächtnis, und alles, was sie erzählte, stimmte mit den Aufzeichnungen überein:

> Ich bin keine herzliche Person ... Man kriegt 'ne Menge Schwierigkeiten, wenn man 'ne Menge Freunde um sich herum hat. Der einzige Ort, an den ich jeden Tag mit den Mädchen ging, war die Messe. Ich hab' in der Küche gegessen ... Sie haben mich hochnäsig genannt, ich weiß nicht, irgendwas war da immer in mir drin ...
>
> Madge und ich waren sehr verschieden. Ich war eine erwachsene Person, und Madge war einfach ein Kind, aber sie war ganz schön drall und groß wie eine Vierzehnjährige. Sehr hübsche braune Haut. Ihr Gesicht war ebenmäßig und sanft. Sie war nicht so hell wie ich, aber sie war hell, und ihre Haare waren wirklich hübsch. Nett und sauber war sie ... Interessierte sich nur fürs Nähen. War immer niedergeschlagen, hatte sehr selten was mit den anderen zu tun ... Dann war an einem Montagmorgen die Erstkommunion, und ich geh' zur Kapelle ... der Geistliche kam rein und winkte mich mit seinem Finger her. »Komm mal für ein paar Minuten.« Er fragte mich, ob ich getauft und gefirmt bin. Ich sagte: »Ja, Vater.« Er fragt mich, ob ich mich um ein Mädchen kümmern würde und zeigt zu Madge ... Ich glaub' nicht, daß ich bis dahin mehr als zwei Worte mit ihr gesprochen habe, aber ich sage: »Ja, Vater, werde ich.« Und dann wurde sie getauft und ich ihre Taufpatin.
>
> Jeder dort wußte, daß sie unbedingt getauft werden wollte. Sie hat es unmißverständlich erklärt. Sie hat dem Vater erzählt, daß sie in St. Francis Xavier [einer Kirche im Point, in der Sadie und Eleanora die Messe besucht haben] getauft worden war, aber ihr Name war nicht eingetragen und der Name ihrer Eltern war nicht eingetragen.
>
> Sie war so glücklich, das arme Kind. Sie war da drinnen mit den anderen Mädchen, alle in weißen Kleidern und Schleier. Sie hat von einem Ohr zum andern gegrinst, man konnte fast ihre Backenzähne sehen. Sie war so leicht wie eine Feder. Und danach ging sie zu den Schwestern, und die Schwestern gaben ihr 'nen Rosenkranz. Sie war wirklich geschmeichelt. O ja, natürlich, ich hab' ihr ein Gebetbuch

gegeben. Hab' ich schon fast vergessen. Sie muß das sehr gemocht haben, denn sie hielt's immer in der Hand.

Danach kam sie meist nach dem Abendessen und saß neben mir auf dem Fußboden. Ich hab' genäht oder ein Buch angeschaut und so was gesagt wie »hallo, wie kommst du voran?« oder so was ähnliches ... Ich hab' sie nie nach Sachen von ihr oder ihren Eltern gefragt. Wenn sie mir was erzählen hätte wollen, ich hätte zugehört. Sie hat mir nie was erzählt, und ich hab' nie was gefragt. Über ihr Privatleben weiß ich wirklich absolut gar nichts.

Ich weiß nicht, zu wem sie kam, als sie ging. Ich weiß nicht, wo sie hin ist. Wir haben uns nie geschrieben. Damit war es mit Madge vorbei. Sie war ein wirklich gutes Mädchen. Dann höre ich, daß sie auf Besuch oder so was käme [1953] ... Ich war irgendwo im Hof mit den Hühnern oder so, aber da kam niemand für mich. Dann hab' ich irgendwann gelesen, sie ist gestorben ... Als ich ihr Bild sah, hab' ich zu mir gesagt: »Das ist mein Patenkind, das ist meine Madge.«

3 . *The Point*

Eleanora wurde am 3. Oktober 1925 der Obhut ihrer Mutter anvertraut. Sie zogen in das einzige Viertel von Baltimore, das sie sich leisten konnten. Wie ein Einwohner von Baltimore der Maryland Historical Society 1844 erklärte, war Fell's Point 1778 eine spärlich besiedelte Gegend vor der Stadt, dazwischen lagen Wälder und Felder. 1925 war der Point immer noch von der Stadt getrennt, lag auf der ärmlichen und damit falschen Seite, und es gab dort ein Bordellviertel.

»Kennen Sie Freddie?« wollte Pony wissen. »Seine Freundin steckt gerade in Schwierigkeiten.« Freddie war schwer zu fassen, denn er gewährte einem Barmädchen Schutz, das ein Mädchen erschossen hatte. Und jetzt waren die Brüder des Mädchens hinter ihr her, um Gleiches mit Gleichem zu vergelten. Linda Kuehl traf sich mit ihm in einem Privatclub.

Freddie war immer noch ein Mann, der sich auffallend modisch kleidete, und ein Fan von Eleanora. Er erzählte, daß Sadie und Eleanora zuerst im 600er Block an der Bond gewohnt hätten. »Es war 'ne wunderbare Gegend, eine Seite des Blocks lag auf dieser Seite vom Johns-Hopkins-Krankenhaus.« Dieses Ende der Bond lag genau auf der anderen Seite der Stadt, dem Point gegenüber.

> Sie kriegen's aus erster Hand: Als ich nämlich rausfand, wer Eleanora war, daß sie Billie Holiday war ... hab' ich ihre Platten gekauft und viel Spaß damit gehabt und hab' nicht gewußt, daß es dasselbe Mädchen war, mit dem ich aufgewachsen bin, wissen Sie, was ich meine? Denn Billie und ich waren gleich alt.
>
> Sie und Miss Sadie haben bei meiner Mutter zur Miete gewohnt. Sie haben meiner Mutter ihre Küche benutzt. Am Sonntagmorgen gab es mit Butter gebratene Kutteln und Eier und heiße Biskuits und Schinken und danach einen Nach-

tisch mit Zuckersirup. Miss Sadie war 'ne großartige Köchin. Sie war 'ne kleine, nette, hübsche Frau, immer tipptopp. Sie besuchte die katholische Kirche im 600er Block an der Eager, und ich kann mich erinnern, sie hatte eine winzigkleine Statue von unserm Heiland an der Wand. Wenn ich nachdenke, dann hat sie wohl tagsüber gearbeitet, denn meine Mutter hat das im Roland Park auch gemacht. Das Geld war ja popelig ...

Miss Sadie fuhr am Wochenende nach New York, aber sie hat Eleanora nie lang allein gelassen. Ich denke, da hat sie wohl diesen Musiker Holiday getroffen. Meine Mutter sagte: »Ich weiß, daß Miss Sadie die Wochenenden dahin fährt, also muß sie da einen Freund haben«, ... aber Baltimore war ihr wichtiger.

Zu jener Zeit lebte Clarence tatsächlich in New York, aber er stammte aus einem anderen Stadtteil, und die einzigen aus dem Ostteil, die wußten, daß er aus Baltimore stammte und Eleanoras Vater war, waren die Fagans. Selbst Pony wußte nichts über ihn. Freddie erzählte weiter:

Dann hab' ich ihnen geholfen, zum Point runterzuziehen. Miss Sadie hat meiner Mutter erzählt, daß sie 'ne kleine Wohnung gefunden hat, und sie meinte, »gut, dann kann Freddie euch beim Umzug helfen«. Ich hab' zweieinhalb Dollar für ein Pferdegespann bezahlt, und wir brauchten nur eine Fahrt. Am Sonntag bin ich zum Abendessen hin, aber man mußte sich bis ans Ende der Stadt durchschlagen. Es war am hintersten Ende vom Point. Es wurde einfach »Hintern« genannt.

Sadie hatte ein Zimmer in der Spring Street gemietet, bis sie Wee Wee Hill kennenlernte, einen gutmütigen Taugenichts. Daraufhin zogen sie in den zweiten Stock der 217 Durham Street, in ein Reihenhaus, das Wee Wees Mutter, Miss Lucy Hill, gehörte, die alle Welt nur Miss Lu nannte. Pony und ihre Mutter wohnten im dritten Stock, einer »Art Mansarde. Es war ein normales altes Reihenhaus«, meinte Pony, »das Bad draußen. Nicht besonders bequem. Scheiße. Nö. Mußte das Wasser von der Küchenspüle holen.«

Sadie nahm weiterhin »Transportation Jobs« an und mußte deshalb Eleanora bei anderen lassen. Sie zeigte Ansätze von Unternehmungsgeist. Irgendwann einmal behauptete sie, daß sie in der Pratt Street in Baltimore ein Restaurant eröffnet habe, doch sie hatte nur ein Schild rausgehängt, auf dem stand »East Side Restaurant«. Sie kochte in ihrer Küche Schweinsfüße, rote Bohnen und Reis und servierte das Ganze mit schwarz gebranntem Whisky in ihrem Wohnzimmer. Tagsüber arbeitete sie weiterhin als Haushaltshilfe. In diesem Möchtegern-Restaurant hatten Sadie und Eleanora Gas und Elektrizität, und das hat Eleanora nie vergessen. Jahre später erzählte sie dem *PM*-Magazin:

> Wir waren die erste Familie in unserer Gegend, die Gas und elektrischen Strom hatte. Mama hat in New York und Philly [Philadelphia] als Dienstmädchen gearbeitet. Sie hat all diese reichen Leute mit Gas und elektrischem Licht kennengelernt und beschlossen, daß wir das auch haben sollten. Und deshalb sparte sie darauf.

Aber Sadies Zeit am Point war eine Enttäuschung, und Wee Wee erwies sich als weiterer Fehlschlag. Er war acht Jahre jünger als Sadie und erinnert sich gut an diese Zeit. Eine Zeitlang betrachtete ihn Eleanora als Stiefvater, und fast fünfzig Jahre später äußerte er Gewissensbisse über seine vergeudete Jugend und verzieh sich, unerschütterlich in seiner Doppelmoral, gleichzeitig selbst:

> Meine Mutter wollte, daß ich bei Sadie alles richtig machen würde, und das stimmt wirklich. Sie sagte: »Wenn eine Frau gut genug ist, um mit dir zu leben, dann ist sie auch gut genug zum Heiraten.« Ich war wohl ein übler Kerl. Ich war ein Spieler, bin rumgezogen, mit vielen Frauen rumgezogen. Sadie hat mich ein paarmal angegriffen, aber ich wollte sie nicht verletzen … Sie hat in der Bond Street an ein Haus geklopft. Ich schau zum Fenster raus und seh' sie da mit einem Gewehr. Ich war echt überrascht. Ich glaub', es war ihr ziemlich egal, ob sie mich verletzen würde. Ich bin erst heim, als ihr Cousin John Fagan senior, Johnnys Vater – er ist inzwischen tot und von uns gegangen –, kam und das Gewehr nahm und es mir brachte. Als ich heimkam, packte sie einen hölzernen Zigarettenständer mit so Zweigen dran, ja, so was wie mit Geweihzinken, und warf ihn nach mir

und hat mein Handgelenk aufgerissen. Sie war klein, aber stark. Eleanora hat versucht, sie abzuhalten, hat versucht, sie zur Vernunft zu bringen, aber ich bin nichts wie weg.

Sadie sagte, sie will mich heiraten … Ich hab' wohl nie vorgehabt, zu heiraten. Und dann meinte sie, daß sie jetzt auf keinen Fall mehr mit mir in Baltimore zusammenwohnen wollte, und ging nach New York. Wir haben hin- und hergeschrieben, und schließlich bin ich hingefahren. Sie arbeitete als Kochhilfe bei einer Familie, der Name war Levy in Cedarhurst, Long Island, und wir haben wie Ehemann und Ehefrau gelebt. Sie besorgten eine Arbeit für mich als Pförtner in einem Warenhaus für Baumwollwaren am Times Square. Ich bin nicht lang geblieben, meine Mutter war krank. Sie ist auf dem Eis ausgerutscht und hat sich das Bein gebrochen, und es ist nie wieder richtig in Ordnung gekommen. Als ich nach Baltimore zurückkam, habe ich Viola kennengelernt, und sie kam zwischen mich und Sadie. Meiner Mutter habe ich versprochen, Viola zu heiraten.

Sadie hat dauernd Sachen gekauft und für sich und Eleanora Kleider genäht und für mich seidene Hemden … Sie hat nie getrunken oder sich rumgetrieben.

Auf der einen Seite dürfte es Sadies sozialem Ansehen bei den Fagans nicht gerade geholfen haben, daß sie auf der Suche nach ihrem Freund an irgendeine Tür donnerte und mit einer Pistole in der Luft herumfuchtelte, auf der anderen Seite ahnte Wee Wee wohl, daß es mit dem Spaß vorbei wäre, wenn er Sadie heiratete. Männer wie Charlie Fagan und seine Brüder hatten starke Frauen, die sich um sie kümmerten und in dieser Verbindung ihren »Mann« standen, und Männer wie Wee Wee hatten einfach Frauen, die sich um sie kümmerten, Ende. Nachdem Wee Wees Mutter gestorben war, heiratete er Viola, und als Viola 1971 starb, hatte Wee Wee wieder eine Frau, die sich um ihn kümmerte (die mürrisch meinte: »Ich weiß gar nichts über irgendeine Billie Holiday«).

Sadie wußte, daß Wee Wee sie niemals heiraten würde, und Clarence war in New York. Sie blieb also auf Long Island und brachte Eleanora für eine Weile bei Miss Lu unter. In dieser Zeit fand Eleanora ihre eigenen Vorbilder. Miss Lu war invalid und konnte nicht allein die Treppen in ihrem Haus hochgehen und sich schon gar nicht um ein Kind kümmern, das sich zusehends nachteilig entwickelte. »Miss Lu war ein Krüppel«, meinte Pony, »sie fiel hin, wenn sie die Gasse entlangkam, und damals wußte man auch noch nichts über Krebs. Und dieses Loch fraß sich einfach weiter.«

Eleanora liebte ihre Mutter auf ihre Art, konnte sie aber nicht wirklich respektieren. Tatsächlich wurde sie zu deren Spiegelbild und glich ihr sehr, und zwar durch ihre Art zu rebellieren. Wie Sadie versuchte, trotz der Ablehnungen, die sie erfahren hatte, einen gewissen äußeren Anschein von Respektabilität zu bewahren, so lehnte Eleanora jegliche Heuchelei ab. Psychologisch gesprochen sprang sie über den Zaun und bewegte sich ihr ganzes Leben lang auf die eine oder andere Weise außerhalb der konventionellen Norm. Während ihre Mutter als Bedienstete bei den Weißen für Geld arbeitete, kamen zu Eleanora Weiße und Schwarze, die bereitwillig zahlten, und wenn nicht, dann nahm sie sie einfach aus. Sie bekam sogar von den Zuhältern Geld, die sie mochten und wußten, daß sie keine Kontrolle über sie hatten, und weil sie singen konnte. Sadie war von allen Männern, die in ihrem Leben eine wichtige Rolle gespielt hatten, zurückgewiesen worden. Eleanora ließ sich nur mit ziemlich gewalttätigen Männern ein, und sie wies sie zurück, bevor die sie zurückweisen konnten. Doch aus Eleanora wurde schließlich Billie Holiday, und damit war sie kein Opfer mehr, sondern eher eine Heldin. Wie viele große Künstler(innen) stürmte sie einfach durchs Leben wie ein Expreßzug. Die Subkultur, in der sie sich selbst wiederfand, bewahrte sie davor, den Boden unter den Füßen zu verlieren oder jemals um etwas bitten zu müssen, schon gar nicht um Erlaubnis für ihr Tun.

Sadie war klein, X-beinig und neigte zu Körperfülle. Aber Wee Wee und andere schwärmten von ihrer Haut und ihrem glatten Haar. Eleanora war vielleicht zehn oder elf, als sie ihren lockeren Lebenswandel am Point begann. Aber sie war für ihr Alter ziemlich groß, größer und besser aussehend als ihre Mutter. »Sie hing bei Ethel Moore rum«, erinnert sich Wee Wee an die Zeiten der Vergnügungslokale. »Ethel hatte es faustdick hinter den Ohren, und Eleanora sah zu ihr auf wie zu einer Mutter. Sie hing da mit Mädchen rum wie Alice Dean und machte das, was die auch machten. Wahrscheinlich hat sie irgendwie damit Geld gemacht.« Wee Wee, bigott wie immer, übertrieb gewaltig, wenn er über die Hilfsbereitschaft sprach, die er und Charlie Sadie und Eleanora zukommen ließen, und meinte: »Sie mußte wirklich nicht Leute ausnehmen.« Darüber zu urteilen war aber einzig Eleanoras Sache.

> Sie wurde zu 'ner Frau, der nichts schnell genug gehen konnte. Sie wollte schnell Geld machen, schnell leben, ja, so war das. Kenne einen Jungen, mit dem sie ging: Dee Dee. Lebte bei seiner Mutter und arbeitete im Fisch-Großhandelsmarkt im Austernhaus als Packer. Er mochte Eleanora, aber sie war ihm zu gerissen. Nach Dee Dee ging sie mit einem Ganoven. Die Leute wußten's, dadurch hat sie einen schlechten Ruf gekriegt. Meine Mutter liebte Sadie, und deshalb liebte sie eben auch Eleanora. Sie hat versucht, mit ihr zu reden, ja, daß sie anständig bleiben sollte. Aber das mochte Eleanora auch nicht. [Meinte Wee Wee mit »auch«, daß er seiner Mutter ebensowenig zuhörte wie Eleanora?]
>
> Sie kommt für eine Nacht nach Haus, ißt was, hört sich das an, aber interessiert hat es sie nicht die Bohne.

Jahre später schilderte Eleanora/Billie in ihrer Autobiographie, wie sie die Marmorstufen der für Baltimore typischen Reihenhäuser geschrubbt hatte, und behauptete, daß sie mehr Geld als alle anderen Mädchen gemacht habe, weil sie ihren eigenen Eimer und Scheuerlappen mitgebracht habe. Wahr könnte folgendes sein: Pony sagt, daß sie beide Treppen geputzt hätten. Aber Eleanora fand bald heraus, daß man auf andere Weise schneller und zu mehr Geld kam. »Sadie arbeitete, aber Eleanora hab' ich nie arbeiten sehen«, meinte Wee Wee. »Mir nicht bekannt, daß Eleanora Treppen geschrubbt hat.«

1971 lebte Pony in einem heruntergekommenen Reihenhaus, aber damals waren die Reihen schon nicht mehr geschlossen: Auf der einen Seite, wo Ethel Moores Vergnügungslokal gestanden hatte, befand sich ein müllübersätes Grundstück, und auch das Haus auf der anderen Seite, in dem Johnny Fagan aufgewachsen war, war verschwunden:

> Scheiße, schlechte Zeiten ohne Arbeit. Hier gab's nur in der Packsaison Arbeit ... Ich bin die Pratt Street rauf und runter, wo die Juden leben. Hab' ihre Treppen gescheuert für ein paar Pennies das ganze Haus. Ich kann mich nicht erinnern, daß Eleanora sich da mächtig reingekniet hätte. Ich weiß nichts davon, daß sie Arbeit gehabt hätte, nö. Sie wollte schnelles

> Geld, woll. Sie nahm eine Mahlzeit, bekam keine Mahlzeit, schob ein oder zwei Nummern. Sie kam in die Durham Street zurück, zog ihre Strümpfe aus, hat sie gewaschen, halbnaß angezogen und machte sich wieder davon, dahin, wo was los war.

Pony beschreibt die Szenerie in der Durham Street: Wee Wee blieb bei Sadie, wenn er Lust dazu hatte, aber in der Regel ließ er nur seine Kleider dort und nahm seine Mahlzeiten meist mit seiner Mutter ein. »Er war ein gutaussehender Kerl, hatte andere Freundinnen. 'ne Menge Frauen, woll. Also konnten er's und Miss Sadie nicht zu oft treiben.« Sadie ließ Eleanora dort, und »als Miss Sadie abhaute, war auch sie weg«.

> Eleanora kam viel herum. Na ja, gehörte zu den Leuten, die meinen: »Mich verfluchten sie sowieso, was soll's also? Zum Teufel damit!« Also, Eleanora ging aus und machte, wozu sie Lust hatte, und sie war absolut nicht wählerisch.
>
> Ich bin ihr nachgegangen. Ich war jünger und ein Teeny und dick. Sie war ein großes, elegant wirkendes Mädchen. Ich bin mit ihr in ein Billigkaufhaus am Broadway ... Wir haben einen Rock geklaut. Sie hat ihn unter meinen Mantel gesteckt. Meine Mutter hat mich deshalb verdroschen, aber Eleanora hat ihr erzählt, daß sie es von dem Geld gekauft hat, das sie mit dem Putzen verdient hat ... Sie war jung und auf ihre Art knallhart. Sie war grade aus dem Heim gekommen, in das man farbige Mädchen steckt ...

Nachdem sie ihren eigenen Aufenthalt im Good Shepherd und die Vorgänge dort beschrieben hatte, meinte Pony: »Ich hab' nichts mitgekriegt, daß Eleanora was mit Mädchen gehabt hätte.« Nicht damals, aber Pony meinte auch, daß sie Billie später in Harlem besucht habe und das Gefühl hatte, daß Eleanora mit Frauen ging. »Ich kannte ein paar Frauen, die mit Hasch anfingen und danach auf Frauen standen.« Aber nicht in den Anfangszeiten in Baltimore:

> Nö. Eleanora stand auf Typen. Sie mochte 'ne Menge Jungs, und 'ne Menge mochten sie. Wie Dee Dee ... Dee Dee hatte Geld, weil er das einzige Kind war. Seine Familie hat ihn total verwöhnt. Aber Eleanora nannte sie »Bauernjungs«. Eleanora

wollte nur ihr Geld, und dann hatte sie keine Zeit für sie. Sie rannte mit den Mädchen runter zu Alice Dean, runter zum 200er Block an der Dallas, wo sie ein Haus hatten. Sie konnte für eine Nummer einen Dollar oder einen Vierteldollar kriegen, und wenn sie an einen mit 'ner dicken Brieftasche kam, dann, o dann konnte sie 'ne Menge Geld machen.

Ich erzähl' Ihnen mal was. Wenn du einen Mann siehst, der hier in der Gegend Sex sucht, keine Frage, daß der Geld hat. Weiße Typen, Spießer, brave Bürger meistens. Farbige haben kein Geld, sie haben nichts. Aber diese weißen Kerle kamen von den besseren Gegenden an die Pratt und Dallas, und runter vom Broadway an die Dallas, wo die Frauen warten. Die schleppen sie zu Alice Dean ab und nehmen ihnen das Geld ab. Sie gehen mit einem Mädchen und denken, daß sie ihr nur ein paar Pennies geben werden, aber sie hat einen riesigen Stuhl bei ihrem Bett direkt vor der Tür plaziert. Gut, wenn er seine Hosen runter hat, kommt sie rein und nimmt die Brieftasche raus, nimmt das Geld raus und tut die Brieftasche zurück. Wenn der Kerl seine Hosen nicht auszieht, dann fingert sie mit der Hand auf diese Weise. Sie ficken die ganze Zeit, weil sie den Kerl nur drankriegen kann, wenn er auf ihr ist. Dann ist er ja hilflos. Vielleicht muß sie irgendwelchen Quatsch reden, ihm sagen, »mach weiter und mach das und das, damit ich ihn hart bekomme, oder bis ich mich selbst wieder in Ordnung gebracht habe«, bis sie an ihn rankommt und drankriegt. Oder Alice oder eins der anderen Mädels muß sich reinschleichen, und dann nehmen sie ihn gemeinsam hoch.

Unglaublich, wieviel Geld sie machten. Ich hab' noch nie Leute gesehen, die so schnell so reich geworden sind. Eleanora machte es. *Ich* nicht – damals noch nicht. Damals mußte ich erst das Geschäft lernen, ich hab' im Haus gearbeitet und beobachtet. Alice Dean hat mir gar nichts beigebracht, ich hab' nur beobachtet, was sie getan hat. Ich hab' alles getan, nur um reinzukommen, *nur um reinzukommen*. Hab' einen ganzen Tag gebraucht, um draußen ein Zimmer sauber zu scheuern, damit ich heimlich reinsehen konnte, wie's gemacht wird.

Damals hatten sie noch nicht so viele Wachstücher, und deshalb mußte ich den Boden schrubben, bis er gelb war. Man konnte vom Boden essen. Ich hab' für sie Vorhänge gestärkt und gebügelt. Alice hat in einem Schlafzimmer weiße Vorhänge gehabt, alles war in Weiß, die Möbel, alles. Das andere war total in Blau. Alice Dean hatte wunderschöne Kleider im Schrank. Pelzmäntel, chinesische Pelze, Hudson-Seehund ... einen Nerz hatte sie damals nicht, Schätzchen. Sie trug Hauskleider. Keine Hosen, weil man aus denen nicht so schnell rauskam. Sie trug so riesige Hüte mit Krempen, flach und mit Federn von Paradiesvögeln, und im Krieg Casablanca-Hüte. Sie hatte schönes, langes Haar, glatt, in der Mitte geteilt, sie sah wie eine Indianerin aus.

Oh, Alice Dean hatte alles. Ein Graphophon im Wohnzimmer, das sie aufzogen und eine Platte spielten. Spielten »Black Bottom« und »Stormy Weather« und eine ganze Menge dieses Susie-Blues-Zeugs – wie hieß es noch? – Butterbeans and Susie? Von Florence Mills und Bessie Smith und Mamie Smith hatten sie alles. Mit Louis Armstrong hatten sie's nicht so, nö. Sie standen auf Bluessänger, auf die Bluessängerinnen, ja. Sie hatten zu Hause ein Klavier und sangen und tranken und tanzten. Mary-Mary an der Lombard-Street – ihre Schwester Esther und Billie Holiday sind zum Volksfest da drüben in der Carver Street. Damals gab's Straßenvolksfeste, und sie tanzten den Lindy Hop und den ganzen Kram.

Ponys Zeitrechnung springt ein bißchen: »Black Bottom« war 1926 ein Hit, aber »Stormy Weather« nicht vor 1933; der Lindy Hop und Casablanca kamen erst viel später. Aber die Details sind interessant. Pony nannte auch Florence Mills, die es bis zum Broadway schaffte und 1927 starb; die Mills hatte nie Platten aufgenommen, aber fünfzig Jahre später konnte sich Pony an den Namen des großen schwarzen Stars erinnern, für den Duke Ellington »Black Beauty« komponiert hatte. Butterbeans and Susie waren Joe (oder Jody) und Susie Edwards, ein Vaudeville-Team, das 1924 begann, seine zweideutigen Bluesplatten aufzunehmen: »Love Me and the World Is Mine (Hit Me and the Jail Is Yours)« stammt von 1926, »I Wanna Hot Dog for My Roll« von 1927, und 1963, in dem Jahr, in dem Susie starb, nahmen sie ein Album auf.

Die Mädchen haben sicherlich die Bluessängerinnen gemocht, aber Louis Armstrong, der auf Eleanora großen Einfluß ausüben sollte, begann erst 1926 überregionalen Erfolg zu haben. Die Leute in Baltimore nannten das Grammophon wahrscheinlich Graphophon (so, wie die meisten Amerikaner es als Phonograph bezeichneten), weil das Graphophon eine Variante von Edisons ursprünglichem Phonographen war, und die erfolgreiche Columbia Graphophone Company hatte an die Maryland, Delaware And District Of Columbia, aus der Columbia Records wurde, eine Konzession erteilt.

Pony erinnert sich an die Kleider und wie gut alle aussahen:

> Miss Sadie und sie alle haben immer drauf geachtet, gut auszusehen. Eleanora trug immer schönere Sachen als die anderen Mädchen dort. Miss Sadie brachte ihr aus New York und Philadelphia schöne Kleider, plissierte Kleider – marineblau, schwarz, rot. Im Winter Strümpfe – dunkelbraun, ingwerfarben, toastbraun. Seidenstrümpfe kosteten nur 25 Cents. Eleanora trug Satinhöschen. Tragen fast alle eleganten Frauen. In allen Farben – rot, orange, schwarz, fliederfarben, grün, gelb – und wenn sie ihr Kleid auszogen …

In ihrer Autobiographie aus dem Jahre 1956 erzählt Eleanora/Billie die berühmte Geschichte, wie verzweifelt sie nach einer Arbeit gesucht habe, und dann in Harlem im Pod's and Jerry's als Sängerin entdeckt worden sei, obwohl sie es zuerst als Tänzerin versucht hatte. Aber Pony und alle anderen am Point erinnern sich, daß sie schon zu der Zeit, als sie sich auf den Straßen rumtrieb, gesungen hat. Freddie erinnert sich:

> Wir hatten ein Victrola [eine weitere Bezeichnung für das Grammophon der Firma Victor] zum Aufziehen, und als Eleanora bei uns wohnte, hab' ich Platten aufgelegt, und sie hat dazu gesungen. Es waren Platten von Bessie Smith und ihrer Schwester Mamie Smith [die Smiths waren keine Schwestern, obwohl das alle dachten]. Eleanora hat immer die traurigen gemocht. Sie konnte Melodien im Nu. Dann hab' ich sie aus den Augen verloren und hab' erst wieder von ihr gehört, als sie nach Baltimore kommen wollte und mit Count Basie im Royale Theater auftrat.

Pony erzählt noch mehr Einzelheiten über die Parties:

> Vor allem Montagabend, jaja, Montag war blauer Montag … Nach dem Wochenende geht das Geschäft schlecht, und des-

halb sind sie durch die verschiedenen Clubs gezogen und feiern und haben Spaß und ziehen durch die ganzen Häuser. Trinken sich zu Tode. Die bestangezogenen Ganoven trieben sich in der Gegend rum, um Eleanora zum Singen anzuheuern. Sie haben Nadelstreifenanzüge getragen und Mützen von Matteburgs und genoppte Lederschuhe mit andersfarbigen Spitzen und rote Samtärmelhalter an ihren Hemdsärmeln. 'ne Menge Gauner mochten Eleanora. Sie haben sie abgeholt und mit in die Vergnügungslokale genommen.

Ein paar von den Jungs haben auch gesungen ... aber Eleanora schoß den Vogel ab. Sie war 'ne große Attraktion. Wenn sie sang, drängelten sich die Leute. Sie sang die aktuellen Lieblingssongs, schnelle und langsame Nummern. Da war in der Caroline Street ein Lokal mit einem Pianisten im Hinterzimmer. Eleanora konnte dort ein paar Dollar machen.

Skinny »Rim« Davenport war einer der Zuhälter. 1971 arbeitete er als Hausmeister in einer Schule und war, laut Linda Kuehl, eine »zahnlose, erschöpfte Bohnenstange«:

> Seine Stimme ist mild wie alter Brandy, und seine Art Gequassel ist so lieblich wie der Brombeerwein, den er mit Billie bei Ethel Moore getrunken hat. Er war einer der ersten von Billies Gönnern – der Zuhälter als Mäzen. Ihre Kunst verlieh ihr Macht und machte sie gleichberechtigt, denn Skinny gab *ihr* Geld und nicht umgekehrt. Ich weiß, daß er Billie die obligatorischen Moralpredigten ersparte, denn rückblickend verschonte er Gott sei Dank auch mich damit.

Diese Leute schämten sich nicht wegen des Lebens, das sie führten, denn das Leben war einfach eine Realität und kein Märchen. Skinny beendete »dieses Leben«, als er aus der Armee zurückkehrte und feststellen mußte, daß irgendein anderer Ganove mit seinen Mädchen und seiner Habe nach Cleveland abgehauen war. Aber er hatte gute Zeiten gehabt. »Meine Mutter«, sagte er, »hat ihr Geld mit dem Putzen der Häuser anderer Leute verdient.«

> Aber ich habe ihr Geld gegeben. Darum werde ich so alt, weil ich gut war zu meiner Mutter.
>
> Ich war damals Zuhälter, stimmt. Alle die Kerle waren damals Zuhälter. Hatten keine Autos, wollten unser Geld

nicht für irgendwelche Autos rauswerfen. Wollten unser Geld anhäufen, damit wir unseren Spaß damit haben konnten. Eleanora mochte uns. Eleanora lebte auf schnellem Fuß, sie liebte das schnelle Leben. Und ich auch.

Kann nicht sagen, was wir in einer Nacht verpulvert haben. Soviel, wie mir meine Mädchen eben gegeben haben, so viel hab ich eben verpulvert. Hab' sie alle jeden Tag gesehen, sie gaben mir, was sie verdienten. Die gaben es mir gerne. Sie haben mich geliebt, haben sie wenigstens gesagt. Ich war ein junger Mann, hab' sie im Bett befriedigt. Mehr wollten sie nicht. Ich hab' ihnen das gegeben, was sie brauchten, um fürs Geschäft repräsentabel zu sein.

Sie gingen nicht viel aus. Ich bin es gewesen, der ausgehen mußte, sie gingen kaum aus. Hin und wieder hab' ich eine von ihnen in einen Nachtclub mitgenommen, aber sie durften sich nie mit anderen Kerlen treffen. Wenn das öfter passierte, dann hab' ich sie zusammengeschlagen. Oh, das mochten sie. Sie waren auf ihr blaues Auge wirklich stolz. »Sieh mal, sieh, was mein Kerl mit mir gemacht hat!« Das mögen sie, Baby. Man muß sie schlecht behandeln. Ich weiß nicht, warum. Manche Leute mögen es einfach. Du kannst nicht nett oder so was sein, dann verlierst du sie. *Sie verliern?* Konnte mir nicht leisten, eine zu verliern. Machen Sie Witze? Nur wenn einer in die Stadt kommt und sie klaut. Ich hab' gekämpft, um sie bei der Stange zu halten. Ich bin nicht nur schlau rumgesessen. Und noch was: Die Weiber erwarten, daß sie ihr Mann vor dem Gefängnis bewahrt, egal wie hoch die Geldstrafe ist, um sie aus dem Gefängnis zu halten. Sonst, verdammte Scheiße, suchen sie sich einen anderen Kerl, wenn sie wieder rauskommen, das ist sicher.

Aber ich habe nie einen Stall gehabt, meine Mädels lebten in verschiedenen Vierteln der Stadt. Zwei habe ich am Point laufen gehabt. Für mein weißes Mädchen, Babe, hab' ich ein Zimmer gehabt. An manchem Abend haben sie den Kerlen drei-, vierhundert Mäuse abgenommen. Manchmal hab' ich eins der Mädchen mit nach Langston, Chester oder Philadelphia genommen und sie dort für eine Woche gelassen. War ziemlich gut Geld dort in den großen Vergnügungslokalen zu machen. Ganz groß für Spieler in Baltimore ist der Middle Section Club an der Lexington, zwischen Forrest und Eastern. Das ist der Elite-Club, wo die Gauner aus den anderen Städten hinkommen und einen die ganze Nacht ausnehmen. Der

Club wirft die Leute um sechs raus, wir gehen schlafen, schlafen bis zum Nachmittag, nehmen ein Bad, gehen in eine Bar, treiben uns rum.

Am Sonntagmorgen sind wir auf die Straße. Leute aus der Gegend kochten was und sagten: »Komm rein, ein bißchen Salat vielleicht, heißes Hühnchen, etwas Brot.« Sie waren die anständigen Leute, Leute, die arbeiteten, und meine Mutter kannten, und die kannte die Mutter von dem und dem und so weiter. Mein Vater, der hat am Sparrow's Point im Stahlwerk gearbeitet, aber ich hab' in einer Nacht mehr verdient als er vielleicht in sechs Monaten. Ich hab' nie eine Depression erlebt. Soviel Geld wie während der Depression hatte ich mein ganzes Leben lang nicht.

Am Montag sind wir ausgegangen. Ich hab' mich immer scharf angezogen. Ich mag diese zweireihigen Anzüge mit Smoking-Rücken, schmissige Anzüge, Anzüge mit Nadelstreifen. Nadelstreifen muß man einfach haben. Mike Turk an der Green Street hat meine maßgefertigt. Ich mag Homburg-Hüte, weiß, so groß, daß 40 Liter reinpassen.

Wir haben 'ne Taxe genommen und unterwegs hübsche Mädchen aufgegabelt. Eleanora kam oft mit. Ich mochte Eleanora als Freundin. Ich hab' ihr Geld gegeben. Sie hatte nichts, was sie mir hätte geben können. Ich mochte einfach ihre Gesellschaft. Wir haben Marihuana geraucht, guter Stoff damals. Ich war kein großer Trinker, vielleicht ein Glas Brombeerwein mit Eis und Limonade. Ab und zu hab' ich ein bißchen gekokst. Rauchte mit Eleanora gern was. Ließ sie einfach machen, ja, wurden high und hatten Spaß.

Sie war ein gutes Mädchen. Ich mein', sie hat nicht harte Sachen ausprobiert. Sie sang, sie interessierte sich nur fürs Singen. Sie sagte, wo sie sein würde, und wir sind ihr von Club zu Club gefolgt. Zuerst hat sie irgendwo an der Bethel und Pratt gesungen, das ist inzwischen abgerissen, dann weiter oben bei der Central und Pratt, und danach kam sie auf die Höhe von der Baltimore und Dallas, wo jetzt der Friseur ist. Wenn die Clubs zugemacht haben, dann haben wir sie in die Vergnügungslokale mitgenommen.

Haben sie zu Ethel Moore mitgenommen. Da hat sie mit den Joints angefangen. Ethel hatte oben eine Bar mit einem Graphophon. Man schiebt 'ne Nummer, raucht, trinkt, hört Platten. Eleanora singt, wenn wir sie bitten. Legte ein Platte ohne Gesang auf und singt dazu. Oder singt ohne Musik.

Wieder war's sechs Uhr, und die Leute wurden müde. Sie gehen heim, schlafen. Ich geh' ins York Hotel zurück. Ich weiß nicht, wohin Eleanora geht. Vielleicht mit Tooty oder Nitey, oder einem der neuen Jungs ... sind inzwischen alle tot. Ich bin der einzige, der noch lebt.

»Diesel« Haskins war 1971 der Manager des Apollo Club in Baltimore. Er erinnert sich, »wir nahmen zwei oder drei Pianisten zu irgend jemandem mit, der ein Piano hatte. Und die Eltern saßen dabei und hörten zu, und gingen dann ins Bett, und wir spielten, sangen und tanzten einfach bis in den frühen Morgen weiter. Und dann gingen wir heim, wuschen uns, wechselten die Kleidung und gingen zur Schule.« Es ist nicht ganz klar, zu welchem Zeitpunkt das war, aber Diesel hielt den Schauermann Gough für Eleanoras Vater. Während die anderen Kinder wahrscheinlich zur Schule gegangen sind, wurde Eleanora bald zur Schwänzerin. Charlie Ray, der bei dem Interview im Apollo Club ebenfalls anwesend war, meinte, daß sie ihren ersten Job als Sängerin spätabends im Buddy Love's an der Orleans Street und Wayside hatte. Er erinnert sich, daß er morgens um drei mit ihr Berge von Bohnen in einem Lokal an der Caroline/Ecke Monumental gegessen hat, wo man für 15 Cent soviel essen konnte, wie man wollte. Einer ihrer Freunde war Calvin Atkins, den Charlie für zehn Jahre älter schätzte. Er verpaßte ihr übrigens mal eine Ohrfeige, weil sie seine Schuhe anzog. »Meistens waren ihre Männer solche Ganoventypen. Sie mochte nur diesen Typ Mann, weil die ihr Leben akzeptierten. Egal, was sie gemacht hat oder wo sie hinging, keine Fragen bitte. Diese Typen verstanden dieses Leben, weil sie selbst drinsteckten.«

Pony erinnert sich: »Sie ging zum Broadway runter in dieses Custer-Kino für die Amateurshows, und auch in die Gesangsshows im Star Theater. Sie sang in der Reverend Scott's Baptist Church und in den ganzen winzigen alten Kirchen hinter den Ladenfronten, die's damals in der Dallas Street gab.« Wieviel davon stimmt, läßt sich schwer sagen. Aber Baltimore war voller Musik, und die Details sind wirklich beeindruckend. Demnach war Eleanora damals bereits Sängerin.

Die Dinge, die keiner erwähnte, sind nicht weniger interessant. Eleanora/Billie behauptete viele Jahre später, daß sie ins Good

Shepherd gesteckt wurde, nachdem sie mit zehn Jahren vergewaltigt worden sei. Aber ihrer Schilderung nach müßten Sadie und ihre Freunde das geradezu arrangiert haben, und das ist eigentlich unvorstellbar. [Der Name des Vergewaltigers wird mit Mr. Dick angegeben, was ein bißchen dick aufgetragen klingt.* Aber vielleicht steht er auch einfach generell für alle Männer.] Eindeutig bewiesen ist, daß sie mit neun ins Good Shepherd kam, weil sie die Schule schwänzte. Sie schrieb auch, daß sie in der Zeit, die sie dort war, mit einem toten Mädchen eingesperrt gewesen sei, aber auch daran kann sich niemand erinnern. Billies Geschichten waren auf ihre Weise Dichtung, Paradigmen für ihr hartes, schnelles Leben. Als William Dufty das Buch für sie verfaßte, führten immer noch jede Menge diese Ganoven ein angenehmes Leben am Point und hatten kein Interesse daran, daß ihre Lebensgeschichte veröffentlicht wurde. Und wenn, dann wäre dieses Buch sicher zensiert worden, denn 1956 hätte bestimmt keiner die Wahrheit gedruckt.

Pony erinnert sich an ein Kind, das für sein Alter groß war und an einem Ort aufwuchs, wo Kinder schnell erwachsen wurden.

> Sie war noch jung, alle Mädels waren jung, aber sie war die jüngste. Sie war groß, gut gebaut, und weil sie so jung war und so gut sang, mochten sie 'ne Menge Kerle. Sie hatte so helle Haut wie ihre Mutter, Miss Sadie war eine Frau mit hellbrauner Haut, aber klein und untersetzt, mit X-Beinen und so. Sie hatte schönes Haar, aber das von ihrer Tochter war schöner. Eleanora trug's mit einem Gummiband nach hinten zu einem Knoten zusammengebunden. Einmal hat sie eine Art Pagenkopf gehabt, und dann wieder hatte sie es wirklich jungenhaft zu einem Bob geschnitten mit hinten so einer Spange dran. Sie ham's beide nich' entkrausen müssen – mußten sie nich'.
>
> Oh, kann Ihnen sagen, die Frauen waren neidisch auf sie. Haben sie manchmal zusammengeschlagen. Irgend jemand erzählt irgend jemanden, daß dieses Mädchen gestern nacht mit deren Mann aus war, Frauengequatsche, ja. Und sie lauern draußen, bis sie reinkommt, und dann wurde sie auch grob. Dann zog sie mit Hilda und Tooty und Nitey und so

* »Dick«: umgangssprachlich für »Penis«. (*A. d. Ü.*)

> weiter in die andere Richtung ab … Eleanora bleibt bei Nitey nebenan [Eva »Nitey« Beasley in der 219 Durham Street]. Nitey hat auch gesungen. Alle ham gesungen, bei Miss Ella nach Geschäftsschluß und Pop Major's. Sangen und tranken und rauchten diese wirklich dünnen Joints, die Seeleute für Ausländer drehten, bei Isaac und Miss Laura draußen an der Caroline. Verkauften sie für 'nen Vierteldollar. Eleanora rauchte sie. Eleanora mochte auch den schwarz gebrannten Whisky, den Kornlikör, dieses farblose Zeugs. Wahrscheinlich ging's ihr gut, sie war ziemlich drauf, und sie lief die Straße runter, fluchend und schreiend: »Ihr Arschlöcher, Scheißkerle, leckt mich am Arsch, leckt mich am Arsch.«

Ein Kind, gerade mal elf oder zwölf Jahre alt, schreit auf der Straße die schlimmsten Wörter, die es kennt, weil es unbedingt erwachsen sein will. Sie wußte bereits alles über die Heuchler, und sie wußte, in welcher Welt sie lebte. Sie sprach in ihrem Buch über irgendeine »neugierige Schlampe«, die ihr Vorwürfe machte, weil sie »so was tat«, und von ihrer eigenen gepfefferten Antwort, durch die sie noch mehr Schwierigkeiten bekam: »Sie fand es schrecklich, daß ich das sagte, was sie dachte.« Wenn die Welt eine elende Wildnis war, dann wollte Eleanora sie, so gut es ging, bezwingen. Pony fuhr fort:

> 'ne Menge Leute können's nicht ausstehen, wenn man sie als Arschlöcher bezeichnet, sie schlagen einen dafür. 'ne Menge Männer, 'ne Menge Frauen. Nicht alle beschimpfen ihre Männer. Hilda nicht, sie wußte, ihr Mann hätte ihr den Hintern versohlt. Aber Eleanora sagte es ständig: »Leck mich am Arsch, leck mich am Arsch … « Wenn sie dann 'nen Block weiter weg war, reagierten sie und meinten: »Ich *werde* dich am Arsch lecken, Schlampe, und dir dann den Arsch vertrimmen …«
>
> Eleanora redete nicht viel. Sie hat's wohl gemocht, daß die Männer sie verprügelten. Die Kerle, die verrückt nach ihr waren, für die hatte sie keine Zeit, aber wer eine andere hatte, den wollte sie haben. Den hat sie sich in den Kopf gesetzt. Das waren Liebhaber, sie waren jung, sie hatten Frauen, die für sie anschafften, ihnen Geld gaben. Wie Tidy. Mit dem ging sie. Er hatte keine Arbeit, Frauen kümmerten sich um ihn. Und dann war da Beans. Beans hatte 'ne Frau,

aber er war wohl auch ein Zuhälter. In seinen späteren Jahren, nach dem Militärdienst, da hat er gearbeitet. Aber damals war er jung, er sah nett aus, so ein Dunkler, Schlanker, kräftig und gut angezogen. Und Freddie. Kennen Sie Freddie? ...

Sie ham sie oft geschlagen, ihre Männer, ja. Schlugen sie, wenn sie sie kriegen konnten. Hab' ich gesehen. Hab' sie gesehen, wie sie in die Durham Street zurückkam, als sei sie durch den Wolf gedreht worden. Ihre Augen hat sie so hingeschminkt, daß man kaum was merkte. Das Haus war dunkel, weil Miss Lu hatte ja kein elektrisches Licht, sie hatte halt Kobaltlampen. Aber *ich* konnt's sehen. Das war, als Miss Lu an Miss Sadie geschrieben hat, sie soll runter nach Baltimore kommen und Eleanora mitnehmen, weil sie mit Eleanora nicht fertig wurde. Alle möglichen Leute erzählten ihr irgendwas. Eleanoras Gesicht war mit großen roten Flecken übersät, und die Leute meinten, sie hätte 'ne Krankheit ...

Und ich vergess' nie, wie Eleanora aus Baltimore wegging. Sie hat ein weißes Voilekleid mit einem roten, glänzenden Gürtel angehabt.

Es ist nicht ganz klar, wann Eleanora nach New York ging. Einige behaupten, es sei 1929 gewesen, als sie vierzehn war. Diesel Haskins erzählte, daß sie in Baltimore »Sentimental Baby« sang, ein Lied, das erst 1928 veröffentlicht worden oder auf Platte erschienen war. Aber das Interview fand gut vierzig Jahre später statt, und seiner Überzeugung nach soll Billie damals fünfzehn oder sechzehn gewesen sein. Elmer Snowden berichtete, daß er sie 1927 in Harlem getroffen und sie zuerst nicht erkannt habe. Wee Wee erinnert sich, daß »sie schließlich Baltimore verließ, im Sommer 1927. Ihre letzte Nacht in unserem Haus, ich brachte sie zur Pennsylvania Station. Sie war froh, daß sie weg konnte ...«

Eleanora/Billie verglich in ihren Erinnerungen diese Reise, die sie allein nach New York machte, mit Charles Lindberghs berühmtem Alleinflug über den Atlantik, der im Mai 1927 stattfand und die Nachrichtensensation des Jahres war. Von da an wird ihre diktierte Autobiographie einigermaßen glaubwürdig, wenn auch schludrig, was bestimmte Details anbelangt.

Sie erzählte, daß sie eine Haltestellte später aus dem Zug ausgestiegen sei, weil sie direkt nach Harlem fahren wollte (vielleicht, um dort ihren Vater zu suchen?). Und daß sie sich verlaufen habe, als sie in New York ausstieg, aber von freundlichen Sozialarbeitern aufgegriffen worden sei, denen sie ihren Namen nicht verraten wollte. Und daß man sie schließlich mit Sadie zusammengeführt habe, die immer noch für die Levy-Familie arbeitete, die es tatsächlich gab (das bestätigte Wee Wees Aussage). Sadie fand für Billie schnell eine Arbeit als Dienstmädchen. Viele Jahre später gab Billie zu, daß diese Hausarbeiten nicht anstrengend gewesen seien, sie es aber darauf angelegt habe, gefeuert zu werden, weil sie eine andere Vorstellung von ihrer Zukunft habe. Das macht alles Sinn, denn Eleanora war ein eigenwilliges, intelligentes Kind, das gewohnt war, zu tun, was es wollte.

Dann, so heißt es, stimmte Sadie zu, sie in Harlem in Kost und Pflege zu geben, und zweifellos gab sie damit dem Drängen ihres Kindes nach. Sie brachte Billie in einem Apartmenthaus in der 141st Street unter. Laut Billie war das ein prachtvolles Gebäude mit hohen Mieten. Die Hausbesitzerin soll Florence Williams gewesen sein, die einflußreichste Puffmutter in Harlem. Daß ihre Mutter so naiv gewesen ist, wie Billie behauptet, ist schwer zu glauben. Aber wie immer auch die Umstände waren, zum ersten und wahrscheinlich letzten Mal in ihrem Leben war Eleanora wirklich in einem Bordell untergebracht. Und diese Tatsache hätte sie wohl kaum in ihrem Buch geduldet, wenn es nicht die Wahrheit gewesen wäre. Und ihre (oder Duftys) Schilderung der Verhältnisse dort ist wirklich köstlich. Sie war ja noch sehr jung und vielleicht gar nicht so wild auf Sex und konnte deshalb ihre weiße Kundschaft am leichtesten tolerieren.

> Mit meinen festen weißen Kunden war es ein Kinderspiel … Wenn sie zu mir kamen, ging alles ruckzuck. Danach das Geld, und schon waren sie wieder weg. Das Geld reichte zum Leben. Neger aber halten dich die ganze Nacht wach, reden so ein Zeug wie: »Ist es gut so, Baby?« und »Wie wär's, wenn aus uns beiden was Festes würde?«

Sie geriet abermals in Schwierigkeiten, weil sie einem einflußreichen schwarzen Kunden ihre Dienste verweigerte, der sie verhaften ließ. Sie beschrieb einen Aufenthalt auf Welfare Island. Dann hat sie angeblich einige Zeit als Bedienung in einer Spielerspelunke auf Long Island gearbeitet. Zeitlich käme das für ihre ersten beiden Jahre in New York durchaus hin.

Dann folgt eine weitere glaubwürdige Aussage über Eleanoras Aktivitäten von dem Tenorsaxophonisten Kenneth Hollon, der Jahre später für Billie bei Plattenaufnahmen spielte. Es war 1930 oder 1931, als er zum erstenmal professionell als Klarinettist auftrat, und zwar mit Hat Hunters Band, als er sie mit ins Gray Dawn, einen Nachtclub an der Jamaica Avenue und South Street in Queens, mitnahm. Er berichtete, daß das Publikum dort Geld auf den Fußboden warf und »Billie in jener Nacht ihre ersten Dollars in New York verdiente«. Seiner Meinung nach könnte das aber auch 1932 im Paradise an der Prospect und South gewesen sein. Jedenfalls sang sie Fats Wallers »My Fate Is in Your Hands«, sowie »Honeysuckle Rose« und »How Am I to Know« (von Jack King und Dorothy Parker aus dem Jahr 1929). Damals hatte Billie einen Freund namens Ham, so Hollon, der wahnsinnig eifersüchtig war. Er war Zuhälter, aber Billie ging nicht auf den Strich. Sie und Sadie lebten in Brooklyn, am 7 Glenada Place im Herzen von Bedford Stuyvesant. Aber die U-Bahnfahrt unterm Fluß hindurch kostete nur 5 Cents, und Billie kannte sich damals bereits in Harlem aus.

Für etwa diese Zeit gibt es eine entscheidende Aussage von Wee Wee Hill:

> Sadie kam zurück [nach Baltimore], als sie hörte, daß ihr Vater krank sei. Sie kam zu mir ins B&O-Gebäude, wo ich als Pförtner arbeitete, und hat mich gebeten, ob ich nicht rübergehen könnte, um ihn zu bitten, zu ihr rauszukommen. Wissen Sie, Sadies Stiefmutter war 'ne schreckliche Person, und ich wußte, daß sie niemals nicht in ihr Haus ging. Ich weiß, daß sie niemals dort war, weil die Frau ziemlich gemein war. Ich sag' das, weil ich hinging, und sie mich nicht zu ihm hoch ins Schlafzimmer ließ. Er mußte in seinem Morgenmantel zu mir runter. Ich hab' zu ihm gesagt, daß ich mir Geld leihen möchte, und er gab mir einen Zehner. Aber ich wollte das Geld gar nicht, ich wollte mit ihm reden. Aber *sie* saß da. Schließlich ging sie, und ich hab' ihm gesagt, daß Sadie draußen auf ihn wartet. Er sagte: »Ich kann nicht raus, ich bin zu schwach. Sag ihr, sie soll auf sich aufpassen, aber ich bin zu schwach. Ich kann nicht rauskommen.«

Ich bin zu Sadie und hab's ihr gesagt, und sie sitzt da und weint, und redet und weint. Sie hat mich gebeten, sie auf dem laufenden zu halten. »Teil mir mit, wie's ihm geht.« Sie ging nach New York zurück, aber ich hab' mein Wort nicht gehalten. Ich hab' sie nicht informiert. Sehen Sie, nicht ich hab' ihr mitgeteilt, daß ihr Vater gestorben sei, sondern sie hat es mir geschrieben. Es hat mir das Herz zerrissen, ich mein', wenigstens das hätte ich für sie tun können ... ich hätte ihn besuchen sollen und nachschauen, wie's ihm geht.

Aber Sie müssen eins wissen: Als er starb, hat seine Frau niemand von seiner Familie unterrichtet. Nicht mal seine Brüder haben's gewußt, daß er schon tot ist. Als Sadie es erfuhr, war er schon tot und begraben.

Wee Wee wiederholt immer wieder, daß Charlie Sadie und Eleanora geliebt habe, daß er, Wee Wee, Sadie bei den Mietszahlungen unterstützt habe und daß Charlie Sadie in der Durham Street besucht und ihr etwas Geld gegeben habe.

Charlie zahlte am 31. März 1931 die Hypothek auf das Haus der Familie Gough in der North Fremont Avenue ab, vier Jahre nachdem Sadie Baltimore verlassen hatte und nur wenige Monate vor seinem Tod am 8. Juli. Und 1931 hatte Clarence Holiday, der davor Banjo spielte, bereits mehrere Jahre bei Fletcher Henderson, einer der besten Bands in der Branche, als Gitarrist gearbeitet. Und Clarence' Tochter stand in den Startlöchern, um eine der größten amerikanischen Künstlerinnen dieses Jahrhunderts zu werden.

4 . *Harlem*

Die Stimmung ist so hinreißend wie nirgendwo auf der Welt. Warum? Es ist einfach wie in 1001 Nacht!

Duke Ellington,
bei seinem ersten Besuch in Harlem 1923.

Im neunzehnten Jahrhundert war Harlem ein wohlhabendes und gepflegtes Wohnviertel der weißen Bourgeoisie. Aber nachdem der städtische Schienenverkehr dieses nördliche Ende von Manhattan in greifbare Nähe des Geschäftsviertels am anderen Stadtende rückte, begann der Bauboom durch Spekulanten. Und da große Profite auf dem Spiel standen, konnte selbst der Rassismus die Geschäftsleute nicht davon abhalten, die leerstehenden Wohnungen an Schwarze zu vermieten. In den zwanziger Jahren war Harlem zur größten schwarzen Stadt der Welt herangewachsen.

Als Sadie und Eleanora dort landeten, hatte Harlem bereits seit etlichen Jahren eine sogenannte Renaissance erlebt. Schwarze Literatur und Musik sprengten die Grenzen, Theaterstücke und Musikshows von Schwarzen hatten den Broadway erobert, und schwarze Autoren und Künstler wurden von Carl Van Vechten und anderen Angehörigen der weißen Oberschicht gefördert.

Auf einer der Vechten-Soirées sagte die Gastgeberin zu Bessie Smith: »Zum Abschied möchte ich einen Kuß von dir!« Bessie, die sternhagelblau war, streckte sie daraufhin zu Boden und schrie: »Bleib mir verdammt noch mal vom Leibe! So 'ne verdammte Scheiße hab' ich noch nie gehört!« Bessie erkannte, wann sie herablassend behandelt wurde, und sie wußte sehr wohl, daß allzu nah am Busen des weißen Establishments ihre Kunst vernichtet würde. Vechten veröffentlichte 1923 einen Roman, der gute Kritiken bekam und Harlem einigermaßen gerecht wurde. Aber nur ein weißer Mäzen konnte so töricht sein, ihn *Nigger Heaven* zu nennen, obwohl er dieses Wort angeblich nie benutzte. Sicher haben die paar Schwarzen, die das Buch gelesen haben, es vorsichtshalber in braunes Packpapier eingewickelt.

Inzwischen hatten die Afroamerikaner während des Ersten Weltkriegs 1914–1918 erfolgreich und tapfer gekämpft, und man hatte ihnen vorgegaukelt, daß sie damit die Demokratie in der Welt sicherten. Und folglich waren sie davon überzeugt, daß sich auch zu Hause die Dinge ändern würden. Doch da bestand kaum Hoffnung. Selbst während des Krieges wurden die schwarzen Truppen wie Menschen zweiter Klasse behandelt, und im Sommer 1919 wurden sie zu Hause mit der ersten Welle von Rassenkrawallen empfangen. Man forderte sie in ihren eigenen Tageszeitungen auf, sich um ihre Dinge zu kümmern, aber auch, falls nötig, zu den Waffen zu greifen und sich zu verteidigen. Ein bekannter schwarzer Freimaurer in Kalifornien stellte die berechtigte Frage: »Wenn ein Neger es sich leisten kann, für die Befreiung der Sklaven in Europa zu kämpfen, kann er es sich dann leisten, weniger für die Verteidigung seines Heims und seiner Familie zu tun?« Nach den Unruhen in Washington im Juli schrieb der *Pittsburgh Courier:* »Eine Kugel in Washington ist nicht weniger schrecklich als eine in der Argonne.«

Die Zeiten änderten sich also. Die Harlemer Renaissance war auf Sand gebaut und wurde bald von der Großen Depression weggespült. Wie David Levering Lewis in seinem Buch *When Harlem Was in Vogue* (1979) erkannte, verhielten sich viele der literarischen Persönlichkeiten bezüglich ihrer Stellung in der Gesellschaft selbst ambivalent, manche von ihnen reisten zwischen Europa hin und her, ohne sich jemals irgendwo heimisch zu fühlen. Die afroamerikanische Gemeinde war einfach nicht groß genug, um eine literarische Bewegung zu tragen, die im wesentlichen auf europäischen Lyrik- und Erzählformen basierte. In den fünfziger Jahren stellten die ersten Experten für schwarze Studien, wie man sie später bezeichnete, in Frage, ob es überhaupt jemals eine Harlemer Renaissance gegeben hatte.

Der britische Kritiker Dave Gelly, der 1992 über das Saxophon schrieb, wies darauf hin, daß die meisten Kunstformen dann entstehen, wenn wichtige und maßgebliche Leute nichts damit zu tun haben wollen.

> Das Saxophon hat sich bis heute zu jenem unwahrscheinlich anpassungsfähigen und ausdruckstarken Instrument entwickelt, weil normale Musiker [in den zwanziger Jahren] es nicht einmal mit einer Mistgabel angerührt hätten. Es wurde in Musikhochschulen nicht unterrichtet, es gab so gut wie keine »ernsthafte« Musik, die dafür komponiert wurde … Das Ergebnis war, daß es keine richtige Spielweise dafür gab und keinen richtigen Klang, den man erzielen mußte …
>
> Tatsächlich besitzt das Saxophon keinen eigentlichen »inneren« Klang, es reagiert einfach auf die Art, wie man es bläst … Wenn man das Instrument einigermaßen gut beherrscht, dann stellen sich seine erkennbaren Einschränkungen zugleich als seine wertvollsten Vorteile heraus. Das heißt, daß man sich den Klang, den man gerne hätte, vorstellen kann und mit etwas Geduld und Übung auch erreicht.

Und das trifft auf alle Kunstformen zu, die ja in erster Linie Fusionen sind, die ganz organisch geschehen. Der Jazz war eine Fusion, und auch der Rock 'n' Roll war es Mitte der fünfziger Jahre. Aber solche Natürlichkeit hat es schwer. Heutzutage klingen viele der jungen Saxophonisten gleich, weil man ihnen beigebracht hat, richtig zu spielen, und sie deshalb nicht nach einer eigenen Ausdrucksweise gesucht haben. Aus diesem Grund klingen neuere Fusionen wie die des Third Stream oder Jazz-Rock gezwungen und haben keine große Bedeutung erlangt, weil sie nicht von selbst gewachsen sind.

In den zwanziger Jahren war der Harlem Rush viel wichtiger als die Renaissance. Mit dieser Bezeichnung wird korrekt das beschrieben, was sich auf den Straßen und in den Clubs abspielte, und nicht das, was bei den Treffen von Schickimickis oder auf den todschicken Parties gewisser Ästheten ablief, die die Slums aufsuchten. Während man die Afroamerikaner über ihre eigene Kultur im unklaren gelassen und sie gezwungen hatte, ihre »Kultur« der des weißen Mannes anzupassen, entwickelten sie ihre eigene da weiter, wo sie unter sich waren. Natürlich gab es eine Menge hipper weißer Leute. Harlem war damals eine rassenintegrierte Gemeinde, zumindest galt das für die Welt der Unterhaltung, und viele der Filmstars und großen Tiere wußten, wo man sich am besten amüsieren konnte. Wie immer zeigte die Nation als solche wenig Interesse an ihrer afroamerikanischen Kultur, aber der Harlem Rush sollte in den kommenden Jahren die Welt mit sich reißen.

Schwarze Musikrichtungen entwickelten sich immer an verschiedenen Orten gleichzeitig: die herkömmliche Definition, daß der Jazz in New Orleans seinen Anfang genommen und dann mississippiaufwärts gewandert sei, hat zwar ihre Mängel, mag aber als knapper Abriß hingehen. Und in den späten zwanziger Jahren verlagerte sich das Zentrum schwarzer Musik von Chicago weiter nach New York. Freddie Green, Eleanoras alter Freund aus Baltimore, der kurze Zeit in Harlem gelebt hat, meinte 1971, daß Harlem im Vergleich zum Point dasselbe war, nur eben anders, wie die Amerikaner zu sagen pflegen:

> Wer vom Point in die 125th Street zog, erlebte dasselbe nur in einer anderen Stadt … Es war eine größere Stadt, das Nachtleben lebendiger, in Harlem gab's mehr Clubs. Harlem ist härter, jeder gegen jeden, man mußte sich durchbeißen. Man mußte mehr Druck machen. Man war total auf sich gestellt, keiner half dem anderen … ziemlich rauh.

Als 1964 *The Sound of Harlem,* eine Auswahl von Plattenaufnahmen der Columbia, erschien, beschrieben Frank Driggs und George Hoefer in einem beiliegenden Textheft über einhundert Clubs, Cafés und Tanzhallen in Harlem, und damit hatten sie noch lange nicht alle aufgelistet. Viele der Lokale konnten sie deshalb nicht aufführen, weil es vorwiegend Privatclubs waren. Wer einen Raum hatte, der nutzte ihn auf die beste Weise. In diesem Milieu fanden sich Sadie und Eleanora wieder.

Laut Standesamt hatte Clarence am 5. Juli 1927 Fannie Lee Taylor aus Fredericksburg, Virginia, geheiratet. Meist wurde ihr Name Fanny geschrieben. Eleanora/Billie erzählte später in ihrem Buch, daß sie aus Westindien stammte, aber Fanny selbst sagt:

> Ich komme aus Virginia. Da kommen die tollsten Weiber her. [Clarence] hab' ich zum erstenmal im Waltz Dream Ballroom in Philadelphia getroffen. Ich ging an diesem Abend auf eine Tanzveranstaltung, und er bediente dort den Lift. Er war ungefähr einundzwanzig, das war 1920 oder '21. Ich kam 1924 nach New York, wir kamen zusammen, Clarence und

ich. Damals hatte er hier ein Zimmer, und ich arbeitete den Sommer in den Bergen von Pocono, und ich besuchte ihn hier in seinem Zimmer. Wir lebten zusammen, dann heirateten wir.

Später korrigierte sich Fanny und behauptete, daß sie Clarence 1922 in Philadelphia getroffen habe. Clarence war dort aufgetreten, wenn er gerade mal Geld brauchte, unter anderen spielte er mit dem Saxophonisten und Klarinettisten Russell Procope zusammen. Später arbeiteten die beiden zusammen in Fletcher Hendersons Band, aber Procope wurde vor allem durch seine Arbeit in Duke Ellingtons Band von 1946 bis zum Tod des Duke bekannt. Clarence brachte es nie zum Solisten, wurde aber ein Meister der Rhythmusgitarre, eine Kunst, die heutzutage fast ausgestorben ist. Jimmy Crawford, der in Jimmie Luncefords überaus populärer Band als Schlagzeuger spielte, lobt Clarence' Spielweise: »Er war ein echter Rhythmusgitarrist, sein linker Fuß war ständig in Bewegung, stampfte mit, ja, so war das, bei ihm war alles im Fluß, er swingte wirklich!«

Der größte Rhythmusgitarrist aller Zeiten war zweifelsohne der andere Freddie Green, der über fünfundvierzig Jahre mit Count Basie spielte. Er war verheiratet und einer von Billies zahlreichen Liebhabern gewesen. Der junge Posaunist Dennis Wilson formulierte es Jahre später sehr zutreffend: »So wie's in der Bibel steht, wo es heißt ›So laßt es geschehen!‹, so fing Freddie zu spielen an.« Viele im heutigen Musikgeschäft können eine Rhythmussektion, die von Musikern live gespielt wird, nicht von einem computergesteuerten Beat unterscheiden, aber die Rhythmusgitarre der Swing-Ära wurde als »die lachende Uhr« beschrieben. Ihre Bedeutung für die Musik dieser Periode kann gar nicht hoch genug eingeschätzt werden. Den 4/4-Takt auf der akustischen Gitarre fühlte man mehr, als daß man ihn hörte, und die Plattenaufnahmen aus jener Zeit haben den Klang nicht sonderlich gut eingefangen, aber auf Basies Platten kann man Greens Griffe hören, nicht nur als einen integrierten Teil des Beats, sondern weil er mit Akkorden dem Rhythmus Harmonie einhaucht.

Clarence Holiday gehörte zu dieser illustren Gesellschaft, nachdem er sich 1928 Hendersons Truppe anschloß, der damals wohl beliebtesten Band der schwarzen Szene, und, wie Benny Carter später bemerkte, der besten Band, die die beste Musik machte. Wer es in dieser Band schaffte, der schaffte es überall. Die Band hat auch viele Plattenaufnahmen gemacht, und diese Platten vermitteln sehr viel Spaß und sind gut aufgenommen. Wie Driggs bemerkte, gab es zwar keine Hoffnung auf Rassengleichheit, aber ein Musiker, der in einer Spitzenband spielte, konnte damals sehr gut davon leben.

Clarence (dessen Spitzname »Lib-Lab« war, was eigentlich Improvisation bedeutet, sich aber auf sein flottes Mundwerk bezog), spielte bis 1933 bei Henderson, mit Ausnahme einer kurzen Unterbrechung aus gesundheitlichen Gründen im Jahr 1932. Später spielte er mit Carter und Don Redman. Redman hatte bis 1927 die meisten Arrangements für Henderson geschrieben und damit zu seinem Aufstieg wesentlich beigetragen. Oft wird behauptet, daß Clarence auch mit McKinney's Cotton Pickers aufgetreten sei, einer Band aus Detroit, deren musikalischer Leiter 1927–1931 Redman gewesen ist, aber das stimmt nicht. Es war eine Ausrede von Eleanora, die Jahre später das Scheitern der angeblichen Ehe ihrer Eltern damit erklärte, daß er wegen seiner Tourneeverpflichtungen mit den Cotton Pickers nie dagewesen sei.

Ab 1929 hatten Clarence und Fanny eine Wohnung mit drei Schlafzimmern am 79 St. Nicholas Place, und sie vermieteten diese Zimmer weiter. Der Bassist und Bandleader John Kirby brachte weiße Mädchen mit, Jimmy Crawford war ebenfalls Untermieter. Fanny betonte, daß sie und Clarence eine offene Beziehung hatten. »Clarence hörte sowieso nicht auf mich. Er war der Boß. Er war mein Boß. Ich habe auf *ihn* gehört.« Aber als Clarence zum erfolgreichen Musiker avancierte und viel auf Tournee war, spielte Fanny nicht das brave Hausmütterchen. Und Clarence war schon immer ein streunender Kater gewesen. Atlanta Shepherd, eine Weiße, die in einer Tanzhalle arbeitete, brachte laut Fanny offensichtlich 1932 an Clarence' Geburtstag ein Mädchen namens Mary zur Welt, das angeblich seine Tochter war. Fanny mochte Atlanta und nannte sie ihre »Schwager-Frau«. Fanny mochte auch Eleanora. Es hieß einmal, Eleanora habe später mit Fanny und Clarence zusammengelebt, aber sie war Fanny bereits zu ungezügelt. Immerhin ließ Eleanora, als sie schließlich Billie Holiday geworden war, immer Drinks an Fannys Tisch servieren, wenn sie anwesend war.

Fanny sah Sadie und Eleanora zum erstenmal, als sie auf einen Besuch in die 144th Street zwischen der 7th und 8th Avenue kamen. Fanny meint, daß Eleanora damals vielleicht zwölf oder dreizehn gewesen sei, ein »dickes Ding mit riesigen Brüsten«. Alle mochten sie, aber sie blieben den ganzen Tag, und Clarence fing an sich zu langweilen. Zweifelsohne hätten Sadie und Fanny gute Freundinnen werden können, wenn Sadie ihre Karten entsprechend ausgespielt hätte. Statt dessen entwickelte sie sich schon sehr bald zu einer Nervensäge. Der Posaunist J. C. Higginbotham meinte: »So einen prima Kerl wie Clarence gab's kein zweites Mal, er war freundlich, witzig, trank gern, hatte Spaß.« (Der Schlagzeuger Walter Johnson hatte noch nie jemanden kennengelernt, der so viel wie Clarence trank. Er schluckte Wassergläser voll purem Whisky, aber »ich habe ihn nie betrunken gesehen«.) Im Laufe der Jahre bekam er den Eindruck, daß Sadie jedesmal auftauchte, wenn der umgängliche Clarence einen Club betrat, um was zu trinken. Auf die Frage nach dem berüchtigten Handgemenge, bei dem sie angeblich Sadie mit einer Handtasche niedergestreckt habe, gab Fanny freimütig zu, daß sie die Nase voll hatte:

> Irgendein Club, 101 Lenox Avenue. Clarence war mitten in seiner Sache, er war da mit 'ner Gruppe von uns, und Sadie kam rein, und sie war, na ja, immer hinter mir her, und es sah so aus, als wollte sie auf mich los. Mich packte die Wut. Ich brauchte keine Handtasche. Ich hab' sie mit den Fäusten niedergeschlagen. Darum hat der Typ mich gepackt und aus dem Club geworfen und nicht wieder reingelassen.

Als Fanny noch in der 144th Street wohnte, besaß Clara Winston zwei Wohnungen in der 135 West 142nd Street. In der einen wohnte sie, in der anderen wickelte sie ihre Geschäfte ab. Clara kannte Clarence schon sehr lange und war eine gute Freundin von Fanny. In ihrer zweiten Wohnung führte Clara eine Art Vergnügungstreff wie Ethel Moore in Baltimore: kein Bordell, aber man konnte essen und trinken, und die Gäste konnten auf eines der Zimmer gehen, wenn sie eine Frau bei sich hatten. Sadie und Eleanora lebten in Claras erster Wohnung, in der sie selbst wohnte. Sadie arbeitete für Clara als Haushälterin, und Eleanora machte, was sie wollte.

> Ich hatte mein Geschäft laufen, und zu mir kamen Leute aus allen Schichten, sogar Tallulah kam zu mir. Man mußte keine Angst haben, bestohlen oder ausgeraubt zu werden, ja, verstehen Sie? Das ist heute wirklich anders.

Clara schwelgte freudig in Erinnerungen. Wie so viele der älteren Menschen, die man Jahre später interviewte, kam auch sie über das damalige Harlem ins Schwärmen, aber die Zeitabläufe gerieten ihr etwas durcheinander. Sie hatte ein »übles Stinktier« geheiratet, den man auf der Straße zu Brei schlug. Und »haben Sie von der Frau gehört, die diesem Mann, der hier im Haus wohnte, fünf Kugeln in den Leib gejagt hat?« Doch das passierte alles sehr viel später: Ihr ekelhafter Ehemann wurde nach dem Krieg zusammengeschlagen, und der Mann, der erschossen wurde, »ist grade mal ein Jahr tot«. Harlem, wie es Clara in ihrer Blütezeit erlebte, war anders. Wenn es damals in einem Lokal an der Lenox Avenue eine Schießerei gab, dann zwischen Gangstern, »einflußreichen Itakern«. In den guten alten Zeiten war Harlem für normale Leute, Weiße wie Schwarze, ziemlich sicher. »Zu mir kamen 'ne Menge wunderbarer Leute.«

Als Clara auf die Zeit mit Sadie und Eleanora zu sprechen kam, äußerte sie sich über gewisse Einzelheiten sehr zurückhaltend: Sadie »war eine sehr nette Person, die immer helfen wollte ... Sehr oft hab' ich ihr Geld angeboten ...« Die Vorstellung, daß Eleanora sich irgendwie nützlich machen würde, war grotesk, »aber hören Sie zu, Süße, ich weiß nichts davon, daß [Eleanora] 'ne Prostituierte war. Darüber weiß ich rein gar nichts. Aber besser, man verkauft sich, als daß man's umsonst macht, das ist meine Meinung.«

Egal, was Eleanora auch sonst noch getrieben haben mag, sie hat jedenfalls auch gesungen. »In den späteren zwanziger Jahren arbeiteten wir in einem Club in Harlem, dem Nest Club«, erzählte Mae Barnes, »und da hab' ich Billie kennengelernt, das war lange bevor sie's in das Monroe Uptown House änderten.« Das Nest befand sich an der 169 West 133 Street. Es war ein beliebtes Lokal, und 1927 hatte sogar eine Schießerei zwischen Gangstern stattgefunden. Elmer Snowden hatte hier eine Band, und später Luis Russell. Der großartige Ellington-Musiker Barney Bigard spielte für Russell Klarinette, und der Duke hörte ihn zum erstenmal im Nest.

Der Platz in diesem Buch reicht einfach nicht aus, um all die Persönlichkeiten und musikalischen Schätze aufzulisten, die in diesen Clubs kamen und gingen, und darum wundert es einen nicht, wenn Mae Barnes nach über fünfundvierzig Jahren manche Namen durcheinanderbringt. Etwa 1932 war aus dem Nest Dickie Wells' Shim Sham Club geworden. Clark Monroe's Uptown House lag ein paar Häuserblocks entfernt. In Barron's Exclusive Club arbeitete Ellington 1923 mit Snowden; Barron Wilkins war ein prominenter Harlemer, der ermordet wurde, weil er sich weigerte, den Gangstern für seinen Schnaps Bestechungsgelder zu bezahlen. Sein älterer Bruder Leroy war einer der ersten Arbeitgeber von Willie »The Lion« Smith, und Lion erzählte in seinem wundervollen Buch *Music on My Mind* (1964), wie ein tuberkulöser Kokain-süchtiger, Yellow Charleston, von der Mafia beauftragt wurde, Barron zu töten, und starb, bevor man ihn vor Gericht bringen konnte.

Mae Barnes erinnert sich an vieles. Mit zwölf fing sie im Showgeschäft an, ging mit einer »großen, dicken, blonden« weißen Sängerin, Ethel Whiteside, und ihren Ten Pickaninnies nach Europa. Sie arbeitete in der schwarzen Vaudeville-Szene des TOBA-Kreises (Theater Owners' Booking Association, oder »Tough On Black Artists« oder auch »Tough On Black Asses«). Ihre Rolle war die des Mädchens am Ende der Tanzreihe, das immer herumkaspert, ständig aus dem Takt kommt und versucht, mit den anderen Schritt zu halten. Sie trat am Broadway unter anderem in *Shuffle Along* (1921), *Runnin' Wild* (1923), in der einen oder anderen Bearbeitung von *George White's Scandals* und *Ziegfeld Follies* (mit Tallulah Bankhead) auf. Mit Billie war sie bis zum Schluß befreundet:

> Ich weiß nicht, wann Billie aus Baltimore nach New York kam, aber ich hab' sie 1928 kennengelernt. Damals hatte sie noch nicht ihren eigenen Stil. Sie sang alles von Louis Armstrong. Sie kannte sein Platten auswendig, jede ... »West End Blues«, »Heebie Jeebies«, »Sweethearts on Parade« ... Sie hat seinen Stil nicht imitiert, aber sie sang alle seine Stücke. Das hat sie inspiriert: seine Songs zu singen. Damit hat sie angefangen: sie veränderte Louis' Stil zu ihrem eigenen, und nur dazu hat sie seine Lieder benutzt, etwa »Two by two, we go marchin' through«, und sie machte dieses Louis-br-r-r-rmmm-Ding und gleichzeitig dazu ihre eigene Sache. Louis hat ihr einfach den Kick dazu geliefert.

> Sie hatte immer diese tiefe Stimme, diesen doppeldeutigen Ton. Sie konnte es genauso wie er, fast exakt wie er, weil sie diese schwere Stimme hatte, diese rauhe Stimme, selbst als sie dann ihren eigenen Stil hatte ... »I Surrender Dear«. Sie zog es, und sie machte diese fließenden Läufe wie Louis auf der Trompete, aber eben mit der Stimme. Man konnte keinen Unterschied hören ... Im Nest sang sie »Them There Eyes«.

»Them There Eyes« wurde 1930 verlegt und von Louis Armstrong im Jahr darauf im April aufgenommen; da hatte das Nest bereits einen anderen Namen. Aber es wurde eines der bekanntesten Lieder von Billie, und jetzt wissen wir definitiv, wer Billie Holidays wichtigster Einfluß war. Louis ist wahrscheinlich noch heute der einflußreichste Solist in der Geschichte der amerikanischen Populärmusik.

Als Louis Armstrong auftauchte, hatten die Jazzmusiker bereits den Swing entdeckt. Sie nannten es »abheben« oder »einen Boston machen«, aber Louis swingte sogar beim Reden und machte es zu einem Bestandteil der Luft, die jeder atmete. Als er 1923 in King Olivers Band als zweiter Kornettist arbeitete, blieb den weißen Kids in kurzen Hosen, die immer noch den Chicago-Stil weiterentwickeln wollten, die Luft weg. Zu diesen jungen Leuten gehörte auch Benny Goodman. 1924 ging Louis für ein Jahr nach New York, um mit Fletcher Hendersons Band zu arbeiten, die damals nur eine gutbezahlte Tanzcombo war, und wies ihr den Weg. Von Ende 1925 an wurde die Musikwelt durch seine eigenen brillanten Hot Fives und Hot Sevens auf Armstrong aufmerksam, der damit zum ersten großen Solostar wurde, der komplette Plattenaufnahmen allein zum Swingen brachte und nach Belieben Noten und Phrasierungen veränderte. Er hat zwar weder den Stop-Time-Chorus noch den Scat-Gesang oder sonstwas erfunden, aber er machte alles auf eine so natürliche Weise, als ob ihm die Musik gehörte. Und 1929 trat er als Leadsänger von Big Bands auf, die nur noch den Showhintergrund für seinen Gesang und Tanz abgaben, und ließ eine Serie Hitplatten vom Stapel, bis 1930 allein über vierzig Stück. Er verarbeitete alles zu seiner eigenen Sache, angefangen von einem so großartigen Popsong wie »Body and Soul« über den mexikanischen Hit »The Peanut Vendor« bis hin zu dem schmalzigen »Sweethearts on Parade« (Guy Lombardo hatte damit bereits einen Nummer-eins-Hit), die alle 1930 aufgenommen wurden.

Seit ihrer Kindheit mochte Eleanora Bluessänger. 1956 erzählte sie Willis Conover in einem Interview:

> Ich schätze, daß ich Louis Armstrongs Stil kopiert habe. Weil ich dieses immense Volumen mochte und den vollen Klang, den Bessie Smith hatte, wenn sie sang. Ich war noch sehr jung, als ich eine Platte von Louis Armstrong hörte, »West End Blues«. Und er singt kein einziges Wort darauf, und ich dachte, das ist wunderbar! Und mir gefiel das Gefühl, das er dabei rüberbrachte. Deshalb mochte ich das Gefühl von Louis und den vollen Klang von Bessie Smith. Aber ich fand raus, daß ich das nicht hinbekam, weil meine Stimme nicht wirklich kräftig ist. Is' ja egal, irgendwie wurde ich zwischen den beiden zu Billie Holiday.

Bessies angeborene Musikalität und Fähigkeit, sich einen Song völlig zu eigen zu machen, hatte seine Wirkung, und in Armstrong fand Billie die wahre Inspiration, das letzte Stück des Puzzles.

Mae erzählte, daß sie gewöhnlich gegen zwei Uhr morgens im Nest anfingen. Mae hatte sich aufs Singen verlegt, nachdem sie bei einem Autounfall verletzt worden war.

> Wir mußten zwischen den Tischen durch, ich, Billie und ein italienisches Mädchen, das als Schwarze durchgehen wollte – Audrey hieß sie. Sie schüttelte ihre Büchse und klaubte die Dollars von den Tischen. So ein Club war das. Billie nahm kein Geld von den Tischen. Sie trat als Sängerin auf, aber eine Tänzerin war sie nicht. Sie ließ sich das Trinkgeld in die Hand geben. Audrey sang schlüpfrige Songs, solche Sachen machten wir alle. Aber Billie war nicht der Typ für so was …
>
> Billie Haywood, eine strahlende schwarze Schönheit, wie man sie selten sieht, mit Zähnen so weiß wie Perlen und den tiefsten Grübchen … Billie Haywood und Cliff Allen waren ein Team, sie traten überall drunten in der Stadt auf … Sie konnte »This Is My Last Affair« singen, auf 'ne sehr komödiantische Weise. Er spielte 'ne Ballade, aber sie mochte keine Ballade, und dann legte sie los, und er machte mit Tempo weiter, und sie sang – sie war 'ne verdammt gute Rhythmussängerin. Sie sangen in einem Lokal, das hieß

Don's Basement, in der 137th Street, glaub' ich, und ich ging in den Pausen zu ihrem Club runter, mit Billie, und sie kamen zu uns. Wir hörten so gegen sieben oder acht Uhr morgens auf, wann auch immer, und dann sind wir bis ungefähr zwölf Uhr mittags durch die Kneipen gezogen. Wir gingen zu Pops, in der 132nd Street und 7th Avenue. Wir suchten alle auf, die noch geöffnet waren. Mike's an der 141st Street und 7th, und in andere kleine Kneipen, ich hab' die Namen vergessen. Und von da aus gingen wir in irgendwelche Wohnungen, wo's Privatkneipen gab, und kauften Whisky und tranken, das machten wir um zwölf Uhr. Wir haben Joints gekauft. Wir sind gegen vier oder fünf nachmittags ins Bett, schliefen, und gingen gegen zwei Uhr morgens wieder zur Arbeit. Arbeiteten sieben Nächte pro Woche, ohne freien Abend. Wollten auch gar keinen freien Abend. Wir konnten pro Nacht etliche 100 Dollar machen.

Billie Haywood und ich verstanden uns besser, weil Billie Holiday einfach langsamer sang. Billie Haywood und ich hatten ein schnelleres Tempo drauf. Als Freundinnen waren wir drei unschlagbar. Wir verstanden uns immer. Ich kann mich an keinen einzigen Streit erinnern. Wir griffen beim geringsten Anlaß an, dadurch kam uns niemand in die Quere … Ich war die lustigste von allen. Wir hatten alle drei ziemlich viel Pep. Und wenn eine von uns irgendwas allein vorhatte, dann trennten wir uns einfach mit einem »ich find dich toll«. Billie Holiday war die schlimmste von uns.

Billie nannte sie Maisie. »Ja, und sie gab mir noch 'ne Menge anderer Namen, Mistbiene, Scheißkerl, ah, ha. Das war so unsere Umgangsart. ›He, Mistbiene, mach mal das und das.‹«

Filmstars wie Franchot Tone und Burgess Meredith gehörten zu den Gästen des Nest, behauptete Mae, und trieben sich mit den Mädchen rum. Meredith und Mrs. Tone waren vor allem auf Billie Haywood scharf, und Mrs. Tone gab den Mädchen manchmal einen 50-Dollar-Schein Trinkgeld. (Tone heiratete 1935 Joan Crawford, und die Mrs. Tone, an die sich Mae erinnert, war wahrscheinlich die Mutter des Schauspielers.) Vierzig Jahre später erzählte Mae, daß Billie Haywood als Dienstmädchen bei Mae West gearbeitet habe, einen Autounfall hatte und inzwischen geistig verwirrt sei. Aber in ihrer Jugend hatten sie viel Spaß.

Mae über die Geschichte von der Verhaftung der beiden Billies:

> Wir traten im Nest auf, war wohl 1929 oder '30. Lautes Gerede brachte die Bullen auf den Plan. Lady machte auf der Straße weiter, jaja. Beim Morgengrauen. Sie redeten laut, und schrien herum und lachten und fluchten. Und ein Bulle kam an und versuchte sie zum Schweigen zu bringen, aber daraufhin wurden sie noch lauter. Und sie wollten sie einsperren, und daraufhin schrien sie: »Das darf doch nicht wahr sein, also, los!« Und dann weigerten sie sich mitzukommen und setzten sich mitten auf die Straße, und weigerten sich in den Streifenwagen einzusteigen. »Ich geh' freiwillig keinen Schritt, ihr müßt mich schon zum Wagen tragen.« Und dann mußten sie mit dem Streifenwagen vorfahren ... Sie nahmen sie also mit und verdonnerten sie wegen ordnungswidrigem Verhalten, und das Gericht hielt ihnen eine Standpauke, und dann brachte man sie direkt zur 135th Straße, da ist ein Polizeirevier. Ich stand da und sah, wie sie Krach schlugen. Ich konnte mich nicht bewegen ... Wir versuchten eigentlich immer, vierundzwanzig Stunden am Tag zu trinken.

Eleanora/Billie arbeitete ungefähr ein Jahr im Nest, meinte Mae, dann zog sie auf die andere Straßenseite zu Pod's and Jerry's. Etwa zu dieser Zeit änderte sie ihren Namen. Viele Jahre später erzählte sie, daß sie sich nach Billie Dove, einem Filmstar aus jener Zeit, benannt habe, aber wir wissen, daß sie eine Busenfreundin namens Billie hatte, und auch, daß einige ihrer Freunde sie bereits »Bill« oder »William« nannten. (In ihrem Buch behauptet sie, daß ihr Vater sie, als sie klein war, Bill genannt hat; allerdings war er ja nur selten anwesend.) Der Name Fagan hat ihr nie irgendwelche Vorteile gebracht, aber es widerstrebte ihr auch, mit dem Ruhm ihres Vaters hausieren zu gehen, und deshalb nannte sie sich eine Weile Halliday. Und laut Mae entwickelte sie inzwischen auch langsam einen eigenen Stil. Hat sie jemals den Blues gesungen?

> Nein. Das wollte ich Ihnen gerade erklären. Sie machte es nicht. Sie ist nicht 'ne Bluessängerin, o nein. Sie hat nie über ihren Gesang gesprochen. Sie hat ihren eigenen Stil, keiner, der versucht sie nachzumachen, schafft es ... Selbst die Besten haben es probiert, aber, tut mir leid, sie hatte *ihren ganz eigenen Stil.*

Mae war eine Unterhaltungskünstlerin, die die Anfänge von Billies Karriere miterlebt hatte, aber auch ihren Abstieg. Für sie waren diese Erinnerungen sehr kostbar. Doch anderen Vorwürfe zu machen, weil sie von Billie beeinflußt wurden, ergibt sowenig Sinn, wie wenn man Henry »Red« Allen und Jabbo Smith vorwerfen würde, daß sie wie Louis Armstrong klingen. Sie wurden ganz automatisch beeinflußt, und trotzdem besaßen sie eine eigenständige musikalische Persönlichkeit.

Auf die Frage, wer Billie im Nest begleitete, antwortete Mae: »Ein Mann, den sie liebte.«

> Bobby Henderson war wohl der einzige Mann in ihrem Leben, den sie wirklich geliebt hat. Ein wunderbarer Pianist, mein Gott, konnte der Klavier spielen ... Er spielte Duke Ellingtons »Sophisticated Lady«, wie es keiner gespielt hat ... die Akkorde, die er rausholte. Wo Duke Läufe gespielt hat, spielte Bobby Akkorde, und setzte noch herrliche Akkorde dazwischen ...
>
> Als ruhig würde ich ihn grade nicht bezeichnen, weil Bobby ganz schön was schlucken konnte, ja. Er war sehr lebhaft. Wenn er mit Leuten ausging, die er nicht kannte, war er vielleicht still. Aber wenn Billie und er und ich zusammen die Clubs besuchten, oder so was, was wir ja oft machten ... zu Leuten war er, ja, irgendwie reserviert.

Bobby Henderson war ein guter Beobachter, der ganz gut auf sich selbst aufpassen konnte. Und er war ein Mann mit sehr viel Gefühl – für seine Heimatstadt New York, für Musik und für Menschen. »Auf eins will ich hinweisen«, meinte Bobby:

> Ich hatte schon immer die Angewohnheit herumzulaufen, und in Harlem ging ich allein oder mit jemandem, der gerne spazierenging, den Hudson River entlang, und dann hielt ich irgendwo an und kaufte mir eine Flasche Wein. Die Leute haben sich gefragt, was ich da treibe – es ist ruhig dort, weg von diesem Nachtleben, weg von allem, und deshalb hab' ich's gemacht. Central Park – ich kenn' jeden Weg in den Parks von New York. Ich bin einer der wenigen, die von der Battery bis zur Bronx, vom Hudson River bis zum East River gelaufen sind. Durch Chinatown. Ich glaub', es gibt keine Straße in New York, durch die ich nicht gelaufen bin. Es ist

'ne riesige Stadt, aber ich kannte mich schon als Kind aus. Und Gott sei Dank hab' ich unterwegs immer Musik gehört, manchmal lief irgendwo eine Jukebox, und ob ich nun im Central Park war oder so, ich hab' immer Klänge gehört. Und wenn ich mich nachts am Piano niederließ, meinten die Mädchen: »Wo hast du heute gesteckt? Was hast'n getrieben? Deine Tasten klingen ziemlich frisch!«

Er gab seinen Buchhaltungsunterricht auf, marschierte einfach eines Tages aus der High School, weil er überzeugt war, daß er vom Musikmachen leben konnte.

Ich sagte mir, wer führt schon diese Bücher in *so* einer Verwaltung? Und das war, nachdem ich am Abend zuvor Duke Ellington gehört hatte. Und ich saß in der letzten Reihe, und ich hörte nichts anderes als Duke, wie er »Sophisticated Lady« spielte, und der Name meines Lehrers war Mr. Marquet, und er rief mehrmals meinen Namen auf: »Mr. Henderson, Mr. Henderson.« Ich schau' auf, er meint: »Wo sind Sie denn?« Und da wußte ich es. Ich antwortete: »Kann ich Ihnen nicht sagen, aber ...« Und die ganze Klasse sah mich an, und alle lachten ... Ich nahm meine Bücher und meinte: »Mr. Marquet, geben Sie die Bücher dem Direktor mit den besten Wünschen von mir, weil ich jetzt sofort die Schule verlasse.« Er meinte: »Das geht nicht«, und ich darauf: »Ich bin aber bereits dabei, es zu tun ...« Ich sprang auf eine dieser offenen Straßenbahnen und fuhr direkt nach Harlem.

Bobbys Mutter war Hausmeisterin. Sie war enttäuscht, denn sie wollte, daß Bobby das College besuchte, aber wer sollte es finanzieren? Bobby umarmte und küßte sie und erzählte ihr, daß er bereits mit seinem Pianospiel auf Parties Geld verdiente.

Ich arbeitete mit Stanley Payne, und Stanley spielte damals Geige ... Wir spielten also auf diesen Parties, und da hört mich dieser Kerl und meint: »Also, der Junge da kann ganz nett spielen.« Ich fand unten in der Stadt einen Job als Kühlschrankputzer, und dann arbeitete ich im Textilviertel. Und dieser Kerl Jack Sneed, der die viersaitige Gitarre spielte, der war wohl der gerissenste Kerl auf Gottes Erdboden, aber auch total hip, erzählte Jerry: »The Lion will gehen.« Also damals

> ging Jerry's los wie 'ne Rakete, Mann, und Lion mußte ersetzt werden.

Stanley Payne hatte seine Sache offensichtlich gelernt, denn er spielte dann bei einer Plattenaufnahme von 1940 in Benny Carters Band das Tenorsaxophon, und zwar neben Coleman Hawkins.

Jerry war Jeremiah »West Indian« Preston, der seine Karriere als Nachtclub-Impresario vor über einem Jahrzehnt mit dem Orient begonnen hatte. Etwa ab 1925 führte er mit seinem Partner Charles »Pod« Hollingsworth eine der berüchtigsten Flüsterkneipen in Harlem, den Patagonia Club. Aber, wie Frank Driggs erklärte, während der Prohibition legte man nicht gerade Wert auf Neonschilder draußen, und alle Welt nannte ihn nur Pod's and Jerry's. Willie »The Lion« Smith war ein legendärer Keyboardspieler und Komponist, der schon Duke Ellington und Fats Waller beeinflußt hatte. 1920 hatte er auf Mamie Smiths Platte »Crazy Blues« gespielt.

> Jack Sneed weckte mich also morgens um acht und meinte: »Ich hab' Arbeit für dich«, und meine Mutter meinte: »Was für 'ne Arbeit soll denn das um acht Uhr morgens sein?« Aber ich wußte, um was es ging, zog mich an und arbeitete zum ersten Mal im Jerry's.
>
> The Lion saß da, und mir gefror das Blut schon an der Tür ... und ich seh' mich um und sag', Mann, und mir fielen fast die Augen raus ... ich kannte Lion nicht ... und Jack kam mit dem Chef zu mir, und der meinte: »Hallo, mein Sohn, kannst du Piano spielen?« Und ich darauf: »Ein bißchen.« Ich war nervös, ja, also sagte ich mir, spiel nur, was du wirklich spielen kannst, mehr kannst du nicht machen ... Und der Chef zu mir: »Siehst du den Typen dort am Piano?« Und ich: »Ja.« »Weißt du, wer das ist?« Ich antwortete: »Nein.« »Das ist Willie ›The Lion‹ Smith, und er hat 'ne Menge Geld gemacht. Aber er wechselt in ein anderes Lokal weiter unten in der Stadt. Spiel mal ein Stück, Kleiner.«

Später fand er heraus, daß auch Tommy und Jimmy Dorsey dort waren, die damals noch keine nationale Berühmtheiten, aber bereits bekannte Musikgrößen waren. »Meine Unwissenheit hat mich gerettet, Mann, weil ich diese Typen nicht kannte.« Er spielte vielleicht zwanzig Chorusse von »I Got Rhythm«, als die Leute schließlich meinten: »Wer ist der Kleine?« und: »Du bist in Ordnung, Kleiner.« Der Chef sagte: »Nicht aufhören jetzt. Spiel 'nen kleinen Blues. Du gefällst mir, was zu trinken?« Er bestellte ein Ginger Ale mit Whisky. Und er bekam den Job und fing noch am selben Abend an.

Jeder machte ihm Mut, sogar The Lion. Man riet ihm, seinen Whisky nicht mit Ginger Ale, sondern mit Wasser zu trinken, weil es ihm dann am nächsten Morgen besser gehen würde. Und als man ihm erklärte, daß seine Gage 14 Dollar die Woche sei, meinte er: »Seid ihr verrückt? Ich bekomm' sieben Dollar pro Nacht, wenn ich auf 'ner Party spiele.« Doch The Lion brummelte: »Du kapierst gar nichts. Nimm den Job an.« Die Mädchen gingen singend von Tisch zu Tisch, und über dem Klavier gab es einen Spiegel, was Bobby gefiel, weil er dadurch das Publikum sehen konnte. Aber The Lion hatte den Spiegel dort angebracht, um die Mädchen im Auge behalten zu können, die das Trinkgeld einsammelten. Und um sicherzugehen, daß sie es auch gerecht mit ihm teilten. Ein Kellner kümmerte sich um Bobby.

Eines der Mädchen meinte: »Mehr gab's nicht.«

> Doch er griff ihr in das Höschen, und sie darauf: »*Ich hol's schon raus.*« Sie hatte sechzig Dollar. Er sagte: »Und jetzt gib ihm seinen Anteil.« Und er gab mir dreißig Dollar. Noch nie hatte mir jemand dreißig Dollar dafür gegeben, daß ich spiele. Ich meinte: »Mann, was geht hier vor?« »Steck's in deine Tasche, Junge.« Ich hab' wie verrückt gespielt, ja? Dann trat das nächste Mädchen auf, und da hab' ich zum ersten Mal mitgekriegt, wie sie das Geld an den Tischen einsammelte, und ich wollte meinen Augen nicht trauen, und so ging das die ganze Nacht. Und dann spürte ich allmählich den Club, und die Leute kamen zu mir und wünschten sich was.
>
> Also, an diesem Abend hab' ich von elf Uhr abends bis zehn Uhr am nächsten Morgen gespielt, und das war das erste Mal, daß meine Finger anschwollen, weil sich einfach Wasser ansammelte, ja. Und in allen meinen Taschen steckte Geld, in den Hemdtaschen, in den Taschen hinten, in den Hosentaschen, nichts als Geld. Ich hatte soviel Geld, daß ich Angst bekam. Und ich hab' mich umgesehen, ob der Kellner

ein Auge auf mich hatte. Und er lachte. Ich sagte: »Schau mal, ich hab' heute nacht eine Menge Geld gemacht, und du hast auf mich aufgepaßt, wie wär's, wenn du was davon nimmst?« Er sah mich an und antwortete: »Kleiner, zerbrich dir darüber nicht den Kopf.« Er griff in seine Tasche und zog eine Geldrolle raus, an der ein Pferd hätte ersticken können, und sagte: »Ich hab' meinen Teil.«

Als er heimkam, warf Bobby einen Großteil des Geldes auf die Garderobe und fiel, kaum daß er sein Kopfkissen berührt hatte, in Tiefschlaf. Er wurde von einem Schrei seiner Mutter geweckt, die wissen wollte, woher das viele Geld stammte. Er brach in Gelächter aus und konnte sie davon überzeugen, daß er es nicht gestohlen hatte; er werde ihr später alles erklären, weil er jetzt dringend schlafen müsse, und sie solle sich in der Zwischenzeit ein Kleid kaufen. »Und dabei hab' ich noch nicht mal meine Hosentaschen ausgeleert. Also schau da mal rein, weil du noch mehr finden wirst.« Später dann, als er etwas gegessen hatte: »Wir lebten vier Blocks vom Central Park entfernt. Ich nahm eine 10-Dollar-Note, und ich werd' es nie vergessen, ich kaufte mir eine Flasche Weißwein und mietete mir ein Ruderboot, bezahlte den Typen und ruderte raus, ich ruderte sehr weit raus, und da saß ich dann und dachte, mein Gott, was für ein Job. Verstehen Sie? Ich hab' mit mir selbst *gesprochen.*« Abends arbeitete er wieder.

Aber er mußte seine Mutter überzeugen, und die musikalische Seite der Geschichte konnte er nicht erklären. Deshalb bat er sie eines Abends, sich umzuziehen, und schickte dann einen befreundeten Taxifahrer zu ihr.

Ich spiel' also und dreh' mich um, und wer lacht da und hat einen riesigen Spaß – meine Mutter. Alle Mädels sind bei ihr, und der Chef servierte ihr gebratenes Hühnchen, und sie nahm einen Drink. Und später kam eines der Mädchen zu mir und meinte: »Deine Mutter ist müde, das seh' ich.« Ich ging also zu ihr rüber und meinte: »Geht's dir gut?« Und sie antwortete: »Oh, wunderbar, die Mädchen sind alle so nett. Jetzt weiß ich wenigstens, wo du arbeitest.« Und mein Freund, der Taxifahrer, steht neben mir, und ich sage: »Ich muß jetzt wieder spielen, aber wenn du gehen willst, dann sag's den Mädchen und paß auf, daß du gut nach Hause

> kommst.« … Als ich am nächsten Tag nach Hause kam, war sie wie ein kleines Mädchen: »Ich hab' mich noch nie so gut amüsiert, diese Mädchen sind ja so nett, und du hast – ziemlich gut gespielt.«

Bobby brachte alle mit nach Hause und stellte sie seiner Mutter vor. Eines Abends saß ein Weißer in der Nähe des Pianos. Es war der Saxophonist Charlie Barnet, der aus einer wohlhabenden Familie stammte und unter Musikern einen exzellenten Ruf genoß. 1930 spielte er auf Ellingtons »Ring Dem Bells« das Glockenspiel. Bobby: »Er saß die ganze Nacht da, und wir verließen Jerry's ungefähr um zehn Uhr morgens, und ich sagte, Big John's ist direkt um die Ecke, und da gehen alle hin, also laßt uns zu Big John's gehen.«

Big John Reda war ein schwergewichtiger Italiener und mit allen Musikern befreundet. Sein Café befand sich in der 2245 7th Avenue, und auf dem Herd stand immer ein Topf mit Schweinsfüßen und Bohnen; wer nach der Arbeit schlafen wollte, fand dort eine Übernachtungsmöglichkeit, und erst recht, und wenn jemand gerade keine Arbeit hatte.

> Alle Musiker hatten Kredit bei ihm, und ich glaube, daß Big John's das Hauptquartier von Fletcher Henderson und Dukes Leuten war, wenn sie in der Stadt waren. Und jeder hatte was zum Trinken auf dem Tisch, und in der Musicbox gab es nur die neuesten Platten von denen, die gerade was veröffentlicht hatten, und ständig winkten einem die Leute zu, he, komm rüber und trink was mit mir.

Horace Henderson, der nicht minder begabte Bruder von Fletcher, schrieb 1934 »Big John's Special«, das zu einem Klassiker der Swing-Ära wurde.

Gegen Mittag hatten Bobby und Charlie genug, und weil Charlie merkte, daß er es nicht mehr bis zu seiner Wohnung nach Long Island schaffen würde, stiegen sie in seinen creme- und blaufarbenen Schlitten mit Klappverdeck und fuhren zu Bobby nach Hause, wo sich Charlie ausschlief. Bobby mußte ihn ins Bett bringen, und später machte ihm seine Mutter ein Frühstück. Schon ein paar Jahre später leitete Barnet eine der besten Bands jener Epoche, »und ich hab' über ihn gelesen und mich gefragt, ob er sich wohl noch erinnert? So war meine Mutter nun mal.« Und so war nun mal Harlem.

Die Mädchen im Pod's and Jerry's versuchten nie, Bobby zu hintergehen, weil es ihnen gefiel, wie er für sie spielte. The Lion war ein hochkarätiger, großartiger Pianist, aber die Mädels hielten Bobby für den besseren Begleiter. »Ich hab' wirklich gern für sie gespielt, für Mattie Hite und Mary Straine und Detroit Red.« Red war Laura Livingstone, auch als Big Red bekannt. Sie begegnete Billie 1928 zum erstenmal und blieb, wie Mae, lange mit ihr befreundet. Und wie Mae, so gehörte auch Red zum Repertoire der Harlemer Theater, von denen eines später zum Apollo wurde, und arbeitete als Tänzerin und Sängerin in den verschiedensten Clubs.

> Vielleicht haben wir uns im Black Cat getroffen, da gingen alle Künstler nach der Arbeit hin, und es fanden Jam Sessions statt, und jeder ging auf die Bühne und trug was vor, wie Mae Barnes, die damals sicher zu den besten Tänzerinnen gehörte.
>
> Wir drei hatten 'ne ganz bestimmte Rangfolge, Alice Whitman stand auf Platz eins, und Mae Barnes auf Platz zwei. Wir waren farbige Steptänzerinnen ...
>
> Das Hot-Cha war ein Spätlokal. Damals waren die Spätlokale legal, und Harlem war eine eigene Stadt innerhalb der Stadt. Und wir machten eine Unmenge von Geld ... Trinkgelder. Die Bezahlung selbst war miserabel. Ich hatte zwei Wohnungen in der Stadt, eine für meine Mutter und meine Kinder, und eine für meinen Mann und mich. Und ich konnte meiner Mutter immer etliche hundert Dollar als Unterstützung für die Kinder geben ...
>
> In der *Daily News* stand, ich sei das heißeste Mädchen in Harlem. Ich hab' keinen Shake getanzt, aber selbst während meiner Periode konnte ich meinen Bauch rollen lassen, und ich ließ mein Hinterteil mit Leichtigkeit rauf- und runterrollen. Ich hab' allen erzählt, ich sei aus Detroit und hätte dort diese Detroit-Autos verschieben müssen, und ich bewegte mich von rechts nach links und in die entgegengesetzte Richtung und schaffte mich voll rein!

Die Spätlokale waren natürlich nicht legal, aber die Polizei war bestochen. Im Pod's and Jerry's stiegen oft Gastmusiker ein, erzählte Bobby, und es gab jede Menge Unterhaltung.

> Fünf, sechs Mädchen traten auf, und die Musiker kamen nach der Arbeit vorbei, Leute wie Roy Eldridge, und Roy kam mit seinem Horn und packte es aus … Auf der anderen Straßenseite befand sich das Coal Bin, wo Billie Haywood und Cliff Allen auftraten, und Cliff spielte meist in Fis, und dieses Mädchen konnte in keiner anderen Tonart singen, und ich bat sie: »Komm, Billie, sing was für uns.« Und dann antwortete sie: »Bobby, würd' ich gerne machen, aber ich bin vernarrt in Fis.« Es war einfach toll.

Doch die andere Billie war etwas ganz besonderes.

Es ist nicht ganz klar, was Billie Anfang der dreißiger Jahre trieb, denn einige der Zeitzeugen, die vierzig Jahre später befragt wurden, brachten etliche der Clubs durcheinander. Aber es ist auch nicht so wichtig, weil die Clubs so nahe beieinander lagen und Billie wahrscheinlich in allen von ihnen auftrat. Ihr Gesicht und ihre Stimme wurden zum festen Bestandteil der Szene.

Die Sängerin Monette Moore aus Harlem nahm viele Platten auf und war mit Bobby befreundet. Clifton Webb und Patsy Kelly waren Musicalstars am Broadway, und Webb, der später in Hollywood einen Haufen sentimentaler Filmkomödien drehte, kannte jeder in Harlem. Bobby schildert seine erste Begegnung mit Billie:

> Ich hab' mir mit Monette Moore in der Stadt Clifton Webb und Patsy Kelly angesehen, denn Monette war 'ne sehr gute Freundin (wir machten uns keine schönen Augen oder so was), und sie nahm mich in Dickie Wells' Clam House mit. Also, in irgendeinem dieser Lokale ist Billie aufgetreten, vielleicht war's das Clam House, oder aber Brownies, die Clubs lagen so nah beieinander, ja, damals konnte man mit einem Vierteldollar einen Club aufmachen, solange man irgendwelchen Kornschnaps servieren konnte … Is' ja egal, wo's war, ich sah dort jedenfalls dieses gutgebaute Mädchen, das war vielleicht 'ne Frau, denn Billie, Junge, sie war 'ne gepflegte Erscheinung, sie war eine echte Frau.
>
> Billie war damals, das hab' ich auch erst in ihrem Buch erfahren, vielleicht sechzehn, und Dot Hill begleitete sie am Piano, ein großes Mädchen, spielte wie ein Mann, und Monette stellte mich Dot vor und erzählte ihr, daß ich auch spiele, und Dot meinte: »He, komm, spiel doch mal was.«

Ich meinte: »Nein, ich hör' dir lieber zu.« Aber irgendwann hab' ich mich doch hingesetzt und was gespielt. Und es war, das vergess' ich nie, »Sweet Sue«, und ich hab' irgendwas in das Stück eingebaut, und Billie stand da und hörte zu und sagte: »Spiel das nochmal.« Und ich frage: »Was?« Und sie antwortete: »Was du eben gespielt hast.« Also spielte ich's nochmal, und dann sagte sie: »Genau das ist es.« Und ich erinnere mich genau an das, was ich gespielt habe, es war so – und ich sah sie an, weil, Mann, verstehst du, sie fing zu singen an. Und dann spielte ich was, was Billie singen konnte, und dann sind wir um die Häuser gezogen.

Sie ist mir aufgefallen. Sie war eine wunderschöne Frau. Sie war die Art Frau, die man bewundert. Man konnte sie als statuenhaft bezeichnen ... Sie trug nicht unbedingt die tollsten Kleider, ja, das kam erst sehr viel später. Aber wir zogen durch die Straße, besuchten ein paar Lokale und traten auf ... Dann gingen wir ins Jerry's, und alle wollten dort, daß sie was singt, und Jerry mochte sie und meinte: »Warum arbeitest du nicht hier?« Und er gab Billie ein Engagement.

Soviel zu Billies Autobiographie, in der sie erzählt, daß sie an einem Wintertag halberfroren ins Pod's and Jerry's marschiert sei, daß sie und Sadie nichts zum Essen hatten und daß sie sich als Tänzerin beworben, es aber nicht geschafft habe, und als Jerry sie gebeten habe, etwas zu singen, sei sie auf der Stelle entdeckt worden. Sie sang bereits seit Jahren, obwohl sie erst ungefähr sechzehn war. Sie und Bobby verließen den Club oft zusammen, und sie ließ dabei alle im Glauben, daß sie verheiratet oder verlobt seien und zusammenlebten. Tatsächlich wohnte Bobby bei seiner Mutter und Billie bei Sadie.

»Wir hatten was füreinander übrig«, gab Bobby zu, »so was wie Billie hatte ich noch nicht getroffen. Gab eh nicht viele Mädchen in meinem Leben, als ich zur Schule ging.« Bobby war zwar bereits verheiratet, und diese erste Ehe war gescheitert, aber in diesem Punkt war er sicher sehr aufrichtig. Ich denke, daß er ein liebenswürdiger, empfindsamer Mann war, der sich von Frauen beeinflussen ließ. Ich glaube, er erkannte bald, daß er Billie nicht gewachsen war. Andererseits muß man ihr zugute halten, daß sie ihn nicht manipulierte. »Sie war eine wirklich hippe Frau, ich war längst nicht so auf dem laufenden. Und ich war wirklich überrascht, als ich herausfand, daß sie erst sechzehn war. Sie hat mir nicht viel über ihr früheres Leben erzählt, aber ich hab' vieles geahnt. Sie hatte wohl 'ne schwere Kindheit gehabt.«

Bald erkannte er, daß es nicht einfach war, mit ihr auszukommen:

> Also, ich hab' rausgefunden, daß, wie soll ich sagen? Ich hab' rausgefunden, daß man sie nicht reizen durfte. Also, sie hatte 'ne Menge Geduld mit Leuten, mit denen sie arbeitete, und mit Leuten, die sie kannte. Aber wenn irgendein Typ sie beleidigte, dann war's aus ... Die Musiker mochten sie, und alle, die auftraten, mochten sie ... Wer Billie mochte, mußte sich im klaren darüber sei, daß sie sehr eigenwillig war. Und wahrscheinlich hat sie mich respektiert, weil ich ihr ihren Willen gelassen habe. Ich hab' zwar in Gedanken Fragen an sie gestellt, aber ich hab' nie ihr Treiben und ihre Entscheidungen in Frage gestellt. Ich hab' einfach gesagt: »Na ja, sie wird schon einen Grund dafür haben«, und versucht, verständnisvoll zu sein.
>
> Ich hab' Billie mit nach Hause gebracht, ich wollte, daß meine Mutter sie kennenlernt, weil sie wissen sollte, daß Billie mit zu den wunderbarsten Menschen gehörte, die ich kannte ... Billie hat mir nie was erzählt ... Sie hat bei mir keine Ausnahme gemacht. Das war einfach so ihre Art. Manchmal passierte es, daß Billie nicht auf der Hut war. Dann war sie wie ein kleines Mädchen. So, als ob sie ihr ganzes Leben noch nie was Schlimmes erlebt hätte – sie lachen zu hören, wenn sie lachte, dann von den Fußsohlen bis zu den Haarspitzen, und noch darüber hinaus ...
>
> Ich hab' Billie wahnsinnig gern beim Essen zugesehen. Sie war so niedlich, und Billie war eine wirklich kräftig gebaute Frau, aber sie war bei allem, was sie tat, sehr graziös. Sie war sehr gepflegt, sehr proper. (Wie das später war, weiß ich nicht.) Wie alle, die schon in jungen Jahren genug Geld hatten, wußte sie genau, wie sie sich kleiden mußte. Und damit meine ich einfach, daß sie sagen konnte, »das gefällt mir«. Wie sie mit einer Gabel umging, wie sie aß. Ich geh' mit ihr essen, wir sitzen in einem Restaurant und essen. Und irgend jemand fragt mich: »Was ist denn mit dir los?« Ich antworte: »Nichts.« Aber ganz insgeheim sagte ich mir: »Sie macht alles auf eine so wundervolle Weise.«

Und dann war da natürlich noch die musikalische Komponente. Bobby hatte bei ihrem ersten Treffen herausgefunden, daß Billie die geborene Musikerin, eine von ihnen war, eine, die andere nicht einfach als Hintergrund benutzte, sondern ihnen zuhörte.

> Wenn wir beide unter anderen Umständen aufgewachsen wären, wäre die Sache vielleicht vollkommen anders gewesen, weil, nun ja, ich war schon mal verheiratet … Vielleicht verurteilen mich deswegen viele ganz grundsätzlich, aber das ist mir inzwischen egal. Aber soweit es mir bewußt war, hab' ich versucht, das Richtige zu machen. Vielleicht wär's für uns anders gewesen, wenn wir's zusammen geschafft hätten. Wir hatten da was Wunderbares zusammen, denn wenn ich ankam und spielte, sagte sie nicht: »Ich will singen, begleite mich«, wie es andere taten, wenn man am Piano saß. Nein, sie hörte sich an, was ich spielte, sie hat den Musikern zugehört, ja. Das war wirklich bemerkenswert.
>
> Sie hielt das Tempo exakt – man konnte spielen, was man wollte, sie war immer präsent. Perfektes Timing und perfekte Diktion. Und ich weiß, daß sie das sogar schon im Anfangsstadium als Sängerin draufhatte, und deshalb hab' ich immer versucht, ihr Mut zu machen. Ich hab' für sie volle Akkorde gespielt, ich hab' alles für sie getan. Ich denke mal, daß ich den Bogen raus hatte, ich konnte eine Sängerin *spüren,* und ich konnte ihr immer folgen, hab' mich gar nicht mehr auf das Piano konzentriert, weil ich einfach auf die Sängerin gehört habe. Aus diesem Grund haben die Mädels bei mir nie Geld unterschlagen.

Wenn Bobby Billie mit nach Hause brachte, um sie seiner Mutter vorzustellen, dann nur, weil er sich korrekt verhalten wollte, denn sein Privatleben unterschied sich sehr von dem Billies. Bobbys Mutter hatte ihn immer unterstützt. Bobby wies darauf hin, daß sie wie viele Mütter von Musikern jeden freundlich aufnahm, den er mitbrachte. »Meine Mutter hat mich nie kritisiert. Sie hat mir nie Vorschriften gemacht, wie ich leben sollte. Aber sie hat bisweilen warnende Hinweise gegeben.« Einmal steckte sie ihn in den Verein Christlicher Junger Männer, weil er ein Einzelkind war und sie wollte, daß er eine Weile mit Gleichaltrigen zusammen wäre. Und Bobby hatte eine Vaterfigur, Onkel Fred, auch wenn er die eigentliche und ganze Wahrheit erst mit siebzehn erfuhr.

»Er hat uns ständig zu Hause besucht, und jedesmal, wenn er da war, führte er sich wie ein kleines Flittchen auf« – Bobby meinte, er habe sich kokett und wohl etwas albern verhalten, vielleicht wie ein verliebtes Mädchen –, »und meine Mutter war damals nicht mehr die Allerjüngste.« Onkel Fred besaß über dem früheren Lokal von Barron Wilkins einen Musikclub, und Bobby trieb sich dort oft mit seinem besten Freund Stanley Payne herum, und »er hing ständig am Telefon, um für alle möglichen Leute Auftritte zu organisieren, und sagte immer: ›Das ist mein Junge.‹ Und dann hat er den Arm um meine Schultern gelegt, und es gab dort auch ein Piano, und dann meinte er: ›Setz dich doch und spiel was.‹« Mit siebzehn fand Bobby heraus, daß Onkel Fred sein Vater war.

Auch Billie verhielt sich korrekt und brachte Bobby mit nach Hause, um ihn Sadie vorzustellen. Und als Bobby viele Jahre später behauptete, »sie war eine wunderbare Frau, eine sehr einfache, gutmütige Frau«, war das sicherlich eine Geste der Höflichkeit. Billie war ohne Vater aufgewachsen. Und Bobby hatte auch ausführlich beschrieben, wie sich Billie und Sadie gegenseitig anschrien. Mit Sicherheit hat ihm das weder gefallen, noch hat er es verstanden. Und möglicherweise war diese Beziehung zwischen Mutter und Tochter einer der Gründe, warum es für Billie Holiday kein Happy-End gab. Man sollte die arme Sadie nicht von vornherein verurteilen, denn es gibt wohl keine Beziehung, die so vorbelastet sein kann, wie die zwischen einer Mutter und ihrer einzigen Tochter.

Es war nicht ohne Auswirkungen geblieben, daß Sadie sehr früh auf sich gestellt war und schon als Kind hatte arbeiten müssen. Viele Mütter litten unter dem Sexismus ihrer Männer, Väter von großen Familien setzten so unüberlegt Kinder in die Welt, als züchteten sie Hühner. Sadie jedoch war von ihrem eigenen Vater verstoßen worden, dann vom Vater ihres Kindes, und warum Philip Gough sie verlassen hat, darüber kann man nur spekulieren, und selbst Wee Wee Hill hatte sie zurückgewiesen. Die Zurückweisungen begannen in einem Alter, in dem man für Eindrücke besonders empfänglich ist, und führten dazu, daß Sadie gefühlsmäßig zurückgeblieben war wie ein Kind, das einfach nicht erwachsen werden kann, und sie sich folglich an ihre Tochter klammerte wie an eine Puppe.

Sadies Urteilsvermögen war nie sehr ausgeprägt gewesen, und

das änderte sich auch nicht. Sie hatte beschlossen, sich selbst Fagan anstatt Harris zu nennen, und damit einen Namen benutzt, den sie weder gesetzlich noch aufgrund eines Gewohnheitsrechts beanspruchen konnte. Damit hatte sie sich auch die letzten Chancen verscherzt, als vollwertiges Mitglied der Familie anerkannt zu werden. Dann verfolgte sie ihren unbeholfenen Liebhaber Wee Wee und machte sich dabei wenigstens einmal zum öffentlichen Gespött, als sie mit einer Pistole herumfuchtelte. Auch das nicht der richtige Weg, sich gesellschaftliche Achtung zu verschaffen. Später machte sie sich selbst Fanny, Clarence' Frau, zur Feindin. Offensichtlich machte sie alles falsch.

Manche der Zeitzeugen berichten, daß Billie ihre Mutter gut behandelte, andere behaupten das Gegenteil. Sie hatte ihr wohl irgendwann einmal dabei geholfen, in Harlem ein Restaurant zu eröffnen, und es dann womöglich bedauert. Denn Sadie, Gott sei ihrer Seele gnädig, war einfach keine Geschäftsfrau. Über die Beziehung der beiden meinte John Hammond:

> Billie hat ihre Mutter nicht schlecht behandelt, denn sie war zu allen mies. Das Leben hat Billie schrecklich gebeutelt, und wenn sie ein paar Scheine übrig hatte, also, ihre Mutter tat ihr einfach leid, und sie konnte den Gedanken nicht ertragen, daß ihre Mutter für Mildred Bailey arbeiten mußte, und Mildred verhielt sich natürlich ziemlich biestig, beschwerte sich, was für eine lausige und schlampige Haushälterin und Köchin Billies Mutter sei, und das war sie auch, aber eigentlich wollte sich Mildred auf diese Weise nur an Billie rächen, weil Billie so gut war, daß sie es einfach nicht ertragen konnte. Das hat Mildred mir und vielen anderen erzählt.

Hammond weicht damit der Frage aus, ohne sie zu beantworten. Mildred hat sich über Sadie beschwert, aber wahrscheinlich kaum, weil sie sich über Billies Talent ärgerte. Aber Hammond machte oft abfällige Bemerkungen über Leute, für die er kein Verständnis aufbrachte. So wurde zum Beispiel allgemein behauptet, daß sowohl Sadie als auch Billie gute Köchinnen gewesen seien. Und Billies Wutanfälle waren häufig die Reaktion auf die Kritik Außenstehender an ihrer Mutter, vor allem jener von Mildred, mit der nicht leicht auszukommen war.

Clara Winston fand: »Manchmal war Billie alles andere als nett zu ihrer Mutter«, erzählte aber mehrmals, daß »Sadie oft hinter ihr herrannte – ›Billie, Billie, Billie‹ – wie ein kleines Kind«. (Linda Kuehl schrieb, daß Claras Imitation von Sadie wie ein Piepsvögelchen klang.) Clara schloß daraus philosophisch: »Nun, sie war eben eine Mutter«, und fügte dann hinzu: »Aber als Mam hätte sie auch mal ein Machtwort sprechen müssen.« Doch solch eine Mutter besitzt keine moralische Autorität, egal, wie sehr sie auch klammert: Das Kind lernt schon sehr früh, nicht auf sie zu hören. Billie »war eine erwachsene Frau, die machte, was sie wollte«.

Sadie und Billie waren geradezu aneinandergekettet. Billie entzog sich Sadie (und anderen Dämonen) durch die Musik und ihre Flucht in die Abhängigkeiten von Alkohol, Drogen und Nervenkitzel. Viele Männer schlugen sie, sie wurde von der Polizei angeschossen, und ihr Körper war mit vernarbten Nadeleinstichen übersät. Und Sadie krönte das Ganze, indem sie ihr ein Schuldgefühl einimpfte, das sie ein Leben lang mit sich herumschleppte.

In den frühen dreißiger Jahren, so Bobby, wurde Billie auf Sadie einmal derart wütend, daß

> ich dachte, jetzt wird sie gleich explodieren. Ich wußte zuwenig über ihre Angelegenheiten, um herauszufinden, worüber die beiden sich so stritten. Ich mochte es nur einfach nicht, wenn sich Mutter und Tochter gegenseitig so anschrien. Kleinigkeiten, zum Beispiel, wenn Billie ausgegangen und nachts nicht nach Hause gekommen war …

Einige Erinnerungen scheinen Bobby peinlich zu sein, und das sind die einzigen Momente, in denen er vage bleibt. »Sobald wir zu arbeiten aufhörten, gingen auch schon die Streitigkeiten los – Gott sei Dank war meine Mutter eine Frau, die mir die richtigen Dinge, die für einen Mann wichtig waren, beigebracht hat …« Damit bezog er sich vielleicht auf den Ärger, der in einem Club entstehen konnte – Billie zögerte nie lange, wenn ihr jemand in die Quere kam –, oder den innerhalb ihrer Beziehung, oder den zwischen Billie und Sadie.

> Ich habe das nie verstanden, und ich habe mich auch nie eingemischt. Ein paarmal hab' ich gesagt: »Billie, schrei deine

> Mutter nicht so an«, oder: »Müßt ihr denn so laut streiten.« Oder ich hab' gesagt: »Sadie«, weil ich mich für sie entschuldigen wollte, aber ich bin gar nicht zu Wort gekommen ... da hab' ich beschlossen: Halt deinen Mund, denn du weißt ja gar nicht, worüber sie *wirklich* streiten.
>
> Billie schätzte das an mir, weil ich nie sagte, »deine Mutter hat nicht recht, oder du hast nicht recht«. Ich hab' nur gesagt, daß ich es nicht leiden kann, wenn sie sich anschreien oder streiten, und daß ich besser ginge. Ich habe in diesem Punkt die Menschen immer respektiert, denn es ist 'ne private Sache, und es geht mich nichts an.

Billie bezeichnet Bobby in ihrer Autobiographie als ihren Klavierbegleiter und erwähnt ein paar Seiten später einen Pianisten, den sie als junges Mädchen geliebt habe, der bereits verheiratet war und Kinder hatte, nannte aber nicht seinen Namen: »Es war das erstemal, daß man mich umsorgte, mir den Hof machte und mir nachlief. Er war geduldig und liebevoll und gab mir das Gefühl, eine Frau zu sein. Er wußte, daß ich Angst hatte, und er wußte, wie er mir meine Ängste nehmen konnte.« Keiner zweifelte daran, daß sich das auf Bobby bezog, obwohl viele ihrer Pianisten sie liebten. Aber ihre Ängste waren bereits zu groß, und Bobby konnte sich nicht um sie kümmern. Was sie brauchte, war eine Mischung aus Stärke und Zärtlichkeit, die wohl jeden Mann überforderte. Und es zeichnete sich bereits ab, daß sie gewalttätige Männer bevorzugte, weil sie mit ihnen kämpfen und sie dann zurückweisen konnte, so wie sie selbst zurückgewiesen worden war. Sie lebten sich auseinander, und als es vorbei war, schrieb die *New York Age* am 1. Dezember 1934: »Bobbie Henderson, Pianist, ist nicht mehr mit Billie Halliday verlobt.«

5 Erste Plattenaufnahmen und der Triumph im Apollo

Clara Winston fand, daß Billie ihrem Vater sehr ähnlich sah: »Sie war nur größer, er war etwas kleiner als sie. Und wissen Sie, sie hatte diese ziemlich ungewöhnlichen Augen, irgendwie schräge Schlitzaugen, so wie Clarence. Er war ein gutaussehender Mann.« Und wie Clarence trank Billie gerne mal einen über den Durst und amüsierte sich. Ihr Vater war inzwischen ein erfolgreicher Musiker, und jetzt war seine Tochter an der Reihe, größere Anerkennung zu finden. Was Sadie noch mehr zur Außenseiterin machte.

Beruflich gesehen bewegte sich Billie bereits in professionellen Kreisen: einige der Sänger im Pod's and Jerry's nahmen Platten auf. Mary Straine und Mattie Hite hatten als Pianistinnen angefangen und zufällig beide auf einer Aufnahme von »Elder Eatmore's Sermon on Generosity« mitgespielt, mit der der Komödiant und Broadwaystar Bert Williams 1919 einen Hit hatte. Nach dem überwältigenden Erfolg von Mamie Smiths »Crazy Blues« 1920 veröffentlichten die Plattenfirmen jede Menge Bluesplatten.

Aber der Blues kam aus der Mode. Selbst Bessie Smiths Plattenverkäufe gingen zurück, sie nahm 1931 nur sechs Stücke auf, und ihren letzten Hit hatte sie 1929. Wie auch immer, der Blues war ohnehin nicht Billies Stil. Monette Moore war eine erfolgreiche Interpretin, doch ihre Plattenkarriere kam ebenfalls ins Stocken. Zwischen 1923 und 1928 hatte sie über fünfzig Plattenseiten eingesungen. Als im April 1933 der englische Bandleader Spike Hughes nach New York kam, um eigene Arrangements mit einer schwarzen Spitzenband aufzunehmen, sollte sie für ihn »Someone Stole Gabriel's Horn« singen, aber sie tauchte nicht auf, und deshalb sang es Benny Carter. 1936 machte sie noch einmal mit einer kleinen Band, den Her Swing Shop Boys, Aufnahmen für Decca, die in den Jukeboxen von Harlem erfolgreich gewesen sein dürften.

Anfang der dreißiger Jahre war die Plattenindustrie aufgrund der Wirtschaftskrise so gut wie am Ende. Außerdem waren Plattenaufnahmen damals nicht so eine große Sache. Sie waren als Werbung gut, aber man verdiente mit den Plattenaufnahmen allenfalls etwas Taschengeld, denn selbst wenn man einen Hit landete, bekam man zumindest in Amerika keine Tantiemen, und die Künstler lebten ausschließlich von ihren Live-Auftritten. Doch die Musik selbst veränderte sich. John Hammond war ein Fan von Monette und nannte sie eine »sehr gute Bluessängerin«. Und Hammond war es auch, der die Band für jene Spike-Hughes-Plattenaufnahmen auf die Beine stellte und sie zweifelsohne auch als Sängerin vorgeschlagen hatte, denn er wußte sehr wohl, daß sie weit mehr als eine Bluessängerin war. Ihre beiden letzten Plattenaufnahmen aus den zwanziger Jahren, Anfang 1927 und dann nochmals Anfang 1928, waren interessant: Fast sämtliche Platten in diesem Bereich wurden mit kleinen Bands oder nur einem Solo-Pianisten eingespielt, doch auf diesen Aufnahmen von Monette wirkten Charlie Johnson's Paradise Ten mit, die Hausband aus Smalls' Paradise.

Dieser Club an der 2294 7th Avenue war 1925 eröffnet worden und existierte noch Jahrzehnte später. (Ed Smalls verkaufte ihn und machte einen Getränkehandel auf. In den sechziger Jahren wurde The Paradise von dem Basketball-Star Wilt »The Stilt« Chamberlain geführt.) Zu seiner Blütezeit war Smalls' eine erstklassige Adresse, vergleichbar dem Cotton Club. Ed Smalls forderte die Bandmitglieder auf, ihre Autos an ruhigen Abenden direkt vor der Tür zu parken, um den Eindruck zu erwecken, daß das Geschäft gut lief. Die Kellner im Paradise tanzten Charleston, während sie ihre Getränketabletts balancierten. Und im Gegensatz zum Cotton Club waren im Paradise schwarze Gäste, die es sich leisten konnten, willkommen. Aber das Paradise besaß, auch hier im Gegensatz zum Cotton Club, keine Direktleitung für Liveübertragungen im Radio. Johnson bedauerte das später sehr. Denn dadurch hatte er nie die Chance bekommen, so berühmt zu werden wie Duke Ellington.

1955 erzählte Billie während einer Probe mit dem Pianisten Jimmy Rowles, bei der ein Tonband mitlief, wie sie sich als Sängerin bei Smalls vorgestellt hatte. Sie behauptete, sie sei damals ungefähr dreizehn gewesen, doch wahrscheinlich hat sie damit ihr jugendliches Alter etwas übertrieben, um Eindruck zu schinden, als sie die Geschichte zum besten gab. Aber es ist durchaus glaubhaft, daß sie damals bereits wußte, daß sie singen konnte, und daß ihr Gesang auch ihr größter Trumpf war. Auf gar keinen Fall aber reichte ihr technisches Können aus, um in einem der Spitzenclubs von Harlem vorzusingen. Als man sie fragte, in welcher Tonart sie singen wolle, »sagte ich: ›Keine Ahnung, Mann, spiel irgendwas.‹ Wie schnell die mich hinausbugsiert haben, das war wirklich nicht lustig!« Und daraufhin, so fügte sie hinzu, beschloß sie, sich mit den Tonarten zu beschäftigen. Doch mit dieser Darstellung widerspricht sie wiederum ihrer eigenen Geschichte, wie sie später im Pod's and Jerry's entdeckt worden sei. Billie erkannte bereits beim Zuhören, ob eine Band gut war, und ganz sicher wußte sie, daß es noch anderes als den Blues gab. (Eine interessante Überlegung wäre, daß sie diese berühmte Geschichte über ihr Vorsingen im Pod's and Jerry's nur erfunden hat, weil sie ihre damalige Erfahrung im Smalls' noch einmal durchlebte und ihr ein glückliches Ende geben wollte.)

Johnsons Band war wirklich gut, und wahrscheinlich kannte Billie seine Plattenaufnahmen mit Monette. »You Ain't the One« zum Beispiel, 1928 aufgenommen, war rhythmisch eine Neuheit im volkstümlichen Stil, die sich aus dem »Negerlied« entwickelt hatte, eine Kombination aus Ragtime und schwarzem Vaudeville, der die Songs unseres Jahrhunderts stark beeinflußt hat. Auf ihren ersten Platten verwendete Billie ähnliche Melodien.

Monette arbeitete 1932 in Covan's Club Morocco an der 148 West 133rd Street, begleitet von dem Pianisten Garland Wilson. In diesem Club hatte Mae Barnes zum erstenmal Franchot Tone getroffen. John Hammond kannte den Club und erinnert sich in seinem Buch *John Hammond on Record* (1977), daß er auf dem Weg dorthin immer irgendwo anhielt, um die Toilette aufzusuchen, weil es bei Covan nur eine im Nebengebäude im Hinterhof gab.

Hammond war ein junger Mann aus der reichen Oberschicht, ein Yale-Absolvent, ein Kämpfer für die Rassengleichheit, ein Jazz- und Blues-Enthusiast und ein Fan von Garland Wilsons Klavierspiel. Die ersten Platten, die er im Alter von zwanzig Jahren 1931 für Columbia produzierte, waren 12-Inch-Platten von Wilson, und eine Vertragsklausel besagte, daß Hammond selbst 150 Stück kaufen mußte. In einschlägigen Diskographien sind sie nicht einmal mit einer Katalognummer registriert, sondern als »Specials« aufgelistet. Vielleicht kamen sie offiziell gar nicht in den Handel. 12-Inch-Platten mit 78 Umdrehungen verkauften sich ohnehin nicht gut, und Hammond wurde daraufhin auch realistischer, aber diese Erfahrung war der Beginn einer illustren Karriere. Garland Wilson reiste Ende 1932 mit der Vokalistin Nina Mae McKinney nach Europa, lebte dann zwischen 1939 und 1951 wieder in den Staaten, und arbeitete bis zu seinem Tod im Jahr 1954 in Paris. Außerdem war Wilson schwul, und diese Tatsache hatte der Grünschnabel Hammond nicht mitbekommen. Weil die Entlohnung für Plattenaufnahmen generell sehr gering war, schenkte Hammond Garland eine teure Uhr. »Noch Wochen nach unserer Plattenproduktion«, erinnerte sich Hammond, »zeigte Garland überall seine neue Uhr herum mit der Bemerkung: ›Schaut mal, was John mir gegeben hat!‹ Ich habe eine ganze Weile gebraucht, um das zu verdauen.«

1933 eröffnete Monette ihren Monette Supper Club an der 133rd Street. Es wurde gemunkelt, daß Clifton Webb einer der Geldgeber gewesen sei, aber der Club könnte auch nur ein vorläufiges Arrangement gewesen sein, denn die Prohibition wurde erst Ende des Jahres außer Kraft gesetzt, und damit waren die Clubs noch immer illegal. In Arnolds Shaws unschätzbarem Buch *52nd Street: The Street of Jazz* (1971; ursprünglich hieß es *The Street That Never Slept*) wird Joe Helbock, der 1927 den ersten Onyx Club eröffnete, folgendermaßen zitiert:

> Selbst wenn man die Bullen bestochen hatte, gab's manchmal von der Bundesregierung Razzien. Dann mußte man erst mal die Agenten entsprechend abfinden, damit sie 'ne entsprechende Aussage vor dem Regierungskommisar machten. Und um sicherzugehen, mußte man dem natürlich auch noch was zustecken. Das waren vielleicht verrückte Zeiten!

Wer Schwierigkeiten mit dem Gesetz bekam, konnte immer noch den Namen seines Clubs ändern und weitermachen wie bisher. Auf jeden Fall war Monette gut im Geschäft. Der Texter Howard Dietz (Co-Autor von »Dancing in the Dark«, »I Guess I'll Have to Change My Plans« und vielen anderen Klassikern) hatte Monette im Jahr zuvor gehört und ihr einen Auftritt in einer Show mit

Webb besorgt. *Flying Colors* hatte im September 1932 am Broadway Premiere und brachte es auf 188 Vorstellungen. Webb und Patsy Kelly traten mit Songs von Dietz und Arthur Schwarz auf, darunter »Smokin' Reefers«. Monette sang »A Shine on Your Shoes«, ein Stück Zweckoptimismus in den Zeiten wirtschaftlicher Rezession. Die meisten Geschäfte in Monettes Club wurden nach Mitternacht getätigt, und da sie auch als Gastgeberin fungierte, konnte sie nicht auch noch singen und engagierte deshalb Billie Holiday. Wie auch immer die Umstände waren, der Club existierte nur drei Wochen, doch John Hammond besuchte ihn jede Nacht.

Später schrieb er, daß er Monette möglicherweise verägert habe, weil er von Billie so hingerissen war. Sie wurde von Dot Hill begleitet, die, wie Hammond meint, zwar eine Alkoholikerin, aber eine wunderbare Pianistin gewesen sei. Erst später, im Hot-Cha, hörte er Billie in der Begleitung von Bobby und kam zu der Überzeugung, daß sie bei entsprechend guter Pianobegleitung noch wesentlich besser sang. Unter anderem sang sie »Wouldja for a Big Red Apple«, das Hammond gefiel. Später fand er heraus, daß es der zweite Song war, den Johnny Mercer geschrieben hatte. In seiner Autobiographie schreibt Hammond:

> Sie war keine Bluessängerin, sondern sang populäre Songs auf eine Weise, mit der sie sich diese völlig zu eigen machte. Sie hatte ein unglaubliches Gehör, ein hervorragendes Gedächtnis für Texte, und sie sang mit einem ausgezeichneten Gespür für Phrasierungen … Zudem war sie einfach wunderschön, ihr Aussehen und ihre Haltung waren in der Tat ladylike, und das hat sie nie verloren … In dieser Nacht wurde mir klar, daß sie die beste Jazzsängerin war, die ich jemals gehört habe.
>
> Ich habe Billie Holiday durch einen Zufall entdeckt, von dem man immer träumt und der eine Art Entschädigung war, die ich ab und zu dafür erhielt, daß ich durch all diese Kneipen zog, in denen die Leute auftraten …
>
> Jede Nacht ging ich ins Yeah Man, The Hot-Cha, Pod's and Jerry's Log Cabin, The Alhambra Grill, Dickie Wells' und all die anderen Flüsterkneipen in Harlem, um Billie zu hören … Ich schleppte alle meine Bekannten hin, damit sie sie hören konnten … Ich hatte einen Star entdeckt, und ich schrieb im

> *Melody Maker* über sie ... Anfangs konnte ich nur wenig für sie tun. Niemand wollte eine Platte mit ihr machen. Man kannte sie außerhalb Harlems nicht, und außerdem hielt man einen Sänger, der kein Instrument spielen konnte – wie Armstrong –, überhaupt nicht für einen Jazzsänger. Ich konnte sie einfach nicht vergessen, aber ich konnte nur über sie reden und schreiben.

Es kursiert da eine Geschichte über ein Probeband, das angeblich von Billie und Bobby eingespielt werden sollte. Doch Bobby soll auf dem Weg zu dieser Aufnahme verhaftet worden sein, weil er in der U-Bahn ausgespuckt hatte. Und so hatte man eiligst Dot Hill herbeigeschafft. Doch es gibt keine konkreten Hinweise auf diese Platte, und auch Hammond erwähnt sie in seinem Buch nicht.

Hammond nahm eine Menge Leute mit nach Harlem, die sich Billie anhörten, unter anderem seinen guten Freund Artie Bernstein, der später Bassist bei Benny Goodman wurde, dann Goodman selbst, sowie den britischen Schauspieler Charles Laughton, der damals seine ersten Bühnenauftritte in Amerika absolvierte, und Laughtons Ehefrau Elsa Lanchester, die bald darauf als *Frankensteins Braut* legendär wurde. Außerdem waren da noch Spike Hughes, Burgess Meredith, der Produzent Joe Losey und viele andere, die alle zu Holidays-Fans wurden.

Fast vierzig Jahre später schilderte Hammond 1972 seine Entdeckung in allen Einzelheiten:

> Was ich da hörte, war vollkommen – die Phrasierung, sie klang wie eine Instrumentalistin. Damals, als ich Billie hörte, war ich natürlich ein Bessie-Smith-Fanatiker, aber eigentlich mochte ich Sängerinnen nicht besonders, weil sie meistens ziemlich schmalzig waren. Nur die Bluessängerinnen mochte ich. Ich stand total auf Vaudeville und damit auf Leute wie Sophie Tucker und Dolly Kaye oder Bea Palmer aus Chicago, die mit Eddie Condons Band im Palace auftrat – sie war die Königin des Shimmy –, und Annette Hanshaw, die aus meiner Heimatstadt stammte. Ich hatte jede Menge Negersänger in Shows gehört, aber die, die ich in den Nachtclubs erlebte, waren ... wissen Sie, Leute, die an den Tischen die Dollarscheine einsammelten, so wie's Billie später im Dickie Wells' machen mußte, aber nicht im

> Hot-Cha. Dort mußte sie das nicht. Das Hot-Cha war ein wundervoller Ort, da gingen Leute hin, die wirklich auf Musik standen ... 1935 machte sie das im Dickie Wells', weil das einfach diese Sorte von Lokal war, die Kundschaft dort war ausschließlich dieser Gladys-Bentley-Typus.

Was Hammond damit sagen wollte, war, daß sich die Musik veränderte. Der Vaudeville-Stil war kitschig, aber seine Stars waren ausgeprägte Persönlichkeiten, und es ging ihnen in erster Linie darum, die Leute zu unterhalten.

Als Hammond Anfang der achtziger Jahre nochmals von Ted Fox (für dessen Buch *In the Groove: The People Behind the Music*) interviewt wurde, äußerte er die Vermutung, daß Billie damals gerade aus Baltimore gekommen sei, und behauptete: »Ich habe sie vor allen anderen gehört«, womit er ihre Fans in Harlem in die Schranken verwies. Folgendes war jedoch viel interessanter:

> Ich konnte es einfach nicht glauben. Also, erst einmal mußten sie in den Flüsterkneipen ohne Mikrofon singen, weil sonst der Lärm bis nach draußen auf die Straße hätte dringen können. Billie sang also einfach so ... an den Tischen der Gäste ... Sie sang ein und denselben Song an jedem Tisch anders. Bis dahin hatte ich noch nie eine Sängerin gehört, die wirklich improvisierte.
>
> Und deshalb war mir klar, daß sie wirklich einzigartig war. Nicht daß es 'ne wirklich große Sache gewesen wäre. Ich war halt einfach zur richtigen Zeit am richtigen Ort.

Hammond, der Kontakte zu Plattenfirmen besaß und für eine englische Musikzeitung schrieb, hat zu Anfang zweifellos für Billies Karriere mehr als jeder andere getan. Aber natürlich hatte er sie nicht als erster gehört und kann damit auch nicht unbedingt für sich allein in Anspruch nehmen, sie entdeckt zu haben. Ernie Anderson, der in der Werbung arbeitete, und sein Freund Bernie Hanighen, ein junger Songschreiber aus Nebraska, kannten sie bereits aus dem Pod's and Jerry's. Ernie berichtete über ihre gemeinsamen Sauftouren:

> Bernie war Harvard-Student, spielte eine verdammt heiße Geige und leitete eine Studenten-Jazzband. Ich glaub', daß

uns Eddie Condon bekanntgemacht hat ... Bernie kam meistens am Freitag mit einem Zug von Cambridge, und dann zogen wir das ganze Wochenende durch die Spätlokale in Harlem. Pod's and Jerry's muß irgendwo an der 130th Street direkt östlich von der 7th Avenue gewesen sein ... es war 'ne Flüsterkneipe. Man mußte Mitglied sein, aber niemand kümmerte sich um diese Formalitäten. Sie befand sich im Erdgeschoß eines dieser alten Sandsteinhäuser, einem Brownstone, und wenn sie einen durch das Sichtgitter in der Tür, die unter einer Veranda lag, überprüft hatten, kam man in einen großen Raum mit etwa vierzig kleinen Tischen.

Es gibt immer noch eine Menge Brownstones in New York, imposante Gebäude, die ursprünglich Privathäuser waren, mit einer Steintreppe, die vom Bürgersteig geradewegs bis zum ersten Stock führt. Unter den Vordertreppen liegt der Eingang zum Parterre, wo sich die Küche befand und die Hausangstellten die Lieferanten empfingen. Viele der damaligen Flüsterkneipen waren in Brownstones untergebracht.

Auf dem Wandklavier spielten ohne Unterbrechung Willie The Lion Smith oder Teddy Wilson, während ein Sänger seine Runde um die Tische machte, die meistens bis zum letzten Platz besetzt waren. Es gab zwei Sänger, die sich abwechselten, Billie Holiday und Jazzbo Jimmy. An jedem Tisch sang der Sänger einen Chorus, und dann steckte ihm jemand ein Trinkgeld zu, einen Dollar, oder fünf Dollar oder sogar einen Zehndollarschein. Die Sänger falteten die Geldscheine so zwischen den Fingern zusammen, daß, wenn sie den Raum durchquert hatten, aus ihren beiden Händen ein Bündel zusammengefalteter Scheine herausragten. Auf diese Weise haben sie etwa vierzigmal den Refrain eines Songs wiederholt. Die Musik lief einfach weiter ... Wenn der Pianist von der Bank rutschte, ließ sich ein anderer nieder.

Da habe ich Billie Holiday zum erstenmal gehört, und sie war großartig. Ich hab' sie in den späteren Jahren nie mehr so gut bei Stimme gehört wie damals. Sie baute die Spannung auf, während sie von einem Song immer wieder denselben Refrain wiederholte ... Keine Ahnung, was aus Jazzbo Jimmy geworden ist. Er war ein solider Interpret.

Abgesehen von den Details kannte Hanighen, der bereits Songs schrieb, wahrscheinlich Hammond, der ebenfalls Stammgast in Harlem war. Und deshalb ist es ziemlich unwahrscheinlich, daß Hammond zum erstenmal Billie bei Monette gehört hat. Jedenfalls hatten sie beide eine der größten Künstlerinnen dieses Jahrhunderts entdeckt.

Billie war die erste Sängerin, die selbst eine große Jazzmusikerin war, im Gegensatz zu Musikern, die nebenbei auch noch sangen. Gewisse neuere populäre amerikanische Songs sang sie genau so, wie sie interpretiert werden mußten. Und sie wurde direkt zu Beginn der Swing-Ära entdeckt, als diese Form annahm. In den dreißiger Jahren sollte alles, Tanzbands, Arrangeure und Vokalisten, vom Jazz beeinflußt werden, denn der Jazz wurde zum Zentrum der populären Musik in diesem neuen Goldenen Zeitalter.

Dank Hammonds Artikel im *Melody Maker* waren die Engländer die ersten, die ausführlich über Billie informiert wurden, und das trug zweifellos zu der Legende bei, an der Hammond selbst mitstrickte, daß nämlich die Europäer den Jazz mehr zu schätzen wußten als die Amerikaner. In Wirklichkeit war in Amerika bereits viel über den Jazz berichtet worden, aber es stimmt natürlich, daß die Haltung der Europäer, die schnell erkannten, daß der beste Jazz von Schwarzen gespielt wurde, weniger rassistisch war, und daß die britische Plattenindustrie weniger unter der Wirtschaftskrise litt als die amerikanische.

1921 setzte die amerikanische Plattenindustrie 106,5 Millionen Dollar um, und diese Umsatzzahlen wurden erst 1947 übertroffen. In den zwanziger Jahren litt die Branche unter einem periodischen wirtschaftlichen Konjunkturrückgang und der Konkurrenz des Radios, das die Musik kostenlos und wahrscheinlich in einer besseren Qualität lieferte als die damaligen Plattenspieler zu Hause.

Hammond war, soweit das sein Ego zuließ, ehrlich, und darum ist seine Autobiographie hilfreich. Und er nahm nicht allein die Ehre für sich in Anspruch, als er erklärte, daß der Bandleader Ben Selvin, der als Direktor der Columbia die Plattenaufnahmen zu verantworten hatte, ihm 1932 eines Nachts auf einer Party erzählte, die Plattenfirma habe Anfragen aus England bezüglich Jazzplatten erhalten und ihn um Vorschläge gebeten. Da es sich im Augenblick keiner leisten konnte, für Amerika Jazzplatten zu machen, stürzte sich Hammond sofort auf diese Chance. Ende des

Jahres machte er mit Fletcher Hendersons Band Aufnahmen für den englischen Markt; ein haarsträubendes Unternehmen, weil sich die Band ziemlich lässig gab: Sie trudelten regelmäßig zu spät im Studio ein, und dadurch kamen statt der geplanten vier nur drei Plattenseiten zustande.

Anschließend unternahm Hammond eine Privatreise per Schiff nach England. Nach seiner Rückkehr besuchte er sofort Benny Goodman und erzählte ihm, er habe einen Vertrag mit Columbia. Goodman nannte ihn einen Lügner – Goodman bezeichnete jeden als Lügner – und behauptete, er sei gerade bei Columbia gewesen, und dort habe ihm Selvin gesagt, daß die Firma bankrott sei. Hammond wies ihn darauf hin, daß es sich um einen Vertrag mit der britischen Columbia handelte, die inzwischen eine selbständige Firma und immer noch im Geschäft war. Seit 1931 hatte Goodmann keinerlei Plattenaufnahmen als Bandleader gemacht, und das Ergebnis von Hammonds Einsatz waren hinreißende Goodman-Platten, auf denen Jack Teagarden sang. Die Kosten wurden von der britischen Columbia gedeckt, die Platten auch in den USA veröffentlicht, und »Ain'tcha Glad?«/»I Gotta Right to Sing the Blues«, am 18. Oktober 1933 aufgenommen, war Ende des Jahres ein Doppelhit in den Top Ten.

Hammond schreibt in seinem Buch, daß man bei Columbia von Goodmans Hit so begeistert war, daß sie dort weiteren Plattenaufnahmen sofort zustimmten, die Goodman glücklicherweise mit Billie machen wollte. Aber Hammonds Gedächtnis läßt ihn hier im Stich, denn das Ganze spielte sich viel früher ab. Goodmans zweite Aufnahmesession für Columbia im Jahr 1933 fand noch im selben Monat, am 27. Oktober, statt; und Billies erste Aufnahme datiert einen Monat später, selbst da noch zu früh, um zu erleben, wie die Buchhalter der Firma vor Freude in die Luft sprangen.

Für die Aufnahmen am 27. November 1933 war eigentlich Ethel Waters als Sängerin gebucht, Billie hatte man buchstäblich hineingedrängt. Die Waters war eine schwierige Person, und sie und Billie mochten sich auf Anhieb nicht. Aber die Waters machte seit 1921 Platten und zählte zu den größten schwarzen Stars am Broadway und im Radio. Sie war keine Jazzsängerin, aber stilistisch wesentlich eleganter als die Vaudeville-Schreier. Sie war eine der ersten modernen Popsängerinnnen, und manche behaupten, sie habe Billie beeinflußt. Billie Holidays Platte »Your Mother's Son-in-Law« wurde unter Goodmans Namen veröffentlicht. Auf der B-Seite befand sich das Instrumental »Tappin' the Barrel«, das am 4. Dezember aufgenommen wurde. Während dieser Session nahm Billie auch »Riffin' the Scotch« auf, und Jack Teagarden »Keep On Doin' What You're Doin'«. Beide Aufnahmen wurden abgelehnt, aber am 18. Dezember neu aufgenommen und nacheinander veröffentlicht.

Das alles klingt reichlich obskur, aber man muß bedenken, in welch prekärer Lage sich damals die Plattenindustrie befand. 1986 veröffentlichte Joel Whitburns Record Research Inc. die *Pop Memories 1890–1954*, in der Listen aus den verschiedensten Quellen aufgeführt sind, einschließlich jener von den Plattenfirmen selbst, um so die Pop-Charts bis zu den Anfängen der kommerziellen Plattenindustrie zurückzuverfolgen (die aktuellen *Billboard*-Charts wurden erst 1940 eingeführt). In diesem Buch wird zwar nur sehr vage erklärt, auf welche Weise das Material aufbereitet wurde, um die Charts zu rekonstruieren, aber »Riffin' the Scotch« ist dort als weiterer Top-Ten-Hit aufgelistet, und zwar als vierter Hit von Benny Goodman, der in seiner Karriere bis zum Jahr 1953 insgesamt über 160 aufweisen konnte. Goodmans Name war für Jazzfans inzwischen ein fester Begriff, und bei 5000 verkauften Exemplaren, so Hammond, sprach man damals bereits von einem Hit.

Shirley Clay, ein exzellenter Trompeter aus Don Redmans Band, den Goodman wirklich bewunderte, war der einzige schwarze Begleitmusiker von Billie. Es waren noch etliche Monate hin bis zu Goodmans sensationellem Verkaufserfolg mit Teddy Wilson und Lionel Hampton, und deshalb zögerte er damals, mit schwarzen Studiomusikern zusammenzuarbeiten. Zu Goodmans Pianisten gehörten während der Oktober-Aufnahmen Joe Sullivan aus Chicago, Frankie Froeba und möglicherweise Arthur Schutt; Billie aber war Jahre später fest davon überzeugt, daß der Pianist Buck Washington auf ihrer ersten Plattenaufnahme gespielt habe. Denn sie rechnete es ihm hoch an, daß er ihre Nervosität mit der Bemerkung vertrieb: »Du wirst doch nicht zulassen, daß *die* alle glauben, du bist 'ne langweilige Spießerin, oder? Also, dann leg mal richtig los!« Buck war die eine Hälfte des bekannten schwarzen Vaudeville-Teams Buck and Bubbles, konnte allerdings keine Noten lesen. In allen Diskographien aber ist Froeba aufgeführt: Der

Pianist, der Billie auf »Your Mother's Son-in-Law« begleitet, langt zu sehr in die Tasten, und das klingt auch eher nach Froeba.

Geschrieben hatten »Son-in-Law« Alberta Nichols und ihr Ehemann Mann Holiner, die sich auf Vaudeville-Material spezialisiert hatten, und war, wie der Titel bereits verrät, eine ziemlich alberne Eintagsfliege, die auf Lew Leslies Mißerfolg *Blackbirds of 1933* basierte. (Leslie wollte damit den Erfolg der ersten Fassung von 1928 wiederholen. Merkwürdigerweise ist auf dem Plattenlabel der englischen Columbia als Quelle *Blackbirds of 1934* angegeben, obwohl fast alle Quellen »Blackbirds of 1933« verzeichnen, und die Show im Dezember desselben Jahres lief.) Billie erzählte sehr viel später Willis Conover, sie habe bei dieser Platte mächtig viel Spaß gehabt. »Sie klingt, als ob ich 'ne Komödiantin wäre, meine Stimme klingt so hoch und komisch.« Angeblich hat Arthur Schutt die Arrangements verfaßt, ein relativ akzeptabler Pianist, der zuvor auf diversen Jazzplatten mitgespielt hatte. Aber Hammond fand die Arrangements furchtbar und behauptete, man habe während der Plattenaufnahmen eine Menge Zeit damit vergeudet, um »Ain'tcha Glad?« und »I Gotta Right to Sing the Blues« einigermaßen in Form zu bringen.

Billies erste zwei Plattenseiten profitierten von Teagardens tonangebendem und unverwechselbarem Posaunenspiel. »Riffin' the Scotch« wurde wahrscheinlich von Deane Kincaide arrangiert, der seit 1929 tätig war und einer der besten Arrangeure der Swing-Ära werden sollte. »Riffin' the Scotch« verdient so auf alle Fälle größere Aufmerksamkeit, da es ausgesprochen geschickt die Effekte der damaligen Hits (in diesem Fall einen pseudo-schottischen Auftakt und ganz zum Schluß einen knallenden Korken) mit einer guten Portion Jazz kombiniert, und zwar im exakt richtigen Tempo.

»Scotch« war ein Song des Gitarristen Dick McDonough, aber als Komponist wurde Goodman genannt, weil es seine Aufnahme war, und aus irgendeinem Grund wurde auch ein gewisser Buck erwähnt. Eine andere Quelle wird etwas genauer und nennt »Ford Lee Buck«, womit wohl Ford Lee »Buck« Washington gemeint ist; auch klingt der Pianist auf »Scotch« etwas entspannter als auf »Son-in-Law«. Doch das mag auch an dem zurückhaltendem Arrangement liegen. Buck scheint so oder so beteiligt gewesen zu sein, gespielt hat aber wahrscheinlich Sullivan.

Der Text stammte von dem zweiundzwanzigjährigen Johnny Mercer, der damals für Paul Whiteman arbeitete. In Shaws Buch über die 52nd Street erinnert er sich, daß McDonough mit einer Melodie zu ihm kam, die er »Riffin' the Scotch« nannte und für die er einen Text brauchte. Mercer schrieb irgend etwas wie »I jumped out of the frying pan and into the fire«. Und exakt das singt Billie, aber sie behielten McDonoughs Titel bei, der mit dem eigentlichen Text nichts zu tun hat. Billie mußte dabei nicht so hoch wie auf »Son-in-Law« singen und klingt dadurch viel mehr wie sie selbst. Mercer war, wie Billie, ein Südstaatler, und darauf führt Gene Lees (der selbst kein schlechter Texter war) das Talent von Mercer zurück. Und vielleicht entsprachen seine Texte genau Billies Gefühl. »Sie war ein ziemlich hübsches Mädchen«, erinnert sich Mercer, »aber irgendwas an ihr, und damit meine ich nicht nur die gewisse schnulzige Note ihrer Stimme, vermittelte einem das Gefühl, daß man ihr helfen müsse.«

Billie behauptete später, daß sie für ihre erste Platte 35 Dollar bekommen habe. Aber in ihrem Buch klingt es so, als habe sie die beiden Plattenseiten am selben Tag eingesungen. Vielleicht bekam sie für jede 35 Dollar. Jedenfalls kehrte sie danach in die Clubs zurück, wobei sie keinen der Songs in ihr Repertoire aufnahm.

Mae Barnes erzählte, daß Bobby sie alle Ende der zwanziger Jahre im Nest mit einer fünf- oder sechsköpfigen Band begleitete und daß Billie anschließend ins Pod's and Jerry's überwechselte. Ihrer Meinung nach ist Billie etwa 1928/29 im Nest aufgetreten, wo sie »ein Hauspianist, ein hellhäutiger Typ«, begleitet habe. In seinem Buch schreibt John Hammond 1977, daß ihr Begleiter dort Garnett Clark gewesen sei, »der zwar gut war, aber nicht das Format von Bobby Henderson besaß«, während er 1972 Clark »als einen der besten Begleitpianisten, die es je gab«, bezeichnete. »Clark ging 1935 nach Paris, nahm etliche Platten mit Bill Coleman auf [einem exzellenten Trompeter, der im selben Jahr nach Frankreich kam] und starb an Drogen.« Er behauptete auch, Clark sei einer der wenigen schwulen Jazzpianisten gewesen, die er kannte.

Im November 1935 leitete Clark bei einer Plattenaufnahme mit Coleman und Django Reinhardt ein Quartett und machte 1937 im Krankenhaus nochmals eine Plattenaufnahme: Ende des Jahres hatte er eine Art Nervenzusammenbruch gehabt und verbrachte vor seinem Tod etwa ein Jahr im Krankenhaus. Wenn er Clark nicht mit Garland Wilson verwechselte, dann kannte Hammond damit zwei schwule Jazzpianisten. Hammond war, wie er selbst zugab, ein ziemlicher Tugendbold. Linda vertraute er an, daß Billie bei Monette Lieder wie »Round the Clock Blues« und wohl auch »Hot Nuts« gesungen habe, und das habe ihn etwas angewidert. Er bat Linda, das Tonband auszuschalten, und erzählte ihr dann, daß Benny Goodman mit Billie geschlafen und sich beschwert habe, daß sie »nicht kommen konnte«.

Hammond lernte auch Sadie kennen:

> Billie hatte ihre Mutter in einer ramponierten Wohnung in der 99th Street zwischen dem Central Park und Columbus untergebracht, und ich bin spätabends ein- oder zweimal dortgewesen. Schreckliche Wohnung. Sie war 'ne beschränkte Katholikin. Und Billie hatte ihre Seele an den Teufel verkauft. Und [Sadie] hielt mich, obwohl ich Atheist war, für religiös, weil ich weder rauchte noch trank oder mit Weibern rummachte und so weiter, und daß man mir vertrauen konnte. Klar, ich war ziemlich spießig.

Das klingt ganz danach, als sei Sadie mit einem Mann einverstanden gewesen, der nicht im entferntesten zu Billie paßte. Hammond klatschte recht gern, aber er nahm die Sache auch mit Humor. Schließlich wußte er 1972, welche Leistungen er vollbracht hatte. Kurz bevor er die ersten beiden Plattenseiten von Billie betreute, hatte er im November 1933 auch die letzten vier Plattenseiten von Bessie Smith, die von Okeh veröffentlicht wurden, produziert. Seiner Meinung nach hielten ihn die Plattenfirmen wohl für einen Spinner, aber einen Spinner mit Geld, auf den sie nicht verzichten konnten. Die Leistungen, die er vorweisen konnte, waren schließlich konkurrenzlos.

Doch Billie, auch wenn sie jetzt Plattenkünstlerin war, mußte sich weiterhin um ihren Lebensunterhalt kümmern, und offensichtlich hat sie sich 1933 oder 1934 Pops Fosters Gruppe angeschlossen. Pops Foster darf man nicht mit dem gleichnamigen Bassisten aus New Orleans verwechseln. Er war Sänger, Tänzer und ein Möchtegern-Komiker, der eine Gruppe von Unterhaltungskünstlern zusammenstellte, die durch die Clubs zog und für Trinkgelder da auftrat, wo man sie ließ.

> Ich brachte sie, Honey Coles und Baby Lawrence zusammen. Wir haben in einem Lokal namens Log Cabin, Pod's and Jerry's Log Cabin, gearbeitet, jede Nacht. Wir bekamen kein Geld dafür. Aber immer Waffeln und Hühnchen. Wir verdienten nur das, was uns die Leute zuwarfen. Wir haben 10-, 15- und 20-Dollar-Noten aufgeklaubt, denn dort verkehrte die Elite, sämtliche Stars: Tommy Dorsey, Jimmy Dorsey, Tallulah Bankhead, sämtliche großen weißen Stars kamen von der Stadt in die 133rd Street hoch. Es gab acht oder zehn kleine Lokale hintereinander, wie am Sunset Strip.

Auch Foster war ein ziemliches Klatschmaul. Als er Billie zum erstenmal traf, sei sie »bisweilen in der 136th Street auf den Strich gegangen, das war so mit das Unangenehmste ... «, und »sie arbeitete als Nutte, außerhalb der Clubs. Aber als sie eines Abends herausfand, daß sie singen konnte, ging sie nicht mehr auf den Strich.« Baby Lawrence war damals Lawrence Jackson, ein Sänger, etwa elf Jahre alt, den Billie, so Foster, »unsterblich liebte«. Er wurde später als der Tänzer Baby Lawrence bekannt. Honey Coles war Babys Vorbild, ein wirklich guter Tänzer, und dann gehörte noch ein Komiker namens High Jivin' Smiley zu ihnen:

> Er war ein großer schwarzer Junge mit großen weißen Zähnen und einem großen, breiten Lächeln. Er redete alles in Grund und Boden. Wenn er anfing, dann fiel Billie vor Lachen fast um, sie starb fast, er brachte sie einfach zum Lachen. Er brachte jeden zum Lachen, weil er absolut *un*komisch war ...
>
> Ich war ein Kindersänger, ich fing als Sänger an. Ich mochte sie, weil sie wirklich singen konnte. Ihre Ausdrucksweise, ihr Vibrato, ein komisches Vibrato, manche Leute mochten sie nicht. Aber irgendwie war ihr Vibrato so warm, daß man sie einfach mögen mußte. Und wenn man jemanden mag, dann singt der natürlich auch über die Liebe ...

Laut Foster hat Bobby in der Zeit, als sie mit ihrer Gruppe im Pod's and Jerry's auftraten, dort als Pianist gearbeitet. »Ich kam auf die Bühne, stellte Honey und danach Baby Lawrence vor, und Billie durfte immer den Auftritt beenden.« Vermutlich hat er Billie zum erstenmal im Big John's getroffen, beide rauchten Marihuana, und kurz darauf stellte er seine Gruppe zusammen und heuerte sie an. Er erinnert sich sehr gern an das Nachtleben, vor allem an die Treffs in den »buffet« oder »railroad flats«*.

> Es gab da ein Lokal, da gingen wir alle hin, auch Billie ging da hin, es hieß das Daisy Chain. Es war ein Bordell, es gab Alkohol und so weiter. Billie verkehrte dort, weil sie einfach wissen wollte, was los war. Und *aaalles* war los. Es war einfach *faaaantastisch!* Frauen, die's mit Frauen trieben, Männer, die auf Männer standen, keiner scherte sich drum, alle waren verkehrtherum und hatten einfach Spaß. War vierundzwanzig Stunden rund um die Uhr geöffnet. An der 141st Street zwischen Lenox und der 7th. Es gab da ein Mädchen, die nannten sie Sewing Machine Bertha, und die fiel über alle Mädels her. Das Mädchen, der das Haus gehörte, Hazel Valentine, sehr, sehr hübsches Ding. Sie war die Hausbesitzerin, ein ehemaliges Revuegirl. Das Daisy Chain war ein großes »railroad flat«-Gebäude, mit jeder Menge Räume und einer langen Halle, und überall lagen die Leute auf dem Fußboden und trieben's … man mußte fünf Dollar Eintritt bezahlen, und alle gingen unverblümt zur Sache und hatten ihren Spaß. In allen Räumen. Unterhaltungskünstler gingen hin, Farbige wie Weiße. Verdammt, ja, es war echt gemischt. Die ganzen Lesben gingen hin. Ich will keine Namen nennen, denn ein paar davon waren wirklich große Stars, das Ganze wurde also vertuscht. Die Öffentlichkeit hatte keine Ahnung. Nur Leute aus dem Showgeschäft gingen hin.

The Daisy Chain war etliche Jahre lang ein beliebter Treff. Als Fats Waller 1929 mehrere wunderbare Klavierstücke aufnahm, widmete er eines davon, »Valentine Stomp«, Hazel, und Count Basie nahm 1937 »Swingin' at the Daisy Chain« auf. Diese Lokalität steht nicht auf Frank Driggs' Liste der Harlem-Treffpunkte, wohl weil es dort um einiges »wilder« zuging als anderswo und außerdem privat geführt wurde.

Foster beschrieb auch die Marihuana-Höhlen: »… Und da war Reefer Mae, ein Mädchen namens Reefer Mae … sie zog in die

* »Railroad flat«: Wohnungstypus, der – ohne verbindenden Flur, ähnlich einem amerikanischen Eisenbahnwaggon – nur aus hintereinanderliegenden Durchgangszimmern besteht. (*A. d. Ü.*)

114th Street runter. Kaiser's befand sich im Keller, in einem ›railroad flat‹, sie hatten riesige Stühle dort, und überall wurde Marihuana rumgreicht. Fast alles Leute aus dem Showgeschäft.« Auch Foster betont immer wieder, wie sehr sich Harlem seitdem verändert hat.

> Das war damals das wirkliche Harlem, das man ohne Angst besuchen konnte. Wie hieß es so schön in diesem Lied: »Harlem Must Be Heaven 'Cause My Mother Came From There«. Frühstück gab's ab halb drei morgens, ab da ging wirklich die Post ab, bis ungefähr zwölf, eins mittags. Alle Welt feierte. Und es war völlig rassengemischt. Damals fing es an, daß Billie das weiße Publikum anlockte.

Wenn man alle diese Anekdoten hört, wird man das Gefühl nicht los, daß Billie auch nichts anderes trieb als eine Menge anderer Leute, Schwarze und Weiße. Nur daß sie, wie Pony es in Baltimore ausdrückte, absolut »nicht wählerisch« war. Foster fand, Billie sei ein fröhliches Mädchen gewesen, aber »wenn sie böse wurde, dann wurde sie richtig böse«.

> Sie brach mir nichts dir nichts einen Streit vom Zaun. Sie wollte sich immer gut unterhalten, aber wehe, wenn ihr jemand in die Quere kam, dann wurde sie echt böse …
>
> Wir haben oft Gras zusammen geraucht … Sie war schweigsam, wenn's ums Reden ging. Es sei denn, jemand brachte sie in Wut, dann wurde sie zur Furie. Sie schlug einen Mordskrach. Aber sie war kein lautes Mädchen. Irgendwie war sie schüchtern, wenn sie nicht voll war …

Viele Jahre später gehörte Honey Coles zum Personal des Apollo. Foster tratschte und zog unheimlich gern über andere her, kam vom Hundertsten ins Tausendste, und sprang in den Zeiten hin und her. Coles hingegen ist viel zuverlässiger, und seine Erinnerungen sind wahrscheinlich auch akkurater.

> Wir haben als so 'ne Art Quartett hier in Harlem in allen Clubs für das Trinkgeld gearbeitet, es gab Nächte, da haben wir bis zu 40, 50 Dollar eingesammelt … Wir haben damals wie wahnsinnig gearbeitet, um das Geld für die Miete zusammenzukriegen. So was wie uns nannte man damals

Straßensänger. Jede Nacht traten wir in einem der kleinen Lokale wie dem Log Cabin auf. Das muß so um 1933/34 gewesen sein, denn ich war grade nach New York gekommen. Ich konnte meine Miete bezahlen, meinen Anzug bügeln lassen. Baby Lawrence war ein Kindertenor, und er sang Sachen wie »Gypsy Fiddles Are Playing«. Hatte 'ne wundervolle junge Stimme. Es war Pops Fosters Gruppe, er hat sie auf die Beine gestellt. Wir sind in einen kleinen Club rein, fragten den Typen, ob wir auftreten dürften, und wenn er ja sagte, dann traten wir auf ... Ich hab' damals Jazz-Steptanz gemacht, ziemlich modern. Pops war schon alt [er war ungefähr einundreißig]. Wirklich komischer Kerl. Billie sang Sachen, die sie später aufnahm – »Miss Brown to You«, »Them There Eyes«. [»Miss Brown to You« wurde allerdings erst 1935 veröffentlicht.]

Damals gab's an der 7th Avenue 'ne Kneipe, wo sich sämtliche Tänzer trafen und Schritte und Tänze austauschten. Eigentlich war's ein Billardzimmer mit 'ner Imbißstube, aber der Typ ließ uns sein Hinterzimmer, weil er Tänzer mochte ... Dort hab' ich Pops getroffen. Das war zwischen der 131st und 132nd Street an der 7th Avenue. Pops kannte Billie, sie rauchten beide Pot, daher kannten sie sich. Und dann diesen anderen Komiker, den kannte Pops auch. Er suchte einen Tänzer.

Damals war in Harlem ab spät in der Nacht die Hölle los. Es gab jede Menge Lokale. Tausende von kleinen Pinten zwischen den Häuserblocks ... Wir haben in allen gearbeitet. Das Pod's and Jerry's war in erster Linie unsere Ausgangsbasis. Ich glaub', es hieß damals Pod's and Jerry's ... Jeder Club hatte einen Klavierspieler. Und der kannte von jedem das Repertoire. Ich brauchte nur eine Stop-Time-Einleitung. Und jeder kannte Billies Lieder, es waren Standards. Und wenn sie sie nicht kannten, dann ging man's einmal durch, und dann hatten sie's drauf. Also, das kann nicht vor 1934 gewesen sein, weil ich Billie Holiday zum erstenmal im Yeah Man oder im Hot-Cha an der 137th getroffen habe ... Harlem war damals weiß und schwarz gleichermaßen. Nachts kamen sie alle von drunten aus der Stadt hoch. Und sie spazierten wie alle anderen durch die Straßen. Diamanten und Nerze und Pelze. Überfälle gab's keine ... Das waren Spätlokale, und der Besitzer hatte 'nen Klavierspieler und vielleicht einen Sänger… Dickie Wells hatte immer ein reguläres Programm, deshalb haben wir dort nicht gearbeitet.

Als ich Billie zum erstenmal singen hörte, hat es mich überhaupt nicht bewegt. Ich war an Ethel Waters' Gesangsstil gewöhnt, klare Stimme und Aussprache. Billie ließ mich anfangs kalt, aber als ich ihr 'ne Weile zugehört hatte, fand ich an ihrer Art Gefallen. Am Schluß mochte ich sie wirklich sehr.

Wie so viele andere hielt auch Coles Billie für älter, als sie tatsächlich war.

Sie muß extrem jung gewesen sein… Sehr attraktiv. Sehr cool, sehr sanft. Aber für ein junges Mädchen wirkte sie ziemlich reif, und deshalb hielt ich sie für ungefähr zwanzig. Ich erinnere mich, daß sie ausgesprochen ruhig war, aber gern lachte. Aber sie war still. Irgendwie sogar schüchtern. Sie hat mich nie beeindruckt – nicht mal später, als sie berühmt und extrovertiert war, wie eben diese Showleute, die ständig drauf sind…

Sie war absolut natürlich. Sie war 'ne nette Person, so wie man sich 'ne kleine Schwester vorstellt, aber sie hatte 'ne gewisse Reife. Wenn sie was sang, dann wußte sie genau, was sie damit machen wollte, sie hatte diese Sicherheit… Wenn ich schüchtern sage, dann meine ich nicht auf der Bühne, 'ne Art von scheuem Verhalten dem Publikum gegenüber, so was Zögerlichers, wie »Wollt ihr mich hören?« Diese Art … es gibt ja Sänger, die besuchen einen Club und wollen unbedingt auftreten, egal, wer dort gerade arbeitet. Sie gehörte zu denen, die man drum bitten mußte. Eigentlich war sie wohl schüchtern, und vielleicht war das der Grund, abgesehen von ihrem Umgang, daß sie auf Drogen kam, weil ihr das ein Gefühl falscher Stärke vorgaukelte. [Sie war keine] Lena Horne, die einen Song und das Publikum in Angriff nahm. Ella ist schüchtern, aber sie ist sich dessen, was sie macht, absolut sicher … absolut, völlig überzeugt von dem, was sie macht. Aber Lady Day war sich wohl nie so ganz sicher, was sie wirklich konnte. Als wir unsere kleine Sache machten, da tat sie's wohl ein bißchen widerwillig. Sie trat auf, aber auf 'ne gewisse ängstliche Weise.

Ella Fitzgerald erzählte, daß sie nach Jahrzehnten im Showgeschäft noch immer Lampenfieber hatte. Und viele Anzeichen weisen darauf hin, daß man Billie erst einmal bitten mußte. Etwas später wurden Irene Wilson, Teddy Wilsons Frau, und Callye Arter, eine alte Freundin von Irene aus Chicago, enge Freunde von Billie. Callye Arter beschreibt eine Party, die 1935 oder vielleicht 1936 stattgefunden hat.

> Irene warf diese Überraschungsparty zu Teds Geburtstag ... Nach der Arbeit kam die Band, Benny Goodmans, ins Haus. Fast die Hälfte von Bennys Band war da, und Lionel Hamptons Frau Gladys, und natürlich spielte Lionel auch mit der Band. Und Miss Kathryn Perry, das war Earl Hines' erste Frau und 'ne persönliche Freundin von Irene, und damals war sie für ihren Gesang berühmt. Alle möglichen Leute trugen ihre Sachen vor, und Billie saß da, und keiner sprach ein Wort mit ihr. Damals war Billie noch nicht berühmt, sie war ja noch ein Kind. Aber dann hielt's Billie nicht mehr länger aus, und sie steht auf und sagt: »Teddy, spielst du ›These Foolish Things‹?« Ich werd' mich immer daran erinnern, wie sie das zu ihm gesagt hat. Und Ted spielte es, und stellen Sie sich vor, sie sprengte die Party ... Und danach sang sie noch weiter.

Aber sie wollte, daß man sie dazu aufforderte. Billies Einstellung zu ihrem Ruhm war immer zwiespältig. Viele waren überzeugt, darunter auch Pops Foster und Honey Coles, daß Billie schon Ende der zwanziger Jahre bei den Amateurabenden im Apollo aufgetreten sei, als sie gerade mal zwölf oder dreizehn war. Aber das Apollo, so wie wir es mit seinen Amateurabenden am Mittwoch kennen, gibt es erst seit 1934. Davor war es in einem ehemaligen Varieté untergebracht. Erst im Jahr darauf zog es zu seinem jetzigen Standort um. Jedenfalls wuchs Anfang 1935 Billies Ruhm, der neben dem späteren Glanz letztendlich auch eine Menge Probleme mit sich brachte. Aber der Erfolg, den sie schließlich im Apollo feierte, sollte für sie viel aufregender werden als ihre ersten Plattenaufnahmen.

Man nimmt an, daß sie im Alhambra an der 2110 7th Avenue ein kurzes Engagement hatte, aber bald ließ sie sich für längere Zeit im Hot-Cha Bar and Grill nieder, in derselben Straße auf

Nummer 2280. Das Hot-Cha war damals eine Kneipe mit Programm im Hinterzimmer. John Hammond fand es dort viel angenehmer, ihren Auftritt mitzuerleben, als im Pod's and Jerry's. Don Frye begleitete sie am Klavier. Doch laut Frank Driggs trat sie bereits 1934 im Hot-Cha auf, bei einem Engagement mit Billy Daniels. Ralph Cooper, ein ehemaliger Bandleader und später ein berühmter Diskjockey, arbeitete Mitte der dreißiger Jahre im Apollo als Conférencier. Er hatte sie im Hot-Cha erlebt und Frank Schiffman, dem Besitzer des Apollo, darüber berichtet, und zwar mit einem der legendärsten Begeisterungsausbrüche in der Geschichte der Musik: »So einen langsamen Gesang hast du noch nicht gehört, dermaßen schleppend, mit diesen Verzögerungen, Blues ist das nicht, ich weiß nicht, was es ist, aber du mußt sie unbedingt hören!« Das überzeugte Schiffman, und er buchte sie, mit Bobby Henderson am Klavier, für die Woche vom 23. November 1934.

Das war der erste einer ganzen Folge von Meilensteinen: Billie war 1933 als Gast in einem Paul-Robeson-Film, *The Emperor Jones,* aufgetreten und hatte in einer von Sheldon Brooks (der für Sophie Tucker »Some Of These Days« getextet hatte) verfaßten Radio-Seifenoper einige Kurzauftritte. Und am 12. März 1935 machte sie zusammen mit Duke Ellingtons Band in den Paramount-Film-Studios in New York einen Kurzfilm. Das war ihr erster Auftritt als Sängerin außerhalb Harlems (wobei nur wenige Leute den Film sahen). In *Symphony in Black* wird sie von ihrem Liebhaber (gespielt von dem Tänzer Earl »Snakehips« Tucker), den sie zur Rede stellt, als er mit einer anderen Frau die Stadt verlassen will, völlig niedergemacht. Sie singt nur ein paar Takte von Dukes »Saddest Tale«, doch die reichen aus, um jeden davon zu überzeugen, daß ihre Fähigkeit zur herzzerreißenden Dramatik bereits voll ausgeprägt war. Damals war sie noch keine zwanzig Jahre alt.

Schiffman buchte sie schließlich nochmals für die Woche vom 19. April 1935; diesmal trat sie mit einer Band auf. Cooper hatte ihr nach eigenen Worten ein Kleid und Schuhe für diesen Auftritt gekauft und mit der Hausband eine Probe abgehalten. Der Komiker Pigmeat Markham, der bald mit seiner »Here come de judge«-Nummer bekannt wurde, war schon über fünfzig Jahre in der Branche gewesen, als er 1972 über Billie sprach. Ihr Gewicht schwankte offensichtlich stark; als Pops sie zum erstenmal traf, war sie »ein riesiger, fetter Bauerntrampel«, und etwa ein Jahr später soll sie angeblich an die 90 Kilo gewogen haben, aber in dem Film mit Ellington ist sie relativ schlank, und Pigmeat behauptet, im Apollo sei sie dürr gewesen sei. Und außerdem »war sie ein ganz gewöhnliches Mädchen, nichts Aufregendes an ihrem Aussehen… Sie machte nicht den Eindruck, als sei sie viel rumgekommen, nicht gerade hip, sie verstand nicht sehr viel vom Schminken, ja, von den Tricks, die Mädchen draufhaben, um sich aufzupeppen, davon hatte sie keine Ahnung. Sie sah wie ein ganz gewöhnliches, einfaches Mädchen aus, aber sie war attraktiv.« Er hatte sie bereits im Hot-Cha gesehen:

> Sie war einfach anders, sie hatte einen ganz anderen Stil als alle Sängerinnen, die ich bislang gehört hatte. Ihre Stimme war unglaublich. Und was mich an Billie immer faszinierte: daß sie nie im Rhythmus der Musik sang, sie sang legato, die Musik war ihr immer etwas voraus, und sie sang der Musik hinterher. Selbst auf ihren langsamen Platten. Wirklich faszinierend.
>
> Billie kam in dem Moment auf die Bühne, als die Big Band ihren Auftritt beendete, denn die Big Bands waren damals die echte Sensation. Damals machte man kein Geheimnis daraus, wenn man Joints rauchte. Sie liebte diese Joints. Oh, sie war an diesem Morgen bei ihrem ersten Auftritt so was von high, ich vermute mal, daß sie versuchte, sich Mut für die Bühne zu machen. Sie stand in der Seitenkulisse, bevor sie auf die Bühne ging, und die Musik fing an, sie erstarrte – sie stand einfach da. Und ich geb' ihr einen Schubs, einen ziemlich starken Schubs. Ich hab' sie nicht absichtlich so fest geschubst und hatte schon Angst, daß sie hinfallen würde, aber sie hielt sich am Mikrofon fest, und schließlich hatte sie sich wieder im Griff und fing zu singen an…
>
> Damals waren diese ersten Shows am Freitagmorgen im Apollo immer restlos ausverkauft. Es war billig, ungefähr 25 Cents… Das ganze Apollo war in eine Rauchwolke gehüllt. Ich vergess' das nie: Als Billie rauskam, um zu singen, richteten sie einen grünen Scheinwerfer auf sie, und man konnte überall im Saal den Qualm sehen … man konnte allein vom Einatmen high werden. Als sie sich gefangen hatte, nahm sie das Haus im Sturm.

Sie sang »If the Moon Turns Green«, einen Song von Bernie Hanighen, »irgendwas wie die Schatten fallen und verziehen sich, falls dich das überrascht«, meinte Pigmeat, und »Them There Eyes«, und manche behaupten, sie habe auch »The Man I Love« als Zugabe gesungen, weil das Publikum sie nicht gehen lassen wollte. Das Apollo faßte etwa 2000 Besucher, und sie hatte davor wahrscheinlich für nie mehr als 200 Leute gesungen, aber sie gewann dieses Publikum, das damals bereits zum kritischsten der Welt gehörte.

Angeblich nahmPigmeat sie unter Vertrag: »Sie wollte, daß ich sie manage.« Aber er hatte wegen seines Jobs im Apollo keine Zeit, für sie Engagements zu organisieren. Sie kehrte während dieser Zeit ins Hot-Cha zurück, und eines Tages besuchte er sie dort und zerriß den Vertrag.

Billie hatte ab und zu Clarence gesehen. In ihrem Buch sagt sie, daß sie ihn überall da, wo er auftrat, besuchte und etwas Geld von ihm bekam, wenn sie und Sadie mal wieder knapp bei Kasse waren. Und daß er ihr gern das Geld gab, weil er ihre Anwesenheit nicht wünschte, denn sonst hätten womöglich seine Groupies mitbekommen, daß er alt genug war, um ihr Vater zu sein. Hammond erzählt, daß er noch in derselben Nacht, in der er Billie zum erstenmal hatte singen hören, in den Congress Ballroom am Broadway zwischen der 51st und 52nd Street gegangen sei, wo Fletcher Henderson auftrat:

> Ich kam gleich zur Sache und sagte: »Clarence, du hast mir nie erzählt, daß du 'ne Tochter hast. Sie ist die beste Sängerin, die ich je gehört habe.« Ich sprudelte über vor Begeisterung. Clarence ging auf mich zu und sagte: »Um Himmels willen, John, erwähn bloß nicht Billie vor den ganzen Kerlen hier. Die denken doch, daß ich alt bin. Sie ist was, das ich mir mit vierzehn zugezogen habe.«
>
> Ich habe nie ein Elternteil mit solcher Verachtung und Widerwillen von einem Kind sprechen hören. Und damit wußte ich, daß zwischen den beiden keine Beziehung bestand, und deshalb habe ich nie mehr mit ihm über sie gesprochen.

Hier spricht Hammond, der Puritaner. Clarence wollte sich vergnügen, und er griff Sadie und Billie manchmal unter die Arme, obwohl ihm Sadie gewaltig auf die Nerven ging. Elmer Snowden meint, daß Clarence und Billie immer ein herzliches Verhältnis gehabt hätten. Mit Sicherheit hat es in Hammonds (Vanderbilt-) Familie nie ein uneheliches Kind gegeben, was verstand er also davon? Für einen, der seinen Namen aus dem Who's who der feinen Gesellschaft hatte streichen lassen, weil das seiner Meinung nach antisemitisch war, verhielt sich Hammond erstaunlich naiv. Der Schlagzeuger Kaiser Marshall erzählte später, Clarence habe sich darüber geärgert, daß bei den Plattenaufnahmen von Billie jeder Gitarrist in der Stadt außer ihm mitgewirkt habe. Und Hammond sagte, daß er die Musiker angeheuert habe. Demnach scheint wohl Hammonds mangelndes Verständnis für bestimmte Dinge der Grund dafür zu sein, daß es keine gemeinsamen Platten von Billie und Clarence gibt.

Im Frühjahr 1935 besuchte der Vater Billie im Hot-Cha, um ihr zu gratulieren. Er war ein Mann, der seine Erfahrungen im Showgeschäft gemacht hatte, und war von ihrem Erfolg im Apollo beeindruckt, mehr noch aber, daß man sie für ein zweites Engagement gebucht hatte. Anfangs wußte er nicht so recht, was er von ihrem Gesang halten sollte. Er hatte selbst gelegentlich gesungen, aber in einem ungehobelten Shouter-Stil, den er sich wohl in Baltimore angewöhnt hatte. Als er erfuhr, daß sie alle Louis-Armstrong-Platten gehört hatte, betrübte ihn das anfangs, weil er annahm, daß sie einfach jemanden kopierte, statt ihren eigenen Stil zu entwickeln. Doch jetzt erkannte er, daß sie niemanden kopierte, und er muß sicher stolz gewesen sein, daß so viele Leute sie mochten. Billie wiederum änderte ihren Bühnennamen, als sie erkannte, daß sie ihrem Vater gefiel – in Holiday.

Und nach ihrem zweiten Apollo-Engagement passierte noch etwas sehr Wichtiges: Sie war inzwischen eine voll ausgereifte Künstlerin, und sie begann nun, eine Reihe von Platten aufzunehmen, die zu den brillantesten dieses Jahrhunderts gehören.

6 Die Ära Teddy Wilson

Ende 1933 gab eine Abstimmung in Utah den entscheidenden Ausschlag für eine Verfassungsänderung, woraufhin das Alkoholverbot aufgehoben wurde. Danach verkleideten Pod und Jerry angeblich die Front ihres Lokales im Stil einer Blockhütte und benannten es in Log Cabin um. Der elektrische Mehrfach-Plattenwechsler mit Münzautomat hielt seinen Einzug, und da nun überall im Land ganz legal Kneipen eröffnet wurden, wuchs der Bedarf an Musikboxen.

Die Columbia-Gruppe hatte bankrott gemacht (nicht zum erstenmal) und war von der American Record Company geschluckt worden, deren Aushängeschild das Brunswick-Label war. Das Columbia-Label wurde vorübergehend eingestellt. 1934 waren auf Victor Platten von Fats Waller And His Rhythm erschienen, und ein halbes Dutzend Plattenseiten der ersten Waller-Sessions wurden in den neuen Jukeboxen große Hits. Aus diesem Grund hatte es John Hammond wahrscheinlich leichter, Brunswick davon zu überzeugen, daß sie für diesen Markt Jazzplatten produzieren sollten. Waller war bereits ein berühmter Musiker und sang auf seinen Platten selbst. Seine Begleitmusiker standen bei ihm auf der Gehaltsliste, er selbst hatte wahrscheinlich einen Tantiemen-Vertrag, aber Hammond schloß ein noch kostengünstigeres Arrangement mit Teddy Wilson ab. Wilson wurde als Vertragslieferant angeheuert, um kleine Begleitgruppen mit Musikern zusammenzustellen, die gerade in der Stadt weilten. Schon kurz darauf, Anfang 1937, startete Victor eine umfangreiche Plattenserie mit kleinen Begleitcombos, die alle Lionel Hampton leitete, deren Besetzung sich aber ständig änderte. All diesen Hunderten von hervorragenden Platten lag die Idee zugrunde, mit erfahrenen Jazzmusikern vier Plattenseiten ohne teure Arrangements und Proben schnell und billig einzuspielen.

Der Pianist Teddy Wilson wurde 1912 in Texas geboren, stammte aber aus einem völlig anderen Milieu als Billie, denn seine Eltern waren Lehrer. Sein Stil war von Earl Hines und Art Tatum beeinflußt, und wie sie spielte er die Melodien rechtshändig in Einzelnoten, sparsam und elegant und für die Swing-Ära wie maßgeschneidert. Seine linke Hand war ebenfalls in Ordnung, und sein Swing-Tempo war sehr locker und unverkrampft. John Hammond hatte Wilson zum erstenmal im Radio gehört, als er für Hines in der Grand Terrace in Chicago eingesprungen war, und Benny Carter holte ihn schließlich nach New York.

Hammond machte eine Aufnahme mit Wilson und Red Norvo, der damals mit Mildred Bailey verheiratet war (alle Welt nannte sie nur »Mr. und Mrs. Swing«). Bei den Baileys brachte Hammond Benny Goodman und Teddy Wilson zum erstenmal zusammen. Mitte 1934 gründete Goodman, der bis dahin immer mit *ad hoc*-Gruppen Platten gemacht hatte, seine eigene Band. Wilson hatte bereits im Mai auf Goodmans erster Hitversion von »Moonglow« für Columbia gespielt, und bald darauf wurde er in Goodmans Trio und Quartett auf den Victor-Platten zum Star, allerdings nicht in dessen Big Band. Im August 1935 avancierte Goodmans Band auf einer landesweiten Tournee zu den Spitzenverdienern und heizte damit die Swing-Ära mit einer Musik an, zu der das schwarze Publikum seit Jahren tanzte. Um Rassenprobleme zu vermeiden, wurden Wilson und Hampton während der Pausen, ähnlich wie in einer Vaudeville-Nummer, separat präsentiert.

Im Mai 1939 nahm Wilson auch etliche Pianoplatten für Columbia auf, die ersten Aufnahmen unter seinem Namen, aber das Label veröffentlichte sie damals nicht. Mitte 1935, genau zwölf Tage bevor Wilson mit Goodman und Gene Krupa im Trio seine ersten Platten einspielte, startete er eine Reihe von über 140 Plattenseiten, die meisten davon für Brunswick, aber auch für Columbia, nachdem das Columbia Broadcasting System 1938 ARC kaufte und das Label neu auflegte. Diese Zahl beinhaltet nicht die neu eingespielten Stücke, Piano-Stücke, Trio-Aufnahmen und Big-Band-Nummern aus dem Jahr 1939. Aber es waren jene darunter, die als »Billie Holiday and her Orchestra« veröffentlicht wurden. Wilsons kurzfristiges Engagement als Chef einer Big Band war zwar nicht von Erfolg gekrönt, aber seine klassische Serie mit kleinen Combos wurde erst durch den Streik der Musikergewerkschaft beendet, der 1942 begann, als Amerika bereits in den Zweiten Weltkrieg eingetreten war. Schellack wurde rationiert, und schon aus diesem Grund wäre es für schwarze Musiker sicher problematisch geworden, weiterhin Plattenaufnahmen zu machen.

Einige der Wilson-Platten waren Instrumentalaufnahmen und durchwegs bester Kammerjazz, doch auf den meisten arbeitete er mit Sängerinnen zusammen, mit Ella Fitzgerald, Lena Horne, Mildred Bailey, Helen Ward, Thelma Carpenter und vielen anderen. Unter Wilsons Aufnahmen sollen insgesamt achtunddreißig Hits gewesen sein. Wenn eine Sängerin mitwirkte, dann war sie ihm gleichgestellt, ließ aber genug Raum für Soli. Die meisten Gesangsaufnahmen mit ihm hat Billie gemacht, doch für sie war es dabei viel wichtiger, daß sie sich unter ihresgleichen bewegte. Wilson erklärte: »Billie hat manchmal den Refrain so gesungen, als würde ihn ein Blasinstrument spielen. Die Bläser waren der Stimme gleichgestellt.« Er hörte sie im Pod's and Jerry's mit Bobby Henderson. John Hammond hatte ihn mitgenommen:

> Sie und ein Mädchen namens Beverly White wechselten sich beim Gesang ab, und die drei im ständigen Wechsel bestritten das gesamte Programm. Beverly und Billie waren so unterschiedlich wie Tag und Nacht, und daß sie zusammen im selben Programm auftraten, war umwerfend. Beverly war eine großartige Balladensängerin, ich denk', daß ich sie allen anderen vorziehe, die ich je gehört habe. Und Billie machte diesen wunderbaren Rhythmusgesang, wissen Sie, so ganz schnelle Sachen.

Wilson lobte Bobby Henderson als »einen wirklich ausgezeichneten Rhythmusspieler« und auch Hendersons Nachfolger, Garnett Clark, wegen »seiner flüssigen Technik und seiner vielen Ausschmückungen und Läufe«.

In seinem Buch schreibt Hammond, daß Brunswick keinerlei Einwände gegen eine Aufnahme mit Wilson und Goodman erhob, der inzwischen der weitaus Bekanntere war. Diese Verbindung garantierte Brunswick in jedem Fall eine Menge Werbung. Und Hammond fand, daß sie ihm einen Gefallen schuldeten. Goodman hatte im April 1935 seine ersten Platten für Victor gemacht, doch Victor zeigte sich nicht so kooperativ, und Goodman selbst ebenfalls nicht. Wenn er für Brunswick bei Wilson mitspielte, dann benutzte er oft das Pseudonym John Jackson. Eigentlich hatte er überhaupt keine Lust dazu, aber er war es Hammond mehr als schuldig. Und weil er durch und durch Musiker war, spielte er natürlich auch bei diesen Aufnahmen großartig. Doch vor der ersten Plattensession, so Hammond, »bockte Benny wie ein Esel«. Im *Melody Maker* schrieb er, daß Goodman schon fünf Minuten über der Zeit war, als er ihm am Telefon eine Absage erteilte. »Und in diesem Augenblick«, schrieb Hammond, »bekam die New York Telephone Company den größten Wutausbruch zu hören, den sie je erlebt hatte. Ergebnis: Zehn Minuten später saß Benny im Studio und spielte besser denn je.«

Die ersten vier Lieder von Billie, die Teddy in seiner ersten Session als Vertragslieferant überwachte, wurden in der folgenden Reihenfolge aufgenommen: »I Wished on the Moon«, »What a Little Moonlight Can Do«, »Miss Brown to You« und »Sunbonnet Blue«. Außer Goodman spielten nur schwarze Musiker mit: Roy Eldridge an der Trompete, Ben Webster am Tenorsaxophon, John Trueheart (der damals in Chick Webbs Band spielte) an der Gitarre, John Kirby am Baß und Cozy Cole am Schlagzeug. Kirby war einer der besten Jazz-Bassisten, der unendlich viele melodische Läufe einbrachte, aber auch das Tempo maßgeblich bestimmte. Cole war ein beliebter Session-Schlagzeuger, der noch in den fünfziger Jahren mit Billie Plattenaufnahmen machte. Goodman kam zu spät und ging zu früh, schob eine Einladung zum Abendessen vor, und ist deshalb nur auf den ersten drei Nummern zu hören.

Komponiert wurde »I Wished on the Moon« von Ralph Rainger, der als Arrangeur und Begleitmusiker für die Schnulzensängerin Libby Holman und für Clifton Webb gearbeitet hatte; Billie sollte später noch mehr Rainger-Songs aufnehmen. Der Text, so wie Billie ihn vortrug, ist es wert, daß man ihn liest. Geschrieben hat ihn die sarkastische Bühnenautorin Dorothy Parker, eine gute Texterin, aber ebenfalls eine ziemlich gestörte Frau, zu der Robert Benchley einmal sagte: »Dottie, wenn du weiterhin Selbstmord begehst, dann wirst du deine Gesundheit ruinieren.«

I wished on the moon, for something I never knew;
Wished on the moon, for more than I ever knew;
A sweeter rose, softer skies,
  Warm April days, that would not dance away.

I begged on a star, to throw me a beam or two;
Wished on a star, and asked for a dream or two;
I looked for every loveliness,
It all came true: I wished on the moon, for you.

Der Song ist das beste Beispiel für einen modernen Popsong, eine gelungene Kombination aus Text und Musik, auch wenn er mit Poesie wenig zu tun hat. Auf dieser Plattenaufnahme hört man nur diese beiden Strophen, aber zusammen mit der Musik erfüllen sie den beabsichtigten Zweck. Zwar wird die zweite Zeile ständig wiederholt, aber ein wunderschöner Akkordwechsel bringt Abwechslung ins Spiel.

Angeblich konnten schwarze Musiker für ihre Plattenaufnahmen erst dann eine Songauswahl vornehmen, nachdem die weißen Plattenstars ihre Wahl getroffen hatten. Eine Bemerkung von Wilson scheint das zu bestätigen: »Deshalb wurden viele von den Songs, die wir aufgenommen haben, ausschließlich von Billie gesungen.« Das ist natürlich so gesehen maßlos übertrieben, wenn es auch bis zu einem gewissen Grad zutraf. Denn viele der Songs waren ziemlich populär, und zudem hatten Wilson und Billie ja eine Auswahl zur Verfügung. Und sie nahm jene auf, die ihr am besten gefielen. Natürlich waren nicht alle Songs dieses Goldenen Zeitalters Meisterwerke, doch über Jahrzehnte hinweg haben Sänger immer wieder die ungewöhnlicheren ausgewählt und wiederentdeckt. Einige der Songs überlebten bestimmt nur deshalb, weil Billie sie aufgenommen und daraus etwas Eigenes geschaffen hat, denn jeder Song lebt durch seinen Interpreten. »I Wished on the Moon« wurde von Bing Crosby in seinem Film *Big Broadcast of 1936* vorgestellt, und bereits 1935 gab es zwei Hit-Aufnahmen davon, darunter eine von Crosby. Also kann man den Song wirklich nicht als Makulatur bezeichnen. Viele der Songs, die man heute nicht mehr kennt, wurden damals deshalb ausgewählt, weil sie bereits große Hits und ihre Titel den Musikbegeisterten, die die Jukeboxen mit Münzen fütterten, sehr wohl geläufig waren.

In einem weiteren Interview wies Wilson darauf hin, daß »alle von uns mit Notenblättern arbeiteten, weil die Melodien brandneu waren und es sich nicht lohnte, sie sich zu merken, wenn es keine Hits waren«. Die meisten Songs wurden keine Hits, »aber es waren ziemlich gute Songs«. Sie übten in Teddys Wohnung, weil er als einziger ständig ein Piano besaß. Ein Nachmittag reichte, um dreißig oder vierzig Lieder durchzuarbeiten, und dann entschied sich Billie für die, die ihr am besten gefielen, vom Text und von der Melodie her. Dann wählten sie drei oder vier für die nächste Plattenaufnahme aus und übten noch eine Stunde.

> Wir übten so lange, bis sie eine genaue Vorstellung im Kopf und im Ohr hatte, aber wir machten keine Probe mit den Musikern. Proben waren nicht nötig. Es waren alles erfahrene Improvisateure. Ihr Gehör war nicht phänomenal, und sie mußte einen Song im Gehör haben, um ihn auf ihre Weise singen zu können. Sie entwickelte kleine, verschiedenartige Phrasierungen, das machen alle großen Jazzsänger, variierte die Melodie, und um das machen zu können, muß man eine Melodie in- und auswendig kennen.

Ohne Frage liebte Billie den Text und die Stimmung von »I Wished on the Moon«. Bei der allerersten Silbe, dem Pronomen in der Ich-Form, fängt sie vor dem Rhythmus an, gleitet dann in ihre swingende Version von Südstaatler-Melancholie ab. Damit macht sie unmißverständlich klar, daß der Song hörenswert ist, und stimmt uns darauf ein. Bei jeder Strophe läßt sie in der zweiten Textzeile das Pronomen völlig weg. Dadurch bestehen die letzten Zeilen jeder Strophe, »Warm April days« und »It all came true« aus derselben Anzahl von Silben, wenn auch in einer völlig unterschiedlichen Betonung. Diese Schwierigkeit überspielt sie mit der Verkürzung der Silben, ohne daß es einem überhaupt auffällt. Ihr Gesang ist auch nicht wirklich langsam, sondern eher im Plauderton gehalten, aber niemals auf Kosten des Songs. Ihre stimmliche Klangfarbe ist einzigartig, nicht durchwegs glatt, sondern mit rauhen Kanten, so wie vielleicht die Stimme des Mädchens von nebenan klingen würde. Und ihr Timing und ihre Phrasierung weisen sie als großes musikalisches Talent aus. Das ist sowohl bester Popgesang als auch Jazzgesang. Und daß man zwischen den beiden, jedenfalls eine Zeitlang, keinen Unterschied machte, haben wir vor allem Billie zu verdanken.

Bei dieser ersten Plattensession ging Goodman nach einer kurzen Einleitung zu den drei ersten Liedern über, denen er fast beiläufig einschmeichelnden Swing verlieh, wobei Webster es ihm auf dem vierten Song nachtat. Nachdem Billie gesungen hatte, übernahmen die Bläser die Melodie. Sie spielten alle gleichzeitig, was eigentlich als Merkmal des Chicago-Stils gilt und zur üblichen Arbeitsweise für Jazzcombos zu Beginn der Swing-Ära wurde. Ein paar Jahre später wurde dieses Prinzip für den weniger anspruchsvollen Dixieland übernommen. Aber innerhalb dieser Besetzung kam niemand den anderen in die Quere, die Musiker waren bereit, zuzuhören und keine Note zuviel zu spielen. Selbst mit aufwendigen Arrangements und Proben hätte das Ergebnis nicht besser sein können, da diese Musiker nicht nur zu den besten zählten, sondern sich auch ihren Lebensunterhalt mit täglichen Live-Auftritten verdienten. Sie bannten ihre eigene Musik auf Platte und nicht irgendwelche vorfabrizierten Produkte.

Die Platten waren ordentlich produziert, selbst Truehearts Rhythmusgitarre ist sauber aufgenommen. »I Wished on the Moon« ist das langsamste Stück dieser Plattenproduktion, aber nicht zu langsam, sondern von schlendernder Gangart und von überzeugender Wehmut. »What a Little Moonlight Can Do« stammte von Harry Woods aus dem englischen Film *Roundhouse Nights.* Woods wurde 1896 in Massachusetts geboren und schrieb eine Menge Songs, die sich irgendwo zwischen der früheren Tin-Pan-Alley-Tradition* und einem eher modernen Stil bewegten, Songs, die im Vaudeville große Erfolge waren, wie etwa »When the Red Red Robin Comes Bob-Bob-Bobbin' Along« oder »Paddlin' Madelin' Home«. »What a Little Moonlight Can Do« wurde in einem verrückten Tempo eingespielt, mit dem schnellsten Beat, zu dem Billie je gesungen hat, aber Goodman und Billie achteten natürlich darauf, daß trotz der Rhythmusgruppe Leichtigkeit herrschte. Die beiden letzten Stücke waren in einem etwas schnelleren Tempo als das erste gehalten und damit für eine solche Schar von Jazzmusikern einfach ideal. »Miss Brown to You« stammte von Rainger, Richard Whiting und Leo Robin und zählte zeit ihres Lebens zu Billies Repertoire (das Studio lag am 1776 Broadway, und auf Goodmans einleitendem Solo zu »Miss Brown to You« kann man das Hupen der Autos hören, die draußen um den Colombus Circle kurvten). »A Sunbonnet Blue (And a Yellow Straw Hat)« war ein Song von Sammy Fain und Irving Kahal, die unter anderem

* Tin Pan Alley: die Gegend zwischen 48th und 52nd Street an der Seventh Avenue in New York City, in der (seit Anfang des Jahrhunderts) populäre Musik komponiert, arrangiert, verlegt, aufgenommen usw. wurde. *(A. d. Ü.)*

auch »I Can Dream, Can't I?« und »When I Take My Sugar to Tea« komponiert haben. Es ist ein wunderbares, geschlossenes Stück, schon allein Websters Einleitung macht auf den Song neugierig.

Bei dem zweiten Aufnahmetermin am letzten Julitag des Jahres wurde Goodman durch Cecil Scott ersetzt, einen ehemaligen Bandleader, bei dem Bill Coleman und Don Frye, der Pianist aus dem Hot-Cha, gearbeitet hatten. Lawrence Lucie ersetzte Trueheart an der Gitarre, der unerbittlich an der Rhythmusgruppe haftete und damit eine unauffälligere Rolle spielte. Außerdem kam der Altsaxophonist Hilton Jefferson dazu, der zwar später nicht so bekannt wie andere Jazzmusiker wurde, aber unter Kollegen hochgeschätzt war. Es wurden drei Gesangsstücke aufgenommen, und Wilson hatte einige Unisono-Passagen für die Bläser ausgearbeitet. Später gab er offen zu, daß ihn das Ergebnis etwas enttäuscht hatte. Und in der Tat unterscheiden sich diese Aufnahmen von den ersten, aber sie sind trotzdem exzellent. Dank Kirbys hervorragendem Baßspiel und dem Verzicht auf die imposanten Ausflüge in den Chicago-Stil klingen sie wesentlich moderner. Vor allem aber bietet das schnellere Tempo genug Raum für die verschiedenen Soli der Musiker.

Billie singt drei Lieder, die allesamt von Tin-Pan-Alley-Getreuen stammen und das sind, was man normalerweise als zweite Wahl bezeichnet. Aber ihr unschuldiger temperamentvoller Stil lieferte der Besetzung genau die richtige Vorlage: im Gegensatz zu älteren Tin-Pan-Alley-Produkten (die ganzen Walzer aus der Zeit um 1910) und dem heutigen Rock-Flickwerk waren das Melodien, die man lustvoll improvisieren konnte. »What a Night, What a Moon, What a Girl« (das Wort »girl«, Mädchen, änderte Billie in »boy«, Junge, ab) ist ein fröhlicher, schneller Romp und maßgeschneidert für begeisterte »Jitterbug«-Tänzer. Das langsamere »I'm Painting the Town Red« besticht durch schwungvolle, unbeschwerte Sprünge. »It's Too Hot for Words« greift das Tempo wieder auf und hat einen sehr ansprechenden Text: Wenn man jung genug ist, dann ist es für die Liebe nie zu heiß.

Am 25. Oktober gehörten der Bläsergruppe Eldridge, Benny Morton an der Posaune und Chu Berry am Tenorsaxophon an. Dave Barbour (der später Peggy Lee heiratete) verhielt sich an der Gitarre nicht so zurückhaltend wie Trueheart bei den ersten Aufnahmen. Die Rhythmusgruppe war dieselbe. Die ersten drei

Stücke waren gewiß alberne Eintagsfliegen, doch mit guten Melodien. Außerdem, was nützt das Gejammere, wenn den Leuten solche Sachen gefielen? »24 Hours a Day« ist eine Liebeserklärung an eine Jukebox im Stil eines Kinderreims; die Solisten gleiten über die Grundmelodie hinweg wie Steinchen, die Kinder auf der Oberfläche eines Teiches springen lassen. Besonders Berry ist wie immer einfach göttlich. Billies Gesang ist hier für diese Periode besonders typisch: auf dem Wort »old-fashioned« in der ersten Zeile und dann wiederholte Male am Ende der Sätze – »song about you«, »24 hours a day« – variiert sie eigenwillig den Rhythmus. Man hat das Gefühl, daß die Worte nicht zusammenpassen, aber sie tun es, und der Swing ist auf eine unbeschreibliche Weise unbekümmert. Was Whitney Balliett über Lester Young geschrieben hat, trifft auch auf Billie zu: die »absolute Beherrschung der zerklüfteten Rhythmen und Phrasierungen – die Fähigkeit, den Beat hervorzuheben, indem man sich ihm entzog«. Mit »Yankee Doodle Never Went To Town« (Bernie Hanighen war Co-Autor, und Goodmans Band hat es ebenfalls aufgenommen), und »Eeny Meeny Miny Mo« verfährt sie ähnlich. »If You Were Mine«, das wie »Eeny« von Johnny Mercer und Matt Malneck stammt, ist eine hervorragende Ballade. Auf dieser schwelgt Wilson hinter dem Gesang in Arpeggios, die an Eddy Duchin, einen Tanzorchesterleiter, erinnern.

Am 3. Dezember nahmen sie drei weitere Gesangsstücke und ein Instrumental auf. Den Baß spielte diesmal Grachan Moncur, eine Entdeckung von Hammond. Der Altsaxophonist Johnny Hodges brachte das Kunststück fertig, »There'n That'n Those« zu einem passablen Stück zu gestalten. »You Let Me Down« ist ein schmalziges Liebeslied von Al Dubin und Harry Warren, mit dem Jimmy Dorsey bereits einen Hit hatte. »Spreadin' Rhythm Around« von Ted Koehler und Jimmy McHugh hatte bereits Fats Waller eingespielt. Billie läßt die Worte auf eine Weise über den Beat gleiten, daß sich der Rhythmus butterweich ausbreitet, während der Schlagzeuger Cole einen $^2/_4$-Backbeat spielt, der nicht nur im Rythm & Blues bestehen könnte. Auf »24 Hours a Day« spielt Kirby einen $^4/_4$-Takt auf dem Baß, während Barbour auf der Gitarre sein $^2/_4$-Feeling hält, was einen fröhlichen, federnden Beat erzeugt. Das war der New-York-Jazz, kurz bevor ihn die Rhythmusgruppen glattbügelten und der »Modern Jazz« geboren wurde.

Doch der Star auf diesen Aufnahmen ist Billie. Ihr Beitrag zur amerikanischen Populärmusik ist die Vervollkommnung des Songs. Sie sang und nahm Songs von allen großen Komponisten auf. Schon kurze Zeit später wurde »Yesterdays« von Jerome Kern einer ihrer Lieblingssongs. Kern, vielleicht einer der Größten überhaupt, hatte versucht, Operetten im amerikanischen Stil zu komponieren, kombinierte aber schließlich seine hübschen Melodien mit den Arbeiten der besten Texter, und kreierte dadurch etwas völlig Neues.

Diese Komponisten waren eben Amerikaner und stammten nicht aus Wien (wobei man darauf hinweisen sollte, daß Kern in seinen jungen Jahren in England wichtige Erfahrungen machte, als viel herumexperimentiert wurde und P. G. Wodehouse, der Erfinder von Jeeves und Wooster*, einer der einflußreichsten Texter war.)

Richard Rodgers investierte als Schuljunge sein gesamtes Taschengeld, um die Matinées von Kern-Shows sehen zu können. Die neuen Songwriter waren sowohl von Kern als auch den schwarzen Songwritern wie Sheldon Brooks (»Some of These Days«, 1910) beeinflußt, ebenso von Henry Creamer und Turner Layton (»After You've Gone«, 1918), die den Versuch unternahmen, nach Ragtime und »Neger-Hits« aus den Jahren 1890 den volkstümlichen Song weiterzuentwickeln. Johnny Mercer bemerkte über Harold Arlen: »Was er macht, klingt für uns furchtbar einfallsreich, furchtbar schwierig, aber nicht für ihn. Es fließt einfach aus ihm heraus, so als ob einer plötzlich zu heulen anfängt.« Alec Wilder beschrieb diesen puren und so typisch amerikanischen Arlen-Stil als eine »Mach-dir-mal-um-den-Dreck-auf-meinen-Schuhen-keine-Sorgen«-Einstellung. Mercer schrieb für Kern, Arlen und Gott und die Welt.

Kern und Arlen waren Juden, George und Ira Gershwin waren die Söhne jüdischer Immigranten, Irving Berlin wurde in Rußland geboren. Viele der begabtesten nichtjüdischen amerikanischen Songwriter stammten ebenfalls aus Einwanderer-Familien: der Tonschöpfer Harry Wilson, eher ein Nachfolger der Tin-Pan-Alley-

* Protagonisten einiger humoristischer Romane des in den USA lebenden Engländers Pelham Grenville Wodehouse; mehrere dieser Romane und Erzählungen liegen oder lagen auch in deutscher Übersetzung vor. (*A. d. Ü.*)

Tradition denn ein Broadway-Komponist, war Italiener und hieß eigentlich Salvatore Guarangna. Er schrieb mit Mercer »Jeepers Creepers« und »You Must Have Been a Beautiful Baby«, die 1938 beide große Hits waren. Und allein 1941 gelangen ihm zusammen mit Mack Gordon die Hits »There Will Never Be Another You«, »I've Got a Gal in Kalamazoo«, »Chatanooga Choo Choo«, »Serenade in Blue« und »At Last«, die letzten vier davon für die Glenn Miller Band.

Cole Porter gehörte zu den wenigen, die nicht aus armen Verhältnissen stammten. Sammy Fain und Ralph Rainger wurden um 1900 in New York geboren, Richard Whiting 1891 in Peoria, Illinois. Whiting war, nachdem er 1918 »Till We Meet Again« geschrieben hatte, erfolgreich im Geschäft und hatte im Jahr darauf fünf weitere Hits.

Alle diese Songwriter galten nicht nur als talentiert, sie arbeiteten auch in einem historischen Kontext. Sie spielten mit der englischen Sprache, lernten, wie man auf Amerikanisch singt, grölt, übten sich in Wortspielen und priesen den Optimismus der damals trotz aller Auswüchse bestimmt auf sorgloseste Weise optimistischsten Nation der Welt. Damals gab es noch kein Fernsehen, ja nicht einmal Radio, und deshalb wurden diese Songschreiber nicht von Werbespots oder Medientorheiten beeinflußt. Sie schrieben ihre Songs in der Umgangssprache, der Sprache ihres Viertels. Es ist sinnlos, darüber zu lamentieren, daß heutzutage Songs dieser Art nicht mehr geschrieben werden, denn das Goldene Zeitalter der Populärmusik hatte seine Zeit und wird sich nicht wiederholen, genausowenig wie die Musik von Haydn oder Mozart neu komponiert werden kann.

Dieser großartige amerikanische Songstil fand in Billie Holiday seine einflußreichste Interpretin. Manchmal änderte sie ein Lied einfach ab, damit es zu ihr paßte, und selbst wenn sie das nicht tat, veränderte sie subtil die Harmonien und machte es dadurch zu ihrem persönlichen Ausdrucksmittel. Sie stellte alle Elemente ihrer Gesangskunst in den Dienst des Swing. Sie war musikalisch nicht besonders geschult, selbst ihre Sprechstimme unterschied sich sehr von ihrer Gesangstimme, was alte Radiointerviews und gewisses Studiogeplänkel beweisen. Sie konnte unglaublich geistreich sein, doch gleichzeitig war sie sehr schüchtern. Es waren die Texte ihrer Lieder über das Freisein und eine angenehme Süße des

Lebens, bei denen ihr Herz und ihre Seele sich öffneten – und die ihr Talent freisetzten. Alle, die sie kannten, betonten immer wieder, daß sie nur dann sie selbst gewesen sei, wenn sie sang. Nicht umsonst bemerkte Frank Sinatra 1958 in der Zeitschrift *Ebony*, als er darüber sprach, wie er sie in jungen Jahren in der 52nd Street gehört hatte:

> Bis auf wenige Ausnahmen ist jeder große Popsänger in den Staaten aus ihrer Generation auf irgendeine Weise von ihrem Talent angesteckt worden. Billie Holiday hat noch immer den größten musikalischen Einfluß auf mich. Lady Day ist ohne Frage der wichtigste Einfluß auf den Populärgesang Amerikas in den vergangenen zwanzig Jahren.

Der Trompeter Bill Coleman hörte Billie im Hot-Cha, bevor er nach Frankreich ging. Er behauptet, daß er sofort gespürt habe, daß sie sich von allen anderen Sängerinnen, die er zuvor gehört hatte, unterschied. Hazel Scott, eine Sängerin und Pianistin, die später selbst Karriere machte, war bei Billies erstem Apollo-Engagement anwesend. Sie war gerade vierzehn und hatte die Schule geschwänzt und erinnerte sich später: »Ich konnte es einfach nicht fassen, so wie sie klang... Ich sah mir alle drei Shows hintereinander an, weil ich sie unbedingt noch einmal hören wollte.« Nachdem Mildred Bailey Billie zum erstenmal hörte, meinte sie, »das Mädchen hat's drauf«, und war deshalb nicht besonders gut auf sie zu sprechen. Sarah Vaughan, Dinah Washington, Peggy Lee, Dick Haymes, Perry Como und viele andere schwammen in Billies Kielwasser, ganz zu schweigen von all jenen großartigen Sängern, die niemals berühmt wurden. Billie wurde von Sylvia Syms verehrt, die Sinatra wiederum als »die beste Salon-Sängerin der Welt« bezeichnete. Wahrscheinlich war nur die großartige Ella Fitzgerald mit ihrem einzigartigen und doch andersartigen Talent nicht direkt von ihr beeinflußt, aber bestimmt horchte auch sie auf.

Neben Louis Armstrong war Bing Crosby der einzige wichtige amerikanische Popsänger, dessen Karriere vor der Billies begann und sie überlebte. Mit gut über 300 Hitplatten in nicht ganz fünfundzwanzig Jahren war er die unbestrittene Nummer eins unter den Plattenkünstlern dieses Jahrhunderts. Doch selbst auf ihn hatte sie einen gewissen Einfluß. Wie Armstrong wußte auch Crosby, wie man das Mikrofon wirkungsvoll einsetzt, so daß sein ansprechender Bariton sehr intim klang. Außerdem hatten ihn bereits Jazzmusiker wie Bix Beiderbecke und der großartige Gitarrist Eddie Lang beeinflußt. Doch seine Aufnahmen aus den frühen dreißiger Jahren klingen im Vergleich zu seinen späteren ziemlich unsicher. Und erst Ende der dreißiger Jahre und in den vierziger Jahren, nachdem Billie viele ihrer klassischen Aufnahmen veröffentlicht hatte und sie in der Musikszene niemand mehr ignorieren konnte, wurde er jener Crosby, den wir kennen, der auf diese wunderbar beiläufige amerikanische Art singt, so, als fielen ihm die Texte direkt beim Singen ein.

Mitte 1935 war Teddy Wilson gerade einundzwanzig und Billie zwanzig. In diesem Jahr spielten sie zusammen vierzehn Plattenseiten ein, mit denen sie schon damals Musikgeschichte schrieben.

7 »The Street That Never Slept«

Natürlich ist es verständlich, daß alle, die seinerzeit jene großartige Ära in Harlem miterlebt haben, heute noch davon schwärmen. Seinen damaligen Bewohnern dürfte das ziemlich egal gewesen sein. Vielen Harlem-Besuchern, vor allem den Schwarzen, fiel auf, daß die meisten Ladenbesitzer Weiße waren. Irene Wilson, Teddys Ehefrau, schrieb ihrer Cousine Callye Arter, daß im Gegensatz zu Chicago hier »fast alle Geschäfte und Lokale von Weißen geführt werden, also außer den Restaurants haben alle Lebensmittelläden und so weiter weiße Angestellte«. Als das Alkoholverbot außer Kraft gesetzt und damit der Alkoholausschank gesetzlich geregelt wurde, verschwanden die Spätlokale. Und damit auch die Weißen, die ja hauptsächlich des Amüsements wegen nach Harlem gekommen waren. Die afroamerikanischen Einwohner jedoch saßen dort fest und sahen keine Möglichkeit, anderswo besser über die Runden zu kommen. Die Musikszene verlagerte sich allmählich in den unteren Teil der Stadt, nach Downtown.

Die neue Szene in der 52nd Street, zwischen der Fifth und Sixth Avenue, entwickelte sich zu einem weiteren musikalischen Wunder. Viele Bürger von New York City verließen die Stadt, zogen nach außerhalb und wurden zu Pendlern, als Long Island und andere Gegenden des Umlandes erschlossen wurden. Schließlich mußten die wohlhabenden Leute, die in den zwanziger Jahren immer noch die Brownstone-Häuser in der 52nd Street bewohnten, erkennen, daß ihr Viertel zusehends verkam. Sie lebten mit den Gangstern und deren ausgehaltenen Gangsterflittchen praktisch Tür an Tür, und bisweilen kam es dort zu Schießereien. 1925 gab es in der Straße die erste Flüsterkneipe, und wenn man Arnold Shaw glauben darf, dann unternahm Robert Benchley mit einem

Freund irgendwann Anfang der dreißiger Jahre eine ausschweifende Lokalrunde. Sie ließen sich erst auf der einen Straßenseite abfüllen und dann auf der anderen: »Nach einigen Tagen, als er sich endlich von diesen nächtlichen Recherchen erholt hatte, fand er in seinem Notizbuch die reichlich unleserlichen Namen von nicht weniger als achtunddreißig Etablissements, die einen Türspion besaßen.«

Nach 1927 folgten immer mehr Kneipen dem Beispiel des Onyx Club und boten Live-Musik als Programm. Jahrelang brauchte man einem New Yorker Taxifahrer nur zu sagen: »Zur Street bitte.« Die Ewiggestrigen lamentieren immer noch darüber, daß die Straße in den fünfziger Jahren von Grundstücksspekulanten zerstört wurde – heute stehen dort moderne Bankgebäude mit ihren häßlichen Eingangshallen aus Glas und Aluminium –, aber schon damals, nach dem Krieg, hatte sich viel verändert, und die meisten Clubs wurden geschlossen oder in Striptease-Lokale umgewandelt. Und schließlich hatte die Straße schon ihren damaligen Aufschwung ähnlichen Veränderungen zu verdanken.

Ende 1935 traten Teddy Wilson und Billie Holiday in der Street auf, wobei Billies erstes Engagement nur von kurzer Dauer war. Im Februar rief ein Musikersyndikat, dem unter anderem Gordon Jenkins, Glenn Miller und Lennie Hayton angehörten, The Famous Door ins Leben. Der Trompeter, Sänger und talentierte Clown Louis Prima eröffnete den Club mit einem langfristigen Engagement und hatte im Juli und August mehrere Plattenhits. Im September bestritt der weiße Posaunist George Brunies aus New Orleans das Programm. Teddy und Billie waren für diese Zeit gebucht und hofften dadurch, Künstleragenturen und Talentsucher auf sich aufmerksam zu machen. »Wir waren für 'ne Weile Partner«, so Wilson.

Billies Engagement dauerte nur ein paar Wochen. Ein typisches Problem der Street war, daß viele der Lokale, die eigentlich als Treffs für Musiker gedacht waren, von Touristen überrollt wurden. Billie fehlte es immer noch an Selbstvertrauen, und bei ihrem ersten Versuch gelang es ihr nicht, die Aufmerksamkeit des lautstark lärmenden Publikums im Famous Door zu gewinnen. Bei den Musikern wurden Wilson und Holiday zur echten Sensation, schrieb *down beat,* aber »die Typen aus der Park Avenue standen auf Louis Prima und mochten sie nicht«. Außerdem durfte sie sich nicht unters Publikum mischen, was sie als Beleidigung empfand. Der Trompeter Max Kaminsky traf sie völlig verzweifelt eine Treppe höher im Flur an, direkt vor den Toiletten. »Was treibst du denn hier völlig allein?« wollte er wissen. Er kannte sie aus dem Alhambra, hatte sie dort ihre Runden an den Tischen machen und singen sehen, und sie war froh, jemanden zu treffen, der Harlem kannte. Arnold Shaw und John Chilton wiesen beide darauf hin, daß es schon höchst seltsam war, daß ein Club, der namentlich von Musikern geleitet wurde, an dieser Rassentrennungspolitik festhielt, zumal viele der Clubs in der Street gemischtrassiges Publikum hatten.

Doch das Onyx, Famous Door und eine Menge anderer Lokale zogen ständig um oder wechselten ihre Besitzer. Und fast alle Lokale in der Street, in denen Billie aufgetreten war, gehörten – in verschiedensten Kombinationen – Gruppen von Rechtsanwälten, ehemaligen Spirituosenhändlern und anderen, oder wurden von ihnen im Namen der eigentlichen Besitzer geleitet. Arnold Shaw hatte etliche dieser Personen für sein Buch über die 52nd Street interviewt, das so unbezahlbare Informationen wie folgende liefert. Billy Daniels, dessen Version von »That Old Black Magic« später so populär wurde, daß Stegreif-Komiker sie parodierten, erzählte Shaw:

> [Willard] Alexander war mit Ralph Watkins' Schwester Beatrice verheiratet, die mit Artie Jarwoods erster Frau verwandt war. Beatrice brachte Arties Frau dazu, daß sie ihren Mann dazu überredete, Alexander Geld zu leihen. Auf diese Weise war Artie am Stable beteiligt, das eigentlich von Irving und Ralph geführt wurde. Oscar Rubin, ein Mafiatyp, besaß ebenfalls einen Anteil – ihm gehörte die Garderobe ...

Beatrice Watkins Alexander Colt zählte zu den Insidern, die später über Billie folgendes berichtete:

> Meinen Mann nannte sie Jack bis nach der Sache im Famous Door, und danach tat sie so, als ob sie ihn nicht kennen würde. Sogar in ihrer Autobiographie hat sie ihn beleidigt, wahrscheinlich, weil er sie gefeuert hat, sie haben ja die ganze Zeit nur gestritten ... jeden Abend war's dieselbe Geschichte: »Ich darf mich da draußen nicht hinsetzen,

> weil ich schwarz bin.« Aber das Famous Door war ein kleines Lokal, und es war nun mal die Regel, daß die Künstler sich nicht unters Publikum mischten. Auch nicht Maxie Kaminsky und Louis Prima und Bunny Berigan. Aber das war ihr wurscht, und das zeigte sie auch deutlich. Ich hatte immer das Gefühl, daß sie dachte, »ich bin was Besseres, aber weil ich 'ne Schwarze bin, bin ich eben nicht gut genug«. Sie war verbittert. Sie war überzeugt, daß die ganze Welt gegen sie war, denn sie hatte wirklich enormes Talent.

Obwohl Billies Start unter einem ungünstigen Stern stand, nahm sie die Street im Sturm und wurde zu ihrem größten Star.

Zu diesem Zeitpunkt begann Billies langfristige Geschäftsbeziehung zu Joe Glaser, der zusammen mit Tommy Rockwell, einem ehemaligen Plattenproduzenten, der für viele der Louis-Armstrong-Klassiker aus den zwanziger Jahren verantwortlich zeichnete, eine Künstleragentur leitete, die noch heute existierende Associated Booking Corporation. Im Gegensatz zu vielen seiner Kollegen kümmerte sich Glaser um seine Klienten und hielt Wort. Seinem Stall gehörte bereits Louis Armstrong an; vielleicht war es Louis, der Billie Glasers Agentur empfahl. Erst einmal bestand Glaser darauf, daß sie abnahm, denn inzwischen wog sie schon wieder an die 90 Kilo.

Barney Josephson, der in Billies späterem Leben eine wichtige Rolle spielen sollte, erinnert sich an die Besuche von Joe Glaser in seinem Club Café Society:

> Joe war ein ungehobelter, ungebildeter Grobian. Er kam aus Chicago. Hatte dort wohl mit der Mafia etliche Clubs besessen, oder seine Frau, waren alles Puffs … Und eines Abends tauchte er bei mir im Café auf, und ich hab' mich zu ihm gesetzt, es war einer jener Abende, wo die Hälfte der Gäste Schwarze waren, und er sah sich um und meinte: »Wieso läßt du's zu, daß diese ganzen Nigger reinkommen?« Ich warnte ihn: »Paß auf, was du sagst.« Denn bei ihm war klar, wie er das meinte. Ich hab' ihm also erklärt, daß es genau die Art von Lokal sei, wie ich es wollte. Aber er fand, daß es nicht gut fürs Geschäft sei, wenn so viele von ihnen da wären. »Hör mal«, meinte er, »versteh mich nicht falsch. Niemand steht mehr auf 'ne Niggermuschi als Joe Glaser.

Aber geschäftlich gesehen ist die Sache anders, fürs Geschäft ist es nicht gut.« Ich hab' Geschichten gehört, daß er Louis besitzen würde. Daß er ihm 'n Gehalt zahlen und ihn besitzen würde, was ich mir absolut vorstellen kann …

Da gab's diese Moe-Gales-Typen, Brüder, sie hatten 'ne Künstleragentur wie Joe Glaser, und jahrelang hatten sie die Ink Spots unter Vertrag … Sie zahlten den vieren 500 Dollar pro Woche, garantierten ihnen vierzehn Wochen Arbeit und schickten sie nach Hollywood, wo sie 'nen Film mit einem schwarzen Talent aufmotzen wollten, dafür kriegten sie 500 Dollar pro Woche, und die Agentur kassierte in einer Woche 18000 Dollar. Ich hatte damals Hazel [Scott] dort für 4000–5000 Dollar für fünf, sechs Tage untergebracht. Und das macht 20000 Dollar in vier Wochen. Ich hab' gehört, daß Joe einen ähnlichen Vertrag mit Louis gemacht hatte, aber Louis nicht einen Cent gesehen hat.

In den vierziger Jahren gehörten die Ink Spots zu den größten schwarzen Gruppen überhaupt, die von 1939 an über vierzig Plattenhits landeten. Aber so lief damals das Geschäft. Egal, was Josephson von Glaser hielt, er war eine viel kompliziertere und interessantere Figur, und auch die alte Geschichte, daß Glaser Louis übervorteilt habe, ist wesentlich verwickelter.

Glaser stammte aus einer wohlhabenden Familie aus dem Nordteil Chicagos und war alles andere als ein ungehobelter Kerl. Sein Vater war Arzt, und Glaser widersetzte sich ihm schon in jungen Jahren, als er sich weigerte, das College zu besuchen. Er wurde von seiner Familie verwöhnt, und als er herausfand, daß seiner Mutter die Grundstücke gehörten, auf denen Lokale wie das Grand Terrace, Lincoln Gardens und Dreamland Café standen, trieb er sich in diesem Stadtviertel herum, weil ihn die Boxer, Gangster und Mädchen dort faszinierten. Im Lincoln Gardens lernte er King Oliver kennen, und Ernie Anderson behauptet, Louis habe ihm erzählt, daß Oliver von Glaser das Geld bekommen habe, um Louis aus New Orleans nach Chicago zu bringen, was 1923 zu den legendären Plattenaufnahmen von Olivers Creole Jazz Band führte, in der Louis das zweite Kornett spielte. Und daß es vor allem Glasers Idee gewesen sei, daß Armstrong die Band für eine Solokarriere verließ. Armstrong und Glaser kannten sich also schon geraume Zeit.

Aber Glasers Interesse galt eigentlich nicht der Musik oder dem Künstlermanagement. In Chicago hatte er verschiedene Boxer gemanagt, er war ein Schürzenjäger, und er imitierte Sprache und Verhaltensweisen der von ihm so bewunderten Gangster, bis er fluchtartig die Stadt verlassen mußte. Anderson hatte gehört, daß Glaser mit Gebrauchtwagen gehandelt haben soll. Eine Gangsterbande kaufte einen Geländewagen von ihm, machte sich auf und schoß eine andere Bande nieder, und verkaufte anschließend den Wagen wieder an Glaser. Eine andere Geschichte betrifft das Dreamland, in das Glaser seine Freundinnen ausführte und wo es laut Anderson im ersten Stock eine Opiumhöhle gab. Eines Tages klaute eine Schlägerbande eine Lastwagenladung Schnaps und lagerte sie für einige Stunden auf der Tanzfläche des Dreamland, womit sie Glasers Freundschaft arg strapazierten. Die rivalisierende Bande, der diese Schnapsladung geklaut worden war, bekam Wind davon, und Glaser fand es nun höchste Zeit, für mindestens ein Jahr nach Paris zu verschwinden. Etwa um diese Zeit starb Glasers Mutter, und als er in die Staaten zurückkehrte, war er pleite und ohne jede Zukunftsperspektive.

In der Zwischenzeit hatte Armstrong 1933 seine erste Europatournee hinter sich, organisiert von einem Kleinganoven namens Johnny Collins, der ihm sein Geld abnahm und die Rechnungen nicht beglich. Angeblich hat Collins Louis ohne einen Heller und sogar ohne Paß in London sitzenlassen. Louis äußerte Anderson gegenüber, daß er immer damit gerechnet habe, daß ihn mal ein Weißer finanziell übers Ohr hauen würde. Aber als dann während seines Auftritts die Schuldeneintreiber hinter der Bühne auf ihn warteten, belastete die Situation seine musikalische Karriere doch so sehr, daß er beschloß, einen Schlußstrich zu ziehen. Anderson schrieb, daß Louis nach Amerika zurückkehrte,

> und sich umsah und Glaser fand. »Seine Hosen waren so abgewetzt, daß man seinen Arsch sehen konnte«, erzählte mir Louis. Er sagte zu Glaser, daß er ihn als Manager haben wolle. Joe meinte, er könne das wohl nicht, weil er absolut kein Geld habe. Louis meinte: »Mach dir keine Sorgen, das Geld kommt schon. Besorg mir Engagements, ich mach' den Job, du kassierst die Kohle und zahlst mich. Ich brauch' nicht mehr als 1000 Dollar die Woche. Sorg du dafür, daß die Musiker bezahlt werden und die Steuern und Unkosten, und

> der Rest gehört dir.« So sah ihre Vereinbarung aus, und aus diesem Grund haben sie nie einen Vertrag gemacht. Und Louis hat sich nie über irgendwas Sorgen machen müssen, und wenn er Geld hatte, dann hat er's sowieso unter die Leute gebracht. Er hat jedem, der ihm 'ne rührselige Geschichte aufgetischt hat, einen Umschlag voller Geld in die Hand gedrückt. Er hat sogar seine Trompeten verschenkt, bis Glaser das unterbunden hat.

Männer wie Joe Glaser und Irving Mills waren knallharte Geschäftsleute, doch sie zeigten auch Respekt für die Talente, die sie betreuten. Während der gesamten dreißiger Jahre betreute Mills Duke Ellington, verlegte seine Musik und stellte ihm seinen eigenen Pullman zur Verfügung. Duke Ellingtons Band war wohl die einzige schwarze Gruppe (neben der Cab Calloways, eines weiteren Mills-Kunden), deren Unterkünfte unterwegs immer geregelt waren. Für Louis Armstrong war Joe Glaser, der auch dafür sorgte, daß er anspruchsvollere Filmrollen bekam, als Manager ein echter Fortschritt. Glaser verdiente mit Louis eine Menge Geld, aber er begleitete ihn in den dreißiger Jahren auch auf seinen Tourneen und vermachte in seinem Testament Louis eine stattliche Summe. Billies Geschäftsbeziehung mit Glaser hielt bis zu ihrem Tod, schon allein deshalb, weil er sich nicht änderte. Er gab nie vor, etwas zu sein, was er nicht war. Und im allgemeinen bekam sie von ihm immer Geld, wenn sie es dringend brauchte.

Das erste Engagement, das er Billie verschaffte, war eine Revue im Connie's Inn. Immermans Club war wie der Cotton Club in Harlem für seine Varietéshows berühmt – Fat Wallers *Hot Chocolates,* die mit Hits wie »Ain't Misbehavin'« nur so vollgepackt war, hatte im Connie's Premiere, bevor sie 1929 an den Broadway kam, und war der Anfang von Louis Armstrongs ruhmreichster Zeit. Wie der Cotton Club war auch Connie's nach Downtown in die 48th Street zwischen Broadway und der Eighth Avenue gezogen. 1936 gehörten der Revue Louis und die Band Luis Russells an, und Billie trug mit großem Erfolg die Nummer »You Let Me Down« vor, die sie kurz zuvor aufgenommen hatte. Doch dann erkrankte sie, wie es hieß, an einer Ptomain- (Leichengift-) Vergiftung und konnte nicht mehr in der Show auftreten. Sie wurde durch Bessie Smith ersetzt. Bessie war neben Louis Billies zweites Idol, und er zumindest bewunderte ihren Gesang. Bessie gehörte allerdings nicht zu jenen, die anderen Künstlern Komplimente machten, und deshalb wissen wir nicht, was sie von Billie gehalten hat.

Billies nächste Auftritte fanden in kleinen Theatern nördlich von New York City mit der Band von Jimmy Lunceford statt, der 1935 mit »Rhythm Is Our Business« einen riesigen Hit in Amerika hatte. Es gab Gerüchte über eine Europatournee, und am 4. April brachte der *Melody Maker* ein Foto von ihr; sie mußte sich dafür die Augenbrauen aufmalen, weil sie eine beim Zurechtmachen zur Hälfte abrasiert hatte.

Im Juni 1936 ging sie nach Chicago und trat mit Fletcher Hendersons Band im Grand Terrace auf. Zwar hatte Clarence die Band verlassen, doch sie fand unter den Musikern genug Freunde. Trotzdem sollte es nur ein kurzes Gastspiel werden: Ed Fox, der den Club von Glaser gemietet hatte oder für ihn führte, konnte Billies Gesang nicht ausstehen, und das rieb er ihr auch nach jedem Auftritt unter die Nase. Für eine Weile konnte sich Billie beherrschen. Fox war ein harter Knabe und hatte genug Erfahrungen im Showgeschäft in Chicago gesammelt, deshalb muß ihm wohl klar geworden sein, daß er seinen Meister gefunden hatte, als Billie irgendwann mal die Möbel in seinem Büro kurz und klein schlug. Er setzte sie sofort vor die Tür. Sie erhielt nicht mal die Reisekosten zurück nach New York, und Henderson zog, wie es seine Art war, den Schwanz ein. In ihrem Buch behauptete sie später, daß Fox sie abermals für das Terrace buchen wollte. Überflüssig zu sagen, daß er eine Abfuhr erhielt. (Tatsächlich aber hat sie später, in einem anderen Club, nochmals für ihn gearbeitet.)

Die Erfahrungen ihres ersten Chicago-Aufenthalts entmutigten sie, doch Glaser hatte kein Verständnis dafür. Ihren Erinnerungen nach schlug er ihr vor: »Mach mehr Tempo, du mußt wirklich heiße Sachen singen.« Schließlich habe sie ihm gesagt: »Paß auf, du Hurensohn, dann sing doch selbst. Ich sing' auf meine Weise, du singst auf deine Weise.«

Anfang September fing sie im Onyx Club an der West 52nd Street an. Sie teilte sich die Auftritte mit Stuff Smiths Sextett. Doch es kam zu Egoproblemen, und da Billie obendrein auch noch ihre eigene Fangemeinde gewann, regte sich Smith über ihre Zugaben auf. Joe Helbock ließ Billie ziehen, weil Smith den Umsatz während der ruhigen Sommersaison verdoppelt hatte und gut fürs

Geschäft war. Und damit hatte sie durch einen Angehörigen ihrer eigenen Rasse einen Arbeitsplatz verloren. Aber Helbock konnte sie gut leiden und holte sie im Dezember zurück, als Smith mit den Spirits Of Rhythm, denen der sensationelle und innovative Leo Watson angehörte, als Sänger auf Tournee war.

Bea Colt über Billies Zeit in der Street:

> Wenn sie reinkam, dann kam sie mit hocherhobenem Kopf rein, ohne sich umzusehen. Ich könnte Ihnen auch was über Lena Horne erzählen, die hat sich genauso verhalten. Sie war mit Lennie Hayton verheiratet, und das war der beste Freund meines Mannes. Sie kam mal ins Kenny's Stable, da war sie schon mit Lennie verheiratet, und dort sprach sie ein Mann an, das war ein sehr bekannter Theateragent, der Loretta Young und Leute von diesem Kaliber betreute, und er wollte sie zum Essen einladen. Doch sie sagte: Nein, der lädt mich ja nur ein, weil ich 'ne Farbige bin, und will wissen, wo wir essen, der würde mich niemals einladen, wenn ich 'ne Weiße wäre. Sie hatte dieselbe Einstellung wie Billie Holiday.
>
> Damals hat man das ja noch nicht als eine militante Haltung bezeichnet, aber rückblickend würde ich sagen, daß Billie militant war. Vielleicht hat sie das zur wirklichen Individualistin gemacht – ihr Stil und ihre Arroganz –, denn sie *war* ja eine großartige Künstlerin. Wenn sie auftrat, dann war klar, daß sie groß rauskommen würde, und sie wurde ja auch ganz groß … Wenn man ein bestimmtes Lied von ihr wünschte, dann sang sie es nur, wenn sie bereit dazu und in Stimmung war. Sie sang das, was sie singen wollte.

Lena Horne stammte aus der Mittelklasse. Sie war lange mit Hayton, einem Weißen (der 1949 für seine Hollywood-Tätigkeit einen Oscar gewann), verheiratet und führte eine glückliche Ehe. Die Horne demonstrierte ihre Einstellung in jeder Hinsicht ganz anders als Billie, aber beide waren sie natürlich militant. Bea Colts Generation fand Billie damals nicht militant, sie hielten sie einfach nur für eine Nervensäge. Aber Billie und Lena bewiesen schwarzes Selbstbewußtsein schon dreißig Jahre bevor es Mode wurde. Obwohl es Billie an Selbstsicherheit fehlte, wußte sie genau, was sie mit einem Song tun konnte. Und sie wußte auch, daß sie ihre Fans verlieren würde, wenn sie sich auf zu viel Unsinn einließ. Und trotzdem mußte sie sich immer noch mit Leuten abgeben, die ihr vorschreiben wollten, wie sie zu singen hätte! Natürlich hatte sie ihre eigene Meinung. Sie machte Fortschritte und gewann downtown ihr Publikum, und das war nur möglich, weil sie sich selbst treu blieb. Und sie machte weiterhin Platten.

Am 30. Januar 1936 nahm Wilson neben einem Instrumental mit Billie die Ballade »Life Begins When You're in Love« auf. Aus irgendeinem Grund wurden nicht mehr als diese beiden Seiten eingespielt. Rudy Powell, der damals für Waller arbeitete, spielte darauf eine exzellente Klarinette. Am 17. März hielt sich Billie außerhalb von New York auf, und Wilson machte zwei Gesangsaufnahmen mit Ella Fitzgerald. Sie ist auf »My Melancholy Baby« und »All My Life« sehr präzise, charmant und kleinmädchenhaft und, obwohl sie noch nicht einmal achtzehn war, weit mehr als nur eine Popsängerin. Auch wenn »Melancholy« damals schon vierundzwanzig Jahre alt war, waren es gute Aufnahmen mit guten Melodien, und »All My Life« wurde 1936 ein Riesenhit. Einer der Autoren war Sammy Stept, der auch »I'm Painting the Town Red« mitverfaßt hatte. Von »All My Life« existierten drei Hitversionen, darunter die Wilsons und eine Nummer eins von Fats Waller (Waller muß den Song gemocht haben, denn es war der einzige, den er vollkommen ernst und ohne Albereien sang). Ellas Platte lief in England gut, und für kurze Zeit befürchteten die englischen Fans schon, daß damit die Wilson-Holiday-Partnerschaft zu Ende sei.

Am 14. Mai hielt sich Wilson in Chicago auf und spielte dort mit der fast kompletten Besetzung der kürzlich aufgefrischten Henderson-Band im Grand Terrace. Sicher wäre Billie mit von der Partie gewesen, wenn Ed Fox nicht weiterhin auf seinen Ohren gesessen hätte. Am 30. Juni schob Wilson, wieder in New York, bei einer Aufnahmesession vier weitere Holiday-Gesangsnummern und ein Instrumental ein, und auch diese Songs von Billie waren gut.

Driggs ist einer von jenen, die darüber lamentieren, daß die Musikverlage einem das Material vorschrieben und ihre »Ladenhüter« verhökerten, aber er weist auch darauf hin, daß sich durch die Machtverschiebung hin zu den Radiostationen etliche Jahre später alles noch katastrophaler entwickelte. Und was könnte man schon an »It's Like Reaching for the Moon«, »These Foolish Things«, »I Cried for You« und selbst »Guess Who?« aussetzen? Kirby und Trueheart waren wieder mit von der Partie, und Kirby war ein deutlich besserer Bassist als Moncur. Cole spielte wieder

Schlagzeug und Jonah Jones Trompete, der sich damals mit Stuff Smith in der Street einen Namen machte. Er krönte das Intro zu dem beschwingten, fröhlichen »Guess Who?« mit einem Solo auf der gestopften Trompete. Duke Ellingtons Band weilte wohl in der Stadt, und die Anwesenheit von Hodges am Altsaxophon und Harry Carney am Baritonsaxophon und der Klarinette wertete die Aufnahme enorm auf. Billies abfallende Tonhöhe zum Ende vieler ihrer Phrasierungen sind auf »These Foolish Things« und »I Cried for You« besonders ausgeprägt. Womit sie eine leidenschaftliche, resignative Note hinzufügt, eine Eigenheit, für die sie selbst noch berühmt war, als sie sie aufgegeben hatte.

Wilsons Aufnahmen am 24. August in Los Angeles fanden nur fünf Tage vor einer zweiten, epochalen Aufnahme von »Moonglow« mit dem Goodman-Quartett statt, und dadurch standen ihm nicht nur Goodmans Musiker, sondern sogar der Meister selbst zur Verfügung. Helen Ward nahm zwei Lieder von Rainger auf, doch aus Vertragsgründen unter dem Pseudonym Vera Lane. Obwohl es hübsche Aufnahmen sind, kann man sie nicht mit denen Billies vergleichen. Außerdem entstanden noch zwei durchschnittliche Gesangsstücke mit einem gewissen Red Harper, offensichtlich eine lokale Clubgröße, auf denen Goodman nicht spielte.

Im Oktober und November entstanden an drei Tagen in New York mit zwei unterschiedlichen Besetzungen sieben Holiday-Plattenaufnahmen. Cole Porters »Easy To Love«, Kerns »The Way You Look Tonight« (mit einem Text von Dorothy Fields), »Pennies from Heaven« (von Johnny Burke und Arthur Johnson – zwischen 1936 und 1937 gab es von diesem Song sieben Hitaufnahmen), und »I Can't Give You Anything But Love« von Fields und Jimmy McHugh (wahrscheinlich stammte der Song ursprünglich von Fats Waller), womit die gängige Geschichte von sogenanntem zweitklassigen Material abermals widerlegt wäre. »With Thee I Swing«, »That's Life I Guess« und »Who Loves You?« zählten zwar zum aktuellen Popmaterial, aber dank Billie und Teddy wurden daraus erstklassige Songs. »The Way You Look Tonight« ist die erste Nummer, von der eine andere Version überlebt hat. Die veröffentlichte Aufnahme ist die bessere und wurde als zweite eingespielt, mit einer hübschen Einleitung des Goodman-Klarinettisten Vido Musso. Sie gehört mit zu den schönsten Aufnahmen von Billie.

Das Band-Intro und die Bläserfanfaren auf »Pennies« sind ein bißchen schmalzig, aber Webster spielt ein feines Solo und Goodman eine hübsche Begleitstimme zu Billies Gesang. Das macht er auch auf »That's Life I Guess«, einem Song, der Billie schon aufgrund des Titels gefallen haben mag, weil sie gerade ihre Arbeit im Onyx verloren hatte.

Wilson machte im Dezember eine weitere Session, bei der zwei Gesangsnummern mit Midge Williams entstanden. Damit hatte Wilson 1936 insgesamt siebenundzwanzig Plattenseiten eingespielt, und auf zwölf davon hatte Billie gesungen. Inzwischen gab es auch eindeutige Anzeichen für ihren wachsenden Ruhm: Ein sicherer Anhaltspunkt dafür war, daß Billie nun unter ihrem eigenen Namen Platten veröffentlichen konnte.

Als Benny Goodman Anfang 1935 mit Victor einen Vertrag abschloß, bekam er, so Hammond, als einer der ersten Jazzmusiker fünf Prozent Tantiemen garantiert. Wilson und Holiday erhielten für ihre Aufnahmen aus jener Zeit keinerlei Tantiemen. Viele Legenden ranken sich um diese damaligen Plattenproduktionen, die angeblich so unbedeutend waren, und um die unglaublich dürftigen finanziellen Profite der Plattenindustrie. Aber bei ARC schien man wohl zufrieden zu sein, denn Wilson erhielt einen Vertrag, der ihm jährlich 3000 Dollar garantierte, womit er pro Woche etwa 60 Dollar verdiente, selbst dann, wenn er keine Plattenaufnahmen machte. Billie bekam für vier Plattenseiten 100 Dollar und jeder der sechs oder sieben Begleitmusiker 20 Dollar. Und da keine Kosten für die Arrangements entstanden, war die Herstellung dieser Platten billig. Hammond beschrieb, wie das Geschäft damals lief:

> Nach der vierten oder fünften Aufnahmesession von Teddy Wilson erkannte die American Record Company schließlich, daß sie da etwas Besonderes hatten, und deshalb nahmen sie Billie unter ihrem eigenen Namen für das Vocalion-Label unter Vertrag. Sie bezahlten ihr zwar keine Tantiemen, aber sie garantierten ihr einen Jahresvertrag über ca. 5000 Dollar, also ungefähr 100 Dollar wöchentlich, und das war nicht wenig ...
>
> Von Teddys Platten für Brunswick wurden etwa acht- oder neuntausend Stück verkauft, das Stück für 75 Cents. Vocalions kosteten 35 Cents. Dieser Preisunterschied war

> völlig unverständlich, denn alle wurden aus demselben miserablen Material gepreßt. Es war zum Heulen, wie wenig Geld die Firma damit machte. An den 35-Cents-Platten haben die nichts verdient.

Die Platten mit Regulärpreis gingen, so Hammond, an die Vertriebe für 17 Cents, die Preßkosten beliefen sich etwa auf neun Cents und einen Penny, und für jede Plattenseite fielen etwa ein Viertel für die Tantiemen an, und dazu mußte man noch die Kosten für die Aufnahmesessions rechnen. Der Gewinn betrug acht Cents, und das bedeutete bei 20000 verkauften Exemplaren (was eine Menge war), also einem Hit, einen Verdienst von 1600 Dollar. Die damaligen Gewinnspannen der Plattenindustrie stehen in keinem Verhältnis zu den heutigen Unsummen, und außerdem war das ganze Unterfangen viel riskanter, denn die Billigplatten wurden wie Bücher auf Kommissionsbasis verkauft. Hatte man zu viele gepreßt, bekam man möglicherweise die meisten wieder zurück, und natürlich konnte sich damals keiner vorstellen, daß einige davon noch lange nach dem Tod eines Künstlers laufen würden. Aufgrund dieser knappen Kalkulationen konzentrierte man sich auf kurzfristigen und schnellen Umsatz.

Aber 1936 begannen Schallplatten von Billie Holiday and her Orchestra zu erscheinen. Jo Jones, der Schlagzeuger von Basie, äußerte später, daß die Musiker lieber mit Wilson zusammenarbeiteten, der neben Goodman ein wirklicher Star war und Geld in der Tasche hatte. Wilson bezahlte sie auf der Stelle, während sie für eine Aufnahmesession mit Billie auf ihre 20 Dollar zwei Wochen warten mußten.

Für die Vocalion-Aufnahmen fungierte Bernie Hanighen als Produzent, aber auch Hammond war anwesend. Billie hatte bereits »If the Moon Turns Green« eingesungen und nahm kurz darauf »When a Woman Loves a Man« auf, das von Hanighen, Paul Coates und Billy Rose stammte (und zwar in dieser Reihenfolge). 1946 schrieben Hanighen und Raymond Scott zusammen die Broadway-Show *Lute Song,* die 146 Vorstellungen erlebte und 1959 wiederaufgenommen wurde. Auch Johnny Mercer hatte mit Hanighen zusammen Songs komponiert und bemerkte Jahre später, wie schade er es fände, daß Bernie keine Songs mehr schrieb.

Billie behauptet in ihrem Buch, daß Hanighen beinahe seinen Job verloren hätte, weil er sich dafür einsetzte, daß sie mehr Geld bekam. Sie hatten eine Affäre miteinander, und vielleicht war es sogar Hanighen, der ihr zu diesem Plattenvertrag verholfen hatte. Andererseits konnte man bei Brunswick aus allerlei Gründen Probleme bekommen. Hammond behauptete, daß Hanighen wie Billie Marihuana rauchte. Und bestimmt frönten eine Menge Musiker diesem Laster oder billigten es zumindest. Hammond berichtete weiter, daß Angestellte der Plattenfirmen normalerweise nicht bei diesen Plattenaufnahmen auftauchten, weil es ja »nur um Jazz« ging, daß aber der ARC-Angestellte John Scott Trotter Marihuana zutiefst verabscheute (damals wurde das Rauchen von Marihuana in New York als ein minderes Delikt angesehen). Zwar ging Trotter 1937 zu Decca, wo er viele Jahre lang Bing Crosbys musikalischer Leiter war. Doch Hammond berichtete auch, daß in der Zwischenzeit eine Aufnahmesession beinahe abgesagt wurde, weil namentlich nicht genannte Angestellte das Studio besucht und angeblich Verdächtiges gerochen hatten.

Als Hammond seine erste Festanstellung bei Columbia hatte, war er es, den eine Kündigung traf: Als Verkaufsdirektor war er für die klassische Masterworks-Serie verantwortlich (die seiner Meinung nach bislang keiner versucht hatte, bei den großen New Yorker Plattenläden unterzubringen), als seine Sekretärin gefeuert wurde, weil sie sich bemüht hatte, das Büro durchzuorganisieren. Und aus diesem Grund bestand er darauf, daß man auch ihn entließ. Nicht nur Schwarze mußten also ihrem Chef in den Hintern kriechen, wobei natürlich ein Schwarzer eine solche Stellung erst gar nicht bekommen hätte. Aber Billie hatte Glück, und sie empfand Bernie Hanighen gegenüber noch viele Jahre später Dankbarkeit.

Billie machte auch weiterhin mit Wilson Schallplatten, und zwar sowohl unter seinem als auch unter ihrem Namen. Ihre ersten eigenen Plattenaufnahmen fanden am 10. Juli 1936 statt, knapp ein Jahr nachdem sie mit Wilson ihre allerersten Platten eingespielt hatte. Das ist inzwischen hinlänglich bekannt, so daß man auch sämtliche Märchen ad acta legen kann, in denen behauptet wird, diese Platten hätten keine Umsätze gebracht. Denn ARC besaß bestimmt nicht das Kapital, um auf Verdacht in Künstler zu investieren, die den Durchbruch nicht schaffen würden. Bei der ersten Session spielte Cole Schlagzeug, doch die restlichen Musiker waren alles Weiße: Trompeter Bunny Berigan, Klarinettist Artie Shaw, Pianist Joe Bushkin, Gitarrist Dick McDonough und Bassist Arthur »Pete« Peterson. Berigan hatte sich bereits durch seine Soli auf den Goodman-Schallplatten einen Namen gemacht, und Shaw war ein erfahrener und gefragter Studiomusiker, der schließlich zu einem der berühmtesten Bandleader der Swing-Ära avancierte. Tatsächlich gerieten sich die Fans darüber in die Haare, wer nun der bessere Klarinettist sei, Shaw oder Goodman. Shaw liebte Billies Stil und hoffte, daß sie eines Tages mit seiner Band singen würde, doch das hatte sie bereits von Goodman erfahren und war aus diesem Grund nicht sonderlich beeindruckt. Bushkin, der bis in die Ära der Langspielplatte hinein gute Umsätze verzeichnen konnte, ist heute noch ein hochgeschätzter Musiker. Ernie meinte später: »Benny Goodman machte ihn zu seinem musikalischen Leiter, eine Auszeichnung, die Benny nicht leichtfiel, aber Joey hatte immer darauf herumgeritten, daß er nur bleiben würde, solange er sich wohlfühle, und damit wickelte er schließlich Benny ein.«

Sie nahmen »Did I Remember?«, »No Regrets«, »Summertime« und »Billie's Blues« auf, allesamt keine Abfallprodukte. »Did I Remember?« von Harold Adamson und Walter Donaldson war eine Filmmelodie, die im selben Jahr für den Oscar nominiert wurde. »No Regrets« war ebenfalls ein zeitgenössischer Popsong, den Tommy Dorsey und die Casa Loma Band im Repertoire hatten. Das Ensemblespiel klingt eindeutig weiß und greift auf den Chicago-Stil zurück. Doch das Glanzlicht war »Summertime«, ein damals neuer Song aus der Gershwin-Oper *Porgy & Bess,* die am Broadway durchfiel, weil das Publikum nicht wußte, was es davon halten sollte. Es ist wohl mit die erste Plattenaufnahme, die trotz des klagenden Koloraturgesangs zu Beginn eine erotische Ausstrahlung besitzt. Mit dieser Aufnahme wurden neue Maßstäbe gesetzt – angefangen von Berigans Intro mit einer gestopften, grollenden Trompete, über Shaws leidenschaftliche Begleitstimme und Coles Schlagzeugspiel, das wie Dschungeltrommeln dahinrollte, bis zu Billies verzögertem Einsatz.

Aber schließlich mochte keiner die Nummer, die man ursprünglich für die vierte Seite ausgewählt hatte. Woraufhin Hanighen vorschlug, daß Billie einen Blues singen sollte. Sie improvisierten

»Billie's Blues«, ihre erste eigene Nummer, direkt aus dem Stand im Studio.

Am 29. September kam eine ähnliche Besetzung zustande, bei der Shaw durch Irving Fazola ersetzt wurde, Clyde Hart das Piano und Artie Bernstein den Baß spielte. In gewisser Weise war diese Plattenproduktion etwas mißraten. Das Repertoire bestand ausschließlich aus aktuellen Popnummern, und die Band spielte sie allesamt auf eher nachlässige Weise herunter. Billie jedoch lieferte wie immer großartige Arbeit ab. »A Fine Romance« stammte aus einem neuen Fred-Astaire/Ginger-Rogers-Film und zählt inzwischen zu den Evergreens, was man eigentlich von jedem Song von Kern und Fields sagen kann. Und die lakonische Art, mit der Billie ihn singt, steht dem Song gut zu Gesicht. Wie man weiß, liegen sich im Film Fred und Ginger am Schluß in den Armen, und deshalb ist diese gewisse Happy-End-Stimmung vertretbar. Aber das Liebesleben der meisten Menschen sieht anders aus, und das von Billie ganz bestimmt: Selbst die Pausen zwischen Billies Strophen sind beredt. »I Can't Pretend« ist gänzlich verschollen. Nicht einmal in den gängigen Nachschlagwerken sind Hinweise darauf zu finden, dabei besitzt es interessante Akkordwechsel. »One, Two, Button Your Shoe« und »Let's Call a Heart a Heart« waren beides Songs von Johnny Burke und Arthur Johnson aus einem Bing-Crosby-Film aus dem Jahr 1936, doch keiner davon ist eine Weltsensation. Zwar steuerten Fazola, McDonough und Berigan einige hübsche Momente bei, aber Cole fällt auf den ersten beiden Songs eher unangenehm auf, insbesondere durch seine Ticketick-Effekte und die Kuhglocke während Harts Pianosolo auf »I Can't Pretend«. Andererseits sind seine sanften, gedämpften Trommelwirbel, die er im Hintergrund von Fazolas und Berigans gemeinsamen Chorus abrollen läßt, sehr hübsch. Noch etwas, das man heutzutage nicht mehr zu hören bekommt.

John Chilton zitierte den Posaunisten Benny Morton, der ihm schilderte, wie während einer Plattenaufnahme der Komponist einer der Songs im Studio auftauchte:

> Er hörte sich ein Playback von seinem Song an und meinte dann: »Gute Arbeit, aber das ist nicht mein Song.« Billie daraufhin: »So habe ich ihn eben eingesungen. Wenn es Ihnen nicht gefällt, dann vergessen wir den Song, wir haben noch

andere Songs, die wir statt dessen aufnehmen können.«
Der Mann meinte: »O nein, o nein.« Ich weiß nicht mehr, welches Lied es war, aber es wurde schließlich einer von Billies Hits.

Rückblickend ist es heute ziemlich schwer zu verstehen, warum manche Komponisten Probleme mit Billies Interpretationsweise hatten, aber damals lief es bisweilen auf eine Neubearbeitung hinaus, wofür »One, Two, Button Your Shoe« ein gutes Beispiel ist. Es existiert ein Radiomitschnitt einer Version, auf der Ivy Anderson mit Duke Ellington den Song singt, und ein Vergleich ist in der Tat aufschlußreich: In der ursprünglichen Fassung der Melodie gibt es einen beträchtlichen und identischen Abfall der Tonhöhe zwischen »one« und »two« und zwischen »your« und »shoe«, was einen gewissen Schaukeleffekt hervorruft, wie bei einem Wiegenlied, und das an die kinderliedähnliche Melodie von »24 Hours a Day« erinnert, das Billie im Jahr zuvor auf hinreißende Weise aufgenommen hatte. Doch sie läßt auf »One, Two, Button Your Shoe« die erste Phrase fallen und überspringt das erste Intervall völlig. Vielleicht hat sie von dem Song nicht viel gehalten, und in diesem Fall muß man auch den Kritikern recht geben – sie hätte einen anderen Song aufnehmen sollen. Die Platte beginnt relativ ungewöhnlich mit einer Art gesungenem Jive zwischen Cole und Billie, aber dann ignorieren die Solisten einfach die Melodie. Während Ellington die Nummer in dem bereits erwähnten Arrangement noch leidlich als Swing-Jive behandelt hatte, vermittelt Billies Gesang den Eindruck, als wäre ihr die Sache ziemlich egal.

Hammond behauptet, daß er sämtliche Musiker für diese Aufnahmetermine ausgewählt und Hanighen sie nicht mal gekannt habe, was natürlich purer Unsinn ist. Hanighen und Anderson waren Fans von weißen wie auch schwarzen Musikern, und Hanighen hatte sich schon jahrelang zuvor in Jazzkneipen umgehört. Manche behaupten, daß Hanighen die Musiker ausgewählt habe und daß Teddy, der schon immer seine eigenen Wege ging, für Wilsons Sessions die Auswahl getroffen hätte. Bis in die siebziger Jahre hinein hatte Hammond immer wieder das Verdienst für sich in Anspruch genommen, Billie entdeckt zu haben, aber manche vermuten, daß es durchaus auch Goodman gewesen sein könnte, der sie zum erstenmal gehört hat. Sollte das der Fall gewesen sein, dann wären es wohl Hanighen und Anderson gewesen, die die Neuigkeit in Umlauf gebracht haben. Mit Sicherheit ist Hammond sein Erfolg bis zu einem gewissen Grad zu Kopf gestiegen.

Bei Billies ersten beiden Plattenproduktionen war offensichtlich nicht geklärt, wer wirklich den Ton angab, und aus diesem Grund liegt das Ergebnis weit unter dem Niveau, das sie mit Wilson erreicht hatte. Trotzdem verkauften sich einige der Platten gut, zumal sich die Dinge bald zum Besseren entwickelten. Wilson spielte auf Billies nächsten Aufnahmen mit, und wie sich bald herausstellen sollte, sang sie weiterhin auf seinen. Für eine Weile erreichten sie wieder das alte, gewohnte Niveau.

Es könnte ungefähr zu dieser Zeit gewesen sein, daß Billie und Sadie in die 99th Street am Central Park West zogen und Billie ihrer Mutter ein Restaurant einrichtete. Denn inzwischen verdiente sie dank der Plattenaufnahmen wesentlich mehr Geld, wodurch sich ihre Lage beträchtlich verbesserte. Manche meinen, daß sich das Restaurant direkt unterhalb der Wohnung befunden habe, doch 1941 lag es ein paar Häuser entfernt, aber immer noch in nächster Nähe. Sadie spezialisierte sich auf Soul Food, vor allem Rippchen. Es war sicher eine gute Idee, ihr eine Beschäftigung zu verschaffen, obwohl das Geschäft wohl nicht besonders viel abwarf. Jeder, der Hunger hatte, bekam etwas ab, und ständig gingen Besucher ein und aus. Doch diese Partyatmosphäre hat Billie bestimmt gefallen. Babs Gonzales meint, daß Billie und Sadie jahrelang ganz New York durchgefüttert hätten. Sadie und Billie waren beide von Natur aus freigebig, und sie hatten in ihrem Leben nie gelernt, für die Zukunft zu planen. Später äußerten Zeitzeugen die Vermutung, daß Billie einen Großteil ihres Verdienstes einfach jedem zukommen ließ, der gerade in Schwierigkeiten steckte. Billie berichtet in ihrem Buch, daß Sadie jeden dahergelaufenen Strolch aufnahm, der eine rührselige Geschichte auftischte. Und viele Musiker hatten wirklich Grund, dankbar zu sein, denn sie bekamen nicht nur umsonst zu essen, sondern auch eine Übernachtungsmöglichkeit, wenn sie gerade mal kein Engagement hatten.

Nach ihrem Wiederholungsgastspiel im Onyx Club kehrte Billie Ende 1936 nach Harlem zurück, und zwar in das Uptown House.

Dieser Kellerclub war etwa 1915 als der Barron's Exclusive Club eröffnet worden. Danach wurde daraus der Theatrical Grill, den Dickie Wells mit Jimmy Mordecai als Geschäftsführer leitete. Beide hatten einem namhaften Tanzteam angehört, und für Wells war es der Beginn seiner Karriere als Clubmanager; Mordecai hatte zuvor die Rolle des »St. Louis Jimmy« in dem legendären Kurzfilm von Bessie Smith aus dem Jahr 1929* gespielt. Später wurde der Club in Pirate's Den umbenannt, dann in Red Pirate, und 1936 wurde daraus schließlich Clark Monroes Uptown House. Während dieser Zeit wurde der Haupteingang in der 2259 Seventh Avenue irgendwann um die Ecke verlegt, und damit änderte sich die Adresse in 198 West 134th Street. Monroe machte sich für Jam-Sessions spät in der Nacht stark, und sein Club gehörte zu den Lokalen, in denen sich die Musik zum Be-Bop, zum Bop oder einfach »Modern Jazz« entwickelte, zu dessen Hauptakteuren Dizzy Gillespie und Charlie Parker zählten. 1943 zog das Uptown House in die 52nd Street, und in den sechziger Jahren schließlich befand sich an der alten Adresse der Schnapsladen des Basketballspielers Roy Campanella.

Clark Monroe war ein gutaussehender Mann, den seine Freunde »den farbigen Gable« nannten. Der Trompeter Harry Edison erzählt, daß ihn alle nur »Money« Monroe nannten. In den sechziger Jahren kehrte er wieder nach Uptown zurück und leitete Count Basies Lounge. Und 1971 hat er angeblich einen Hotellift bedient. Jedenfalls gehört er zu den unbesungenen Helden, die in einer kritischen Phase der amerikanischen Musik die Musiker und ihre neuen Strömungen unterstützten. Clarks Bruder, Jimmy Monroe, war ebenfalls ein gutaussehender Kerl. Er war mit der bekannten Sängerin Nina Mae McKinney verheiratet gewesen und hatte mit ihr Europa bereist. (Sie trat 1929 in *Hallelujah!* auf, einem der ersten MGM-Tonfilme, der seiner Zeit weit voraus war. Er handelte von einem schwarzen Baumwollpflücker, der unbeabsichtigt jemanden tötet und schließlich Prediger wird. Dreißig Jahre lang hat Hollywood nichts ähnlich Realistisches zur Lage der Schwarzen hervorgebracht.) Zur Hausband des Uptown gehörte schließlich auch der Trompeter Joe Guy.

* Gemeint ist *St. Louis Blues* von Dudley Murphy. (*A. d. Ü.*)

Sowohl Jimmy Monroe als auch Joe Guy sollten eine wichtige Rolle als Billies Liebhaber spielen, und wie es aussieht, haben sich all diese Leute bereits seit Jahren gekannt. Claire Leybra war eine alte Freundin von Billie. Sie heiratete Aaron Liebenson, der zwischen der 142nd Street und 8th Avenue eine Apotheke besaß, als Billie und Sadie in dieser Gegend wohnten. Claire, Carmen McRae und ein Mädchen namens Lorraine, die als Bäckerin und Essensausträgerin arbeitete (in der Apotheke gab es einen Imbißstand), waren Freundinnen. Aaron erinnert sich:

> Diese Ecke war die am dichtesten besiedelte von Harlem. Aus dem Grund haben sie's abgerissen und dann 'ne Sozialsiedlung hingesetzt, aus dem Grund mußte ich '59 wegziehen ... Als ich hinzog, lebten da immer noch einige Juden, die dort ihre Wäschereien und Süßigkeitsläden hatten, in der 141st wohnte ein Zahnarzt. Damals gab's kaum schwarze Ärzte. 'ne Menge Flüchtlinge sind nach Harlem und haben dort praktiziert, aber es war ein typischer Ghetto-Block. Ich hab' dort sechsundzwanzig Jahre gelebt.
>
> Die Adresse war wohl 232 oder 242 West 142nd Street, im zweiten oder dritten Stock.
>
> Die Leute waren einfach unglaublich zu mir. Nach außen hin schien es keine Kriminalität zu geben. Manche sind zwar kriminell geworden, ab und zu 'ne Messerstecherei ... Wissen Sie, Schwarze sind schon lange vor den Weißen ausgeraubt und vergewaltigt worden. Wenn's Weiße trifft, steht's in den Zeitungen, doch damals war das keine Meldung wert, wenn es um Schwarze ging. Die Bullen fuhren durch die Gegend und hielten an einem Süßwarenladen und ließen sich für ihre Dienste bezahlen. Aber Hunderte der Bewohner dieses Blocks gingen täglich zur Arbeit, denn bei uns wurde um sieben Uhr morgens geöffnet. Es waren Dienstbotenarbeiten, aber sie haben gearbeitet und waren nicht kriminell. Die Leute hauten einen übers Ohr, aber in Harlem beschiß jeder jeden.
>
> Doch Billie schaffte an. Willie arbeitete in dem Lebensmittelladen neben mir, und einmal hat er Billie Lebensmittel geliefert, und sie hat ihm 'nen unsittlichen Antrag gemacht, als er ihr die Lebensmittel brachte, und er hatte 'ne Affäre mit ihr im Haus von ihrer Mutter. Und dann weiß ich genau, daß es da einen Bandleader gab, das war Blue Barron, davon

weiß auch Lorraine. Und es gab andere, ich weiß keine Namen. Das ging die ganze Zeit so, aber ich hab' nie einen Nachbarn drüber reden hören. So gesehen, machte sie ja nichts Ungewöhnliches. Man mußte hart sein, um sich durchzubeißen. Jeder auf seine Weise.

Claire beschrieb die Monroe-Brüder und fand, daß sie ziemlich verschieden gewesen seien.

> Jimmy war ein recht umgänglicher Kerl, und [Clark] Monroe war eher sanft und still … Er [Jimmy] war sehr nett, und wir gingen damals oft an den Strand, doch dann hat er auch mit den Drogen angefangen. Und zu der Zeit ging er wohl auch mit Billie. Der Strand war am Rockaway. Damals ging alle Welt zum Rockaway. Wir ham uns immer an 'ner bestimmten Stelle getroffen. Nahmen den Zug oder manchmal das Auto von jemandem. Wir waren 'ne Clique. John Levy. Sie hatte auch mit ihm was. Er rauchte Opium, und Monroe auch, und auch Dickie. Billie ging meist in Dickies Lokal, um Dickie zu treffen … Nina war sehr durchtrieben, sehr schön, ziemlich scharf.

Aaron bemerkte: »Sie ist ja nur durch diesen Film *Hallelujah!* bekannt geworden. Mehr hat sie, ehrlich gesagt, nie gemacht.«

Aaron und Claire mochten Billie sehr. Sie erwähnten ihre Freundlichkeit und Großzügigkeit und die tiefe Freundschaft der Mädchen: »Sie schenkte mir einen Ring, der mir gefiel. Das war in ihrer Garderobe an der 52nd Street. Carmen war sauer, weil sie keinen bekam.« Carmen McRae hatte einen Tag nach Billie Geburtstag, und sie feierten ihn meist zusammen. Später meinte Carmen: »Ich hab' mit ihr an ihrem zu feiern angefangen und es nie geschafft, meinen zu feiern, weil ich so abgefüllt war, daß ich heim mußte. An meinem lag ich fast die ganze Zeit im Bett.« Die Liebensons gehörten zu denen, die sich gesucht und gefunden hatten und nichts dabei fanden, offen die schlechten Angewohnheiten einiger ihrer alten Freunde zu erörtern.

Billie versuchte, und das meist vergebens, Liebe durch Sex zu finden. Und sie konnte es einfach nicht verwinden, daß sie ihre Liebe umsonst gab. Jeder wußte, daß sie verwundbar war, aber das hatte sie, aus Angst, sich zu offenbaren, so tief verdrängt, daß niemand daran rühren konnte. Im Laufe der Jahre ließ sie sich auf immer schrecklichere, destruktivere Beziehungen ein, jeder Mann schlimmer als der andere: Jimmy Monroe, Joe Guy, John Levy und Louis McKay, in dieser Reihenfolge, und ganz offensichtlich hatte sie alle schon sehr lange gekannt. Sie hatte in Harlem einen Freundeskreis gefunden, und sie war nicht gewillt, jemandem außerhalb dieses Kreises zu vertrauen, noch sich außerhalb der Clique nach etwas umzusehen, was sie innerhalb dieses Kreises nicht finden konnte.

Aber noch hatte sie keine Probleme, weder mit Männern noch mit Drogen. »Das Singen hat ihr unglaublich viel Spaß gemacht«, meinte Wilson. »Sie sprudelte bei diesen Aufnahmesessions förmlich über. Sehr nette und fröhliche Person. Damals war nichts von der Melancholie und Verzweiflung zu spüren, nichts von dem ganzen Scheiß, der in diesem Buch rauskam.« Billies erstes Engagement in Monroes Uptown House dauerte drei Monate und wäre sicher noch länger gelaufen, wenn nicht andere Ereignisse dazwischengekommen wären.

Bei ihren ersten drei Aufnahmesessions 1937 saß Wilson am Piano. Bei der ersten am 12. Januar spielten Cole, Kirby, Ben Wester, Jonah Jones, der Goodman-Begleitmusiker Allan Reuss als Gitarrist und Edgar Sampson die Klarinette und das Altsaxophon. Sampson war der Texter von »Stompin' the Savoy«, »Blue Lou«, »Don't Be That Way« und anderen unverwüstlichen Evergreens der Swing-Ära, zu denen auch »If Dreams Come True« gehörte, das Billie später aufnehmen sollte. Aber bei dieser Session war er eigentlich fast überflüssig. »One Never Knows, Does One«, »If My Heart Could Only Talk« und »Please Keep Me in Your Dreams« waren neue Popsongs und so la-la. Jones' Trompetenspiel ist recht hübsch, sowohl mit der offenen als auch der gestopften. Und »I've Got My Love to Keep Me Warm« war ein brandneuer Titel von Irving Berlin und zweifellos der beste Song dieser Session. Er besitzt genau das richtige Tempo, außerdem ein schönes Solo von Webster. Irving Berlin hatte mit seinen Gesangsinterpreten immer Glück: Billies Phrasierung ist hier genau richtig, um den Song an einem kalten Wintertag im Warmen zu hören, und ihre abfallende Tonhöhe am Ende der Sätze, bei den Worten »storm« und »form«, trifft hier noch besser als sonst.

Die nächste Session mit Wilson fand am 25. Januar statt und war ein geschichtsträchtiges Ereignis, ein neuer Höhepunkt in Billies Schaffen. Goodman ist diesmal wieder mit von der Partie. Man mag ja von ihm halten, was man will, aber seine Größe zeigt sich darin, daß er sich in dieser Besetzung völlig allein beweisen mußte, denn alle anderen Musiker stammten aus Basies Band, die Ende 1936 nach New York gekommen war. Die beste Rhythmusgruppe der Welt mit dem Bassisten Walter Page, dem Gitarristen Freddie Green und dem Schlagzeuger Jo Jones sorgte in Billies Discographie für neue Finesse. Besonders Pages Akzentuierungen sind großartig. Der Trompeter Buck Clayton und der Tenorsaxophonist Lester Young vervollständigen diese Liste, auf der einige der besten Freunde und Begleitmusiker, die sie je hatte, standen. Ja, sie klingt sogar jünger als zwei Wochen zuvor.

Auf der ersten Seite hören wir einen witzigen Tagesschlager von Berlin, »He Ain't Got Rhythm« (»so no one's with 'im, the loneliest man in town«). Und dann folgt eigentlich nur noch Wunderschönes. »This Year's Kisses«, eine wehmütige Ballade, stammt ebenfalls aus Berlins Feder. Kein Wunder, daß andere Songwriter behaupteten, »Irving Berlin *ist* die amerikanische Musik«. Daß ein immigrierter, singender Kellner, der erst einmal Songs über Yiddle und seine Fiedel und Marie aus dem sonnigen Italien schrieb, die Fähigkeit entwickelte, solch einprägsame und treffende Texte zu verfassen (ganz zu schweigen von seinen Melodien), ist eines der amerikanischen Wunder. Der Auftakt zu diesem Stück ist ein Solo von Lester, dem ausschließlich Billie folgen konnte. Er scheint das Beste einzubringen, was die Kunst des zwanzigsten Jahrhunderts zu bieten hat, und ist dabei einfach einzigartig, unvergeßlich und herrlich.

»Why Was I Born?« hatten Kern und Hammerstein 1929 komponiert, und hier wird diese Ballade über eine unglückliche Liebe mit Bucks gestopfter Trompete eröffnet. Handelt es wirklich von einer unglücklichen Liebe? Man sollte genau auf die Worte achten, denn eigentlich könnte es dabei um jegliche Form von Liebe gehen. Denn Billies Bearbeitung sprengt sämtliche Kategorien. Hier zeigt sie sich als wahre Künstlerin, die nicht mit einem großen Gefühlsausbruch zu beeindrucken versucht, sondern eine Art zurückhaltende Leidenschaft vermittelt. Der Song und seine Interpretin befinden sich hier in fast nicht mehr zu übertreffendem Einklang.

»I Must Have That Man!« ist ein weiterer Klassiker von Billie, den das Team Fields und McHugh 1928 geschrieben hat. »I need that person/Much worse 'n just bad/I'm half alive and it's drivin' me mad...« kann niemand singen wie sie. Das Stück wird wiederum durch ein Solo von Lester abgerundet, und auch Goodman zeigt sich in Hochform. So muß Musik im Himmel klingen.

Die folgende Session am 18. Februar konnte da nicht mithalten, war aber trotzdem erstaunlich gut. Die Saxophonisten Cecil Scott und Prince Robinson und der Trompeter Henry »Red« Allen haben vier gute aktuelle Balladen eingespielt. Manche behaupten, daß Allen für eine Holiday-Platte nicht geeignet gewesen sei, aber hier tritt seine kraftvolle Eigentümlichkeit nicht so deutlich hervor (auch wenn Billie vielleicht anderer Meinung gewesen ist). Die Rhythmusgruppe bestand aus Kirby, Cole und dem Gitarristen Jimmy McLin, die Songs waren »The Mood That I'm In« von Abner Silver und Al Sherman, »Sentimental and Melancholy« von Johnny Mercer und Richard Whiting, »You Showed Me the Way«, das Bud Green, Teddy McRae, Chick Webb und Ella Fitzgerald zugeschrieben wird (Fats Waller hatte damit einen Hit), und »My Last Affair« von Haven Johnson, das Billies alte Freundin Billie Haywood in *New Faces of 1936* vorgestellt hatte.

Billie hatte ein regelmäßiges Engagement im Uptown und nahm großartige Platten auf. Das Jahr hatte wirklich gut begonnen. Aber dann erhielt sie am 1. März im Uptown einen Anruf. Es war ein Ferngespräch aus Dallas in Texas, und der Anrufer wollte wissen, ob er mit Eleanora Billie Holiday, der Tochter von Clarence Holiday spräche. Und dann teilte man ihr mit, daß ihr Vater tot sei. Clarence war am 23. Februar gestorben, und die genauen Umstände erfuhren sie vom Schlagzeuger Sid Catlett. Clarence war mit Don Redman auf Tournee gewesen und hatte sich eine Erkältung eingefangen, die schließlich, wie es im Totenschein hieß, zu einer grippalen Lungenentzündung geführt hatte.

In ihrer Autobiographie erklärte Billie, daß Clarence' Lungen bei einem Gasangriff im Ersten Weltkrieg verletzt worden seien und daß er deshalb das Trompetespielen hatte aufgeben müssen. Doch wir wissen, daß er bereits als Teenager Banjo spielte. Allerdings hatte er tatsächlich in der US-Armee gedient. In John Chiltons Buch *Billie's Blues* wird seine Dienstgradnummer mit 4105715 angegeben, und es heißt dort, daß er vom 22. August 1918 bis zum

7. Juli 1919 Dienst getan hätte. Das sind die einzigen Informationen über seine Militärzeit, die restlichen verbrannten 1973 bei einem Feuer in einem Regierungsgebäude. Aber am 11. November 1918 war der Waffenstillstand verkündet worden, und es ist ziemlich unwahrscheinlich, daß Clarence in weniger als drei Monaten seine Ausbildung absolviert hat, nach Europa eingezogen und dort bei einem Gasangriff verwundet worden ist.

Clarence hatte nie sonderlich auf seine Gesundheit geachtet, und er war ein schwerer Trinker. Seine Freunde erinnern sich gerne an seine verrückten Faxen, wie er zum Beispiel während der steigenden Flut in die Brandung hineinwatete, um eine Flasche Gin auszubuddeln, die jemand dort vergraben hatte, und bis auf die Haut durchnäßt wieder auftauchte. Als sich sein Gesundheitszustand in Texas verschlechterte, versuchte er ein Krankenhaus zu finden, das eine Abteilung für Kriegsveteranen hatte, wo man ihn aufnehmen würde. Doch als er Dallas erreichte, war es bereits zu spät. Noch heute kann man an Lungenentzündung sterben, und 1937 war es natürlich noch viel gefährlicher, daran zu erkranken. In ihrem Buch bemerkte Billie verbittert: »Nicht die Lungenentzündung hat ihn getötet, sondern Dallas, Texas.«

Nun sollte Billie keine Möglichkeit mehr haben, ihren Vater besser kennenzulernen. Der Mann, der sich von Anfang an dieser Möglichkeit entzogen hatte, war jetzt für immer von ihr gegangen. Clark Monroe kümmerte sich zusammen mit Jimmy um die Beerdigung, die beinahe zu einer Farce geriet. Fanny wurde von Atlanta begleitet, Clarence' inoffizieller Ehefrau, die inzwischen zwei Kinder, einen Jungen und ein Mädchen hatte. Und laut Billie schaffte es Sadie wieder einmal, einen Narren aus sich zu machen, als sie sich weigerte, im selben Wagen wie Fanny zu fahren, sich ein eigenes Auto mietete, sich verfuhr und erst ankam, als die Beerdigung vorbei war. Bis zu ihrem Tod versicherte Sadie tränenreich ihren Freunden, daß sie niemals einen anderen Mann geliebt habe. Damit war ihr Martyrium endlich perfekt.

Billie bemerkte in ihrem Buch, daß Atlantas Kinder so hellhäutig gewesen seien, daß sie glatt als Weiße durchgehen konnten, aber wir wissen natürlich nicht, ob das stimmt. Sie beschrieb Atlanta auch als wohlhabend, obwohl sie in einem Tanzsaal gearbeitet hatte. Man kann Billie jedoch zustimmen, wenn sie den alltäglichen Rassismus in öffentlichen Einrichtungen wie dem Roseland Ballroom beschreibt. Wenn das Management herausfand, daß ein schwarzer Musiker ein Auge auf eine Weiße geworfen hatte, dann war er seinen Job los, bevor er überhaupt Boden unter den Füßen fand. Dieser Fall jedoch beweist, daß keine Macht der Welt etwas ausrichten kann, wenn sich zwei Menschen wirklich gefunden haben.

Kurz nach der Beerdigung verließ Billie die Stadt. Sie ging auf Tournee mit der Count-Basie-Band.

8 *Mit den Big Bands unterwegs*

John Hammond war ein Musikfan und besaß genug Geld, um sich das größte und beste Autoradio leisten zu können, und sein Motorola mit neun Röhren und den extragroßen Lautsprechern war bestimmt eine Sonderausführung. Im Januar 1936 hörte er eines Nachts auf einem Parkplatz in Chicago mit diesem Radio einen Live-Mitschnitt von der neunköpfigen Count-Basie-Band aus dem Club Reno in Kansas City. Heutzutage können sich ja die meisten von uns ein gutes Autoradio leisten, aber Hammond genoß zusätzlich etwas, das uns heute unbekannt ist: 1936 wurde jede Nacht im Radio Livemusik übertragen.

Und Hammond wäre nicht Hammond gewesen, wenn er Basie nicht schon früher gehört hätte, und natürlich auch seinen Tenorsaxophonisten Lester Young. Basie, der in Red Bank, New Jersey geboren wurde, hatte von Fats Waller in einem Kino Orgelstunden bekommen, als sie beide noch kurze Hosen trugen. Er war mit Elmer Snowdon in Ed Smalls' erstem Club aufgetreten, irgendwo an der Fifth Avenue in New York. Er hatte sich durch die Vaudeville-Clubs bis nach Kansas City hochgearbeitet, bei Walter Pages Blue Devils und in Benny Motens Band gespielt, die viele Platten aufnahm. Moten war im Lafayette Theater in New York aufgetreten, und im Covan's, das um die Ecke hinter dem Theater lag, hatte Hammond 1932 Basie kennengelernt. Moten starb 1935, und Basie wurde Bandleader im Reno.

Kansas City war eine großzügige Stadt, in der während der Prohibition und Wirtschaftskrise zwanzig oder dreißig florierende Clubs existierten. Die Musiker spielten die ganze Nacht hindurch, brachten den Blues zum Swingen und kämpften sich zur Spitze durch, während Tom Pendergast, der korrupte politische Führer, der für die ganze Sache verantwortlich war, jeden Abend um neun zu Bett ging. Nachdem Hammond Count Basie im Radio gehört hatte, konnte er ihn davon überzeugen, die Band zu vergrößern und in den Osten zu gehen. Inzwischen waren die Big Bands bereits zum Inbegriff der Swing-Ära geworden. Und Hammond rechnet es in seinem Buch Willard Alexander von der MCA-Agentur hoch an, daß er bereit war, einen unbekannten Haufen von Musikern aus dem Mittelwesten Arbeit zu vermitteln.

Lester Young stammte aus Mississippi. Seine Familie zog zuerst nach New Orleans und 1920 schließlich nach Minneapolis. Sein Vater war Musiklehrer, und Lester begann in der Familienband als Schlagzeuger. Ende der zwanziger Jahre spielte er Tenorsaxophon und fügte noch das Alt- und Baritonsaxophon hinzu. Hammond hatte ihn einmal kurz zusammen mit King Oliver gehört. 1934 kam Lester schließlich nach New York, um bei Fletcher Henderson nicht einmal ganze vier Monate zu arbeiten. Und dabei lernte er Billie kennen. Coleman Hawkins war nach Europa gegangen, weil er inzwischen von Hendersons Art die Nase voll hatte; Lester muß sich in New York erbärmlich gefühlt haben, denn Hendersons Leute (und Hendersons herrische Frau Leona) wollten jemanden, der einen ebenso satten und voluminösen Ton wie Hawkins spielte. Hammond schreibt, daß er Henderson das Geld gegeben habe, um Lester nach New York zu holen; Henderson und Hammond waren schließlich die einzigen, die ihn mochten. Ähnlich wie Billie hatte auch Lester seinen ganz persönlichen Stil, und seine Musik unterschied sich nicht nur wegen seines dünnen, luftigen Klangs, den er selbst einmal als »Alt/Tenor« beschrieb, in anderer Hinsicht sehr stark.

Er war froh, als er bei Billie und Sadie einziehen konnte, die damals, wie Billie schrieb, in einer »railroad flat« lebten, aber mit einer Diele, die zu den einzelnen Zimmern führte. Einen Raum nannte sie ihren Musikraum. Sie bewahrte dort ihre Platten auf und ein altes Piano, und Lester bekam ein eigenes Zimmer. Es muß für sie ein unbeschreibliches Gefühl gewesen sein, einen Mann um sich zu haben, der nicht nur eine große musikalische Sensibilität, einen einzigartigen Humor und eine natürliche Zuneigung zu Menschen besaß, sondern auch in keiner Weise eine Bedrohung bedeutete. Er weckte die liebenswürdige Seite in Billie, und Sadie ist mit Sicherheit einfach dahingeschmolzen.

Billie wurde schon in ihren Anfangszeiten in Harlem bisweilen Lady genannt, weil sie nur ungern die Trinkgelder an den Tischen einsammelte. Die Mädchen nahmen ihr das sicher nicht übel; sie war eben so. Lester gab allen Leuten Spitznamen. Basie nannte er »Holy«, seinen jüngeren Bruder Lee Young »Little Pea«. Und es war Lester, der den Trompeter Harry Edison in »Sweets« umtaufte. Will Friedwald behauptet, daß er Ella Fitzgerald als »Lady Time« titulierte. Der Jazz besaß bereits einen Earl, einen Duke und einen sogenannten »King of Swing«. Ein Radiomoderator aus Kansas City soll angeblich Bill Basie zum Count geadelt haben (aber es gibt eine Menge Anhaltspunkte dafür, daß Basie sich bereits sehr viel früher selbst so nannte). Das war nun mal Amerika, und da Franklin D. Roosevelt der bedeutendste Mann im Staat war, und da Lester wiederum der Präsident des Saxophons war, verpaßte ihm Billie die Abkürzung davon, nämlich Prez. Er wiederum fand, daß sie eigentlich einer First Lady würdig sei, nannte sie Lady Day und folgerte daraus, daß Sadie, die Mutter der Lady, deshalb eine Duchess sein müsse. Und diese Spitznamen blieben ihr Leben lang an ihnen haften.

Sie wurde zwar von allen ihren alten Freunden weiterhin Billie genannt, aber sie selbst schätzte zunehmend, wenn man sie Lady nannte, weil Lester ihr diesen Titel verliehen hatte. Wenn Fremde sie in Clubs mit Billie ansprachen, dann wurde sie ziemlich bissig, weil sie das für eine anmaßende und plumpe Vertraulichkeit hielt. Und weil sie in der Tat eine Lady war, soll sie von nun an in diesem Buch auch so genannt werden.

Alle sind sich darüber einig, daß Lady und Lester keine Affäre miteinander hatten; sie hatten sich auf Anhieb als Seelenverwandte erkannt und vielleicht sah sie in ihm den Bruder, den sie nie hatte. Vielleicht empfanden sie füreinander auch eine Art von Liebe, zu der Mann und Frau fähig sein sollten, die sie aber beide einander nicht geben konnten. Sie verstanden viel zu gut die Ängste des anderen und hatten vielleicht deshalb das Gefühl, daß dieses Verständnis durch eine Liebesbeziehung zerstört würde. Außerdem war Lady inzwischen auf harte Männer fixiert, oder Männer, die sich dafür hielten, und Lester war alles andere als hart. Er war in gewisser Weise ein Weichling, und manche hielten ihn für schwul. Doch sein affektierter Gang rührte möglicherweise von einer Syphiliserkrankung her. Der Wissenschaftler Frank Büchman-Møller behauptet, daß diese Krankheit 1937 bei Lester und drei weiteren Mitgliedern der Basie-Band diagnostiziert worden sei und daß sie 1944 bei einer medizinischen Untersuchung der US-Armee bestätigt wurde. Außerdem berichtet er, daß Lester manchmal unter epileptischen Anfällen, einer Begleiterscheinung der Erkrankung, litt. Jedenfalls hatte Lester im Gegensatz zu vielen anderen Männern keine Angst vor seiner femininen Seite. Er konnte auf seinem Saxophon all das spielen, was er wollte, und mußte sich deshalb mit keinem auf anderen Gebieten messen.

Lester wurde nur von einem einzigen Dämon geplagt, dem Rassismus. Weil er nicht durch den Süden touren wollte, stieg er einmal sogar aus der Familienband aus. Er war ein liebenswürdiger Mensch, für den Rassismus eindeutig über sein Fassungsvermögen ging und die dunkelsten Mächte menschlicher Existenz repräsentierte. Seine musikalische Intelligenz resultierte wie bei Lady aus seiner Sensibilität, die er sehr früh entwickelte. Und wie für Lady war auch für ihn die Musik eine Befreiung.

Lesters Bruder Lee beschrieb ihn als introvertiert:

> Das hat wirklich was mit seiner Kindheit zu tun. Meine Mutter war Lehrerin, mein Vater Schuldirektor. Für ihn gab's nur eins: »Du machst das, was ich dir sage.« Für mich war das gut so, weil ich ansonsten der übelste Kerl der Welt geworden wäre. Aber Lester war einfach ein so wunderbarer Mensch, er hat das nicht ertragen. Man kann nicht alle Kinder gleich behandeln, sie haben alle 'ne eigenständige Persönlichkeit. Lester riß meistens von zu Hause aus, wenn er versucht hat, ihn zu schlagen. Er ist sechs oder sieben Mal weggelaufen. Für ihn war geschlagen zu werden gleichbedeutend mit nicht geliebt zu werden. Meinem Dad ist nie klargeworden, daß es einfach die falsche Methode war.

Lee arbeitete fast ausschließlich an der Westküste und lernte Lady erst 1939 im Uptown House kennen. Er hatte sich mit seinem Schlagzeug in einem Trailways-Bus nach New York aufgemacht und stieg bei einer Menge Jam-Sessions ein.

> Ich bekam wirklich den Eindruck, daß in jedem Lokal, in das ich ging, 'ne Session stattfand. Lady war auch immer da … Sie war eigentlich eine Musikerin. Ich glaube, wenn man sich die Sachen anhört, die sie und Prez zusammen gemacht haben, dann erkennt man, daß sie eigentlich eine Musikerin

war, sie hat wie ein Bläser gedacht. Sie und Prez haben sich ergänzt … Sie waren wie Bruder und Schwester. Sie haben sich gegenseitig inspiriert. Auf den meisten Plattenaufnahmen hat er die Bridges [Zwischenstücke] gespielt, und zwar, weil sie diese gemeinsame Sache hatten. Wenn man ganz genau hinhört, dann spielte er so, wie sie sang, und sie sang so, wie er spielte.

Es wurde ja oft gesagt, daß Billie »wie ein Blasinstrument« sang, aber Lee beschreibt es akkurater: Sie hat wie ein Bläser *gedacht.* Ihre Neubearbeitung eines Songs war niemals nur eine willkürliche Geschichte. Martin Williams schreibt, es sei wie bei Louis und Lester gewesen: »… für sie sind die dramatische Wirkung und die musikalische Wirkung ein und dasselbe.« Ihre Phrasierung und ihr Timing waren die eines Jazzmusikers, ihr Instrument war ihre Stimme.

Claire Liebenson über Lady und Lester und wie sie Lady im Hot-Cha kennenlernte:

Carmen zog mit den ganzen Musikern rum. Und Prez und Art Tatum. Durch Les haben wir erfahren, wo sie steckte. Selbst wenn sie verheiratet gewesen wäre, hätte er sie in der Hand gehabt. Sie standen sich wirklich sehr nah. Carmen sang da, wo er grade war, und so weiter und so fort. »Lady steckt hier irgendwo«, meinte sie …

Und egal, mit welchem Typen sie grade rumzog, wenn Prez anrief oder was brauchte, dann war sie zur Stelle. Sie sprachen drüber, sie redete über Prez: »Größtes Arschloch, das ich je getroffen habe.« So hat sie über ihn geredet, mochte ihn wohl sehr. Ich glaub' aber nicht, daß da mehr als Freundschaft war. Sie ham sich gegenseitig angehimmelt. Aber sie ham sich nicht die ganze Zeit abgeküßt, wie's die Leute heutzutage tun, sich umarmen und küssen. Aber wenn sie sich getroffen haben, dann hat sie das wirklich glücklich gemacht, daß sie sich sehen konnten. Dann ham sie übers ganze Gesicht gestrahlt oder so, aber sie ham sich oft nicht mal die Hand gegeben. Sie ham sich angesehn und gemeint, »verdammter Hurensohn«, und irgendsowas [mit tiefer, heiserer Stimme], »wie gehts dir, Daddy«. »Baby«. Sie nannte ihn »Prez« oder »Daddy«. Soweit ich mich erinner', hat sie nur wenige Männer Daddy genannt. Doch ihn schon, ja.

Und wie sie es sagte. Sie waren wirklich dick befreundet. Er hatte ja 'ne Frau und all das, wissen Sie …

Ich hab' Prez und Billie im Kelly's jammen sehn, o ja. Wie er für sie spielte, und in anderen Clubs spät nachts bis 7 morgens …

Jimmy Rowles war gescheit, lustig, eigenwillig und einer der besten Begleitmusiker aller Zeiten. Und er war von Lady und Lester allein und zusammen gleichermaßen fasziniert:

Ich war für etwa eine Woche im Trouville [in Hollywood], und ich hatte sie grade kennengelernt, wir hatten grade eine Probe beendet, und ich wußte nicht, was ich von ihr halten sollte, ob sie bei uns aufgetaucht war, weil sie mit Lester Young vögeln wollte oder was. Eines Abends saß ich am Ende der Bar und rief ihr zu: »Lady, kann ich dir ein Schlückchen spendieren?« Sie setzte sich also neben mich, ich lud sie zu einem Gin mit Cola ein. Wie kann man nur so was unglaublich Beschissenes trinken? Ich hatte keine Ahnung, über was ich mit ihr reden sollte. Mir fiel ein, daß ich Andy Kirks Band gehört hatte … und da fiel mir ein Tenorsaxophonist ein, der mit Kirk gespielt hat, und aus irgendeinem unerfindlichen Grund hab' ich sie nach Dick Wilson gefragt. Sie hat ihren Drink hingestellt. »Ob ich vielleicht Dick Wilson kenne?« Also, das war das erstemal, daß ich mit ihr allein gesprochen hab. »Ich werd' dir was erzählen. Ich bin mit Freddie Green gegangen, und ich war diesem Hurensohn treu, aber jedesmal, wenn ich Dick Wilson getroffen hab', dann mußte ich einfach mit ihm ausgehen und vögeln.« Das erstemal, daß ich so was aus dem Mund von einer Puppe gehört hab'. Verrücktes Huhn. Damit hat sie mich rumgekriegt. Was kann man da noch machen? Ich mußte sie einfach mögen. Einfach ein Superweib.

Und so, wie Lester sie begleitet hat, mit diesen musikalischen Einsprengseln, da mußte sie sich ja wie in den Armen ihrer Mutter fühlen. Wenn er abends nicht zur Arbeit erschien, hat sie sich richtig verloren gefühlt. Sie hat zwar gesungen, aber sie war nicht die Lady Day. Sie war eben nur glücklich, wenn sie wußte, daß Prez neben ihr war und für sie spielte. Denn er spielte ja nur für sie. Sie haben sich perfekt ergänzt. Egal, wie großartig irgendein Tenorsaxophonist

ist, und daß ich Ben Webster unglaublich schätze, wundervoll, jetzt denk' ich wie Lady Day, weil ich nur dran denke, wie sie gedacht hat, Lester Young war ihr Junge, Onkel Bubba. So haben wir ihn damals alle genannt, weil ihn alle seine Nichten und Neffen Onkel Bubba nannten. Er war mit einem Mädchen namens Teddy verheiratet, das ich seit 1942 nicht mehr gesehen hab'. Kleines, dunkles Mädchen, sehr sehr hübsch, er nannte sie seinen Teddybär.

Aber die Art, wie er und Lady miteinander umgingen, war sehr merkwürdig. Wenn es jemals einen wirklichen Individualisten gab, dann war's dieser Mann. Und seine Sprache. Man mußte schon drei Monate mit ihm zusammenarbeiten, um ihn zu verstehen. Er hat diese totalen Wahnsinnssprüche drauf, die er erfand, wie »ich hab' nur Augen für das«. Wenn er was nicht mochte, dann machte er nur das [Jimmy setzt ein trübsinniges Gesicht mit aufgeblasenen Backen auf]: »Keine Augen, keine Augen.« Alkohol nannte er einfach Bob Crosby. Wenn der Alkohol geliefert wurde, dann kam Lester rüber, tippte dir auf die Schultern und meinte: »Bob Crosby ist angekommen.« Und die Leute drehten sich um, weil sie Bob Crosby sehen wollten.

Eine Zeitlang nannte er die Polizei »Alice Blue Gown«, blaugekleidete Alice. Im Slang der Schwarzen hießen die Weißen »Graue«, und Lester schloß daraus, daß Schwarze »Oxford-Graue« seien. Dinge, die ihm Unbehagen bereiteten, wie etwa Rassismus, beschrieb er als »fühl mich wie'n Schluck«. Lee Young erinnert sich an einen anderen Ausdruck für Dinge, die er nicht mochte: »Nein Mammi, nein Pappi.« Wenn ihm ein Mann seine neue Flamme vorstellte, meinte er: »Läßt Madam was anbrennen?« [Kann sie kochen?] Und in einer schwierigen Situation äußerte er vielleicht: »Ich brauch' was zum Runterspülen, die Sache bringt mich um meinen Groove.« Sylvia Syms meinte: »Zum erstenmal hab' ich gehört, daß einer zu seinem Pianisten sagte: ›Spiel einfach Vanille, Mann, spiel einfach Vanille‹, womit er meinte, daß einer die ganzen Ausschmückungen weglassen und bei einem Solo einfach die sauberen Akkorde spielen sollte.«

»Man kann nicht sagen, daß er vulgär gewesen ist, auch wenn er wie alle Musiker ständig alles und jeden als Arschloch und Hurensohn bezeichnete«, meinte Lee, »für 'ne wirklich tolle Puppe hat er den Ausdruck benutzt, ›ein wirklich toller Hut‹, oder ›wie fühlt's sich an, diesen Hut zu tragen?‹« Auch Rowles konnte sich daran erinnern.

Man stand also an der Bar rum und er drehte sich plötzlich zu mir, sah mich an und meinte: »Um drei Uhr schreckhaftes Reh.« Und ich dreh' mich um drei Uhr um und seh' 'ne Mieze mit riesigen Augen. Ich mußte es einfach mit der Zeit entschlüsseln, wie wenn man japanisch lernt. Und 'ne Puppe war einfach ein Hut.

Kommt also eines abends ein Typ mit 'ner neuen Braut rein, und Prez schaut ihn an. »Bubba, ich geb' dir einen aus.« Er trank damals immer nur Old Schenley Bond, pur, ein ganzes Wasserglas voll, 100 Prozent. Dann spülte er mit Wasser nach. Prez setzt sich also. Die Bedienung mußte wegen seinem Drink ins Büro, um für ihn ein Wasserglas zu holen. Prez fing an, und genehmigte sich einen riesigen Schluck. »Ich seh', daß du 'nen neuen Hut trägst.« Und der Typ, der Bescheid wußte, er hat's nur probiert, wenn ein Typ eingeweiht war, antwortet irgendwas wie »Jajaja«, und Prez darauf, »Schädelkäppchen?« »Nun, äh ...«, »Homburg?«, »Ah ...«, »Mexikanischer Tanzhut?« Die ganze Zeit über sitzt die Braut da und lächelt, und fragt sich, über was die beiden da eigentlich reden. Und weißt du, über was sie geredet haben? Über ihre Muschi.«

Und Lady Day gab dann auch noch zwischendrin ihren Scheiß dazu. Sie haben das zusammen durchgezogen wie diese Gottesanbeterinnen, die ihren Alten gierig verschlingt, nachdem sie's getrieben haben. Den Eindruck hab' ich von ihnen gehabt. Lady Day war glücklich, sie war unabhängig. Sie war da, weil Prez da war, aber sie hing nie an seinen Rockschößen, nicht auf die Weise, und was machen wir jetzt zusammen, also, daß man die ganze Zeit zusammenhockt. Sie ging ihre Wege, und er ging seine. »Also, Prez. Den kann ich riechen. Ich weiß, wenn er da ist, und das reicht auch.« Da kommt aus seiner Garderobe diese wunderschöne braunhäutige Schlampe und geht an die Bar. Und das ist eine ganz Knallharte. Also wirklich knallhart. Und er kommt hinter einer Säule vor und ist ganz sanft, ja? Sie sehen sich und bleiben stehen, und er meint: »Wie gehts dir, Miss Lady Day, Lady Day?« Und er wirft ihr diesen blöden Blick zu. Und sie daraufhin: »Hallo, du Arschloch.« Und dann zieht sie sich zurück, und dann treffen sie sich wieder, und sie umarmt ihn, und sie weicht wieder zurück, sie haben sich einfach blendend verstanden. Sie hatte ihn zum Fressen gern. Und sie haben einfach unglaublich zusammengepaßt. Wie Goldfische oder so was. Und dann haben sie einfach ihr Spielchen getrieben. Wenn die beiden zusammensteckten, wurde es reichlich wild. Sie mußten sich nur berühren, und schon kamen sie in Fahrt, und das war total cool, und kaum, daß sie im Club wieder aufeinandertrafen, ging das Ganze von vorn los, und dann hieß es wieder: »Jesus, jetzt bin ich schon wieder da.« Und dann grabschten sie sich und gingen wieder ihre eigenen Wege. Sie hatten zwischendrin ihren Spaß. Und sie war die ganze Zeit einfach glücklich.

Sie waren wie Bruder und Schwester, nur daß es 'ne andere Sache war. Er war wirklich sehr merkwürdig. Er war wie von einem anderen Stern. Und sie genauso.

Lester Young machte seine erste Plattenaufnahme mit siebenundzwanzig, und zwar im Oktober 1936 in Chicago, als seine Band auf dem Weg in den Osten war und im Grand Terrace auftrat.

Hammond machte in einem winzigen Studio und mit nur einem Mikrophon eine Aufnahme mit einem Quintett, dem Basie, Page, Jones, Lester und der Trompeter Carl »Tatti« Smith (der Auftritt im Grand Terrace war so anstrengend gewesen, daß Buck Clayton sich einen Riß an seiner Lippe zugezogen hatte) angehörten. Smith war ein wirklich guter Trompeter, den man aus den Augen verlor, weil er nach Südamerika ging und nie mehr zurückkehrte.

Als die Platten auf Vocalion unter dem Namen »Jones-Smith Inc.« erschienen, wurde klar, daß es sich hierbei um eine neue Art von Musik handelte. »Ökonomisch, ›weniger ist mehr‹, ist das Ideal, das hier angestrebt wird«, schrieb Gunther Schuller sehr viel später. Weiter oben habe ich in Zusammenhang mit Billies Aufnahmen mit Teddy im Jahr 1935 über die Beats gesprochen und den Übergang von einem 2/4- zu einem 4/4-Takt. In den dreißiger Jahren war der New-York-Jazz zwar indirekt, aber immer noch sehr stark vom Ragtime beeinflußt, durch den »hämmernden« New Yorker Pianostil eines Willie »The Lion« Smith, dessen Freund The Brute (James P. Johnson) und Brutes Anhänger Filthy (Fats Waller). Doch die Rhythmusgruppe von Basie, der der Schlagzeuger Jo Jones und der Bassist Walter Page (den man bereits »Big 4« nannte) angehörten, räumte damit auf. Jones war nicht der einzige Schlagzeuger, der Mitte der dreißiger Jahre den 4/4-Takt auf dem Becken schlug, aber er beherrschte das mit einer so einzigartigen Finesse, daß er damit die Musik veränderte. Diese Musiker beeinflußten den Jazz auf ähnliche Weise wie Billie den Gesangsstil. Und deshalb ist es nicht überraschend, daß Billies Sessions mit den Basie-Musikern mit zu den besten gehören.

Das Smith-Jones-Ensemble machte zwei Aufnahmen mit dem Sänger Jimmy Rushing und zwei weitere Instrumentalaufnahmen mit Lester; von »Lady Be Good« sagt Jo Jones schlichtweg, es sei »das beste Solo, das Lester jemals aufgenommen hat«.

Schuller transkribierte dieses Solo für sein meisterhaftes Buch *The Swing Era* (1989) und beschrieb es ausführlich als die »Linearisierung des melodischen Gehalts«. Es schien so, als habe man all die aufregenden vertikalen Arpeggios, die ein Hawkins zu spielen pflegte, einfach in die Waagrechte verlegt und die melodischen Intervalle auf engsten Raum komprimiert. Zu einem Zeitpunkt, als Jazzmusiker brillant und endlos über Akkordstrukturen improvisierten und es schien, als sollte dies noch Jahre so weitergehen, gab Lester bereits die zukünftige Richtung an: losgelöst von Harmonien und mit einer Einfachheit und einem unangestrengten Swing, der gleichermaßen aus dem Treibhaus Kansas City wie den unendlich weiten Räumen des Südwestens kam. Wie Lady zelebrierte auch Lester in seiner Musik die Liebe zur Schönheit und geistigen Freiheit, die weit über Rassismus, Politik und gar Mut stand. Was sie schufen, war über alles erhaben.

In Basies Band kam es zu einer gewissen Rivalität mit dem ausgezeichneten Herschel Evans, der ein ähnlich volles Horn wie Hawkins spielte. Evans gab Young den Rat, Altsaxophon zu spielen: »Du hast einfach diesen Altsaxophon-*Klang.*« Lester griff sich an den Kopf und meinte: »Mann, da oben spielen sich die wichtigsten Sachen ab, ihr aber spielt nur aus dem Bauch raus.«

Der Band gelang es keineswegs, New York Ende 1936 im Sturm zu erobern. Zumal die Besetzung völlig neu war: Der Trompeter Oran »Hot Lips« Page (nicht verwandt mit Walter) war zu Joe Glaser gewechselt, der darauf setzte, daß er einen Star wie Louis Armstrong aus ihm machen könnte. Der Altsaxophonist Buster Smith wollte nicht von Kansas City weg. Deshalb war Basie gezwungen, neue Leute anzuheuern, und die Band hatte noch nicht zusammengefunden. Hammond mischte sich schließlich auch noch ein: Der Gitarrist Claude Williams wurde durch Freddie Green ersetzt, weil Williams auch Geige spielen wollte und Hammond sein Violinspiel nicht ausstehen konnte. Für Williams war das natürlich hart, aber Green war einfach unvergleichlich. Der Altsaxophonist Caughey Roberts wurde bald darauf durch Earle Warren ersetzt. Schullers Meinung nach hätte Roberts vom Klang her wohl besser zur Band gepaßt, aber Hammond hatte wieder einmal seinen Kopf durchgesetzt. Kein Wunder, daß die Band sich erst einmal freispielen mußte; es war eben nicht mehr die, die Hammond damals im Radio gehört hatte. Die Musiker waren so arm, daß ihre Instrumente völlig hinüber waren und mit Gummibändern zusammengehalten werden mußten. Einige der Musiker konnten kaum Noten lesen und spielten bisweilen falsch. Im *Metronome* war eine vernichtende Kritik erschienen; und Clayton ließ sich über ihre »billigen und überstrapazierten Instrumente« aus und meinte, Joe Keyes' Trompete sei in einem Zustand, daß kein Mensch darauf einen richtigen Ton hätte treffen können.

Ihre ersten Platten waren laut Schuller ähnlich dilettantisch. Clayton glaubte fälschlicherweise, daß er seine erste Plattenaufnahme Ende Januar 1937 zusammen mit Billie gemacht habe, weil er so viel Spaß dabei gehabt hätte. Tatsächlich aber hat die komplette Band bereits vier Tage früher Aufnahmen gemacht. Schon bald darauf, am 7. Juli, sollte die Band ihren ersten Hit »One O'Clock Jump« einspielen, der aus einem Grundarrangement namens »Blue Balls« entstand, das sie bereits in Kansas City gespielt hatten. Ähnlich wie Glenn Millers »In the Mood« bestand es aus einem Motiv, das es bereits seit ewigen Zeiten gab. Aber Basie machte daraus eine Hymne. Alle Bands griffen gewisse Motive auf, aber Basie zeigte ihnen, wie man es zu machen hatte, indem er den Blues im Stil des Südwestens zum Swingen brachte. Kurz darauf kursierten jede Menge Aufnahmen von »One O'Clock Jump«, von denen etliche Hits wurden.

Am 13. März 1937 gab Billie in Scranton, Pennsylvania ihr Debut mit der Band. Und sie verdiente dabei mehr Geld als im Uptown. Sie erhielt inzwischen 70 Dollar die Woche, wovon sie zwar sämtliche Unkosten auf der Tournee begleichen mußte, aber trotzdem, so Basie, mehr als jeder andere in der Band verdiente.

Basie hatte sie durch Hammond kennengelernt, »und als ich sie gehört hatte, war alles klar«.

> Musikalisch gab's eine riesige Veränderung, in der Band gab's 'ne *riesige* Veränderung. Da kam was dazu, was für uns 'ne großartige Attraktion war. Alle liebten sie, alle kamen mit ihr wunderbar aus, sie kam mit allen Jungs klar, und auch das war 'ne wundervolle Sache ... es war einfach unglaublich, für sie zu spielen ... Billie war 'ne Musikerin. Und so haben sie alle Jungs gesehen – die Jungs konnten in den Bus steigen und wußten, na ja, daß es nicht hieß, »paßt mal auf, Jungs«. Aber wenn sonst noch jemand im Bus mitfuhr, der mußte echt achtgeben.

Eine Woche nachdem Billie zu ihnen gestoßen war, traten sie im Apollo auf, »und dort stieg Billie wirklich zum Star auf«, meinte Basie. »Sie ließen sie einfach nicht mehr von der Bühne.« Ein Zeitungskritiker, der über jenen Auftritt schrieb, hielt sie gar für wichtiger als Ella Fitzgerald, die immer mehr Hitplatten mit Chick Webb machte. Billie sang im Apollo »I Cried for Jou«, »My Last Affair« und »One Never Knows, Does One«, und dank der melancholischen Melodie vergaß man die alberne Titelzeile. Am Sonntag, den 11. April trat sie mit Basie im Savoy Ballroom auf, und zu dieser Zeit machten die Fans von Billie Holiday und die von Basie bereits gemeinsame Sache.

Basie ist sicher unzählige Male interviewt worden, aber er blieb bis zum Schluß ein Gentleman. Das Tourneeleben war kein Zuckerschlecken, aber auch darüber äußerte er sich ziemlich wortkarg:

> Es ist nichts Ungewöhnliches passiert. Die übliche Rumreiserei. Wir haben ja grade erst angefangen. Ich meine wirklich angefangen. Wo's wirklich hart war? Wenn ich's genau bedenk', eigentlich nirgendwo. Wir haben einfach gearbeitet, das war's, was wir wollten. Und die Band war ja ziemlich in Ordnung ... wir haben uns gut verstanden. Als dann Lady Day zu uns kam, da waren wir 'ne wirklich zufriedene Gesellschaft ... Die harten Zeiten, wenn ich's heute bedenk', dann waren das vielleicht diese einmaligen Gastspiele in gewissen Teilen der Vereinigten Staaten, wo's grundsätzlich

ziemlich hart war. Heutzutage mag das vielleicht hart erscheinen, aber damals waren wir jünger und wir hatten unseren Spaß dabei. Jahr um Jahr sind wir von da nach dort gezogen und haben uns einfach drauf gefreut. Und man war ja an die Bedingungen gewöhnt. Wir haben gearbeitet, und wir wurden für diese Arbeit *bezahlt* ... Mal spielten wir auf einem guten Piano, manchmal auf einem schlechten, manchmal auf wirklich schlechten. Genauso wie heute.

Lady nannte ihn Daddy Basie, und er nannte sie William. Linda Kuehl bezog sich auf eine Fernsehsendung, die sie Jahre später gesehen hatte, als sie zu ihm sagte: »So, wie sie mit Ihnen geredet hat, standen Sie sich sehr nahe. Das konnte man in *The Sound of Jazz* sehen.« Und Basies Antwort darauf fiel ganz und gar nicht lakonisch aus. Linda notierte sich in ihrer Abschrift, daß sie aus tiefstem Herzen gekommen sei: »Wir standen uns nahe. Viel näher, als man sich vorstellen kann. Viel näher. Ich habe Billie wirklich schrecklich geliebt. Keiner hat Billie so geliebt wie ich.«

Unterwegs versuchte die Band immer gemeinsame Unterkünfte zu finden und mietete manchmal ein komplettes Haus, in dem sie alle wohnen und für sich selbst kochen konnten. Lady war eine wirklich gute Köchin. Auf die Frage, ob sie alle immer im selben Hotel übernachtet hätten, antwortete Basie: »Manchmal. Meistens. Deswegen hatten wir ja so viel Spaß miteinander ... Erst tranken wir mal ein Schlückchen. Wenn wir zum Beispiel schon früh in einer Stadt ankamen, dann sind wir vielleicht alle, also, alle Jungs, die mit Billie befreundet waren, auf ihr Zimmer gegangen. Sie hatte einen guten Plattenspieler.« Wenn sie keine Übernachtungsmöglichkeit fanden, wo sie alle gemeinsam unterkommen konnten, was vor allem im Süden passierte, dann wurde die Parole ausgegeben: »Every tub!«, frei nach dem Sprichwort: »Every tub on its own bottom«, was heißen sollte: »Jedermann ist jetzt auf sich selbst gestellt!« (Anfang 1937 nahm die Band die Basie/Eddie-Durham-Nummer »Every Tub« auf.)

In einem Detroiter Theater mußte Billie sich einmal »nachschwärzen«, weil sie den Leuten dort zu »gelb« war. »Das Foto hab' ich in meinem Sammelalbum«, so Jo Jones, »das ist aus der *Detroit Free Press.* Das Foto zeigt, was sie mit uns damals im Fox Theater angestellt haben.« Harry Edison meinte: »Ich hab' gelacht, als ich auf die Bühne ging. Ich fand's komisch, aber dann hat sie sich umgedreht und mich als Arschloch beschimpft.«

Viele erinnern sich noch daran, daß Billie beim Würfelspiel im Bus mitmachte, und sind sich auch darüber einig, daß sie dabei nicht wenig Gewinn gemacht hat. »Sie hatte keine Ahnung vom Würfelspiel«, erklärte Jo Jones, »und sie haben's ihr falsch beigebracht. Aber obwohl sie's ihr völlig falsch erklärt haben, hat sie ihnen allen ihr ganzes Geld abgenommen.«

Sweets über die Auftrittsorte, an denen sie spielten:

> Das waren wirklich die miesesten. Ich kann mich an Orte in Carolina, in der Tabakgegend erinnern, Winston, Salem. Und wir sind in den Tabakscheunen aufgetreten. Und dort roch's generell überall nur nach Tabak, denn der hing ja oben in diesen riesigen Schuppen, und sie haben einfach ein paar Ecken zum Tanzen freigeschaufelt, doch dieser Tabakgeruch, der hing in deinen Klamotten, und wenn sie zu tanzen anfingen, dann wirbelten sie den Staub vom Boden auf und den Tabakgeruch, nun ja, ich weiß wirklich nicht, wie sie's als Frau durchgestanden hat. Sie hat nie irgendwie Erschöpfung gezeigt.
>
> Wenn man Billie kannte, dann hatte man einen Freund fürs Leben. Denn wenn sie dich mochte, dann gab's nichts auf der Welt, was sie dir nicht gegeben hätte, und keinen, der was Schlechtes über dich sagen durfte. Sie war wie ein Mann, nur auf 'ne feminine Weise, aber sie hatte einfach gelernt, auf sich selbst aufzupassen.

Sie hatten unterwegs viel Spaß, aber, so der Posaunist Benny Morton, »unsereins hat sich den Spaß gemacht, weil man ihn dringend brauchte, sehr oft waren die Leute innerlich ganz schön verletzt ... Billie hat zwar für ihr Leben gern gelacht, aber ich wette, daß dieses Mädchen auch sehr oft geweint hat.«

Inzwischen war Lady für ihre freizügige und lockere Art bekannt, und es wurde natürlich vermutet, daß sie mit jedem in der Band ins Bett stieg. Buck Clayton verehrte sie nicht nur aus musikalischen Gründen. Er sah sehr gut aus, und Billie mochte gutaussehende Männer. Etliche Jahre später, in der 52nd Street, sagte Billy Eckstine, so jedenfalls Sylvia Syms, die liebend gerne solche Geschichten zum besten gab, zu Lady: »Bin ich nicht hübsch?«

»Du bist hübsch, aber nicht der Schönste«, antwortete Lady.

»Und wer ist nun der Schönste?« wollte Eckstine wissen.

»Buck Clayton ist der schönste Mann, den es je gab.«

Doch Buck war sehr verwundert, als er nach Jahren diese Geschichte in ihrer Autobiographie las und meinte, daß sie niemals mit ihm darüber geredet habe. Eine Zeitzeugin fand, daß sie »im Vergleich zu vielen anderen Mädchen auf Tournee 'ne wirklich Heilige war«. Lady selbst erklärte, daß sie einfach Angst gehabt habe, sich mit zu vielen von den Musikern abzugeben, wegen *deren* Promiskuität. Ihr Liebhaber in der Band war Freddie Green, aber er war verheiratet und hatte vier Kinder. Sie zogen in gemeinsame Hotelzimmer, doch die Beziehung dauerte nicht lange.

Als größtes Problem stellte sich allerdings Ladys Plattenvertrag mit Brunswick heraus, und damit kommen wir zu einem ganz wichtigen Punkt. Mit Rushing besaß Basie einen ausgezeichneten Sänger, aber Sängerinnen, »girl singers«, wurden damals zusehends zur eigentlichen Attraktion, und obwohl Basie die beste hatte, hat es die Plattenindustrie seinerzeit nicht zugelassen, daß Lady mit der Band Aufnahmen machte.

Man sagt gemeinhin, daß Lady eigentlich viel besser in ein kleines Gruppenkonzept paßte, mehr noch in die winzigen Clubs nur in Begleitung eines Klavierspielers. Und wenn man ihre Plattenaufnahmen im Ganzen betrachtet, dann sind tatsächlich jene, die mit ganz großer Besetzung eingespielt wurden, zugleich die unbedeutendsten. Aber nicht Lady hat die Big-Band-Ära ignoriert, sondern sie wurde von ihr links liegengelassen. Jedenfalls übersieht man in dieser konventionellen Sehweise, daß Lady perfekt in Basies Band paßte. Basie sagte: »Sie paßte einfach ganz selbstverständlich dazu, so als wäre sie nur eine weitere Solistin. Wenn sie das Programm kannte, dann konnte sie mit geschlossenen Augen einsteigen, ohne einen Hinweis oder ein Signal.« Auf die Frage, wie der »Einstieg« von Sweets oder Buck für ihre Begleitung geregelt war, antwortete Basie: »In den Arrangements hatten wir das nicht festgelegt, sie machten es rein gefühlsmäßig.« Clayton schrieb in seiner Autobiographie: »Ich hab' ihren Mund beobachtet, und wenn ich bemerkt habe, daß sie tief einatmete oder so was, dann wußte ich, daß für mich die Zeit gekommen war, ihre ausdrucksstarken Pausen zu füllen. Wir nannten das ›die Sache schmackhaft machen‹.« Diese Leute haben einfach zusammen dieselbe Luft eingeatmet.

Es könnte einem das Herz brechen, wenn man bedenkt, daß aus dieser Zeit nur drei Radiomitschnitte überlebt haben, darunter zwei aus dem Savoy Ballroom (»They Can't Take That Away from Me« und »Swing, Brother, Swing!«) und einer aus dem Meadowbrook in New Jersey (»I Can't Get Started«: »Sogar bei Basie war ich zum Tee geladen«, sang sie). (Man sagt, daß aus dem Meadowbrook auch eine Version von »Dinah« existierte.) Doch allein diese Bänder sind Beweis genug, daß Basies damalige Band auf wunderbare Weise wie maßgeschneidert für sie war: Als sie eine Textzeile zu »Come on, swing me, Count!« abänderte, wußte sie, daß sie sich auf ihn verlassen konnte. Auf einem anderen Radiomitschnitt aus dem Savoy, dem Instrumental »Shout And Feel It«, kann man während Basies Solo Lady im Hintergrund hören, wie sie ihn anfeuert. Doch für uns ist eines der größten Ereignisse der Swing-Ära für immer verloren gegangen, weil sich die Plattenfirmen dummerweise nicht einigen konnten.

Am 16. Januar 1938 wurde Benny Goodmans Konzert in der Carnegie Hall mitgeschnitten (als es 1950 als Doppelalbum veröffentlicht wurde, konnte es sich weit oben in den *Billboard*-Album-Charts plazieren). Nach dem Konzert eilten Basies Musiker zum Savoy, das uptown lag, um an einem Band-Wettstreit zwischen Basie und Chick Webb teilzunehmen.

Zu diesem Zeitpunkt hatte Count Basie erst einen Plattenhit, »One O'Clock Jump«, während Webbs Band bereits mehrere vorweisen konnte, darunter die Sampson-Hymnen »Stompin' at the Savoy« und »Don't Be That Way« und zwei Gesangsnummern mit Ella, »Sing Me a Swing Song« und »(If You Can't Sing It) You'll Have to Swing It«, auf ihre Weise ebenfalls Hymnen. Auch John Hammond war anwesend.

> Ich war von Anfang an davon überzeugt, daß Basie gewinnen würde. Die Tageszeitungen – jeder schwarze Zeitungsmann – standen entweder auf der Gehaltsliste der Moe-Gale-Agentur, die schwarze Bands betreute, oder des Savoy Ballroom selbst, der die Rechte an Chicks Band besaß. Moe Gale betreute Chick und Ella und war Besitzer des Savoy, und jeder schwarze Journalist stand auf seiner Gehaltsliste, denn damit

machten sie ihr Geld. Neger-Tageszeitungen hatten nicht genug Geld, um Gehälter zu bezahlen, und deshalb machten sie ihr Geld mit den Veranstaltern. Basie wiederum war bei MCA unter Vertrag, er war der einzige schwarze Künstler von MCA, und die dachten gar nicht daran, einer Neger-Tageszeitung Geld zu geben. Vielleicht hat Basie gelegentlich irgend jemandem 10 Dollar oder so was zugesteckt, aber die *Amsterdam News* und der *Pittsburgh Courier* schrieben automatisch, daß Chick und Ella gewonnen hatten.

In seinen Memoiren schreibt Basie, daß Webb als Hausband natürlich die Hauptbühne benutzen durfte und eine bessere Ausrüstung hatte, aber an diesem Abend irgend etwas mit den Mikrofonen nicht in Ordnung gewesen sei und Ella deshalb benachteiligt war. Aber bei diesen »Band-Wettstreits« gaben die Besucher der Tanzsäle beim Verlassen der Räume ihre Stimme ab, und in der Presse wurde berichtet, daß Chick Webb, der Lokalheld mit mehreren Hits, der eindeutige Gewinner gewesen sei.

Dann, Anfang 1938, wurde Lady gefeuert, beziehungsweise »aufgefordert zu gehen«. Ironischerweise fand ihr letzter Auftritt mit Basie am Schauplatz eines ihrer größten Triumphe, dem Apollo, statt. Die Jazz-Presse machte Hammond für die Sache verantwortlich, und MCA gab sofort eine Presseerklärung heraus, in der Willard Alexander die Verantwortung für Ladys Entlassung auf sich nahm. *Down beat* zitierte einen Ausspruch, demzufolge Hammond ihr diese Arbeit verschafft habe und daß sie ohne Hammond diese Arbeit schon sechs Monate früher verloren hätte. »Der Grund für ihre Entlassung war ausschließlich ihr nicht gerade zufriedenstellendes Verhalten und eine ausgesprochen falsche Einstellung ihrer Arbeit gegenüber. Billie sang wunderbar, wenn sie Lust dazu hatte. Wir konnten uns einfach nicht darauf verlassen, daß sie ihre Auftritte regelmäßig absolvierte.«

Aber die Sache wird noch viel undurchsichtiger. Alexander gab sich Jahre danach wesentlich zurückhaltender: »Sie sollten lieber mit Hammond darüber sprechen... Ich bin mir keiner Probleme bewußt ... vielleicht war John ein bißchen über Billie verärgert, aber ich hab' davon nichts gemerkt ... ehrlich gesagt, hatte ich nicht gerade große Erfahrung ... John ist für Sie die beste Quelle.«

Hammond wies ausdrücklich auf die unzumutbaren Arbeitsbedingungen und den Rassismus während der Tourneen hin, aber Lady hatte sich im Laufe eines Jahres an den Rassismus, die Hotelzimmer und langen, stickigen Busfahrten gewöhnt. Sie schwieg damals zu der Sache und wurde nur in *down beat* folgendermaßen zitiert: »Basie hatte zu viele Manager, zu viele Typen, die hinter der Bühne jeden herumkommandierten. Der Count und ich sind gut miteinander ausgekommen. Und die Jungs in der Band waren wunderbar. Aber die ganze Zeit über ging's um dies und um das, und ich hatte einfach die Nase voll.« Aber sie bedauerte es, daß sie Basie verlassen mußte, und gab Hammond die Schuld, und damit stand sie nicht allein da. Jo Jones hatte keine Zweifel:

> Man hatte sie gefeuert. John Hammond. Aber keiner hatte den Mumm, das den Leuten zu sagen, einfach weil er ja der wunderbare große, weiße Vater ist. Scheißdreck. Ich sag's ihm jedesmal, wenn ich ihn seh'. Nein, sagt er, er hat sie nicht gefeuert. Du bist ein verlogenes Drecksmaul, sag' ich zu ihm. Ich kann's dir schriftlich geben, du kannst dich auf mich berufen … Er hat sie rausgeschmissen, weil er wollte, daß sie den Blues singt. Er wollte aus ihr 'ne farbige Mammie machen.
>
> Also, dieser Scheiß macht mich wirklich fertig … Bessie Smith hätt' die größte Opernsängerin der Welt sein können – singt aber den Blues. Miss Mahalia Jackson, die in ihre Fußstapfen getreten ist – Würden Sie gern in einem Nachtclub auftreten? – Nein. Wir bieten ihnen dafür 100 000 Dollar. – Nein. So was machen sie mit Vorliebe. Sie können nur eins denken, daß du als Schwarzer einfach den Blues zu singen hast. Bleib auf deinem Platz, kleiner Junge. Die im Norden machen das, nicht die im Süden. Die Liberalen. Ich mach' das durch. Ich schlaf damit jede Nacht.

Jones war ein zorniger Mann, aber diese Behauptung haben auch andere bestätigt. Ohne Frage wurden schwarze Künstler von der Industrie viel mehr als Weiße gegängelt. Billy Eckstine äußerte, daß er gern ein Buch lesen würde, das sich mit dem Thema schwarzer Sänger beschäftigt:

> Oh, Eckstine, das ist ein schwarzer Sänger. Nicht Peggy Lee, sie ist eine slawische Sängerin, oder Barbra Streisand, sie ist 'ne jüdische Sängerin. Das versteht keiner. Als wir anfingen,

> Platten aufzunehmen, hat man uns nicht mal 'ne Ballade angeboten, wir ham den Blues gesungen ... Die weißen Kritiker sind alle Bluesfreaks, die recherchieren tagelang über Huddie Ledbetter, und wir Schwarzen – ich kann mich nicht erinnern, daß ich wegen Huddie Ledbetter die Straße überquert hätt'... Schauen Sie mal die Leute an. Grade diese Woche hab' ich mir die Sonny & Cher-Show angesehen, und da singt dieses Mädchen irgendwas, und warum, du lieber Gott, mit diesem breiten Akzent, den kein Schwarzer auf Gottes Erdboden draufhat. Wenn sie redet, dann spricht sie ganz normal, aber wenn sie zu singen anfängt, klingt sie wie jemand direkt aus McComb, Mississippi ... Tom Jones bekannte ganz offen, daß er seinen Stil von Otis Redding, von Jackie Wilson, von Chuck Berry hat, und daß er sich das Singen von Balladen beigebracht hat, indem er sich meine Platten angehört hat. Und wo bleibt für uns vier der Ausgleich dafür? Wo stehen denn wir? Was haben wir davon?

John Hammond hatte mit Sicherheit einen Machtkomplex. Viele waren überzeugt, daß er der Drahtzieher hinter Basie war. Aber Basie war bereits zweiunddreißig Jahre alt, als er mit der Band, die ihn berühmt machen sollte, nach New York kam. Er wußte, was Armut bedeutete, und er hatte bereits mit Decca einen schlechten Plattenvertrag abgeschlossen, weil er es nicht besser wußte. Es kann durchaus sein, daß er beschloß, Hammond sollte in geschäftlicher Hinsicht das Sagen haben. In seinen Memoiren, die kurz vor seinem Tod 1984 veröffentlicht wurden, äußerte er sich ziemlich zurückhaltend. In einem Interview bemerkte er, daß Billie »immer ihren Job machte, immer sang, niemals betrunken oder verrückt gewesen sei«, was scheinbar Alexanders Äußerung aus dem Jahr 1938 zu ihrem Verhalten widerspricht. Aber andererseits sprach Basie grundsätzlich nur gut von anderen. »Weniger ist mehr«, die Devise für Basies Musik, dürfte durchaus mit der alten afroamerikanischen Tradition übereinstimmen, nicht jedermann alles zu erzählen, was man weiß.

Hammonds Arbeit war von seiner antirassistischen und linksorientierten Einstellung geprägt und für damals ziemlich mutig, und seine Erfolge innerhalb der Musikindustrie sind unbestritten, aber wie die meisten Liberalen konnte er autoritär sein. Lester nannte ihn nicht umsonst »The Holy Main«, den heiligen Wichtigtuer. Lee Young erzählte:

> Als Lester und ich nach New York kamen und im Café Society auftraten, schnappte uns Benny Goodman Jimmy Rowles weg, und deshalb heuerten wir Clyde Hart als Pianisten an. John hatte kein Interesse an Clyde. Er mochte ihn einfach nicht. Er hatte ihn in einen solchen Zustand gebracht, daß er selbst mit dem Rücken zur Tür sagen konnte, wenn John Hammond reinkam. Er sagte dann: »Er ist da.«

Hammond erklärte, daß Billie bei Basie ausgestiegen sei, »weil sie nicht genug verdient hat. So einfach ist das.« Linda Kuehl hielt ihm vor: »Jo Jones hat gesagt, Sie hätten sie gefeuert, weil sie keinen Blues singen wollte. Er sagt, daß Sie Billie in der Lafayette Hall rausgeschmissen haben.« Und weil er sich ertappt fühlte, platzte Hammond heraus, »zwischen der 133rd Street und der Seventh Avenue«, als ob die Adresse eine Rolle gespielt hätte.

> Absolute Lüge. Wie kann Jo so was behaupten? Haben Sie mit Jo geredet? Jo ist verrückt ... Warum sollte ich irgendwas darüber geäußert haben, daß sie keinen Blues sang, sie hatten ja einen Bluessänger, einen sogenannten, Jimmy Rushing. Und man kann nur 'ne bestimmte Menge an Blues singen, aber zwischen Billie und Basie gab es ernsthafte Probleme, und hauptsächlich aus diesem Grund hat sie die Band verlassen.

Dieses »einen sogenannten« macht mir wirklich Spaß. Jimmy Rushing war ein hervorragender Bluessänger, er bildete ähnlich wie die Rhythmusgruppe das Rückgrat der klassischen Basie-Band, aber er war ein Kansas-City-Bluessänger, ein Swing-Shouter (wobei Rushings Röhren zwar kraftvoll war, aber gleichzeitig einen vertrauten, freundlichen Reiz hatte). Nach Ladys Ansicht mußte sie nicht auch noch den Blues singen, wo sie Jimmy Rushing hatten, der zwar auch ein großartiger Popsänger, aber eben ein Schwarzer war. 1991 veröffentlichte die PolyGram in Frankreich eine 2-CD-Kompilation mit dem Titel *Le Blues de Billie Holiday,* wobei sich unter den insgesamt fünfunddreißig Stücken nur zwei Bluesnummern befanden – es gibt kein Entkommen!

Willard Alexander riet Linda Kuehl, mit Hammond über Billies Entlassung zu reden, und Hammond riet ihr, mit Alexander darüber zu reden. Rushing bezeichnete Alexander und Hammond als »die Gestapo« und hielt sich aus der Sache raus: »Ich hatte mit ihnen keinen Vertrag. Ich war nur Basie verpflichtet. Ich bin mit meinen Problemen zu ihm gegangen, und wir haben sie geklärt.« Benny Carter gehört zwar nicht zu den Eingeweihten, aber er kannte Hammond und deutete an, daß er Jo Jones' Geschichte durchaus Glauben schenkte.

Aber es muß bei dieser Sache mit Hammond und daß Billie keinen Blues singen wollte, um mehr gegangen sein. Schon als Hammond das erste Mal Billie hatte singen hören, wußte er ganz genau, daß sie keine Blues- sondern eine Jazzsängerin war. Vielleicht liefert uns *Legacy,* ein Sampler mit Aufnahmen von Billie, den Sony Music 1991 veröffentlichte, den entscheidenden Hinweis. Im Begleittext schreibt Michael Brooks, daß Dickie Wells und Dan Minor die Version von Jo Jones bestätigt hätten. Hammond wird hier als »eine Person, die Kontakte zum Imperium der Musikverleger in New York hatte«, umschrieben. Es bleibt Brooks' Geheimnis, warum er sich fünf Jahre nach Hammonds Tod so gespreizt ausdrückt. Daß Lady »die damaligen Pop-Standards sang, war ein Tribut an die Kommerzialität«. Die mysteriöse Person »schlug vor, daß sie Songs aus den zwanziger Jahren neu aufnehmen sollte, die man mit Ethel Waters, Clara Smith und anderen Bluessängerinnen in Verbindung brachte«. Lady hatte darauf etwas wie »Ach, zur Hölle, ich werde diesen alten Schmarrn nicht singen! Wir schreiben 1938!« geäußert.

Wenn Brooks die Geschichte von Jo Jones hatte, dann bezog sie sich logischerweise auf John Hammond. Dicky Wells, der sich in seinen Memoiren (*Night People,* 1970, zusammen mit Stanley Dance) zwar mit einem »y« schrieb, aber ebenso oft als »Dickie« erscheint, und Dan Minor spielten damals beide in Basies Band Posaune, auch wenn Wells erst nach Billies Abgang dazustieß. Und einige von Brooks' Vermutungen sind nur mit Vorsicht zu genießen: Jeder, der überzeugt war, daß Basie nicht der Chef seiner Band gewesen sei (abgesehen von der geschäftlichen Seite), irrt sich gewaltig; Hammond war auch kein finsterer Geselle, Ethel Waters war keine Bluessängerin und Lady hat zeitgenössische Popsongs nicht gesungen, weil sie damit irgendetwas gutzumachen hatte. Es gab überhaupt keine »aktuellen Pop-Standards«. Ein Song wird erst dann zu einem Standard, wenn er bereits eine Weile existiert, und 1938 existierte der Begriff »Standard« für einen klassischen Song aus dem Goldenen Zeitalter noch gar nicht. Und damit kommen wir der Sache schon näher.

Ethel Waters hat zwischen 1921 und 1923 viele Hitplatten produziert, darunter Songs wie »There'll Be Some Changes Made«, »Sweet Georgia Brown«, »I've Found a New Baby«, »Birmingham Bertha«, »Shine On Harvest Moon« und »River Stay 'Way From My Door«. Und Clara Smith hat, obwohl sie eine Bluessängerin war, zum Beispiel Songs wie »Oh! Mr. Mitchell«, »When My Sugar Walks Down the Street« und »Ain't Got Nobody to Grind My Coffee« aufgenommen, die, technisch gesehen, nicht unbedingt Bluesstücke sind und die in jedem Fall starke Vaudeville-Einflüsse aufwiesen. Und Hammond hatte selbst zugegeben, daß er ein großer Anhänger des Vaudeville war. Mit diesen älteren Songs ist Hammond aufgewachsen, außerdem schien er erwiesenermaßen eine Nase für Leute zu haben, die Songs gut vermitteln konnten, aber gleichzeitig war er wohl kein großer Kenner. Als er Bob Dylan Anfang der sechziger Jahre entdeckte, war das vielleicht nicht nur wegen seiner Songs, sondern weil er auch die Authentizität des städtischen Folksängers erkannte, der aus demselben Holz wie Woody Guthrie geschnitzt war. Und vermutlich hat er sich später aus demselben Grund für Bruce Springsteen eingesetzt, der den authentischen New-Jersey-Rocker aus der Arbeiterklasse perfekt verkörperte und auch, weil er auf der Suche nach einem neuen Bob Dylan war.

Was nun Hammonds Kontakte »zum Imperium der Musikverleger« betrifft, kann man nur sagen, daß er 1934 einige Monate für Irving Mills gearbeitet hatte, einen Verleger, der für seine eigenen Songs die Werbetrommel rührte und oft Plattenaufnahmen finanziell unterstützte, was natürlich einen gewissen Haken hatte. Aber Verleger wie Mills besaßen wahrscheinlich einen riesigen Katalog von Songs, die genau Hammonds Geschmack entsprachen. Mit alten Hits konnte man leichter Geld verdienen als mit einem neuen Lied, und jeder Verleger, der ähnlich gerissen wie Mills war, achtete darauf, daß sein Backing-Katalog nicht in der Schublade verstaubte. Hammonds Geschäftsbeziehung mit Mills dauerte erwiesenermaßen länger als ein paar Monate, denn Midge Williams, Ende 1936 auf zwei Plattenseiten mit Teddy Wilson zu hören, war ein Protegé von Mills und hat für dessen Label Variety Platten gemacht.

Man weiß, daß sich Hammond im Gegenzug für die Unterstützung, die er für das eine oder andere eigene Projekt erhielt, bei anderen Leuten mit Gefälligkeiten revanchierte. Genau zu dieser Zeit begann Hammond mit seinen berühmten »Spiritual to Swing«-Konzerten. Hammond hätte jedoch für keine Gefälligkeit der Welt sein persönliches musikalisches Urteil geopfert (er teilte Mills' Begeisterung für Midge Williams nicht, und aus diesem Grund wurden auch nur diese beiden Stücke mit Wilson eingespielt), aber möglicherweise hat er versucht, zu viele Fäden gleichzeitig zu ziehen. Niemand schafft es, jederzeit das richtige Urteil zu fällen.

So wie wir Hammond kennen, müssen wir zugeben, daß er durchaus in der Lage war, Basie dazu zu bringen, bestimmte Melodien zu spielen, und daß er sich bei Alexander über dies oder das beschwert hat. Wenn wir überhaupt eine Folgerung ziehen können, dann sicher jene, daß Hammond sich ungefragt bei Basie und Billie eingemischt hat. Und damit hat er die Zerstörung einer der großartigsten musikalischen Partnerschaften jener Ära mitverschuldet. Er war immer davon überzeugt, daß seine Künstler dann am besten fuhren, wenn sie seinen Rat befolgten, aber damals hätte er längst wissen müssen, daß sich Lady von niemandem vorschreiben ließ, was sie zu singen hatte.

Und schließlich wußte Hammond auch, daß Basies miserabler Plattenvertrag mit Decca ablief, und als das eintrat, nahm er ihn sofort für Columbia unter Vertrag. Lady hatte mit Basie fast ein Jahr gearbeitet, und nur ein Jahr später, im Februar 1939, nahm Basie seine letzte Platte für Decca und seine erste für die Columbia-Gesellschaft auf. Nun waren Billie Holiday und Count Basie drei Jahre bei derselben Plattenfirma unter Vertrag und hätten zusammen Platten aufnehmen können. Basie arbeitete während dieser Zeit (nachdem Helen Humes gegangen war) ohne Sängerin, obwohl gerade damals Sängerinnen im Musikgeschäft zunehmend an Bedeutung gewannen. Und obwohl einige von Basies Musikern auf Ladys Platten mitwirkten, Basie selbst als Gast bei einigen Sessions in kleiner Besetzung von Benny Goodman spielte und Basie und Lady manchmal zusammen öffentlich auftraten, machten sie dennoch keine Platten zusammen. In der langen Geschichte der schwarzen Musik Amerikas wurde hier eine der genialsten Kombinationen geboren, aber die Musikbranche und einer ihrer großen weißen Götter haben die Sache vermasselt, und das Nachsehen haben wir.

Ende März 1938, fast genau auf den Tag, als Lady sich Basie angeschlossen hatte, ging sie abermals mit einer Big Band auf Tournee: Sie stieg bei Artie Shaw ein. Doch die Sache hielt nur bis zum Dezember und sollte Lady eine noch weitaus schlimmere Erfahrung bescheren.

Shaw wurde als Arthur Arshawsky in New York geboren und hatte als Kind stark unter antisemitischen Schikanen gelitten; schon deshalb hegte er eine tiefverwurzelte Abneigung gegen Rassismus. Er konnte bei Geldsachen so jähzornig, egozentrisch und kleinmütig wie Benny Goodman sein, aber er war längst nicht so launisch, und deshalb wußte man bei Shaw zumindest, woran man war. Da er als unabhängiger Musiker Erfolg hatte, bat man ihn Mitte 1935, eine Band als Vorgruppe für ein Konzert zusammenzustellen. Daraufhin gründete er eine kleine Gruppe mit einem Streichquartett, das eigene Kompositionen spielte, was in musikalischen Kreisen eine mittlere Sensation war. Tommy Rockwell ermutigte ihn, seine eigene, konventionelle Swing-Band zu gründen, und ab 1936 gelangen ihm bei Brunswick erste Hits, darunter »Goodnight, Angel« (ein Filmsong mit der Sängerin Nita Bradley), das Anfang 1938 ein großer Hit wurde. Er hatte Lady von seiner Absicht erzählt, eine eigene Band zu gründen und daß er sie dann gerne engagieren würde. Und er hielt Wort. Seine letzte Plattenaufnahme für Brunswick machte er im Februar, und danach hat man ihn aus irgendeinem Grund fallengelassen. Es wurde nur eine Nummer eingespielt, die nie veröffentlicht wurde. Aber exakt zu der Zeit, als Lady bei ihm einstieg, wechselte Shaw von Brunswick zu RCA Victor. Später beklagte er sich und behauptete, daß er angenommen habe, auch Billie würde Brunswick verlassen. Aber dazu hatte sie ja gar keinen Grund. Sie konnte dort Platten unter ihrem eigenen Namen veröffentlichen, und ihr Bekanntheitsgrad wuchs. Jedenfalls hatten sie nun dieselben Vertragsschwierigkeiten, die Lady zuvor mit Basie hatte.

Sie trat der Band in Boston bei. Der Bassist Sid Weiss erinnert sich an einen Abend, an dem Shaw im Roseland State Ballroom beschloß, eine halbe Stunde lang nur Blues zu spielen. »Billie kam während des Programms immer wieder mal dazu und sang. Und das waren allesamt Höhepunkte. Schade, daß niemand das aufgezeichnet hat.« Oft fuhr sie zusammen mit Sid und Mae Weiss im Auto. Damals, in der Anfangszeit, auf dem Weg nach Boston, rauchte Lady Marihuana. Mae dazu: »Ich war so naiv, daß ich glaubte, unsere Bremsen würden brennen.« Und sie fügte hinzu:

> Mir ist gerade gekommen, wie weit sie damals ihrer Zeit voraus war. Sie lebte allen »Black is beautiful« vor, obwohl es damals noch nicht Mode war. Ihre ganze Haltung und wie sie sich präsentierte, das sieht man heute überall, diesen Stolz, schwarz zu sein. Sie hat das schon gemacht, bevor sie selbst wußte, um was es eigentlich ging, es war einfach ihre Art zu leben. Sie war eine Pionierin, ohne sich dessen bewußt zu sein, und ohne den Wirbel, den Leute heute darum machen.

Trotz der Hits auf Brunswick hatte die Band immer noch zu kämpfen. Bei ihrer ersten Aufnahmesession für Victor im Juli 1938 entstanden unter anderem »Indian Love Call«, das im August ein Hit wurde, und auf dem der Saxophonist Tony Pastor den neuesten Gesangsstil hinlegte. Schließlich entdeckten die Diskjockeys die andere Plattenseite und damit einen der größten Hits der Ära: Cole Porters »Begin the Beguine« in einem Arrangement von Jerry Gray. Mit dieser ersten Aufnahmesession für RCA wurde der Grundstein für eine der erfolgreichsten Karrieren dieser Ära gelegt, und Lady nahm bei derselben Session ihre erste kommerzielle Plattenaufnahme mit einer Big Band auf – »Any Old Time«. Ihr Gesang auf dieser hübschen Ballade, die Shaw geschrieben und Gray arrangiert hatte, ist wunderbar, und noch heute ist diese Aufnahme ein gutes Beispiel für eine Swing-Band mit Sängerin. Es ist mit Abstand eine ihrer besten Schallplatten, und sie zeigt, daß Lady absolut in das Konzept einer solchen Swing-Band paßte. Aber es ist die einzige Platte, die sie mit Shaw gemacht hat.

Ihre Zusammenarbeit mit Shaw war für sie mit Sicherheit noch enttäuschender als ihre Zeit mit Basie. In Basies Band hatten sie unterwegs alle mit dem Rassismus fertigwerden müssen, den schlechten und beleidigenden Umständen, ob es nun das Essen oder die Übernachtung betraf, wodurch sich Lady nicht isoliert fühlte. Aber eine schwarze Sängerin in einer weißen Band wurde mit ganz anderen Problemen konfrontiert.

Die Begleitmusiker von Shaw waren damals noch sehr jung und begeistert von ihrem plötzlichen Erfolg, und sie fanden es aufregend, mit Lady arbeiten zu können, waren aber auch in gewisser Weise eingeschüchtert. Der Schlagzeuger Cliff Leeman meinte, daß sie Freddie Green furchtbar vermißt habe. Und daß es außerdem nicht einfach gewesen sei, mit Shaw auszukommen. Er machte auf der Bühne nur selten eine Ansage, und er hatte eine generelle Abneigung gegen Menschen. Er hatte Mundgeruch, möglicherweise wegen eines nervösen Magens, und deshalb nannte ihn Billie gewöhnlich »Breath« (also »Atem« oder »Geruch«). Und weil Shaw ständig seine Bildung heraushängen ließ, daß er dieses und jenes Bestsellerbuch gelesen habe und so weiter, fuhr Lady lieber mit einem der anderen Musiker im Auto. »Artie war eine ziemlich ausgeprägte Persönlichkeit, das ist er heute noch«, so Leeman.

> Es gab mal 'ne Zeit, da redete er ständig davon, daß er vielleicht ein Buch schreiben würde. Er sagte: »Wahnsinn, ich bin auf die Catskills gegangen, ich hab' zwei Monate in den Bergen verbracht, und es schneite nur. Ich blieb dort und hab' geschrieben. Ich hab' mich nicht rasiert, fast zwei Monate lang. Bevor ich nach New York zurückging, hab' ich wie Jesus Christus ausgesehen.« Das blieb bei Billie hängen. Und bei jeder passenden Gelegenheit meinte sie: »Jesus Christus, Seine Klarinette und Sein Orchester.«

Es kursieren unendlich viele Tourneegeschichten. Shaw besaß einen zehn Jahre alten Rolls-Royce, den Lady als Achterbahn bezeichnete. Der Rücksitz ließ sich kaum nach hinten verstellen und deshalb jammerte Lady: »Jedesmal, wenn du abwärts fährst, Shaw, steh' ich aufrecht.« Sie konnte Wanzen, Fliegen und jede Art von Insekten nicht ausstehen. Im Eastwood Gardens in Detroit verließ sie die Bühne, weil sie sich von irgendwelchen Insekten belästigt fühlte. Und einmal sprang sie unterwegs bei 70 Meilen wegen einer Fliege fast aus dem Auto. Sie mußten anhalten und die Fliege rauslassen. Manchmal fuhr die Band zusammen in einem Bus, und Lady schrie ständig: »Pinkelpause!«, woraufhin ihr der

Trompeter Chuck Peterson zum Geburtstag eine riesige Flasche schenkte.

»Sie hat Rumba-Rasseln gespielt«, erinnerte sich Leeman. »Manchmal eine, manchmal auch zwei. Keine Rumba, nur für den Rhythmus.«

> Count Basie hatte da im Reno Club eine eigene Sache laufen. Und einer der Saxophonspieler, Buster Smith, nahm manchmal, wenn Prez oder Herschel Evans oder sonstwer spielte, die Kügelchen aus der Rassel, und dämpfte sie mit einem Stückchen Isolierband oder so was ab. Ich sprech' jetzt von Maracas. Mit denen bekam man einen Klang hin, der perfekt mit Jo Jones harmonierte und der den Rhythmus unterstützte. So 'ne durchgehende Sache. Billie hat das bei uns ständig gemacht, es war der Knüller. Nun, sie fand das wirklich toll. Weil sie dann nicht auf der Bühne rumsitzen mußte, und weil sie Musik einfach liebte.

Der Gitarrist Al Avola sah das so:

> Was andere Sänger aus der Ruhe brachte und immer noch bringt, störte sie nicht im geringsten – zu laute Bläser oder Begleitung. Sie legte sehr viel Wert auf 'ne rhythmische Begleitung und den Klang einer vollen Band. Genau wie Shaw, und alle anderen, die mit Jazz was am Hut hatten. Sie machte einfach weiter, ganz egal, was um sie herum passierte oder was musikalisch hinter ihr ablief. Die meisten Sänger werden durch eine zu starke Begleitmusik irritiert, besonders bei Plattenaufnahmen, wenn irgendwelche inkompetenten Idioten an den Reglern sitzen. Die richten sich ausschließlich nach dem Ausschlag der Meßgeräte. Aber sie fand gerade das sehr toll.

Neben vielen anderen im Osten buchten auch die Brüder Cy und Joe Shribman, denen etliche Tanzpaläste wie das Boston Roseland State gehörten oder von ihnen verwaltet wurden, die Band. Sie akzeptierten jeden Spielort für eine neue Band, sogar Schulen. Es gibt da diese Geschichte, daß Lady in einer Mädchenschule nicht auftreten durfte, aber wahrscheinlich war es so, daß diese Schule überhaupt keine Sänger akzeptierte. Leemans Meinung nach war das ohnehin ein reichlich komischer Platz für das Gastspiel einer Band, und da pflichtet ihm der Saxophonist Hank Freeman bei:

Jede Band fing in Boston an. Das war das Zentrum, nicht New York. Alle Bands schafften ihren Durchbruch in Boston, weil es in dieser Gegend von New England so viele Tanzpaläste gab. Und jede Agentur buchte wahllos Bands. Ich erinnere mich an einen Zwischenfall, als wir mit Wingy Manone auf einer Eröffnungsparty in Boston spielten, und diese ganzen gutbetuchten Witwen Wingy baten: »Mr. Manone, könnten Sie vielleicht einen Walzer spielen?« Woraufhin er meinte: »Verdammte Scheiße, Lady, wir spielen nun mal keine Walzer! Das ist 'ne Jazzband!« Und die wußten nicht mal, was das Wort bedeutete.

'ne andere Sache passierte in einer Mädchenschule in Newton, Massachusetts, wo wir »Jungle Drums« oder irgend so einen Quatsch spielten. Sie bezeichneten es als anstößig, weil die Mädchen zu kreischen anfingen. Sie bekamen 'nen Orgasmus. Es waren nur Mädchen da, keine Jungs. Und sie tanzten miteinander. Es waren bei dem Tanzabend keine Jungs zugelassen.

Wingy Manone, ein weißer, einarmiger Trompeter und Bandleader, gehörte der Chicago-Schule an. Es waren die weißen Bands, die die Gegend um Boston überschwemmten; schwarze Bands wie die von Fletcher Henderson hatten dagegen in den Anfangsjahren haufenweise Walzer gespielt. Laut Joe Shribman wurden 1938 in einem schwarzen Tanzsaal in Chicago »Billie Holiday mit Shaw und seinem Orchester« angekündigt. Und Shaw brachte den Saal zum Kochen. »Es war wirklich komisch«, meinte Shribman,

denn Artie trug wirklich dick auf, als sie die Show eröffneten, weil er rausgefunden hatte, daß keiner 'ne Ahnung hatte, wer er war. Es war 'ne wirklich geschlossene Band, eine großartige Band. Und die Reaktion war wahnsinnig. Und als Billie die Bühne betrat, gerieten alle im Saal völlig aus dem Häuschen. Unsere Arrangements für Billie waren hinreißend. Sie war ja für jeden Arrangeur eine Inspiration.

Der Altsaxophonist Les Robinson erinnert sich an einen Band-Wettstreit:

Wir trafen natürlich ständig andere Bands. Einmal veranstalteten wir einen sogenannten »Sängerinnen-Wettstreit« mit

> Billie und Mildred Bailey. Mildred arbeitete mit Red Norvo. Die beiden Bands wechselten sich an diesem Abend ab. Und in gewisser Weise hatten Mildred und Billie einen ähnlichen Gesangsstil … Soweit ich mich erinnern kann, hat Billie damals, was den Applaus anbelangt, gewonnen, aber man kannte sie kaum. Mildred war 'ne große Nummer. Es war irgendwo außerhalb von Boston. Wir haben ungefähr dreißig Minuten lang gespielt, und dann die anderen. Es lief irgendwie nach so 'ner Art Applausmessung. Oh, Billie hat haushoch gewonnen, aber Mildred hat natürlich 'nen großen Applaus gehabt. Billie war die Unterprivilegierte, und sie hat jede Minute davon genossen. Für sie war's 'ne Möglichkeit, wirklich aufzudrehen. Sie hat sich die Seele aus dem Leib gesungen.

Leeman hatte so seine eigene Einstellung zu Popsongs:

> Jede Big Band mußte Popsongs spielen. Billie hat wohl kaum welche gesungen, weil es einfach nicht ihr Stil war, ja? Sie haben ihr möglicherweise ein paar aufgebrummt und für sie arrangiert, aber das gehörte bei einem Engagement mit einer Big Band einfach dazu. Die meisten Songschreiber haben 'ne Menge Geld gemacht, wollten ihre Songs puschen, so wie man heutzutage eben 'ne Platte promotet. Natürlich nicht im Jazz-Stil. Das ist 'ne ganz andere Kiste. Billie war 'ne Jazzsängerin. Vor langer, langer Zeit war »You Go to My Head« mal ein Popsong, für 'ne bestimmte Zeit. »Back in Your Own Time« war zu seiner Zeit ein Popsong. »I Cried for You« war ein Popsong. Aber diese Songs waren allesamt so überaltert, daß sie sich irgendwann mal jemand grabschte und daraus Jazzsongs machte. Für Musiker war'n sie 'ne gute Sache. Um Jazz drauf zu spielen, die ganzen neuen Akkordfolgen.

Leeman war ein hervorragender Musiker, der später mit einer Reihe guter Gruppen spielen sollte, unter anderem 1939–41 mit der großartigen Charlie Barnet Band (bei weitem meine weiße Lieblingsband aus jener Zeit), aber auch gewissen Combos in der 52nd Street. Er kannte Charlie Parker gut. Und dennoch war Leeman noch über dreißig Jahre später davon überzeugt, daß ein Song entsprechend alt und abgenudelt sein mußte, damit er zu einem »Jazz-Song« taugt. Die Realität war viel einfacher: Songpromoter puschten ihre Songs, von denen manche besser als andere waren. Manchen Kritikern scheint es nicht bewußt zu sein, daß sie sehr oft von zweitrangigen oder absolut schlechten Interpretationen gewisser Durchschnittssänger beeinflußt sind, was dem Song gegenüber nicht fair ist. Aber Lady wußte das sehr genau.

Die Vermittlungsagenturen und Manager der Tanzpaläste erklärten Shaw auf der Stelle, daß er besser eine weiße Sängerin einstellen sollte. Und Shaw wiederum suchte eine Sängerin, mit der er Platten aufnehmen konnte. Für kurze Zeit kehrte Nita Bradley zurück. Dann hörte Shaw eine Demoaufnahme der neunzehnjährigen Helen Forrest, die ihm gefiel. Er engagierte sie, und den Kritiken zufolge entpuppte sie sich als eine der besseren weißen Sängerinnen. Aber er behielt auch Lady, und die Bandmitglieder leisteten alle einen Beitrag von ihrem Honorar, um Lady zu bezahlen.

Es ist ganz besonders typisch für Ladys Großzügigkeit, daß sie Shaw überredet hat, für die junge Forrest ein paar Arrangements zu schreiben. 1938–39 nahm die Band »Between a Kiss and a Sigh«, »A Room with a View«, »It Took a Million Years«, »I Want My Share of Love«, »You Grow Sweeter As the Years Go By«, »I Can't Afford to Dream«, »I Poured My Heart into a Song« und viele andere unvergeßliche Liedchen mit der Sängerin Helen Forrest auf. Die Forrest lernte dadurch ihr Handwerk, und Shaw konnte nur Platten machen, wenn er und seine Plattenfirma mit den Musikverlagen kooperierten. Genies wie Billie Holiday und Lester Young veränderten die Struktur der amerikanischen Musik und rannten sich am Rassismus und den Praktiken der Musikbranche die Köpfe ein, während der Mainstream, also der kommerzielle Teil, wie immer keine Ahnung hatte, was eigentlich vor sich ging. Und somit blieben ihre Platten eigentlich auf einen »Minderheitenmarkt« beschränkt.

Inzwischen wurde für Lady der Rassismus auf Tourneen zu einem wirklichen Problem. Die Band beschäftigte einen schwarzen Roadie, und weder Shaw noch der örtliche Leiter des Tanzsaales wußten, wo er und Lady übernachten sollten. Einmal engagierte Shaw einen zusätzlichen Schlagzeuger, Zutty Singleton, einen schwarzen New-Orleans-Veteranen. Als die Band in der Stadt einlief, setzten sie Zutty bei einem Hotel ab, das ihn akzeptierte. Doch Lady beschloß, im selben Hotel wie die anderen zu übernachten. Weil das aber nicht klappte, brachte man sie wieder zum ersten zurück. Inzwischen hatte sich Zutty das einzige Zimmer mit eigenem Bad geschnappt. Er war siebzehn Jahre älter als Lady und dachte gar nicht daran, den heldenhaften Pionier zu spielen.

Manchmal durfte sich Lady bei den Gesangspausen an den Bühnenrand setzen, manchmal nicht. »Vor allem im Süden«, erinnerte sich Robinson,

> behagte es ihnen gar nicht, wenn 'ne Schwarze am Bühnenrand saß. Daß sie sang, störte keinen, solange sie sich nach dem Auftritt zu ihrem Platz zurückkehrte, wie man das nannte. Damit konnte sie irgendwie leben. Der Süden machte ihr nicht zu schaffen, was sie fertigmachte, war der Norden, und die Jungs in der Band hielten natürlich immer zu ihr und paßten auf, daß man sie gut behandelte. Ein andermal gab es Ärger, und man rief den Sheriff, und die Jungs weigerten sich weiterzuspielen, wenn sie nicht am Bühnenrand sitzen durfte. Es war immer die gleiche, alte Geschichte, egal wo wir hingingen – Hotels, Restaurants. Aber die Jungs hielten zu ihr. Und Artie auch.

Mae Weiss erinnert sich an ihre Auftritte in Kanada:

> Wir spielten im Royal York in Toronto, das man mit dem Waldorf in New York oder dem Plaza in Boston vergleichen könnte. Daß wir durch den Haupteingang marschieren konnten, war wunderbar, und Billie konnte wie jeder andere mit uns gehen und bekam ein Zimmer. Keine Probleme, keine Fragen. Das hat uns alle sehr glücklich gemacht ... Und sie nahm es wie selbstverständlich hin: daß es einfach ihr Recht war.

Auf dem Weg nach St. Louis führte sie ein Teil der Tournee durch den Süden, und hier ereignete sich jener berüchtigte Zwischenfall. Shaw hat darüber in John Jeremys Fernsehdokumentation *The Long Night of Lady Day* berichtet. Die Band hatte es sich zur Regel gemacht, daß bei eventuell auftauchenden Schwierigkeiten Lady Shaw im Auge behalten sollte, bis er ihr einen Wink gab. Dann schafften die Jungs sie eiligst nach draußen zum Bandbus, der immer direkt neben dem Bühneneingang geparkt war. Bei diesem

Zwischenfall, der sich wahrscheinlich in Kentucky zutrug, sang sie »Travelin'« und erntete riesigen Beifall, woraufhin Shaw erleichtert war. Aber als Shaw dann zu einem Instrumental ansetzte, brüllte irgend jemand: »Laßt die Negerhure nochmal singen!« Die Ironie an der Sache war, wie Shaw bemerkte, daß dieser absolut engstirnige Reaktionär ihren Gesang mochte. Aber Lady kochte vor Wut. Sie beschimpfte ihn als Arschloch. Shaw konnte es von ihren Lippen ablesen, und die meisten Leute bekamen es nicht mit, aber der Hinterwäldler hatte es verstanden und war überrascht. Daraufhin brach die Hölle los. Möglicherweise war das der Aufruhr, an den sich auch Robinson erinnerte:

> Es war in irgendeiner Stadt im Süden ... soweit ich mich erinnere, hat ein Bulle oder so was Artie verärgert. Artie war ständig verärgert. Er konnte diese Spießbürger nicht leiden. Wir sollten also dort auftreten. Er war nicht gerade das, was man 'ne Persönlichkeit nennt. Ich weiß nur, daß da 'ne höllische Rauferei ablief. Ob Artie jemandem seine Klarinette über den Kopf gezogen hat, weiß ich nicht mehr, aber er besaß eh drei oder vier Klarinetten. Es ging um Billie. Irgend jemand hat sie wohl 'ne Negerin genannt ... es war ein dämlicher Zwischenfall. Die meisten Leute hielten zu den Jungs aus der Band. Es war einfach nur ein Zwischenrufer. So 'ne Scheiße passiert sogar heute noch.

Helen Forrest schloß sich der Band in St. Louis an. Sie traten im Chase Hotel auf und wohnten um die Ecke, nur Billie mußte am anderen Ende der Stadt übernachten. In ihrem Buch erzählt sie eine Geschichte, deren Wahrheit wir nicht überprüfen können. Der Besitzer des Hotels war ein kleiner alter Rassist im Rollstuhl, der sich normalerweise nicht blicken ließ. Aber als Shaws Band dort wohnte, tauchte er auf und wollte seinen Augen nicht trauen, als er feststellen mußte, daß eine schwarze Sängerin unter seinem Dach weilte. Deshalb reizte Lady ihn angeblich so lange, bis die Band ihm eine Lektion erteilen konnte. Er ließ sich natürlich von ihr provozieren, und daraufhin machte die Band aus seiner Absteige Kleinholz, und das genau zu dem Zeitpunkt, als sie mit »Begin the Beguine« in Amerika berühmt wurden.

Aufgrund ihres plötzlichen Ruhms wurden sie bald darauf vom Lincoln Hotel in New York für den Blue Room gebucht. Ihr

Engagement dort begann am 26. Oktober 1938, und es war für Lady der Anfang vom Ende. Maria Kramer, die Geschäftsführerin des Hotels, bat Shaw, Lady beizubringen, daß sie nur den Lastenlift benutzen durfte, damit die Stammgäste des Hotels nicht mitbekamen, daß sich Schwarze im Hotel aufhalten. Und das nicht etwa im Süden, sondern in der wichtigsten Stadt des Landes und in einem Hotel, das den Namen eines Präsidenten trug, der die Sklaverei abgeschafft hatte. Selbst der reaktionäre Kolumnist Walter Winchell konnte sich einen Hinweis darauf nicht verkneifen. Als Robinson davon sprach, daß Billie der Norden fertigmachte, meinte er genau diese Dinge.

Sie sollte den Rassismus nicht nur in ihrem eigenen Umfeld erfahren. An zwei Abenden der Woche wurden aus dem Hotel Radiosendungen ausgestrahlt, die von der Zigarettenmarke Old Gold gesponsort wurden, und man erlaubte ihr nicht, während der Radioübertragungen zu singen. Die Zigarettenindustrie hatte vermutlich nichts gegen schwarze Kunden, die ihre Zigaretten kauften, aber eine »farbige« Sängerin kam für sie nicht in Frage. Und die Song-Promoter, die wild darauf versessen waren, daß ihre Songs im Radio liefen, bestanden auf einer absolut klaren Interpretation und lehnten aus diesem Grund Lady ebenfalls ab. Mit einemmal hatte die Band riesige Plattenhits, ein Top-Engagement über Monate und ein wöchentliches Einkommen von 25 000 Dollar. Und Lady, die zu ihnen gehalten hatte, als sie noch ums Überleben kämpfen mußten, wurde von diesem Erfolg ausgeschlossen.

Die Band konnte solche Möglichkeiten unmöglich ablehnen, aber Shaw entließ Lady nicht. Ganz offensichtlich war sie unglücklich und teilte ihm schließlich mit, daß sie freiwillig gehen werde. Sie vereinbarten eine vierzehntägige Kündigungsfrist, und danach verließ sie im Dezember die Band. In einer Pressemitteilung hieß es, daß sie niemals mehr mit einer Tanzband auf Tournee gehen werde. Die Swing-Ära und die Big-Band-Ära waren für das Publikum ein und dasselbe, aber die Big Bands waren es, die damit die Chance verloren, die größte Sängerin ihrer Ära zu präsentieren.

Lady war auf Shaw sauer. Wahrscheinlich hatte sie von ihm erwartet, daß er der Kramer erklären würde, sie könne ihn wegen des Lastenaufzugs mal sonstwo. (In diesem Fall wäre sie mit Charlie Barnet weitaus besser gefahren, der genau das getan hätte.) Bezüglich des Kündigungsgrundes widersprachen sie sich gegenseitig. Sie behauptete, daß sie seine »überkanditelte Ich-weiß-alles-Großkotzigkeit« satt gehabt habe. Außerdem wollte er angeblich mit ihr einen Fünfjahresvertrag abschließen und habe sie für die einzige Platte, die sie mit der Band aufgenommen hatte, nie bezahlt. Shaw bestritt zwar einiges davon, aber schließlich verziehen sie einander. Sie gab zu, daß er »ganz tief drinnen ein guter Kerl« gewesen sei. Anfang der vierziger Jahre schrieb sie einem Fan in England: »Artie hat es nicht anders verdient, so wie er mich behandelt hat. Aber keiner soll behaupten, er sei kein guter Musiker, er ist ein guter Musiker, einer der besten, und ich wette, daß er noch größeren Erfolg haben wird.« Das war, nachdem Shaw alles aufgegeben hatte. Er haßte das Musikgeschäft und verließ die Band kurze Zeit nach Ladys Weggang. Aber 1940 kehrte er aus Mexiko zurück und landete mit »Frenesi« (das der schwarze Komponist William Grant Still für ein riesiges Orchester arrangiert hatte) einen seiner größten Hits. Lady wußte, daß es ihn schließlich bis zur Unerträglichkeit angewidert hatte, daß er sich nach den Vorschriften von Hotelmanagern, Sponsoren und Platten-Promotern richten mußte. Shaw sprach immer in den höchsten Tönen von ihr und gehörte zu den ersten, die sich freiwillig für ihre »Comeback«-Fernsehshow 1953 zur Verfügung stellten.

In einem Interview im Jahr 1973 äußerte Shaw auch die Vermutung, daß sie wohl nach dem Ausstieg aus seiner Band erkannte, daß sie niemals ein Massenpublikum gewinnen würde, und das nicht nur wegen des vorherrschenden Rassismus. Sie war eine interpretative Sängerin, und die meisten Leute mochten Schema-F-Musik lieber (genau aus diesem Grund hängte Shaw sein Horn 1954 für immer an den Nagel). Am 17. Januar 1939 sang sie mit Benny Goodman in dessen Camel Caravan Show und genoß es wohl, so vermutete John Chilton, mit Shaws ärgstem Rivalen im Radio aufzutreten. Aber der vorliegende Radiomitschnitt zeigt, daß Goodmans Arrangement für »I Cried for You« viel zu hektisch war und nicht zu ihr paßte. Sie klingt gelangweilt und so, als dürfe sie den Song nicht sauber phrasieren. Eine Menge von Goodmans Musik aus dieser Zeit hielt sich an ein bewährtes Schema; dieses ständige »Jeek-Jeek-A-Jeek« der gestopften Trompeten war auf die Dauer ermüdend. Martha Tilton, Johnny Mercer, Lady und Leo Watson machten sich einen Spaß daraus, »Jeepers Creepers« beim

Singen zu verändern. Lady singt »Where'd you get that size« und Watson wiederholt ihren »Fehler«.

In Jeremys Fernsehfilm berichtet Shaw, daß er Lady angeboten habe, ihr mit Geld für Arrangements und andere Dinge unter die Arme zu greifen. Aber sie hatte die ganze Zeit über eigene Platten aufgenommen, von denen (laut *Pop Memories*) vierzehn zu Hits wurden, während sie mit Basie und Shaw unterwegs war. Sie wußte, daß sie ihr Geld in der 52nd Street verdienen konnte. Das große Showgeschäft hatte sie zurückgewiesen, aber dafür sollte nun eine neue Phase in ihrer Karriere beginnen: Das Café Society winkte.

9 1937–39: »Strange Fruit«

In der Zeit zwischen ihrem Engagement bei Basie und ihrem Ausstieg bei Shaw ging Billie der 52nd Street nicht völlig verloren. Als sie mit Basie einen der Apollo-Auftritte bestritt, beteiligte sie sich auch an einer Jam-Session im Hickory House, bei der der Bläser Joe Marsala als Bandleader fungierte. Art Shapiro hat sie 1955 bei einer Probe für eine Plattenaufnahme auf dieses Ereignis angesprochen. Ihr fiel ein, daß sie an diesem Abend pleite gewesen war und Marsala sie auf ein Steak eingeladen hatte, was sie ausgesprochen freundlich gefunden habe.

In dieser Zeitspanne absolvierte sie auch fünfzehn Plattensessions in New York, die Hälfte davon unter eigenem Namen, die restlichen zusammen mit Wilson, bei denen insgesamt sechsundfünfzig Titel eingespielt wurden. Es handelte sich weiterhin hauptsächlich um aktuelle Titel, von denen die meisten für die damaligen Begriffe unbestritten zweitklassig waren – und trotzdem gehören etliche dieser Schallplatten mit zu ihren besten. Bevor »Strange Fruit« den Wendepunkt in ihrer Karriere markieren sollte, machte sie nach dem Ausstieg bei Shaw noch einige weitere Plattensessions. Doch die Qualität dieser Platten kennzeichnet einen vorübergehenden Abstieg (zugegebenermaßen allerdings von einem hohem Niveau), und es scheint so, daß sie damals entmutigt war, weil ihr während der Big-Band-Ära der Erfolg versagt blieb.

Alle drei Gesangsnummern, die sie während der ersten Plattensession mit Wilson nach dem Tod ihres Vaters, am letzten Märztag des Jahres 1937, aufnahm, wurden zu Hits: »Carelessly«, eine hübsche Ballade von Norman Ellis (Musik) und Charles und Nick Kenny (Text), wurde einer der größten Hits von Wilson. Die B-Seite der Platte mit »How Could You?« von Al Dubin und Harry Warren und »Moanin' Low« von Howard Dietz und Ralph Rainger entwickelte sich ebenfalls nicht schlecht. Mit einem der beiden aktuellen Titel, nämlich »How Could You?«, landete dann auch die süßliche Tanzband von Anson Weeks einen Hit, aber von »Carelessly« gab es keine weitere Erfolgsversion. Jedenfalls war die Beteiligung von Ellington-Musikern für diese Aufnahmen ein echter Gewinn.

Die Schnulze »Moanin' Low« hatte Libby Holman zum erstenmal 1929 in einer Revue vorgestellt, und ein Vergleich mit Holmans Hitversion aus demselben Jahr ist interessant: Die Schnulzensänger trugen zwar ihr Herz auf der Zunge, aber Billie hätte sie allesamt leicht übertrumpfen können. Sie setzte jedoch lieber auf ihre künstlerische Leistung denn auf Kunstfertigkeit. 1971 meinte der Schlagzeuger Specs Powell:

> Sie war eine der ersten Sängerinnen, die keine Gefühle heuchelte, nicht herumhüpfte, sehr ruhig sang, ein bißchen mit der rechten Hand schnippte, die sie ganz eng am Körper hielt. Sie schnippte nur sehr leicht mit den Fingern und bewegte einen Fuß leicht im Rhythmus, und neigte ein wenig den Kopf zur Seite. Sie war das absolute Gegenteil zu den meisten Jazzsängern, die den Eindruck erweckten, als hätten sie 'ne einstudierte Choreographie. Ihre Haltung war durchwegs sehr cool.

Diese natürliche Eleganz entwickelte sich im Lauf der Jahre, und bald gab sie sogar das Fingerschnippen auf. Übrigens verhielt sie sich Männern gegenüber ähnlich: »Sie blieb im allgemeinen sehr cool, man konnte sie nicht schockieren ... Selbst wenn sie zu fluchen anfing, dann klang das immer noch wie Musik. Sie konnte die ordinärsten Dinge sagen, ohne daß sie ordinär klangen.« Und dann beschreibt Powell die Szene in den frühen vierziger Jahren:

> Die Jazzmusiker hatten damals diese Haltung, diese coole, reservierte Haltung. Jeder, der diese Haltung zur Schau trug, galt als weltmännisch, und für einen achtzehnjährigen Jungen war das schon was – man bewegte sich sehr langsam mit dieser So-ist-nun-mal-das-Leben-Haltung. Heute wissen wir, daß das völliger Quatsch war. Was ursprünglich als 'ne sehr fröhliche Sache angefangen hatte, endete bei dieser coolen abgeschlafften Kenn-ich-schon-längst-Haltung.
>
> Billie hat das nie zur Schau getragen. Bei ihr war das echt.

Powell erklärt auch, daß Billies männlicher Gegenpart dieser Coolness Lester Young gewesen sei, der deshalb cool gewirkt habe, weil er ständig angetörnt gewesen sei. Sowohl Lady als auch Lester konsumierten eine Menge Alkohol und Marihuana, aber Lester war nie auf harten Drogen, und damals, in den dreißiger Jahren nahm auch Lady noch keine. Als sich dann später, in den vierziger Jahren, die Musik vom Swing zum Bop veränderte, machten in der Szene Betäubungsmittel die Runde, und manche Leute waren dann nicht mehr cool, sondern so zugedröhnt, daß sie einfach wegnickten. Aber Ladys und Lesters Coolness war mehr als nur eine Haltung. Sie konnten sich in künstlerischer Hinsicht absolut ihrer selbst sicher sein, und dadurch waren sie nicht nur in musikalischer Hinsicht innovativ. Beide gehörten sie zu der Handvoll Musiker in der Populärmusik des zwanzigsten Jahrhunderts, die Generationen von Nachfolgern inspiriert haben.

Ladys nächste Session unter eigenem Namen fand tags darauf ebenfalls mit Wilson und Kirby statt, und sie war im Vergleich zur ersten etwas enttäuschend. Ladys Gesang und die selbständige Begleitstimme von Buster Bailey auf der Klarinette sind in Ordnung, aber das Tempo insgesamt ist ein bißchen langsam, und die Songs sind entweder durchschnittlich oder passen nicht zu ihr, und selbst die Arrangements und die kompetenten Begleitmusiker sind eher mäßig. Fats Waller hatte mit »Where Is the Sun?« einen Hit, aber »Don't Know If I'm Coming or Going« ist spurlos untergegangen. Zwei weitere Nummern stammten von Gershwin aus dem Fred-Astaire/Ginger-Rogers-Film *Shall We Dance*? (*Darf ich bitten*, 1937). Von »Let's Call the Whole Thing Off« gibt es mehrere Hitversionen, darunter eine von Astaire, aber für Lady war das eine absurde Wahl. Zu ihrem Publikum gehörten bestimmt nur wenige Leute, die mit spitzen Lippen »tomahto« für Tomate sagten. Ladys Version von »They Can't Take That Away from Me« ist als Top-15-Hit vermerkt, aber die tristen Arrangements sind nichts im Vergleich zu der wunderbaren Version Basies, die als Radiomitschnitt überlebt hat und die uns wieder an diese tragische Partnerschaft erinnert, über deren Scheitern uns auch keine kommerziellen Platten hinwegtrösten können.

Im Mai und Juni fanden zwei Wilson-Sessions und im Juni eine Billie-Holiday-Session mit James Sherman am Piano statt, im September dann eine weitere mit Claude Thornhill. Auf allen vieren wirkten Buck Clayton und Lester Young mit, während Basies Rhythmusgruppe auf den letzten drei beteiligt war. Songs wie »I'll Get By«, »Mean to Me«, »Fooling Myself«, »Easy Living«, »Me, Myself and I«, »A Sailboat in the Moonlight and You« und noch etliche andere zählen noch heute zu den bekanntesten Platten von Billie. »Sailboat« ist einer dieser Songs, der sicher schnell in Vergessenheit geraten wäre, wenn nicht Lady ihn gesungen hätte. Aber damals waren davon allein vier Hitversionen im Umlauf, eine davon von Guy Lombardo (Lombardos Bruder Carmen hat den Song geschrieben). Die Metaphern sind für die damaligen Liebeslieder, als Liebeslieder noch keine Lustlieder waren, ziemlich typisch. Im vierten Jahrzehnt unseres Jahrhunderts hatten wir die Unschuld noch nicht gänzlich verloren.

Es ist ziemlich aufschlußreich, Ladys Version mit einer der anderen Hitversionen zu vergleichen. Helen Oakley produzierte mit Ellingtons kleinbesetzten Combos Platten für Irving Mills' Variety-Label. Bei irgendeinem Johnny-Hodges-Termin landeten sie mit »Sailboat«, gesungen von Buddy Clark, einen Treffer. Er war ein ziemlich guter Popsänger, der 1949 bei einem Flugzeugabsturz ums Leben kam. Seine Version von »Sailboat« aus dem Jahr 1939 klingt völlig ungekünstelt. Wenn man mit Ladys unzähligen Platten aus den vorhergehenden Jahren vertraut ist, dann erscheint einem dieser Song zwar handwerklich in Ordnung, aber in der Ausführung reichlich uninspiriert, und man denkt sich: »Oh, na *klar,* so gehts jetzt weiter!« Aber wie schon so oft verändert Lady auch hier den Song mit ihren prägnanten Harmoniewechseln, ohne ihn bis zur Unkenntlichkeit zu verstümmeln. Und gleichzeitig gelingt ihr das, wozu der Komponist selbst nicht fähig gewesen war: sie verleiht dem Song wie selbstverständlich eine ungezwungene und doch verhaltene Melancholie.

Der Text von »Me, Myself and I« stammt von gewissen Herrschaften namens Gordon, Roberts und Kaufman und riecht nach Eintagsfliege. Aber Lady macht in der Begleitung von Lester daraus einen beschwörenden Psalm. Die beiden hätten zusammen auch aus dem Telefonbuch etwas Aufregendes gezaubert. »Getting Some Fun out of Life« strahlt genau die nötige sommerliche Schwüle aus. Auf der ersten Aufnahme wirkten Hodges und die Klarinettisten Bailey und Edmund Hall mit, und alle bemühten sich, Glanzlichter des Pop zu schaffen.

Richard Whitings »He's Funny That Way« war ungefähr zehn Jahre alt, als es Lady zum erstenmal aufnahm. Und obwohl es 1929 zwei Hitversionen gab, war es 1937 wahrscheinlich weniger bekannt als heute. Für einen Song, der vor über sechzig Jahren veröffentlicht wurde, klingt er noch jetzt erstaunlich frisch. Und obwohl Lady mit ihren Versionen jedem Song ein eigenes Gesicht verlieh, haben wir hier zum Beispiel einen großartigen Song, den sie besser nicht verändert hätte: das Original, »She's Funny That Way«, hatte Frank Sinatra wesentlich getreuer umgesetzt, und interessanterweise auch Lady, als sie 1952 nochmals eine Version aufnahm.

Aber mit »I'll Never Be the Same« von Gus Kahn, Matty Malneck und Frank Signorelli ist ihr eine klassische Aussage gelungen. Hier ist die Sängerin von ihrem Liebhaber betrogen worden, und im Originaltext heißt es, »life has lost its meaning for me« (»das Leben hat allen Sinn für mich verloren«) und so weiter, und endet dann mit »I'll never be the same again« (»ich werde nie mehr dieselbe sein«). Da die beiden letzten Silben auf verschiedene Noten fallen, benötigt der Text statt diesem »again« eigentlich zwei separate Wörter. Und Lady hat nicht nur den Text umgeschrieben, sondern ihn auch auf sich zugeschnitten: »I'll never be the same, *all day*« (»ich werde am Ende des Tages nicht mehr dieselbe sein«) ist nicht nur eine musikalische Verbesserung, sondern auch ein ebenso sarkastisches wie köstliches Versprechen, das sie ihrem treulosen Liebhaber macht. Sie ist zwar nicht vor Liebeskummer gefeit, aber allzu lange wird sie sich von keinem Mann runterziehen lassen.

Am ersten Novembertag waren bei einer Wilson-Session als einzige Basie-Musiker Clayton und der Bassist Walter Page mit von der Partie. Reuss und Cole waren für die Rhythmusgruppe eingesprungen, Prince Robinson und Vido Musso an den Blasinstrumenten. Clayton hat mit seinem gestopften Horn ein einprägsames Intro zu »Can't Help Lovin' Dat Man« von Kern und Hammerstein beigesteuert. »Nice Work if You Can Get It« und Billies erste Version von »My Man« sind einfach umwerfend. »Nice Work« ist wie »Things Are Looking Up« ein Gershwin-Song. Und dieses Lied (so hat sie etliche Jahre später Greer Johnson gestanden) zählte innerhalb ihres Plattenrepertoires zu ihren Lieblingssongs.

»My Man« ist ein unvergeßlicher französischer Titel von Maurice Yvain, der zum ersten mal 1920 in Paris von Mistinguette interpretiert wurde. Die englische Version von Channing Pollock haben unter anderem Fanny Brice (eine Schlagersängerin), Alice Faye und Barbra Streisand aufgenommen, und Billie veränderte in den kommenden Jahren immer wieder die Strophen. Lady wurde von den Feministinnen geliebt, aber verständlicherweise hatten sie mit diesem Song, in dem es um eine Frau geht, die von einem Mann nicht lassen kann, obwohl er sie schlägt, gewisse Probleme. Aber Gewalt spielte in Ladys Leben eine große Rolle, obwohl auf ihrer ersten Version alle direkten Hinweise auf körperliche Gewalt fehlen. Entweder deshalb, weil zu diesem Zeitpunkt die Gewalt in ihrem Leben noch nicht so offensichtlich war, oder aber vielleicht deshalb, weil 1937 eine härtere Textversion nicht so ohne weiteres akzeptiert worden wäre.

Bei zwei Sessions im Januar 1938, einer mit Wilson, einer für sie selbst, fand sich dieselbe Besetzung ein, und zwar alles Basie-Leute mit Ausnahme von Teddy. Von den acht Nummern sind sieben in jeweils zwei Versionen eingespielt worden. Songs wie »My First Impression of You« und »Now They Call It Swing« sind aktueller Pop-Kram. »When You're Smiling« ist das erste Meisterwerk, ein schnulziger Hit aus den zwanziger Jahren, aber dank dieser Mid-Tempo-Version, zu der Benny Morton mit einer samtweichen Posaune die Melodie festlegt, wirft Lady die ewige Optimistin Pollyanna* aus dem Zimmer, und Lester schließt mit seinem Solo die Tür hinter ihr. Jimmy McHughs »I Can't Believe That You're in Love with Me« sitzt exakt. Und »If Dreams Come True« von Edgar Sampson besitzt wie viele seiner bekannteren Instrumentals jenes Flair sich ständig wiederholender Motive. Völlig egal, was man von dem Text hält, jedenfalls schüttelt diese Besetzung hier die entsprechend flotte Melodie lässig aus dem Ärmel. »On the Sentimental Side«, »Back in Your Own Back Yard« und »When a Woman Loves a Man« sind Meisterwerke. Das erste Stück ist von Johnny Burke und stammt aus einem Crosby-Film, und auf dieser Version hört man etliche ausgefallene Einzelgriffe des Gitarristen Freddie Green. »Back Yard« hatte Al Jolson Ende der zwanziger

* Anspielung auf eine Romangestalt von Eleonor H. Porter. *(A. d. Ü.)*

Jahre natürlich in der ihm eigenen kitschigen Weise aufgenommen. Und obwohl Lady hier vorgibt, sich an eine idyllische Kindheit zu erinnern, die man ihr gewünscht hätte, die sie aber nicht hatte, nimmt man ihr den Song ab. »When a Woman Loves a Man« ist ein großartiger Song aus dem Jahr 1934 von Johnny Mercer, Gordon Jenkins und Bernie Hanighen. Und schon deshalb ist absolut nichts dagegen einzuwenden, daß Hanighen bei einem Termin der Lady eine seiner eigenen, ausgezeichneten Melodien einschmuggelte.

Die nächsten Plattensessions fanden im Mai und Juni 1938 mit dem Pianisten Thornhill statt. Der Trompeter Bernard Anderson, der Klarinettist Buster Bailey und der Tenorsaxophonist Babe Russin leisteten dabei viel Ensemblespiel, und die Pastelltöne der Ausführungen klingen ganz nach Thornhill. Er hatte bereits seine erste eigene Band gegründet, und in der folgenden Dekade sollten seine Klangexperimente in Verbindung mit einer sogenannten normalen weißen Tanzband auch Leute wie Gerry Mulligan, Gil Evans und Lee Konitz stark beeinflussen. Das Ergebnis dieser Sessions waren acht fachmännische Versionen von aktuellen Popsongs, wovon »You Go to My Head« vielleicht die beste war. Es war die Zeit, als sie sich gerade Shaw angeschlossen hatte, und die Mitglieder seiner Band hatten ihr diesen Titel besonders ans Herz gelegt. Joe Shribman liebte ihn, und immer, wenn er später in einem Club auftauchte, sang sie für ihn »You Go to My Head«.

Im Juli nahm sie ihre einzige Platte mit Shaw auf, und im September folgte ein weiterer Termin mit Basies Ex-Mitgliedern und der Pianistin Margaret Queenie beziehungsweise Countess Johnson. Manche Plattensammler waren überzeugt, daß sich hier Basie als Schwarzarbeiter versteckt hatte, aber der hätte längst nicht so viele Noten gespielt. (Countess Johnson hatte als Teenager zusammen mit Lester gearbeitet und starb 1939 an Tuberkulose.) Dicky Wells spielt auf »I've Got a Date with a Dream« Posaune und Lester auf zwei Stücken Klarinette. Unter den vier Stücken ist Ray Nobles »The Very Thought of You« das beste, gefolgt von »I Can't Get Started« von Ira Gershwin und Vernon Duke.

Zu diesem Zeitpunkt schienen die Popsongs keine Ende mehr zu nehmen. 1938 fanden im Oktober die letzten drei Aufnahmesessions mit Wilson statt, der nicht weniger als sechs Bläser einsetzte. Im Jahr darauf versuchte sich Wilson eine Weile als Bandleader einer Big Band, und vielleicht sah er diese Session als eine gewisse Generalprobe dafür an. Die Swing-Ära expandierte: Die Tanzpaläste machten große Umsätze und verlangten nach Bands mit großer Besetzung, und deshalb versuchten sich Leute wie Cootie Williams, Roy Eldridge, Jack Teagarden und viele andere als Bandleader. Etliche Jahre später sollte Lady jedoch erkennen, daß eine der besten Möglichkeiten, in kürzester Zeit als Sängerin viel Geld zu verlieren, das Engagement bei einer Big Band war.

Bei diesen Sessions wurden zehn Gesangsaufnahmen von Billie gemacht, allesamt gute Popsongs, aber aus heutiger Sicht mit einem ziemlich durchschnittlichen Resultat. Trotz solcher Begleitmusiker wie Herschel Evans und Lester Young, Edgar Sampson, Benny Carter, Chu Berry und Bud Freeman (um nur die Saxophonisten zu nennen) ließen die relativ konventionellen Arrangements wenig Spielraum für Jazz. Trotz Songwritern und Komponisten wie Ray Noble (»You're So Desirable«), Mercer und Warren (»Say It with a Kiss«) und Hoagy Carmichael (»April in My Heart«) gelang ihnen keine einzige erstklassige Bearbeitung, und selbst Lady schien Probleme damit zu haben, sich einzubringen. Dies passierte einen Monat bevor sie Shaw verließ, sie machte damals eine deprimierende Phase durch.

Wahrscheinlich hatte sie aus diesem Grund Ende 1938 ein generelles Tief durchzustehen. Ihr war zwar bekannt, daß sie viele Fans hatte und viele der besten Musiker des Landes zweifellos hinter ihr standen, aber die Anerkennung beim großen Publikum blieb ihr versagt. Doch ihr Leben und ihre Karriere nahmen einen völlig neuen Verlauf, als sie im Café Society begann – sowohl zum Guten als auch Schlechten.

Barney Josephson wurde in New Jersey als Sohn lettischer Einwanderer geboren. Er arbeitete Anfang der dreißiger Jahre für seinen Bruder als Schuheinkäufer, und da er ein Jazzfan war, ließ er sich, als er als Einkäufer seinen Außendienst in New York versah, zur Entspannung in Lokale, die seine Lieblingsmusik spielten, ausführen. Und viele Jahre lang fand er es frustrierend, daß in den meisten dieser Lokale Rassentrennung herrschte. Oft waren die Musiker, die ihm am besten gefielen, Schwarze, und schwarze Gäste mußten im hinteren Teil der Lokale sitzen oder wurden überhaupt nicht eingelassen. Zudem hatte er in Europa das politische Kabarett kennengelernt und mochte Satire, weshalb er später so provokante Künstler wie Zero Mostel, Imogene Coca und Jack Gilford engagierte. Nachdem sein Bruder bankrott machte, arbeitete er für 40 Dollar die Woche in einem Schuhgeschäft. Doch dann schlug er alle Warnungen in den Wind, lieh sich von Freunden Geld und fand am Sheridan Square Kellerräume, die nach dem Umbau 210 Leute faßten. Dort eröffnete er einen Club, der praktisch als erster seiner Art sowohl für die Künstler als auch das Publikum gemischtrassig war.

Zu dem ironisch gemeinten Namen Café Society hatte ihn eine Klatschkolumne angeregt. Eine Zeitlang beschäftigte der Club einen Türsteher, der einen zerlumpten Mantel und Handschuhe mit abgeschnittenen Fingerlingen trug. Der Slogan des Clubs lautete übrigens »Der richtige Ort für die falschen Leute«. Josephson engagierte bei der Works Progress Administration, einer Wohlfahrtseinrichtung aus der Roosevelt-Ära, Künstler, die die Wände mit surrealistischen Wandmalereien dekorierten. Bald ging ihm das Geld aus, aber Hammond kratzte neues für ihn zusammen. Nachdem der Club etliche Monate später immer noch kein Geld machte, beschloß Josephson, in die 58th Street zwischen Park und Lexington Avenue zu ziehen. Er brachte das Gerücht in Umlauf, daß sein erster Club so gut laufen würde, daß er deshalb einen zweiten eröffnen wollte, und diese Nachricht wirkte sich so positiv aus, daß das Geschäft boomte und er schließlich mit zwei Clubs dastand: Der erste wurde am 18. Dezember 1938 eröffnet und unter dem Namen Café Society (Downtown) bekannt; Café Society (Uptown) eröffnete mit 350 Sitzplätzen am 8.Oktober 1940.

Diese Angaben stammen von Whitney Balliett, nach mehreren Interviews mit Josephson vor dessen Tod 1988. Über die Eröffnung berichtete *down beat* erst im Februar 1939. Chilton hat sich möglicherweise auf *down beat* bezogen, als er meinte, daß Lady dort Anfang Januar 1939, einige Tage nach Neujahr, anfing, was für die Eröffnung eines neuen Lokals ein denkbar ungünstiger Zeitpunkt gewesen wäre. Sie schrieb in ihrem Buch, daß die Varieté-Lizenz erst in allerletzter Minute eingetroffen sei, aber sie hat ja mit Vorliebe die Tatsachen so hingebogen, bis daraus eine gute Geschichte wurde. In jedem Fall hatte Hammond beim Zusammenstellen der Band geholfen, die Frankie Newton leitete. Für Lady sollte das Engagement zu einer ganz neuen Art des Erfolges werden.

Josephson erzählte 1971:

> Billie war meine erste Sängerin, als ich im Winter '38 das Café Society öffnete. Sie war der Star meines Showprogramms und arbeitete mit dem Conférencier und Komiker Jack Gilford zusammen, der neu im Showgeschäft war. Wir hatten eine Band, die der Trompeter Frankie Newton leitete, der fünf oder sechs Jahre später als junger Mann starb. Bei ihm spielte der Pianist Billy Kyle, der auch Billie begleitete. Und auch Big Joe Turner und Boogie-Woogie-Pianisten. Hammond half uns bei der Zusammenstellung. Billie war keine Newcomerin mehr, sie war schon im Geschäft, aber erst im Café Society ging es für sie wirklich los.

Zweifellos war Josephson wegen des unerwarteten Erfolgs seines Unternehmens erleichtert. Er wurde schon zu Lebzeiten eine Legende und war zeit seines Lebens ein zufriedener Mensch. In jedem Fall war es besser, als Schuhe verkaufen. Aber was wollte er damit andeuten, als er meinte, daß es für Billie erst wirklich losging, als sie bei ihm zu arbeiten anfing? Sie war immerhin mit Basie und Shaw auf Tournee gewesen und hatte Dutzende von Hitplatten veröffentlicht. Manchmal erscheint einem die Großherzigkeit gewisser weißer Liberaler doch reichlich gezwungen. Aber er hatte das Herz am rechten Fleck, und er hatte einen guten Geschmack. Womöglich besaß er sogar mehr Einfühlungsvermögen als sein Freund John Hammond:

> Ich habe Billie nie einen Song vorgeschlagen, was ziemlich ungewöhnlich war, weil ich es bei allen anderen, die bei uns reinschauten, immer tat. Ich hatte immer das Gefühl, daß sie alles richtig machte. Sie wußte instinktiv, wie sie das Programm für ihre Show aufzubauen hatte, wie sie zwischen schnellen und langsameren Stücken balancieren mußte … Ich betrachtete Billie immer als eine ausgereifte Künstlerin, sehr professionell. Und Professionellen schreibt man nichts vor. In meinen Augen war sie etabliert und ausgereift. Auch Mildred. Das wäre ja absolut blöd gewesen. Aber Lena hatte gerade erst angefangen.

Josephson meinte, daß Hammond sie in erster Linie für eine Bluessängerin hielt, »und ich auch … egal, was sie sang, für mich war alles, was sie sang, Blues. Meiner Meinung nach machte Billie aus allem, was sie sang, Blues.«

Normalerweise kam die Band gegen drei Uhr nachmittags zur Probe. Manchmal bestanden die Sänger auf einer Probe. Billie probte alle paar Wochen. Sie war bei der Arbeit sehr akribisch, und wenn sie kam, dann machte sie das Orchester zur Schnecke. Sie war hart. Die Ausdrücke, die sie losließ, nun, sie ließ ganze Tiraden los ... Wenn Frankie Newton eine Note spielte, die sie beim Singen irritierte, dann hat er's zu hören gekriegt. Wenn der Pianist eine Note hinterherhinkte oder zu schnell war, dann hat sie darauf herumgeritten. Wenn sie nicht zufrieden war, hat sie ihnen die Meinung gegeigt, und sie hatten höllisch Angst vor ihr. Sie hatten noch wesentlich mehr Respekt vor ihr als ich, wahrscheinlich, weil sie Musiker waren. Es hieß immer nur Lady Day, und wenn sie Lady sagten, dann klang das wie Lady Montgomery von Großbritannien ... Sie haben sie immer wie einen Star behandelt, wie eine Prinzessin.

Billie hat getrunken, aber nicht sehr viel. Die Jungs haben mir erzählt, daß sie alle Joints rauchten, und ich hab' herausgefunden, daß die meisten Jungs, die Gras rauchten, keinen Alkohol tranken. Und eines Abends hab' ich das Gras gerochen, und es kam von einem Tisch, der bei der Tanzfläche stand und an dem eine Gruppe von sechs Leuten aus der besten Gesellschaft mit den teuersten Pelzen saß ... Und da sitzt doch tatsächlich Eleanor Walsh McLean und pafft einen Joint nach dem anderen. Wissen Sie, sie war die wichtigste Gastgeberin großer Parties in Washington. Unsere Wandmalereien waren allesamt Persiflagen auf das Gesellschaftsleben der Oberschicht ... Gilford hatte in seinem Repertoire Persiflagen auf die Oberen Zehntausend und deren Clubs wie den Stork Club, El Morocco – die Gesellschaftsclubs –, auf die Lucious Beebes, Brenda Frazier – den neuen Star des Jahres –, und Brenda Frazier und die Beebes kamen mit ihrem Stab alle zu uns, um zu hören, wie wir sie durch den Kakao zogen. Es war köstlich.

Wir hatten um acht, zwölf und zwei Auftritte und bis vier Uhr Tanz. Die Show wurde von der Band eröffnet, die erst einmal mindestens zwei Nummern spielte, dann machten Pete und die anderen Boogie Woogies und Gilford ihre Sache.

Mit Pete ist Pete Johnson gemeint, der mit Albert Ammons, Meade Lux Lewis und Joe Turner zu den Stars gehörte, die Hammond während seines »Spirituals to Swing«-Konzert 1938 präsentierte. Newton und Billy Kyle hatten zur Originalbesetzung des John-Kirby-Sextetts gehört, das erstmals 1937 zusammen spielte. Kirby und Newton wurden wegen Sängerin Maxine Sullivan gekündigt. Kyle war ein unterschätzter Stilist, der es verdient hätte, daß man ihn heute besser kennt. Sollte er tatsächlich bei der Eröffnung des Café Society Unterstützung geleistet haben, dann mußte er sehr bald ersetzt worden sein, weil das Kirby-Sextett, »die größte kleine Band im Land«, bald darauf im Radio Erfolge feierte.

In diesem Interview meinte Josephson, daß ihr damaliger Begleitpianist eigentlich Sonny White gewesen sei.

Josephson hat auch Sadie kennengelernt:

> Ihre Mutter fragte mich, ob ich Billie nicht darum bitten könnte, daß sie ihr wöchentlich ein paar Dollar zukommen lassen könnte, weil sie schon 'ne ganze Weile nichts mehr bekommen hätte, daß ich Billie aber nicht sagen solle, daß sie mit mir darüber gesprochen hat, weil Billie ihr sonst die Hölle heiß machen würde. Aber wenn sich irgendwann mal die Gelegenheit bieten würde, so meinte sie, und Billie mit mir über ihre Mutter sprechen würde, könnte ich doch fragen: »Wie geht's deiner Mam?« Mehr brauchst du ja nicht zu sagen, du mußt sie nur daran erinnern, daß es mich auch noch gibt, und daß sie mich mal besuchen soll, und daß ich Hilfe brauche.« Ihre Mutter arbeitete nachts als Putzfrau in den Bürohäusern in der Innenstadt. Sie war klein, dick, sah Billie ziemlich ähnlich, sehr ärmlich gekleidet, sah wirklich wie 'ne Putzfrau aus. Danach hab' ich ein paarmal, wenn Billie reinkam, gemeint: »Wie gehts deiner Mutter? Bring sie doch mal abends mit.« Aber sie ging sofort auf die Bühne.

Lady ging es gut. Anscheinend lebte sie nicht mehr mit Sadie zusammen und genoß es wahrscheinlich, ihrer Mutter nach den jahrelangen Streitereien aus dem Weg zu gehen. Sie hatte in einer kongenialen Umgebung eine feste Anstellung und war höchstwahrscheinlich so glücklich wie noch nie in ihrem Leben. Zehn Jahre später bemerkte sie in einem Interview: »Es hat mich schon erstaunt, denn im Café Society war es für einen Nachtclub wirklich still, wenn ich gesungen habe. Später habe ich herausgefunden, daß die Kellner sich angwöhnt hatten, die lautesten Typen darauf anzusprechen: ›Miss Holiday glaubt, daß Sie sich nicht amüsieren, bitte zahlen und gehen Sie.‹ Nun, das waren für mich vielleicht Neuigkeiten.« Ernstliche Rassenprobleme scheint es keine gegeben zu haben, da Josephson dafür sorgte, daß seine Gäste ohne Unterschied einen Platz bekamen und bedient wurden, und auch die Künstler wurden mit demselben Respekt behandelt. Ja, es kam sogar zwischen den beiden Clubs von Josephson zu einer Art lockerem Austausch der Auftritte, und die meisten seiner Künstler genossen eine Sicherheit, die sie ansonsten nicht kannten.

Der Saxophonist Kenneth Hollon berichtete, daß Lady während der Zeit im Café Society keine harten Drogen, sondern nur Marihuana konsumierte und daß in der Garderobe ständig geraucht wurde. Josephson widersprach dem allerdings und meinte, daß er das im Club nicht geduldet habe und Lady deshalb in den Pausen mit einem Taxi durch die Gegend fuhr und Joints rauchte. Er sagte:

> Ich hatte privat nur wenig Kontakt mit ihr. Im Gegensatz zu den anderen, die bei mir arbeiteten, verbrachte sie bei mir nur wenig Zeit. Sie kam kurz vor dem Auftritt, zog ihr Bühnendreß an, machte ihren Auftritt und warf sich danach oft nur den Mantel über das Bühnenkleid, marschierte die Treppen rauf, und weg war sie. Manchmal mit jemandem, der auf sie wartete, manchmal allein. Am Sheridan Square wartete ein Taxi auf sie – damals gab's dort einen Taxistandplatz –; zu der Zeit lag an dem einen Ende des Platzes das Café Society und auf der anderen das Greenwich Village Inn, und dann gab's eine dieser typischen Kneipen mit Tanzgirls, und um die Ecke in der 4th lag die 19th Hall, wo so Leute wie Fats Waller auftraten. Und in einem Apartmenthaus an der Ecke war das El Chico. Deshalb machten die Taxen eine Menge Fahrten hierher. Billie freundete sich mit einem ihrer Taxifahrer an, und in den Pausen fuhr er sie zum Central Park und brachte sie rechtzeitig zum nächsten Auftritt zurück.
>
> Einmal hat sie dem Publikum ihr Hinterteil gezeigt. Also, da hatte ich wirklich einen Höllenkrach mit ihr. Es war früh am Abend, und Billie kam auf die Bühne und sang einen oder zwei Songs, und nachdem sie einen Song beendet hatte – aus irgendeinem Grund konnte sie das Publikum nicht ausstehen, es war spießig, laut, irgendwas – Billie sang also den

Song zu Ende, und wissen Sie, Sängerinnen ziehen unter ihr Bühnendreß nichts an, weil es wegen der Scheinwerfer so heiß und rauchig ist, und außerdem können sie auf diese Weise hinten in der Garderobe schnell ihr Bühnenkostüm ausziehen, und genauso war Billie gekleidet. Billie drehte dem Publikum also den Rücken zu, verbeugte sich, hob ihr Kleid hoch und zeigte ihren Arsch. Sie schnappten nach Luft, waren völlig entgeistert. Ich gab der Band ein Zeichen, und sie legte mit einer Tanznummer los. Das war wohl das einzige Mal, daß eine Schwarze sagte: ›Leckt mich am Arsch‹ und es auch zeigte. Ich hab' sie gewarnt, mach das bloß nicht nochmal. Sie darauf: ›Zur Hölle mit ihnen.‹ Sie war total high.

Louise war John Hammonds Cousine zweiten Grades. Louise erschien gewöhnlich, wenn Billie fertig war, dann sind sie zusammen weggegangen, und zu der Zeit kam kein anderer an Billie ran, basta. Am Ende des Abends hauten sie wieder zusammen ab. Das war 'ne ziemlich feste Geschichte mit den beiden. Aber sie hatte auch ihre Liebhaber.

Hollons Erinnerungen nach war es nicht verboten, sich unters Publikum zu mischen. Lady konnte kommen und gehen, wann sie wollte, und wenn sie nicht auf die Bühne mußte, amüsierte sie sich manchmal bei einem Blackjack-Spiel mit den Musikern im Garderobenraum der Band. Aber sie zeigte der breiten Masse, die sie sowieso nicht für sich gewinnen konnte, deutlich die kalte Schulter. Zu Management und Publikum des Café Society gehörten Leute mit einem ausgeprägten Sinn für politischen Humor und Glauben an die Verbrüderung aller Rassen, und natürlich waren solche Leute in jener Zeit überzeugte Linke.

An den Sonntagnachmittagen fanden Benefizkonzerte für die Spanienhilfe statt, die man später als kommunistische Umtriebe denunzierte, und an einigen wirkte auch Lady mit. Laut Josephson ist Lady nur ein einziges Mal nicht zum Auftritt erschienen, und zwar für eines der Benefizkonzerte. Davon hat er wohl Whitney Balliett berichtet, als er erzählte, daß nur die Band und Jack Gilford dagewesen seien, und Gilford alle möglichen Leute imitierte, Billie, Big Joe Turner, alle. Und tags darauf hat man ihm eine Nummer in einer Revue angeboten, die den eigentlichen Beginn seiner Broadwaykarriere darstellte. Der Club existierte bis 1950, als die Hexenjagd der Rechten in den USA bereits in vollem Gang war.

Josephson besaß später verschiedene Restaurants, die allesamt Cookery hießen, manchmal mit Musikangebot, aber etwas Vergleichbares zum Café Society sollte es nicht mehr geben.

Am 20. Januar 1939 kehrte Lady mit einer kleinen Gruppe und besseren Songs ins Studio zurück. Der Trompeter Charlie Shavers, der Posaunist Tyree Glenn und der Tenorsaxophonist Chu Berry spielten die Ensemble-Arrangements. Die Rhythmusgruppe bestand aus Cozy Cole, dem Bassisten John Williams und dem Gitarristen Al Casey (aus Fats Wallers Gruppe), und Sonny White spielte Piano. Es wurden zwar nur zwei Nummern aufgenommen, doch dafür waren diese Songs gar nicht schlecht, was wohl vor allem an der kongenialen Besetzung und den Arrangements lag. »That's All I Ask of You« hatte ein gewisser Pope geschrieben, und »Dream of Life« stammte von Carmen McRae. Trotzdem sind die Songs so unbekannt, daß sie in den gängigen Nachschlagewerken nicht aufgeführt sind, obwohl diese Holiday-Platten im Vergleich zu den vorhergehenden besser sind. Lady scheint mehr bei der Sache zu sein, vielleicht hatte es einfach etwas mit der Tatsache zu tun, daß sie mit dem Pianisten eine Romanze hatte.

Im August 1941 wurde ein Aufnahmetermin für »Billie Holiday with Teddy Wilson and his Orchestra« angekündigt, aber Wilsons letzte Aufnahmesession mit Lady sollte die vom 30. Januar 1939 bleiben. Die Band war auf ein Septett reduziert. Zu den Höhepunkten zählen Benny Carters Soli auf dem Altsaxophon und Eldridge an der Trompete, und von den vier Stücken waren »More Than You Know« und »Sugar« die besten. Bei einer weiteren Session, die am 21. März auf Billies Namen gebucht war, wirkten Ken Kersey am Piano und eine dreiköpfige Bläsergruppe mit den alten Freunden Kenneth Hollon und Stanley Payne am Tenorsaxophon und Tab Smith am Altsaxophon mit. Die Platten waren hübsch, aber vier der Popballaden waren Dutzendware. Ausnahmsweise hatten sie noch für ein weiteres Stück Zeit, und diese fünfte Nummer war die beste von allen, wurde jedoch erst ein Jahrzehnt später veröffentlicht: Auf »Long Gone Blues« hören wir den unterschätzten Smith am Alt, sowie die gestopfte Trompete von Hot Lips Page, als Komponisten zeichnen Smith und Lady.

Und dann folgte das, was zum Dreh- und Angelpunkt von Ladys Karriere werden sollte: »Strange Fruit«, eine Anklage gegen die Lynchjustiz.

Der Dichter Lewis Allan arbeitete damals als Hochschullehrer, und hieß eigentlich Abel Meeropol. Nach »Strange Fruit« verfaßte er noch weitere antirassistische Texte, darunter auch »The House I Live In«, ein Plädoyer für mehr Toleranz, das Frank Sinatra 1945 für einen Kurzfilm aufnahm. Später adoptierten die Meeropols auch die Söhne der Familie Julius und Ethel Rosenberg, die wegen Hochverrats 1953 hingerichtet wurden. Allan brachte im April 1939 sein Gedicht zu Josephson und Robert Gordon, der für die Show-Vorstellungen im Club verantwortlich war. Sie zeigten den Text Lady. Allan spielte ihr das Lied vor und schrieb später, daß sie die Bedeutung des Wortes »pastoral« nicht kannte.

Southern trees bear a strange fruit,
Blood on the leaves and blood at the root,
Black bodies swinging in the Southern breeze,
Strange fruit hanging from the poplar trees.

Pastoral scenes of the gallant South,
The bulging eyes and the twisted mouth,
Scent of magnolias, sweet and fresh,
Then the sudden smell of burning flesh.

Here is a fruit for the crows to pluck,
For the rain to gather, for the wind to suck,
For the sun to rot, for the trees to drop,
Here is a strange and bitter crop.*

* Im Süden tragen die Bäume seltsame Früchte
Blätter und Wurzeln rot von Blut
Schwarze Körper schaukeln im Südwind
Seltsame Früchte hängen von den Pappeln.

Hirtenszenen des galanten Südens
Mit hervorquellenden Augen und verzerrtem Mund
Der Duft von Magnolien, süß und frisch
Dann plötzlich der Geruch von verbranntem Fleisch.

Hier sind Früchte, die die Krähen pflücken
Die der Regen sammelt, die die Winde erdrücken
Die Sonne dörrt sie aus, die Bäume lassen sie fallen
Die Ernte ist seltsam, schmeckt bitter nach Galle.

(*Zit. nach Billie Holiday,* Lady Sings the Blues, *a.a.O., S. 92*)

Lady war ein unpolitischer Mensch, und anfangs konnte sie mit »Strange Fruit« nicht viel anfangen. Sie las ausschließlich Comic-Bücher; der Veranstalter Ernie Anderson hat einmal einen ganzen Stapel für sie gekauft. Sie war daran gewöhnt, Songtexte zu lernen, aber mit Gedichten hatte sie keine Erfahrung. Sie gab Allan erst einmal zu verstehen, daß sie darüber nachdenken müsse. Später meinte sie, sie hätte anfangs Bedenken gehabt, »daß die Leute den Text hassen würden«. Denn sie war in erster Linie eine Unterhaltungskünstlerin, die wie der von ihr so geschätzte Louis Armstrong den Wunsch hatte, dem Publikum zu gefallen, wenn auch auf ihre Art. Aber es heißt, daß ihr Entschluß bereits feststand, nachdem Allan den Club verlassen hatte. Als Frankie Newton mit seiner Band einen Auftritt beendet hatte, sagte sie zu ihm: »Irgendso'n Typ hat mir da verdammt noch mal einen wahnsinnigen Song gebracht, den ich machen werde.«

Arthur Herzog hat für das Café Society Material geschrieben und wurde Lady von seinem besten Freund, dem Arrangeur Danny Mendelsohn, vorgestellt. Allan hatte zu »Strange Fruit« auch eine Musik komponiert, an die sich Herzog erinnern konnte.

> Er hat irgendwas geschrieben, was er wohl für Musik hielt, und Barney gab es Danny, und Danny schrieb's um, brachte es in eine Form. Was er da umgeschrieben und weggelassen hat, weiß ich nicht. Und dann ließ Barney Billie den Song singen. Aber als sie das Lied zum erstenmal gesungen hat, hat sie meiner Meinung nach keine Ahnung gehabt, um was es eigentlich ging, und der Song hat sie wohl auch nicht wirklich gefühlsmäßig gepackt ... Soweit ich mich entsinne, hat sie der Song erst mal nicht mit voller Wucht getroffen, als sie ihn vortrug, aber dann traf er sie mit voller Wucht und sie steigerte sich völlig in den Song rein.

Und Josephsons Erinnerungen sind ganz ähnlich:

> Anfangs hatte Billie verdammt noch mal keine Ahnung, um was es eigentlich in dem Song ging. Er hatte ihn mir gebracht und für sie auf dem Piano gespielt, und sie meinte, daß sie ihn singen würde, und dann übten wir ihn mit der Band ein. Er hatte den Song nach der ersten Show reingebracht, und Billie war ungefähr vier Monate bei mir. Ihre Reaktion war:

»Wenn du glaubst, daß es in Ordnung ist, Mann, dann mach ich's ... « Ich glaub' nicht, daß sie den Song [sofort] gespürt hat, aber irgendwann einmal tat sie es, das hab' ich gemerkt. Als Allan ihr den Song vorgespielt hat, hat sie einfach nur zugehört. Billie konnte unheimlich schnell einen Text auswendig ... und als es schließlich so weit war und sie ihn an diesem Abend sang, brach sie in Tränen aus.

Das Publikum reagierte ganz spontan. In dem Moment, als ihr die Tränen runterrollten, war das Publikum dermaßen beeindruckt, daß mir klar war, daß Billie das merkte. Und es wurde für sie ein absolut persönliches Ding, man hat sie damit so stark identifiziert, daß ich glaube, daß sie eigentlich dachte, sie hätte den Song selbst geschrieben. Zumindest hat sie das in ihrem Buch behauptet. Es kam soweit, daß Billie meinte: »Der Song ist von mir.«

Es war jedesmal unvergeßlich, wie sie den Song sang. Ich hab' ihn dreimal am Abend gehört, denn sie hat ihn bei jedem Auftritt gesungen. Ich brachte sie dazu, daß sie ihn immer als letzte Nummer sang, und ich hab' sie darum gebeten, danach nicht mal mehr für eine Verbeugung auf die Bühne zurückzukommen, auch nicht nach tosendem Beifall. Ich wollte, daß der Song nachwirkte, vor allem als sie dann jeden Auftritt damit beendete. Der Raum lag in völliger Dunkelheit, es wurde nichts mehr serviert, weder an der Bar noch sonstwo. Die Kellner durften nicht ein einziges Glas an einen Tisch bringen oder gar Bestellungen aufnehmen. Alles ruhte, und es war völlig dunkel bis auf einen kleinen Lichtkegel auf ihrem Gesicht. Sonst nichts. Sie hat sich beim Singen von »Strange Fruit« nie bewegt. Sie hielt ihre Hände nach unten. Sie berührte nicht mal das Mikrofon. Nur der kleine Lichtspot auf ihrem Gesicht. Trotz der Tränen hat sich ihre Stimme niemals verändert, aber die Tränen kamen immer, und das haute die Leute im Lokal einfach um. Das Publikum verlangte nach »Strange Fruit«. Leute, die zum erstenmal zu uns kamen und nicht wußten, daß sie ihren Auftritt damit beendete, forderten sie auf, es zu singen, wenn sie das Gefühl hatten, daß ihr Auftritt dem Ende zuging.

Bis dahin hatten die überregionalen Zeitschriften nie Fotos von Schwarzen abgedruckt. Egal, selbst wenn Marian Anderson in der Oper auftrat und in der Musikkolumne der *Time* eine besprochen wurde, gab es keine Fotos ... Kurz nachdem Billie das erste Mal »Strange Fruit« gesungen hat, kam das

> *Time*-Magazin zu uns, und dann erschien ein Foto von ihr, und sie druckten den Text ab. Soweit ich weiß, war das das erstemal, daß im *Time/Life* das Foto eines Schwarzen gedruckt wurde, und danach erschienen weitere. Aber sie haben das Foto nur gedruckt, weil der Song so beeindruckend war. Gjon Mili, der keinen Vertrag mit *Life* hatte, kam zu uns und machte Tausende von Fotos.

Josephson erinnerte sich, daß eines Abends eine Frau Lady auf die Toilette folgte und losheulte: »Unterstehen Sie sich, nochmal den Song zu singen. Unterstehen Sie sich.« Sie machte ein solches Theater, daß Josephson sich schließlich einmischte. Und dabei stellte sich heraus, daß der Song bei ihr ein Trauma neu ausgelöst hatte:

> Sie war wohl sechs oder sieben Jahre alt gewesen, als sie im Süden einen Fall von Lynchjustiz miterlebt hatte. Sie hatte mitansehen müssen, wie man ihn mit seinem Hals an den hinteren Kotflügel eines Autos gebunden und durch die Straßen geschleift und dann aufgehängt und verbrannt hatte. Sie hatte die ganze Sache vergessen, doch dann kam sie ins Café, um etwas Spaß zu haben, und Billie singt da über brennendes Fleisch, und mit einemmal holte sie die ganze Geschichte wieder ein.

Manche standen auf und gingen, wenn sie den Song sang, aber sie protestierten sehr verhalten: »Das ist für uns keine Unterhaltung.« Sie haben einfach um ihre Rechnung gebeten und gingen, meinte Josephson. Doch mit Sicherheit konnte ein »Protest«-Song, den man völlig unvorbereitet zu hören bekam, nicht mit dem Trauma verglichen werden, das der Zeuge eines brutalen rassistischen Mordes davontrug.

John Hammond mochte »Strange Fruit« nicht, weil er einfach der Meinung war, daß Lady damit den größten Fehler ihres Lebens begangen habe. Denn dadurch sei sie zu einer *chanteuse* geworden, und ihre Arbeit habe an Unschuld verloren. Aber die Unschuld aus ihren Anfangszeiten hatte sie bei der Arbeit zwangsläufig längst verloren. Die gefühlsduseligen Balladen, die sie in der zweiten Jahreshälfte 1938 aufgenommen hatte, waren stilistisch so arrangiert, daß zuerst Lady sang, dann ein Solo auf dem Tenorsaxophon folgte, und danach Lady wieder sang. Sie stand inzwischen über den Jungs. Sie lieferte nicht mehr mit dieser Selbstverständlichkeit ihrem ungewöhnlichen Beitrag, so wie es eben auch Lester oder Buck mit einem Solo taten (und dabei muß ich an Whitney Balliets Definition des Jazz als »einen Sound voller Überraschungen« denken), sondern wurde zum Mittelpunkt einer Jazz-beeinflußten Pop-Platte. Doch für den puren Jazz hatte es immer nur für sehr kurze Zeit entsprechenden Raum gegeben, und innerhalb des populären Musikmarktes spielte er immer nur vorübergehend eine zentrale Rolle.

Hammond, Josephson und andere waren überzeugte Gegner des Rassismus, aber trotzdem konnten sie vergleichsweise wenig gegen die rassistische Paranoia der Nation und die von Haus aus zweitklassige Orientierung der Musikbranche ausrichten, in der es kaum Chancen zu geben schien, Lady zu dem ihr gebührenden Erfolg zu verhelfen. Eigentlich hätte sie mit Basie jeden Abend im Radio auftreten müssen, aber die Swing-Ära hatte ihren Zenit schon überschritten, und eine Handvoll weißer Bands machten das große Geld, während die meisten der schwarzen Bands sich weiterhin abrackern mußten. Sie konnte diese Unschuld und Frische, die ihre Mitte 1935 entstandenen Plattenaufnahmen charakterisierten, nur für etliche Jahre bewahren. Sie nahm auch keine weiteren Protestsongs auf, aber es war nicht allein »Strange Fruit«, das Ladys Karriere veränderte. Rückblickend gesehen verwundert es einen nicht, daß aus Lady eine *chanteuse* wurde.

Nun ist es für einen Afroamerikaner fast unmöglich, politischen Entscheidungen aus dem Weg zu gehen. Selbst wenn er beschließt, den Kopf in den Sand zu stecken, ist das bereits eine Art politische Entscheidung. In Studs Terkels Oral-history-Textsammlung *Race* (1992) stellt einer der Interviewten folgenden Vergleich an: Ein Schwarzer in Amerika zu sein sei so, als ob man zu enge Schuhe trage, die man nicht gegen andere tauschen kann. Und deshalb hätten Schwarze, egal ob sie nun militant seien oder einfach nur in Frieden leben wollten, auf jeden Fall eines gemeinsam, daß ihnen nämlich, metaphorisch gesprochen, die Füße schmerzten. 1939 wußte kein Mensch, wie viele Schwarze im Süden Opfer der Lynchjustiz wurden, weil man über viele dieser Verbrechen gar nichts erfuhr. Bis weit in die fünfziger Jahre hinein galt das beiläufige und ungewöhnlich bösartige Hinmorden von Schwarzen als eine Art Samstagnacht-Sport für den weißen Abschaum im Süden des Landes der Tüchtigen und der Freiheit, und alle Welt wußte es, einschließlich der Regierung in Washington, die nichts dagegen unternahm. Die NAACP (National Association for the Advancement of Colored People/Vereinigung zur Förderung Farbiger) hatte jahrelang versucht, ein bundesweites Anti-Lynch-Gesetz durchzusetzen. Und Lady konnte nicht vergessen, daß ihr Vater in der Nigger-Abteilung eines Krankenhauses in Dallas gestorben war.

John White zitiert Jack Schiffman aus dem Apollo, der anfangs Bedenken hatte, ob man »Strange Fruit« dort vortragen könne. »Wenn man den Song irgendwo anders hörte, dann hat er einen zwar bewegt, aber das war's dann. Doch im Apollo bekam er erst seine tiefere Bedeutung.« Und nachdem Lady ihn gesungen hatte, »folgte ein Augenblick von bedrückender, schwerer Stille, und dann ein merkwürdiges, fast knirschendes Geräusch, das ich bis dahin noch nie gehört hatte. Es war der Klang von fast zweitausend Seufzern.«

Mit Sicherheit war das Lied damals, abgesehen von seiner musikalischen Bedeutung, ein weitaus tiefgreifenderes, bewegenderes Erlebnis als heute. Lady schrieb Jahre später in ihrer Autobiographie:

> Dieses Lied schaffte es, die Leute, die in Ordnung sind, von den Kretins und Idioten zu trennen. An einem Abend in Los Angeles stand mitten in dem Club, in dem ich sang, so ein Weib auf und sagte: »Billie, warum singst du nicht dieses scharfe Lied, mit dem du so bekannt geworden bist? Du weißt schon, das mit den nackten Körpern, die in den Bäumen schaukeln.«

Überflüssig zu erwähnen, so schreibt sie, daß sie es in solchen Augenblicken nicht sang. Natürlich mußte dieses Lied auf Schallplatte erscheinen, aber der Columbia war es viel zu heiß. Und hier kommen Milt Gabler und seine Commodore Records ins Spiel. Gablers Vater besaß einen Laden für Radioersatzteile, in dem Milt 1926 eine Plattenabteilung einrichtete. Er war schon immer ein Jazzfan gewesen und der erste, der Jazzplatten neu veröffentlichte, indem er ganz einfach die Pressungen von Platten, die nicht mehr lieferbar waren, vom ursprünglichen Label aufkaufte. Dann installierte er als erster einen Mail-Order-Plattenclub, United Hot Clubs of America. Er veranstaltete offene Jam-Sessions, anfangs in Plattenstudios, dann in den Clubs, an denen an den Sonntagnachmittagen nichts los war, um Musikern Arbeit zu verschaffen und die 52nd Street publik zu machen. John Hammond vermittelte ihm einmal Bessie Smith, und Lady tauchte bei mehreren von ihnen auf.

Gabler versorgte andere Händler und Radiostationen mit Plattenlieferungen. Er baute für WNEW ein Schallplattenarchiv auf, das jahrelang das beste im ganzen Land war. Und nachdem er vielen Plattenaufnahmen beigewohnt hatte, begann er 1938 für sein Commodore-Label selbst Platten zu produzieren. Da hatte Gabler bereits seinen Commodore Music Shop an der 46 West 52nd Street eröffnet, der für die Kunden der Clubs abends lange geöffnet blieb und zu einem Musikertreff wurde.

Dort arbeiteten neben Milt, seinem Vater Julius und seinen Brüdern Barney und Danny auch sein Schwager Jack Crystal, der sich später um die Jam-Sessions kümmerte. Die Crystals lebten auf Long Island, und es ist möglich, daß Lady sie dort besucht hat. Jedenfalls kam diese Geschichte auf, daß sie für den kleinen Billy Crystal, der heute ein populärer Schauspieler und Komiker ist, Babysitter gespielt habe. Er selbst meinte 1992: »Die Geschichte ist wirklich ziemlich übertrieben. Das klingt ja so, als ob meine Eltern ihr drei Dollar gegeben hätten, damit sie neben dem Telefon sitzenbleibt.« Jedenfalls herrschte wohl in dem Laden, der mit gerahmten Musiker-Karikaturen von B. Ten Hove dekoriert war, ein ausgesprochen freundschaftlicher Umgang.

Der komplette Commodore-Records-Katalog wurde von Mosaic Records in Stamford, Connecticut wiederveröffentlicht. Er umfaßt sechsundsechzig LPs, darunter ganz seltene Aufnahmen wie die achtzehn Solo-Stücke von Teddy Wilson, die er seinerzeit für eine Klavierstunde eingespielt hatte. Die Booklets, die den Platten beiliegen, sind wegen Dan Morgensterns Kommentaren und einem ausführlichen Interview mit Gabler wirklich ihr Geld wert. Morgenstern meint, daß Hammond »Strange Fruit«, auch wenn er es nicht mochte, ganz bestimmt produziert hätte, wenn nicht die Columbia dagegen gewesen wäre (inzwischen war ARC von CBS übernommen worden, die das Columbia-Label wieder eingeführt hatten). In einem Interview ließ Hammond sein Gedächtnis anfangs im Stich: Seiner Meinung nach sei er in Schwierigkeiten geraten, weil er »Strange Fruit« aufgenommen habe, und habe dann Gablers Haut gerettet, weil er es veröffentlichte. Aber dann fiel ihm wieder ein, daß Brunswick/Columbia sämtliche Gabler-Platten herstellte und preßte und daß aus diesem Grund die 10-Inch-Matrizen der Commodore-LPs genau dieselbe durchgehende Nummerierung tragen. Gabler wußte noch genau, daß Billie seinen Laden betrat und meinte: »Milt, stell dir mal vor, Columbia will mich ›Strange Fruit‹ nicht aufnehmen lassen.« Und dann hatte Gabler eine Idee:

> Schließlich preßten sie ja bei Columbia meine ganzen Platten, und mein Verhältnis zu ihnen war gut. Ich war ein guter Kunde, und meine Platten waren ja keine Spekulationsobjekte, ich hab' sie ja direkt im Laden verkauft. Ein paar Händler haben bei mir gekauft, aber wir haben nicht viele Platten verkauft. Ich sage also: »Sag ihnen einfach, daß es sich wirklich nur um einen kleinen Plattenhändler handelt, der ein eigenes Label hat, und versuch einfach, ob sie mir die Erlaubnis geben, es zu machen. Laß dir von ihnen die Genehmigung für eine Session geben, also für vier Songs.«
>
> Sie waren in der 799 Seventh Avenue, einen Block von meinem Laden entfernt … sie kam gleich wieder und meinte: »Sie haben echt Angst, es zu machen. Und sie sind einverstanden, daß du's machst.«
>
> Ich hab die Nummern ausgewählt. Wir machten also »Yesterdays«. Wir machten »I Gotta Right to Sing the Blues«. Wir machten »Strange Fruit«. Und ich sagte: »Ich will, daß du 'nen Blues machst.« Denn ich hab' eine Platte von ihr geliebt, »Billie's Blues« auf Vocalion, das war die erste Platte unter ihrem eigenen Namen.

Bei der Session am 20. April 1939 wirkte die Band aus dem Café Society mit: Newton an der Trompete, Hollon, Payne und Tab Smith als Bläser, Jimmy McLin an der Gitarre, John Williams am Baß, Eddy Dougherty am Schlagzeug und Sonny White am Piano. Sie nahmen von allen Stücken, außer dem Blues »Fine And Mellow«, zwei Versionen auf, und von allen wurde die erste Aufnahme veröffentlicht. »Strange Fruit« haben sie als erstes eingespielt, und die Interpretation war schwerlich zu übertreffen. So ungefähr muß sie wohl in den Clubs geklungen haben: eine Pianoeinleitung, dann Newton mit der gestopften Trompete, die klagenden Harmonien des Saxophons hinter Ladys Gesang, und besonders Williams Baßlinien sind auf dieser Aufnahme ausgesprochen gut gesetzt. White hielt sich von der Melodie her an die veröffentlichte Version, aber Lady hatte sie bereits für sich selbst verändert. Und sie bewegt einen auch heute noch zutiefst.

Um dieser Schallplatte eine noch intimere Atmosphäre zu verleihen, wurde Jerome Kerns »Yesterdays« nur mit einem Horn eingespielt. Das Anfangstempo ist ein bißchen schneller als das von »Strange Fruit«, und mittendrin macht die Gruppe eine dramatische Pause, um danach das Tempo zu beschleunigen, während Hollon hinter Ladys Stimme ein Solo spielt. Oft ist ein Tempowechsel nur ein abgedroschener Trick, um eine uninspirierte Darbietung etwas abwechslungsreicher zu gestalten, aber hier ist er absolut gerechtfertigt. Dieser Song wurde zu einer Art Wahrzeichen von Lady. Angeblich hat sie zuerst den Sinn der Worte »sequestered days« (einsame Tage) in der ersten Strophe nicht verstanden, aber ihr untrüglicher Instinkt, den sie immer bei einem Lied hatte, das sie mochte, ließ sie nicht im Stich. Und sie flößte dieser großartigen Show-Nummer (aus *Roberta,* 1933) Blues-Feeling ein, ohne wirklich den Blues zu singen.

Dann folgten »Fine and Mellow« und »I Gotta Right to Sing the Blues«, ein freches Lied von Ted Koehler und Harold Arlen aus dem Jahr 1932, das bereits Jack Teagarden populär gemacht hatte, auf dem man ein wunderschönes Solo von Tab Smith hört und das zu einem weiteren Holiday-Klassiker wurde.

Vom Verkaufserfolg her war »Strange Fruit« ein Top-20-Hit, auch wenn es die meisten Radiostationen ignorierten. Und das war für die Schallplatte eines Kleinstlabels, die zum Einzelhandelspreis von einem Dollar verkauft wurde, also 25 Cents teurer als damals die meisten regulären Platten, eine beachtliche Leistung. Aber vielleicht verkaufte sich die Platte auch wegen der B-Seite so gut, denn Gabler meinte, »Fine and Mellow« habe sich zu einem Hit in den Musikboxen entwickelt.

> Ich hab' sie gefragt, ob sie den Text für ihren Blues fertig hätte. Sie hatte ein Stück Papier, ein Stück von einer Tüte, und hatte darauf einige dieser Standardzeilen gekritzelt –

»Ich liebe meinen Mann« – die in vielen Bluessongs vorkommen. Ich sag': »Wir brauchen einen Aufhänger, damit er sich von dem ganzen Blueszeug unterscheidet.« Wir konnten ihn nicht einfach »Billie's Blues No. 2« nennen, was man wahrscheinlich heutzutage machen würde ... Mir fiel diese Zeile ein, »High-drape pants, stripes are really yellow/Kisses me, makes me really mellow«. Und das wurde dann auch der Titel, der Aufhänger, um ihn von anderen Sachen abzuheben ...

Also ehrlich, ich glaub', daß es die erste wirklich moderne Blues-Session war. Ich ließ die Saxophone hinter ihr ein Motiv spielen, das Tab Smith ausgearbeitet hatte, und dazu ein üppiges Piano, und Frankie Newtons gestopfte Trompete, ganz im Stil, in dem Joe Smith Bessie Smith begleitet hat. Ein Produktionsleiter ist nur so gut wie sein Gedächtnis.

»Strange Fruit« erregte nach seiner Veröffentlichung großes Aufsehen, und kurz darauf erhielt Gabler einen Anruf von Decca.

Decca war in den USA 1934 als Tochterfirma der britischen Decca gegründet worden, und zwar von Edward Lewis, der ursprünglich versucht hatte, ARC von Herbert Yates, einem Piraten aus der Filmindustrie, der die Firma damals kontrollierte, zu kaufen. Lewis warb für das neue Label Jack Kapp von Yates ab. Kapp war ein gerissener Musikgeschäftsmann, der mit den Künstlern private Verträge abgeschlossen hatte. Und aus diesem Grund brachte er Bing Crosby und etliche andere Brunswick-Musiker mit zu seinem neuen Label. Decca hatte auf Anhieb Erfolg, weil sie Platten, die hoch im Kurs standen, statt für 75 Cents für 35 Cents verkauften. Unter anderem drängten sie damit auch viele aus dem Markt mit den Musikboxen heraus, den Decca bis nach dem Zweiten Weltkrieg voll beherrschte. Gabler:

Ein Händler in Chicago, der 'ne Menge Platten für Musikboxen verkaufte, rief mich an: ob ich irgendwelche »Fine and Mellow« hätte? Er ist den ganzen Weg von Chicago hergefahren, und er hat mein ganzes Vorratslager geräumt und fuhr dann mit den Platten zurück. Er war der einzige Laden in Chicago, der »Fine and Mellow« hatte, und er hat sie in seine Jukeboxen gesteckt, und damit kam der große Durchbruch. Und nun krieg' ich also diesen Anruf von Bob Stevens, ob ich

»Fine and Mellow« hätte? Ich weiß, daß mit dieser Platte irgendwas in den Automaten läuft, sonst hätte mich doch keiner von Decca angerufen. Damals war's ja noch kein kommerzieller Erfolg, aber wenn die mich anriefen, dann wollten die womöglich die Platte kopieren. Und ich sag' mir: Wie kann ich meine für einen Dollar verkaufen, wenn die sie dann für 35 Cents anbieten? Ich sag' also: »Bob, die verkauft sich so gut, daß ein Typ aus Chicago hier ankam und alle mitgenommen hat. Ich hab' nichts mehr auf Lager.« Ich hatte noch ein paar im Hinterzimmer, aber warum sollte ich diese Platte zu Decca Records rüberbringen? Die residierten damals an der 50 West 57th Street. Dann schnappte ich mir den nächstbesten Musiker, der meinen Laden in der 52nd Street betrat. Ich hatte vier Abhörkabinen. Und ich hab' natürlich auch Urkundenpapier und Notenpapier und alles verkauft. Ich frag' ihn: »Kannst du von 'ner Platte die Noten abschreiben?« Er antwortete: »Sicher.« Ich darauf: »Gut, wieviel verlangst du, wenn du mir von einer Billie-Holiday-Platte einen Blues notierst und auch den Text?«

Der Musiker zog sich mit der Platte in eine der Abhörkabinen zurück und machte für 15 Dollar ein Notenblatt, Textblatt und alles, was dazugehört.

Dann hab' ich über die Noten geschrieben: »Komponist: Text und Musik, Billie Holiday.« Und unten drunter schrieb ich: »Commodore Music Shop« und die Adresse. Ich ging rüber zum Postamt in der 45th und Lex, und ich besorgte mir ein Anmeldeformular. Kuvert und diese Sachen hatte ich alle bei mir … Auf dem Anmeldeformular stand die Gebühr für das Registrieren eines Copyright. Ich hab's an den Registrator for Copyrights, Washington, DC geschickt. Ich hab' den Song unter Billies Namen als Copyright angemeldet. Als die kleine Karte mit der Seriennummer zurückkam, hab' ich Bob angerufen und gemeint: »Bob, ich hab' die Platte jetzt auf Lager? Willst du welche?«

Im August 1939 machte Decca mit Alberta Hunter und einer guten kleinen Combo eine Coverversion von »Fine and Mellow«, aber die Platte kam zu spät. Ladys Platte hatte den Markt leergefegt, und Gabler, der ohne weiteres für sich das Copyright hätte mitbeanspruchen oder das ganze Geschäft damit hätte machen können, hatte dafür gesorgt, daß Lady bis ans Ende ihrer Tage für diesen Song Tantiemen bekam.

Ellerton Oswald »Sonny« White war einige Monate mit Lady verlobt. Er war in Panama City geboren und zwei Jahre jünger als Lady. Bis zu seinem Tod im Jahr 1971 arbeitete er als beständiger und zuverlässiger Begleitmusiker. Cliff Leeman verglich seinen Stil mit dem Wilsons. Doch Leeman konnte sich nicht vorstellen, daß Lady und Sonny sehr gut zueinander gepaßt haben.

> Sonny war ein kleiner, sanfter, hübscher, scharfsinniger Mensch ... Ich hab' mit Sonny gearbeitet, aber er hat sich selbst um sein Engagement gebracht, weil er zu viel soff. Irgendwann mal kam jemand und steckte ihn in die Infanterie. Keine Ahnung, wer diese verdammte Schweinerei gemacht hat. Er war ein kleiner Kerl, mit einem runden Gesicht. Er hatte 'ne tolle Ausstrahlung ... er war ein Schweiger, sehr komisch. Sein Humor war großartig.
>
> Er war meist ziemlich bekifft, dann wurde er ganz still. Er gehörte zu uns, zu Ben Webster, 'ner ganzen Clique großmäuliger Leute, vor allem Ben. Wir haben Apartments zertrümmert, Hotelzimmer auseinandergenommen, sind ausgeritten und haben mit Gewehren herumgeballert. Sonny saß nur da und lachte über uns. Wir konnten ihn nicht in die Ställe locken, geschweige auf ein Pferd.

Sonny White war einer der Begleitmusiker, die Lady sehr nahestanden. Nach der Aufnahmesession von »Strange Fruit« teilten sie einem Journalisten ihre Verlobung mit, und im Mai veröffentlichte der *Melody Maker* die Nachricht. Aber die Sache verlief im Sande. Ende 1939 gestand sie einem Interviewer, daß es drei Männer gab, die sie geliebt habe: »Einer davon war Marion Scott, da war ich noch ein Kind. Er arbeitet heute in einem Postamt. Der andere war Freddie Green, Basies Gitarrist. Aber Freddies erste Frau ist gestorben, und er hat zwei Kinder, und irgendwie hat es nicht geklappt. Der dritte war Sonny White, der Pianist. Der lebte wie ich bei seiner Mutter, und aus unseren Heiratsplänen ist einfach nichts geworden.« Der Pianist und Liebhaber, den sie in ihrer Autobiographie erwähnt hat, könnte also auch Sonny und nicht Bobby Henderson gewesen sein. Doch das werden wir nie erfahren.

Ladys Engagement im Café Society verlängerte sich auf neun Monate. Im Sommer 1939 kehrte Coleman Hawkins nach einem mehrjährigen Aufenthalt in Europa zurück. Der Boß des Tenorsaxophons mit dem satten Ton trat in Puss Johnsons Taverne an der St. Nicholas Avenue zu einem Wettkampf auf. Die Band von Fats Waller war anwesend und überzeugt, daß Hawk gewonnen hatte. Auch Lady war da. Als das Ergebnis des Wettkampfes in *down beat* veröffentlicht wurde, arbeitete sie in Chicago, wo sich das Büro der Zeitschrift befand. Sie rief dort an, um klarzustellen, daß Lester gewonnen habe. Aber der Stil dieser beiden so großartigen Tenorsaxophonisten war so unterschiedlich, daß ein Vergleich zwangsläufig wie der zwischen Äpfeln und Birnen ausfallen mußte.

Man hatte sie abermals für das Café Society gebucht, wo sie am 1. Oktober 1940 antreten sollte, aber sie kam nicht. Daraufhin erklärte Josephson den Vertrag für ungültig. Vielleicht war sie deshalb noch viele Jahre später eingeschnappt, doch in ihrer Autobiographie hat sie nicht den Versuch unternommen, die Sache klarzustellen. Sie hat nur berichtet, daß sie im Café Society 75 Dollar die Woche bekam. Josephson hingegen behauptet, daß sie wenigstens das Doppelte bekommen habe. Sie schrieb, daß sie nach mehr als zwei Jahren aufgehört habe, weil sie dringend Urlaub brauchte. Doch tatsächlich ist sie dort nur neun Monate aufgetreten und hat dann aufgehört, weil sie in verschiedenen anderen Lokalen mehr Geld bekam. Sie behauptete, daß sie als Nachfolgerin Hazel Scott vorgeschlagen habe, eine junge Pianistin, Komponistin und Sängerin, daß aber Josephson sie nicht wollte, weil sie nicht hübsch genug und »zu schwarz« gewesen sei. »Bei mir hat Delores Williams gesungen«, so Josephson, »und schwärzer als die kann man gar nicht sein«.

> Wie Hazel bei mir landete, ist 'ne ganz andere Geschichte, John Hammond hat mir nämlich Ida Cox vermittelt, aber die konnte an dem Tag, wo Billie aufhörte, nicht kommen, und wir machten aus, daß sie einen Tag später anfangen sollte. Jack Gilford erzählte mir von einem unglaublichen, jungen Mädchen, das oben in Harlem in 'nem kleinen Lokal Klavier spielen und singen würde ... Ich rief sie also an, und sie sagte zu. Sie spielte mir ein paar Sachen vor. Billie war nicht mal

> da. Sie war noch ein richtiges Kind. Sie trug damals noch Röcke und Pullover und Sandalen. Sie hat zwar ein Tuch um ihr Haar gewickelt, aber das machte noch längst keine Mammy aus ihr.

Ida Cox, die 1896 geboren wurde, zählte zu Hammonds alten Favoritinnen, hatte aber im Café Society keinen Erfolg. Hazel Scott ersetzte sie und blieb über sieben Jahre dem Club treu.

Auf Ladys Zeitgefühl hatte man sich noch nie verlassen können, und mit der Zeit wurde es schlimmer, teils weil sie, wann immer es ihr in den Sinn kam, sich mit ihren Freunden in diversen Clubs treffen und feiern wollte, teils weil, was viele bestätigen, sie einfach kein Selbstvertrauen hatte. Vielleicht haben ihr der Alkohol und/oder das Marihuana geholfen, das Lampenfieber zu überwinden; selbst wenn sie bereits an Ort und Stelle war, trödelte sie in der Garderobe herum, obwohl sie längst hätte auf der Bühne stehen müssen. Sobald sie auf der Bühne stand, war alles wunderbar, aber irgendwie war sie sich ihres Talentes nicht wirklich bewußt. »Ich muß einfach einen Song auf meine Weise singen, mehr kann ich dazu nicht sagen«, war ihre einzige Erklärung. Doch es war ihr völlig schleierhaft, warum sie, obwohl alle sie für so großartig hielten, außerhalb New York keinen Erfolg hatte, und eben das trug auch nicht zu einem größeren Selbstbewußtsein bei. Zu keiner Zeit ihres Lebens war sie an einem Punkt gewesen, wo sie wirklichen Grund gehabt hätte, Pünktlichkeit als etwas Wichtiges zu betrachten. Vor allem während der Zeit des Alkoholverbots, also zu Zeiten, in denen sie sich in einem ziemlich formlosen Milieu bewegte, spielte das absolut keine Rolle. Aber als die Clubs anfingen, Werbung zu machen, und untereinander konkurrierten, fiel es auf den Club und seinen Ruf zurück, wenn ein angekündigter Künstler nicht auftrat. Arthur Jarwood, der während dieser Zeit unter anderem in das Famous Door investierte, behauptete, daß sie gut und gerne das Doppelte hätte verdienen können, wenn sie zuverlässiger gewesen wäre: Es gab Clubbesitzer, die sie engagieren wollten, aber sie setzten darauf, daß sie bei ihr die Gage runterhandeln konnten.

Diese Unzuverlässigkeit wurde wahrscheinlich noch durch eine paradoxe Kombination aus fehlendem Selbstvertrauen und fehlendem Respekt dem Musikgeschäft gegenüber unterstützt. Sie wußte ja, daß zumindest ihre Fans geduldig waren. Und in ihren Augen waren Hammond und Josephson, auch wenn sie gegen Rassismus waren, einfach nur Arbeitgeber, die sie bevormundeten. Sie hatten es nicht geschafft, aus ihr den Star zu machen, der sie sein wollte, und sie konnte es nicht leiden, wenn sie manipuliert wurde, insbesondere von Hammond. In gewisser Weise vermittelte ihr diese Einstellung das Gefühl, daß sie ihre Geschicke selbst lenkte. Auch wenn ihre Verbindung zu Glaser reichlich heftig war, hielt sie sehr lange Zeit, weil er nie behauptete, etwas anderes zu sein als ein aggressiver Scheißkerl, und sie fand es gut, einen harten Typen an ihrer Seite zu haben. Zudem gab er ihr meist Geld, wenn sie ihn darum bat. (Josephson sagte, er habe sie direkt ausbezahlt.)

Auf jeden Fall war sie suchtgefährdet. Hollon kolportierte eine Version der berühmten Geschichte, die er dem Journalisten Johnny Simmen erzählt hatte. Es war Ende der dreißiger Jahre, als sie sich auf dem Weg zu einer »Reiche-Leute«-Party in der 63rd Street befanden:

> Wir kamen aus Harlem und fuhr'n in 'nem kleinen Zweisitzer, und Billie hatte Joints so groß wie Zigaretten und meint: »Probier mal eine, Kenny. Sie kommen direkt aus Dakar, Afrika, und sie sind umwerfend. Na, nimm schon eine.« Nun gut, als ich aus dem Auto steige, ist mir schwindlig. Ich konnte nicht mal meine Absätze hochkriegen ... Frankie und die anderen Jungs hatten ihre Instrumente ausgepackt, und ich packte mein Horn aus und blies ein paar Noten und war total aufgeregt. Wir spielten die erste Nummer, und ich konnte keine Note lesen, und Frankie kam rüber und meint: »Verdammte Scheiße, was machst du?« »Mann, ich spiele.« Er darauf: »Nein, tust du nicht.« Und als er das gesagt hat, hat's mich drei Stunden lang gekitzelt und ich hab' einfach nur noch lachen können, und ich konnte keine Note mehr spielen, und das war das letztemal, daß ich Marihuana geraucht hab'. Ich mußte ungefähr zwei oder drei Tage schlafen, bis ich wieder klar im Kopf war.

Und Simmen hatte er außerdem noch erzählt: »Ich hab' wie'n Schwein gegessen, und hab' literweise Wasser getrunken, aber nichts hat geholfen ... Also, da gibt's gar keinen Zweifel, das Zeugs, was mir Billie an dem Abend angedreht hat, war der wahre

Jakob.« Und er wiederholte ständig, daß er nie gesehen hätte, daß sie getrunken oder gar Heroin gespritzt hätte. »Sie rauchte immer nur Gras.« Aber schon bald darauf sollten Drogen Billies Leben weiter verkomplizieren. John Hammond meinte, daß Josephson sie wegen der Drogen nicht mehr engagierte. Und in seinem Buch rühmt er sich, daß er sich noch ein letztes Mal in ihre Karriere eingemischt habe: Angeblich habe er Billies Beziehung zu einer Managerin, die zufällig auch eine Freundin von ihm gewesen sei, beendet, weil er deren Familie vor Billies Drogenproblemen gewarnt habe.

Lady pflegte eine Reihe von festen Männerbeziehungen. Ben Webster, der ziemlich bösartig werden konnte, wenn er getrunken hatte, begleitete sie ab und zu. Einmal hat er Lady geschlagen, und man erzählt sich, daß er bei seinem nächsten Besuch draußen im Auto gesessen und laut gehupt habe. Daraufhin sei Sadie hinter Lady die Treppen runtergekommen, habe in das Auto gelangt und Webster mit einem Schirm vertrimmt. Sie hatte auch mit Dick Wilson aus Andy Kirks Band ein Verhältnis und wahrscheinlich auch mit Pha Terrell, dem Sänger von Kirk. Und angeblich soll sie über den Schlagzeuger Sid Catlett bemerkt haben: »Sie nennen ihn nicht Big Sid, weil er 1,96 Meter groß ist, wenn Sie wissen, was ich meine.« Nach ihrer geplatzten Verlobung mit Sonny hatte sie längere Zeit keinen festen Freund. Aber sie hatte immer eine Schwäche für gutaussehende Kerle gehabt, und im Sommer 1941, als sie im Famous Door einen Auftritt absolvierte, ließ sie sich mit Jimmy Monroe ein, den sie selbst als »den bestaussehenden Mann, auf den ich seit Buck Clayton ein Auge geworfen habe«, beschrieb. Harry Edison meinte: »Sie stand auf diese Playboytypen – Zuhälter. Zum Beispiel Jimmy Monroe, der gerade aus Europa zurückkam … Jimmy sah gut aus, aber er hat Lady Day auf Drogen gebracht.« Aber so einfach lag die Sache nun auch nicht.

Im Sommer 1941 war Billie 26 Jahre alt und muß sich nach einem geregelten Leben gesehnt haben. Bekannt ist jedenfalls, daß sie sich immer Kinder gewünscht hatte. Es gibt unzählige Geschichten über ihre Kinderliebe und die Geduld, die sie für sie aufbrachte. Und sie hatte so viele Patenkinder, daß es für sie schwierig gewesen sein muß, sie auseinanderzuhalten. Sie war zwar für ein normales Leben nicht sonderlich gut gerüstet, aber wenn sie den Versuch wagen wollte, dann mußte sie sich von Sadie lösen.

Ihr Freund Greer Johnson lernte Sadie ein paar Jahre später kennen:

> Sie war furchtbar klein, sehr, sehr dick, und Billie verhielt sich ihr gegenüber mal zärtlich und dann wieder sehr schroff, und das mitzuerleben war ziemlich irritierend, wirklich. Ich hatte das Gefühl, daß Sadie nicht besonders helle war… Manchmal spielte sie für Billie in den Clubs die Garderobiere, half ihr in den Pausen beim Umkleiden oder sonstwas… Billie verlor mit ihr ziemlich oft die Geduld, und mir war klar, daß ich ihre Beziehung nie begreifen würde. Ich glaube nicht, daß sie überhaupt irgendwelche Zuneigung für Billie hatte. Meiner Meinung nach war sie 'ne ziemlich dumme, traurige, kleine Frau, die [von Clarence] verführt worden war und einen Phoenix hervorgebracht hatte, aber was sollte sie mit einem Phoenix anfangen?… Zu keiner Zeit hatte ich irgendwie das Gefühl, daß Sadie auch nur die geringste Vorstellung hatte, wie bedeutend ihre Tochter war.

Weil Johnson Lady zweifellos sehr verehrt hat, die selbst an ihrer Größe zweifelte, war er Sadie gegenüber wahrscheinlich nicht besonders fair. Außerdem spielte Ladys Talent innerhalb dieses Mutter-Tochter-Konflikts keine direkte Rolle. Aber es gibt noch eine weitere Kurzbeschreibung dieser von Schuld geprägten Beziehung.

Die Unterhaltungskünstlerin Ruby Helena traf Lady zum erstenmal in einem Restaurant beim Apollo um zwei Uhr morgens. Lady bat Ruby, sie nach Hause zu fahren, und Ruby übernachtete bei ihr. Ein paar Jahre später hatte Ruby keine Unterkunft und lebte etliche Monate mit Sadie und Lady zusammen. Sie hatte ein Auto, mit dem sie Lady, die sie immer Helen nannte, zu ihren Plattenaufnahmen brachte. Es war die Wohnung zwischen der 99th Street und dem Central Park West, in der es zwei Schlafzimmer gab. Ruby erzählte, daß sie im Wohnzimmer geschlafen habe und daß Lady oft Mädchen mit nach Hause brachte, meistens Weiße. »Man nannte Billie sogar Mister Holiday, weil man sie nur selten mit 'nem Kerl sah… Und bin noch heute davon überzeugt, daß der Grund ihre Mutter war, denn die wollte einfach nicht, daß sich Billie mit irgendeinem Kerl enger einließ.«

In einem langen Interview hat Ruby die ewige, alles bestimmende Litanei wiedergegeben, wie sehr sich Sadie selbst bemitleidet und Lady gewarnt habe: »Sie sind alle schlecht. Ich hab' dies und das über den einen oder den anderen gehört.« Wenn Clarence erwähnt wurde, dann fing Sadie zu heulen an, und natürlich ist Lady jedesmal darauf reingefallen. Sadie benutzte Clarence nicht nur, um Mitgefühl zu erwecken: »Sie hat Billie ununterbrochen daran erinnert, daß es ihr Vater gewesen war, der weggegangen war und sie verlassen hatte.« Und indem sie Lady ständig an diese Zurückweisung erinnerte, gab Sadie Lady indirekt zu verstehen, daß sie sich schuldig fühlen werde, wenn sie ihre Mutter verlassen und zurückweisen wolle, um ein eigenes Leben zu führen.

Ruby hat sich ziemlich oft mit Sadie unterhalten und jahrelang Briefe von ihr bekommen – und bedauert, daß sie sie nicht aufgehoben hat –, und ihrer Meinung nach hatte Sadie Lady emotional mißbraucht. »Damals klammerte sich ihre Mutter fest an ihre Rockschöße.« Ruby erfuhr auch von Sadie sämtliche Einzelheiten über die früheren Ereignisse, daß Sadie zum Beispiel die kleine Eleanora, die damals noch ein Kind war, in einem Bordell untergebracht hatte. Ruby war das unverständlich. (Aus diesem Grund behauptete Harry Edison einfach, daß Sadie ein Hurenhaus geführt habe, und Männer dort ein- und ausgingen, die sich »ein Stück Fleisch kauften«.) Sadie hatte Krampfadern und klagte ständig über die Schmerzen in ihren Beinen, und daß sie deshalb dies und jenes nicht tun könne. Lady ging auf alles ein. Als Grund für das Scheitern ihrer Verlobung mit Sonny White führte sie die Tatsache an, daß sie beide mit ihren Müttern zusammengelebt hätten. Laut Ruby haben sich Lady und Sadie in den Monaten, die sie bei ihnen verbrachte, wie Schwestern verhalten, die sich immer alles erzählten. Und das hat Sadie sicher gefallen. Und sicher war auch Tatsache, daß Lady sich nicht die ganze Nacht mit Männern rumtreiben konnte, wenn sie Mädchen mit nach Hause brachte. Sie hat Sadie immer von unterwegs angerufen und ihr mitgeteilt, wo sie war. Ganz offensichtlich hatte das jahrelange Genörgel doch gefruchtet.

Und dann betrat Monroe die Szene. Laut Ruby war Sadies erste Befürchtung, daß »sie der Meinung war, daß Billie ihm viel zu viel Aufmerksamkeit schenkte und sie damit ihrer Mutter gegenüber nicht mehr die entsprechende Aufmerksamkeit zeigte«. Und als Sadie sich zum erstenmal wegen der Drogen Sorgen machte, meinte sie: »Helen, Billie macht mit diesem Jimmy irgendwas falsch. Sie ist ständig pleite. Also sie hat mir überhaupt kein Geld gegeben.«

> Sie hat Billie einmal vors Gericht zitiert, weil sie keinen Unterhalt leistete. Aber Billie gab ihr immer Geld. Als die Sache mit Jimmy anfing, beschwerte sich ihre Mutter, daß sie vernachlässigt würde, aber das stimmte wirklich nicht, denn Billie hat ihr ja ein Geschäft aufgebaut, dieses Restaurant.

Laut Ruby befand sich das Restaurant etliche Häuser weiter an der 99th und Amsterdam, und das Geschäft lief mehrere Jahre. Jimmy besuchte sie in ihrer Wohnung, aber Sadie mochte ihn nicht.

> Ihre Mutter sagte ständig, daß er sich wohl für hübsch halten würde, weil er einigermaßen gut aussah. Er war das absolute Gegenteil von seinem Bruder. Clark war kräftiger und groß gebaut, während Jimmy ein zerbrechlicher Typ war. Sie hat sich mit Clark angefreundet, und Clark schien sie zu mögen, und die Leute hielten Clark für Billies Freund. Und plötzlich erscheint Jimmy auf der Bildfläche, mit seiner gerissenen Art – er war bekannt dafür, daß er Leute ausnutzte. Für ihn war's klar, daß nun er an der Reihe war, und daß er von dem Geld profitieren würde. Billie war ein Mensch, der nicht schnell Freundschaften schloß, und anfangs mochte sie ihn nicht ... Wenn er einen nicht um den Finger wickeln wollte, dann konnte er ziemlich ernst sein ...
>
> Er war ein Mensch, der immer ziemlich in sich gekehrt war, er hat kaum was gesagt, einer von denen, wo man sich immer fragt, was eigentlich in ihrem Kopf vorgeht ... Man wurde einfach nicht aus ihm schlau ...

Ruby glaubte, daß Lady schließlich nur deshalb an Jimmy Gefallen fand, weil er anfing, sie mit Drogen zu versorgen. Jimmy rauchte Opium, und viele geben ihm die Mitschuld an der Drogenabhängigkeit seiner ersten Frau. Ruby behauptet, Jimmy habe sich an Billies Geld bereichert, weil er damit Drogen kaufte, aber im selben Atemzug weist sie darauf hin, daß sie diese Information von Sadie habe: »Ich glaub' nicht, daß ihre Mutter gelogen hat.« Anscheinend hat Ruby damals, als sie mitbekam, wie Sadie sich gefühlsmäßig an Lady schadlos hielt, gleichzeitig deren Einstellung Jimmy und den Drogen gegenüber verinnerlicht.

Bis heute wurde immer vermutet, daß es Monroe war, der Lady auf Heroin gebracht habe. Aber andere wiederum sind der Meinung, daß er bei weitem nicht so schlimm gewesen sei wie die Männer, mit denen sie sich später einließ. Opium ist im Vergleich zu Heroin das kleinere Übel, und nichts deutet darauf hin, daß Monroe zu jener Zeit auf Heroin war.

Laut Ruby veränderte sich Ladys Verhalten. Ruby erklärt, daß sie damals, 1935, als Lady ihren ersten Triumph im Apollo feierte, noch sehr jung gewesen sei. Ihre Schwester hatte sie zu der Show mitgenommen. Und später:

> Als wir uns trafen, hatte ich Angst, irgendwas über die Show zu sagen, weil ich sie nicht verärgern wollte. Weil ich da einen ganz anderen Menschen vor mir hatte, sie war damals so anders gewesen. Ich sagte: »Du bist so aufgetakelt!« Sie kreischte einfach los! Sie hat's ganz anders aufgefaßt, als ich erwartet habe. Sie nahm's als Scherz. Und da war mir klar, daß sie ein netter Mensch war.

Den Leuten stellte Lady Ruby Helena als ihre Halbschwester vor, und Sadie bezeichnete sie als ihre Tochter. Und dann passierte diese Geschichte mit der reichen Freundin:

> Es gab da diese reiche Dame, die sie mochte. Sie hatte eine Konzertagentur, und sie hat ihr sogar einen Nerzmantel geschenkt. Mrs. Crane hat sie chauffiert, denn ihre Chauffeuse hat beim Theater gearbeitet. Dieses Mädchen war auch die Sekretärin von Mrs. Crane, hat mit mir am Theater gearbeitet. Wir sind in Montreal sehr lange zusammen gewesen ...

Möglicherweise ist diese Mrs. Crane jene »Brenda« aus Billies Autobiographie und die Louise, die Barney Josephson erwähnt hat: Louise Crane verließ einst Lady, um sich mit Elizabeth Bishop, einer der größten Dichterinnen des Jahrhunderts, zusammenzutun. Jedenfalls verhielt sich Lady dieser Mrs. Crane gegenüber plötzlich »wirklich widerlich« und fing mit Ruby wegen der geringsten Kleinigkeit zu streiten an. Aber Ruby gab auch zu, daß sie Lady im Auftrag von Sadie im Auge behielt, wenn sie zusammen ausgingen. Und als Beweis für Ladys veränderte Persönlichkeit führte sie an, daß Lady sie einmal aus dem Taxi geworfen habe, weil sie ohne sie irgendwohin wollte. Wahrscheinlich wollte Lady einfach mit ihren sechsundzwanzig Jahren keinen Babysitter mehr haben.

Sadie und Ruby machen die Drogen für Ladys Veränderung verantwortlich, aber wahrscheinlich hatte Lady einfach nur die Nase voll: Wenn sie das Wagnis einer Ehe eingehen wollte, dann mußte sie ihre Freundinnen und ihren Babysitter loswerden. Und währenddessen hatte Sadie laut Ruby auch noch Jimmy erklärt: »Du taugst nichts, und ich will dich hier nicht sehen. Wenn Billie sich gegen meinen Willen weiterhin mit dir trifft, dann muß sie ausziehen und schauen, wo sie bleibt.«

Sadie mochte den durch und durch bürgerlichen Weißen John Hammond, und ein paar Jahre später akzeptierte sie John Simmons, einen weiteren Liebhaber von Lady, weil er von sich behauptete: »Ich bin auf Draht.« Hammond und Simmons empfand sie nicht als Bedrohung. Jimmy Monroe war wirklich auf Draht und hielt sich selbst für eine Führerfigur. Sadie hat schnell erkannt, daß er sich von ihr keine Mätzchen gefallen lassen würde, und daß es ihm völlig egal war, was sie dachte. Aus diesem Grund hat sie ihn gehaßt. Auch Joe Glaser hat die Sache nicht gutgeheißen. Denn offensichtlich war Jimmy auf eine zurückhaltende Weise gerissen. Und er besaß wohl bessere Manieren als Glaser. Außerdem war er in Europa und mit einem Filmstar verheiratet gewesen. Und er zeigte Ambitionen als Veranstalter. Glaser witterte Komplikationen, die er innerhalb seiner Beziehung mit Lady, die schon problematisch genug war, unbedingt vermeiden wollte.

Jimmy Monroe hatte zwar nie irgendein erkennbares Talent gezeigt, trotzdem brachte er es allein wegen seiner geistigen Fähigkeiten und seines Charmes auf über achtzig Jahre. Wenn ein Projekt auslief, dann fand er ein neues. Seine Nachbarn in New York behaupten, daß sich selbst im Alter noch Frauen um ihn stritten. 1938 hielt er sich in Europa auf, weil seine damalige Frau in London arbeitete. Laut Bill Coleman (und dessen Memoiren *Trumpet Story*, 1990) erhielt Monroe für England keine Aufenthaltsgenehmigung und durfte seine Frau immer nur tageweise besuchen. Deshalb eröffnete er mit einem Kompagnon namens Bob Grier in der Cité Pigalle in Paris einen Club. »Wir stellten dort die neuesten Jazzplatten vor, und der Club wurde zu einem Treffpunkt für schwarze amerikanische Künstler und deren französischen Freunde.« (Jimmy erklärte, daß die Amerikaner hinter den französischen Mädchen her waren, und Bricktop, ein berühmter Ex-Patron, der in Paris einen Club führte, das in seinem Lokal nicht duldete.) Und was nun Nina Mae McKinney anbelangt: sie hat die Heirat mit Jimmy immerhin so gut überstanden, daß sie bis zu ihrem Tod 1968 mehrere Filme gedreht hat. Unter anderem trat sie auch 1949 in einer Nebenrolle in *Pinky* auf, einem weiteren Film über eine Schwarze, die als Weiße »durchgeht«. Jimmy könnte sie aus unzähligen Gründen verlassen haben, aber möglicherweise hat sogar Nina Mae ihn verlassen. Jedenfalls behauptete Lady später in ihrer Autobiographie, daß Sadie und Joe Glaser Monroe deshalb abgelehnt hätten, weil sie davon überzeugt waren, daß er sie nicht heiraten werde. Psychologisch gesehen leuchtet das ein, denn ebenso gut hätte man vor einem Stier mit einem roten Tuch herumwedeln können.

Sie wurden am 25. August 1941 in Elkton, Maryland getraut. »Als sie an diesem Morgen reinkam«, so Ruby, »war ihre Mutter wütend, weil sie einen ganzen Tag und eine ganze Nacht weggeblieben war, ohne sie anzurufen. Sie knallte die Heiratsurkunde auf den Tisch und meinte: ›Wir sind verheiratet, kann er *jetzt* reinkommen?‹« Letztendlich ist ihr diese Heirat nicht wirklich bekommen, aber gleichzeitig war es natürlich so, daß Sadie dadurch eine weitere Schlacht in ihrem Leben verloren hatte.

Nach der Aufnahmesession für »Strange Fruit« fanden bis Mitte 1942 zehn weitere Plattensessions bei Columbia statt, und eine weitere für eine Single bei Capitol. Dann verhinderte der Streik der Musikergewerkschaft weitere Plattenaufnahmen, und Billie betrat erst im März 1944 wieder ein Plattenstudio, um abermals für Commodore aufzunehmen. Während dieser Zeit wurde sie zur größten Attraktion der 52nd Street, aber sie blieb weiterhin ein Kultstar, der beim großen Publikum weniger für sein Talent als seine Probleme bekannt wurde. Und damit hatte tatsächlich die zweite Hälfte ihres Lebens begonnen.

10 *Die Kriegsjahre*

Ende der dreißiger Jahre gehörte Irene Wilson zu Ladys engsten Freundinnen.

Irene wurde als Irene Armstrong in Ohio geboren, lebte später in Detroit, dann als Teenager in Chicago, und gegen 1930 war sie zu einer anerkannten Bandleaderin in der Windy City aufgestiegen. Zu ihren Fans gehörte auch Al Capone, und deshalb konnte sie sich über Arbeit nicht beklagen. In ihrer Band spielten fast ausschließlich Männer, darunter so namhafte Musiker wie Walter Fuller und Budd Johnson, der sie respektierte, weil sie nicht nur eine vielseitige Musikerin, sondern auch eine gute Pianistin war. Als das Vogue nach einer Razzia geschlossen wurde, arbeitete Irene für Glaser im Sunset, wo sie das Trio Three Classy Misses leitete, dem die Geigerin Kathryn Perry und die Sängerin und Tänzerin Eloine Bennett angehörten. Am Schluß eines jeden Auftritts sangen und tanzten die drei Mädchen zusammen. Zur Neueröffnung gründete sie eine Band, die sie selbst als ihre beste bezeichnete.

Irene heiratete 1932 Teddy Wilson und arbeitete dann nur noch bis zu ihrem Umzug nach New York im Jahr 1934 als Bandleaderin. Denn ihre Schwiegermutter, die Teddys Karriere für wichtiger hielt, war nicht mit ihrer Arbeit einverstanden.

> Das erstemal traf ich Billie in einem kleinen Club, dem Hot-Cha, die hatten einen kleinen Balkon, und auf dem sang sie. Benny Carter hatte Teddy von Billie erzählt, und deshalb sind wir hin, um sie zu sehen. Sie war so stark und unbeschwert wie ein großes Kind. Sie war jung. Er hat sie in unseren Probenraum eingeladen, und als sie zum erstenmal auftauchte, war nur ich da, und wir haben sofort Freundschaft geschlossen. Sie hat mich Renie genannt. Sie war die erste, die mich so nannte, und ab da nannte mich jeder nur noch

Renie. Und sie hat dort einfach gemeint: »Renie, ich hab' 'ne Menge Frauen kennengelernt, Dukes Frau und die Frauen der anderen, aber du bist die erste Frau, die ich kennengelernt hab', die ehrlich ist. Du bist einfach ein Klasseweib. Ich mag dich, weil du eine ehrliche Haut bist.«

Ich war bei allen Sessions von Teddy anwesend. Na ja, wissen Sie, mit ihrer Bildung war's nicht weit her. Und irgendwann hat sie mich gefragt: »Renie, wie spricht man dieses Wort aus?« Ich hab' meine Brille aufgesetzt und es ihr erklärt. Also, sie muß mir wirklich absolut vertraut und sich sehr sicher bei mir gefühlt haben, wenn sie mich so was gefragt hat. Und das hat sich auch nicht mehr geändert.

Doch als Teddy endlich großen Erfolg hatte, verließ er Irene. Sie war zutiefst verzweifelt. Es war reiner Selbsterhaltungstrieb, daß sie John Hammond irgendwann erklärte, daß er bleiben könne, wo der Pfeffer wächst. Später, bei einem Interview, wollte sie unbedingt die Tatsache loswerden, daß sie Beweise für seine Absichten, Künstler zu manipulieren, habe. Irene selbst wußte nicht, warum Lady Basies Band verlassen hat, aber sie war davon überzeugt, daß Hammond etwas damit zu tun hatte. Ihrer Meinung nach hat Basie »es zugelassen, daß Hammond über sehr lange Zeit fast sein ganzes Leben bestimmte«.

Sie, also Lady, hatte guten Grund, John nicht zu mögen. Nicht besonders. Sie wollte nicht, daß er über ihr Leben bestimmte. Er wollte über jedermann bestimmen. Lady rauchte ständig Marihuana und trank 'ne Menge, aber sie hat trotzdem gearbeitet. Er war ein echter Spießer, o ja ... und es war seltsam. Er hat allen gesagt, was sie tun sollten, ja wirklich. Kaum, daß Ted und ich uns getrennt hatten, wollte er schon mit mir ausgehn. Er wollte wissen, was ich vorhatte. 'n paarmal ging er mit mir ins Savoy, und einmal hat er außerhalb mit mir zu Abend gegessen, um ein Trio anzuhören ...

Als ihm klar wurde, daß er nicht über Teddy bestimmen konnte, hat er überall versucht, Teddy aus der Arbeit zu drängen. Und ich war ja gar nicht mehr mit Ted zusammen, aber er war immer noch mein tägliches Brot, denn er hat mich ja immer noch unterstützt. Also hab' ich mich mit John verabredet, und mich mit ihm abends im Café Society getroffen, und ich hab' ihm gesagt: »Nun hör mal zu, wir beide sollten eigentlich Freunde sein, und als Ted und ich uns getrennt haben, hast du mich als erster zu Hause besucht« – Ted ist mit einer anderen Frau abgehauen, die er nicht leiden konnte, weil sie halt nur ein Flittchen war. Is' ja egal, John war unglaublich wütend – ich hab' ihm also gesagt: »Ted gibt mir immer noch Geld, und wenn du nicht für meinen Lebensunterhalt sorgen willst, dann laß ihn verdammt noch mal wieder arbeiten. Laß ihn in Ruhe, und sorg dafür, daß er arbeiten kann, denn wenn du ihn kaltstellst, dann stellst du auch mich kalt.« Und Lady meinte: »Genau, Renie, du gehst jetzt sofort da rein und zeigst es ihm, ja, genau das mußt du machen.«

Später erkrankte Irene und kehrte nach Cleveland zurück, wo sich eine Tante um sie kümmerte. Schließlich erholte sie sich wieder und lernte einen Jugendbeauftragten des Staates Ohio namens Elden Kitchings kennen. Sie heirateten 1946. Als sie 1971 interviewt wurde, hatte ihr Sehvermögen schon stark nachgelassen. Ein paar Jahre später starb sie, nachdem sie drei Jahrzehnte sehr glücklich als Mrs. Kitchings verbracht hatte.

Doch damals in New York half ihr Benny Carter über die Krise ihrer gescheiterten Ehe hinweg und brachte sie dazu, daß sie wieder zu komponieren anfing. Sie hatte für ihre Bands in Chicago bereits Musik komponiert, und Carter wußte, daß sie ungewöhnlich versiert im Umgang mit Harmonien war. Und tatsächlich gelangen ihr eine Handvoll wunderschöner Songs. Ihre Trennung von Wilson hatte zur Folge, »daß die Musik einfach aus ihrem Herzen floß«, wie es ihr Cousin Callye Arter formulierte.

Lady hatte Irene mit Arthur Herzog bekanntgemacht, der Sally Placksin für ihr informatives Buch *American Women in Jazz: 1900 to the Present** gestand, daß er an Irenes Kompositionen auch nicht die kleinste Korrektur vornehmen mußte: »Das ist sehr ungewöhnlich, wenn man im Team arbeitet, aber ich kann mich nicht erinnern, daß ich sie auch nur einmal drum gebeten habe, eine Note zu verändern. Ich konnte zu allem, was sie komponiert hat, einen Text schreiben, und so was passiert nicht sehr oft.«

* Dt.: *Frauen im Jazz. Von der Jahrhundertwende bis zur Gegenwart*, erschienen bei Hannibal, St. Andrä-Wördern 1989.

Und Irene hat Helen Oakley wiederum erzählt, daß sie Herzog nie bitten mußte, ein einziges Wort abzuändern. »Er und Billie standen sich nahe. Sie hat sich Weißen gegenüber nie eklig verhalten. Hauptsache, man war in Ordnung, nur das zählte, die Hautfarbe spielte keine Rolle.«

Lady und Irene kamen sich nach deren Bruch mit Ted noch näher. Irene dazu:

> Lady wußte, daß sie singen konnte. Das war das einzige, was sie wirklich konnte. Singen war das einzige, was sie wirklich glücklich machte. Ich wußte, von was sie redete: »O Renie, ich hab' das tatsächlich geschafft. O Renie, dieses Mal hab' ich's wirklich gespürt.« Na ja, sie wußte, daß ich auch 'ne Musikerin war, und ich hab' ihren Gesang wirklich bewundert. Vielleicht hat sie später Vergleiche zu ihrem früheren Gesang angestellt, und das hat ihr wahrscheinlich nicht gefallen. Aber es war eben das einzige, was sie beherrschte. Für sie war es eine Art zu überleben. Ja, glauben Sie mir, das einzige, was sie wirklich *wollte,* war singen. Und deshalb zog sie halt rum und besuchte heimlich diese Freudenhäuser in Baltimore, wo sie drum bat, daß sie singen durfte, und nahm dafür Geld. Das hat sie mir erzählt, o ja.
>
> Sie hat mich mitgenommen, damit ich Arthur kennenlerne. »Er ist ein ziemlicher netter Kerl. Ich möchte, daß du dir den Text anhörst, den er für einen deiner Songs geschrieben hat. Er hat auch 'nen Titel dafür.« Ich hab' gespielt, und Lady hat diesen Text gesungen – nein! Es war ganz anders: Lady hat mir diese Sache erzählt, und ich hab' Arthur besucht, er lebte damals in der 12th Steet, und ich bin mit Carmen McRae hin, und als wir bei Helen Oakley zum Essen waren, hab' ich gesagt: »Lady, ich hab' da diesen Song, du solltest ihn dir anhören.« Und Carmen hat ihn gesungen. Carmen war die ganze Zeit über mit mir dort. Ich hab' ihn für Carmen gespielt. Und die anderen haben mir erzählt, daß sie plötzlich gesehen hätten, daß Lady mit Tränen in den Augen dagesessen hätte, und dann sagte sie: »Renie, ich möchte diesen Song machen.« Und ich darauf: »Aber Lady, du weißt doch, daß er für dich ist.«
>
> Ich hatte keine Ahnung vom Songschreiben. »Some Other Spring«. Ich hab' sie zu ihrem Termin begleitet, als sie's aufgenommen hat. Wir haben von ihrer Wohnung aus ein Taxi

> genommen, ich hab' sie abgeholt – an dem Tag hat Sonny Piano gespielt, sie ging mit ihm … Sie sagte: »Renie, mach dir keine Sorgen wegen der Songs, du schreibst sie einfach und bringst sie mir, und ich mach' das schon.« Sie hat ja das gemacht, was sie wollte. Keiner hat ihr vorgeschrieben, was sie aufnehmen sollte.

Die in Kanada geborene Helen Oakley arbeitete als Jazz-Publizistin und betreute die Produktionen der Musiker, die für Irving Mills' Variety-Label aufnahmen. Sie hatte Teddy Wilson 1935 das Fahrgeld spendiert, damit er zurück nach Chicago konnte, um mit Goodman im Congress Hotel aufzutreten, was der Beginn von Goodmans Trio war. Sie heiratete den englischen Schriftsteller Stanley Dance, der ausgesprochen wertvolle Interviews und Oral-history-Sammlungen über jene Dekade publizierte, und sie verfaßte auch ein Kapitel über Irene für sein Buch *The World of Earl Hines* (1977). Noch heute arbeitet sie unter dem Namen Helen Oakley Dance als Musikjournalistin, sowohl zusammen mit ihrem Mann wie auch allein (1987 hat sie *Stormy Monday,* eine Biographie T-Bone Walkers, veröffentlicht). Sally Placksin erzählte sie: »Ich habe die beste Schule genossen, denn Irene Kitchings und Billie Holiday waren meine besten Freundinnen.«

Ladys erste Plattensession nach »Strange Fruit« fand wieder für Columbia und das Vocalion/Okeh-Label statt, womit sie die Veränderung gegenüber ihrer früheren Arbeiten fortsetzte. Die Besetzung war fast mit der von »Strange Fruit« identisch, nur daß Bernard Addison den Gitarristen McLin und Charlie Shavers den Trompeter Newton ersetzten. So gesehen arbeitete sie gewissermaßen mit ihrer Begleitgruppe aus dem Café Society zusammen, was sie ja bereits ausnahmsweise für ihre Commodore-Platten getan hatte. Die Stücke sind stark durcharrangiert, aber das Gruppenspiel hinter ihrer Stimme ist sehr wirkungsvoll und vermittelt im Klang ein starkes Gefühl der Zusammengehörigkeit, ganz wie es sich eben für eine professionelle Band gehört. Es stimmt schon, die Spontaneität, die die besten ihrer früheren Aufnahmen prägte, ist verlorengegangen. Aber dafür hört man hier eine neue Vollkommenheit, die in eine völlig neue Richtung geht. Billie ist bei allem, was sie gemacht hat, eine Interpretin, eine Jazzsängerin geblieben, aber sie arbeitete innerhalb eines

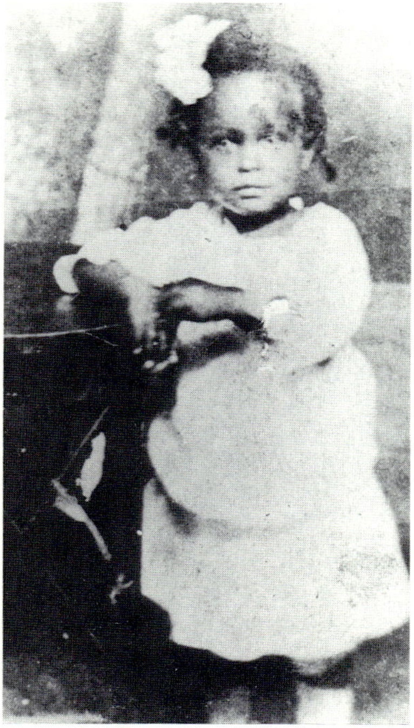

Etwa zu Ende des Ersten Weltkriegs, als Billie Holiday noch die kleine Elinore Harris aus Baltimore war *(Avalon Archives)*.

Clarence Holiday während einer Tournee mit der Fletcher Henderson Band Anfang der dreißiger Jahre *(Avalon Archives)*.

Bereits glamourös – ein Pressefoto von Billie Holiday aus dem Jahr 1935 zu Beginn ihrer Karriere *(Max Jones)*.

Der in Dänemark geborene Jazz-Veranstalter »Baron« Timme Rosenkrantz machte dieses Foto im August 1935 im Hinterhof des Apollo Theater. Von links nach rechts: Ben Webster, Billie, »Shoebrush« (mit Gitarre) und Johnny Russell, sowie Roger »Ram« Ramirez (kniend). Es muß wohl Willie Bryants Band im Apollo gespielt haben, denn Webster und Russell (und Stanley Payne) gehörten seiner Bläsergruppe an, und Ram spielte bei ihm Piano. Bryants Gitarrist hieß Arnold Adams. Schoebrush war wahrscheinlich Bühnenarbeiter oder Roadie *(Frank Driggs)*.

Robin Carson war in den vierziger Jahren ein höchst geschätzter Fotograf. Greer Johnson behauptete immer, er habe diese berühmte Fotoserie von Lady arrangiert, zu der auch jenes auf dem Umschlag dieses Buches gehört, aber Carsons Erinnerung nach war es nichts weiter als ein gewöhnlicher Auftrag *(Nancy Miller Elliott).*

linke Seite unten: Lady und Sadie in einem Nachtclub in der 52nd Street im Juni 1941. Ihr problematisches Verhältnis war vielleicht einer der Gründe, warum aus Billie Holiday eine solch großartige Sängerin wurde *(Bobby Tucker).*

Von links nach rechts: Dorothy Donegan, Lady, Irene Kitchings, Kenny Clarke. Donegans musikalische Laufbahn begann wie die von Kitchings in Chicago. Sie war eine sehr gute Pianistin und Sängerin und wurde eine beliebte Nachtclubkünstlerin. Der Schlagzeuger »Klook«, ein Vorreiter des Bebop, scheint sich im Kreis solch talentierten Frauen ausgesprochen wohl zu fühlen *(Avalon Archives)*.

rechte Seite oben: Auf der Bühne der Town Hall in New York Anfang 1946. Lady war die Königin der 52nd Street mit einem Plattenvertrag bei einer wichtigen Firma und dem landesweiten Hit »Lover Man«. Dieses ausverkaufte Konzert war der erste von mehreren, auch von der Presse gefeierten Triumphen, gerade zu jener Zeit, als sie süchtig wurde *(Avalon Archives)*.

unten: Lady schnappte sich Ende 1946 den jungen Bobby Tucker in der 52nd Street, der sie von da an begleitete. Uns widmete sie dieses Foto *(Bobby Tucker)*.

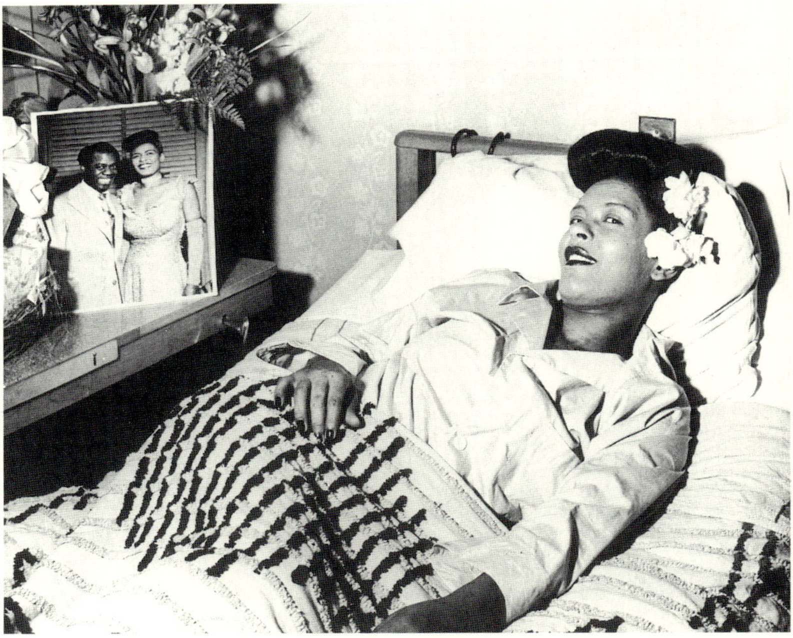

CBS
CBS

Jimmy Ascendio, Bobby und Lady nach der Festnahme, in Erwartung des Verhörs in einem Büro des US-Drogendezernates im Mai 1947. Bobby wirkt wie einer, der die Nase voll hat; er stand jedoch nicht unter Anklage *(Temple University Archives)*.

linke Seite oben: In einer teuren Klinik Anfang 1947, in der sie sich zu einer letztlich erfolglosen Drogenentziehungskur aufhielt. Für sie war es eine angenehme Pause, und Joe Glaser war glücklich. Lady hatte gerade einen Film mit Louis Armstrong beendet, deshalb dieses Foto neben ihrem Bett *(Bobby Tucker)*.

unten: Teddy Wilson und Lady präsentieren 1947 mit dem Rundfunksprecher Arthur Godfrey ihre Esquire Gold-Auszeichnung. Im »Esquire Jazz Book« aus demselben Jahr wurden die schwarzen Gewinner zugunsten der weißen Lieblinge des Redakteurs heruntergespielt. Die Jazz-Preise des Esquire verschwanden bald darauf endgültig in der Versenkung *(Bobby Tucker)*.

Lady und Louis Armstrong bei Decca Records, wahrscheinlich im September 1949, bei der einzigen gemeinsamen Aufnahmesession. Louis fürchtet offensichtlich, sie könnte tatsächlich einen Ton hervorbringen *(Brown Brothers)*.

Kontexts, der sich wie die gesamte populäre Musik der damaligen Zeit veränderte. Als die Swing-Ära allmählich ihren Schwung verlor, wurde auch der Jazzeinfluß innerhalb der gängigen Popmusik, die zwar immer noch gewisse Jazzmerkmale aufwies, verwässert.

Wie vielen das bereits 1939 klar war, läßt sich nur schwer sagen, aber rückblickend lag es einfach auf der Hand, daß hier ein neues Zeitalter für Popsänger anbrach. Zumal man Jahre braucht, um ein Musikinstrument wirklich gut zu beherrschen, und es den jungen Leuten, die mit Begeisterung romantische Filme und Songs konsumierten, wesentlich leichter fiel, sich mit einem Sänger denn mit einem Trompeter oder Saxophonisten zu identifizieren. Außerdem spielte, längst bevor der Baby-Boom der Nachkriegsjahre einsetzte, auch der wirtschaftliche Faktor eine große Rolle. Schon bevor sich die USA von der Wirtschaftskrise erholten und in den Zweiten Weltkrieg eintraten, war bereits 1940 der Anteil der Platten, die an die Betreiber der Musikboxen verkauft wurden, unter 40 Prozent gefallen, weil sich der Einzelhandel erholte (aus diesem Grund führte in diesem Jahr auch *Billboard* seine Charts ein). Und die jungen Leute kauften vor allem Schallplatten von Sängern. Als 1919 Paul Whiteman für seine Band Morton Downey als Sänger angeheuert hatte, hielten ihn die anderen Bandleader noch für verrückt. Aber Anfang der vierziger Jahre waren Perry Como, Frank Sinatra, Dick Haymes, Jo Stafford, Margaret Whiting, Peggy Lee und viele andere populärer als die Bands, mit denen sie auftraten. Und allesamt schlugen sie in diesem Jahrzehnt eine Solokarriere ein und blieben über Jahre hinweg Stars mit großen Hits (und der Schwarm vieler Herzen).

Als Lady die improvisierten Jazz-Sessions mit kleinen Combos hinter sich ließ und als Sängerin zunehmend in den Mittelpunkt rückte, hatten sie und ihre Plattenproduzenten vor allem den Markt der Pop-Schallplatten im Auge, der bald das Geschäft beherrschen sollte. Damals waren die jungen Fans überwiegend Weiße, die zwangsläufig keinen Bezug zu schwarzen Herzensbrechern hatten, beziehungsweise bot sich ihnen auch durch die Art und Weise, wie diese Schallplatten vermarktet wurden, keine Möglichkeit, diese näher kennenzulernen. Bezeichnenderweise gingen zu diesem Zeitpunkt laut *Pop Memories* auch die Verkäufe von Ladys »Hits« zurück. Da immer mehr Platten über den weißen

Plattenhandel verkauft wurden, schrumpfte automatisch ihr Gesamtanteil auf dem Markt. Dabei waren ihre Platten wie immer die besten ihrer Art. Und trotzdem war sie bei weitem nicht so erfolgreich wie ihre weißen Kollegen.

»Some Other Spring« war die erste Nummer, die sie am 5. Juli 1939 aufnahm. In ihrem Buch schrieb Lady, daß sie den Song Benny Goodman gezeigt habe, der ihn ebenfalls für wunderschön hielt. Genaugenommen meinte er, er würde sich niemals verkaufen, weil er zu schön sei. »Er hatte recht«, meinte Lady, »er hat sich nicht verkauft«. Und trotzdem hat der Song überlebt. Teddy Wilson nahm ihn noch im selben Jahr mit seiner Big Band und der Sängerin Jean Eldridge auf, und bis heute haben ihn so unterschiedliche Interpreten wie Ella Fitzgerald, Anita O'Day, Carmen McRae, Dakota Staton, Anthony Newley und Marianne Faithfull auf Platte veröffentlicht, außerdem die Musiker Art Tatum, Jimmy Rowles, Tommy Flanagan, George Shearing, Charlie Byrd und Benny Carter. Es ist eine sehnsuchtsvolle Ballade, die eine betont vordergründige Jazzbearbeitung nicht nötig hatte. Manche erkennen einfach einen guten Song auf Anhieb.

Eher unbedeutend und wenig bekannt ist hingegen »Our Love Is Different«, obwohl einen Ladys Ausführung schon berührt. Danach folgte »Them There Eyes«, das danach zu Ladys festem Repertoire gehören sollte. Das Arrangement wird durch ein mitreißendes Bläser-Motiv eingeleitet, das an Duke Ellingtons frühe Chart-Erfolge erinnert. Diesen Song hatte 1930 Maceo Pinkard, der auch an »Sugar« und »Sweet Georgia Brown« beteiligt war, mitverfaßt. Das schnellere Tempo ermöglicht Soli von Tab Smith, Shavers und Hollon. Die Version von »Swing, Brother, Swing!«, das zum Teil Clarence Williams, dem erfolgreichsten schwarzen Musikverleger zugeschrieben wird, ist nicht so ausdrucksstark wie jene von Basie, aber sie macht trotzdem Spaß, und bei den Soli steuerte auch Sonny White etliche Takte bei.

Eine noch weitaus größere Konzession an die neu anbrechende Musik-Ära machte Lady während ihrer nächsten Plattensession, die am 15. Dezember stattfand. Neben dem Pianisten Joe Sullivan spielte die gesamte Basie-Band mit: die Trompeter Clayton und Edison, die Saxophonisten Earle Warren, Lester Young und Jack Washington und die unvergleichliche Rhythmusgruppe. Trotz der ziemlich faden Arrangements sind es gutgemachte Plattenproduktionen, aber jede vergleichbare Band hätte sie ebenso aufnehmen können. Nur auf »Night and Day« von Cole Porter ist Lady ganz sie selbst. Sie verändert nach Belieben die Textzeilen, und faßt »making love to you night and day«, das normalerweise aus etlichen unzusammenhängenden Sätzen besteht, zu einer sinnvollen Aussage zusammen. Auch »The Man I Love« von George und Ira Gershwin ist absolut Ladys Fall, aber auf gewisse Weise wird es durch das Arrangement abgewertet. Wenn man nur Lady zuhört, dann stellt sich dieses maßvolle Pathos ein; doch Goodmans Quartett hat 1938 bei seinem Carnegie-Hall-Konzert eine wesentlich dramatischere Version eingespielt. Zumindest steuerte Lester ein Solo bei. Auf »You're Just a No Account« von Gershwin und Sammy Cohn wird das Tempo etwas beschleunigt und man hört kurze Soli von Buck und Lester. »You're a Lucky Guy« von Cahn und Saul Chaplin ist noch temporeicher, und somit kann die Rhythmusgruppe endlich etwas loslegen. Darüber hinaus ist es ebenfalls mit etlichen kurzen Soli angereichert.

Insgesamt spiegelt diese Session also auf beispielhafte Weise die künftige Situation der populären Musik wider. Solange man einen Raum voller Genies hat, reicht es, ein Mikrofon zu installieren. Trotzdem ist es viel einfacher, eine Menge Geld für eine Produktion auszugeben, auch wenn sie der Musik nur im Weg steht. Ladys Arrangements haben zwar an Format gewonnen, aber die Plattenindustrie ist ja immer bereit, dann möglichst viel Geld zu investieren, wenn sie davon überzeugt ist, die absolut sichere Formel für den großen Hit entdeckt zu haben. Und es drängte sich der Verdacht auf, daß die Swing-Ära bereits erste Ermüdungserscheinungen zeigte: Shaw und Tommy Dorsey stockten ihre Bands mit überflüssigen Streichergruppen auf, und in den fünfziger Jahren wurden schließlich Unmengen von langweiliger Popmusik produziert. Und das gleiche passierte, als die Rockdekade überreif war. Die Industrie will einfach nicht begreifen, daß Platten, die auf eine unbefangene Weise zustande kommen, längst nicht so schnell verstauben wie diese sterilen Überproduktionen.

Am 29. Februar 1940 arbeitete Lady mit einer völlig anderen, aber dafür absolut kompetenten Besetzung. Sonnys Pianobegleitung war längst nicht so trist, wohingegen die drei Bläser, die hinter Ladys Stimme wehklagen, wirklich überflüssig sind. Sie nahm zwei weitere Kompositionen von Irene Wilson und Herzog auf:

»Ghost of Yesterday« und »What Is This Going to Get Us«. Auf ersterer hören wir eine herrlich gestopfte Trompete von Roy Eldridge, auf letzterer ein Solo von Sonny, und beide Songs sind einfach unwiderstehlich. Johnny Greens »Body and Soul« war in einer Instrumentalfassung von Coleman Hawkins ein Top-10-Hit, der darauf die Melodie völlig ignorierte und statt dessen reihenweise prächtige Arpeggios spielte. Lady veränderte den Song auf ihre Weise. »Falling in Love Again« wurde ursprünglich von Marlene Dietrich 1930 in dem Film *Der blaue Engel* gesungen (»Ich bin von Kopf bis Fuß auf Liebe eingestellt«) und stammt aus der Feder Friedrich Holländers. Der englische Text stammt von Sammy Lerner. Hier ist das Tempo wieder angezogen, und Ladys knappe Vortragsweise ist auf zweideutige Weise recht amüsant: Ihre Verlobung mit Sonny war gelöst, und vielleicht hat sie sich gefragt, ob wahre Liebe genauso trügerisch wie der kommerzielle Erfolg ist. Das Saxophonsolo ist sehr hübsch, und die Bläserarrangements im letzten Chorus müssen einfach erwähnt werden.

Am 7. Juni 1940 waren bei der Session Eldridge an der Trompete, Teddy Wilson am Piano, Freddie Green an der Gitarre, Walter Page am Baß und J. C. Heard am Schlagzeug dabei. Außerdem zwei Altsaxophonisten und zwei Tenorsaxophonisten, darunter Lester Young, und auch hier kommen die Arrangements der Musik nicht in die Quere. Sie könnten von Wilson sein. Er hat später zugegeben, daß er immer gerne komponiert habe, und das könnte auch der Grund sein, warum man ihn dazu überredet hat, eine Big Band zu leiten. Jedenfalls scheint sich Bernie Hanighen (oder Morty Palitz, ein weiterer Produzent von Billie) bei dieser Session mit dem Problem auseinandergesetzt zu haben, wie man diese Art von Platten produziert. Irene hatte aus Cleveland »I'm Pulling Through« an Arthur Herzog geschickt. Es war ihre letzte Zusammenarbeit, und man kann darauf Soli von Eldridge und Lester Young hören. »Tell Me More« stammt von Lady selbst. Und zu diesem Song äußerte sich Herzog 1971 merkwürdigerweise recht übellaunig. Es ging um einen Abend, an dem er Besuch von Danny Mendelsohn hatte:

> Seine Wohnung war zwei Blocks unterhalb der 14th und 8th Avenue, und damit vielleicht vier oder fünf Blocks vom Café Society entfernt – und manchmal kam sie montagnachts

rüber, weils ihr freier Abend war. Ich hab' vergessen, wo sie damals wohnte. Ihr war's ja eh egal, sie zog ja ständig um. Einmal stellte sich raus, daß sie einen Stock unter meinem jüngsten Sohn wohnte. Er hatte 'ne Wohnung an der 80sten West und stellte irgendwann fest, daß er über Billie wohnte.

Sie ging sofort auf Danny zu. Sie war eine großartige Künstlerin, aber kreativ – nein. Sie sagte zu Danny: »Danny, ich hab' 'ne großartige Melodie, kannst du sie für mich notieren?« Und sie singt, da-da-da, »St. James Infirmary«. Und Danny meint: »Ja, Billie, ist 'ne großartige Melodie, aber es ist ›St. James Infirmary‹.« »O Danny, änder's ein bißchen für mich ab, nur ein bißchen.« Danny zieht also seinen Bleistift raus, transformiert es in 'nen Blues-Takt, vierviertelt, und macht einen Zwischenteil und meint: »Gut, Arthur, und jetzt ein bißchen Text.« Und ich platz' mit dem raus, was mir als erstes durch den Kopf geht: »Tell me more and more and then some«, also 'ne ziemlich geistlose Sache. Wir kritzelten das also drunter und haben die ganze Sache völlig vergessen.

Es vergingen sechs Monate, und dann kommt diese Platte raus, »Tell Me More«, Text und Musik von Billie Holiday, gesungen von Billie Holiday, begleitet von dem Billie-Holiday-Orchester, das es ja in Wirklichkeit gar nicht gab. Und das war's also. »Danny, was sollen wir jetzt machen? Diese unsere blöde Freundin hat uns das angetan, und der Song ist verdammt nochmal nicht die Bohne wert.« Also wirklich, »St. James Infirmary«.

Nach ihrem Tod rief mich Herbie Marks an und meinte: »Erinnere ich mich richtig, daß du irgendwas mit diesem Song zu schaffen hattest, weil ich nämlich gerne was damit machen möchte?« Und ich antwortete: »Herbie, ich kann nichts beweisen, aber dieser Song wurde von meiner Wenigkeit und dem dahingeschiedenen Danny Mendelsohn geschrieben.« So war die Geschichte. Aber Geld haben wir damit keins gemacht.

Herzog macht damit ihre Lohnarbeit schlechter, als sie tatsächlich ist. Und auch den Begriff »kreativ« hat er, ehrlich gesagt, reichlich begrenzt auslegt. Keine Frage, Lady hätte sie an dem Song rechtlich beteiligen müssen, denn schließlich hatte sie ihn in Auftrag gegeben und sogar Vorschläge für seine Umsetzung gemacht. Der

Song klingt ziemlich bluesig, und die gewisse Ähnlichkeit mit »St. James Infirmary« stört nicht im geringsten. Denn dadurch wird man das Gefühl nicht los, ihn schon irgendwann einmal gehört zu haben, und kann dennoch nicht einordnen, wo. Der Wortrhythmus ist angenehm, und dank der Stop-Time-Momente im Arrangement und Teddys Solo wurde daraus ein ungewöhnlicher Liebessong und eine hübsche Platte.

»Laughing at Life«, von Charles und Nick Kenny, die zum Teil auch für Wilsons großen Hit »Carelessly« verantwortlich zeichnen, beschwört die alten Zeiten wieder herauf. Der Song ist etwas schneller und schlichter. Lady setzt während einiger netter Soli aus, und die Bläser ergänzen auf dem letzten Chorus ihren Gesang mit einem Rhythmusmotiv. Bei den Satzenden läßt sie wie früher die Tonhöhe langsam absterben und gibt dadurch den Worten mehr Bedeutung: »We might be only pretending to laugh«. »Time On My Hands« von Vincent Youmans ist ein hübscher Song, eine gute Tanzplatte für Verliebte, auf der man jede Menge von Eldridges gestopfter Trompete zu hören bekommt, der sich mit Lester im Hintergrund abwechselt.

Wilson und Eldrige waren auch am 12. September 1940 wieder mit von der Partie, außerdem vier Bläser, darunter die aufstrebenden Talente Jimmy Hamilton und Don Byas, der einflußreiche Bandleader Don Redman, der gerade aus der Armee entlassen worden war, und Georgie Auld, ein Freund von Billie aus der 52nd Street. Auld zählte zu den besten weißen Musikern der Ära, gehörte einer späteren Besetzung von Shaws Band an und arbeitete damals zusammen mit Charlie Christian auf den Platten von Goodmans Sextett, mit die besten, die Goodman je gemacht hat. »I Hear Music« von Burton Lane und Frank Loesser und mit Soli von Eldridge und Auld ist der fröhlichste Song, der bei dieser Session entstand. Mit »I'm All for You« und »It's the Same Old Story« haben wir zwei Schieber, auf denen vor allem der Bassist Al Hall das langsame Tanztempo grandios beherrscht. Von »Practice Makes Perfect« existieren Hitversionen von zwei obskuren Tanzbands. Auf Ladys Aufnahme wird das Tempo etwas angezogen, was Raum für zwei weitere Soli schafft. Das Arrangement dürfte von Redman stammen, weil kein anderer es auf diese Weise so gut hinbekommen hätte. Man spürt förmlich den Spaß, den die Bläser haben.

Am 15. Oktober 1940 veranstalteten Leonard Feather und John Hammond mit »Benny Carter and his All Star Orchestra« eine Hommage an W. C. Handy. Sie planten dabei acht Stücke für ein Album mit vier 78er-Platten aufzunehmen, führten aber das Projekt nicht zu Ende. Joe Turner nahm zwei Stücke auf und Billie Holiday den »St. Louis Blues« und »Loveless Love« (auch »Careless Love«). Sonny White spielte Piano und Bill Coleman Trompete. Auf der ersten Nummer ist ein Klarinettensolo von Carter zu hören, auf der zweiten eines vom Tenorsaxophonisten Auld. Lady machte ihre Sache gut, doch wie bei so vielen Hommagen war die Sache gutgemeint, das Ergebnis aber nicht wirklich überzeugend.

Die beiden folgenden Sessions von Lady waren die ersten mit dem Pianisten Eddie Heywood, der mit Carter gearbeitet hatte und später die Band im Café Society leiten sollte. Am 21. März war der Trompeter Shad Collins dabei, ein handwerklich versierter Musiker, der gerade aus Europa zurückgekehrt war. Unter den drei Bläsern befand sich Lester Young, und der junge Kenny Clarke spielte Schlagzeug. Die vier Stücke waren durchgehend arrangiert, die Trompete, zwei Altsaxophonisten und ein Tenor brachten einen ähnlich pastellfarbigen Klang wie John Kirbys kleine Band zustande, die sich damals auf ihrem absoluten Höhepunkt befand. »Let's Do It« von Cole Porter wurde völlig umgeschrieben, und es wäre interessant zu erfahren, was Porter davon gehalten hat. Auf seine Art ist es ein leichtfüßiger, ungezwungener Ausflug mit Soli von Heywood und Lester. »Georgia on My Mind« von Hoagy Carmichael wird von Lady auf eine lässige, sehnsuchtsvolle Weise interpretiert, obwohl man davon ausgehen kann, daß sie sich in diesem Staat bestimmt nicht gern für längere Zeit aufgehalten hätte, der zu ihrer Zeit die Rassentrennung auf die abscheulichste Weise praktizierte. Das bombastisch arrangierte Finale mit zwei aufdringlichen Akkorden ist ein Fehlgriff. Hingegen ist »All of Me« die wundervolle und gelungene Version einer Schnulze von Seymour Simons und Gerald Marks, von der es 1932 drei Hitaufnahmen gab, darunter eine von Louis Armstrong. Und wie üblich, ist auch hier Ladys Gesang von gebrochener Sentimentalität.

»Romance In the Dark«, auch als »In the Dark« bekannt, stammte von Lil Green, die damit Ende 1940 einen Hit hatte. Die Green war eine Nachtclubkünstlerin, die mehrere Songs schrieb, aber im Alter von vierunddreißig Jahren an einer Bronchiallungenentzündung starb. Auf den heutigen Plattenlabels wird der Song als »Romance in the Dark« gewissen »Costow-Nielsen« zugeschrieben. Ladys Version macht mordsmäßig Spaß.

Ende 1940 bestreikte The American Society Of Composers, Authors and Publishers die Radiostationen, nachdem sie eine unrealistische Tantiemenausschüttung für Songs der ASCAP gefordert hatte, die im Radio liefen. Der Schuß ging völlig nach hinten los, und als Folge des Streiks wurde die Broadcast Music Inc. (BMI) gegründet, wodurch an die ASCAP zum Schluß nur noch die Hälfte dessen abgeführt wurde, was sie vor dem Streik erhalten hatte. Doch die Bandleader und Songwriter ließen sich nicht so schnell für dumm verkaufen. Um zu gewährleisten, daß ihre Songs auch während des Streiks weiterhin im Radio gespielt wurden, versuchten sie ihre Werke, soweit es ging, bei der BMI registrieren zu lassen. So war Charlie Barnets »Redskin Rhumba« eigentlich nur eine Fortsetzung des Mammuthits, den er mit Billy Mays Arrangement von Ray Nobles »Cherokee« hatte. Aber die Nummer war bei BMI registriert und avancierte während des Streiks zum Hit. Arthur Herzog hatte eine ähnliche Idee:

> Damals wurden im Radio nur Sachen wie »Jeanie with the Light Brown Hair« gespielt, Sachen, die nicht durch ein Copyright geschützt waren. Daraus schloß ich, daß ich wahrscheinlich einen Song im Radio unterbringen konnte, wenn ich nicht bei der ASCAP registriert war. Eines abends traf ich Billie nach ihrer Arbeit, und Danny kam zu uns, und ich erklärte Billie die Idee, die ich hatte. Sie sollte mir irgendeine altmodische Redewendung aus dem Süden liefern, aus der man einen Song machen konnte, so was wie »Water Boy«. Sie kratzte sich am Kopf, und es fiel ihr absolut nichts ein.
>
> Im Gespräch kamen wir auf ihre Mutter, Sadie, und daß sie nun ohne Konzession ein Spätrestaurant eröffnen wollte, und deshalb von Billie ständig Geld verlangte, und daß Billie keine Lust hatte, ihr ständig welches zu geben. Und plötzlich platzte es wütend aus ihr raus: »God bless the child«. Und ich meinte, »Billie, was bedeutet das denn?« Sie antwortete: »Also, weißt du, üblicherweise sagen wir das, wenn deine Mutter Geld hat, dein Vater Geld hat, deine Schwester Geld hat, dein Cousin Geld hat, aber solange du keins hast, Gott segne das Kind, das sein eignes hat.« Und ich darauf: »Genau

> das is' es, Billie.« Und wir haben für den Song, wie er heute existiert, grade mal zwanzig Minuten gebraucht. Danny hat ihn notiert, wir haben nur eine Sache verändert. Billie hat gesagt: »Ich möcht's aber so haben«, und deshalb haben wir eine Note um 'nen Halbton verändert. Ich hab' den Text und die Noten geschrieben, und Danny hat's eingesteckt, und am nächsten Tag sind wir zu einem Musikverlag, und der Verleger hat sich die Gelegenheit nicht entgehen lassen, weil Billie Platten machen durfte. Ich hab' zu Billie gesagt: »Billie, die Hälfte der Rechte am Song gehören dir, wenn du die Platte machst.« Sie hat einfach ein paar Worte ausgespuckt, und ich hab' sie mir notiert. Sie hat nicht eine einzige Zeile Text oder Musik verfaßt.

Lady gibt in ihrem Buch eine andere Version zum besten, wonach die Geschichte genau umgekehrt gelaufen ist, weil sie eigentlich von ihrer Mutter Geld wollte. Aber wir wissen ja, daß ihr Buch hoffnungslos unzuverlässig ist. Doch sie ging nicht nur mit gewissen Details nachlässig um, es plagten sie damals auch Gewissensbisse, weil Sadie, als William Dufty das Buch für sie schrieb, bereits zehn Jahre tot war. Jedenfalls war »God Bless the Child« so gut wie ihre letzte Hitplatte (in den Händlercharts von *Billboard* hatte sie keinen einzigen Hit). »God Bless the Child« wurde bei Ladys zweitem Termin mit Eddie Haywood am 9. Mai 1941 eingespielt und im Oktober als Hit registriert.

Die Aufnahmesession verlief ähnlich wie die vorherige, mit dem Trompeter Eldrige und drei Bläsern (ohne Lester). Alle vier Stücke waren von langsamer Machart, aber nicht zu langsam. »God Bless the Child« ist nicht sentimental, eher schon philosophisch, und auf eine unmittelbare und einzigartige Weise gefällig. »I'm in a Low Down Groove« mit einem mustergültigen Solo von Eldridge auf der gestopften Trompete, ist zwar ein merkwürdiges, aber angenehm sentimentales Lied. Und Ladys Version von Duke Ellingtons »Solitude« ist großartig. Sie hat zwar ein paar Noten verändert, aber Ellington hatte sicher nichts einzuwenden, zumal sie die Schönheit des Songs nicht antastet. Von Grant Clarkes und Harry Aksts »Am I Blue?« gab es 1929 sechs Hitversionen, darunter solche von Libby Holman, Annette Hanshaw und Ethel Waters, die ihn in einem Film vorstellte. Es ist ein toller Song und eine tolle Platte. Grachan Moncur spielt wieder Baß, und zwar diesmal besser. Besonders erwähnenswert sind vor allem seine Akzente, die er auf »Am I Blue?« setzt, um Ladys verhaltene Angst zu verstärken.

Am 7. August nahm Teddy Wilson wieder den Platz am Piano ein, aber das musikalisch erfolgreiche Konzept wurde mit der identischen Instrumentierung fortgesetzt, indem Emmett Berry einen Beitrag auf der gestopften Trompete und John Williams auf dem Baß eine treffende Untermalung mit einem Hauch von Unruhe lieferten. »I Cover the Waterfront« von Edward Heyman und Johnny Green war 1933 eigentlich zuerst ein Werbesong für die Verfilmung eines gleichnamigen Romans. Auf diesem Lied, das ein Leben lang mit ihr in Verbindung gebracht wurde, singt Lady erstaunlicherweise die Einleitung.

»Love Me Or Leave Me« von Gus Kahn und Walter Donaldson wurde 1929 durch Ruth Etting populär. Auch hier singt Lady die Einleitung, und so, wie sie in die bekannte Melodie einsteigt, ist ihre Bearbeitung einfach, aber klassisch. Auf den beiden ersten Zeilen, »Love me or leave me, and let me be lonely/you won't believe me, I love you only«, erfolgt eigentlich zwischen »or« und »leave« einen Oktavsprung nach unten, und dasselbe passiert zwischen den beiden Silben von »believe«. Lady behält in der ersten Zeile die Tonhöhe bei, vermindert sie aber dann bei »believe«, und aufgrund einer gewissen Erwartungshaltung hat das eine viel stärkere Wirkung auf den Zuhörer. Natürlich rührt die Erwartungshaltung daher, daß wir das Lied kennen, und es gehört ja zu den Geheimnissen eines Künstlers, wenn in seiner Interpretation das, was wir erwarten, nicht notwendigerweise dem entspricht, was wir hören.

»Gloomy Sunday« ist ein ungarisches Schmalzlied von Rezso Seress mit einem englischen Text von Sam Lewis. Paul Robeson hat es als erster Amerikaner aufgenommen, und man hat es als »den ungarischen Selbstmordsong« vermarktet, weshalb einige Radiostationen den Song nicht spielen wollten (der Komponist hat sich dann 1968 selbst das Leben genommen). Es besitzt eine unverwechselbare europäische Melodie mit einem besonders einprägsamen Übergang und wurde zu einer der bekanntesten Nummern von Lady. »Jim« war ein Popsong, von dem es 1941 zwei Hitversionen gab. Einer der Co-Autoren soll angeblich James C. Petrillo gewesen sein, ein Auftragspianist und Bandleader aus

Chicago, der schließlich Präsident der Musiker-Gewerkschaft American Federation Of Musicians wurde.

Am 10. Februar 1942 wurde Lady auf »Mandy Is Two« von derselben Band begleitet, einem niedlichen Liedchen, das Johnny Mercer für seine Tochter geschrieben hat. Die Musik dazu hat Fulton (»Fiji«) McGrath komponiert. Lady liebte Kinder, und auf diesem Song legte sie eine ungewohnte Zärtlichkeit an den Tag, ohne dabei ins Sentimentale abzurutschen. »It's a Sin to Tell a Lie« (von Billy Mayhew) und »Until the Real Thing Comes Along«, waren 1937 Fats-Waller-Hits. Letzteren hatten Mann Holiner und Alberta Nichols 1931 verfaßt, und er wurde in einer Überarbeitung von Sammy Cahn und Saul Chaplin zum Hit. Lady leistet bei beiden gute Arbeit, auf ersterem mit einem leichten Up-Tempo, auf dem zweiten setzt sie ihr Vibrato bisweilen zwar etwas kitschig, aber äußerst effektvoll ein. »Wherever You Are« ist der einzige verschollene Song dieser Session.

Nachdem sie Ende 1933 angefangen hatte, für Columbia Platten aufzunehmen, und ab Juli 1935 bei ARC weitergemacht hat, wurde ihre Zusammenarbeit nach fast neun Jahren mit der Firma, aus der irgendwann wieder Columbia geworden war, beendet. Nach einem wackligen Start mit Plattenaufnahmen direkt vor und nach »Strange Fruit« hatte Columbia mit Billie Holiday zwei Dutzend großartiger Plattenseiten eingespielt und sie in den Mittelpunkt klassischer Pop-Platten gestellt, mit passablen Arrangements und von guten Studiobands begleitet. Ihre Stimme und ihr Stil waren voll ausgereift, doch gleichzeitig klang sie jung und zuversichtlich. Aber dieser Entwicklung wurde durch das Schicksal ein jähes Ende bereitet. Petrillo schickte seine American Federation Of Music in den Streik, und ab dem 1. August 1942 wurden keine Schallplatten mehr aufgenommen.

Der erste AFM-Aufnahmestreik wurde von vielen Mitgliedern abgelehnt, aber er hatte für die Musikindustrie katastrophale Folgen, weil die wirklich populären Sänger wie Sinatra, Crosby und viele andere, die nicht Mitglied der Gewerkschaft werden durften, weiterhin Platten aufnahmen und Hits mit Liedern hatten, auf denen sie nur durch einen A-cappela-Chor begleitet wurden. Dieser Streik war ein weiterer Sargnagel für die absterbende Swing-Ära. Die Bandleader und deren Begleitmusiker erholten sich nie mehr von dem finanziellen Verlust, den sie während des

Streikes machten, zumal gerade in einer äußerst kritischen Entwicklungsphase der populären Musik viele Platten einfach nicht aufgenommen werden konnten. Abgesehen von einer weiteren Plattenseite für Capitol (als »Lady Day«) betrat Billie mehr als zwei Jahre lang kein Studio mehr. Und auch um ihre Ehe stand es nicht zum besten.

Bevor diese Ehe nochmals eine echte Chance bekommen konnte, bereitete Sadie wieder eine Menge Schwierigkeiten. Lady hat Irene Wilson gegenüber geäußert, daß wahrscheinlich vieles anders gekommen wäre, wenn Clarence sich Sadie gegenüber »korrekt verhalten« hätte. Natürlich wußte sie, daß ihre Mutter bei ihrer Geburt selbst »noch ein Kind« war, aber diese Einsicht hat ihr fünfundzwanzig Jahre später auch nicht weitergeholfen. »Ihre Mutter war eine überzeugte Katholikin«, so Irene,

> und weil Lady ihr einziges Kind war und sie ständig zusammen waren, wollte Sadie, daß Lady sich anständig verhielt. Ich erinnere mich an eine Nacht, da sind wir durchs Village gefahren, und sie sagte: »Mama und das und dies, und Mama und dies und das.« Und ich meinte: »Aber Lady, es ist halt mal nun so und so.« »Ach, Renie«, meinte sie, »du machst mich genauso krank, weil du wie meine Mutter bist«. Sadie war eine hundertprozentige Mutter. Wann immer Lady heimkam: »Lady, du sollst nicht so viel trinken.« »Oh, Mam.« Sie hatte was gegen die Sache mit Freddie, weil er verheiratet war, und sie wollte nicht, daß sie mit ihm ihr Leben verplemperte. Lady schmiß halt die Tür hinter sich zu und sagt: »Ach, Mam.« Sie haben sich wie zwei Schwestern herumgestritten.

Sadie und Irene waren froh, als sich Lady mit Sonny White verlobt hatte: »Wir haben geglaubt, daß sie's schaffen würden, ja?« Ihrer Meinung nach war Monroe am Scheitern dieser Verlobung mit schuld: »Lady flog einfach auf diese Angebertypen. Sie war albern, kindlich …« Damals, so erzählte Irene weiter,

> hab' ich alle Zelte hinter mir abgebrochen, und bevor ich nach Cleveland zurück bin, hab' ich bei Billie und ihrer Mutter gewohnt … Sadie meinte zu mir: »Renie, ich mach mir wegen Billie Sorgen.« Denn sie hat Monroe gehaßt, ihre

Mutter, echt. Sie hat absolut nichts von ihm gehalten. Aber er sah natürlich gut aus, scharfer Kerl. Und wenn dann Lady morgens heimkam, wissen Sie, er hat sie wirklich auf Drogen gebracht, dann hat sie irgendwas in ihren Kaffee getan: Haschisch, das gewinnt man aus Opium, wenn man's verbrennt, sie gewinnen es daraus. Also, er hat ihr diesen Scheiß gegeben, und sie hat's in ihren Kaffee getan. Und eines Morgens meint Sadie: »Sie ist so merkwürdig. Sie kommt an, wenn er sie rausschmeißt, und ich weiß, daß sie zur Arbeit muß, und irgendwas mit ihm stimmt nicht, er kommt nicht mit rauf, er will mir nicht begegnen.« Ich fragte Lady: »Was tust du da in den Kaffee? Was tust du da rein?« Und sie darauf: »Ach, Renie, irgendwas. Ist nicht wichtig.« Und ich darauf: »Nein, was ist es?« »Ach, das schadet dir nicht.« Und kurz darauf liegt Lady im Klo wie'n kranker Hund. Es wird einem anfangs davon schlecht. Gefixt hat sie da noch nicht, nein, nein. Sie hat dieses Opium einfach nur in ihren Kaffee getan. Und meiner Erinnerung nach hat er sie dann dazu gebracht, daß sie's geraucht hat. Und kurz darauf fing sie dann mit Koks an ...«

Kokain war für Lady nichts Neues, aber was sie in ihren Kaffee getan hat, war mit Sicherheit kein Haschisch. Haschisch ist nur eine andere Form von Marihuana, und man könnte sich nur wünschen, daß sie dabei geblieben wäre. Natürlich ist auch Opium eine Droge, die abhängig macht, aber nicht in dem Maße wie Heroin. Und alle Drogen, die man nur raucht, machen längst nicht so abhängig wie das Fixen (eine Injektion direkt in die Blutbahn). Lady behauptet in ihrem Buch, daß sie mit Monroe zu rauchen angefangen habe, weil sie ihre Ehe retten wollte, die von Anfang an auf tönernen Füßen stand. »Zu dieser Zeit fing ich mit dem Rauschgift an.«

Doch die beiden Sachen haben nichts miteinander zu tun, wirklich nicht. Jimmy hatte nicht mehr mit dem zu tun, was ich tat, als meine Mutter. Und das gilt für alle Männer, die ich je gekannt habe. Ich war genauso stark, wenn nicht noch stärker wie sie, und wenn es so ist, dann kann man niemandem die Schuld geben, außer sich selbst.

In ihrem Buch wird auch erwähnt, daß es Monroe in der Wohnung ihrer Mutter an der 99th Street schlecht wurde. Das zog eine gewalttätige Auseinandersetzung nach sich, nach der Monroe und Lady sich eine eigene Wohnung suchten. Opium kann eine gewisse Übelkeit auslösen, vor allem aber wird der Hals davon wund, und das ist nicht gerade ideal für eine Sängerin. Da Lady schon immer dem Alkohol zugesprochen hatte, hat sie ihn vielleicht danach benutzt, um ihren Hals wieder zu beruhigen. Denn schon kurz darauf wurde es zur Gewohnheit, daß sie sich während der Plattenaufnahmen vollaufen ließ. Und weil sie fähig war, mit Opium umzugehen, ist sie möglicherweise zu der Überzeugung gelangt, daß sie auch darüber niemals die Kontrolle verlieren könne. Und damit hatte sie bereits einen gefährlichen Weg eingeschlagen.

Ihrer Autobiographie nach könnte sie mit Monroe eine Weile bei ihrer Mutter Sadie gelebt haben, aber wann sie nun genau ausgezogen sind, bleibt offen. Nach ihrer Heirat endete ihr sechswöchiges Engagement im Famous Door, und die beiden brachen nach Chicago auf, wo Lady mit Lionel Hamptons neuformierter Big Band im Hotel Sherman auftrat. Danach zogen sie nach Kalifornien weiter. Der Posaunist und spätere Komiker Jerry Colonna hatte dort Geld in einen Club gesteckt, den er ebenfalls Café Society nannte und als die West-Coast-Version von Josephsons Konzept ausgab (Josephson protestierte gegen die Benutzung dieses Namens durch Colonna). Lady kannte Colonna aus New York, und ihr gefiel die Atmosphäre in der Filmkolonnie. John Chilton behauptet, daß Ginger Rogers angeblich irgendwann einmal geäußert habe, daß sie glücklich wäre, wenn ihr Mund so wohlgeformt wie der von Lady wäre. Für Lady und ihr kindliches Gemüt war dies ein viel größeres Kompliment als jedes noch so große Lob für ihre Stimme. Freilich war der Aufenthalt in Tinseltown nicht von Erfolg gekrönt. Der Club wurde am 1. Oktober 1941 eröffnet und bereits nach etlichen Wochen wieder geschlossen. Lady und ihr Ehemann waren pleite, und sie kehrte allein nach New York zurück, während Monroe an der Westküste blieb.

Bevor die Ehe endgültig in die Brüche ging, verarbeitete Lady diese Erfahrung in einen Song. In ihrem Buch heißt es, daß Monroe aus England ein »hochgewachsenes, hübsches Cockney-Mädel« mitgebracht hatte, ihr das Singen beibrachte, sie managte und während seiner Ehe auch noch mit ihr etwas laufen hatte. Angeblich soll dieses Mädchen Sadie angerufen haben, um sie zu überzeugen, daß Monroe niemals Lady heiraten werde. Irene hatte erzählt, daß Sadie sich über die ständigen Anrufe von Nina Mae McKinney beschwert habe, die jedoch nicht Engländerin war, und schon gar keine waschechte Londonerin.

> Dieses Mädchen – sie konnte einem wirklich leid tun – Nina Mae – rief Sadie an und sagte ihr, daß er [Monroe] ihr gesagt hätte, daß er, falls sie ihm irgendwelche Schwierigkeiten wegen Lady machen würde – er hat sich zu der Zeit Lady in den Kopf gesetzt –, dafür sorgen würde, daß man sie abschieben würde.

Nina Mae war Amerikanerin, also wie um alles in der Welt hätte Monroe sie nach England »ausweisen« lassen können? Aber andererseits wußte jeder, daß Nina Mae nicht gerade hell im Kopf war. (Ruby Helena nannte sie »reichlich unzuverlässig«.) Es ist ja auch egal, mit wem Monroe sich herumtrieb. Jedenfalls kam er eines Nachts nach Hause und hatte Lippenstift am Kragen, doch Lady wollte keine Erklärungen, zumindest schrieb sie das in ihrem Buch:

> Daß er mich anlog, war schlimmer als das Schlimmste, das er mit irgendeinem Flittchen hätte tun können. Ich schnitt ihm das Wort ab: »Nimm ein Bad, Junge«, sagte ich, »und spar dir deine Erklärungen.«

Vielleicht gärte die Sache auch erst mal eine Weile in ihr. Wenn man die Ungenauigkeit ihres Buches in Betracht zieht, könnte auch ein anderer Mann sie zu »Don't Explain« inspiriert haben, das sie erst 1945 aufnahm. Es wurde im Jahr darauf verlegt (laut Nachschlagewerken stammte der Text von Herzog und die Musik von Lady), und ist auch heute noch ihr bekanntestes Stück.

Davor trat sie 1942 im Club Congo in Detroit auf, und danach im Boogie Woogie, einem neuen rassenintegrierten Club in Cleveland. Weil das Geschäft nicht gut lief, entließ man sie aus ihrem Engagement in Cleveland früher als erwartet. Chilton wies auf die Tatsache hin, daß sie sich nicht einmal einen festen Klavierbegleiter leisten konnte, und das deutet darauf hin, daß sie außerhalb von New York immer noch keine große Attraktion war. Doch im Mai 1942 reiste sie abermals nach Hollywood, wo sie in Billy Bergs Trouville Club auftrat, und zwar mit einem Septett, das von Lester und seinem Bruder Lee Young geleitet wurde. Lester hatte Basie Ende 1941 verlassen, angeblich, weil er sich geweigert hatte, das Studio an einem Freitag, dem dreizehnten für Plattenaufnahmen zu betreten. Hubert »Bumps« Myers spielte das zweite Tenorsaxophon, und Red Callender war der Bassist. Dieses Mal hatte sie mehr Glück, denn ihr Vertrag lief über zwei Monate.

Ladys Ghostwriter kolportiert diverse Geschichten über Filmstars wie Clark Gable, denen sie dort begegnet sein soll. Und auch hierüber werden wir nie die volle Wahrheit erfahren. Natürlich hatte Billie Holiday auch in der Filmwelt ihre Fans. Sie traf Orson Welles, der einen Film über Jazz plante, aus dem allerdings nichts wurde. Außerdem lernte sie einen jungen College-Studenten namens Norman Granz kennen. Callender schreibt in seiner Autobiographie (*Unfinished Dream,* mit Elaine Cohen, 1985), daß Granz zu jener Zeit als Filmcutter bei MGM beschäftigt war und an den Sonntagnachmittagen Jam-Sessions veranstaltete, ähnlich wie Milt Gabler in New York.

Während dieses Engagements im Trouville lernte Lady den Pianisten Jimmy Rowles kennen, und sie blieben ein Leben lang Freunde. Rowles erzählte, daß Artie Shapiro Mitte der fünfziger Jahre bei einer Probe einfach heimlich ein Band hatte mitlaufen lassen. Und als sie es sich mit Rowles zusammen anhörte, gab sie zu, daß sie Rowles anfangs nicht getraut habe, weil er ein Weißer war, »aber Lester meint, ›weiß ich nicht … der Kerl hat Jazz im Blut‹«.

Aber auch hier werden wir nie die genauen Umstände erfahren. Chilton erzählt, daß beim Engagement im Trouville ein gewisser Red Mack Trompete spielte. Callender schreibt, daß Bergs Geschäfte im Capri so gut liefen, daß er ein größeres Lokal eröffnete. Und in Rowles' Version hört sich die Sache so an:

> Bevor Lady auftauchte, waren wir in diesem anderen Club gewesen, und es war eine völlig andere Band. Da hab' ich zum erstenmal Billy Berg getroffen. Er ruft mich an, und meint, er würde was zusammen mit Lady Day und Lester Young machen. Lester Young! Scheiße. Ich mach' mich also auf, und ich schreib' Musik und all so was, und wir sind

> eine Clique, Lee und Prez und ich und Bumps und ein Trompeter namens Jake Porter. Paul Campbell kam erst später dazu. Und dann passierte folgendes: Berg hat seine Ausschanklizenz für Alkohol verloren. Rums! Wir finden uns zur Arbeit ein, Jukebox. Für uns ist's vorbei, endgültig. »Okay, Jungs, wenn ich was hör', ruf ich euch an.« Wir sind völlig fertig. Sehen uns nach 'nem anderen Auftritt um. Telefon klingelt, rums: Er hat 'nen anderen Club gekauft, das Trouville.

Rowles, Dudley Brooks und Gerald Wilson haben laut Lee Young die Arrangements geschrieben, und Paul Campbell sei der Trompeter und Louis Gonzales der Gitarrist gewesen. Sie hätten immer eine halbe Stunde gespielt. Ihre Masche sei gewesen, daß sie die Musikarrangements auswendig gelernt und im Stehen gespielt haben, abgesehen von Lee am Schlagzeug und Rowles am Piano. Laut Rowles wurde ihr Auftritt jeden Abend um elf im Radio übertragen, und angeblich gibt es von »I Hear Music« und »Solitude« Radiomitschnitte mit Lady.

1945 brachte Berg Dizzy Gillespie und Charlie Parker an die Westküste, aber der historische Auftritt soll kein Erfolg gewesen sein, weil die Stammkunden neben Musik auch noch nach Witzen und Varietenummern verlangten. Bis dahin hatte immer noch die Unterhaltung im Vordergrund gestanden. Rowles erklärt, daß in seinen Trouville-Zeiten The Spirits Of Rhythm und Joe Turner mehrmals zum Programm gehörten:

> Ich konnte es gar nicht erwarten, daß Billie endlich ankam. Konnt's einfach nicht glauben, daß sie herkommen würde. Sie kam nur wegen Lester Young her. Sie probten jeden Morgen, ich kam zu jeder Probe. Sie und Prez waren wie Brüder und Schwester. Sie ging mit Bumps Myers … Bumps und Billie lebten zusammen. Netter Typ, lieber Kerl. War niemals ungehalten. Sie kamen gut miteinander aus, er hat sie gut behandelt.

Als Rowles sich über ihre Männerbeziehungen ausließ, meinte er: »Ich kannte Jimmy Monroe. Kann nichts über ihn sagen. Vielleicht war ich ein bißchen enttäuscht … Er war aalglatt, genau das war er. Aalglatt.« Aber im Vergleich zu den anderen, »war Monroe gar nicht so schlimm. Gott sei Dank hab' ich's nicht miterlebt, als die Kacke am Dampfen war«, womit er wahrscheinlich auf ihre späteren, wesentlich katastrophaleren Beziehungen anspielte. Leo Watson arbeitete als Sänger bei The Spirits Of Rhythm, ein ungewöhnlicher und kreativer Scat-Sänger, der zu den Attraktionen der 52nd Street zählte, aber wegen seiner Disziplinlosigkeit leider keine große Karriere machte. Rowles beschreibt eine Party, die in Ladys Zimmer lief:

> Sie spielte also ihre Platten, und Monroe tauchte auch auf. (Bumps war gerade am Gehen). Sie tanzte also herum, sie schien ziemlich glücklich. Monroe ist so'n geschniegelter Zuhältertyp, arrogant, einfach undurchschaubar, diese ganze ganze Scheiße halt. Er war ein verdammter Scheißkerl. Ich will ihn ja nicht runtermachen. Kleinmädchenschwarm. Raffiniert. Bumps war der Footballspieler-Typ.
>
> Sie hüpfte einfach nur herum, in Hosen, tanzte, in dem kleinen Zimmer war der Teufel los. Die Tür geht auf, und da steht Leo Watson. Leo Watson ist ein Wahnsinniger. Es dauert nicht lange, da schlägt Leo Krach. Und nach ein paar weiteren Drinks fängt er an, rumzufluchen. Drei oder vier weiße Mädchen waren auch da. Sie sieht also Monroe an und meint: »Schaff dieses verdammte Arschloch raus.« Er geht also zu Leo rüber und versucht mit ihm zu reden, aber da könnte man genausogut mit Gargantua reden, die Sache bringt nichts. Sie tanzt also und swingt und wird high und diese ganze Scheiße, und sie kriegt mit, was läuft, daß also Monroe bei Leo Watson abgeblitzt ist. Sie nimmt also einen Stapel ihrer besten Platten und landet einen Volltreffer auf Leos Kopf, schlägt alles kurz und klein und ihn fast durch den Fußboden. Dann packt sie ihn, und aus seinem Kopf sickert das Blut, und sein Haar steht nach oben und überhaupt, und er schreit und blutet, und sie hebt ihn einfach nur hoch und meint: »Mach die Tür auf.« Und sie reißen die Tür auf und werfen ihn einfach in den Flur raus, und er knallt gegen die Wand, rums, und dann geht er nach unten und verschwindet. Sie knallt die Tür hinter sich zu und kommt zurück und legt 'ne neue Platte auf.
>
> Und drei Wochen lang mußte der arme Kerl im selben Club wie sie arbeiten. Sie hätten mal sehen sollen, wie er ankam und den Kopf durch die Tür steckte und wissen

wollte: »Wo ist Lady Day?« Er hat sich die ganze Zeit vor ihr versteckt. Er war ein kräftiger, kleiner Kerl, wie ein Gorilla, wirklich stark. Aber sie hatte ihm Todesängste eingejagt, zu Tode erschreckt. Monroe war mit ihm nicht fertiggeworden, aber sie. Ja, so war das damals im Trouville.

Am 12. Juni machte Lady bei einer Aufnahmesession von Paul Whiteman für das brandneue Label Capitol eine Platte mit dem Arrangeur Jimmy Mundi, auf der Johnny Mercer, Jack Teagarden und Lady (die sich auf der Platte »Lady Day« nannte, um Schwierigkeiten mit ihrem Columbia-Vertrag zu vermeiden) sangen. Angeblich wollte Whiteman sie unbedingt haben. Der großen Band gehörten überflüssigerweise auch Streicher an. Sie nahmen »Trav'lin' Light« auf, das möglicherweise so geschrieben wurde, weil bereits ein Titel namens »Travelin' Light« aus dem Jahr 1939 existierte. Der Posaunist Trummy Young hatte die neue Nummer geschrieben, als er in Earl Hines' Band arbeitete, sich aber nicht das Copyright dafür gesichert. Der Text stammte von Mercer, einem der Gründer von Capitol. Anfangs wurde Young nicht als Komponist mit aufgeführt, aber Mercer, der wie Young aus Savannah stammte, sorgte schließlich dafür.

In ihrem Buch schrieb Lady, daß sie endlich an der Westküste gearbeitet habe, mit Trummy dick befreundet gewesen sei und daß alle 75 Dollar für die Plattenaufnahme bekommen hätten. Ihrer Meinung nach war das 1944. Und wieder stellt sich die Frage, warum niemand bis heute solche grundsätzlichen Fakten abgeklärt hat. Es ist eine hübsche Platte und ihre letzte, die vor dem Musikerstreik eingespielt wurde, aber insgesamt ist das Resultat kaum von Bedeutung. Rowles berichtet, daß sie nach diesem Schallplattentermin von Skip Layton, dem Posaunisten, schwärmte, der auf dieser Platte ein gefälliges Solo spielte. Trummy bestätigt die Aussage in Ladys Buch, daß sie für die Capitol-Aufnahme alle 75 Dollar erhalten hätten, und daß sie, nachdem sie die Sache gebührend gefeiert hätten, blank gewesen seien. Sadie mußte ihnen Geld schicken, damit sie wenigstens mit dem Bus nach New York zurückfahren konnten. Und Young dazu: »Können Sie sich vorstellen, 4800 Kilometer in einem Bus zurückzulegen?«

Wie *down beat* berichtete, trat die Sängerin und Tänzerin Marie Bryant nach Billie im Trouville auf. Die Bryant war im Jahr zuvor in Duke Ellingtons Revue *Jump for Joy* aufgetreten, wo sie in dem parodistischen Sketch »Garbo and Hepburn« Katherine Hepburn verkörperte. Marie war eine beliebte Unterhaltungskünstlerin und als Sängerin vor allem durch zwei Lieder bekannt geworden, nämlich »My Man«, im Stil von Lady, und »On The Sunny Side of the Street« à la Louis Armstrong aufgenommen. Letzteres sang sie 1944 in dem berühmten Kurzfilm von Gjon Mili, *Jammin' the Blues,* mit Lester Young.

Marie meinte, daß Lady schon früher an der Westküste aufgetreten sei, 1935 oder 1936. Sie hätte in allen Lokalen an der Central Avenue in Los Angeles gesungen, in den Zeiten, als die überlebensfähige schwarze Gemeinde dort noch in einem funktionierenden Ghetto gelebt habe, bevor es von lokalen Politikern und Geschäftsleuten zerstört wurde. Und sie soll auch im Lincoln Theatre aufgetreten sein. Lady und Marie sollten gute Freunde werden. Vielleicht hat Anfang der siebziger Jahre Maries Gedächtnis ihr einen Streich gespielt, denn Ladys erster Aufenthalt an der Westküste wird allgemein auf das Jahr 1941 datiert. Marie erzählte, daß sie es gewesen sei, die Lady mit Norman Granz bekanntgemacht habe. Sie seien gut genug befreundet gewesen, daß sie Lady auch Ratschläge erteilen durfte. Sie hat sich zwar nicht unbedingt daran gehalten, »sie hatte ihren eigenen Kopf«, aber sie hat zugehört und überlegt. Anfangs glaubte Marie, daß Lady ihre Einstellung Männern gegenüber von ihrer Mutter übernommen habe.

Marie sprach über Manager, die sich auf Kosten ihrer Klienten bereicherten, und rechnete es Pearl Bailey hoch an, daß die Gesetze schließlich dahingehend abgeändert wurden, daß niemand mehr einen Vertrag über mehr als drei Jahre abschließen mußte, weil zu viele Unterhaltungskünstler auf diese Weise einfach betrogen wurden. Und sie erklärte außerdem, daß, egal, ob es sich um Joe Glaser, Norman Granz oder Liebhaber und Ehemänner handelte, Lady »eine Vaterfigur suchte. Ich weiß, daß man die Sache nicht so einfach sehen kann, aber das spielte bei allem eine große Rolle.«

> Sie hat mitgekriegt, was ihre Mutter alles durchgemacht hat, aber ihre Mutter liebte nun mal Billies Vater. Egal, was passiert war: »Untersteh dich, er ist mein Mann.« Und sie hat es wie ihre Mutter gehalten, die einen Typen hatte, ver-

stehen Sie? Fanny Brice, Helen Morgan, Billie Holiday. Bis zu ihrem Tod war Billie die treueste Seele, die ich kannte. Und damit mein' ich, egal, was passierte. Und ihre Mutter war genauso. Ich hab' Sadie nicht gekannt, aber ich hab' sie durch das, was Billie mir erzählt hat, kennengelernt. Wenn ein Kerl für einen da war, dann gehört einem die ganze Welt. Clarence war für Sadie nicht da, aber in ihren Augen war er da. Er konnte ihr jeden Bären aufbinden, warum er dies und jenes machte, und sie hat's einfach glauben wollen, weil es für sie am einfachsten war, daran zu glauben. Und Billie war nicht ein bißchen anders.

Marie kannte fast alle von Ladys Männern und hegte eine gewisse Sympathie für Jimmy Monroe. Auch wenn er als Zuhälter angefangen hatte, hatte er in ihren Augen dieses Image eines Mannes von Welt gepflegt und Lady beigebracht, wie sie sich zu kleiden und aufzutreten hatte:

Sie wußte, was sie erwartete ... und trotzdem glaub' ich immer noch, daß Jimmy der Richtige für sie war. Sie wußte natürlich, daß er andere Frauen hatte, und das tut weh, aber Billie war die Nummer eins in seinem Leben. Anfangs hat er wohl erst mal das Geld gerochen. Er hat sich halt wie ein Zuhälter verhalten, eben so, daß sie sein Flittchen wird, und wenn sie ein bißchen singt, dann kann ich das ausnützen, verstehen Sie, und die Sache durchziehen. Aber ich glaub', daß er ziemlich schnell kapiert hat, wie verletzlich sie war, und dann hat er's wirklich ernst gemeint.

Ich glaub' absolut nicht, daß Jimmy ein Schwächling war, abgesehen von Billie, denn ich bin überzeugt, daß sie ihn als Zuhälter sah und sich über ihn lustig machte. Ein Zuhälter kann sich keine Zärtlichkeiten erlauben, wer in diesem Geschäft zimperlich ist, der hat keinen Erfolg ... Ich denke, daß sie niemanden geliebt hat, vielleicht annähernd noch Jimmy. Denn Jimmy war, als sie ihn kennenlernte, älter als sie, hatte ein angenehmes Äußeres, kam gerade aus Paris zurück, er war einfach der perfekte Mann.

Immer wenn von Ladys Männern die Rede ist, fällt in diesem Zusammenhang das Wort »Zuhälter«. Und eigentlich ist ja damit ein Mann gemeint, der vom Einkommen seiner Frau lebt. Woraus man folgern könnte, daß es ungehörig ist, wenn die Frau mehr verdient als ihr Mann. Louis Armstrong hatte erklärt, daß ihm King Oliver den Ratschlag gegeben habe, sich einen Weißen zu suchen, der seine Hand auf Louis Schulter legen und sagen würde: »Dieser Neger gehört mir.« Für Louis Armstrong übernahm diese Rolle Joe Glaser. Doch eine schwarze Sängerin war mit ganz anderen Problemen konfrontiert. Sie brauchte einen Partner oder Ehemann, der ihr das Leben erleichterte und sich seinen Lebensunterhalt als Roadmanager oder ähnliches verdienen konnte. Nachdem Ladys Bekanntheitsgrad wuchs und sie zuerst durch die USA und später dann auch Europa tourte, brauchte sie einen Mann an ihrer Seite, der sich in der Welt der Weißen auskannte und vermitteln konnte. Und das wiederum war in den vierziger Jahren für einen Schwarzen immer noch ein schwieriges Unterfangen, und Ladys gestörtes Verhältnis zu Männern machte dies faktisch unmöglich.

Monroe ereilte das Schicksal, bevor er überhaupt eine Chance hatte. Zweifellos hatte er erkannt, wie talentiert und ungewöhnlich sie war, aber Lady hatte die Rollen vertauscht, und damit konnte er nicht umgehen. Sie hatte ihm, wahrscheinlich völlig unbewußt, den Zahn gezogen. Und letztendlich war sie auf der Suche nach irgendetwas, was auch immer, das er nicht hatte. »Billie Holiday blieb für sich«, so Marie:

> Und wenn sie fünfzig Millionen Männer gehabt hat, sie hatte nie wirklich einen Mann, wenn Sie wissen, was ich meine. Die keusche Jungfrau nennt man so was. Billie war eine keusche Jungfrau mit fünfzig Millionen Narben. Auch wenn sie ihre Muschi bereitwillig öffnete, ja, so war Billie dennoch bis zu ihrem Tod völlig unberührt. Sie hat nie den Schlüssel gefunden, der ihr geholfen hätte, offen zu sein. Ich glaube nicht, daß sie jemals jemanden geliebt hat oder wußte, was Liebe ist. Sie konnte nur leiden. Sie hat es geliebt zu leiden, weil sie nicht wußte, was Liebe ist. Ein paarmal hat sie gedacht, jetzt wär' es soweit, aber da war nichts, und ohne das erfahren zu haben, ist man kein ganzer Mensch.
>
> Diese Frau bestand nur aus Gefühlen. Billie war ein einziges Nervenbündel, ein Gefühlsbündel. Und darum ist sie mit dieser Welt nicht klargekommen. Sie war einfach zu sanft, zu ehrlich, zu gefühlvoll. Wissen Sie, sie hat mit allen Fasern ihres Körpers gelebt. Sie war gerissen, aber eher wie

> ein Kobold, der sich aufmacht, um sich etwas zum Essen zu organisieren, undsoweiter, diese ganze Geschichte halt. Aber tief drinnen war sie verletzlich, die hat nur eine Rolle gespielt ...
>
> Es gibt einfach Leute, die es nicht packen. Sie packte es nicht. Marilyn Monroe hat's nicht gepackt – Joe Guy, John Simmons, Bumps Myers, Lester – mein Gott, Lester. Wie haben Billie und ich ihn geliebt ... aber auch er hat's nicht gepackt. Er hat die Menschen einfach nicht verstanden ... Sie haben das Spiel nicht beherrscht, nicht die Regeln dieser Welt. Sie waren unverfälscht: sie waren reine Menschen, und der Rest dieser Welt war es eben nicht. Aber meiner Meinung nach war ihnen das nicht bewußt. Sie wollten einfach nur ihre Sache machen, und Gott hatte ihnen die Möglichkeit gegeben, sich auf die reinste Art und Weise auszudrücken, und wenn sie heute [1971] noch unter uns wären, dann wären sie entsetzt, wie kraß alles geworden ist. Heute würden sie noch viel schneller untergehen.

Sobald man das Muster in Maries trübsinnigen Erinnerungen an ihre verlorenen Freunde erkennt, hat man ein weiteres Stück zu einem Puzzle in der Hand, zu dem auch ein weitverbreitetes Phänomen gehörte, der sogenannte »Vipers' Club«, der Club der Schmarotzer:

> Man hat überhaupt keinen Alkohol getrunken oder irgendwas unternommen. Aber egal, in welche Stadt man kam, es tauchte in kürzester Zeit ein Typ mit einem Plattenspieler und Louis' und Billies Platten und anderen Schallplatten, von denen er annahm, daß sie einem gefielen auf, und ein bißchen Marihuana, und klopfte an deine Hoteltür. Und natürlich konnte man von ihm mehr kaufen, wenn man wollte, das war in Ordnung. Und wenn nicht, dann blieb's bei seiner Portion und war auch in Ordnung. Und das passierte im ganzen Land, eine Gruppe von Leuten, die einfach Billie mochten, einfach Pops mochten. Überall im Land. Das war, bevor's ein Verstoß gegen das Bundesgesetz war. Wir hatten was gegen Alkohol – nix da mit vollaufen lassen! Und Louis war der König und Billie die Königin. Man hatte diese Leute, die an deine Tür klopften, vorher noch nie gesehen, aber man konnte auf sie zählen. Sie kannten uns, wer

> wer war, wer Pops mochte, wer Billie mochte, und das war einfach toll. Und wenn man die Stadt verließ, holten sie den Plattenspieler und die Platten wieder ab. Sie haben einem Pot verkauft oder wußten, wer in der Stadt guten Stoff hatte. Aber das erste Stückchen gaben sie dir umsonst. Wenn ich in Detroit war – ich weiß nicht, wie's in Orten wie Iowa oder so war – ich sprech jetzt von den richtigen Städten wie Chicago, Detroit, L. A., New Orleans. Natürlich hatte es was mit dem Showgeschäft zu tun. Außer den Leuten im Showgeschäft hat praktisch niemand Marihuana geraucht, nur die Mexikaner und Indianer. Ein Stäbchen hat vielleicht einen Nickel gekostet. Und es gab eine Regel: Man hat niemanden dazu überredet. Wenn jemand rauchen wollte, war das in Ordnung, aber wir haben niemanden dazu angestiftet.

Nachdem Amerika 1937 das Alkoholverbot aufgehoben hatte, führte es jetzt ohne eine Novellierung der Verfassung ein neues Verbot ein. Auf das energische Bestreben puritanischer Bürokraten hin wurde zu der Zeit in sechsunddreißig von achtundvierzig Staaten Anti-Marihuana-Gesetze eingeführt, in vielen Staaten wurde es auf die Liste der Betäubungsmittel gesetzt, obwohl Marihuana kein Narkotikum ist. 1930 hatte man Harry J. Anslinger in den neugeschaffenen Posten eines Beauftragten für Betäubungsmittel gehievt, und seine Anti-Marihuana-Kampagne war in der Tat so erfolgreich, daß man Marihuana plötzlich als wirklich gefährlich einschätzte und über ein Bundesgesetz nachdachte, besonders da zu jener Zeit den Bundesbehörden Gelder gestrichen wurden. Daraufhin wurde das Budget von Anslingers Behörde wieder entsprechend aufgestockt, und Kleinbürger-Amerika stempelte Unterhaltungskünstler, die zur Entspannung die wahrscheinlich ungefährlichste Droge konsumierten, zu Kriminellen.

Als einer der ersten Bundesstaaten erließ Kalifornien bereits 1915 ein Marihuana-Verbot, vermutlich als einen unterschwelligen rassistischen Versuch, mit dem man die hispanische Bevölkerung unter Kontrolle halten wollte. Und Louis Armstrong war dort bereits 1931 auf einem Parkplatz verhaftet worden.

Lady ging nach ihrem Engagement im Trouville offensichtlich zuerst nach New York zurück, verbrachte aber dann das restliche Jahr 1942 in Chicago. Ab Mitte August verpflichtete sie sich für drei Monate in Joe Shermans Garrick Showbar, wo sie zusammen mit einem Sextett von Red Allen auftrat. Wegen des Erfolges hängte sie noch eine Woche im Regal Theater dran. In diesem Zeitraum wurde sie nach einem Autounfall verhaftet und kurze Zeit eingesperrt. Sie war zwar nur Beifahrerin gewesen, als das Auto mit einem Krankenwagen zusammenstieß, und es wurde auch niemand ernstlich verletzt. Lady selbst soll ein paar Schnitte an den Knien davongetragen haben. Doch Lady hatte sich danach sofort instinktiv aus dem Staub gemacht, eine bei ihr angeborene Verhaltensweise in schwierigen Situationen. Obwohl sie selbst nicht am Steuer gesessen hatte, wurde sie erst einmal verhaftet, aber schließlich wurde die Anklage fallengelassen.

Im Januar 1943 begann sie ihr Engagement in Kelly's Stable, aber nach zwei Monaten machte sie sich mit dem Zug Richtung Los Angeles auf; vielleicht war es ein erfolgloser Versuch, sich mit Monroe auszusöhnen. (Vielleicht fand da die Party statt, die Rowles beschrieben hatte. Er behauptete, es sei eine Geburtstagsparty gewesen, und da ihrer im April war, könnte es um diese Zeit gewesen sein.) Als sie nach New York zurückkehrte, arbeitete sie im Onyx. Ende des darauffolgenden Jahres wurde Monroe zu neun Monaten Gefängnis verurteilt, weil er Marihuana von Mexiko nach Kalifornien geschmuggelt hatte.

Inzwischen verdiente Lady wesentlich mehr Geld. Sie unternahm mehrere Reisen an die Westküste und ging in den fünfziger Jahren auch in den USA und Europa auf Tournee. Aber sie hatte nie mit Geld umgehen können. Schließlich wuchs in den vierziger Jahren ihre Reputation, und sie wurde neben Art Tatum, Nat Cole und Coleman Hawkins zu einem der großen Stars der 52nd Street. Das müssen mit die glücklichsten Jahre ihres Lebens gewesen sein. Sie war von Leuten umgeben, die sie liebten, und arbeitete mit gleichgesinnten Musikern zusammen, die sie liebte. Außerdem machte sie, was sie wollte, und etliche Zeit ließ man es ihr auch durchgehen.

Trotz all ihrer schlechten Angewohnheiten war sie eine Aristokratin. Ihr Auftritt wurde zu einem festen Ritual: Wenn sie schließlich die Garderobe verließ, dann nahm sie sich bis zur Bühne Zeit, hielt an und begrüßte Leute, und nahm sogar einen Drink an der Bar, während ihr Pianist improvisierte. Wenn irgendetwas auf diesem Weg ihre Stimmung veränderte, dann kürzte sie ihren Auftritt entweder ab oder gab als Zugabe mehrere Songs. Und Josephsons Bühnenkonzept für »Strange Fruit« trug Früchte. Sie arbeitete gerne mit nur einem Scheinwerferkegel auf ihrem Gesicht. Denn dann konnte sie das Publikum nicht sehen und bekam ihr Lampenfieber in den Griff. Auf der Bühne blieb sie fast bewegungslos. Doch wo andere Unterhaltungskünstler teuerste Roben und Coiffeurkreationen einsetzten, drückte sie allein mit ihrem Gesicht und ihrer Frisur wahre Eleganz aus. Und all das garantierte ihr die völlige Aufmerksamkeit des Publikums.

Auch Harold Cromer, »Big Stump«, die eine Hälfte des Komiker-Paars Stump & Stumpy (die andere war James Cross, »Little Stump«), war ein Fan von Lady und erinnert sich an ihre Erfolge in der Street:

> Lady war nicht von dieser Welt, sie wurde zu einer großen Sache. Eine Herrscherin. Dieses Gesicht hat einfach Klasse besessen. Lady Day war hübsch. Aber wenn sie dann auf die Bühne kam, war sie plötzlich dieses ganz andere glamouröse Wesen … Aber Lady war immer ein Mitglied der Band, sie war eine *Band*-Sängerin, die ihre Sache weitergab. Sie verteilte kleine Portiönchen an alle Musiker – das ist für dich, und das für dich, der Teil gehört dir, komm mach schon, sing mit mir. Und das war so wunderschön und herrlich, als ob sie Funken sprühen würde.
>
> Wenn sie abging, dann nickte sie nur ganz kurz nach rechts, nur ein kurzes Nicken und ein hübsches Lächeln, dann ging sie wie eine Königin. Rosalind Russell hat Lady Days Gang abgekupfert, dieses aufrechte, majestätische Schreiten. Oh, sie ging nicht schnell, sie blieb ja immer im Takt der Musik, immer.

Auch Sylvia Syms erinnerte sich. Sie hatte sich schon als Kind in der Street herumgetrieben und hatte vor dem Nachtleben keine Angst: »Wer würde schon bei einem fetten, jüdischen Mädchen aus Brooklyn zudringlich werden?« Sie trug Zöpfe und einen Mittelscheitel, und Art Tatum nannte sie deshalb Moonbeam Moscowitz, die jüdische Indianerin. Whitney Balliett erzählte sie:

> Billie Holiday war mein Mentor, ich hab' sie in allem kopiert, auch die Drogen und den Schnaps. Einmal hat sie zu mir

gesagt: »Weißt du, was dein Problem ist, Süße? Du liebst mich.« Sie war eine wunderschöne, beeindruckende Lady mit einem angeborenen guten Geschmack. Sie wurde einfach von Songs angezogen, die sie verstand. Sie hatte ein fast animalisches Gespür für die Songs, die sie machte ...

Einmal hab' ich fünfundzwanzig Dollar zusammengespart und ihr zum Geburtstag ein bedrucktes Kleid geschenkt, und sie hat sich darüber so gefreut, als hätte ich ihr den Mond an einem Stiel gereicht. Ich kann mich dran erinnern, wie sie dieses Kleid im Onyx Club getragen hat, wie sie die kleine Treppe hinter der Bühne runterkam und das Licht abgedunkelt und es im Raum ganz still wurde, und wie sie auf die Bühne gegangen ist. Sie sah aus wie ein Panther. Wegen mir hat sie Gardenien im Haar getragen. Als sie in Kelly's Stable arbeitete, hat sie sich eines Abends mit dem Brennstab direkt vor ihrem Auftritt das Haar versengt, also bin ich die Straße zum Three Deuces runtergerannt, wo Ada Kurtz die Garderobe betreute. Garderobenfrauen haben damals Blumen verkauft, und ich hab' eine Gardenie gekauft, Billie hat sie sich ins Haar gesteckt, um die versengte Stelle zu verdecken.

Es ist eine wohlbekannte Geschichte, die durchaus der Wahrheit entsprechen könnte (logischerweise versucht man versengte Haare zu kaschieren). Aber Jean Bach hat beim Besuch einer Tanzveranstaltung an der Universität von Virginia 1937 Lady gesehen, als sie bei Basie sang, und meint, daß sie schon 1937 Blumen im Haar hatte, lange bevor Sylvia Syms in Erscheinung trat. Jean Bach, die ihr ganzes Leben zu den Insidern der Musikszene gehörte, meint auch, daß die Syms als ihren Mentor Mildred Bailey bezeichnete, bis deren Stern zu sinken begann. Aber so ist nun mal das Showgeschäft.

Jimmy Rowles, der von Lady voller Liebe spricht und nicht gerade der Typ ist, der die Messer wetzt, dürfte ebenfalls ziemlich zuverlässig sein:

Als ich dieses Mädchen zum erstenmal traf, war sie eine der schönsten Frauen, die ich je gesehen habe. Sie war groß, aber sie erschien nicht groß. Nur stark, wissen Sie. Ihre Haut war wie Satin, wie das Lied »Satin Doll«. Ihre Haut war makellos. Und sie war sehr graziös. Sie zu beobachten war, als ob ein Traum durchs Zimmer schwebte, selbst wenn sie in Hosen herumhopste. Spätnachts meinte sie: »Ich will mich umziehen«, und dann stellte sie den Plattenspieler an und fing zu tanzen an, und schnalzte mit den Fingern. Man mußte sie einfach vergöttern. Ich hab' jede Nacht ihren Körper gesehen, jeden Zentimeter davon, aber ich war ja noch ein Junge, zwanzig Jahre alt. Und sie rief mich rein: »Ich möchte die Akkorde für dieses Lied, ich will dieses Lied singen.« Und ich hab' die Akkorde ausgearbeitet ... Als ich mit ihr 1942 zusammengearbeitet habe, hatte sie ihr Haar rot gefärbt, sie hatte also rotgefärbtes Haar [Schamhaar], und sie stand da und hatte nur ihre Schuhe an, und ich hab' sie noch mehr geliebt, weil sie einfach so traumhaft aussah, so wunderschön.

Und das war dann sehr viel später [etwa 1956 bei Plattenaufnahmen für Norman Granz]. Sie ist immer noch schüchtern. Sie ist dabei, sich anzuziehen und versucht in dieses Korsett zu kommen, und ruft mich, weil ich's schnüren sollte, während sie's zusammenhielt, und sie sagt zu mir: »*Piiiieeeks* mich nicht!« Und sie ist hackevoll, und ich lache ...

Lady Day war wie einer von den Jungs. Sie hatte keine Komplexe, keine Egoprobleme. Sie war von Anfang an völlig offen. Sie hat sich nicht verändert. Aber Sarah [war's] nicht, ziemlich launisch, scheu, introspektiv, und was weiß ich noch alles, aber auch schön. Und sie war jeden Tag anders. Lady Day ist wirklich gradeheraus, sie sagt einfach: »Diese Schlampe! Ich werd' ihr den Arsch aufreißen, für was hält *sie* sich eigentlich?« Und Sass da drüben hat wahrscheinlich gedacht: »Ist sie nicht *großartig*?« Aber sobald Lady sie kennenlernt, sind sie wie Pech und Schwefel. Carmen ist ähnlich wie Lady Day. Sarah und Carmen stehn sich sehr nah ... Lady Day war immer mit den Jungs befreundet, das war einfach ihr Level.

Stump beschreibt, wie er sie kennengelernt hat:

Ich bin 1936 nach New York gekommen und hatte dieses verdammte Glück, an dieses Taxi zu geraten, in dem 'ne Frau aufrecht drinstand. Damals hatten die Taxen noch solche Schiebedächer. Ich bin spät dran und muß in den Cotton Club, und dieses Taxi stand vor dem Alhambra Grill, 126th und 7th, und ich steig in dieses Taxi, in dem diese Dame aufrecht stehend glücklich 'ne Zigarette raucht – also damals gab's meiner Meinung nach keine Zigarette, von der man *derart* glücklich werden konnte – und ich sag': »Ich bin spät dran, Mann, ich muß zum Cotton Club, die Show fängt in sieben Minuten an.« Und er: »Schon klar, Lady, darf ich ihn hinbringen?« Und sie antwortet: »Woll, fahr ihn, fahr ihn, Baby.« Der Taxifahrer hieß übrigens Billy Wood. Er sagte: »Los, komm schon, Stump. Das ist Stump von Stump and Stumpy, Lady. Stump, das ist Lady Day – Billie Holiday.« Und sie sah zu mir runter und schenkte mir das schönste Lächeln, oh, dieses Lächeln läßt einen einfach dahinschmelzen. Nichts wie weg, wenn dieses Lächeln einsetzt – und sie sagt: »Stump Daddy«, und von da an hat sie mich immer so genannt.

Die liebestrunken Erinnerungen sprudeln nur so aus Stump heraus, aber er ist auch ein Name-Dropper, und bei ihm weiß man nie so genau, ob er die Ereignisse nicht durcheinanderbringt. Aber er hegt noch immer sehr herzliche Gefühle für sie. Lady war im Oktober 1941 in Kalifornien, Ellingtons Revue wurde im Juli eröffnet, und Stump meint, daß es während der Zeit von *Jump for Joy* gewesen sein muß. Er arbeitete an *Ship Ahoy,* einem MGM-Musical, das Anfang 1942 fertiggestellt wurde. Und seine Schilderungen sind sehr plastisch.

So Erlauchte wie Orson Welles kamen jeden Abend auf den Knien angerutscht – nun ja, schließlich spielte hier der Duke. Die Bogarts kamen auch jeden Abend. Auf der Straße spielte Orson Welles unseren Luftschutzwart. Lena Horne wohnte ganz oben, Lady und ich unten, und Humphrey Bogart lebte auf der einen Seite, und Orson Welles auf der anderen Seite. Ein Wohnblock in Hollywood, direkt beim Strip. Bobby Short spielte gewöhnlich in dieser Ecke. Humphrey Bogart war unser Mann, unser Ding … Lady hat Lena Horne in gewisser Weise anerkannt, und Lena mochte sie, sie hatten irgendwas laufen, nichts Persönliches, eher so 'ne Gesangssache. Sie wurden gute Freunde, und wir wohnten alle im Clarke Annex Hotel, und da wurde Lena mit der Filmszene bekannt …

Damals gab's zwischen uns allen so 'ne freundschaftliche Beziehung, die heute gar nicht mehr existiert.

Die junge Lena Horne hatte 1941 in der Carnegie Hall »Fine and Mellow« gesungen und erfahren, daß sich Lady darüber geärgert habe. Und deshalb machte sie die einzig richtige Sache, sie rief im Stable an und holte sich von Lady die Genehmigung. Lady könnte sich daran erinnert haben, daß sie einige Jahre zuvor in ähnliche Schwierigkeiten geraten war, als sie einen von Ethel Waters' Song vortrug. Danach soll die Waters angeblich von sich gegeben haben, der Gesang der jungen Billie Holiday »klingt, als ob ihr die Füße weh täten«. Jetzt hatte Lady selbst eine Verehrerin und bewies ein besseres Urteilsvermögen als seinerzeit die Waters: »Das Mädel weiß, was sie macht«, meinte Lady, und Lena revanchierte sich mit Bewunderung.

Tallulah Bankhead war eine prominente Persönlichkeit. Sie kam in Alabama als Tochter einer angesehenen Familie zur Welt (ihr Vater war Kongreßabgeordneter). In den zwanziger Jahren war sie als Schauspielerin das Tagesgespräch im Londoner West End, und ihre Rolle in Lillian Hellmans *The Little Foxes* 1939 wurde als »eine der größten Darstellungen des amerikanischen Theaters« gefeiert (ihre Filme hingegen waren im allgemeinen Reinfälle). Sie war für ihre Wutanfälle und Schlagfertigkeit noch berüchtigter als Lady, und wie Lady war sie verblüffend ehrlich. Es wird erzählt, daß Louis B. Mayer von MGM sie einmal auf ihre lesbischen Neigungen ansprach. Statt sie abzustreiten oder das Thema zu wechseln, soll sie geantwortet haben: »Sie meinen wie die-so-und-so?« Wobei sie den Namen einer der größten Stars des Studios nannte.

Tallulah war ein Fan von Lady, und Stump schildert eine gemeinsame Begegnung:

> Tallu und Lady waren wie Schwestern. Lady nannte sie Lula. Sie meinte: »Da kommt Lula, Stump Daddy.« Man konnte sie nämlich die Veranda runterpoltern hören – »LADY!« »Da kommt sie, da kommt dieses Weib wieder.« »STUMP DAHLING?, würdest du mich bitte ankündigen?« Ich sag': »Miss Day, das ist Tallu.« »Lula, komm her«, mit dieser entzückenden Stimme. Sie sang, wie sie redete, Lady. Sie hatte einfach 'ne melodische Stimme. Ihr Lieblingslied war Claude Thornhills »Snowfall«, es war sehr hübsch, und wir haben's ständig gespielt, nur Lester Young nicht, der Lady so liebte, wie er den Frühling, Sommer, Winter, Herbst und jeden Tag vom Morgengrauen an liebte. Es war keine Liebesaffäre, sie

hat ihn irgendwie beim Spielen inspiriert … Sie hat alle um sich inspiriert, denn Lady hatte den Dreh mit jedem Text raus. Sie hat auf's Textblatt geguckt, es hingelegt, ging weg, kiffte was und kam zurück und konnte das Lied auswendig. Ich hab' keine Ahnung. Irgendwie muß sie 'nen Text-Engel gehabt haben, der aus den Wolken schwebte und ihr gesagt hat: »Hier ist es, Lady, hast du's dir gemerkt?« Denn sie kam nach drei Minuten wieder und konnte das ganze Ding runtersingen … Für Lady war's die schönste Zeit, wenn sie singen konnte: Platten in ihrem Zimmer auflegen und Freunde um sich zu haben, das war wunderbar für sie, ich glaub' nicht, daß es einen Musiker gab, den Lady nicht mochte … Sie hat in jedem was entdeckt, was sie mochte. Keine wirkliche Ahnung von niedergeschriebener Musik, vom Lesen, vom Notenlesen. Sie konnte es einfach. Es ist ihr irgendwie zugeflogen …

Manchmal steckten wir irgendwo mitten in Harlem und irgendjemand meinte: »'s ist Zeit für Mabel Mercer.« Und alle machten sich sofort auf, um Mabel zu hören, an der East Side, oder in der 52nd Street im Spivey's Reef. Und Mabel sang immer wieder nur die notierten Texte, die Melodie, die komplette Geschichte. Lady hat sie verehrt. Lady kannte alle Strophen von allen Liedern, die jemals jemand gesungen hat, bis dann der Refrain oder die Melodie einsetzte … Und Tallu war baff erstaunt, daß sie alle Texte von Mabel kannte. Und sie haben sie sich gegenseitig zugespielt … Oh, Cole Porter, Jerome Kern – »Bill« aus *Show Boat.* Oh, das machen wir für Lady Day, klar, »sie ist einfach mein Bill, ladaladede« und Tallu daraufhin, »sie ist einfach mein Willie … Willie dahling« … Mabel sang die ganze Nacht, dann sang Lady, und dann brachte Tallu irgendeine Nummer, mit dem Kellner im Club, mit Kellnern, die ihren Job machten, und aufräumten, oder mit irgendwelchen Lokalbummlern, die zufällig da waren.

Lady arbeitete im Kelly's oder im Onyx oder sonstwo, und wir sind ins White Rose, 6th Avenue und 52nd, da trafen sich in der Pause alle Musiker, da stand ein Stuhl für Lady – niemand durfte sich auf diesen Stuhl setzen – es war Ladys Sitzplatz. An der Bar, in einem toten Winkel, von da aus hatte sie alles im Blickfeld. Sie ist die Lady, verstehen Sie, jeder weiß es, das ist Lady, Lady Day.

Stump weist wie viele andere darauf hin, daß die »Schwulen«, die homosexuelle Gemeinde, Holiday-Fans waren. Und zwar nicht nur wegen ihrer vollendeten künstlerischen Leistungen, sondern weil sie wirklich in ihrer Kunst aufging, ohne Befangenheit und Selbstquälerei. Ihr ging es nur um Schönheit:

> Warum ich sie mochte? Ich hab' vorher über Soul gesprochen. Ich hab' sie für ihre Art, »Guten Morgen, Stump Daddy« zu sagen, gemocht. Und wie sie saß, das war einfach hinreißend, Tallulah hat sie immer gebeten: »Setz dich hin, Lady.« Sie war Queen Bess. Ihr Gesicht, unglaublich, wahrscheinlich könnte Ihnen ein Bildhauer mehr darüber sagen, es war einfach so wunderschön – ein klares, kleines Gesicht, leicht nach oben gebogene Nase, wunderbar geformt, schöne Augen, sinnlicher Mund, Kinn und Nacken waren ganz gerade, sie war eine wirkliche Lady. Wie Lady Peel, ja, so war Lady Day. Und Lester sagte nur, er war der einzige, der das tat: »Miss Day, wie geht's Ihnen, Miss Day?« Count Basie nannte sie William. Also, das ist 'ne Sache, die fand ich wirklich spaßig, denn er hieß ja William Basie, und er hat sie William genannt. Bei den Proben [im Strand Theater 1948] sagt sie: »Bill«, und er antwortet: »Ja, William.« »Wir sollten das mal durchgehen.« Und dann sind sie ein Lied durchgegangen, und die gesamte Band hat sich für Lady Day schwer angestrengt.

Lady hat in Kelly's Stable über fünf Jahre hinweg immer wieder gearbeitet. Das ursprüngliche Stable, wahrscheinlich nach einem gleichnamigen Lokal in Chicago benannt (wer Kelly war, weiß niemand), befand sich in der 51st, und zog kurz darauf in ein geräumigeres Lokal an der 52nd um. Ralph Watkins erklärte:

> In den fünf Jahren, in denen Billie Holiday für mich arbeitete, war sie ein Schatz. Ich hatte nie wirklich Schwierigkeiten mit ihr. Als ich aus dem Ausland zurückkam, war sie eine völlig andere. Davor hat sie schlimmstenfalls Marihuana geraucht. Aber das hat jeder gemacht. Es war damals nicht verboten ... Als ich sie nach dem Krieg wiedertraf, war sie auf einem ziemlich teuren Trip.

Zu der Zeit, als Watkins in die Armee eintrat, hatte sie einen neuen Liebhaber, Joe Guy, den sie bereits im Uptown, vielleicht schon davor kennengelernt hatte.

Clark Monroe war wesentlich bodenständiger als sein Bruder, und in seinem Uptown House griff er den jungen Helden des Modern Jazz kräftig unter die Arme. Die andere Geburtsstätte des Bop war Minton's Playhouse an der 210 West 118th Street. Henry Minton war Saxophonist, und sein Club war zu einem Treffpunkt der älteren Generation geworden. Doch 1940 wurde er von dem Saxophonisten Teddy Hill übernommen. Hill hatte eine erfolgreiche Band geleitet und Leute wie Roy Eldridge, Dizzy Gillespie und Kenny Clarke beschäftigt. Und dann veranstaltete er an den Montagabenden Jam-Sessions. Er heuerte Clarke an, der eine Hausband zusammenstellte, »obwohl er mich etliche Jahre zuvor aus seiner Band rausgeworfen hatte, weil ich damals schon einen modernen Schlagzeugstil entwickelte«.

> Aber als Teddy das Minton's übernahm, änderte sich dort auch das Musikprogramm. Teddy wollte was für die Leute tun, die mit ihm zusammengearbeitet hatten. Auf diese Weise wurde er 'ne Art Wohltäter, denn damals gab's kaum Arbeit. Teddy hat uns nicht mal ansatzweise vorgeschrieben, was wir spielen sollten. Wir haben einfach drauflos gespielt.
>
> Zur ersten Band, das war ungefähr Anfang 1941, gehörten Joe Guy, [Thelonious] Monk, Nick Fenton [am Baß] und ich …

Minton's war ein aufregendes Lokal. Nur die Besten konnten bei Monks harmonischen Expeditionen mithalten. Und weil Lady ein gutes Gehör besaß und Musik einfach liebte, war sie dort bald Stammgast. Jam-Sessions verstießen gegen die Gewerkschaftsbestimmungen, weil die Leute umsonst spielten, aber die jungen Jammer waren bis zu einem gewissen Grad von Milton abgesichert, dem das Lokal immer noch gehörte, weil er der erste schwarze Vertreter der Local 802, der New Yorker Musikergewerkschaft, war. Der Bassist Milt Hinton wohnte auf der anderen Straßenseite und gehörte zu den Gästen. Er berichtete: »Die Jungen von Downtown kamen hoch, Kids, die nichts vom Jazz verstanden und einfach nur störten.«

Und deshalb meinte Diz eines Abends auf der Terrasse zu mir: »Paß mal auf, wenn wir jetzt runtergehen für die Jam-Session, dann werden wir ankündigen, daß wir ›I Got Rhythm‹ spielen, aber wir werden diese Akkordwechsel benutzen« … Und da waren diese ganzen Jünglinge versammelt … und sie haben's einfach nicht glauben können, weil sie nicht mitbekamen, welche Akkordwechsel wir da spielten, und schließlich haben sie ihre Rohre eingepackt, und wir konnten endlich weitermachen und in Ruhe spielen, und unsere kleinen Übungen absolvieren …

Es entstand also eine neue Musik. Joe Guy gehörte zwar nicht zu ihren größten Stars, aber er war ein guter Trompeter, der mit Coleman Hawkins und Fats Waller gespielt hatte und 1941 zu den schwarzen Musikern gehörte, die Charlie Barnet anheuerte; und der engagierte nur Leute, die er mochte. Guy wurde heroinsüchtig, aber es wäre unfair, Lady für seine Abhängigkeit verantwortlich zu machen, oder ihn für ihre. Sie hatte eine Menge Freunde mit schlechten Gewohnheiten, und bald sollte sich die Heroinsucht epidemieartig ausbreiten. John Simmons vermutet, daß der Saxophonist Don Byas für Guys Abhängigkeit verantwortlich war. Jedenfalls war Lady laut Stump bereits Anfang 1942 auf Stoff:

Wir haben in Monroes Hinterzimmer zusammen Dickie Wells' Opium ausprobiert. Kokain. George Raft und die anderen standen drauf, sie nannten es damals Happy Dust …

Ich glaub', daß sie Opium nicht gerade überwältigte. Sie langweilte es, herumzuliegen und an diesem Ding zu hängen, sie brauchte irgendeine Art von Echo, daß sie high war. Man haut sich aufs Ohr, auf ein Kissen, und dann nimmt man einen Zug und pafft es, und es riecht nach verbrannten Schweinekoteletts, und man muß die Türen mit feuchten Handtüchern zuhängen, und es gefiel ihr, sie hat's ausprobiert, aber sie wollte *schnell* high werden. Das aber ist wie ein entspanntes Ritual, wenn man am nächsten Tag nichts vorhat … Danach sind Lady und ich herumgelaufen …

Lady hat mich im Zug getauft – sie hat im Zug 'ne Flasche über mir ausgegossen. Oh, mein Gott, ich wollte nicht nach Fort Irgendwo, Alabama, denn ich bin niemals in diesem Süden gewesen. Oh, du lieber Himmel, oh, diese Tränen. Wie damals, als meine Schwester mir gesagt hat, daß es den

> Weihnachtsmann nicht gab, und danach hab' ich sie zwei Jahre gehaßt. Ich war ein Philadelphia-Junge ... Ich bin am 29. Januar 1942 zur Armee, grade nachdem ich *Ship Ahoy* gemacht hatte. Sie war auf Heroin ...

Lady hat natürlich mehr Geld verdient als Guy. Und ihre Freunde betonten immer wieder, daß sie für jene, die sie liebte, alles getan hat. Das war nun in jeglicher Hinsicht eine teure Angewohnheit, aber sie hat sich sowieso nie um Geld gekümmert.

Und dann begann die Sache mit den Hunden. Irene Kitchings fing damit an:

> Ich hatte 'ne dänische Dogge, Gypsy ... Sie und Jimmy haben oft miteinander gekämpft. Ich hab' ja Ladys wahnsinnige Temperamentsausbrüche bereits erwähnt. Ich kam mit Gypsy, und sie sagt: »Los, Gypsy, pack ihn!« Und Gypsy wog 163 Pfund. Gypsy rannte also auf Monroe los und warf ihn aufs Bett. Ich mußte Gypsy wegziehen und ihr sagen, daß sie aufhören soll, aber sie schrie einfach nur weiter: »Pack ihn, Gypsy!« Doch nach ihrer Heirat hab' ich sie kaum mehr gesehen ...
>
> Lady fand Gypsy so toll, daß sie ihren Hund, den sie von ihrem Arzt bekam, auch Gypsy nannte. Es war ein gewöhnlicher Hund, ein stumpfschwarzbrauner Hund.

In Ladys Buch heißt der Hund, den sie von ihrem Arzt bekam, Rajah Ravoy, und sie hatte ihm diesen ungewöhnlichen Namen gegeben, weil er angeblich so klug war. Der Hund wurde nie an der Leine geführt, aber er kannte die ganze Stadt und entkam regelmäßig dem Hundefänger (Männer haben Lady sicher große Probleme bereitet, ihre Hunde schienen derartigen Unsinn nie im Kopf zu haben). Rajah wurde schließlich zu Sadies Begleiter, und Sadie war untröstlich, als er starb. Das muß gegen 1944 gewesen sein, als Lady in einem Club an der East, dem Ruban Bleu, arbeitete, denn die Harfenistin Daphne Hellman erinnerte sich noch daran, daß Billie deswegen weinte. Die Hellman hatte guten Grund, sich an diesen Abend zu erinnern, denn laut Chilton, der bei diesem Auftritt am Klavier saß, hatte sich Lady über »eine weiße Gesellschaftsschlampe, die Harfe spielt und nicht die Garderobe mit mir teilen will«, beschwert. Die Hellman war darüber sehr verwundert, weil sie alle aufgeregt gewesen seien, daß sie mit ihr auftreten durften, und schließlich haben sich die beiden angefreundet. Sie erinnerte sich daran, daß Lady nicht gern an der East Side auftrat und bei Eröffnungsabenden immer sehr nervös war. Und sie traute Leuten nicht, die sie nicht kannte, am wenigsten Weißen.

Sylvia Syms und Thelma Carpenter erwähnten einen Drahthaarterrier, den Lady von *Prez* bekam und der Moochie hieß. Es war eine Abkürzung für Bessie Mae Moocho oder »Besame Mucho« (»Kiss Me a Lot«), ein mexikanisches Lied, das 1943 ein Riesenhit war. Sie erzählten, daß der Hund draußen vor dem Club saß und seinen Schwanz wie ein Metronom bewegte, ganz im Rhythmus der Musik.

Und bald darauf wurden Lady und ein Boxer, genannt Mister, zu unzertrennlichen Freunden. Chilton schließt sich Lena Hornes Meinung an: »Sie war viel zu empfindsam, um überleben zu können. So weit ich mich erinnern kann, haben wir die meiste Zeit über ihre Hunde gesprochen. Tiere waren die einzigen Freunde, denen sie wirklich vertraut hat.« Big Stump erinnerte sich an Mister:

> Also, ich kannte keinen Hund, mit dem man so gut ausgehen konnte. Mister hat alles über sich ergehen lassen, armer Kerl, ich hab' keine Ahnung, wie er's gepackt hat, denn Mister wurde zwischendrin mal von einem Barkeeper oder so gefüttert. Mister hat sich immer ganz nah hinter der Bühne aufgehalten, wo er Ladys Stimme hören konnte. Solange er ihre Stimme hörte, war alles in Ordnung für ihn. Er war ein umgänglicher Boxer, sanfter Boxer, hatte keine Lust auf Spielchen, er war nur an Lady interessiert, verstehen Sie, er hat nie seine Pfoten gezeigt. Er war immer high. Sie haben ihn gefüttert, während sie an der Bar saß. Manchmal hat Lady ihn in der Garderobe gelassen, wenn sie zur Bar ging. Doch das konnte er nicht leiden. Aber er konnte es ja nicht ändern, und deshalb wartete er geduldig, bis Lady zurückkam, und er ihre Schritte hörte …
>
> Lady stolperte ständig, weil sie so stoned war, und sie hat sich erst wieder in der Garderobe in den Griff bekommen. O nein, sie hatte sich nie im Griff, als sie in den Club kam.

Es dauerte immer länger, bis sie ihre Garderobe verließ, oft nur deshalb, weil sie nach einer Vene suchte. Und vielleicht half ihr wiederum das Rauschgift, ihr Lampenfieber und ihr mangelndes Selbstbewußtsein zu überwinden. John Simmons sagt, daß Mister genau wußte, wann sie auf der Bühne sein mußte, und daß sie manchmal den Hund verfluchte, weil er sie aus der Garderobe zerrte, an der Bar vorbei zur Bühne. Es ist zwar kaum zu glauben, aber sowohl Stump als auch Simmons haben unabhängig voneinander behauptet, daß Mister ein Junkie gewesen sei, daß Billie und ihre Freunde ihm regelmäßig einen Schuß verpaßt hätten. »Sie hat Mister einen Schuß verpaßt«, meinte Simmons, »und Mister war dermaßen high, daß er sich hinterm Ohr kratzte und danach einfach flach hinplumpste ... «

John Simmons war einer der besten und zuverlässigsten Bassisten der Swing-Ära, und er verstand auch etwas von der neuen Musik. Er gehörte zu den Leuten, die das Minton's besuchten. Er fand, daß Jimmy Monroe und Joe Guy etwas gemeinsam hatten: »Auf ähnliche Weise waren sie Blutsauger, ja. Jimmy wollte unbedingt den großen Zuhälter markieren, wohl um seine Männlichkeit zu beweisen. Und Joe versuchte seine Männlichkeit durch sein Instrument zu beweisen.«

Al Lucas war ebenfalls Bassist und teilte sich mit Joe Guy und dessen Bruder Lee eine Wohnung. »Sie haben ihre Hosen getauscht, wenn einer ausging, mußte der andere zu Hause bleiben. Er mußte warten, bis sein Bruder heimkam. Joe Guy war ein netter, ruhiger Typ, war gut zu haben, bis er süchtig wurde. Danach konnte man ihm nicht mehr trauen. Er wurde süchtig, als er sie kennenlernte.« Ob Lucas damit Lady für Guys Drogenabhängigkeit verantwortlich machen wollte, ist nicht klar, aber eines wissen wir, sie beide sind ungefähr zur selben Zeit Opfer der Heroinsucht geworden.

1945 gab Lady bekannt, daß sie sich in Mexiko von Monroe habe scheiden lassen und Joe Guy geheiratet habe, was aber nicht stimmt. Denn ihre Affäre mit Simmons dürfte genauso ernst gewesen sein wie die mit Guy. Simmons und Billie haben eine Weile zusammen gewohnt, und sie trafen sich hin und wieder, wenn auch Guy über mehrere Jahre enger zu ihr hielt. Der stolze Simmons hingegen bevorzugte es, als freischaffender Musiker zu arbeiten, und hielt nicht sehr viel von einem festen Engagement. Er hat auf unzähligen Schallplattenaufnahmen mitgewirkt und mit Billie bis 1955 Platten gemacht. Er war ihr Freund und Liebhaber, aber ganz offensichtlich erst viel später ihr Heroinkumpan.

Marie Bryant vermutete, daß es Simmons gewesen sein könnte, der sie rauschgiftsüchtig machte. »John Simmons und Billie teilten Musik, Sex und Drogen. Er ist schon immer ein Junkie gewesen, schon immer ... « Sie sagt, daß er Billie wahrscheinlich mit seiner Musikalität auf ähnliche Weise beeindruckt habe, wie sie Ray Nance, über dessen Violinspiel sie »ausgeflippt« sei (Marie bekam Anfang der vierziger Jahre eine Tochter von Nance, der bei Duke Ellington als Sänger, Trompeter und Violinist arbeitete). Und dann fügt sie hinzu:

> Ich schätze mal, daß er wohl im Bett 'ne große Nummer war. Wahrscheinlich hat er ihr einfach was Gutes getan. Und jeder, der ihr irgendwas Gutes getan hat, man braucht mit ihr nur ausgehen und ihr ein paar Drinks spendieren oder mit ihr high werden, oder sie geht mit dir essen, dann muß sie sich für alles revanchieren, für irgendwas Wunderbares, was man für sie macht, alles, wofür sie sich dann für dich eingesetzt hat.

Doch dann korrigiert Marie ihre vorherige Aussage: »Sim ist anfangs kein Junkie gewesen. Als ich ihn um 1940 herum in Chicago kennenlernte, war er noch keiner. Aber er war ein sehr labiler, sehr sanfter, sehr merkwürdiger Typ ... John war unnahbar.« Als Simmons 1972 über sein Leben sprach, machte er überhaupt keinen labilen Eindruck, gibt aber zu, daß er reserviert sei.

> Als ich mit ihr zusammen war, wollte ich absolut nicht von ihr profitieren, denn ich hab' gearbeitet und gutes Geld verdient, nicht so viel, wie *sie* machte, aber für einen Musiker hab' ich 'ne Topgage bekommen. Wenn ich zu 'ner Plattenaufnahme kam, hab' ich vielleicht hundert, hundertfünfzig gekriegt, wenn sie *mich* bei der Session dabeihaben wollten. Wenn sie nur einen Bassisten brauchten, dann konnten sie ja irgendeinen nehmen. Und ich hab' eine Menge Plattenaufnahmen gemacht, verdammt viele Plattenaufnahmen ... Obwohl auf Billies Platten Bassisten mitgespielt haben, waren für sie Bassisten einfach Leute, die halt da sind, erst als sie mich kennenlernte, nun, fing sie an, sich für den Baß zu

interessieren... Ich hab' kein einziges Mal mit ihr einen Live-Auftritt absolviert, nur Plattentermine. Ich wollte nicht mit ihr zusammenarbeiten, weil ich irgendwelche Konflikte vermeiden wollte, zum Beispiel, wenn sie nicht auf die Bühne kam, daß mich jemand drum bitten würde, daß sie endlich anfangen würde. Aus dem Grund hatte ich keine Lust dazu.

Ich hab' schon früh mit Drogen rumexperimentiert, schon als Teenager, mit fünfzehn, ein älterer Cousin hat mich drauf gebracht. Damals konnte man in jeder Apotheke ein Rezept dafür kriegen. Er ist schließlich im Staatsgefängnis gelandet... Aus diesem Grund hab' ich mich drei Monate lang ins Bett gelegt und versucht runterzukommen, und als ich's schließlich hinter mir hatte, hatte ich absolut kein Bedürfnis mehr danach.

Simmons wurde in Oklahoma geboren und fing in Los Angeles seine Profikarriere an, arbeitete in Chicago und zog dann nach New York. Er spielte in Louis Armstrongs Big Band und war damals »der erste Neger, den der Rundfunksender NBC fest anstellte, mich und Eddie Barefield, den Saxophonisten, und das war während des Krieges nichts anderes als 'ne Art Orden, mit dem sie zeigen wollten, daß sie liberal und all so was sind«. John Hammond hatte eine Musikzeitschrift ins Leben gerufen, *Music and Rhythm,* und darin hat er NBC mit seinen Vorwürfen so beschämt, daß sie 1942 schließlich ein paar schwarze Musiker anstellten. Er schreibt, daß sie nach seiner Einberufung alle gefeuert wurden. Simmons gab an, daß er für sie zwölf Wochen gearbeitet habe, und danach sei er »mit Raymond Scott, Perry Como, Dorothy Collins, Charlie Shavers, Benny Morton, Ben Webster und Specs Powell – 'ner achtzehnköpfigen Band – zu CBS gegangen«. Raymond war bei CBS-Radio musikalischer Direktor. Er war kein Jazzer, aber er komponierte neben seinen Radioverpflichtungen ausgeklügelte Charts-Titel wie »Dinner Music for a Pack of Hungry Cannibals«, für deren musikalische Umsetzung er gute Musiker brauchte. Scott verpflichtete vorzugsweise schwarze Musiker, aber Simmons, wie er nun mal war, blieb nirgendwo lange. Er hat auch mit Duke Ellington und oft mit Stuff Smith an der 52nd gespielt, und dazwischen auch noch mit Heywood:

Damals trug Eddie, ah, Klamotten von Howard und Schuhe von Thom McCann, seine Socken hingen runter, er war ungekämmt, und deshalb kamen die Leute mit ihren Musikwünschen zu mir, weil sie dachten, ich wär' der Bandleader. Und eines Abends kam sie runter, weil sie Eddie sehen wollte, weil er ihr Begleitpianist gewesen war, und sie hat mich gefragt, wer ich bin, und ich hab's ihr gesagt.

Ich mochte sie, woll. Ich hatte sie schon lange bewundert, einfach alle ihre Platten angehört, schon als ich noch in die Schule ging, als ich grade lernte, *wie* man Baß spielt, ich bin an irgendeinem Tag zur Schule, und am Tag darauf war ich schon unterwegs, um Musik zu machen.

Wenn es jedoch Lady auf jemanden abgesehen hatte, dann war sie nicht zimperlich und machte auch keine Spielchen.

Eigentlich hatte ich von Anfang an nichts zu melden, man kann sagen, sie hat mich ausgewählt. An dem Abend, als wir uns kennenlernten, meinte sie: »Gut, dann hol mich heute Abend ab, ich bin um die-und-die Zeit fertig.« Ich ging also hin, aber sie kam mit einem Mädchen zur Tür raus und hat den Kopf eingezogen. Ich dachte mir: »Na gut, dann ein andermal.« Am nächsten Abend ließ sie ihren letzten Auftritt sausen und lief hinter mir her, und dann gingen wir in die Wohnung ihrer Mutter. Ihre Mutter hatte in der Straße, in der sie wohnten, ein Restaurant. Billie besaß nichts, nur ein Wohnzimmer mit gläsernen Doppeltüren, das zu Dreiviertel aus einem Bett bestand. Und dann sagte sie, was ich alles haben könnte, wenn ich bei ihr bliebe, ich könnte Sex haben, und Geld haben, und bla-bla-bla haben, wissen Sie, ich hätte also wirklich keinen Grund, nicht bei ihr zu bleiben. Wir versuchten es also in dieser Nacht auf die Reihe zu kriegen, aber ihre Mutter war nebenan, und ich meinte: »Ich krieg das nicht hin, mit deiner Mutter nebenan. Bringt nichts.« Also ging sie am nächsten Tag los und besorgte ein Apartment, ein Geschenk für mich, damit wir zusammen sein konnten. So fingen wir an. Schon 'ne komische Geschichte ...

Sie wollte jemanden, der sie dominiert – ja und nein. Sie verstand's nicht, daß ich mich nicht rumkommandieren ließ und widersprochen habe, aber schließlich wußte ich ja, daß ich als Musiker genauso viel wert war wie sie als Sängerin. Und genau auf dieser Sache bin ich rumgeritten, daß ich der Mann wär' und nicht sie. Sie blieb bei mir, weil ... [lacht]. Sie war viel weiblicher als alle Frauen, die ich kennengelernt hatte – wunderbar, sie wußte, wie man 'nen Mann beeindrucken kann. Zumindest hat das bei mir geklappt. Ich weiß nicht, ob sie die andern auch so beeindruckt hat, ich hab' mich bei ihr wirklich wie ein Mann gefühlt.

Ruby Helena beschrieb, daß Lady weinte, als sie von Jimmy Monroe geschieden wurde. Sie fühlte sich schuldig und weinte auch deshalb, weil sie damals das Gefühl hatte, Sadie unrecht getan zu haben. Denn schließlich hatte Sadie am Schluß doch recht behalten. Aber offensichtlich hielt sich Lady nicht mehr zurück, wenn sie einen Mann nach Hause bringen wollte. Und damit hatte Sadie abermals verloren. Simmons äußerte sich offen über seine Drogenabhängigkeit, ohne etwas zu verbergen. Seine Interview-Antworten sind weniger sprunghaft als die anderer, und er stellte eindeutig klar, daß er nach seinem Entzug als Jugendlicher erst wieder auf harte Drogen kam, nachdem Lady und er sich trennten. Ganz offensichtlich hatte Lady schon zuvor Heroin ausprobiert, allerdings ohne es zu spritzen:

Zu spritzen hat sie wohl erst viel später, 1942 oder '43, angefangen. Als sie zu spritzen anfing, hatte sie keine Lust mehr auf Sex ... Heroin ist ein Depressivum und tötet alle Bedürfnisse ab. Und davor war sie eine Sex-Maschine.

Als wir das erstemal zusammen gingen, da gab's nichts anderes als Marihuana. Wir haben's Tag und Nacht geraucht. Wenn wir nachts ausgingen, sind wir bis zur Fifth Avenue gelaufen und haben Joints geraucht, und dann sind wir ins White Rose eingekehrt und haben in der 51st einen Drink genommen, und dann sind wir zurück zur Arbeit ... Wir hatten 'ne gute Zeit, bevor sie zu fixen anfing ... Manchmal sind wir nach Downtown, haben uns 'ne Bühnenshow angesehen, irgendsowas. Damals war New York rund um die Uhr geöffnet. Dann sind wir in Clark Monroes Lokal zurück, ins Uptown House ... [Zu Hause] haben wir ununterbrochen Gäste gehabt, Leute kamen einfach vorbei ...

Billie hat nicht gelesen. Entweder hat sie geschlafen oder sie wurde high. Stand um 11 oder 12 auf, hörte um 4 morgens zu arbeiten auf, kam heim und putzte bis 6 oder 7, hat vier oder fünf Stunden geschlafen. Immer wenn sie nachts heimkam, fing sie zu putzen an. Das war ihre Art, Zeit zum Nachdenken. Das Haus saubermachen und kochen. Irgendwas essen, richtig auftafeln, unheimlich gut, unheimlich viel. Wir haben gegessen, und jemand kam auf Besuch, und der hatte auch Hunger, sie hat keinen bedient oder so ... Wer was wollte, der war willkommen, wärmte sich was auf und bediente sich selbst.

Während dieser Zeit führten sie auf gewisse Weise ein häusliches Leben, möglicherweise war es das einzige Mal, daß Lady so etwas wie Häuslichkeit erlebte. Greer Johnson, ein junger Weißer aus Lexington, Kentucky, teilte sich mit einer guten Freundin aus seiner Heimatstadt, der Schriftstellerin Elizabeth Hardwick, eine Wohnung. Sie hatten sich mit den beiden angefreundet und wurden von Billie zum Abendessen eingeladen:

Sie hatten das ganze Gebäude auf Drogen gefilzt, und vor der Tür stand ein weißer Polizist. Er wollte wissen, wo wir hinwollten, und ich antwortete: »Da rein. Wir sind bei Miss Holiday zum Abendessen eingeladen.« Und der Polizist antwortete: »Ich glaube nicht, daß Sie da reingehen.« Und ich: »Aber ja, natürlich. Wir sind bei Miss Holiday zum Abendessen eingeladen.« Und er erwiderte: »Wissen Sie, ich glaube, das beste ist, daß Sie beide umkehren und nach Downtown zurückgehen.« Wir weigerten uns, und darauf er: »Ich kann nur sagen, hier findet 'ne Razzia statt«, und wir meinten: »Wir sind nicht da, weil wir Drogen haben oder kaufen oder verkaufen oder sonstwas wollen, also, wenn Sie uns bitte durchlassen würden.« Und dann sind wir rein.

Wie immer war Lady noch nicht fertig, und Johnson beschreibt, wie sie ihr Haar aufdrehte. Sie trug es zu der Zeit kurz, und sie machte den Lockenstab mit einer Dose Stano heiß, um das Haar aufzudrehen,

und zwar so fest, daß es ihr fast die Kopfhaut abzog. Aber als sie schließlich fertig war, konnte keiner auf der Welt mit ihrer Schönheit mithalten ... Billie servierte einfach ein phantastisches Abendessen, zwar ein bißchen spät, aber endlich war es doch fertig ... irgendeine Art Schmorbraten mit Zwiebeln und Reis. Daran kann ich mich noch erinnern, und daß es himmlisch war.

Ein andermal sagte Billie zu mir: »Baby, ihr habt mich noch nie zum Abendessen eingeladen.« Elizabeth und ich lebten damals im Hotel Schuyler, und ich antwortete: »Also gut, werden wir machen«, und so war's dann auch. An diesem Abend hab' ich vor dem Hotel auf sie gewartet (ein runtergekommenes Gebäude in der 45th Street, das inzwischen abgerissen wurde), weil ich verhindern wollte, daß sie von irgendjemandem beleidigt oder beschimpft würde. Sie kam mit John Simmons, dem Bassisten, und wir haben mit ihnen zu Abend gegessen.

Simmons war auf seine Weise ein ziemlicher Macho, und Johnson war schwul. Sie konnten miteinander nicht viel anfangen. Johnson behauptete, daß Simmons »Billie schlecht behandelt« habe und wollte eigentlich eine Geschichte über Simmons erzählen, schweifte dann aber ab. Auf jeden Fall dauerte diese Periode der Häuslichkeit nicht sehr lange. Simmons sagt, daß sie durch ihre Rauschgiftabhängigkeit die Kontrolle über ihre Persönlichkeit verlor:

Plötzlich fing sie zu fixen an und diese ganze Scheiße, und kaufte Opium ... [John] Levy und Dickie Wells wußten, wie man Opium abkocht ... wenn man es in reiner Form bekommt, dann kann man's mehrere Male rauchen, man sammelt die Asche, die in die Pfeife fällt, und wenn man alles geraucht hat, tut man's in den Behälter zurück, in dem man's bekommen hat, tut etwas Alkohol dazu und mischt es, dann bekommt's wieder seine ursprüngliche Form, und so kann man's zwei- oder dreimal rauchen. Es ist 'ne ziemlich billige Art, high zu werden, und eine wunderschöne Art, high zu sein ... denn man kann gleichzeitig träumen, schlafen und sich unterhalten, und dabei ist man geistig völlig präsent. Als ich's das erstemal geraucht habe, hab' ich einen Zug genommen und schwebte soo hoch überm Fußboden, beim nächsten Zug schwebte ich mitten im Raum und beim dritten Zug sauste ich gradewegs zur Decke ... völlig schwerelos, freischwebend ... Aber dann bekam ich davon einen nervösen Magen. Wenn ich in der U-Bahn saß, dann mußte ich zwischendrin die Fahrt unterbrechen, weil ich mich übergeben mußte, ja, und das packte ich nicht.

Sie vertrug mehr Stimulanzien als zehn Männer zusammen und konnte trotzdem noch auftreten. Wenn wir nach der Arbeit heimkamen, dann rauchte sie meist Opium, und dann zündete sie sich 'nen Joint an, und sie hatte 'ne Zehn-Pfund-Dose voller Pillen. Sie nahm eine ganze Handvoll davon, alle möglichen Pillen, und hat sie mit einem riesigen Glas voll Bier runtergespült. Und danach trank sie dann 'nen Scotch. Und dann ging sie ins Badezimmer und setzte sich einen Schuß. Sie konnte kaum mehr flüstern. Jeder andere, der es so wie sie getrieben hätte, wäre nach sechs Monaten tot gewesen. Aber sie, nie krank. Keine Schwierigkeiten mit der Stimme oder sonstwas. Beim Aufwachen war sie heiser, und dann hat sie 'nen Drink genommen und hatte wieder eine großartige Stimme …

Ich hab' nie gehört, daß sie ein Lied geprobt hätte oder sich gar mit einem Arrangeur zusammengesetzt hätte, oder jemandem, der Songs oder so was komponiert, hab' sie nicht ein einziges Mal mit ihnen zusammen gesehen, hab' nie mitkriegt, daß sie 'ne Platte angehört hätte, um ein Lied zu lernen, aber wenn sie ins Studio kam, dann konnte sie das Lied. Wie sie dazu die Zeit gefunden hat, keine Ahnung [lacht]. Sie wußte gar nichts über Musik. Sie haben's ihr vorgespielt, und sie hat den Text gelernt und sich zwei- oder dreimal die Melodie angehört, dann hatte sie es drauf. Ich glaub', sie gab sich mit ihrer Version zufrieden. Es war ihr nie bewußt, ob sie richtig sang oder so was. Sie hatte keine Stimme. Es war einfach nur ihre eigene Version vom Text, der Gesang kam von innen, aus ihrer Seele, aus ihrem Herzen. So, wie's aus ihr rauskam, so kam's aus ihr raus.

Zweimal erwähnt Simmons in seinem Interview eine Peitsche. Ein Typ namens Jesse ging mit ihm zur Stadt runter, als er die Peitsche kaufte.

Nachdem sie zu fixen anfing, lief bei uns nur noch eins, gegenseitiges Verständnis, denn ich hat' ständig 'nen weißen Jungen aus Texas gesehen, 'nen weißen Jungen namens Specs, er war derjenige, der sie draufbrachte [nicht zu verwechseln mit Specs Powell, dem schwarzen Schlagzeuger aus New York]. Alle nannten ihn nur Specs. Ich hatte für ihn 'ne wirklich gute Auspeitschung parat, aber ich hab' ihn nicht zu fassen gekriegt. Er schlich sich rein, wenn ich auf der Bühne stand, und dann ging er durch die Tür nebenan und hat's ihr zugesteckt. Und sie war ja abenteuerlich. Sie interessierte sich für alles, was high machte. Sie war 'ne leichte Beute. Drogen haben sie einfach angezogen – wie magisch. Vom Whisky wurde sie nicht high genug. Sie hat Heroin *und* Kokain gleichzeitig benutzt. Und nach 'ner Weile dann 'nen Speedball [Mischung aus Kokain und Morphium oder Heroin]. Ab da war sie ständig pleite, hatte nie Geld, mußte die ganze Zeit was abheben, um ihre Sucht befriedigen zu können. Bevor sie damit anfing, konnte sie jeder Zeit 2000 oder 3000 Dollar abheben, aber als sie süchtig war, suchte sie in den Schubladen nach einem Dollar. Ich wollte wissen: »Was ist los?« Das hat mich 2000 Dollar die Woche gekostet, um sie aus Schlägereien und so was rauszuhalten. Und ich bin auf offener Straße angemacht worden – 52nd Street –, sie hat die Leute beleidigt und so weiter. Irgendjemand sagt: »Hallo, Billie.« – »Leck mich am Arsch, ich kenn' dich nicht.« Wissen Sie, dann hat sie sich zu mir gedreht und gemeint: »Glaubst du, ich bin verrückt?«

Nein, sie war nicht verrückt, aber sie wär's gern gewesen. Man hat sie in jungen Jahren extrem mißbraucht, und deshalb war sie irgendwann mal so weit, daß sie glaubte, alle würden sie nur ausnutzen, also sagte sie sich: »Scheiß auf die Welt!«

Greer Johnson hielt Sadie für dumm, aber Lady für »ungewöhnlich gescheit, ich hab' niemanden gekannt, der so klug und scharfsinnig war...« Natürlich war Johnson voreingenommen, denn er war ganz eindeutig verrückt nach ihr. Es gibt da eine Geschichte, die sich hartnäckig hält, und die inzwischen nicht mehr belegt werden kann. Jedenfalls soll der großartige Cembalospieler Ralph Kirkpatrick sie einmal abends mit zu sich nach Hause genommen und Bach für sie gespielt haben. Und sie sei davon hingerissen gewesen. Ihr musikalisches Verständnis basierte nicht auf Ausbildung. Sie war einfach ungewöhnlich intelligent. Aber ihre fehlende Ausbildung trug auch zu ihrem fehlenden Selbstbewußtsein bei. Nun sind begabte Musiker meist viel klüger als die meisten anderen Menschen, weil in ihren Sphären das Wort »klug« ohnehin keine große Bedeutung mehr hat. Simmons war ein bißchen zynisch, und er hatte keine so hohe Meinung von ihr:

> Ich finde nicht, daß sie klug war. Sie war schlau, aber sie war nicht klug. Sie hatte Mutterwitz, gesunden Menschenverstand, entsprechend genug, um sich damit behaupten zu können ... Sie wußte, wie man 'ne Kurve kriegt, zum Beispiel bei bestimmten Situationen, die in Joe Glasers Büro entstanden, wenn sie also auf bestimmten Dinge bestand, die er ihr nicht geben wollte, dann sagte sie: »Nun, also gut, merk dir das für die nächsten Vertragsverhandlungen.« Generell bekam sie von Joe Glaser immer, was sie wollte. Sie feilschten um alles ... sie kannten keine Formalitäten. Sie bewarfen sich mit Dreck und bedachten sich gegenseitig mit Flüchen ...
>
> Sie wußte, wie man Dinge nach außen verschleiert, die meisten Leute merkten gar nicht, daß sie auf Drogen war. Vielleicht haben sie angenommen, daß sie Marihuana raucht, aber die Leute in der Branche, die wußten es, und schließlich sickerte es auch an die Öffentlichkeit. Mundpropaganda, Gerüchte, die beste Nachrichtenmaschinerie der Welt. Sie hat wohl die eine oder andere Show geschmissen, wenn sie keine Lust dazu hatte, aber sie hat das nicht oft getan ...
>
> In den Clubs hat sie sich wohlgefühlt. Sie hat das Publikum bedient. Sie ging auf die Leute zu und trank mit ihnen ein paar Drinks, hat sich hingesetzt und gelacht und geredet, auch wenn sie nicht wußte, über was sie redeten. Aber ihre Erziehung hat sie nicht im Stich gelassen, solang sie mit Leuten über verschiedene Themen und Sachen reden konnte. Meist waren es die Interviews, wenn man sie über ihr Leben ausgefragt hat, und wann sie zu singen angefangen hatte, und was ihr im Kopf herumging, wenn sie sang, und solche Sachen, die sie wirklich fertigmachten. Und dann rannte sie die Treppen hoch zu ihrer Garderobe und setzte sich einen Schuß, damit sie diesen Zustand der Nervosität los wurde, so als ob es ihr echte Schmerzen verursachte, nur mit ihnen zu reden ... Ich hab's miterlebt ...
>
> Wenn sie einer Frau vorgestellt wurde, die ihr ins Auge fiel, »Ich bin William«, dann stellte sie sich selbst als Mann vor: »Ich bin William.« Aber in Wirklichkeit war sie hinter der Sache nicht so notorisch her, wie viele annahmen. Daß sie möglicherweise mit irgendwelchen Miezen losgezogen ist

> oder so was, die für sie einen Affenzirkus aufführen mußten, während sie dabei einfach zuschaute. Danach ist sie vielleicht losgezogen und hat sich eine Prostituierte geschnappt, und der für 'ne französische Nummer 5 Dollar gegeben. So war sie. Warum? Keine Ahnung. Ich weiß es nicht.

Insgesamt ist das die Beschreibung einer hektischen Flucht vor Versagensängsten. Simmons meinte, daß sie über den Tod ihres Vaters gesprochen und den Rassismus dafür verantwortlich gemacht habe. Sie war nervös, hatte kein Selbstvertrauen, und viele ihre Freunde waren in der Tat kultivierte Menschen. Zu jener Zeit war Frank Sinatra die größte Sensation im Showgeschäft, der uns einen Vorgeschmack auf die spätere Hysterie um Elvis Presley und später dann die Beatles gab. Es muß etwa 1944 gewesen sein, als sie dem Kolumnisten Earl Wilson erzählte:

> Aufgepaßt, Schätzchen. Ich hab' Frank gar nichts beigebracht. Ich war im Three Deuces von Chicago, und Frank war zusammen mit Harry James. Und ich ging ahnungslos wie'n Baby da rüber, wo er war, aber sie wollten mich nicht reinlassen. Aber Frank und die anderen ham mich gesehn, und so gingen wir zu viert dort weg und hatten 'nen Riesenspaß. Ich hab' ihm gesagt, daß er nicht richtig phrasiert. Daß er gewisse Noten ziehen müßte. Er hat geantwortet: »Lady, du hast keinen kommerziellen Erfolg.« Und ich hab' ihm etwas über Noten erzählt, die er am Schluß langziehen müßte, und später hat er gemeint, ich hätte ihn inspiriert. Diese Noten entsprechend ziehen, das ist alles, was ich Frank erklärt hab'.

Sinatra arbeitete 1939 mit James zusammen und wurde bereits in diesem Jahr in *Metronome* für seine »leichte Art zu phrasieren« gelobt. Laut Simmons wurde ein paar Jahre später auch Dick Haymes, der zu jener Zeit zu Sinatras Rivalen zählte, einer ihrer Fans.

> Er kam vorbei, weil er sie sehen wollte, aber ich konnte ihn nicht leiden, weil er mir manchmal weibisch erschien. Irgendwie war er 'ne Art Mischmasch, keine Ahnung, jedenfalls war er kein richtiger Mann. Er selbst hielt sich für das

schönste Lebewesen auf zwei Beinen. Er war einfach selbstgefällig. Ich konnte ihn nicht ausstehen.

Haymes war nicht schwul, aber er war wohl ein Narziß und zeitweiliger Alkoholiker. Aber er war auch ein wirklich guter Popsänger und ganz bestimmt ein echter Fan von Lady. Jedenfalls mußte die Aufmerksamkeit eines Stars wie Haymes, der in den vierziger Jahren rund vierzig Riesenhits hatte, für ihr zerbrechliches Ego eine echte Genugtuung gewesen sein. Angeblich war sie eine großartige Sängerin, aber man hatte sie aus der Basie-Band geworfen, sie mußte Shaws Band verlassen, und die Sponsoren duldeten sie nicht in den Radiosendungen. Laut Simmons war Jimmy Monroe mit seinen kriminellen Geschäften an der Westküste gescheitert, und Joe Guy benutzte sie als Laufburschen, der sie mit Drogen versorgte. Männer zählten nicht wirklich, und vielleicht hat Lady durch ihre Erfahrungen gelernt, Sex und Liebe auseinanderzuhalten. Aber was war Liebe? Sie hatte erfahren, daß sie trotz allem Liebe nicht durch Sex kaufen konnte. Und vielleicht schluckte sie aus dem Grund Pillen und fixte Rauschgift, um damit alles in Schach zu halten.

Doch dann war es soweit, daß sie vom Heroin wegwollte. Sie war so sehr drauf, daß ihre Füße angeschwollen waren, daß sie keine Schuhe mehr tragen konnte und von Mal zu Mal größere Probleme hatte, eine Vene zu finden.

> Sie trug Riemchensandalen, und sie hatte diese Art zehenloser Socken, die sie in ihren Schuhen tragen konnte … Und schließlich war's so weit, daß sie sich in die Vagina spritzte, was sie wirklich machte. Also so was hätte ich nicht fertiggebracht. Ich kannte Männer, die sich in die Genitalien spritzten – aahh – daran möcht' ich nicht mal denken.

Simmons gibt zu, daß er es damals leid war, daß die Drogenhändler draußen nach der Arbeit auf sie warteten, und eines Nachts, während eines Gewitters, spitzte sich die Lage zu.

> Sie hatte sich erschreckt und sprang hoch und stand aufrecht im Bett, und dann rannte sie ins Badezimmer, um sich einen Schuß zu setzen. Sie war in heißen und kalten Schweiß ausgebrochen, und ich bin auf sie gesprungen und hab' das ganze

Zeugs aus ihr rausgedrückt. Das war ziemlich sadistisch von mir, aber ich hatte ihr gesagt, daß sie aufhören soll und daß alles davon abhängen würde, ob wir nämlich zusammenbleiben würden und so weiter … Sie konnte es nicht ausstehen, wenn ich's aus ihr rausgezogen habe, wenn sie grade zu fixen angefangen hatte, weil dann das ganze Zeug wieder rausfloß. Dann mußte sie nochmals mit dem Fixen anfangen.

Offenbar erklärt Simmons hier, daß er die Nadel aus ihr herausgezogen hat. Jedenfalls hat er danach seine Taschen gepackt und sie verlassen. Aber zuvor gab es noch eine gewalttätige Auseinandersetzung, weil sie ihn zurückhalten wollte. Und dann wurde Simmons verhaftet, warum, das wollte er nicht sagen:

Ich wurde in New York verhaftet, und sie haben mir meine Auftrittskarte entzogen, so wie sie sie ihr abgenommen haben. Und für mich bedeutete das das Ende der Welt. Konnte nicht mehr arbeiten. Ich kam mir wie 'ne Arbeitsvermittlung vor: jemand bot mir 'nen Job an, den ich nicht machen konnte, den ich jemand anderem vermittelt hab', und die nahmen die Arbeit an, spielten und hieltens nicht mal für nötig, danach Dankeschön zu sagen und mir 5 Dollar in die Hand zu drücken oder so was. Mein Arsch ging wirklich auf Grundeis. Und deshalb hab' ich wieder mit den Drogen angefangen …

Und sie hat's rausgefunden … Ich war in so 'ne Rauschgifthöhle marschiert, das Haus von Freddie Jacobs, dem Tänzer. Sie war die Patentante von seinem Sohn, Freddie dealte, und da saß sie einfach, als ich reinkam. Sie fing zu lachen an – »O nein, o nein, nicht du!« Und Freddie und ich gingen ins Badezimmer, um das Geschäft abzuwickeln, und sie kam ins Badezimmer – »sicher wirst du mir was geben, nicht?« –, und dann haben wir uns beide vollgepumpt …

Dann sind wir zusammen weg, ja, wir sind zusammen weg, und haben irgendwo was getrunken, und dann sind wir zusammen ins Bett, und da fings an, daß wir zusammen fixten, 1947, '48, '49, '50 und weiter bis zum Ende.

Wie Charlie Parker war auch Lady über Jahre hinweg heroinsüchtig, ohne in Schwierigkeiten zu geraten. Sie hatte Freunde, die für sie den Stoff aufbewahrten. Auch daran erinnerte sich Big Stump sehr gut:

Lady litt an dieser Sache, Unruhe, ja, nach dem Motto, sollen sie doch warten, ich bin Lady, hier komm' ich. »Stump Daddy, ich komm' aus Baltimore, Green Willow Street, und wenn sie nicht mal fünfzehn Minuten warten können ... « So ging das die ganze Zeit ... alle aus Baltimore, die ich kannte, haben immer gesagt: »Ich komm' aus Baltimore, und jeder von dort schafft es.« Snakehips Tucker sagte es.

Der Chinese im Onyx Club – Mann, sie mochte den Chinesen. Er war einfach nur Koch, aber er hat das Opium für Jimmy Monroe beschafft. »Chin Fu«, pflegte sie zu sagen, »mein Mann ist krank, er braucht etwas Stoff«. Und dann meinte sie: »Keine Geschichten, mein Fußtritt, verdammt gut.« Chin Fu kochte chinesische Gerichte. Die mochte sie. Egg Fu Yung und Pfeffersteak. Einmal hat er ihr ein komplettes chinesisches Essen gekocht, so ein ganzes Menü, wie man es in Peking oder Kanton macht, nicht die Sachen, die er hier gewöhnlich kochte ...

Und wenn sie dann schließlich am Ende der Bar angelangt war, dann hat sie sich verdrückt. Er hat immer was für Lady bereitgehalten.

Wenn sie hier durch die Straßen streunte, dann ging's zwischen Lady und den Türstehern so: »Da bist du ja Lady, ich hab' was für dich.« Sie haben ihren Stoff aufbewahrt ... Und vom White Rose aus begleiteten sie einige Soldaten in den Club zurück, ein kleines Jüngelchen und ein großer Kerl, und die haben den Shit für sie aufbewahrt, für sie eingesteckt. Ihr Lieblingstürsteher war Chick, ein riesiger Türsteher ... Sie haben den Scheiß für sie aufbewahrt, den sie von irgendjemandem für sie bekommen haben. Sie meinten nur: »Lady, da hat jemand was für dich abgegeben.« Sie kamen zu ihr, sie mußte nicht mal rausgehen. Sie kamen hinter die Bühne. »Lady, hier, das ist für dich.« Und sie wußte genau, woher es stammte. Lady Day ist niemals zu jemandem *gegangen,* sie kamen zu ihr.

Die 52nd Street war unser eigenes Revier, da fühlten wir uns unangreifbar. Wenn zum Beispiel Lady irgendwas zustieß: »Wer? Was? Was haben Sie mit Lady gemacht?« Und schon waren wir da, um ihr zu helfen. Wenn irgend jemand ihren Eichhörnchenmuff oder einen ihrer Mäntel gestohlen hat, dann hatten wir das Ding innerhalb von zehn Minuten wieder.

Greer Johnson war mit Lady viele Jahre befreundet. Er wurde später Presseagent beim Theater und danach ein Tanzkritiker und starb schließlich als vereinsamter Alkoholiker. Aber als er 1943 aus Kentucky nach New York kam, war er ein dreiundzwanzigjähriger Grünschnabel und konnte es nicht glauben, daß sie ihn als Freund akzeptierte. An dem Abend, als er sie kennenlernte, hielt er ihre brillantenbesetzte Geldbörse, während sie auftrat. Vielleicht ist ihm erst Jahre später klargeworden, daß er eigentlich ihren Drogenvorrat gehalten hat.

Sie habe ihn benutzt, meinte Johnson, aber das sei ihm egal gewesen. Er erkannte einen wahren Künstler sofort, und bisweilen war für sie seine Anwesenheit wirklich praktisch, weil viele ihrer Freunde tagsüber schliefen. Vor allem mußte er dann und wann als Begleiter für sie fungieren, wie zum Beispiel an dem Abend, wo sie sich die Katherine-Dunham-Tanzgruppe ansehen wollte: »Ich will wissen, was diese Neger machen, Baby, gehst du mit mir hin?«

> Ich besaß keinen Pfennig und mußte wirklich ums Überleben kämpfen. Für mich war's schon problematisch, mir zwei Bier in der 52nd Street zu leisten, um Billie hören zu können – wobei mir das egal war. Aber ich hab' ihr versprochen, daß ich mit ihr hingeh, und ich hab's auch getan. Ich hab' mein ganzes Geld zusammengekratzt, bin zum Martin Beck Theater und hab' zwei Karten für die Premiere in der vorderen Reihe gekauft … Sie trug einen Pullover und einen Rock, und um das Haar hatte sie sich einen Turban gewickelt, und dazu große Messingreifen im Ohr. Und sie sah unglaublich schön aus, Sie können mir glauben, ich sah dagegen nach nichts aus, also wirklich, ich hab' zwar einen Anzug und 'ne Krawatte getragen, aber ich sah nach gar nichts aus, das dürfen Sie mir glauben.

Die Leute im Theater drehten sich immer wieder um und starrten sie an, und Lady war davon überzeugt, daß es deshalb geschah, weil sie als Schwarze mit einem weißen Begleiter dasaß. Aber Johnson war überzeugt, daß sie einfach nur von ihrer Schönheit angezogen wurden. Danach nahm sie ihn in einen Club nach Harlem mit. Und dort war er das einzige weiße Gesicht, und folglich starrten alle *ihn* an. (Beiden hatte Katherine Dunham nicht sonderlich gefallen.) Schließlich schickte sie ihn mit einem Taxi heim.

Er war durch ihre Platten zum Billie-Holiday-Fan geworden. In der Main Street von Lexington erntete er merkwürdige Blicke, als er ihre Platten bestellte, die damals unter die Kategorie »Race Music« (also Musik von Schwarzen für Schwarze) fielen. Seiner Erinnerung nach hatte er niemals irgendwelche Rassendiskriminierung in den Lokalen, in denen sie auftrat, gespürt. Sie mischte sich unters Publikum und saß an der Bar. Aber manchmal gab es mit Gästen und der Polizei Probleme.

> Ich war schon längst in dieser Straße anerkannt, und die Leute kannten mich, als das passiert ist. Ich spür's genau, wenn jemand von hinten auf mich losgeht, und da habe ich tatsächlich hinten einen Schmerz gespürt. Irgend jemand hatte mich tatsächlich direkt in den Arsch getreten und meinte: »Du wartest wohl schon wieder auf diese schwarze Schlampe?« ... Und die Polizei sagte zu mir: »Es ist doch wohl nicht dein *Ernst*?« ... Ich kann ja nur lachen, wenn alle von der heutigen sogenannten liberalen Jugend sprechen. Die haben wirklich keine Ahnung, was wir fertiggebracht haben, ohne irgendwelche Transparente zu schwingen ... Das ist einfach nur zum Schreien lächerlich.

Der Pianist Joe Springer erinnerte sich, daß sie kurz nach irgendeinem rassistischen Zwischenfall im Club die 52nd Street runterliefen, und ein befreundeter Schwarzer sie grüßte: »Wie geht's dir, Lady Day?« Sie antwortete: »Gut, na ja, ich bin immer noch ein Neger.« Damit drehte sie einen alten Witz, den man sich in schwarzen Kreisen erzählte, um, in dem sich ein Weißer bei seinem schwarzen Freund beschwert, daß er seine Arbeit verloren habe, seine Frau ihn verlassen habe, sein Auto beschlagnahmt worden sei und so weiter. Und sein Freund antwortet: »Wieso machst du dir Sorgen? Du bist immer noch ein *Weißer,* oder nicht?«

Oft verlor sie nach solchen Zwischenfällen in den Clubs die Fassung, auch wenn sie sich letztlich nicht unterkriegen ließ (allerdings müssen sie diese Episoden wohl von mal zu mal mehr Kraft gekostet haben, so daß ihr, auch methaphorisch gesprochen, die

Füße geschmerzt haben). Einmal streckte Frank Sinatra abends einen Klugscheißer zu Boden. Im allgemeinen kam ihr jemand zu Hilfe, und Leute, die Schwierigkeiten machten, wurden schleunigst hinausgejagt, aber bisweilen kam dabei der Unruhestifter selbst in Schwierigkeiten. Darüber kursieren unzählige Geschichten in den verschiedensten Varianten. Bobby Tucker erzählte, daß an irgendeinem Silvesterabend ein Matrose von der Handelsmarine sich an den Barkeeper wandte und wissen wollte: »Seit wann bedienen sie denn Negerhuren?« »Lady trank Brandy mit White Crème de Menthe, in einem von diesen langstieligen Gläsern, und sie drückte ihm einfach das Glas voll ins Gesicht und rieb es hin und her, bis er wie 'ne Drei-Ringe-Version von Ballantine aussah« (das Logo dieser Biersorte bestand aus mehreren, sich überschneidenden Ringen).

In John Jeremys Film aus dem Jahr 1984 erzählt Thelma Carpenter die berühmte Geschichte mit ihrem Mantel. Sie standen an der Bar.

> Es war während des Kriegs, um uns herum überall Soldaten und Matrosen, die etwas voreingenommene Art, nicht unbedingt cool … Diese Typen drückten ihre Zigaretten auf *ihrem* Mantel aus … Sie sagt: »Da brennt was.« »Ja, und zwar dein *Mantel.* Das waren *die* da.« Sie darauf [mit verruchter, schmollender Stimme]: »*He,* Mister …«

Sie gingen zusammen nach draußen, und die Matrosen hatten sicher vor, sie zusammenzuschlagen. Aber sie hatte in Baltimore gelernt zuzuschlagen.

> Sie gab mir ihren Mantel. Und ich muß Ihnen eins sagen, sie hat sie einfach *plattgemacht* – und ich hab' ein paar Milchflaschen auf sie geworfen. Als die Bullen kamen, machte sie total auf Weibchen, und sie hat gesagt: »Sie haben mich *angegriffen.*« Und die Bullen sind zusammengebrochen. Zwei Matrosen liegen flach auf der Straße, und sie sagt, die haben mich *angegriffen.* Sie hat ihren Mantel angezogen und ist in den Club zurück.

Nur die Musiker, männliche und weibliche, kannten Lady so, wie sie wirklich war. Johnson glaubte, daß viele große Namen aus dem

Showgeschäft sie abgelehnt hätten, weil sie ihnen musikalisch weit überlegen war, aber er wollte keine Namen nennen. Big Stump berichtete: »Die Musiker kamen in Scharen – Lady, werd' ich's schaffen – Lady, Lady, kann ich das machen? Und es hat sie umgehauen, weil sie die Riffs nicht kannten.« Dabei bezieht sich Stump auf den Scat-Gesang.

> Lady Day mochte Scat-Gesang nicht. Aber wenn Lady Day Scat sang, bekam Ella Zähne. Ich sag' Ihnen mal was, Lady Day verstand mehr von Musik … Wie sie's gelernt hat, weiß ich nicht, aber sie konnte einem mit ihrem Scat-Gesang den Schädel spalten. Sie machte irgendwas aus heiterem Himmel, und ich schwebte in den Wolken, ja, denn ich hab' sie immer zum Schweben gebracht: »Du bist mein Kerl, Stump Daddy« – und dann »Shadadadee, shadadado«, und ich heul' los. Und dann hat sie mich da so sitzen lassen. [Sie ging ins Rampenlicht raus] … und dann legte sie sofort mit diesem Fingerschnippen los, und sie wirft mir 'nen Blick zu, sie wußte genau, was sie tat, weil sie einfach unwahrscheinlich toll ist, das war sie, ahhhh, Lady Day …
>
> Die Musiker, die für sie spielen – und dann sieht man diese ganzen Zuhälter in der ersten Reihe – und hinter ihr gab's immer einen Musiker mit gebrochenem Herzen. Der Typ, der sie begleitete, hat sie geliebt, aber da sitzt vorne vor ihm dieses riesige parasitäre Arschloch, wie Jimmy Monroe, John Levy – die sitzen da und baden sich in ihrem Glorienschein, und diese anderen Jungs haben sie angefleht: »Bitte, Lady, komm mit mir«, das ist wie ein Echo in der Nacht, das irgendwo von der Walhalla kommt. Oh, es gab so viele Musiker, die sie geliebt haben …
>
> Pianisten wie Sonny White, oder Ellis Larkins und Eddie Heywood, der immer weinte, wenn sie sang. Übrigens auch Sonny. Sonny war einfach wunderbar, er hat sie unsterblich geliebt. Ich glaub', daß sie ihn ausgetrickst hat. Er war ein sehr, sehr lieber Junge, er war ein Engel … Ich hab' miterlebt, wie er nach dem Auftritt zusammengebrochen ist. Er wurde wütend, wenn sie mit diesem großen Schnorrer abhaute, und ich hab' die Tränen in seinen Augen gesehen. Sie mußte nur 'n Lied wie »You're My Thrill« oder so was singen, und schon verzog er sich in 'ne Ecke und heulte.
>
> Aber Lady hatte den Dreh raus, den richtigen Pianisten zu finden. Sie meinte: »Nun komm schon, Baby, spiel für

mich.« Und dann war da noch so'n Junge, Clyde Hart – all diese Leute haben Lady so sehr geliebt ... Denn sie hatten gar keine Chance, irgendwas anderes zu machen, als sie – sie hatte ihren eigenen Kopf, und er spielt einfach die Melodie dazu, und schon hat sie ihn in ihre magische Tasche gesteckt. Eddie Heywood hat auch geheult – »Low Down Moon« ... Man hat sich irgendwie mit Lady Days Stil angefreundet, und plötzlich gehörte man zu Lady Days Liga.

Joe Springer hat sie einmal nachts in der Street begleitet, als sie so stoned war, daß sie beim letzten Auftritt kaum mehr stehen konnte. Auf der Bühne passierte das Lady nicht sehr oft (obwohl Johnson einmal erlebt hat, daß sie einfach umfiel und zum Publikum meinte: »Leute, ich bin echt betrunken«). Dabei hinkte sie so stark hinter dem Beat her, daß Springer darauf gefaßt war, daß er ein paar Takte auslassen müßte, womit es jedem klargeworden wäre. Und dann plötzlich »ließ Billie ein halbes Dutzend Worte aus und war absolut wieder in der Musik drin. Irgendein Teil ihres vernebelten Gehirns folgte beständig der Musik, selbst wenn ihr Gesang wie ein leierndes, altmodisches Grammophon klang, daß man aufziehen muß.«

Bei einer anderen Gelegenheit leitete Johnny Guarnieri ein Trio für sie im Onyx. Er erzählte Arnold Shaw:

Am ersten Abend gab sie mir irgendwelche zerrissenen Notenblätter und meinte: »Spiel mal vier Takte.« Ich spielte vier Takte. Aber sie stieg nicht ein. Deshalb dachte ich, sie hat's nicht mitbekommen oder ihr Zeichen verpaßt, und fing nochmal an. Plötzlich tippte mir jemand auf meinen Hinterkopf, und ich hör' sie sagen: »Kümmer' dich mal nicht um mich – ich werd' schon rechtzeitig dasein.«

Er fand heraus, daß sie lieber nach dem Beat einstieg und daß er sich nicht besonders um sie kümmern mußte. »Nur wenige Interpreten haben so'n solides Verständnis von Tempi, wie sie's hatte ... Keine Sängerin der Welt hat das Tempo so großartig beherrscht wie Billie Holiday.«

Greer Johnson erzählte folgende Geschichte. Einmal sei sie so betrunken und deprimiert gewesen, daß sie »im wahrsten Sinne des Wortes flach hinknallte und meinte: ›Baby, verdammte

Scheiße! Ich werd' nie mehr singen.‹« Er hielt ihr eine Standpauke: »Und was, verdammte Scheiße noch mal, wirst du dann wohl machen, wenn du nicht mehr singst? ›Is' mir doch scheißegal!‹ Gut. Also was *wirst* du machen? Schließlich stand sie auf, klopfte den Staub ab und meinte: ›Ich werd' wieder singen.‹«

Eddie Heywood hatte bereits Platten mit ihr aufgenommen und sollte sie während ihrer nächsten Phase als Schallplattenkünstlerin in den Mittelpunkt rücken. Der Musikerstreik gegen die Plattenfirmen zog sich für die großen Plattenlabel bis Ende 1944 hin. Das Bundesamt für Arbeit war mit dem Streik nicht einverstandenn, doch als sie schließlich erkannten, daß sie bei Petrillo nicht hart durchgreifen konnten, arrangierten sich kleinere Unternehmer mit der Gewerkschaft, die es sich nicht leisten konnten, das Ende des Streiks abzuwarten. Außerdem ergriffen sie die Chance, konkurrenzlos Platten zu machen. Einer davon war Dave Kapp von Decca, der schon lange auf seine große Chance wartete. Auch Milt Gabler von Commodore gehörte dazu, der im November 1943 die Produktion von Platten wieder aufnahm. Er machte im Februar 1944 Plattenaufnahmen mit Eddie Heywood. Zu dieser Zeit war Heywood der Bandleader im Café Society, und damals war der Bandleader im Club auch gleichzeitig der Conférencier, wie Josephson Whitney Balliett berichtete:

> Heywood stotterte. Er hat mir gestanden, daß er Angst davor hatte, daß die Leute ihn auslachen könnten, und ich hab' ihm gesagt, er solle sich nicht den Kopf zerbrechen. Am ersten Abend lief's ziemlich schlecht, am nächsten Abend schon besser, und binnen einer Woche hat man's kaum mehr gemerkt. Es muß irgendwas mit der Intimität des Mikrofons zu tun gehabt haben, und vielleicht auch, weil ich an ihn geglaubt hab'. Jedenfalls erklärte er mir ein paar Wochen später, daß er wegen seines Stottern 4-F eingestuft worden sei*, und daß er seinen Gesundheitstest zu machen hatte, und ob er deswegen nicht ein paar Tage mit den Ansagen aussetzen könne, bis sein Stottern wieder da wäre? Das hat er dann auch getan, und sein 4-F-Status wurde erneuert, und danach hat er an diesem Abend wieder die Shows angesagt.

* 4-F: »untauglich« für den Militärdienst. (*A. d. Ü.*)

Heywoods poppige Aufnahme von »Begin the Beguine« für Commodore auf einer 78er Platte entwickelte sich in gewisser Weise zu einer Sensation. Gabler hatte inzwischen für Decca zu arbeiten begonnen (und zwar 1941, nachdem er seinen Commodore Music Shop an der 52nd Street schloß. Sein Laden in der 42nd Street existierte bis 1958). Kapp hatte Gabler gewarnt: »Ich hab' nichts dagegen, wenn du an den Samstagen und nach der Arbeit Platten für Commodore produzierst, aber wehe, wenn du auf Commodore einen Hit landest!« Auf diese Weise avancierte Heywood bei Decca zum Bandleader, und seine neue Single-Version von »Begin the Beguine« wurde ein Top-20-Hit (laut *Pop Memoires*, obwohl es damals nicht in den *Billboard*-Charts auftauchte).

Die Zeitschrift *Esquire* hatte inzwischen den ersten Jazz Poll installiert, in dem nicht die Leser, sondern Musikkritiker die Auswahl vornahmen. Und dabei gewann Lady zum erstenmal einen Musik-Poll und wurde zur besten weiblichen Sängerin gewählt. Dieser Poll stand auch in direkter Verbindung mit der vierten und letzten Kampagne für Kriegsschuldverschreibungen der USA, für die eine große Summe aufgebracht wurde. Im Januar 1944 wurde ein Konzert der Esquire All-American All-Stars im Metropolitan Opera House mitgeschnitten, bei dem Lady drei Lieder mit einer Band sang, der Roy Eldridge, Art Tatum, Coleman Hawkins und Sid Catlett (ihr heißgeliebter Louis Armstrong gehörte ebenfalls zum Programm, aber sie traten nicht zusammen auf). 1945 gewann sie außerdem einen *Metronome*-Poll.

John Hammond erzählte, daß Columbia ihren Vertrag mit Lady deshalb nicht erneuerte, weil ihnen Ladys veränderter Stil nicht gefallen habe. Aber im März 1944 wurden bei Columbia überhaupt keine Platten produziert. Gabler wollte mehr Material mit ihr aufnehmen, weil er vorhatte, 78er-Alben mit vier Platten (also acht Plattenseiten) zu veröffentlichen. Er bot Joe Glaser für eine Aufnahmesession 1000 Dollar an, also wesentlich mehr als das, was Columbia bezahlt hatte. Und daraufhin produzierten sie bei drei Aufnahmeterminen im März und April insgesamt zwölf Songs in jeweils mehrfachen Versionen.

Bei den meisten Stücken spielte ein Septett, dem Heywood, Catlett, Simmons, der Gitarrist Teddy Walters und der Altsaxophonist Lem Davis angehörten. Auf vier Nummern war Walters nicht vertreten, und bei der letzten Session wirkten auf einigen Aufnahmen nur Heywood, Simmons und Catlett als Trio mit. Gabler hatte durchwegs erstklassige Nummern ausgewählt: »How Am I To Know«, »My Old Flame«, »I'll Get By«, »I Cover the Waterfront«, »I'll Be Seeing You«, »I'm Yours«, »Embraceable You«, »As Time Goes By«, »He's Funny That Way« und »Lover Come Back to Me«. Und zum Schluß machten sie noch eine Neufassung von Gablers altem Lieblingslied »Billie's Blues«. Sie hatten »I Cover the Waterfront« bereits für Columbia aufgenommen, die aber ihre Version erst nach der Commodore-Platte auf den Markt brachten. Es war das erste Mal, daß Lady von einer ihrer Platten eine neue Version aufnahm. Die Commodore-Aufnahmen sind allesamt wunderschön und echte Klassiker.

Auf ihren ersten Schallplatten für Brunswick und später dann Columbia hat sie oft nur einen Chorus gesungen, aber inzwischen wissen wir ja, daß man sie auf ihren späteren Aufnahmen weniger als Jazzmusiker sondern als Popstar präsentiert hat. Und Gabler führte diese eingeschlagene Richtung entschieden fort:

> Sie wollte wirklich eine echte Popsängerin sein. Meiner Meinung nach sang sie in den Clubs für gebrochene Herzen. Ich hab' sie mir immer angesehen, wenn sie wo auftrat … Ich bin rein und hab' mir einen Auftritt angesehen. Und sie hat eigentlich für die Liebeskranken gesungen. Und genau das hat sie gern gesungen, diesen ganzen Kram eben. Und das war dann auch der Anfang von einer nicht-jazzigen Hintergrundsbegleitung. Und drum hat mir *down beat* die Hölle heiß gemacht, und die meisten Kritiker auch, weil ich ihr bei den Balladen und so weiter diesen fließenden Orchesterhintergrund verpaßte. Aber ich wollte diese Balladen zu Songs machen. Ich war schon immer verrückt nach Songs … Sie wollte die Songs genauso präsentieren, wie in irgendeinem Club!

Und eines abends hörte er sie in einem Club »Lover Man« singen und dachte sich: »Oh, mein Gott! Das ist der geborene Hit!«

> Damals wurden die Lifts von Liftboys bedient. Und als wir diesen Song im Lift gesungen haben, als wir mit ihm in den 14. Stock zu Decca fuhren, dann meinte der Liftboy: »Eh, das ist aber 'n toller Song!« … Und dann war klar, daß die Sache klappte. Der geborene Hit. Man muß nur den richtigen

Groove finden, und die Struktur ein bißchen bearbeiten, und das war's dann schon.

Ich sagte mir also: »Das kannst du nicht für Commodore machen. Dann schmeißen sie dich raus!« Also fuhr ich zu Joe hoch … Und ich hab' sie bei Decca unter Vertrag genommen und ihr natürlich auch 1000 Dollar gegeben, plus 5 Prozent Tantiemen dazu, und Joe griff zu.

Gabler besorgte ihr die Streicher, die sie wollte, und dazu noch fünf Bläser und eine Rhythmusgruppe. Als Arrangeur und musikalischer Leiter wurde der Trompeter Salvador Tutti »Toots« Camarata engagiert, der zuvor für Jimmy Dorsey arrangiert hatte. »Lover Man (Oh, Where Can You Be?)«, dem eine Melodie von Roger »Ram« Ramirez zugrunde lag, wurde im Oktober 1944 aufgenommen und erreichte im Mai 1945 Hit-Status (auch diese Aufnahme ist nicht in den *Billboard*-Händlercharts aufgelistet). Außerdem landete der Song in den Charts der schwarzen Musik, die *Billboard* 1942 eingeführt hatte, auf Platz 5 (es war ihr erster und letzter Hit in dieser Chart, die anfangs »Harlem Hit Parade« hieß und 1945 in »Most-Played Juke Box Race Records« umbenannt wurde). Und zusätzlich wurde es in einem neubelebten Geschäft ein Hit: die Musikbox-Branche hatte schließlich dem Einzelhandel Mut gemacht, der sich mittlerweile von der Wirtschaftskrise erholte. Und aus diesem Grund mußte Lady wohl, um überhaupt in irgendeiner dieser Charts zu landen, eine ganze Menge Platten verkauft haben. Die B-Seite des Hits war »That Ole Devil Called Love«, dessen Co-Autoren Camarata und Bob Russell waren und das bei ihrer zweiten Decca-Aufnahmesession im November 1944 entstand. Ihre nächste Session im August 1945 wurde von dem Bassisten Bob Haggart geleitet, und zu den befreundeten Musikern zählten der Gitarrist Tiny Grimes, der Schlagzeuger Specs Powell und Joe Guy.

Haggart beschreibt sein erstes Treffen mit ihr in einem Club in der 52nd Street, wo er mit ihr die Tonart der Lieder abklären wollte: »Sie war sehr herzlich und freundlich, und ich habe mich sofort wohlgefühlt. Vor ihr lagen alle vier Notenblätter der Songs, und sie wußte genau, was sie wollte.«

Bevor noch weitere Schallplatten auf Decca zur Veröffentlichung kamen, wurde ihr Einjahresvertrag verlängert. Zu jener Zeit durfte man Decca durchaus als ein großes Plattenlabel betrachten. Es hielt noch immer große Anteile im Jukebox-Markt und war inzwischen eine eigenständige amerikanische Gesellschaft (UK Decca hatte wie andere britische Plattenfirmen während des Krieges in Überseefirmen investiert, und Decca hatte dabei die Entwicklung des Radar mitfinanziert). Lady war mittlerweile nicht nur bei Musikern und Kritikern eine Legende und eine wohlverdiente Poll-Gewinnerin, sie hatte auch einen Plattenvertrag mit einer großen Firma, bei der auch Bing Crosby, Dick Haymes und Ella Fitzgerald unter Vertrag waren. Sie erhielt Tantiemen und hatte einen landesweiten Hit. Sie war dreißig Jahre alt und stand, kommerziell gesehen, auf dem Höhepunkt ihrer Karriere.

11 *Erfolge und Affären*

In der zweiten Hälfte der vierziger Jahre war die Swing-Ära endgültig zu Ende. Aus verschiedenen Gründen – dazu gehörten auch die kriegsbedingte Rationierung von Benzin und die Vergnügungssteuern (die bis weit in die fünfziger Jahre nicht erhöht wurden), überall im Land hatten Ballsäle und Tanzlokale geschlossen, und auf jeden Fall zahlte es sich nicht mehr aus, eine Big Band auf Tournee zu unterhalten. Dazu kam, daß heimkehrende Soldaten Familien gründeten, und das erste Ergebnis des Babybooms war, daß die Familien bald nicht mehr zum Tanzen ausgingen, sondern zu Hause blieben und sich vor den Fernseher setzten.

Im Januar 1947 gingen neun berühmte Bands auf einen Schlag ein; unterdessen brachten neue kleine, unabhängige Plattenlabels massenweise Hits auf den Markt. In der Musikbranche war man sich zwar im klaren, daß eine neue Ära begonnen hatte, doch wußte keiner so recht, was man damit anfangen sollte. 1948 rief James Petrillo die Musikergewerkschaft zu einem neuerlichen Streik gegen die Plattenfirmen auf – einfach, um wenigstens soviel Schaden wie möglich anzurichten; mittlerweile war offensichtlich, daß sich vor allem dann Rekordverkaufszahlen erreichen ließen, wenn die Titel im Radio zu hören waren: die Ära der DJs und der Popsänger war angebrochen, und auch die Top Forties im Rundfunk waren nicht mehr fern.

Im Rückblick ist klar zu erkennen, daß unter der Oberfläche amerikanischer Popmusik schwarze Musik und Hillbilly-Klänge brodelten und eine Energie entwickelten, die sich nicht mehr bremsen ließ; was das Plattengeschäft betraf, war die Vorherrschaft von Broadway, Hollywood und der Tin Pan Alley zwar so gut wie vorbei, doch hielten tiefverwurzelte rassen- und klassendiskriminierende Marketing- und Verkaufsmethoden die sogenannte »Musik der Minderheiten« vom Mainstream fern. Bei der Umfrage eines Soldatensenders nach dem populärsten Sänger wurde Frank Sinatra durch Roy Acuff klar geschlagen, dennoch tauchten Acuffs Platten nie in den Popcharts auf; Jazz war wieder einmal die Musik einer kleinen Gruppe, es entstanden zwar großartige Aufnahmen, aber im Radio waren sie kaum je zu hören.

Unter den schwarzen Sängerinnen hatten Ella Fitzgerald und Dinah Washington den größten Erfolg; Dinah blieb weitgehend auf die schwarzen Charts beschränkt, Ella hingegen überschritt die Grenze leicht. Dinah Shore, von der das Gerücht ging, sie sei Mulattin, die aber vor allem für ein weißes Publikum sang, war in den vierziger Jahren ein großer Star; Sarah Vaughan hatte dank ihrer außergewöhnlichen Stimme und Technik und nicht zuletzt dank einer aufwendigen Produktion und Songs, die mit Jazz oft wenig zu tun hatten, in den fünfziger Jahren zwanzig Hits in den *Billboard*-Verkaufscharts. Lena Horne, die mit Lennie Hayton eine lange und stabile Hollywood-Ehe führte, verbrachte nicht gerade viel Zeit im Plattenstudio und hatte trotzdem mehrere Hits. Alle – außer vielleicht Ella – waren von Billie Holiday beeinflußt worden, die nach »Lover Man« keinen einzigen Hit mehr zustande brachte.

Lady war berüchtigt für ihre Unzuverlässigkeit (obwohl ihre Fans ihr stets verziehen), und es kursierten allerhand Gerüchte über ihre diversen Laster. Ihr Eröffnungsauftritt im Downbeat Club im Mai 1945 schien sie freilich alle zu widerlegen: Sie machte gute Arbeit und erschien pünktlich auf der Bühne, aber bereits im Juli trat sie »nicht regelmäßig auf«, wie das Magazin *down beat* schrieb. Dann halste sie sich eine unnötige weitere Last auf: Im August stellten sie und Joe Guy eine sechzehnköpfige Band auf die Beine, um auf Tournee zu gehen.

Viele Bands wurden durch Vermittlungsagenturen oder Verleger gesponsert, wie Willard Alexander und Irving Mills; einige der erfolgreichsten Bandleader, Goodman und Dorsey zum Beispiel, waren erfahrene Geschäftsleute, als sie ihre Bands zusammenstellten; mit einer Band auf Tournee zu gehen erfordert viel Organisationstalent – Auftritte, Werbung, Transport und Unterbringung müssen koordiniert werden. Lady und Joe begannen ihre Tournee ohne jegliche Erfahrung, und das zu einem Zeitpunkt, als das Big-Band-Busineß ohnehin im Niedergang begriffen war. Es wurde eine Katastrophe; in Ladys Autobiographie heißt es, sie hätten binnen weniger Monate 35 000 Dollar verloren. Und zu allem Überfluß starb Sadie genau in dieser Zeit, am 6. Oktober, im Alter von neunundvierzig.

In Ladys Buch heißt es, sie und Guy seien in Washington gewesen, und sie habe eine Vorahnung gehabt. In Wahrheit hatte Sadie laut Totenschein dreizehn Tage im Wadsworth Hospital in Manhattan verbracht; eine Todesursache ist nicht angegeben. Ruby Helena sagte, Sadie habe ihr Restaurant aufgegeben und sei in die Bronx gezogen; kurz darauf sei sie gestorben. Laut Detroit Red war Lady zu dem Zeitpunkt in Baltimore, in der Nähe von Washington; Red arbeitete damals in einem anderen Theater und besuchte Lady in ihrer Garderobe. Lady erkundigte sich nach Reds Kindern, und Red fragte nach Sadie, woraufhin Lady sagte, ihrer Mutter gehe es nicht gut. Red war bei ihr, als sie das Telegramm erhielt, und sagte, die Nachricht habe sie schwer getroffen.

Joe Glaser half, die Bestattung in die Wege zu leiten. Auf dem Totenschein wird Lady als die Person genannt, die den Tod gemeldet habe; ferner ist als gemeinsame Adresse 1293 Union Avenue angegeben; Sadie habe dreißig Jahre lang in New York City gelebt und sei die Witwe von Clarence, der Name ihres Vaters sei Julian Fagan und der ihrer Mutter Julia.

In ihrem Buch sagt Lady, sie habe Joe Guy dringend nahegelegt, sie nett zu behandeln: »Sei bloß gut zu mir, denn du bist alles, was ich jetzt noch habe.« Verschiedene Leute erzählen, Lady habe nach Sadies Tod durch einen Sprung vom fahrenden Zug Selbstmord zu begehen versucht, aber eine Zeugenaussage aus erster Hand gibt es dafür nicht. Greer Johnson sagte, er sei mit ihr und mehreren anderen nach der Beerdigung in einer Bar gewesen, und sie sei ihm durchaus normal erschienen. Zwar hatte Glaser angekündigt, Lady werde sich möglicherweise eine Weile frei nehmen, doch sie machte sich unmittelbar darauf wieder an die Arbeit, was wahrscheinlich das Beste war, was sie tun konnte; dennoch muß der Verlust sie hart getroffen haben. Trotz aller ihrer Unzulänglichkeiten war Sadie der einzige Mensch gewesen, der in Ladys Leben eine zentrale Rolle spielte, mit dem sie die Armut geteilt, sich gestritten, die guten wie die schlechten Zeiten durchgemacht hatte.

Disziplin war in der Band eher Glückssache. Ohnehin ist es kompliziert genug, die Musiker zusammenzuhalten, und in diesem Fall brachte der Mangel an Erfahrung noch zusätzliche Probleme mit sich; allein sie alle zusammen in den Bus zu verfrachten war schwierig. Wie immer wurde sie von den Musikern geliebt: Chilton zitiert den Posaunisten Floyd Brady, der sich reumütig erinnert, wie er in einer Kleinstadt in Georgia zuerst mit Lady getrunken, dann einen hohen Ton verpatzt habe und auf der Stelle gefeuert worden sei. Clyde Bernhardt wurde für einen Auftritt im Apollo engagiert.

> Billie hörte Joe Guy mit mir reden, sie mischte sich ein und fragte mich: »Magst du meine Band nicht?« Ich sagte: »Doch«, woraufhin sie sagte: »Wenn du die verdammte Band magst, wieso, zum Teufel, kommst du dann nicht zu uns? Red keine Scheiße, Mann, drück ab oder steh vom Pott auf.« Ich fing an zu lachen, dann lachte sie auch und fragte: »Was ist denn daran so komisch?« Sie war wirklich stark. Mir hat's Spaß gemacht, mit ihr zu reden, wenn sie gut drauf war und lauter Mist losgelassen hat.

Ende des Jahres hatte die Band keine Konzerttermine mehr, und Ladys Begleitung hatte sich auf Guy, Springer, Tiny Grimes an der Gitarre, Lloyd Trotman am Baß und Eddie Nicholson am Schlagzeug reduziert. Diese Truppe war es, mit der sie einen ihrer größten Triumphe feierte: es war das Konzert in der New Yorker Town Hall am 16. Februar 1946, das nicht mitgeschnitten wurde.

Greer Johnson war der Meinung, sie hätte Konzertsängerin im klassischen Sinn werden sollen: Sie sei in ihrer Kunst allen anderen so weit voraus, daß sie in der Lage hätte sein müssen, die besten amerikanischen Songs ein für allemal als Kunstform zu etablieren, den größten deutschen Kunstliedern des neunzehnten Jahrhunderts ebenbürtig. Und vielleicht trug sie letzten Endes tatsächlich zu einer Aufwertung der amerikanischen »Volksmusik« bei; allerdings war die Musikbranche sich dessen niemals bewußt und fand es auch nicht hilfreich.

Die Unterscheidung von »populärer« und »klassischer« Musik war seit den vierziger Jahren des letzten Jahrhunderts in der amerikanischen Musikpresse immer ein Thema gewesen; freilich hielt der Drang zur Vermarktung die beiden Gattungen ohnehin strikt getrennt: Ein erfolgreicher Popsong war vor allem anderen ein kommerzielles Produkt, gleichgültig, wie gut oder schlecht er war. Vielleicht war Johnson und anderen bereits in den vierziger Jahren klar, daß für den amerikanischen Song ein Goldenes Zeitalter zu Ende ging. Gershwins *Porgy & Bess* war ein Flop gewesen; erst in den achtziger Jahren, nachdem zwei oder drei Lieder daraus längst Popklassiker waren, wurde sie als die erste große amerikanische Oper anerkannt. *Oklahoma* aus dem Jahre 1943 und *South Pacific*, 1949, galten als Wegmarken in der Entwicklung des Musiktheaters: Die Lieder waren nicht beiläufige Einsprengsel in eine seichte Geschichte, sondern trugen die Handlung voran, wie in einer Oper; doch die Songs von Richard Rodgers und Oscar Hammerstein II. waren nie so »populär« wie die von Rodgers und Lorenz Hart, denn Hammersteins Texte sind zwar gut, aber in gewisser Hinsicht weniger typisch amerikanisch: sie entsprechen nicht mehr ganz dem volkstümlichen Stil, der die Stärke des Goldenen Zeitalters gewesen war. Und die Interpreten von populären amerikanischen Songs treten noch immer vor allem in Kneipen auf, in denen Alkohol verkauft wird.

Dennoch erlebte Johnson 1946 eine Art Karriere als Presseagent und war der Veranstalter von Ladys Konzert in der Town Hall. Zwar hatte sie, laut Ernie Anderson, bereits bewiesen, daß sie in der Lage war, die Town Hall zu füllen, allerdings bestritt sie das Programm nicht allein. Diesmal sollte es ihr eigenes Konzert sein. Abgesehen von ihrer Arbeit im Club, sagte Johnson 1971,

> hatte sie ein paar Jam-Sessions mit Eddie Condon und war hier und dort kurz aufgetreten, und ich sagte zu ihr: »Ich glaube, für eine Jazzkünstlerin ist es an der Zeit, Konzerte in der Form zu geben, wie Lotte Lehmann es tut. Wie ein klassisches Konzert, einen Liederabend. Das heißt, du hast ein feststehendes Programm, und das ziehst du durch. Du kannst so viele Zugaben geben, wie du willst – kommt drauf an, wie es läuft –, aber so geht's. Es wird ein Programm zusammengestellt und genauso angekündigt.« Billie sagte: »In Ordnung.«

Der Kolumnist Robert Coleman veröffentlichte zusammen mit anderen Mitteilungen über Igor Strawinski und den Produzenten Mike Todd folgende Notiz in einer New Yorker Zeitung:

Um etwaige Mißverständnisse im Zusammenhang mit Billie Holidays Konzert in der Town Hall am Samstag nachmittag auszuräumen, schreibt Greer Johnson: »In gewissem Sinne ist es ein Jazz-Liederabend, nicht eine Jam-Session.« Damit ihr's bloß wißt, ihr Jitterbuggers.

»Ich hatte wieder einmal sehr wenig Geld«, fährt Johnson fort, »aber zumindest hatte ich ein Einkommen als Presseagent.«

Es war ziemlich schwierig. Der andere Bursche hieß Robert Snyder; allein wollte ich es nicht machen, das war mir nicht geheuer, und die Art, wie die Sache aufgezogen wurde – wie wir sie hingekriegt haben, na ja, es ging so halbwegs. Aber schließlich mußten wir dann sogar tausend Leute wieder wegschicken, und wir hätten es noch dreimal machen können. Es war ein absoluter Triumph ... Ich bin den hochrangigen Kritikern bei den Zeitungen nachgelaufen ... Paul Bowles von der *Tribune* hab' ich gekriegt. Glauben Sie mir, das war harte Arbeit; die sind damals alle nicht in Jazzkonzerte gegangen ... Mark Schubert von der *Times*, und so weiter ... es war ein großartiger Erfolg, und es ist seither nie wieder so gemacht worden ...

Ich mußte Billie volle eineinhalb Stunden vorher mobilisieren, mußte sie ausstaffieren, was nicht leicht war, dann in die Stadt bringen, durch die Menschenmassen schleusen, die sich vor der Town Hall versammelt hatten, – und unterwegs fiel Billie plötzlich ein, daß sie für den zweiten Teil des Abends ein anderes Kleid wollte. Ich sagte, das ist nicht notwendig, das ist nicht üblich bei einem Konzert. Aber sie bestand darauf, also hielten wir bei – ich glaube, es war W. R. Burnett ... kein besonders eleganter Laden. Billie kaufte ein zweites Kleid ... Als wir endlich im Konzertsaal ankamen, war ich hysterisch, aber sie war noch gut in der Zeit.

In der Pause war Billie in Hochstimmung, und das zu Recht. Sie haute regelrecht auf den Putz, warf sich mir an den Hals, küßte alle möglichen Leute und machte weiter. Ich war in ihrer Garderobe, als der Bruder von einem der Musiker hereingerannt kam und berichtete, in Billies Appartment sei gerade eingebrochen worden. Ich sagte, um Gottes willen, sag ihr das frühestens in fünfunddreißig oder vierzig Minuten. Sie war ja berüchtigt dafür, daß sie zur ersten Vorstellung überhaupt nicht in Erscheinung trat, die zweite *viel-*

leicht machte und mit viel Glück die dritte – und ich dachte, nachdem ich gesehen habe, wie es lief: Wenn jetzt was passiert, das wär' wirklich furchtbar. Deshalb bat ich ihn, Billie nichts zu sagen, weil man jetzt ja sowieso nichts mehr tun konnte, sondern sie das Konzert zu Ende bringen zu lassen. So war es dann auch.

Sie sang achtzehn Nummern; das Konzert dauerte laut Chilton nur eine Stunde und zehn Minuten. Chilton zitiert zwei Kritiker: John Hammond bezeichnet ihren Auftritt als »seit langem fälligen Triumph« und sagt: »Sie sang mit sichtlichem Vergnügen, weit mehr als in der West 52nd Street.« Leonard Feather schrieb: »Ihre würdevolle Haltung und ihr wunderbar sicheres Auftreten trugen dazu bei, das große, ruhige, intelligente Publikum in Atem zu halten.« Beide Kritiker waren sicherlich froh, sie in einem solchen Rahmen zu erleben statt wieder einmal in einem Nachtclub, und es ist ein bedrückender Gedanke, sich vorzustellen, wie der Rest ihres Lebens hätte verlaufen können, wenn Jazzkonzerte wie dieses zur Norm geworden wären; vor Konzertsälen trieben sich sehr viel weniger Drogenhändler herum. Aber der großen *chanteuse* gelang nie ganz der Durchbruch zur Konzertsängerin; noch heute, Jahrzehnte später, schaffen es manche unserer herausragendsten Jazzmusiker noch immer nicht, von Konzerten zu leben, ganz zu schweigen von all jenen, die nicht einmal die Gelegenheit dazu erhalten.

Vielleich sind Ladys Decca-Aufnahmen ein typisches Beispiel. Sie verkauften sich recht gut, kamen aber nie in die Charts; bei ihren ersten vier Sessions im Plattenstudio, zwischen Oktober 1944 und Januar 1946, waren immer Streicher dabei, die Arrangements stammten von Camarata, Bob Haggart und möglicherweise von dem Altsaxophonisten Bill Stegmeyer, der bei der letzten Aufnahme als Dirigent genannt ist. Joe Guy spielte bei den letzten zwei Sessions, und bei der vierten spielten auch Sid Catlett und John Simmons mit. Auffallend ist, daß die Zahl der Geiger von sechs bei den ersten beiden Aufnahmesessions auf fünf, dann auf vier zurückging, der Klang immer dünner wird. Es gab ein paar glückliche Einfälle, so zum Beispiel Bläser, die sowohl Klarinette als auch Baßklarinette spielten, aber im großen und ganzen war die allgemeine Wirkung der Arrangements eher rührselig. Lady selbst lieferte klassische Versionen von Titeln wie ihrem eigenen Song »Don't Explain«, von Cole Porters »What Is This Thing Called Love?« und Irenes »Good Morning Heartache« und »No Good Man« (in Zusammenarbeit mit anderen Textern anstelle Herzogs). Aber die Aufnahmen waren bestenfalls durchschnittliche Popaufnahmen.

Bei diesen Sessions wurden nicht weniger als vier Versuche mit »Big Stuff« gemacht, einem amerikanischen Kunstlied, komponiert von dem jungen Leonard Bernstein. Bezeichnenderweise entstand die erfolgreiche Einspielung, einen Monat nach ihrem Triumph in der Town Hall, schließlich mit nur fünf Musikern: Guy, Springer, Grimes, Billy Taylor am Baß und Kelly Martin am Schlagzeug. Streicher fehlten, das Arrangement war knapper, und es war die einzige Aufnahme, die bei der Session im März 1946 entstand. Der Song wurde Bestandteil von Bernsteins erfolgreichem Ballett *Fancy Free,* das im April 1944 uraufgeführt wurde; der Schauplatz des Balletts ist eine Kneipe, und alle späteren Aufführungen begannen mit Billies Plattenaufnahme, die aus einer Jukebox auf der Bühne tönte. Was immer man von Bernsteins Song hält, es war jedenfalls ein Versuch, zu verwirklichen, was Greer Johnson und andere sich gewünscht hätten: ein Talent wie Lady nicht aufs Studio zu beschränken oder in Nachtlokalen zu vergeuden, sondern ins Zentrum echter, einheimischer Kunst zu rücken. Aber der gnadenlose wirtschaftliche Imperativ in Amerika hat kaum je eine wirkliche Verbindung von Kunst und Kommerz zugelassen.

Im Jahr 1946 entstand auch eine neue Freundschaft mit dem Folksänger Josh White. Lady kannte ihn schon seit einer Weile; Ruby sagt, er sei Stammgast in Sadies Restaurant gewesen. Als sie hörte, daß er »Strange Fruit« im Café Society sang, suchte sie ihn im Club auf, entschlossen, ihm »an die Gurgel zu gehen«, wie White 1959 in einem Interview sagte, doch das Ergebnis war, daß sie ihm schließlich erlaubte, den Song auf seine Weise zu singen, und ein paar Monate lang tingelten sie gemeinsam durch die Clubs. Sie sang zum erstenmal bei den »Jazz At The Philharmonic«-Konzerten, die Norman Granz organisierte; bei fünf Auftritten in den Jahren 1945–47 wurden fünfzehn Songs in wechselnder Besetzung, oft mit Lester Young, mitgeschnitten.

Wahrscheinlich ebenfalls 1946 führte ihre Freundschaft mit Roy Harte zu einer Reise nach Kuba. Harte zog später an die Westküste und eröffnete einen Laden für Percussion-Instrumente; ein Darlehen von 500 Dollar, das er Richard Bock zur Verfügung stellte, führte zur Gründung der Plattenfirma Pacific Jazz im Jahr 1952. Aber er begann seine Karriere, ein Teenager noch, als Aushilfsschlagzeuger in der 52nd Street; an einem Abend kam es dazu, daß er für Lady spielte:

> Sie hörte, daß was anders war, drehte sich um und sagte: »Wer ist der weiße Junge?« Ich spielte mir ihretwegen die Seele aus dem Leib. Nachdem ich zwei oder drei Wochen dort gearbeitet hatte, nahm sie mich mit zu sich nach Hause. Es war höchstwahrscheinlich der Downbeat Club. Sie war damals noch ziemlich gesund, und es war eine echte Wucht, sie für mich allein singen zu hören. Also bin ich ihr nicht mehr von der Pelle gerückt. Ich hab' Essen geholt und machte es ihr. Damals wurde eine Menge Gras geraucht. Davon gab es reichlich, und es war gut ... Und es gab auch so kleine Würfel, die von der Columbia-Universität kamen. Das war Acid. Das verpaßten wir den Pferden, und dann ritten wir durch den Central Park. Da war ein Kutscher, der überhaupt nicht begriffen hat, was mit seinem Pferd los war. Wir sind fast zusammengebrochen.

Harte war zu jung, um gleich zu Anfang des Krieges eingezogen zu werden; das ist ein Grund, weshalb er Arbeit in der 52nd Street bekam; aber seine Beziehung zu Lady hielt bis nach dem Krieg. Lysergsäurediäthylamid (LSD) war zum erstenmal 1943 in der Schweiz synthetisch hergestellt worden, und die Forschungen gingen nach dem Krieg an der Columbia University weiter, wahrscheinlich finanziert durch die CIA.

Sie lebten nie zusammen – »nur ab und zu vielleicht mal ein Wochenende«. Sie hätten in einem Zeitraum von ungefähr drei Jahren nicht mehr als hundert Tage miteinander verbracht, sagte Harte: »Die längste Zeit, die ich je mit ihr zusammen war, das war in Kuba.« Als er mit Lucky Millinders Band auf Tournee ging, gab es mehrere Programme, manchmal mit Fats Waller, später mit dem Slam Stewart Trio. In Jacksonville, Florida, wo Lady auf dem Programm angekündigt war, attackierte ein verrückter Fan Millinder mit einem Messer, weil der keine Lust mehr hatte, »Shorty's Got to Go« zu spielen, seinen Hit im Sommer 1946. Harte packte seine Sachen und fuhr ins Krankenhaus, um Millinder zu besuchen; Lady war bereits dort und sagte: »Jetzt hast du zehn Tage frei.« Sie hatten ein dreitägiges Engagement verloren, danach blieb ihnen noch eine Woche, bevor er im Savoy in New York und sie in Chicago sein mußte. Sie fuhren ein paar Tage nach Miami; Lady fand ein Hotel, das sie aufnahm, aber sie konnten nirgendwo zusammen hingehen: »Das Kaff war weiß wie Schnee, Restaurants und alles andere.« Deshalb fuhren sie weiter nach Kuba und lagen dort am Strand herum:

> Nach den zehn Tagen war ich so schwarz wie sie. Sie hatte keinen Badeanzug, sie trug eine weite Hose. Sie konnte nicht schwimmen. Tag und Nacht gingen wir zum Strand. Damals spielte ich auch eine kleine Flöte. Sie sang, wir wurden besoffen, dann fielen wir ins Bett und kippten um.
>
> Sie sang alles, worum ich sie bat, und das war alles, was irgendwie populär war ... Ich bat sie, »Dinah« oder »Sweet Sue« zu singen, lauter Songs mit Mädchennamen; damit nahm ich sie natürlich auf den Arm, denn sie war eine Lesbe, und das wußten alle ... Aber sie hatte viel Sinn für Humor.

John Simmons und nun auch Roy Harte meinen, die Drogen hätten Billies Liebesleben lahmgelegt – ohnehin brachte ihr Sex mit Männern kaum je irgendeine länger anhaltende Befriedigung. »Alle Löcher, die sie hatte, waren ihr recht. Sie war ziemlich stark ... Manchmal, wenn ich sie anmachte, und sie war zu weit weg vom Schlafzimmer ... Außerdem hatte sie überhaupt nichts mehr, alles futsch. Die Eierstöcke. Sie waren im Eimer. Sie sagte immer: ›Mach nur zu, keine Angst.‹« Zuerst dachte Harte, sie würde schwanger werden; selbstverständlich überließ er es ihr, Vorsichtsmaßnahmen zu treffen. Die Abschrift des Interviews ist unvollständig; vielleicht hat sie Harte einen Grund genannt, weshalb sie keine Kinder bekommen konnte, irgend etwas über einen Unfall: Möglicherweise hatte sie eine verpfuschte Abtreibung hinter sich.

> Wir lachten andauernd, weil wir nicht kapierten, wieso wir hier waren. Sie sagte: »Was mach' ich denn hier mit dir?«

> oder »Was hast du bei mir zu suchen?«, und ich antwortete: »Ich mag's, wie du schmeckst; ich mag's wie du singst. Das sind zwei gute Gründe.« Sie schrie immer dabei – aber nicht: »Fick mich, fick mich«, wie irgendein Mädel, dem man das Fluchen verboten hat, sondern: »Benutz mich, benutz mich.« Das hab' ich sonst nie von einer gehört. Sie hatte nichts dagegen, benutzt zu werden; das war übrigens eins der Themen, über die wir mal ernsthaft gesprochen haben. Benutzt zu werden gehörte zur Theorie des Lebens ... *Gut* benutzt zu werden, das ganze Leben lang, darum ging es. Das waren Hobsons Worte. Ich hab' damals viel gelesen, und ich hab' ihr vorgelesen; im Bus hab' ich ihr vorgelesen. Ich hab' in den Städten, wo wir waren, Bücher aus den Collegebibliotheken geklaut, und im nächsten College bin ich sie wieder losgeworden ... Sie hat Zeitungen gelesen, früher, im Süden. Sie hat mich auf rassistische Sachen aufmerksam gemacht, die mir gar nicht aufgefallen wären.
>
> Kuba war das einzige Mal, daß wir wirklich zusammen waren. Sonst waren es immer nur so drei, fünf Stunden. Für mich war es einfach eine weitere Erfahrung, so jung, wie ich war. Ich hab' nichts dabei gelernt. Leider, muß ich sagen.

Auf die Frage, ob sie »eine scharfe Nummer« gewesen sei, antwortete Harte:

> Weiß ich nicht. Ich weiß nur, daß ich immer zuerst fertig war ... Sie schien zwar immer recht zufrieden damit, aber irgendwo hat was gefehlt. Es war mehr so wie Tante mit Neffe ... Sie war meine erste schwarze Braut. Sie war nicht besser als irgendeine weiße Schickse.

Viele Jahre später sagte ein älter und klüger gewordener Harte über den Mythos von der sexuellen Potenz der Schwarzen: »Die schwarzen Männer gehen daran kaputt.«

Im September war Lady an der Westküste und begann mit der Arbeit an ihrem ersten und letzten Spielfilm.

Nachdem sie schon früher beschlossen hatte, alles zu tun, um nicht bei anderen Leuten Dienstmädchen sein zu müssen, erhielt sie natürlich genau diesen Part: Sie war zwar nicht bereit, auf die Chance einer Rolle beim Film zu verzichten, doch es liegt eine tiefe, tapfere Traurigkeit in ihrer Bemerkung gegenüber Leonard Feather: »Ich spiele zwar ein Dienstmädchen, aber ein wirklich cleveres Dienstmädchen!« *New Orleans,* angekündigt als »Die Geschichte von der Odyssee des Jazz«, war nichts dergleichen, sondern ist vielmehr einer der schlechtesten Filme, die je gedreht wurden, obwohl Louis Armstrong, Meade Lux Lewis, die Woody Herman Band und andere Jazzgrößen zur Besetzung gehörten. Die Armee und die bedeutenderen Liga- und Mannschaftssportarten waren bereits für Farbige zugänglich, aber Hollywood hatte immer noch Angst, einen Film zu drehen, der nicht im tiefsten Süden spielte; statt desssen wurde ein Reinfall produziert.

Ladys notorische Unpünktlichkeit brachte die Dreharbeiten durcheinander, aber den Musikern machte das nichts aus; vielmehr hätten sie sich gefreut, erinnerte sich der Klarinettist Barney Bigard, denn die Überstunden wurden ihnen bezahlt. In ihrem Buch sagt Lady, Dorothy Patrick, der »Star« des Films, habe heftig protestiert: Lady stehle ihr die Schau und ruiniere ihre Szenen; dabei sei sie einfach sie selbst gewesen. Zu Greer Johnson sagte sie, der Regisseur Arthur Lubin habe ihr gegenüber bemerkt, neben ihr sehe die Patrick wie »ein Loch in der Leinwand« aus. Der schnell abgedrehte Film bekam lauwarme Kritiken, als er Anfang 1947 in den Kinos lief; von der Patrick sprach nach diesem Film niemand mehr.

Lady fuhr wieder zurück nach New York. Mit Eddie Heywoods Karriere war es gut vorangegangen; die Platten seines Hits »Begin the Beguine« verkauften sich nach wie vor, und seine kleine Band, die Lady oft begleitete, hatte in mehreren Filmen mitgewirkt. Heywood war im Downbeat aufgetreten und sollte jetzt Lady begleiten, aber zur Eröffnung im November »wurde nur der große Star angekündigt, Eddies Name kam runter«, sagte der Pianist Bobby Tucker. »Der Clubeigentümer hält Eddie für ein Füllsel, Eddie aber hält sich für mehr; er sagt: ›Schreibt sofort meinen Namen wieder an, sonst trete ich nicht mit ihr auf.‹ Aber in der 52nd zählten nur drei Namen: Art Tatum, Nat King Cole und Billie Holiday.«

Tucker war ungefähr sechsundzwanzig, lebte in seiner Heimatstadt Morristown, New Jersey und »ersaß sich seinen Ausweis« – er mußte die gesetzlich vorgeschriebene Wartezeit einhalten, bevor er zur New Yorker Ortsgruppe 802 der Musikergewerkschaft zugelassen wurde. Er hatte in der Stadt ein paar Privatschüler und ging eines Tages durch die 52nd Street, wo ihm sein Freund, der Klarinettist Tony Scott, begegnete, der auch ein Freund von Lady war. »Ich bin nur zufällig am Downbeat vorbeigekommen. Volles Haus, die Show fängt in zehn Minuten an, aber keine Musik, kein Pianist.« Scott und Tucker betraten den Club und sahen, wie John Simmons Eddie Heywood ins Gesicht schlug; Tucker war mit Billies Repertoire vertraut, denn er war ein langjähriger Fan von Teddy Wilson gewesen. »Tony stellte mich Lady vor, und sie suchte ihre Lieder aus.« Er spielte mehrere Jahre für sie, und sie blieben Freunde, bis sie starb.

Später war Tucker viele Jahre fester Begleiter von Billy Eckstine; vor Lady hatte er für Mildred Bailey gearbeitet. Der Bailey war einmal auf der Bühne ein Fehler unterlaufen, für den sie Tucker verantwortlich machte: »Ich hab' das Klavier zugeklappt, meine Noten genommen und bin von der Bühne marschiert, und, na ja, das ist eine längere Geschichte; jedenfalls, als sie bereit war, zu jemand anderem zu gehen, habe ich zu ihr gesagt: ›Ich werd' nicht in den *Zoo* mit dir gehen.‹« Als Scott ihn Lady vorstellte, sagte sie: »Ich hab' von dir gehört; wirst du für mich spielen?... Ich hab' gehört, was zwischen dir und Bail passiert ist. Keine Angst, ich mach' dir keinen Ärger.«

> Ich hatte arges Lampenfieber bei diesem ersten Mal, das stimmt. Kein Baß, kein Schlagzeug, nur ich; und ich war nicht richtig angezogen. Aber die nächsten vier oder fünf Wochen spielte ich für sie im Downbeat und hatte eigentlich das Gefühl, ihr das Geld zu stehlen. In welcher Tonart ich auch anfing, sie stieg sofort drauf ein und fand den Groove. Sie konnte das schnellste Tempo swingen und stand immer noch drüber, sie hatte die Sache im Griff, als wär's eigens für sie gemacht; wenn ich langsam anfing, sang sie langsam – aber es war das schönste langsame Tempo, das man je gehört hat.
>
> Für ihre Fans konnte Lady nichts falsch machen, die fanden alles okay; aber allmählich wurde sie ziemlich unzuverlässig. Vor allem schaffte sie es nie, vor Mitternacht auf der Bühne zu sein. Ich stieg in Morristown in den Zug, dann fuhr ich von Hoboken durch den Tunnel, dann mit der Subway, der D-Linie, bis zur 34th Street und ging zu Fuß zum Downbeat, jeden Abend, exakt achtundzwanzig Minuten vor zehn

kam ich an. Die Show sollte zwischen halb und zehn anfangen, aber wer fehlt? Sie hämmern an Ladys Tür, und sie ruft: »Eine Minute nur, eine Minute!« Zweieinhalb Stunden lang.

In dieser Zeit kam es zu der erwähnten Auseinandersetzung mit dem Rassisten, dem sie ihr Cocktailglas ins Gesicht drückte – sowohl Tucker als auch Billy Eckstine erzählen die Geschichte. »Wenn sie genervt war, ging sie einfach raus, und die Show war zu Ende.« Manchmal kam sie sogar überhaupt nicht auf die Bühne, und Tucker trat allein auf.

Das lag allerdings meistens am Rauschgift. »Lady kannte überall Leute«, sagte Tucker. »Sogar noch in Durham, North Carolina kam sie an Stoff. Neunzig Prozent der Städte waren sauber, anständig und spießig, aber ein oder zwei Leute, die wußten, wo was lief, gab es immer.« In New York schickte sie einmal jemanden auf einen Besorgungsgang, doch der Bursche verschwand mit ihrem Geld; das bedeutete, daß die Halb-zehn-Uhr-Show, die ohnehin nicht vor Mitternacht anfing, erst um zwei Uhr morgens beginnen konnte, denn sie mußte selbst in die Stadt und sich Stoff beschaffen.

Ungefähr zwei Monate später kommt einer und erzählt Lady, daß der Kerl, der sich mit ihrer Kohle aus dem Staub gemacht hatte, draußen vor dem Lokal sei. Sie war in Unterhosen; sie warf sich einen Mantel über, schnappte sich ein Fleischermesser aus der Küche und stellte den Burschen. Er war ein Junkie, und er behauptete, daß irgendwelche Kerle ihm gedroht hätten, ihn in den East River zu schmeißen, wenn er ihnen die Kohle nicht gäbe, daß er nicht die Absicht gehabt hätte, sie zu bescheißen, daß er ihr alles ersetzen würde und so weiter. Sie stieß ihn in eine kleine Nische neben dem Three Deuces, das ein paar Häuser weiter war, drückte Eddie Nicholson, der unser Drummer war, das Fleischermesser in die Hand und sagte zu ihm: »Misch dich nicht ein. Sieh nur zu, daß er fair kämpft.« Und sie schlug ihn windelweich mit ihren eigenen Fäusten.

In der 52nd konnte sie einfach nichts falsch machen. Außerhalb von New York waren sie manchmal ganz schön genervt von ihr, aber mit diesen Geldsäcken war es eine komische Sache – solange die Kasse gestimmt hat – in New York hat sie '46 1500 Dollar [in der Woche] verdient, aber das

> war absolute Spitze. Wo immer wir gearbeitet haben, hat sie's geschafft, meine Gage schon vorher rausnehmen zu lassen, damit ich am Zahltag mein Geld kriegte.

Lady wurde manchmal überhaupt nicht bezahlt, weil sie sich Vorschüsse hatte geben lassen, um Dope zu kaufen, und keine Vorstellung hatte, wieviel ihr zustand. Keiner kümmerte sich um sie und nahm die Sache in die Hand; Joe Guy war zwar noch da, aber, sagte Tucker, »Joe war ein Schwächling – wie Spülwasser«. Und unterdessen hatte für die 52nd Street bereits die Stunde geschlagen; im Februar 1947 berichtete *down beat,* der Downbeat Club habe die Gagen für Lady und Art Tatum gekürzt. Aber auch das half nichts; der Club mußte bald zusperren.

Sie verfügte also sicherlich über genügend Zeit, und Joe Glaser stellte ihr ein Ultimatum: er bestand darauf, daß sie einen Entzug machte; in Wahrheit saßen ihr die staatlichen Behörden im Nacken, wofür Glaser selbst gesorgt hatte. Sie ging ins Krankenhaus, »um sich durchchecken zu lassen«, wie *down beat* berichtete; es war jedoch ein offenes Geheimnis, daß sie 2000 Dollar für eine dreiwöchige Entziehungskur in einer New Yorker Klinik zahlte. Tucker sagte:

> Es hatte sich rumgesprochen, und keiner wollte was riskieren. Mittlerweile stand es schon im Vertrag, daß ihre Gage gekürzt würde, wenn sie nicht pünktlich auftrat; so weit war es gekommen.
>
> Das war kein Entzug, was sie da machte. Sie verpaßten ihr Traubenzucker, um das Gift aus dem Körper zu schwemmen, riesige Flaschen – Kannen voll mit dem Zeug, das war eine Art Blutreinigung, aber so was funktioniert ja nicht, das einzige, was es bewirkt, ist, daß sie sauber wieder rauskommt, rein wie eine Jungfrau. Ich erinnere mich, daß ich sie im Krankenhaus besucht habe; eigentlich durften nur drei Leute sie besuchen, und das waren Louis Armstrong, Joe Glaser und ich. Und es lief darauf hinaus, daß sie von der Krankenschwester Stoff bekam.

Unterdessen hatte Lady in drei Sessions zwischen April 1946 und Februar 1947 im Decca-Studio acht Nummern eingespielt, jede in zwei Versionen, mit und ohne Streicher. Beim ersten Termin wurde sie von einem Quintett begleitet, beim nächsten von einem Sextett und beim letzten von einer zehnköpfigen Band. Bei der ersten Session saß Billy Kyle am Piano; dann nahm Tucker seine Stelle ein. Die Nummern waren fast ausschließlich Songs über unglückliche Lieben – »Baby, I Don't Cry Over You«, »I'll Look Around«, »The Blues Are Brewin'«, »Guilty«, »Deep Song« und »There Is No Greater Love«. Manchmal ließ Decca Songs für sie schreiben; Gabler erinnerte sich, daß Douglass Cross und George Cory, von denen »Deep Song« stammt, Lady sehr zugetan waren. (Später schrieben sie »I Left My Heart in San Francisco«.)

Die Arrangements bei der letzten Aufnahmesession stammten von dem Bassisten Haggart, und der Klang der größeren Band ist wirklich sehr schön. Bei dieser letzten Session entstanden auch Remakes von zwei ihrer früheren Aufnahmen – Ralph Raingers »Easy Living« und Duke Ellingtons »Solitude«. Bei allen diesen Aufnahmen sind die Tempi gleichmäßig langsam; natürlich liegt es nahe, Ladys extreme Melancholie und Trägheit auf ihre tiefe Verstrickung in die Sucht zurückzuführen, und vielleicht hätte man »Easy Living« und »There Is No Greater Love« lieber ein wenig schneller gehört, doch was die Aufnahmen an sich betrifft, sind sie sehr viel besser als die früheren Einspielungen mit Streichern. Und was Ladys Kunst angeht, so ist, wie Haggart es ausdrückte, »die Bridge, die sie bei dem Lied ›There Is No Greater Love‹ singt, ein ausgezeichnetes Beispiel dafür, wie Billie in der Lage war, einen Standardsong herzunehmen und die vorgelegte Melodie anzufassen wie Midas – sie zu Gold zu machen, ihr einen ganz neuen Wert zu geben.« Tucker erinnerte sich, wie schwer es war, sie ins Aufnahmestudio zu bewegen:

> Sie wohnte damals in der La Salle Street, einer Seitenstraße der 125th – das ist heute nicht einmal mehr eine Sraße; da wird jetzt gewaltig gebaut –, und ich kriegte sie einfach nicht aus dem Haus. Die Band ist seit zwölf Uhr da und will eigentlich zusammenpacken und gehen, aber die Plattenfirma hat das Studio bis drei gemietet, also sitzen sie rum ... Um zwanzig nach zwei marschieren wir rein, und sie geht zuerst aufs Klo. Um zwanzig vor drei kommt sie rein, und um zehn vor drei waren wir fertig. Und das sind die Aufnahmen, die Sie jetzt hören.

Zehn Minuten für die ganze Session ist freilich eine Übertreibung, denn es wurden immerhin fünf Nummern aufgezeichnet, einschließlich zweier Versionen von »Solitude«, und laut den Unterlagen von Decca irrt Tucker sich in der Tageszeit; aber darum geht es gar nicht: Vielmehr zeigt dieses Beispiel, daß sie, was auch geschah, die Musik immer im Griff hatte. Milt Gabler sagte, die Bandmitglieder hätten geprobt, während sie warteten, bis Lady eintraf oder bis sie ihre Stimme mit Schnaps in Gang gebracht hatte; Jack Kapp konnte auf einen Knopf drücken und jederzeit mithören, was im Studio vor sich ging: Gabler achtete also darauf, keine Zeit zu vergeuden. Aber sobald Lady einmal soweit war, brachten sie die Arbeit schnell hinter sich.

Joe Guy spielte nur bei der ersten der drei Sessions mit, später nicht mehr; mit seiner Karriere ging es zu Ende, und daran war seine Drogenabhängigkeit schuld. Der Bassist John Simmons, der die zweite Session leitete, erinnerte sich, daß Guy ihr Drogen besorgte und dann zusammen mit seinem Bruder auf einer Couch im Wohnzimmer saß und wartete, bis sie sich ihren Schuß gesetzt hatte, für den Fall, daß sie ihnen etwas übrig ließ. Einmal setzten sie versehentlich die Couch in Brand, die Vermieterin warf sie hinaus, und sie verbrachten die Nacht in der U-Bahn. Jedenfalls war Lady kaum aus der Klinik entlassen und in die Subkultur der Jazzclubs zurückgekehrt, als sie in die alte Sucht zurückfiel.

Das Engagement im Colossimo erfolgte offenbar sehr bald danach, denn bei dieser Gelegenheit lernte Tucker Jimmy Ascendio kennen, Ladys neuen Tourneemanager. Tucker sagte, er habe das Etablissement für einen Gangster-Nachtclub gehalten – »wahrscheinlich hat Al Capone dort Old Man Colossimo erschossen. Wie auch immer, ich erhielt einen Anruf in meinem Hotelzimmer, ungefähr um neun Uhr morgens, und eine Stimme sagte: ›Komm sofort her.‹« Tucker ging hinüber zu Ladys Zimmer und fand dort den Anrufer vor, eben jenen Ascendio.

> Er sagte, sie sei an miesen Stoff geraten; ein Kerl namens Boss Moss hätte den Kontakt für sie hergestellt, und jetzt seien sie und zwei andere Burschen »tot«. Der Hausdiener sei mit einem der beiden Burschen draußen auf der Straße und führe ihn herum, und wir dürften sie auf keinen Fall einschlafen lassen, sonst würde sie nie wieder aufwachen.

Wir füllten eine Wanne voll Wasser und warfen sie hinein, sie wehrte sich mit Händen und Füßen. Wir gingen mit ihr herum, gaben ihr Ohrfeigen, und sie wollte immer nur eins: schlafen. Vier Stunden hat es gedauert, sie war stark wie ein Bulle. Dann ließen wir sie allein und nahmen einen Tag frei, denn wir wollten nach Philadelphia.

Ascendio kam mit nach Philadelphia. Er selbst war kein Junkie; Tucker hielt ihn für einen ehemaligen Boxtrainer und meinte, er habe sich, nachdem er im Boxgeschäft nichts mehr zu tun hatte, der Drogenszene zugewandt. Die meisten von Ladys Tourneemanagern waren Drogenkontakte: »Sie wollen verkaufen, sie braucht Stoff ...« Von Philadelphia aus fuhr Ascendio mehrmals nach New York und besorgte Dope. Es war nur eine Frage der Zeit, bis sie verhaftet wurde. Den ganzen Rest ihres Lebens beklagte sie sich, sie habe nie Ärger gehabt, solange sie drückte, aber sobald sie versuchte aufzuhören, habe sie die Bullen auf dem Hals gehabt. Allerdings versuchte sie im Mai 1947 keineswegs aufzuhören; in Wahrheit war die Sache komplizierter.

Vorauszuschicken sind die Rivalitäten, die zwischen dem Drogendezernat des New York Police Department und dem Federal Bureau of Narcotics bestanden, dem Bundesdrogendezernat unter Harry J. Anslinger, und außerdem zwischen der Polizei und dem FBI; im zweiten Fall gingen sie zum Teil darauf zurück, daß häufig die Bundesbeamten das Lob einheimsten, wenn einem Polizisten eine Verhaftung gelang. Groll herrschte auch auf seiten der kleinen Konsumenten gegenüber den Bessergestellten, die über mehr Geld und fähigere Anwälte verfügten, deren Abhängigkeit allgemein bekannt war und die dennoch offenbar ungeschoren davonkamen.

Außerdem nahm damals die Heroinabhängigkeit in der Jazzszene immer mehr zu; allerdings waren die Süchtigen meistens Männer. Ladys extravagantes Verhalten, das Ergebnis aus der für sie typischen Mischung von Aufrichtigkeit und Naivität, lenkte natürlich die Aufmerksamkeit auf sie, zum Teil deshalb, weil sie eine Frau war, und nicht nur das: sie war auch ein Solostar, der bei einer angesehenen Plattenfirma unter Vertrag stand. Aber bei manchen Polizisten spielten zusätzlich rassistische Motive eine Rolle: Der Schlagzeuger Roy Porter erinnerte sich an seine eigene Verhaftung in San Francisco ein paar Jahre später. Nachdem sie ihn auf der Straße gestellt hatten, ließ er zwei Briefchen Heroin in den Rinnstein fallen; der Cop beleuchtete sie mit der Taschenlampe und sagte: »Okay, jetzt lauf, du versauter schwarzer Hurensohn, damit ich dir dein Niggerhirn rausblasen kann. Lauf zu, mach schon, versuch's nur!« Norman Granz erzählt, er habe sich irgendwo im Süden mit mehreren Polizisten anlegen müssen, weil er fürchtete, sie würden Dope in Ella Fitzgeralds Garderobe schmuggeln. Über Lady sagte Tucker: »Erst als sie nach Philadelphia ging, fingen die Drogenleute an, sie zu überwachen. Aber Philadelphia ist dafür bekannt. Ein ziemlich rauhes Pflaster.« In Wahrheit aber stand sie bereits seit Jahren unter Beobachtung.

Jimmy Fletcher, ein schwarzer Drogenfahnder, der die Howard-Universität absolviert und ab Mitte der dreißiger Jahre in Kansas City und Chicago für die Regierung gearbeitet hatte, kannte Joe Glaser und John Levy aus dieser Zeit. 1945 war er nach New York gezogen; dort ließ er Informanten für sich arbeiten und behielt die Szene ständig im Auge. Er freundete sich mit Lady an – Jahre später schenkte sie ihm ein Exemplar ihrer Autobiographie mit persönlicher Widmung – und empfand viel Sympathie und Mitleid mit den Leuten von der Szene. Aber er haßte Drogen.

Interessant ist, was Fletcher an Details über seine Vorgehensweise berichtet; wie er einen Spitzel für sich arbeiten läßt, der in der Regel selbst ein Junkie ist, und wie er den Junkie-Spitzel dazu zu bringen versucht, sich in der Hierarchie hinaufzuarbeiten und damit die Polizei auf die Spur der übelsten Kriminellen zu setzen. Man konnte einen Drogenhändler wegen eines einzigen Deals nicht einmal festnehmen: Laut Gesetz mußten mindestens drei nachgewiesen werden – ein einzelner Deal könnte nach einer absichtlichen Falle aussehen, zumal wenn der Angeklagte einen guten Anwalt hatte, dem es gelang, an das Mitgefühl des Richters zu appellieren. Fletcher benutzt das Wort *pimp*, das sowohl Spitzel als auch Zuhälter bedeutet, offensichtlich nicht nur für einen, der von Prostitution lebt, sondern auch für den Drogenbeschaffer, der Kontakte herstellt; in diesem Sinn war Joe Guy Billies »Kuppler«. Fletcher weist auch darauf hin, daß das Gesetz den Verbrecher beschützt, und nachdem es solche Regeln geben muß, werden sie manchmal auch gebrochen.

Es gibt ein Argument für die Freigabe von Drogen, das auf dem Prinzip der individuellen Verantwortung und Handlungsfreiheit beruht: die Legalisierung der Drogen würde die Profitmacherei unterbinden und die Pusher aus dem Geschäft drängen; Aufklärung wäre effizienter als Drogenkriege. Doch mag eine von Fletchers Geschichten genügen, um das Grauen zu veranschaulichen, gegen das er ankämpfte. An einem Neujahrstag machte er sich in Chicago mit Durchsuchungsbefehlen auf den Weg.

Wir gingen in ein Haus auf der Michigan Avenue; an Feiertagen rechnen sie nie mit einem, aber der Mann war nicht da. Ein Marihuana-Großhändler, zweiter Stock. Bill Fry und ich fanden diese sechzehn Einmachgläser voll mit verarbeitetem Marihuana und beschlagnahmten sie. Auf dem Weg nach unten kamen wir an einem von diesen Wohnschläuchen vorbei, die aussehen wie ein Eisenbahnwagen, die Tür war sperrangelweit offen. Fry ging rein und kam wieder raus. Er hat niemanden gesehen. Ich gehe nach ihm die Treppe runter, Fry schleppt diese Riesenkiste, sechzehn Einmachgläser. Ich ging selber hinein. Er war schon fast unten, auf der ersten Treppe. Ich schaute hinein, dann ging ich weiter ins Zimmer und sah über der Lehne des Schaukelstuhls den Kopf eines Mannes … Ich rannte hinunter und sagte: »Herrgott, Fry, stell das Zeug ab und komm rauf! Da oben ist ein Kerl in flagranti!«

Also gingen wir wieder hinauf. Jetzt hörte er uns. Er fuhr auf, und um den Schaukelstuhl schaute ein Mädchen … Diese Frau ließ den Kopf sinken, als wir rübergingen, um sie uns anzusehen, und fing an zu weinen. Ein winziges Persönchen. Dann merkten wir, daß sie in Wirklichkeit nur ein Kind war … Sie heulte wie ein Schloßhund und schrie. Es gab drei kleine Zimmer; Fry nahm sich den Burschen vor, schleppte ihn ins nächste Zimmer und fesselte ihn mit Handschellen ans Bett.

Ich hatte von solchen Sachen gehört, aber es war das erste Mal, daß ich es erlebte. Ich setzte mich neben den Stuhl und fragte sie, was los sei; da saß sie, mit zusammengepreßten Beinen, und langsam beruhigte sie sich. Ich schloß beide Türen und fragte sie aus. Sie sagte, er spritzte ihr Heroin; es sei der Mann ihrer Schwester. »Wie alt bist du?« – »Vierzehn.« – »Was hast du da?« Sie spreizte die Beine und zeigte uns die Nadel, die in der Seite ihrer Vagina steckte. Die Nadel steckte noch. Sie spreizte die Beine und fing wieder an zu weinen. Saß einfach da und weinte. Also, mein erster Impuls ist: Bring den Kerl um. Das ist das erste, was du denkst.

Die Schwester der Vierzehnjährigen war etliche Jahre lang Prostituierte gewesen; der zweiundvierzigjährige Zuhälter versuchte jetzt, das jüngere Mädchen abhängig zu machen. Der Fall ging damals durch die Presse; der Verhandlungssaal war voll, und der Zuhälter wurde zu zwanzig Jahren verurteilt. Zehn Jahre später war Fletcher in New York und hatte wenig erlebt, was ihn für Toleranz und Drogenfreigabe einnahm.

Ich habe nie ein Opfer kennengelernt. Ich könnte nicht einmal versuchen, eines zu finden, unmöglich, denn [Lady] hat sich selber zum Opfer gemacht. Sie sind keine Opfer, wenn der Staat generell versucht, die niederträchtigste Art von Geschäft auf der ganzen Welt an der Wurzel zu packen: nämlich das Drogengeschäft. Jeder, der Junkie wird, macht sich selbst zum Opfer.

Lady stand bereits unter Beobachtung, bevor sie Fletcher kennenlernte. Er ist ein guter Interviewpartner, vielleicht dank seiner juristischen Ausbildung; er unterscheidet genau, was lediglich Vermutung ist, was er nicht aus erster Hand weiß, und wessen er sich zweifelsfrei sicher ist. Und Joe Glaser versuchte tatsächlich, Billies Verhaftung herbeizuführen.

Ich kannte Glaser aus Chicago, aus der Zeit, als er dort um die großen Bosse der Unterwelt herumscharwenzelte, Al Capone und Konsorten. Aber er gehörte nicht dazu, er schlich nur um sie rum ... Er hatte Bordelle in Chicago. Dann wurde er aus Chicago verbannt ... Damals hatte nämlich die Polizei das Recht, einem zu sagen: Verschwinde aus der Stadt und komm nie mehr wieder.

Eines Tages wurde ich zu einem vertraulichen Gespräch mit Colonel Williams und dem Aufsichtsbeamten ins Büro gerufen. Der sagte mir: »Ich habe gerade mit Anslinger telefoniert, und der sagte: ›Schick mir Jimmy Fletcher, Joe Glaser verlangt einen farbigen Beamten‹, es geht um Billie Holiday. Er will mit Ihnen zusammenarbeiten, um eine Anklage gegen Billie Holiday zustande zu bringen; der Grund ist, daß ihre

> Mutter am Verhungern ist« – ich glaube, genau so drückte er es aus –, »während sie siebenhundertfünfzig Dollar die Woche verdient und alles für Drogen ausgibt.«
>
> Matt gab mir also die Erlaubnis, ein Treffen mit Joe Glaser zu vereinbaren. Ich rief an und verabredete mich mit ihm; er sagte: »Treffen wir uns morgen in der Palm Tavern, wir können dort miteinander essen.« Das taten wir … Er vertraute mir an, Billie sei sein Mädchen, und wie gern er sie retten würde, aber die einzige Möglichkeit, sie zu retten, bestehe darin, daß die Regierung sie außer Gefecht setzt. Laut Fernschreiben fragte er bei dem Commissioner [Anslinger] nach, ob er gegen irgendein einschlägiges Gesetz verstieß, denn er habe ihr mehrmals Geld gegeben, damit sie sich gleich an Ort und Stelle eine Unze [28,34 Gramm] Heroin kaufen konnte. Er habe ihr das Geld als Vorschuß auf ihre Gage gegeben, obwohl er gewußt habe, daß sie es für Heroin ausgeben würde. Technisch gesehen liege hier ein Fall von Mitwisserschaft vor. Anslinger antwortete ihm recht ausführlich darauf, ließ ihn wissen, daß alles davon abhänge, worauf ich die Anklage begründen würde. Deshalb habe ich an diesem Nachmittag eine Menge mit ihm geredet, hab' ihm gesagt, wie ich die Sache vorbringen und daß ich in meinem Bericht nicht erwähnen würde, woher ich die Geschichte hatte.

Also hatten die Behörden Lady bereits vor Sadies Tod im Oktober 1945 im Visier. Wieviel hatte Sadie damit zu tun? Hatte sie sich bei Glaser beklagt, daß Lady sich nicht genug um sie kümmerte, und machte sie deren Drogensucht dafür verantwortlich? Das Verhältnis zwischen Mutter und Tochter ging niemanden etwas an, doch welche Motive Anslinger hatte, wird sehr deutlich. Er war ein Besessener, der schließlich, Anfang der sechziger Jahre, in den Ruhestand gezwungen werden mußte; einstweilen aber konnte es nur gut für sein Amt sein, wenn er eine hochkarätige Drogenabhängige wie Lady zu fassen bekam. Glasers Motive hingegen werden komplizierter gewesen sein: Fletcher war überzeugt, daß es Glaser tatsächlich um Ladys körperliches und seelisches Wohl ging, doch er glaubte auch, daß bei Heroinsucht keine Heilung möglich sei.

Fletcher sagt, Lady habe nie jemanden denunziert, und es sei auch nicht bekannt, ob sie je ihr Dope mit anderen Musikern geteilt habe; jedoch pflegten die Pusher sie natürlich auszunutzen.

> Sie kaufte in der Woche zwei Unzen [etwa 57 Gramm] für vierhundert Dollar von Sam. Auf der Straße kostete eine halbe Unze damals 150 Dollar. Von ihr verlangten viele aber fünfhundert Dollar [für eine halbe Unze]… Sie muß weitermachen, sie ist krank, es geht ihr furchtbar, sie will nichts anderes als Stoff für ein paar Schüsse oder so, aber sie denken nicht daran, ihr so kleine Mengen zu verkaufen. Sie nutzen sie aus: Schließlich verdient sie genug Geld – soll sie doch zu ihrem Manager gehen und welches verlangen. Sie sind niederträchtig, das ist alles. Die reine Niedertracht. Jeder einzelne von ihnen ist ein potentieller Polizeispitzel, da führt kein Weg dran vorbei… Man kann sie zu Spitzeldiensten zwingen, sobald man irgendwas gegen sie in der Hand hat. Dann bietet man ihnen an, sie könnten, statt vor Gericht zu gehen, auch kooperieren… Ich hab' nie erlebt, daß einer dieses Angebot abgelehnt hätte.

Fletcher war Lady zum erstenmal im Braddock Hotel begegnet, einer bekannten Fixerhöhle; während einer Razzia erfuhr er, daß der Raum voller Junkies war und Lady auf einen Lieferanten gewartet hatte, aber sie sagte: »Ich will nur eins wissen: Werden Sie mich durchsuchen und mich dann gehen lassen?« – »Also habe ich eine halbherzige Durchsuchung vorgenommen; man hat ja zu einem Angeklagten sowohl vor wie nach der Verhaftung eine gewisse Beziehung, und deshalb schenkt man ihnen viel Vertrauen. Und sie war bereit, Auskunft zu geben, alles herzuzeigen. Das konnte ich nicht zulassen.« Sie war sauber, und er ließ sie gehen; abgesehen davon hätte er eine Polizistin benötigt, um eine ordnungsgemäße Durchsuchung vorzunehmen, und er traute der Polizei nicht.

Joe Guy stand bereits unter Beobachtung; er war bekannt als Junkie und Ladys Zulieferer; sicherlich gehörte es zu Glasers Plan, Guy loszuwerden. Fletcher sagte:

> Er hat sie immer versorgt. Jeden Tag kaufte er von irgend jemandem in New York eine Unze. Unser Büro versuchte etwas gegen ihn in die Hand zu bekommen. An dem Tag, an dem Cohen und ich ihn festnehmen wollten, hatten wir den Hinweis, daß er jeden Tag die Eighth Avenue entlangging und von irgendeinem Kontaktmann eine Unze kaufte, die er in oder am Halsband von Billie Holidays Boxer befestigte…

Er ging mit dem Hund irgendwo vom unteren Ende des Morningside Drive die Eighth entlang bis hinauf zur 125th und befahl dem Hund weiterzugehen. Der Hund ging dann geradewegs zum Braddock Hotel, ungefähr auf der Höhe der 128th Street, der Liftboy wartete schon auf ihn, brachte den Hund in den Aufzug ... Das war eine abgekartete Sache: der Liftboy gehörte dazu, er versuchte Billie Holiday zu schützen. Natürlich wollte er die Künstler und Entertainer, die das große Geld machten, nicht als Kundschaft verlieren; er bekam ja irre Trinkgelder von ihnen ...

Aber an dem Tag, an dem sie Posten bezogen hatten, tauchte der Hund jedoch nicht auf,

und ich sagte: »Ich geh' rauf und zieh' die Telegrammnummer ab.« Ich erzählte also irgendwas, jedenfalls sagte sie: »Schieb's unter der Tür durch«, und ich sagte (im Dialekt): »Das geht nicht durch, zu groß. Ich nehm's wieder mit, wenn du nicht aufmachst« – daraufhin öffnete sie die Tür, und Cohen und ich traten ein. Das war der erste nahe Kontakt. Wir fanden die Spritze und alles. Sie langte aus dem Fenster. Holte die Spritze vom Fensterbrett, von der Straßenseite des Fensters. Gab sie mir.

Wir belangten sie nicht dafür. In dem Zimmer fanden wir ungefähr eine Viertelunze Heroinlösung und eine Nadel – beides zusammen, was speziell illegal war; unser Ruf stand auf dem Spiel, denn wir brachten nie ein so geringfügiges Vergehen wie dieses vor Gericht. Ein zu kleiner Fall. Wenn der Strafverteidiger dich in den Zeugenstand holt, ist es völlig gleichgültig, um welchen Entertainer es geht, er hat immer einen Haufen Verehrer um sich. Sie füllen das ganze Gericht, und du stehst dort oben und sagst aus, und der Verteidiger fällt über dich her: »Diese Sorte von Polizist sind Sie also. Ein armes kleines Mädchen, und Sie kommen daher – lassen Sie mich Ihnen das Beweismaterial vorführen«, natürlich zeigt er es dem Publikum und den Geschworenen, und du sitzt währenddessen nur da, das macht keinen guten Eindruck. Erst nach vielen Jahren wird es dir egal ...

Je größer der Ruhm eines Stars, desto weniger Risiko [gehen sie ein]. Dafür müssen ihre Kuppler herhalten. Ich hab' mit dem Commissioner, dem Chef des Bundesdrogendezernates, darüber gesprochen, und er war derselben Meinung, er sagte: »Nein, so was möchte ich auch nicht gern vor Gericht bringen.« Aber man braucht eine Genehmigung vom Staatsanwalt, um Fälle wie diesen fallen zu lassen. Die hab' ich mir geholt.

Vielleicht versuchten sie auch deshalb, die Angelegenheit großzügig zu behandeln, weil sie Unterstützung von Glaser erhielten, der Lady vermutlich keine großen Scherereien machen wollte. Glasers Plan war insofern erfolgreich, als er Ladys Klinikaufenthalt im April bewirkte, letztendlich aber kam nichts Gutes dabei heraus – der Schuß ging nach hinten los, denn am Ende wurde sie wegen eines Verbrechens verurteilt, und das bedeutete, daß ihr als Vorbestrafte die wertvolle *cabaret card* entzogen wurde, der Ausweis, der nötig war, um in den New Yorker Lokalen auftreten zu können, in denen Alkohol ausgeschenkt wurde. Und im Mai begannen sich die Ereignisse zu überstürzen.

Lady und Tucker hatten ein Engagement im Royale Theater in Philadelphia in einem Programm zusammen mit Armstrong, als im Attucks Hotel, in dem sie wohnten, eine Razzia durchgeführt wurde. Tucker sagt, Lady habe sich in Philadelphia einen neuen Satz Koffer gekauft. Nach dem letzten Abend ihres Engagements im Royale fuhr sie ins Hotel, um ihre Sachen zu packen; als sie vor dem Hotel eintrafen, sagte Lady später gegenüber dem Magazin *down beat,* hätten sie gleich gesehen, daß etwas nicht stimmte. Sie sagte, ihr Fahrer sei ausgestiegen, um nachzusehen, was los sei, dann sei er im Laufschritt zurückgekommen – vielleicht deshalb, dachte sie, weil er vorbestraft war und fürchtete, seinen Wagen zu verlieren. (Fletcher sagte: »Man hatte bereits im Wagen zwei Unzen Heroin gefunden...«) Der Fahrer fuhr vom Bordstein an, rammte dabei einen anderen Wagen, und die Polizei schoß auf sie. Thelma Carpenter bestätigt die Geschichte, die Billie später in ihrem Buch veröffentlichte: Billie sei den ganzen Weg zurück nach New York gefahren, obwohl sie nie zuvor am Steuer eines Wagens gesessen habe; aber das müssen wir nicht glauben, denn eine andere Version lautet, sie sei aus einem Fenster geklettert und entkommen. Damals berichtete die Presse, einer der Anklagepunkte gegen Billie Holiday laute, daß sie ihrem Fahrer befohlen habe, einen Polizisten zu überfahren. Jedenfalls sagte Tucker Jahre später:

Wie ich allen ihren Managern *und* allen ihren Liebhabern erzählt habe, als sie daherkamen: »Lady hat mich nie gebeten, etwas für sie aufzubewahren, sie hat mich nie gebeten, etwas für sie zu besorgen. Ich werfe euch nicht vor, daß ihr es jetzt tut, aber wenn ihr's tut, will ich nichts davon wissen.« Was ich stark fand an ihr, das war, daß sie Wert drauf legte, mich jedesmal, wenn was Derartiges geplant war, mit irgendeinem Auftrag fortzuschicken, und wenn ich wieder zurückkam, konnte ich nicht mehr in ihre Garderobe. Den Leuten sagte sie: »*Denken* kann er sich, was er will, aber er weiß nichts *mit Sicherheit.*« Sie ließ mich nie sehen, wenn sie drückte.

Ascendio und ich teilten uns ein Zimmer im selben Hotel in Philadelphia, als Lady verhaftet wurde und Jimmy die Drogen unter dem Bett verschwinden ließ. Vor der Verhandlung gab er alles zu und bat mich, irgendeine Geschichte zu erfinden. Ich sagte: »Schau, Mann, ich hab's dir schon mal gesagt – keine Geschichten!« Ich wurde nicht einmal verhört. Dafür sorgte Lady.

Ascendio saß eine Zeitlang im Gefängnis (und starb ungefähr 1949, sagte Tucker, bei einem Unfall mit einem Pferd). Tucker war auf der Bühne verhaftet, aber bald wieder freigelassen worden; Lady sagte: »Das Stärkste, was er sich im Leben je gegönnt hat, war eine Camel.« Aber Lady machte sich sichtlich Sorgen; *down beat* gegenüber sagte sie: »Natürlich weiß ich von Gene Krupa, aber vergessen Sie nicht, er ist weiß, und ich bin eine Negerin. Ich hab' zwei Nachteile auf meiner Seite, vergessen Sie das nicht.« (Der berühmte Schlagzeuger und Bandleader hatte eine Zeitlang wegen Besitzes von Marihuana gesessen; es heißt allgemein, Krupa sei kein Drogenkonsument gewesen; vielmehr sei ihm etwas angehängt worden, weil er sich geweigert habe, auf einen Hinweis zu reagieren und einen korrupten Polizisten zu schmieren.)

Glaser wollte Lady vom Heroin abbringen, er hoffte, daß sie durch eine weitere Entziehungskur, diesmal unter Zwang, clean würde; aber es war Freitag abend, und Fletcher wollte sich auf den Weg nach Washington machen, um dort das Wochenende zu verbringen. Es gelang ihm nicht.

Sie hatte sich immer durchgemogelt, ohne je erwischt zu werden, bis zu dieser Schießerei in Philly … aber dann wurde sie von Max R., der in Philly geschossen hatte, in unser Büro gebracht und dem Chef des Drogendezernats vorgeführt.

Washington hatte unser New Yorker Büro antelegraphiert und von der Schießerei berichtet; sie waren entkommen und jetzt auf dem Weg zum Grampion Hotel, weiter oben in derselben Sraße wie das Braddock. Das wußten sie, weil jemand Joe Guy zur Band hatte sagen hören: »Ihr findet mich im Grampion Hotel ...«

Ich packte meine Sachen und wollte wie üblich mit dem Fünf-Uhr-Zug aus New York abfahren. Ich sperrte ab. Ich war lang im Büro geblieben und war jetzt der letzte. Ich hatte meine kleine Reisetasche dabei und ging hinaus zum Aufzug. Ich hörte Colonel Williams brüllen: »Reeny, John, Philip, wer von euch ist noch da? Ist noch irgendeiner da?« Wäre ich einfach in den Aufzug gestiegen, hätte ich mein Wochenende gehabt und wäre nicht in die Sache mit Billie Holiday hineingezogen worden. Es war mir zuwider; schließlich ist es nicht angenehm, in strafrechtliche Aktivitäten gegen jemanden verwickelt zu werden, wenn man eine Art von Freundschaft mit ihm hat. Aber ich brüllte zurück: »Ja, Mr. Williams?« Er kam raus auf den Gang, und ich ging ihm entgegen. »Wohin wollten Sie?« Ich sagte, murmelte: »Na ja, nach Washington.« – »Kommt überhaupt nicht in Frage. Treiben Sie irgendeinen Beamten auf, rufen Sie bei allen zu Hause an, finden Sie irgendeinen, und dann fahrt ihr zwei nach Newark, unter den Viadukt, und nehmt Billie Holiday und ihre Truppe fest, blabla-bla ... Haltet sie fest bis Montag morgen.«

Ich fand niemanden. Alle waren sie schlau genug gewesen; man ist einfach nicht zu Hause – andernfalls kann man die ganze Nacht durcharbeiten. Also fuhr ich allein nach Newark, die dortige Polizei war ebenfalls benachrichtigt worden, aber Billie Holiday hate Newark umfahren, war außen herumgefahren und kam über die George Washington Bridge. Ich fuhr zum Grampion Hotel und sah dort den Cadillac mit den Einschüssen. Na ja, sie hatten den hinteren Kotflügel wieder befestigt, mit dem sie einen anderen Wagen gerammt hatten; in dem Telegramm hieß es, das Blech stehe hoch, aber sie hatten es wieder hingebogen. Daß es der richtige Wagen war, fand ich erst heraus, als ich drum herum ging; leider hatte ich keine Taschenlampe, wie ich sie haben sollte, sondern ich konnte nur tasten. Dann bekam ich meine Zündhölzer oder das Feuerzeug in die Hand, ich sah mich um und sah die Einschußlöcher von 45er Kugeln.

Ich ging ins Hotel und fragte den Portier nach Joe Guys Zimmer. Ich wollte ihn nicht mißtrauisch machen – in solchen Fällen fragt man extra blöd: »Hey, hey, wo is'n Joe Guy, in welchem Zimmer?« Dann sagen sie's einem. Sie haben keinen Grund für irgendeinen Argwohn, es ist ihnen ja sowieso egal. Er merkte nur, daß ich nicht einfach raufgehe, nicht wahr? Also sagte er es mir.

Fletcher überwachte das Zimmer, bis ein Musiker, der »seine riesige alte Tuba mitschleppte«, erschien und an die Tür klopfte; »Joe Guy kam raus, sie redeten miteinander und gingen dann beide rein. Daraus schloß ich, daß es tatsächlich sein Zimmer war. Ich ging und fuhr nach Hause ... Am nächsten Morgen um acht oder neun machte ich mich wieder auf den Weg.« Er folgte Lady zu einem Club auf der 52nd Street, gab etliches Geld aus und beklagte sich, daß sein Büro sich weigerte, solche Posten als Spesen zu verrechnen. Er hatte den Auftrag, sie nur zu überwachen, aber nichts zu unternehmen, denn:

Sie wollten Billie erst am Montag oder Dienstag festnehmen, vor Montag früh bekamen sie keinen Haftbefehl, um eine saubere Verhaftung vorzunehmen. Sie hatten nichts gegen Billie Holiday in der Hand – Drogenbesitz oder was –, sie hatte natürlich alles dort in dem Hotel verbraucht. Jimmy Ascendio und ein Fahrer, sie waren zu dritt. Unten in Philadelphia fanden sie nichts gegen die drei, sie kannten den Spitzendealer, von dem Jimmy den Stoff für sie besorgte, der im Wagen gefunden wurde, und sie behielten ihn im Auge; sie wollten alle Haftbefehle zum richtigen Zeitpunkt vorliegen haben. Sie wollten die Sache nicht verpfuschen, das war's. Glasers Plan mit mir war in New York zu Ende. Aber alles, was ich über sie hatte, kam in die Ablage. Genauso wie die früheren Akten über sie, von anderen Beamten, die versucht hatten, sie vor Gericht zu bringen, schon vor Jahren, als ich noch gar nicht in New York war.

Es lag nichts gegen sie vor ...

Doch nach der Beschattung durch Fletcher wurden die Zimmer im Grampion Hotel gestürmt; die Polizei fand Heroin und verhaftete

Lady und Joe Guy. Fletcher war bei der Razzia nicht dabei, worüber er gewiß erleichtert war; sie wurde gegen Kaution freigelassen und stand bald wieder auf der Bühne, doch hörte sie jetzt auf Glaser und war bereit, für ihre Verstöße geradezustehen: Sie bat um einen baldmöglichen Verhandlungsbeginn – tatsächlich fand ihr Prozeß lang vor Guys Verhandlung statt – und wurde am 27. Mai 1947 Richter J. Cullen Ganey am Bundesgericht in Philadelphia vorgeführt.

Anscheinend brachte einer von Glasers Fahrern sie nach Philadelphia, vor Gericht aber erschien sie ohne Anwalt. Der stellvertretende Staatsanwalt Joseph Hildenburger beschrieb die »Schmarotzer«, die ihr auflauerten und ihr »hundert Dollar für Drogen im Wert von maximal fünf Dollar abverlangten«. Sie wollte nichts anderes als eine Entziehungskur, doch wenn sie auf diese Weise an die Barmherzigkeit des Gerichts appellieren wollte, hatte sie Pech; sie wurde für schuldig befunden und wegen Drogenbesitzes zu einem Jahr und einem Tag Haftstrafe im Bundesfrauengefängnis in Alderson, West Virginia, verurteilt; fast unmittelbar danach wurde sie dorthin gebracht.

Dem Bericht zufolge erhielt sie irgendeine Injektion, die sie auf dem Weg nach Alderson ruhig halten sollte. Die Aufnahmeunterlagen sind interessant: In ihrem Besitz befänden sich $ 6,34, heißt es dort; sie sei 1,65 Meter groß und wiege 78 Kilo; ihre Statur beschrieb sie selbst als »breit« und gab als Adresse 142 West 44th Street, New York an. Laut »psychometrischem Testbericht« betrug ihr IQ 81, ihre Intelligenz sei, heißt es wörtlich, »im unteren Durchschnitt«. Die Tatsache, daß es einen »unteren Durchschnitt« überhaupt nicht gibt, sagt uns einiges über die Bürokratie, mit der man es hier zu tun hat; es wurde der sogenannte SAT-Test mit ihr durchgeführt, dem sich Generationen von Amerikanern in der High-School unterzogen haben: Es ist allgemein bekannt, daß dieser Test speziell für den bürgerlichen Mittelstand entworfen wurde. Das Dokument besagt ferner, sie habe laut eigener Aussage bis zum Abschluß des sechsten Schuljahrs die Schule besucht, obwohl sie in der vierten Klasse wegen Versäumnis der Schulpflicht aufgegriffen worden sei, habe die besten Ergebnisse »in Sprache und Vokabular« erzielt, die schlechtesten »im Sachwissen«. Es muß nicht eigens betont werden, daß die zufällige Auswahl an Sachwissen, die den High-School-Kindern des Mittelstands beigebracht wird, auf den Straßen von Baltimore kaum erlernbar ist.

Ihre Haft in Alderson war ereignislos und, nachdem sie die ersten Entzugserscheinungen überwunden hatte, gewiß äußerst langweilig; sie durfte keine Besucher empfangen, aber sie erhielt Post.

Im September wurde sie erneut in Philadelphia vor Gericht gestellt, denn sie sollte bei Guys Prozeß aussagen; sie galt als Zeugin der Anklage – schon im Mai hatte sie dem Gericht gesagt, Guy sei schuld an ihrer Drogenabhängigkeit –, aber auch in diesem Fall war sie loyal gegenüber einem Freund: Ein Grund dafür war zweifellos die Überlegung, daß sie nicht in ärgere Schwierigkeiten geraten konnte, als sie ohnehin schon war, und deshalb sagte sie aus, das in der gemeinsamen New Yorker Wohnung gefundene Heroin sei für ihren eigenen Gebrauch bestimmt gewesen, Guy habe nichts damit zu tun gehabt. Guy wurde freigelassen. Er hatte endgültig genug; er zog sich in den Süden zurück, wo er herkam, und verschwand vollständig aus Ladys Leben.

Guy hatte sein Leben und seine Karriere mit Heroin ruiniert, er war Junkie und Dealer; wenn er kein Geld hatte, kam er jedesmal zu Lady zurück: einer, der für Drogen alles tat. Ihre Kaution betrug angeblich tausend Dollar, seine hingegen dreitausend; anscheinend hatte der Staat nicht die Absicht, Billie zu schikanieren: Guy war es, den sie wollten, und dazu den nächsthöheren Lieferanten in der Hierarchie.

Aber in einem Interview mit *down beat* sagte sie, Glaser habe Guy die Schuld gegeben, und fügte hinzu: »Glauben Sie das nicht. Ich bin erwachsen. Ich wußte, was ich tat. Joe mag Dinge getan haben, die er nicht hätte tun sollen, aber ich hab' sie auch getan, freiwillig … Joe hat's mir manchmal nicht leicht gemacht, das stimmt – aber dann war ich für ihn auch kein bequemes Mädchen.« Jimmy Monroe, Greer Johnson, Roy Harte, Guy, Tucker und andere wurden früher oder später unweigerlich von Lady, die keine Kinder haben konnte, bemuttert; diese süchtige Persönlichkeit, die so schlecht gerüstet war, mit ihren eigenen Höhen und Tiefen zurechtzukommen, lehnte es abermals ab, irgendeinen anderen für ihre Schwierigkeiten verantwortlich zu machen.

Am 29. November veranstaltete Norman Granz ein Benefizkonzert für sie in der Carnegie Hall, und Glaser tat sein Bestes, um es zu hintertreiben – er behauptete, er habe einen Brief von ihr, in dem sie sagte, sie wolle keine Wohltätigkeit. Granzens JATP-Truppe trat auf, auch das Nat-Cole-Trio hatte zugesagt, konnte die Zusage aber wegen anderweitiger vertraglicher Verpflichtungen nicht einhalten. Das Konzert war spärlich besucht und brachte insgesamt nur fünfhundert Dollar ein. Glaser weigerte sich, die Summe in Ladys Namen entgegenzunehmen; Granz spendete sie daraufhin der Wohlfahrt.

In Alderson verhielt Lady sich mustergültig, sie fing an zu stricken und kam mit allen gut aus. Die staatlichen Behörden werden kaum erfreut gewesen sein, daß Lady sich weigerte, ihnen bei der Verurteilung von Guy zu helfen, dennoch erhielt sie die übliche Haftverkürzung für gute Führung und wurde am 16. März 1948 entlassen. Später sagte sie, sie habe befürchtet, ihr Hund Mister könnte sie vergessen haben, und sei über seine überglückliche Begrüßung sehr erleichtert gewesen; John Simmons hingegen erzählt eine andere Geschichte:

> Als sie nach Virgina mußte, ließ sie Mister bei Bobby Tucker in Morristown zurück, und Mister verkroch sich unter dem Haus und blieb dort eine Woche lang und kam nicht heraus, und eines Morgens wachte er auf und sagte sich: »Ich lebe!« und fing an, über die Felder zu rennen; er rannte und rannte und rannte. Als Billie rauskam, lief Mister wieder unter das Haus. »Bringt sie weg; ich will sie nicht sehen.«

Diese Geschichte zeigt vor allem Simmons' Abscheu vor der Unbedingtheit ihrer Sucht, aber auch der schlechten Behandlung, die sie ihrem Hund angedeihen ließ – sofern es wahr ist, daß sie ihm Heroin spritzte. Wie schon nach ihrem Klinikaufenthalt hielt sie sich eine Weile im Haus von Tuckers Mutter auf, diesmal war sie auf Bewährung. Tucker holte sie in Newark von der Bahn ab und brachte den Hund mit; er bestätigt die Geschichte, die sie selbst erzählte: Der Hund sei so glücklich gewesen, sie zu sehen, daß er sie fast zu Boden warf.

»Als sie aus dem Zug stieg, kam sie auf mich zu und umarmte mich, und ich sah, daß sie völlig daneben war.« Sie war in Washington umgestiegen und hatte sofort Kontakt mit einem Dealer aufgenommen. »Ich sagte: ›Lady, wie *konntest* du nur?‹ Das war alles, was ich sagte.«

12 Vorbestraft

Lady war jetzt ein berühmter Junkie, und sie wußte sehr wohl, daß viele, die angeblich kamen, um sie singen zu hören, in Wahrheit nur aus Sensationslust erschienen. Und doch übernahm sie bereitwillig diese Rolle. Ihr ganzes Leben lang hatte sie auf der falschen Seite gestanden, und dorthin glaubte sie zu gehören – zumindest fühlte sie sich dort am wenigsten unbehaglich.

Heroin war eine Flucht, genauso wie Marihuana und Alkohol eine Flucht waren. Bobby Tucker war enttäuscht, als er sie vom Zug abholte und sah, daß sie bereits wieder high war; und er fügte hinzu, er habe sie drei- oder viermal gesehen, als sie »drinnen« war (das bezog sich auf den früheren Klinikaufenthalt) und »großartig« ausgesehen habe – »dick und fett, gesund und glücklich«. Später sagte sie zu ihm: »Dort [in Alderson] waren Frauen, die Sozialhilfeschecks gestohlen oder gemordet oder sonst was ausgefressen haben. Manche sitzen fünfzehn Jahre ab, manche zwanzig. Weißt du, wie sie die Zeit rumbringen? Indem sie die Jahre, Monate und Tage zählen, bis sie wieder high werden können.« – »Das war die treibende Kraft: high zu werden«, fügte Tucker hinzu.

Und wir dürfen zu Recht vermuten, daß es ihr immer schwerer fiel, sich von der Sucht zu befreien, je älter sie wurde. Das Showbusineß war schon für einen Mann hart genug; bei einer Frau gingen die Verletzungen tiefer und waren persönlicher, und für eine schwarze Frau mit einer Vorgeschichte, wie Lady sie hatte, die zufällig eine große Künstlerin war, gab es keine Rettung.

Die Geißel Heroin traf die schwarze Gemeinde zu der Zeit, als der Bop erfunden wurde. Lady und Lester hatten zur Avantgarde gehört, aber in den vierziger Jahren waren sehr viele, vor allem schwarze Musiker unaufhaltsame und begeisterte Innovatoren. In seinen Büchern (*Jazz Masters of the Forties*, 1966, und der hervorragenden Interview-Sammlung *Swing to Bop*, 1985) stellt Ira

Gitler die quälende Frage nach der Beziehung zwischen Drogen und Musik: Die Musik wäre nicht geworden, was sie wurde, ohne alles andere, was sonst in sie einfloß. Die Menschen, die Musik machten, waren anders, und anders sein heißt immer auch einsam sein.

Zumindest verloren die Süchtigen jener Ära selten die Musik aus den Augen. Dreißig oder vierzig Jahre später waren die jungen, aufsteigenden schwarzen Jazzmusiker viel zu beschäftigt, um Dope zu nehmen: Sie absolvierten Colleges und wurden nicht nur Musiker, sondern auch Geschäftsleute, um ihre Karrieren besser steuern zu können; unterdessen hatten die Rock 'n 'Roller nicht zuletzt mit Hilfe der Medien das Image einer irgendwie gefährlichen und revolutionären Musik aufgebaut, die in Wahrheit nichts dergleichen war. Als in den siebziger und achtziger Jahren das Image wichtiger wurde als die – keineswegs innovative – Musik, waren es die Rocker, die am Rauschgift starben.

Big Stump, Greer Johnson und andere deuten an, einige Leute, und vor allem Sänger, seien auf Lady schlecht zu sprechen gewesen, weil sie nicht verstanden, was sie tat, oder weil sie selbst es nicht konnten. Sicher, sie war großartig gewesen, schon lange bevor sie auf Heroin umstieg; fest steht jedoch, daß sie seit jeher in Rauschmitteln aller Art Zuflucht gesucht hatte. Lady begriff ihr Talent nach wie vor nicht ganz, eins jedoch wußte sie: daß sie eine Kultfigur blieb. Es kauften sich mehr Leute einen Volkswagen als einen Rolls-Royce, sagte Tucker, aber das heiße nicht, daß ein Volkswagen »beliebter« sei: Lady war voller kindlicher Sehnsüchte, die ihr aufgrund ihrer Herkunft für immer unerreichbar blieben. Glanz, Anbetung und wahre Liebe mögen banale und naive Objekte der Sehnsucht sein, aber sie sind im Grunde nichts anderes als – um es psychologisch zu formulieren – der Wunsch nach Bestätigung, und es gibt auf der ganzen Welt keinen Menschen, der Anerkennung nicht brauchte.

Man kann zwar unter Drogeneinfluß kein besserer Musiker sein – aus denselben Gründen, wie es gefährlich ist, in diesem Zustand schwere Maschinen zu bedienen. Paradoxerweise jedoch können Drogen die Konzentration fördern: Sie erlauben dem Musiker, unbehelligt von Streitereien, Sorgen, Störungen aller Art mit seiner Arbeit voranzukommen. Gerry Mulligan sagte, auf Heroin habe er achtzehn Stunden hintereinander Melodien und Arrangements komponieren können – jahrelang. Streit und Sorgen mögen ihre Ursache in der Beschränktheit und den Niederträchtigkeiten haben, die in der Musikszene verbreitet sind, im Rassismus oder auch in der Unreife des einzelnen – »Ich glaube, ich hab's in fast jeder denkbaren Situation geschafft, mich unerwachsen zu verhalten«, sagte Mulligan viele Jahre später –, der entscheidende Faktor ist immer die Anerkennung. Die Jazzmusiker in den vierziger Jahren, und besonders die schwarzen, bewegten sich in einer Gesellschaft, die weitgehend von allen nur denkbaren Vorurteilen gegen sie geprägt war; high zu werden, vor allem auf eine derart illegale, exotische und gefährliche Weise, half ihnen, mit dem Rassismus zurechtzukommen, erleichterte ihnen den metaphorischen Kniefall, den sie mit einem anderen Teil des Bewußtseins vollführen mußten, um die Beleidigungen und Kränkungen erfolgreich ignorieren zu können.

Dennoch griff letzten Endes die Mehrheit der Musiker *nicht* zur Nadel; John Simmons war entsetzt gewesen über das Ausmaß von Ladys Sucht – eine Zeitlang zumindest; später wurde er selbst ein Junkie. Roy Harte hingegen sagte, allein der Anblick einer Nadel lasse ihn fast ohnmächtig werden.

In den frühen fünfziger Jahren fielen Lady und Lester für eine Weile aus. Nach Phil Schaaps Worten hielt Clayton Heroin für die Ursache: Lesters Alkoholismus sei nach dem Krieg schlimmer geworden, aber nichts habe ihm ferner gelegen, als sich eine Nadel in den Körper zu stechen. In seinen Memoiren, 1986 erschienen, sagt Clayton überraschend wenig über Lady, außer daß er sie als Musikerin bewundert habe; in einem Interview, das vermutlich 1971 stattfand, distanzierte er sich zunächst von ihr und sagte: »Ich habe Billie nicht gekannt.« Doch dann erzählte er eine Geschichte: Sie habe einen Künstler aufgesucht, einen Maler, wegen »einer neuen Sorte Stoff – kein Haschisch«. Er habe sich geweigert mitzugehen. Später, sagt Clayton, hätten die Einstiche an ihrem Arm sich so stark entzündet, daß ein Arzt sie gewarnt habe: wenn sie nicht aufhöre, müsse der Arm amputiert werden; deshalb habe sie begonnen, sich in die Finger zu spritzen. Clayton machte Lady für Joe Guys Drogenabhängigkeit verantwortlich.

Und Clayton war es, der von einem erschreckenden Vorfall im Douglas House Hotel an der St. Nicholas Avenue berichtete:

> Das Zimmermädchen wollte Billies Zimmer saubermachen. Billie reagierte nicht auf ihr Klopfen. Als sie die Tür öffnete, hatte Billie ein kleines Mädchen bei sich. Das Mädchen kam offensichtlich aus der Schule, sie hatte Schulbücher dabei. Billie hatte den Arm des Mädchens abgebunden und wollte eben die Nadel ansetzen. Das Zimmermädchen griff sofort ein. Billie bekam etlichen Ärger, denn das Zimmermädchen meldete die Sache der Hotelverwaltung, die Billie zwang, auszuziehen. Glaser hat das eine Menge Geld gekostet …

Wir müssen von dieser Geschichte nicht alles glauben. Sie stammt aus zweiter Hand und wird ansonsten von niemandem erwähnt; und vielleicht – falls tatsächlich etwas Derartiges geschehen ist – war das kleine Mädchen ebenfalls ein Junkie. Aber Clayton kannte das Hotel gut, denn er wohnte dort selbst häufig, und er deutete an, daß der Vorfall seine Kreise gezogen habe, denn »jeder war irgendwie sauer auf sie«. Das war vor Alderson, und tatsächlich behaupten viele, Glaser habe es sich einiges kosten lassen, Lady aus Unannehmlichkeiten herauszuhalten – ohne näher darauf einzugehen, um welche Art von Unannehmlichkeiten es sich dabei handelte. Clayton sagt auch, er habe miterlebt, wie sie in einem Anfall von lesbischer Eifersucht ein Mädchen zusammenschlug; er ist überzeugt, daß Heroin allmählich ihre Persönlichkeit veränderte: »Als sie noch Shit rauchte, war sie ständig gut drauf.«

Clayton empfand sichtlich Abscheu vor ihrer Sucht und sagt, das Heroin habe sie mit einigen ihrer besten Freunde entzweit. Harry Edison meinte: »Als sie auf Heroin umstieg, war sie nur noch mit Leuten zusammen, die ebenfalls Junkies waren. Deswegen hatte sie mit vielen von uns kaum noch Kontakt, denn ich zum Beispiel bin nie drauf abgefahren. Aber wir waren nach wie vor gute Kumpel, mir war's egal, was sie tat, und ihr war's egal, was ich tat.« Aber Sweets scheint der Ansicht zu sein, daß zu manchen ihrer Freunde die Kluft größer geworden war.

Bei einem Gespräch mit Thelma Carpenter hatte ich den Eindruck, daß Thelma heftigen Widerwillen gegen Heroin empfand; sie sagte, der Manager eines Clubs, in dem Mabel Mercer auftrat, habe Billie nicht in seinem Lokal geduldet, wenn sie auf Drogen war. Ich fragte Thelma, ob Ladys Persönlichkeit sich verändert habe, worauf sie antwortete: »Wie soll's einem gut gehen, wenn man von diesem Zeug abhängig ist?« Dennoch ließ sie Lady nicht im Stich. »Ich dachte, ich will mit dem Zeug nichts zu tun haben, das muß ich bei Gott nicht haben. Aber meine Mutter sagte zu mir: ›Gerade jetzt braucht sie eine Freundin.‹ Also ging ich immer wieder zu ihr, besuchte sie.« Und Thelma fügte hinzu, sie habe nie miterlebt, wenn Lady sich einen Schuß setzte: vor einem Nichtsüchtigen hätte sie das niemals getan; und sie wüßte nicht, daß Lady je versucht habe, andere drogenabhängig zu machen. »Diese ganzen Leute, die behaupten, sie seien ihre besten Freunde gewesen, wo waren sie denn, später, als sie allein war? Sie hatte wirklich *niemanden,* der ihr gesagt hätte: ›Mach das nicht.‹« Tatsache ist freilich, daß sie darauf nicht gehört hätte; sie war eine hoffnungslos süchtige Persönlichkeit.

In seinen Memoiren schreibt Clayton, er stamme aus einer großen, warmherzigen Familie aus Kansas, und auch als seine Tourneen ihn rund um die Welt führten, habe er den Kontakt zu ihr nie verloren; Ladys Erfahrung war natürlich das genaue Gegenteil. Clayton fand Bestätigung und Anerkennung, sie nicht; Selbsthaß ist ein Element, das bei Heroinabhängigkeit häufig eine Rolle spielt – nicht jeder empfand ihn.

Eine Rolle spielte auch Ladys mangelndes Selbstvertrauen; es mag bezeichnend sein, wie Schaap spekuliert, daß ihre Heroinsucht zur selben Zeit wie ihr Erfolg begann: als hätte sie es nicht verkraftet, plötzlich ein Star zu sein. Tucker weist immer wieder darauf hin:

> Der Text bedeutete ihr am meisten; sie erzählte immer eine Geschichte. Aber sie hielt sich nicht eigentlich für eine gute Sängerin … Ich glaube wirklich nicht, daß sie in ihren Ton verliebt war. Sie mochte ihn nicht … Sie hat sich immer gewundert, daß die Leute kamen und sie sehen wollten … Ich glaube nicht, daß sie je das Gefühl hatte, eine gute Sängerin zu sein … Sie hat sich mehr dafür interessiert, was *rundherum* passiert ist, bei den Aufnahmesessions oder bei manchen Solisten, mehr als für ihre eigenen Auftritte …

Aber ebenso:

> Sie versuchte nie, irgend jemandem irgendwas zu beweisen. Sie war einfach sie selber. Ja, sicher, sie war immer nervös … Während der Auftritte war sie praktisch »neben sich«. Wenn

sie soweit war, spielte ich die Einleitung, dann sang sie. Wenn sie fertig war, fing ich mit einer anderen Einleitung an, und sie sang die nächste Nummer. Wenn sie müde wurde, konnten die Leute applaudieren, soviel sie wollten, sie jedenfalls war *fertig.*

Vor einem Auftritt in einem großen Konzertsaal war ihr Lampenfieber gewiß größer; in einem kleineren Raum war es leichter, sie mit dem Scheinwerfer anzustrahlen, so daß sie das Publikum nicht sehen konnte. In einem Jahr, sagte Tucker, habe sie einen Preis gewonnen, der in Arthur Godfreys Radioshow präsentiert werden sollte; er sagte, es sei ein von *down beat* ausgesetzter Preis gewesen: Sie gewann jedoch nie einen *down beat*-Poll.

> Wir waren in Cleveland im Tijuana Club, die Sendung sollte landesweit, in Konferenzschaltung, ausgestrahlt werden, und sie sollte den Preis im Majestic Theater entgegennehmen, wo Lionel Hampton auftrat. Wir gingen tagsüber hin, um ein paar Nummern durchzuspielen, dann wollten sie ihr den Preis überreichen, aber als sie angekündigt wurde, und als sie die Scheinwerfer aufgedreht haben – es war ein riesiges Theater –, wurde es hellichter Tag, und sie erstarrte. Der Anblick der ganzen Leute ließ sie buchstäblich versteinern, ihre Stimme bebte, sie zitterte; sie konnte es nicht ertragen, die Leute anzusehen.

Es gibt einen Rundfunkmitschnitt vom Juli 1948, bei dem Lady mit ein paar Musikern der Hampton-Band »I Cover the Waterfront« singt; ein Arrangement gab es nicht, begleitet wurde sie also nur von Tucker, am Baß wahrscheinlich von Charles Mingus, und die Klarinette spielte Ben Kynard; am Ende setzt die Band mit einem großen Akkord ein. Es ist eine gute Aufnahme, aber Ladys Vibrato ist ungewöhnlich schnell: vielleicht ein Zeichen großer Nervosität.

Sowohl Tucker als auch Chilton in seinem Buch berichten von einem Vorfall in einem Bostoner Club: An diesem Abend bestand das Publikum vorwiegend aus Angehörigen einer Freimaurerloge, die von ihrem Versammlungsort in der Nähe hergekommen waren und sich während des gesamten Auftritts laut unterhielten. Sie dachten sich nichts dabei, sie wußten wohl nicht einmal, wer sie war; Lady aber war am Boden zerstört. Von ihren sonstigen Auftritten war sie derlei nicht gewöhnt: Normalerweise verstand sie es, ihr Publikum in Atem zu halten; Tucker sagt in einem anderen Zusammenhang:

> Es war nie notwendig, eine Einleitung zu spielen, bis das Publikum still geworden war. Sie hatte die Leute im Griff. Bevor sie den Mund aufmachte, hatte sie sie schon in der Hand. Sie ging auf die Bühne hinaus und stand einfach dort, bis alle still waren. Sie bestrafte sie nicht. Wenn sie ihre erste Nummer anfing – egal, ob in irgendeinem Nachtlokal oder in einem Konzertsaal –, hatte sie jeden, der da war, gewonnen.
>
> Das ist etwas, glaube ich, was den Jungs heutzutage fehlt. Sie treten vor fünfundzwanzigtausend Leuten auf, gleich beim ersten Mal; es ist, als wäre das Publikum Teil ihres Programms. Nicht bei *uns. Wir* waren's, und sie stand im Mittelpunkt, alles hat sich um sie gedreht ... Ich hab' nur zwei oder drei Leute gesehen, die das konnten. Marian Anderson ... und vielleicht zwei oder drei andere.

Über ihre Stimme sagte Tucker:

> Es ist eine Qualität, die sich nicht trainieren läßt ... Einer wie Tony Bennet hat wirklich keine »gute« Stimme, im üblichen Sinn, aber für mich ist Tony wie eine männliche Billie Holiday. Man kann ihn stimmlich mit keinem der großen Sänger vergleichen, aber er *ist* ein großer Sänger. Ray Charles ist ein Stilist, aber Lady hatte mehr als das. Sie hatte die gesamte Aufmerksamkeit, *von Anfang an.*

Martin Williams beschrieb sie in seinem Buch *The Jazz Tradition* (1983) als »Schauspielerin ohne Spiel«:

> Sie gab sich nicht einfach öffentlich ihren Gefühlen hin; sondern sie wahrte die Distanz des Künstlers während ihres gesamten Auftritts. In gewissem Sinn war sie eine Schauspielerin, ein großartiges Naturtalent, sie hatte gelernt, aus ihren Gefühlen zu schöpfen und sie ehrlich und direkt dem Zuhörer zu vermitteln. Und wie jede große Schauspielerin ging sie nicht gänzlich in ihrer Rolle auf, sondern stand gleichzeitig und auf geheimnisvolle Weise neben sich, womit sie uns ein

doppeltes Bild zeigte: die dargestellte Rolle und eine stillschweigende Kritik.

Williams sagt nicht explizit, sie sei eine Schauspielerin gewesen: er vergleicht sie lediglich mit einer Schauspielerin. Lady wußte selbst nicht, wie sie es machte und durfte diesem Rätsel auch nicht auf den Grund gehen; eine ihrer Verdrängungsmethoden bestand darin, sich viele Identitäten zuzulegen. Ihre Garderobe, sagte Tucker, sei immer »ein winziges Loch« gewesen:

> Sie machte ihr Gesicht oder ihr Haar zurecht oder was immer ... Haben Sie sich je diese frühen Fotos angesehen? Auf jedem sieht sie anders aus. Ja, genau so hat sie's gemacht – sie sieht einmal so aus, dann wieder ganz anders – auf jedem Foto sieht sie anders aus, nicht zwei sind gleich – und so war sie auch in Natur. Lady konnte aussehen wie jedes ihrer Fotos.

Über ihre Beziehungen zu anderen Sängern kursieren viele Geschichten; Tucker jedoch, ihr jahrelanger Begleiter auf Tourneen, war ein Augenzeuge:

> Mabel Mercer – *das* war Ladys Lieblingssängerin. Mabel sang allein mit einem Pianisten. Sie war tausend Jahre lang im selben Club, einer kleinen Klitsche an der East Side, in einem von diesen schicken Clubs, wo sie Sachen sang, die zu ihrer momentanen Gefühlslage paßten, und meistens waren das keine sehr lustigen Nummern. Lady ging oft hin und hörte zu, viele Male. Mabel wußte nicht einmal, daß sie da war. Aber sie übernahm irre viele Nummern von Mabel – obwohl sie sie dann ganz anders sang.
>
> Es gab auch noch andere Sängerinnen, Margaret Whiting zum Beispiel ... In Billies Buch steht, glaube ich, sie hätte sich ziemlich abfällig über Sarah Vaughan geäußert, dabei *liebte* sie Sarah. Als Sarah anfing, groß rauszukommen, hatte ich das Gefühl, daß Lady ein bißchen neidisch war ... Sie fand, Sarahs Stimme sei wahrscheinlich die beste der Welt. Großartig.

In ihren Memoiren beklagt sich Lady, Sarah hätte sie während einer Konzertpause hinter der Bühne absichtlich übersehen; Sarah hingegen sagte zu Max Jones, sie sei kurzsichtig, und sie könne sich den Vorwurf nur damit erklären, daß sie Lady wohl tatsächlich nicht gesehen habe. Tucker, der, wie Lady schreibt, ebenfalls anwesend war, hält Ladys Interpretation für ein Mißverständnis. »Können Sie sich irgend jemand auf irgendeinem Gebiet vorstellen – jemand, den Sie bewundern –, der heute zum Beispiel Frank Sinatra ignoriert oder schlecht behandelt? Das ist Quatsch. Lady war wirklich *das* Symbol für Musiker und Jazzsänger. Sie war eine Art ungekrönte Königin ...«

Lady war sich auch bewußt, daß sie eine Vorbestrafte war, eine, die gesessen hatte, eine ehemalige Strafgefangene; und sie war gegen Brüskierungen aller Art, wirkliche oder eingebildete, empfindlicher denn je. Tucker erzählt von einem Benefizkonzert für den *Pittsburgh Courier:* »Sie war noch immer auf Bewährung – das war diese Neunzig-Tage-Frist. Eine Gruppe von Mädels plante ein großes Abendessen für sie, nach dem Konzert.« Sie weigerte sich hinzugehen, es sei denn, Tucker käme mit ihr; dann widmete sie sich ausschließlich ihm, bis er merkte, was sie tat: »Die ganze Sache war geplant. Ich sagte: ›Lady, wenn du so anfängst, gehe ich.‹ Sie sagte: ›Im selben Moment, wo du gehst, bin ich auch weg.‹ Alle stellten ihre Fragen, und ich sagte zu ihr: ›Hörst du sie denn nicht?‹«

Tucker ging zur Jukebox und dann auf die Toilette; Lady folgte ihm:

> Ich sagte: »Merkst du nicht, daß du mich echt in Verlegenheit bringst?« Und sie rückte mit einer passenden Bemerkung über diese Leute heraus: Sie nannte sie eine Horde von Schwanzlutschern, aber sie hatte immer noch kein einziges Wort mit ihnen gesprochen. Wir gehen also zurück zum Tisch, und eins von den Mädels sagt zu ihr: »Hör mal, Billie, er ist schließlich nicht der einzige am Tisch.« Mehr hat es nicht gebraucht: Sie ließ eine Tirade los, die sie offensichtlich einstudiert hatte, daß sie während der ganzen Zeit im Knast von der Außenwelt nur deshalb etwas mitgekriegt hätte, weil *ich* ihr geschrieben hätte, sonst keiner, und meine Mutter hätte sie in ihrem Haus aufgenommen, »und *ihr,* wißt ihr, was ihr seid ...« Und so weiter. Alles abgekartet, es war lächerlich.
>
> Sie fühlte sich ausgenutzt, sie dachte, wenn sie nicht ein

großer Star wäre, würde sich sowieso kein Schwein um sie kümmern ... Sie hat alles maßlos übertrieben. Die anderen hingegen dachten: Na und, war sie halt im Gefängnis ... Viele Leute waren im Gefängnis, aber sie nahm es persönlich. Sie hatte das Gefühl, daß sie keinem was bedeutete, daß sie allen schnurzegal war, deshalb sagte sie grundsätzlich, egal, was passierte: »Es geht euch alle einen Scheißdreck an, was ich tue.«

Doch sie konnte großzügig und verständnisvoll gegenüber Jüngeren sein. In dieser Zeit hatte die junge Ruth Brown ein Gastspiel im Café Society, nachdem sie aus der Lucky Millinder Band gefeuert worden war, und Lady kam, um ihr zuzuhören. Folglich warf Ruth ihr Programm um, verbannte alles, was nicht Billie Holiday war, steckte sich zusätzliche Blumen ins Haar und sang »Gloomy Sunday«, »Strange Fruit« und »Miss Brown to You«.

Zu Michael Bourne sagte sie später, Lady sei aufgesprungen und habe wutschnaubend den Raum verlassen; nach dem Konzert habe Lady in der Garderobe auf sie gewartet und ihr eine Lektion erteilt:

> Jedesmal, wenn du den Mund aufmachst und so was tust, hilfst du *mir* damit. Ich sag' dir was: Du mußt rausfinden, wer du bist, denn solange du so singst wie ich, wird nie jemand versuchen, zu singen wie du ... Du hast phantastische Möglichkeiten. Du brauchst mich nicht zu kopieren.

Es sei die beste Lektion gewesen, die sie je erhalten habe, sagte Ruth; offensichtlich nahm sie sich die Lehre zu Herzen, denn bald darauf nahm die neue Plattenfirma Atlantic sie als erste Sängerin unter Vertrag, und in den fünfziger Jahren hatte sie mehr als zwanzig große Hits in den schwarzen Charts, die meisten unter den Top Ten, einige kamen sogar auf Platz eins, und manche schafften es in die weißen Charts. Als Ruth Brown aufhörte, andere zu imitieren, wurde sie selbst zum Vorbild: weiße Sängerinnen übernahmen *ihre* Hits.

Tucker berichtet, Lady habe sich geweigert, im Chez Paree in Chicago aufzutreten, einem der berühmtesten Nachtclubs jener Zeit:

Einer der Besitzer war ein Fan von Billie Holiday; er wollte sie ins Chez Paree holen. Sie war aber nicht interessiert. Das sind die Eigenschaften, die sie menschlich so großartig gemacht haben, und sie war ein großartiger Mensch. Sie ließ sich nicht einwickeln, nicht vom Geld und nicht von der Ehre, daß sie als erste Schwarze ins Chez Paree gebeten wurde. Sie sagte: »Vergiß es!«

1938, als sie ein anständiges Hotelzimmer wollte, machte es ihr nichts aus, als Pionier aufzutreten; aber sie sah nicht ein, weshalb sie zehn Jahre später einem weißen Clubeigentümer, der endlich auf die Idee gekommen war, einen schwarzen Künstler zu engagieren, die Ehre geben sollte. Billy Eckstine meint, es sei ihr herzlich gleichgültig gewesen, wie sie mit anderen auskam:

Das war ihr scheißegal. Vollkommen. Ob einer sie mochte oder nicht, war ihr verdammt gleichgültig; sie stand über so was. Außerdem *zwang* sie sich, bestimmte Leute nicht zu mögen. Sie sagte zum Beispiel, sie könnte Ellas Art zu singen nicht ausstehen, aber ich *weiß,* daß das nicht stimmt: Sie fand Ella hervorragend, sie konnte gar nicht anders. Ich sagte immer: »Red keinen Scheiß; du weißt ganz genau, daß die Frau singen kann, mir brauchst du das nicht erzählen.« Daraufhin sie: »Verdammt, William, die Schlampe kann überhaupt nicht singen, Mann.« Und ich: »Du irrst dich, Lady; du weißt verdammt gut, daß die Frau singen kann.« – »Scheißdreck. Ich versteh' nicht, wie du so eine Scheiße denken kannst. Sie ist grauenhaft.« Ich weiß aber sehr wohl, daß jeder Sänger und jede Sängerin Ella Fitzgerald lieben muß, allein dafür, wie sie singt. Und Ella ihrerseits war von Ladys Stimme äußerst angetan. Aber Ella ist anders; sie ist ein gelassener Mensch. Lady hätte das nie im Leben zugegeben – hat sie auch nicht, bis zu ihrem Tod nicht. Nie hat sie sich irgendwem zuliebe irgendeiner Meinung angeschlossen. Keine Chance.

»Billie war so ehrlich, daß sie manchmal eine Lüge erzählen mußte, um ehrlich zu sein«, sagte Tucker. »Du fragst sie was, und zwanzig Minuten später gibt sie dir eine völlig andere Antwort, aber das ist immer noch *sie.*« Manchmal war es instinktive Abwehr; sie wechselte ständig ihre Identität aus Angst, jemand könnte versuchen, sie festzunageln. Tucker erzählt eine Anekdote über einen »Obermacker« in einem Club, »ein Drehbuchautor bei *Vom Winde verweht*« (also ein Hollywood-Macker), der sie anbetete: Während ihres gesamten Engagements kam er jeden Abend in zahlreicher Gesellschaft in den Club, in dem sie auftrat, und gab eine Menge Geld aus. Der Eigentümer setzte ihr zu, nett zu dem Herrn zu sein, der sie doch nur kennenlernen wolle. Sie tat ihr möglichstes, aber letztendlich »ließ sie ihn abblitzen«, sagte Tucker, dem es nicht recht war, daß ein Fremder sie für sich einzunehmen suchte. »Es hätte der Präsident höchstpersönlich sein können, sie hätte sich nicht anders verhalten.« Vorfälle wie dieser waren mitunter peinlich, aber »es war die Sorte Peinlichkeit, die einen nachher, wenn's vorbei ist, befriedigt«. Auch das war Rassenstolz, bevor er Mode wurde: Menschen, die in die Defensive gedrängt werden, müssen allen Stolz aufbieten, um ihre Identität zu bewahren.

Sie habe gelegentlich von Sadie gesprochen, sagte Tucker. »Sie war inzwischen so weit, daß sie ihre Mutter auf melodramatische Weise verklärte.« Auch die Schuldgefühle tauchten wieder auf, doch bei allen Schwierigkeiten, die sie einst mit Sadie gehabt hatte, vergaß und vergab sie nie die Art und Weise, wie ihre Mutter durch Mangel an Anerkennung aufgerieben worden war.

> Sie war eine der ersten, die es schafften, »ins Establishment aufzusteigen«. Nur war alles, was ihr wichtig war, *wirklich* wichtig. Was auch immer. Zum Beispiel wenn sie mit einer Klofrau befreundet war: das war dann eine *wirkliche* Freundin, die sie selbst hinter der First Lady oder der Königin von England nie zurückgestellt hätte. Wenn sie zu jemand stand, dann blieb sie auch dabei und ließ sich durch nichts und niemanden beeindrucken.

Gelegentlich trat sie in Baltimore auf; die Fagans hatte sie abgeschrieben, aber alte Freunde besuchte sie nach wie vor; niemals entwickelte sie Starallüren. Freddie Green hatte ihre Platten gekauft, ohne zu wissen, daß es Eleanora war, die er da hörte: »Ich erfuhr erst, daß es Eleanora war, als Miss Sadie in die Stadt kam und meine Mutter besuchte.« Anscheinend war Lady damals mit Basie auf Tournee, aber sie kam und besuchte das Viertel, in dem sie einst gelebt hatte:

> Meine Mutter sagte: »Billie ist in der Stadt, im Royale.« Ich war erschüttert – sagt sie glatt: »Weißt du, wer Billie ist? – Eleanora!« … Sie hatten einen Auftritt für sie organisiert; sie machte ihre letzte Show im Royale, dann kam sie rüber ins Savoy Grille, Ecke Bond und Monument Street, dort waren Massen von Leuten versammelt, es gab Tischdecken und alles. Eine dreiköpfige Band war da – mit Charlie King, der damals Trompete und Piano spielte –, und sie sang noch vier oder fünf Nummern an dem Abend … Und ich sitz' dort hinten an dem Tisch und denke: »Billie Holiday.« Wunderschön. Hilda war da. Die Bar war zum Brechen voll – es war eine kleine Bar –, aber sie sah mich und rief: »Freddie! Hey, Freddie!« Dann saß ich neben ihr und ihrer Mutter, und ich sagte: »Oh, Mädchen, du bist phantastisch!«, und sie sagte: »Setz dich hin und halt die Schnauze.« …
>
> Sie kam regelmäßig. Immer wenn sie in der Stadt war, sagte sie: »Gehen wir zu Hilda.« Wir gingen in eine Bar in der Pratt Street, in Rosie's Bar. Sie ist eine Polin, Miss Rosie …

Als Lady nach Baltimore kam, war Freddie eng befreundet mit Evelyn Randolph, einem ehemaligen Showgirl und verwandt mit dem Lokalpolitiker Lloyal Randolph, der etliche dieser Kneipen besaß oder gepachtet hatte. »Im Royale ging ich mit Evelyn hinter die Bühne«, sagte er. Auch Hilda war eine Freundin aus alten Tagen. Lady war wie immer, ohne Allüren und ohne Geheimnisse vor ihren alten Freunden. Mit ihren Drogen ging sie gänzlich unbekümmert um (das war lange vor Alderson); bei einem ihrer Besuche in Baltimore kam Freddie, um sie abzuholen und mit ihr in Rosie's Bar zu gehen: »Ich sah dieses Pulver in einer Zellophantüte, und sie sagte: ›Willst du 'nen Schuß?‹ Nein, bestimmt nicht; ich hab' immer nur geraucht, nie was anderes. Ich hab' sie nie drücken sehen, aber sie war leichtsinnig. Sie hatte Gras auf ihrer Kommode liegen, Heroin lag auch rum, es war ihr gleich, ob jemand reinkam und es sah.«

> Aber sie hat sich nie verändert, egal, wie berühmt sie war. Sie ging noch immer in die Slums, in die Bars, sie hatte einen Nerz, wissen Sie, und den schmiß sie auf irgendeinen Stuhl, setzte sich hin mit einem Drink und lud alle anderen ein, und sie erzählte Witze mit verschiedenen Stimmen … Da waren auch kleine Kinder, verdreckt wie nur was, aber sie

scherte sich nicht drum, nahm sie in die Arme und hielt sie und fragte, wie's ihnen geht, und sie waren klebrig vom Zuckersirup, aber das war ihr schnurz. Sie liebte die Menschen.

In der letzten Phase ihrer Karriere jedoch verlor sie den Kontakt zu ihren ältesten Freunden; Freddie sagt, zum letztenmal habe er sie 1948 in der Bar des Club Astoria gesehen.

Lady blieb verletzlich, und sie zeigte es auch. Sie und Eckstine waren kein Liebespaar, sondern Freunde.

> Sie kam zu mir und sagte: »William, du und ich, wir gehn heut aus. Du wirst mit mir zusammensein, Baby.« Im Herzen war sie weich. Sie war wirklich wie ein kleines Mädchen; sie war imstande, den Kopf auf meine Schulter zu legen und einfach das kleine Mädchen zu sein, das sie ja war. So war sie manchmal auch mit Bobby Tucker.

Und sie bemutterte Tucker: Einmal veranstaltete sie einen Höllenzirkus in einem Hotel, weil sie glaubte, er habe ein Mädchen auf dem Zimmer; in Wahrheit war er gar nicht da.

> Solange wir zusammen waren, durfte ich mit keinem Mädchen auch nur reden. Wir hörten um zwei Uhr morgens auf; einmal war ich bis fünf bei einem der Musiker zu Hause, und als ich zurückkam, stürmte sie zu mir ins Zimmer und schaute ins Bad und unters Bett. Sie hatte die ganze Zeit die Tür bewacht und sogar den Hausdetektiv alarmiert ... Also, als ich zurückkam, sagte sie: »Ich werde nicht deine Frau anrufen; ich werd' deine Mutter anrufen!« Und das tat sie. Aus Vancouver! Sie beschützt mich.

Der Bassist John Levy sagte:

> Nach außen hin versuchte sie immer hart zu sein, aber in Wahrheit war sie ein wunderbarer Mensch. Zu uns zum Beispiel: Ich war verheiratet, Bobby war verheiratet, und sie war wie eine Glucke, wenn wir auf Tournee waren; wenn irgendein Mädel daherkam, fuhr sie sofort dazwischen: »O nein, die sind beide verheiratet, ich will dich hier nicht sehen, verschwinde.« ... Sie hatte Respekt vor mir und Bobby; wir

waren Kumpel, und sie versuchte immer, uns vor dieser anderen Scheiße zu beschützen, weil wir so verdammte Spießer waren ...

Trotzdem hat sie uns öfter auf eine heiß gemacht, die ... Sie wissen ja, wie das mit ihr war. »Ich will das Mädel nicht; du kannst sie haben. Gib ihr, was sie will, gib's ihr.« Aber das war eine Machonummer, die sie da abzog, einfach aus Wut und Trotz, als ob man eine Klette wäre und ihr dauernd auf die Pelle rücken wollte ...

Ich hab' Frauen gesehen, stinkreiche, die brachten ihre Männer mit, und dann sind sie da und sagen zu ihrem Alten: »Wieso gehst du nicht woanders hin?« Und er geht tatsächlich, was ich nie kapiert habe. Da muß einer ganz schön vernagelt sein, um nicht zu kapieren, was da los ist. Trotzdem hat sie immer einen Mann in ihrem Leben gebraucht – einer mußte dasein.

Sie war unentwegt und hemmungslos eifersüchtig. Eckstine sagte, er habe Tucker kennengelernt, und Tucker habe zum erstenmal für ihn gespielt, als Lady in Alderson war; Tucker trat mit Babs Gonzales und seiner Gruppe Three Bips and a Bop auf. Aber jedes längerfristige Engagement lehnte er ab und arbeitete vor allem mit keiner Sängerin zusammen. Diese Treue vergaß Lady ihm nie.

Sie ließ mich nie für jemand anderen spielen. Einmal, als wir im Ebony Club waren, hatte sie zwei oder drei Tage lang keine Stimme. Mehrere Leute kamen – Billy Daniels, Sarah Vaughan –, aber sie wollte nicht, daß ich spiele. Ich sagte: »Lady, das ist *dein* Gig; das Mädchen springt für dich ein, um *dich* zu retten.« Daraufhin sagte sie: »Also gut, in Ordnung. Spiel schön für sie.«

(Wohlgemerkt: Diesen Gefallen – den Lady selbst gegenüber dem Magazin *Ebony* im Jahr 1949 erwähnt – erwies ihr Sarah um dieselbe Zeit, als sie Lady angeblich geschnitten haben soll.)

Sie war stets voller Argwohn: Natürlich scheute sie sich nicht, gegen Billy Eckstine wegen seiner Bewunderung für Ella Fitzgerald zu sticheln. Tucker sagte, sie habe Geschichten und Witze erzählt und sie damit alle »fix und fertig gemacht, und das war wirklich lustig«.

Ich hab' sie immer zurückgehalten und beruhigt, zum Beispiel, wenn sie auf jemanden losgehen wollte, dann sagte ich: »Reg dich wieder ab.« Sie war stark wie ein Maulesel, aber ich hab' sie einfach zu mir rübergezogen, so daß sie nicht mehr fest auf beiden Füßen stehen konnte. Schließlich fing sie an zu lachen. [Der Boxer] Joe Louis kam einmal an einem Abend, um sie singen zu hören, als er noch Champion war, er sagte etwas zu mir, woraufhin sie ihn warnte: »Laß dich ja nicht von Bobby unterkriegen, der läßt dich nie mehr aus!«

Manchmal gab sie Tucker vor dem Auftritt kein Programm vor, so daß er einfach zu spielen begann, was ihm einfiel, und wenn ihr die Nummer nicht paßte, schüttelte sie nur den Kopf. Und manchmal machten sie ein Spiel daraus: Er weigerte sich, ein anderes Lied zu beginnen, während sie einfach dastand und lächelte und so lange nicht zu singen begann, bis er tat, was sie wollte.

Schon vor Alderson stahl sie Tucker einen Song:

Ich kann Ihnen die Originalabschrift zeigen. Aber mein Name steht nicht auf den Noten. Ich spielte öfter diese Melodie, und einmal sagte sie: »Wieso schreiben wir nicht einen Song?« Wir machten also einen Text, und sie wollte das Lied »Somebody's on My Mind« nennen. Wir dachten damals nicht, wir hätten einen tollen Song geschrieben; wir dachten nur: Wir machen ein Lied, bringen es zu einem Verleger und kriegen einen Vorschuß – einfach so aus Jux, das war die Idee. Sie hatte dann aber Probleme mit dem Text, und schließlich schrieb Arthur Herzog sechs- oder siebenundzwanzig verschiedene Texte; die beiden spielten einen Verleger gegen den anderen aus, versprachen jedem, sie würde eine Platte einspielen, und versuchten auf die Weise, den größtmöglichen Vorschuß herauszuschinden.

Nach ihrer Verhaftung, als sie im Gefängnis war, bat sie mich, ihre Sachen durchzusehen, ob vielleicht etwas dabei war, an dem irgend jemand anderer beteiligt war, und es beiseite zu schaffen ... Tatsächlich fand ich einen Brief von E. B. Marks, in dem stand: »Liebe Miss Holiday, beiliegend der Vorschuß in Höhe von $ 400. Wie gewünscht, haben wir den Namen Bobby Tucker nicht erwähnt.« Aber ich war nicht wirklich wütend. Viele Jahre später hörten wir die Platte, und sie sagte: »Na, wir zwei wissen Bescheid, was?«

Ich frag' mich oft, was wäre, wenn's ein großer Hit geworden wäre. Wahrscheinlich hätte ich sie umbringen wollen!

Lady und Mabel Mercer interpretierten die Songs durchaus unterschiedlich, eins aber hatten sie gemeinsam: »Lady war ziemlich stolz auf das, was sie *fühlte*«, sagte Tucker. Bevor er sie im November 1946 im Downbeat Club kennenlernte, hatte er Tony Scott gegenüber geäußert, er sei nicht gerade ein Fan von ihr.

Lady hat mich nicht vom Hocker gerissen. Tony fragte mich: »Was magst du denn nicht an ihr?« Ich sagte, sie hätte keinen Klang, ihr Ton sei irgendwie flach. Er sagte: »Wen magst du *denn*?« Ich nannte Ella und ein paar andere Sängerinnen. Er sagte: »Aber bei einer Sängerin wie Ella, wenn sie singt, daß ihr Mann sie verlassen hat, dann glaubst du, der Bursche ist nur mal auf die Straße runtergegangen, um Brot zu kaufen. Aber wenn Lady das singt, dann siehst du: die Koffer sind gepackt, der Kerl geht die Straße entlang, und du *weißt*, daß er *nie* zurückkommt.«

Was bei ihren Fans wirklich ankam, war die Bedeutung, die sie in einen Text legen konnte; der Text bedeutete ihr am meisten ... ein Song wie »That Ole Devil Called Love« – da gibt's eine Zeile über die »Eisblöcke in meinem Herzen«, und wenn sie das sang, dann fragst du dich: Wie kalt kann's denn *noch* werden?

Für Lady wurde es im nächsten Jahrzehnt tatsächlich noch sehr kalt, aber erst gegen Ende, als ihre Gesundheit ruiniert war. Obwohl sie vorbestraft war und keine Auftrittserlaubnis mehr erhielt, obwohl ihr noch viel größere Katastrophen mit Männern bevorstanden, hatte sie doch auch viel Erfreuliches vor sich, gute Arbeit und viel zu lachen.

Sie gab Konzerte in New York, für die keine spezielle Genehmigung erforderlich war, und hatte Engagements in anderen Städten, gelegentlich wurde ein Auftritt im Radio ausgestrahlt: Rundfunkmitschnitte, auch »Piratenaufnahmen«, waren mittlerweile keine Seltenheit mehr. Sowohl vor wie auch nach Alderson trat sie in der Carnegie Hall auf, und Tucker sagte dazu: »Fest steht, daß diese Carnegie-Konzerte musikalisch das Beste waren, was ich je gemacht habe.« Am 24. Mai 1947, wenige Tage vor ihrem Prozeß, hatten sie und Tucker einen Soloauftritt bei einem JATP-Konzert; »You'd Better Go Now«, »You're Driving Me Crazy«, »There Is No Greater Love« und »I Cover the Waterfront« wurden mitgeschnitten; Tuckers Begleitung ist vorzüglich. Wieviel er Teddy Wilson verdankt, ist nicht zu überhören, doch seine Auswahl der Stücke – die zur Schönheit der Musik beiträgt, ohne ihr in irgendeiner Weise in die Quere zu kommen – und die Art und Weise, wie und wo er die Töne setzt, erinnern uns, daß eine Begleitung auf diesem Niveau eine Kunst für sich ist. Wenn Lady bei jedem Tempo swingen konnte, dann war Tucker ein so hervorragender Partner wie jeder andere vor ihm.

Was Lady betrifft, so waren ihre Live-Aufnahmen immer etwas Besonderes, denn das Publikum – auch wenn sie es nicht sehen wollte – half ihr, ein höheres Niveau zu erreichen. Im Studio war sie immer eine große Jazzsängerin; im Konzert erreichte ihre Kunst eine Subtilität jenseits aller Kategorien. Immer wieder, wie etwa in dem Satz »Oh, how I yearn« (»Wie sehne ich mich«), in »I Cover the Waterfront«, scheint sie die Worte von sich zu werfen und preßt doch mehr Gefühl aus ihnen als der gefühlsbetonteste »Künstler«: Sie lebt, was sie singt, und steht doch gleichzeitig, wie Martin Williams schreibt, auf geheimnisvolle Weise auch außerhalb von ihnen.

Nach ihren acht Monaten Haft, und noch auf Bewährung, war sie besser denn je. Im März 1948 gab sie ihr eigenes Konzert in der Carnegie Hall, das erste von zweien. »Ich glaube, sie war so froh, daß sie wieder auf der Bühne stand«, sagte Tucker, »und so verblüfft, daß die Leute sie nicht vergessen hatten, daß sie eine Wahnsinnsshow hinlegte.«

> Es war phantastisch. Es war unglaublich. sie hatten auch in den Gängen Stühle aufgestellt, und ungefähr sechshundert Leute saßen auf der Bühne. Heutzutage wäre das ein Verstoß gegen jede feuerpolizeiliche Bestimmung. Die Musiker – es waren nur vier – mußten ihre Instrumente über dem Kopf tragen, um zwischen den vielen Menschen hindurch auf die Bühne zu gelangen. Um das Piano saßen Leute, es war wie in einem Wohnzimmer. Wir haben uns alle zu Tode gefürchtet, bis zur Einleitung zur ersten Nummer. Es war nie ein Kampf; es hat einfach pures Vergnügen.

In ihrem Buch schrieb sie, der Anblick der vielen Menschen, die *hinter* ihr auf der Bühne saßen, habe sie erschreckt, und ihr erster Gedanke war: »Was zum Henker will denn bloß dieser große Chor da draußen?« Die Musiker waren außer Tucker Remo Palmieri an der Gitarre, Levy am Baß und Denzil Best am Schlagzeug; Ernie Anderson organisierte das Konzert: nur deshalb, sagt Tucker, weil er ein Billie-Holiday-Fan war. »Damit Sie eine Vorstellung kriegen, wie unprofessionell das Ganze war: Sie haben es nicht einmal aufgenommen. Es gibt keinen Mitschnitt. Dabei kenne ich keine Aufnahme von ihr, bei der sie so gut gesungen hätte, wie damals.«

Promoter ihrer Konzerte in der Carnegie Hall war Ernie Anderson, der bereits wußte, welche Zugkraft Lady besaß. 1945 hatte er in der Town Hall ein Konzert des Trompeters Bobby Hackett veranstaltet, der einer der besten Jazzer jener Zeit war, bewundert unter anderen von Louis Armstrong, der aber nie den Ruhm erlangte, den er verdient hätte.

> Ich setzte Anzeigen in die Zeitungen und bezahlte die Diskjockeys der wichtigsten Sender von Manhattan, damit sie Bobbys Konzert übertrugen. Jeden Tag rief ich bei der Kasse an; ich war entsetzt, als ich hörte, daß sie praktisch keine Karten verkauft hatten. Drei Tage vor dem Konzert rief ich Billie an und fragte, ob sie mit Bobby im selben Programm auftreten wollte; Billie war ebenfalls begeistert von Bobby Hackett. Sie war einverstanden; ich schaltete noch eine kleine Anzeige, und wir waren ausverkauft.

Also betrachtete Anderson die Carnegie Hall sehr wohl als kommerzielles Risiko. Nach Ladys Entlassung aus Alderson schrieb er:

> Als sie in Manhattan ankam, wollte sie in einem Hotel in der Stadtmitte wohnen. Sie fragte nach einem Hotel in der »Traumstraße«, der West 47th Street, so genannt wegen der vielen Drogenrazzien, die dort stattfanden. Ich brachte sie also dort unter und hatte den Eindruck, daß sie clean war und mit Rauschgift auch nichts mehr zu tun haben wollte, daß sie versuchte, sich von Harlem und den Drogenpushern und Ex-Ehemännern fernzuhalten, die ihr manchmal Stoff beschafften, um sie bei der Stange zu halten. Was sie aber gern haben wollte, waren Comic-Hefte. Ich ging raus zu

einem Zeitungsstand und kaufte ihr einen Riesenstapel. Sie war schrecklich dankbar.

Anderson hatte Joe Guy einmal getroffen – er war ihr als Billies Ehemann vorgestellt worden – und war entsetzt, als er merkte, daß Joe vollkommen high war.

> In der Carnegie Hall liefen unterdessen die Kassen heiß. Die fünf Heck-Brüder, die sich um den Kartenverkauf kümmerten, sagten, sie sei eine irre Attraktion. Der älteste Heck meinte, wir könnten in dieser Nacht sogar mehrere Konzerte füllen. »Wieso eigentlich nicht?« fragte er. »Sie könnte ein zweites Konzert um zwei und ein drittes um fünf Uhr morgens geben ...« Das meinte er ernst! Aber das kam natürlich überhaupt nicht in Frage ...
>
> Also, unsere Gesamteinnahmen brachen alle Rekorde der Carnegie Hall. Überdies stellte ich später fest, daß die Hecks sich einen Privatgewinn abgezweigt hatten, indem sie Plätze verkauften, die auf dem Bestuhlungsplan gar nicht vorgesehen waren. Ein paar Jahre später wurden sie wegen einer ähnlichen Gaunerei alle verhaftet.

Sie sang einundzwanzig Lieder, und zur allgemeinen Überraschung gab sie noch ein halbes Dutzend Zugaben; die Musikmagazine veröffentlichten überschwengliche Kritiken. »Ich buchte den Saal also noch einmal für ein zweites Konzert drei Wochen später«, schrieb Anderson. »Kurz nach der Ankündigung war es bereits ausverkauft. Diesmal brach Billie ihren eigenen Carnegie-Hall-Rekord.«

Bei einem dieser beiden Konzerte habe Billie ihr Haar als Knoten getragen, sagt Tucker (sie selbst schreibt in ihrem Buch, sie habe sich Gardenien ins Haar gesteckt; aber es kann ja beides der Fall gewesen sein), und sich irgendwie mit einer Hutnadel in die Kopfhaut gestochen. »Sie blutete fürchterlich, und es war alles voll Blut, aber wenigstens wurde sie nicht bewußtlos.« In ihrem Buch sagte sie später, sie sei in Ohmacht gefallen – als wäre ihr Leben nicht ohnehin schon dramatisch genug. Von Lady könnte der Spruch stammen: »Sollten Wahrheit und Legende einander widersprechen, zieht die Legende vor.« In ihrem Fall dachte sie sich Legenden aus, fast als wüßte sie bereits, daß sie selbst eine lebende

Legende würde und zumindest versuchen müßte, auch bei diesem Spiel zu mogeln.

Interessant wäre, wenn wir wüßten, inwieweit sie Joe Glaser als denjenigen verdächtigte, der ihr die Polizei auf den Hals gehetzt hatte, und wenn ja, wie sehr sie es ihm übelnahm, denn als sie aus Alderson entlassen wurde, hatte sie einige Scherereien mit ihren Agenten. Anderson sagt, Ed Fishman habe es irgendwie geschafft, sie im Gefängnis zu besuchen. »Zu mir sagte er: ›Ich hab' ihr sogar versprochen, daß sie von jetzt an auf Tourneen ein französisches Dienstmädchen zur Verfügung haben wird.‹ Natürlich habe ich Glaser alles erzählt. Schließlich hatte ich mehrere Konzerte mit ihr veranstaltet und immer über ihn ... Also versuchte ich, beide Agenten friedlich zu stimmen.« Er bezahlte sowohl Glaser als auch Fishman, um sicherzugehen, daß Lady zu ihrem ersten Konzert in der Carnegie Hall erscheinen würde.

Während Lady in Alderson ihre Haft absaß, ließ Glaser sich scheiden; es war ein schlimmer, erbitterter Kampf. Einige Jahre später begegnete er Fishman zufällig im Embers, wo Joe Bushkin in einem Quartett mit Buck Clayton, Milt Hinton und Jo Jones spielte. Anderson fragte Fishmann: »Sind Sie für diese Nummer zuständig?« – »Nein«, war die Antwort, »Joe Glaser war zuerst hier.« Daraufhin machte Fishman sich ein Vergnügen daraus, Anderson seine eigene Version von Joe Glasers ehelichem Desaster zu berichten: Zwischen Glaser und seiner Frau habe es eine fürchterliche Auseinandersetzung gegeben. Joe sei Eigentümer eines Bankschließfachs in Beverly Hills gewesen, eines geheimen Vorratslagers, sicher vor dem Zugriff des Finanzamts, mit einer erheblichen Summe Bargeld, zu dem auch Mrs. Glaser einen Schlüssel besessen habe. Nach dem Krach seien sie beide um die Wette gerannt, und Joe habe gewonnen.

Vielleicht, meinte Tucker, sei dies der Zeitpunkt gewesen, zu dem Glasers Frau Ed Fishman anrief; jedenfalls sagte sie, Billies Vertrag mit ihm werde binnen kurzem auslaufen; es gelang ihr zwar, Glaser Ärger zu machen, doch auf Ladys Kosten.

> Joe sagte mir später, er und Ed Fishman hätten im selben Büro gearbeitet, und Fishman habe ihn bestohlen. Sie trafen sich mehrmals vor der AGVA, weil Lady angeblich bei Joe

Glaser unter Vertrag stand, in Wahrheit aber bei Ed Fishman war. Ich mußte mit ihr zu diesen Zusammenkünften gehen. Joe Glaser und Ed Fishman weigerten sich, ungelogen, auf derselben Straße zu gehen; es war wirklich lächerlich.

Ed Fishman versprach ihr das Blaue vom Himmel runter, als sie weg war. Joe hatte eine Menge Termine ausgehandelt, aber sie führte einen zermürbenden Kleinkrieg um jeden Cent mit ihm, ohnehin hatten die beiden kein erfreuliches Verhältnis miteinander – dazu noch immer wieder die heftigen Szenen in seinem Büro. Sie hatte das Gefühl, sie sei übers Ohr gehauen worden, Joe hätte sie verraten und verkauft.

Nicht lange danach kam Lady zu der Erkenntnis, es sei ein Fehler gewesen, sich Fishman anzuvertrauen; wie auch immer, das Urteil der AGVA, der amerikanischen Vereinigung der Varieté-Künstler, lautete, Glasers Agentur, die Associated Booking, habe nach wie vor das Recht, Lady zu vertreten. Fishman belangte sie zunächst wegen Vertragsbruch, zog sich dann aber zurück, ohne weitere Scherereien zu machen – Levy meint, Glasers Beziehungen zur Unterwelt hätten ihn abgeschreckt: »Er wollte nicht irgendwo in einem Park gefunden werden.«

Glaser sah sein Einkommen schrumpfen, denn Billie konnte in den New Yorker Clubs nicht auftreten; auf der anderen Seite aber flossen ihm größere Beträge durch Louis Armstrong zu, für den eine neue Phase seiner Karriere begonnen hatte: Louis hatte seine Band aufgegeben und füllte nun, höchst erfolgreich, mit seiner »All Stars«-Combo Konzert- und Theatersäle, was natürlich einen erheblichen Zuwachs an Publikum bedeutete. Glaser versuchte also, auch Lady in diese Richtung zu lenken. Im Juni 1948 lief im Mansfield Theater eine Show mit dem Titel »Holiday on Broadway« an, bei der Slam Stewarts Trio und andere Künstler auftraten: musikalisch durchaus zufriedenstellend, sagte Tucker; gleichwohl hielt die Show sich nicht einmal drei Wochen: das Theater hatte nie zuvor Jazz aufgeführt.

Ein weiteres Engagement, das im Juli begann, ließ die Swing-Ära wiederaufleben. Im Strand Movie Theatre sorgte Count Basies Band zusammen mit Lady für die Begleitung zu einem Humphrey-Bogart-Film, dem Kassenschlager *Key Largo*, und es war das längste Theaterengagement ihrer Karriere: nahezu sechs Wochen Ovationen und ausgezeichnete Kritiken. Aber gegenüber Barry Ulanov vom Magazin *Metronome* beklagte sie sich, die Leute kämen nur, um zu sehen, wie sie »totalen Mist baute«. »Ich bin es leid zu kämpfen«, sagte sie zu Ulanov und behauptete, sie habe sich nun endgültig vom Rauschgift befreit; sie kämpfte gegen ihr mangelndes Selbstvertrauen ebenso wie gegen die allgegenwärtige Versuchung der Drogen – aber es ging hin und her, sie hörte auf, jedesmal mit allen Entzugserscheinungen, und wurde wieder rückfällig. Es stimmt freilich auch, daß sie nicht ungern jammerte; das Gefühl, mißbraucht zu werden, war ihr vertraut. Doch die Zeiten, da sie ihr Geld als Dienstmädchen oder Prostituierte verdient hatte, waren längst vorbei, und viele ihrer Freunde hielten sie im Grunde nicht für unglücklich, solange es ihr nicht miserabel ging; Leiden aber war gut fürs Geschäft: Auch wenn sie wütend auf die Leute war, die kamen, um die ehemalige Gefängnisinsassin anzustarren, muß sie sich doch über die sowohl zahlreiche als auch zahlende Kundschaft gefreut haben. In dieser Zeit verschaffte sie manchen der Clubbesitzer, die sie engagierten, wahre Rekordumsätze.

Zu Ulanov sagte sie auch, Bobby Tucker und John Levy machten sich wegen ihrer mangelhaften Bildung über sie lustig und stellten ihr Fragen über »Geschichte und Geographie. Sie lassen mich rechnen. Sie behaupten, ich sei gar zu klug. Sie fragen mich, was ich eigentlich will.« Es gab jetzt allerdings zwei John Levys: der eine war der Bassist in Tuckers Trio; sie sprach jedoch von einem anderen, einem Möchtegern-Gangster: ihrem neuen Freund. Das Muster, nach dem sie sich ihre Männer aussuchte, hatte sich nicht verändert: Jeder war schlimmer als sein Vorgänger. »Ich glaube, wenn man ein ganzes Bataillon Männer aufstellt, mit allen erstklassigen Eigenschaften, die eine Frau sich nur wünschen kann«, sagte Tucker, »und dann in diesem Bataillon ein einziges faules Ei versteckt: sie würde es finden. Als ich das sagte, lachte sie und meinte, ich hätte recht.«

13 *Der Gangster und der Bassist*

John H. Levy hatte mit einer Kette von Süßwarenläden begonnen. Nichts tat er je im eigenen Namen, an jedem Geschäft war die ganze Familie beteiligt; während ein Junge, der Neffe Ron Levy, vorne im Laden Bonbons verkaufte, waren im Hinterzimmer die Buchmacher am Werk.

1942 heiratete Levy Wilhelmina Gray, die sich berufshalber Tondaleyo nannte; sie war von Kindesbeinen an Tänzerin gewesen und in *Flying Colours,* einer Show mit Monette Moore in der Hauptrolle, erstmals am Broadway aufgetreten. 1943 eröffneten sie gemeinsam den Club Tondaleyo's in der 52nd Street; ungefähr eineinhalb Jahre lang ging das Geschäft gut, bis die Bank, die das Grundstück besaß, sie hinauswarf; Erroll Garner hatte hier sein Debüt. Tonda verließ Levy 1945, und 1947 ließen sie sich scheiden, denn, sagte sie,

> er war ein miserabler Bastard, ein schrecklicher Mann. Er gab mir alles, was ich wollte; ich hatte Pelze, Diamanten, Kleider, einen Cadillac. Aber ich war eine Gefangene, ich konnte mich nicht rühren. Jeden Morgen saß er an der Rechenmaschine; wenn ich Taschengeld wollte, mußte ich es ihm stehlen, dann fing er an zu brüllen: »Mir fehlen hundert Dollar!« Er schlug mich, und wenn er frustriert war, hämmerte er mit dem Kopf gegen die Wand. Er war verrückt.

Schließlich nahm Tonda ihr Baby und machte sich aus dem Staub; sie hatte nichts als die Kleider, die in der Reinigung waren. Ihren übrigen Besitz zerschnitt er und drohte, ihr auch das Gesicht zu zerschneiden.

1948 war Levy einer der Teilhaber im Ebony Club am Broadway Nr. 1687, aus dem später das Birdland wurde. Ein weiterer Manager im Ebony war Dickie Wells; Lady kannte sie beide seit Jahren.

Obwohl sie keine Auftrittserlaubnis besaß und ihr Antrag das ganze nächste Jahr hindurch abgelehnt wurde, trat sie im Ebony Club auf. Als sie 1949 erneut vor Gericht stand, sprach ein Richter der Polizei ein Lob aus, weil sie ihr die Genehmigung verweigert hatte – als ließe sie sich durch erschwerte Arbeits- und Verdienstmöglichkeiten davon abhalten, Heroin zu spritzen, wann immer ihr danach war; unterdessen zog ein Schmalspurgangster ein paar Fäden, und schon wandte das Auge des Gesetzes sich ab und blickte anscheinend anderswohin. Tonda und Ron meinen zwar, auch im Ebony habe sie auf die Dauer nicht auftreten können, nach einem oder zwei Abenden habe die Polizei sie wieder vertrieben; doch *down beat* berichtete von zwei Auftritten, einmal im Juni 1948, zwischen zwei Theaterengagements, und einem zweiten Mal im Oktober. Für Lady jedenfalls waren Levys Aktivitäten als Drahtzieher kein schlechterer Grund als andere, um sich mit ihm einzulassen – so daß das selbstgerechte Gesetz der Puritaner ihr sogar noch geholfen hatte, ihr Privatleben zu verpfuschen.

Zuzeiten hatte Lady gar niemanden gehabt, der sich um sie kümmerte; Joe Glaser war Konzertagent, kein Manager, und er hatte noch andere Kunden zu betreuen. Lady hatte mit ihren sogenannten Managern immer auch eine private Liaison: Auch wenn sie ihre Sache mehr schlecht als recht machten, hatte sie zumindest jemanden, mit dem sie kämpfen konnte. Levy war hellhäutig genug, um als Weißer gelten zu können – er selbst sagte einmal über sich, er sei halb jüdisch, halb schwarz –, also hatte sie nun einen Mann an ihrer Seite, der auf den Tisch hauen konnte wie ein Weißer. Levy gab sofort eine Menge Geld für sie aus, mietete eine hübsche Wohnung für sie, stattete sie mit Kleidern und Pelzmänteln sowie einem grünen Cadillac Cabrio aus, was einigen Leuten großen Eindruck machte; dies war jedoch eine Investition, und Levy rechnete mit beträchtlichen Gewinnen: Im Strand Theatre wurde sie sehr gut bezahlt – aber sie mußte ihn um Taschengeld bitten.

Ron Levy, 1948 noch ein Teenager, begleitete Lady oft auf Reisen, denn sein Onkel John litt unter Klaustrophobie und war nicht in der Lage, ein Flugzeug zu besteigen. »Einmal hat er es versucht. Er ist in Boston ins Flugzeug gestiegen, weil er zu ihrer Geburtstagsparty oder so wollte, aber es ging ihm so schlecht, daß sie ihn noch vor dem Start wieder rausbringen mußten.« Immer wenn Lady John um Geld bat, sagte Ron, war die Antwort: »Was willst du, du hast Konten in allen Kaufhäusern, ein ganzes Zimmer voller Kleider, einen Cadillac mit Chauffeur, der dich überall hinbringt; für was brauchst du Geld?« Waren sie zusammen unterwegs, kümmerte Ron sich ums Geld: »Wenn wir essen gegangen sind oder irgendwas anderes, mußte ich zahlen. Sie konnte nicht rechnen. Wenn du ihr fünf Hundertdollarscheine gegeben hast, war sie happy, aber sobald sie einen gewechselt hat, wußte sie nicht mehr, wieviel Geld sie hatte.« John Levys helle Haut mochte zwar ein Vorteil für ihn sein; Ron sagte aber, er habe nie versucht, als Weißer durchzugehen. »Wir sind sehr oft mit Joe Glaser oder irgendwem zu einem Baseballspiel gegangen, und er hat mich immer als seinen Neffen vorgestellt.«

Bevor sie im Oktober wieder ins Ebony zurückkehrte, trat sie in Philadelphia und im Blue Note in Chicago auf, und nach dem Ebony noch einmal in Chicago, diesmal im Silhouette Club.

Sarah Vaughans Platten, die 1947 und 1948 bei Musicraft und seit 1949 bei Columbia erschienen, verkauften sich gut, sie hatte einen wunderbaren, reichen Ton, und ihr Stimmumfang war außergewöhnlich. Es ist keine Mißachtung ihrer Kunst, wenn wir sagen, daß sowohl ihr Material als auch ihre Interpretationen schlicht leichter zu hören waren, während man bei Lady genauer hinhören mußte. Tatsächlich gewann Sarah in dieser Zeit alle Jazz-Polls. Lady war neidisch, und man fragt sich, ob vielleicht dieser Neid sie in gewisser Weise in ihrer Entscheidung bestärkte, die Angebote vom Chez Paree abzulehnen: Wenn ein bisher ausschließlich für Weiße zugänglicher Club die Rassenschranke durchbricht, warum nicht mit einer Sängerin, die offensichtlich bei einem größeren weißen Publikum Anklang fand? Ladys Eigensinn und ihre ausgeprägte Neigung, Anstoß zu nehmen, verstärkten sich; es war ein Bekenntnis zu ihrem Status als Kultliebling.

Immerhin machte sie ein gutes Geschäft, wo immer sie auftrat; an Angeboten fehlte es nicht. Die Gelegenheiten zu Auftritten in Theatern und Konzertsälen waren allerdings spärlich, aber vielleicht deshalb, weil es nicht genügend Veranstalter wie Ernie Anderson gab, die in diese Richtung dachten. Pläne zu einer Tournee mit Ladys eigener Begleitcombo, einschließlich eines Chors, verliefen sich im Sand; mag sein, daß diese Pläne auch nur Luftschlösser waren, die sie sich baute, der Traum vom verheißenen Glanz des strahlenden Popstars ganz an der Spitze – aber Levy hätte sich ohnehin geweigert, Geld in ein Risiko dieser Art zu investieren, auch Glaser hätte sich gesperrt, aus weniger egoistischen Gründen: Lady war nie ganz zuverlässig, und bei einem abgesagten Termin hätte gleichwohl das Gefolge bezahlt werden müssen.

Die drei Wochen im Silhouette Club im November 1948 waren keine glücklichen: Lady verabscheute Eröffnungsabende grundsätzlich, und wenn ein Engagement schlecht begann, konnte sie sicher sein, daß auch alle weiteren Shows mehr schlecht als recht verliefen. Es fing damit an, daß sie erkältet war; dann war, wie Tucker sich erinnerte, der Besitzer beeindruckt, weil Joey Jacobson (offensichtlich ihr Fan aus dem Management des Chez Paree) kam, um sie zu hören, und sie sich weigerte, weiterzumachen: »Sie sagte: ›Das ist mir doch egal!‹« Meistens sang sie nur vier Lieder pro Set, und Jimmy McPartlands Band mußte mehr als ihren Anteil am Pensum erfüllen. Auch die Kritiken waren nicht gut; unter solchen Umständen gab Lady nicht ihr Bestes.

Es folgte ein kurzer Auftritt in Philadelphia, und am 10. Dezember war sie wieder in New York, wo sie ihre Aufnahmeserie für Decca fortsetzte. Ihre Begleitung bestand nur aus Tucker, John Levy am Baß, Denzil Best am Schlagzeug und Mundell Lowe an der akustischen Rhythmusgitarre sowie den Stardusters, einer Gruppe von ungefähr sechs Background-Vokalisten, die nur bei den ersten beiden Einspielungen sangen: »Weep No More« ist ein hübsches Stück von Gordon Jenkins und Tom Adair, zu dem der Beitrag der Stardusters gut paßt; ermüdend hingegen werden sie in Ralph Blanes ein wenig süßlichem »Girls Were Made to Take Care Of Boys«. Die Einspielung von »I Love You Porgy«, ohne Chor, ist eine wunderschöne, intime Interpretation. (Greer Johnson liebte dieses Lied sehr und fragte Billie, weshalb sie es in den Clubs nicht singe; nach seinen Worten antwortete sie, »sie glaube nicht, daß Gershwins *Porgy & Bess* für die Schwarzen viel bewirkt habe«. Doch da mochte ihm auch seine Sicht des weißen Liberalen einen Streich gespielt haben.) Bei ihrem Remake von »My Man (Mon Homme)« ist der Text nun um die drei Zeilen »He isn't true/He beats me, too/What can I do?« (»Er ist nicht treu/Er schlägt mich auch/Aber was soll ich tun?«) erweitert: vielleicht ein Widerhall des Lebens, das sie mit dem anderen Levy, dem Zuhälter, führte.

Alle freuten sich auf das nächste Engagement im Billy Berg's in Hollywood. Während der Ferienzeit würde das Geschäft sicherlich gut laufen, auch wäre es angenehm, den Winter zum großen Teil in Kalifornien zu verbringen. Der Eröffnungsabend am 15. Dezember war ein Erfolg, aber bereits am Silvesterabend kam es zu einem heftigen Aufruhr, der Lady wieder einmal in die Schlagzeilen brachte. Ihr Freund Mike Gould berichtet, er habe sich auf das Neujahrsessen gefreut: »Sie sagte, sie würde das gesamte Essen kochen – sie hatte gebackenen Schinken gemacht, Truthahn, einen süßen Kartoffelauflauf, ich holte das Essen und brachte es hinaus zum Haus, und dann saßen wir und warteten.« Lady ließ sich unterdessen verhaften.

Der wie üblich geradlinige und freimütige Bericht von John Chilton ist in diesem Fall nicht exakt, aber Jimmy Rowles und Bobby Tucker waren dabei, und was sie erzählen, läßt den Vorfall wahrscheinlicher werden. »Es war Silvesterabend, ungefähr eine Minute vor zwölf«, sagt Rowles.

> Ich spielte mit Red Norvo, Neal Hefti, Herbie Steward – einer sechsköpfigen Band, wir spielten den zweiten Set, zusätzlich zu ihrer –, und das Lokal war zum Bersten voll. Also, wo das Piano stand, rechts auf der Bühne, da war ein Vorhang, der die Küche abtrennte, und Lady verbrachte viel Zeit dort drin, zusammen mit diesem holzbeinigen Kerl, er ist der Küchenchef, und Red Norvo sagt: »Gleich ist es soweit, Auld Lang Syne.« Und John Levy – Al Capone – war draußen und zählte die Kohle, weil er will seinen Anteil, und er geht in die Küche, und auf einmal hör' ich einen furchtbaren Krach und Fluchen und Schreien, und sie schmeißt Teller und zerlegt die gesamte Küche, ein Riesenkrawall. Scheiße, das Miststück ist schon wieder soweit. Den Club kann man morgen früh neu einrichten. Und dann kommt so'n Weißer, den ich nie vorher gesehen habe, hinter dem Vorhang vor, er hat ein weißes Hemd an, keine Krawatte, und in der Hand hält er einen Korb mit Keksen, und in seiner linken Schulter steckt ein dreißig Zentimeter langes Fleischermesser, knapp über dem Herzen, und das Blut schießt heraus, seine Augen sind glasig, und er kommt auf mich zu: er ist unter Schock. Dann steht er einen halben Meter vor mir und ist völlig gaga, und ich schau' diesen Kerl an und sage: »Allmächtiger Christus!« und verdrücke mich

unter dem Piano durch rückwärts über die Bühne, und der Bassist schaut auf und sagt: »Jesus!«, und das nächste war, daß wir alle dort hinten in der Ecke waren.

Dann kam die Polizei. Am nächsten Abend machten wir weiter, bis zum Ende des Engagements. Aber ich hätte nie gedacht, daß ich je so was sehen würde.

Der Schlagzeuger Chico Hamilton war ebenfalls anwesend, doch alles, woran er sich zwanzig Jahre später noch erinnerte, war: Überall sei Blut gewesen, im ganzen Raum, und er habe sich nachher gewundert, daß sein guter Anzug nichts abbekommen habe.

Rowles kannte Levy nicht gut. »Ich hatte gehört, John Levy sei ein mieser Kerl. Bei dieser Art von Typen weißt du nie,was sie als nächstes tun, deshalb hab' ich mich von ihm ferngehalten.« Tucker kannte Levy, und er gibt der Geschichte eine andere Wendung; der Vorfall war sicherlich Levys Schuld, aber nicht eigentlich, weil er so brutal war, wie er aussah. Lady war in der Küche, die voller Menschen war, dem üblichen Gefolge, das ihr nicht von der Pelle rückte, darunter, sagt Tucker, auch Johnny Stompanato, ein weiterer Kleingangster, den seine Gewalttätigkeit gegenüber Frauen schließlich das Leben kostete: 1958 erstach ihn Lana Turners Tochter. In der Küche geschah irgend etwas; Billie war unberechenbar, und auf einmal erschien Levy auf der Bildfläche. »Dieser Vorfall hätte nie passieren dürfen«, sagt Tucker.

Lady war immer einer von uns Kumpeln, *bis* John daherkam. Dann wurde sie Lady Ashley. Die meiste Zeit war John ja nicht da. Wir standen zu zweit oder zu dritt rum, wir redeten nur; vielleicht hat einer gesagt: »Hey, Baby«, vielleicht hat er ihr noch den Hintern getätschelt oder irgendwas von der Sorte. Aber dann ist *John* da, und er mischt sich sofort ein: WAS MACHST DU DA?! Woraufhin sie anfing, ihre Nummer abzuziehen, damit John wiederum seine Nummer abziehen konnte; die Jungs versuchen zu erklären, und John tut alles, um noch eins draufzusetzen. Sie sagen: »Wir lieben sie; es fällt uns gar nicht ein, respektlos zu sein.« John kriegt am Ende Schiß, es sind drei gegen einen …

Tucker, ein aufmerksamer Beobachter, deutet an, daß Lady bereits im Begriff war, die Oberhand über Levy zu gewinnen. Sie waren erst seit ein paar Monaten zusammen, aber sie hatte bereits seine Schwachstellen erkannt: Bemuttern kann sie ihn nicht, aber sie kann ihn dazu bringen, daß er sich selbst zum Narren macht; wenn er den harten Burschen spielen und sich von ihr aushalten lassen will, dann muß er es sich auf die eine oder andere Weise verdienen.

> Er schnappte sich ein Fleischmesser – um sie sich vom Leib zu halten. Es war einfach ein Schneeballeffekt und stand in keinem Verhältnis mehr zum Anlaß, und ein Junge, der irgendwo am Rand stand, kriegte das Messer in die Schulter. Er hatte überhaupt nichts damit zu tun! Jedenfalls, Lady fing an, mit Flaschen zu schmeißen, der Junge zieht seine Jacke aus und läuft raus auf die Bühne; er merkt, daß er ein Messer in der Brust hat, er weiß nicht, von wem und warum, aber er ist ganz voll Blut. Er ging auf die Bühne, und alle anderen verdrückten sich. Das hätte einfach nicht passieren dürfen.

Tucker sagt es noch einmal: »Sie zog eine Nummer ab, weil John da war. Sie wußte, daß er tun würde, was sie wollte.« Sich als richtiger Mann aufführen? »Ja, aber er war ja gar keiner. Was mich wahnsinnig gemacht hat, war, daß ich mir die Nacht um die Ohren geschlagen und versucht habe, diesen Saukerl wieder aus dem Knast rauszuholen, dabei hoffte ich in Wirklichkeit, daß sie ihn für immer behalten würden ... Er wäre ja *gern* ein Gangster gewesen. Er führte ständig diese Macho-Reden.«

Mit Levy war die Gewalt endemisch und gegenseitig. Eddie Beal, ein Pianist, der 1949 in San Francisco eine Show für Lady zusammenstellte, sah, wie Levy sie an den Haaren durch einen Raum schleifte; Bobby Tucker sah, wie er sie zusammenschlug. »Ich wollte sie zum Auftritt abholen. Sie liegt auf dem Boden, und er trampelt auf ihrem Bauch rum und tritt sie. Wir werden auf der Bühne erwartet – das hätte sie wirklich vermeiden können.« Aber sie provozierte Levy. »O ja, alles war ihr recht. Genauso, wie ein Kind alles mögliche anstellt, um den anderen auf die Palme zu bringen. Sitzt du erst mal droben, auf der Palme, dann sind sie zufrieden und fühlen sich als Sieger.« Levy der Bassist sagte, er und Tucker hätten ihr einmal vor einer Show die Rippen verbinden müssen, weil sie verprügelt worden war und klagte, sie könne nicht atmen (am nächsten Tag ging sie zum Arzt, aber sie war nicht ernsthaft verletzt). Auch Levy der Zuhälter bekam seinen Teil ab; Lady war hart im Nehmen und oft genug auch im Geben.

Warum suchte sie sich Männer wie diesen aus, und warum wurden es mit der Zeit immer üblere Burschen? Nach der Zurückweisung durch die Fagans und ihren Vater, nachdem auch Philip Gough verschwunden war, hatte sie wenig Selbstachtung, und Sadie war nicht die Frau, die ihr Selbstvertrauen hätte beibringen können. Der Möglichkeit noch tieferer Enttäuschungen ging Lady von vornherein aus dem Weg, indem sie sich unpassende Männer aussuchte. Sie war auch masochistisch; Gewalt war ein Bestandteil ihres Liebeslebens geworden. Harte Burschen oder solche, die sich zumindest so benahmen, waren anscheinend die einzigen, die etwas für sie tun konnten; paradoxerweise schützte sie sich, indem sie den verletzlichen Teil ihrer selbst nie aufs Spiel setzte: Es *war* ein Spiel, und Schmerz gehörte zu dem Preis, den sie zu zahlen hatte; außerdem spielte ein wirtschaftlicher Determinismus eine Rolle.

Milt Hinton stellt es so dar: In den dreißiger und vierziger Jahren konnten sich junge Musiker, selbst wenn sie in dieser Zeit eine feste Arbeit hatten, nicht mit den »Sportlern« messen, was flotte Wagen, Kleider und Geschenke für Frauen anlangte; also spielten die Musiker sich die Seele aus dem Leib für sie, vergossen Tränen und sahen zu, wie sie mit einem Zuhälter davonging. Mag sein, daß dieses Verhalten durch unsere Biologie bestimmt ist: In prähistorischen Zeiten war der erstrebenswerteste Mann derjenige, der erfolgreich jagen, die fetteste Beute zur Strecke bringen und die Räuber vertreiben konnte, denn mit ihm war das Überleben der Kinder gesichert; die moderne Entsprechung zu diesem Champion ist der Mann, der beruflich vorankommt und befördert wird, damit er sich neue Möbel fürs Wohnzimmer leisten kann. Die Arbeiterklasse hatte nie viel Anlaß, auf eine lohnende Beförderung zu hoffen: In Carl Perkins' Meisterstück »Blue Suede Shoes« geht es um einen Hinterwäldler, der weiß, daß er für den Rest seines Lebens von einem Zahltag zum nächsten leben wird, aber wenigstens hat er ein Paar neue Schuhe, die ihn an einem gewissen Samstagabend aufheitern; er weiß, daß auch die Schuhe vergänglich sind und binnen weniger Wochen abgetragen sein werden, aber weiter als bis zu diesem Punkt denkt er nicht. Und in der afroamerikanischen Subkultur, aus der Lady stammte, existierte nicht einmal dieser wöchentliche Zahltag, es gab keine, nicht die geringste Sicherheit; der Zuhälter mit Geld in der Tasche seines feschen Anzugs war der einäugige König im Land derer, denen der Rassismus in der amerikanischen Wirtschaft beide Augen ausgestochen hatte.

Und der Zuhälter zumindest brauchte Lady; anscheinend war er der einzige, der sie brauchte. Bobby Henderson, Sonny White und sogar Jimmy Monroe lehnten es ab zu kämpfen, sie waren nicht in der Lage, jene Art von Männlichkeit zu projizieren, die Billie als eines ihrer Bedürfnisse erkannte. Sie war nicht die einzige Sängerin, die diesem Muster der Selbsterniedrigung folgte: bis zu einem gewissen Punkt praktizierten sie sogar Ella und Sarah. Zu einem Auftritt im Apollo in den vierziger Jahren, sagte Tucker, sei Ella infolge eines blauen Auges, das ihr derzeitiger Liebhaber ihr verpaßt hatte, mit einer Sonnenbrille auf der Bühne erschienen; Billie folgte ihr an denselben Ort und trug eine Sonnenbrille aus demselben Grund.

Levy der Bassist wechselte später ins Management und betreute unter anderen den Pianisten George Shearing, aber vor allem Sängerinnen, beispielsweise Nancy Wilson und Roberta Flack. Über die Sängerinnen sagt er:

> ... [Sie] tun alles, um sich selber weh zu tun, kleine Dinge. Warum tun sie das? Warum bestrafen sie sich, warum bringen sie sich in diese Lage? Ihr dürft das nicht tun! Ich glaube, sie denken, mit diesem gottgegebenen Talent hätten sie Glück gehabt, seien privilegiert und müßten auf die eine oder andere Weise dafür bezahlen, also bestrafen sie sich selber.

Selbst Doris Day, weiß wie frischgefallener Schnee und einer der größten Kassenschlager des Jahrhunderts, sogar sie war in erster Ehe mit einem gewalttätigen, alkoholkranken Musiker verheiratet, und später hing sie an ihrem dritten Mann fest, bis er starb: einem zweitklassigen Hochstapler, der Millionen von ihrem Geld verpraßte und in ihrem Namen die besten Filmrollen ablehnte, ohne ihr auch nur ein Wort davon zu sagen.

Levy der Bassist erinnerte sich, wie Levy der Zuhälter mit achtzig Meilen pro Stunde durch den Loop, das Geschäftsviertel von Chicago, brauste und alle roten Ampeln überfuhr im vollen Bewußtsein, daß er gestoppt werden würde, aber nichts weiter zu tun brauchte, als einen Zwanzigdollarschein zum Fenster hinauszuhalten. Zuerst konnte der Zuhälter seine Männlichkeit durch Bestechung von Polizisten beweisen, dann gerieten die Sängerinnen aufgrund ihrer eigenen Lage in ein Dilemma: Sie verdienten das Geld, aber sie dachten, sie müßten den Mann emotional unterstützen, müßten ihn in dem Glauben lassen, daß er etwas tue, was notwendig und wichtig sei, daß er der Boß sei. Levy der Zuhälter kaufte Besitztümer mit Billies Geld und hatte von Künstlermanagement nicht einmal eine Ahnung.

Manche Frauen waren ebenfalls knallhart. Levy der Bassist sagte, er glaube nicht, daß irgend jemand Sarah Vaughan managen könnte; sie war eigennützig im Vergleich zu Lady, und Ella war in der Lage, einen Musiker auf der Bühne zu beschimpfen, während Nancy Wilson fällige Abreibungen auf später verschob; aber weder Tucker noch Levy bekamen von Lady je ein barsches Wort zu hören. »Schon damals konnte sogar ich, der ich nur ein Musiker war, sehen, wie sie ausgebeutet wurde«, sagte Levy. »Die Clubs, in denen sie auftrat, das war ausschließlich eine Frage von Geld. Zum Beispiel rief er an und sagte: ›Sie wird nicht für euch singen, es sei denn, Sie geben mir einen Vorschuß für zwei Wochen.‹ Dann holte er das Geld ab und verschwand nach New York ...« (Könnte es sein, daß sie nur deshalb nicht im Chez Paree auftrat, weil das Management des piekfeinen Clubs mit Levy dem Zuhälter nichts zu tun haben wollte?)

Levy der Bassist fragte sich: »Warum beuten manche Leute andere Menschen aus und mißbrauchen sie?« Eine der von ihm betreuten Künstlerinnen »wurde zwar nicht geschlagen, aber sie hatte die verbalen Demütigungen und die Vergeudung ihres Talents und ihres Gelds, und da saß sie und sah das alles und wußte es und ließ es zu – Frauen nennen so was Liebe – ich versteh's nicht«.

> Damals kriegte ich den Floh ins Ohr, ins Management zu wechseln, denn ich sagte mir: Ich weiß, was schiefläuft, das muß anders funktionieren. Billie hätte mich nie als Manager gewollt, selbst wenn das Thema je zur Sprache gekommen wäre; sie müssen den Mann haben, der sie regelmäßig verprügelt – das Frankie-und-Johnny-Syndrom nenn' ich es. Es gibt darauf keine einfache Antwort, aber das ist auch etwas, das mir nicht paßt, das ist, als würden sie sagen: »Ich muß

einen Mann haben, der mich immer wieder daran erinnert, daß ich mehr Geld mache, als er je verdient, daß ich berühmter bin als er, deswegen muß er mich zusammenschlagen, um seine Männlichkeit zu behaupten.« Ich war mit Ike und Tina Turner zusammen, und obwohl er mit ihr auf der Bühne stand, obwohl er auch sein Talent und seine Fähigkeiten hatte, war er ohne sie einfach nur ein Gitarrist wie viele andere – die eigentliche Nummer war sie. Aber bei den beiden gab es dieselbe Art von männlicher Vorherrschaft, die ihr verbietet, sich auszudrücken, außer das, was er sie sagen läßt – er beherrscht sie total. Ich hingegen war immer der Meinung, daß eine Frau das Recht auf dieselben Gefühle hat wie ich.

Und die Ironie war, daß der Bassist als Manager vergessen machen mußte, daß er denselben Namen trug wie der Zuhälter.

Ich managte George Shearing, und einmal hatten wir einen Gig, zusammen mit Bing Crosby, Frank Sinatra und Peggy Lee; George spielte für Peggy und Paul Smith für Sinatra, und – jetzt fällt mir sein Name nicht mehr ein – der spielte für Crosby. Und Peggy Lee sagte zu irgendwem: »Ich mag John Levy nicht, ich mag ihn nicht wegen dem, was er Billie Holiday angetan hat.« Dann traf ich sie eines Tages bei Capitol Records und sagte zu ihr: »Ich muß da was klarstellen; du glaubst, ich bin der John Levy, der Billie gemanagt hat, aber ich habe nur Baß gespielt, ein knappes Jahr lang, bevor ich mich mit George zusammengetan habe.« Da war wieder alles in Ordnung.

Billie bekam immer Orchideen geschickt, und eines Tages kommt so ein Bursche auf mich zu und fragt: »Bist du John Levy, bist du ein Manager?« Ja, sag' ich, von Nancy Wilson und George Shearing. »Warst du je Manager von Billie Holiday?« Nein, sag' ich, ich hab' nur für sie gespielt. »Bist zu sicher? Da hab' ich nämlich eine Rechnung vom Blumenladen unten, von dem wir jeden Abend die Orchideen raufgeschickt haben ...« Die Rechnung betrug ungefähr fünfundsiebzig Dollar, und ich weiß wohl, wie Levy vorging: Er gab Bestellungen auf, aber bezahlt hat er nie. Aber ich sagte, ich würde die Sache gern richtigstellen, also ging ich runter in den Blumenladen, und der Besitzer sagte: »Nein, das ist er nicht. Der andere war ein Riesenkerl, sah aus wie ein Italiener, ein großer, italienisch aussehender Mann.«

Ihre Hotelrechnungen bezahlte er immer; soweit ich weiß, hat er sie darin nie übers Ohr gehauen, denn wie jeder andere Zuhälter oder Gauner will er sicherstellen, daß es der Frau an nichts fehlt, soweit es um ihre *Bedürfnisse* geht – danach, vergiß es. Ich glaube, er hat ihr Drogen beschafft. Er war ja selber halbwegs süchtig, nach Opium.

Aber sie haben nie versucht, uns anzumachen; Bobby und ich, wir waren nur Musiker, die für sie gearbeitet haben, zweihundert Dollar pro Woche, maximal. Mit Leuten wie uns hätten die sich damals gar nicht erst abgegeben.

Lady verlor bald zwei der besten Musiker, die sie je hatte, weil sie ihren Zuhälter nicht ertragen konnten; doch der Bassist vergaß die Erfahrung nie. Wie alle anderen liebte er sie. So *viele* liebten sie.

Sie hatte nie ein Gefolge wie die meisten Sängerinnen, um die sich immer massenweise Frauen scharten, zusammen mit der Schneiderin, der Friseurin, diesem und jenem und dem Diener. Die einzigen, die ich bei ihr gesehen habe, waren die Leute, die kamen, um ihr Shit zu verkaufen. Wir haben sie eingekleidet, Bobby und ich, wir gingen vor jedem Konzert in ihre Garderobe und machten sie schön, war ja auch nichts dabei. Sie kam rein, zog sich alles aus, setzte sich hin und quatschte einfach los. Am Anfang war ich total prüde, ich war so ein Spießer – ein Spiiiießer! –, und sie sagte: »Setz dich hin, Arschloch, wohin willst du denn?« Ich war zwar nicht mehr so jung, aber trotzdem, daß jemand derart zwanglos damit umgeht …

Ich fand sie sehr schön. Ganz wenig Leute sind schön, wenn sie so dasitzen ohne was an, die wenigsten von uns haben einen Körper, der so schön ist, aber sie hat das auf eine Weise getan, daß man wirklich an den Menschen selber gedacht hat, wer sie eigentlich war und alles, und sie sah wirklich gut aus … Ihre Haut – schön. Yeah. Als sie aus Alderson kam, sah sie super aus. Später fing sie dann an, diese ganzen Narben und Beulen zu kriegen, und die Haut wurde schlaff und hing runter. Aber eins muß man sagen, wenn sie nichts anhatte, das war nie vulgär.

Sogar dieses ewige »Arschloch«. Da hatten wir dieses Engagement am Broadway, im Mansfield, und sie kaufte

Denzil und mir einen Smoking; nachdem wir dort ungefähr eine Woche lang aufgetreten waren und noch ein paar andere Termine vor uns hatten, sagte ich zu ihr: »Ich hab' meine Gage gekriegt, aber du hast das Geld für den Smoking nicht rausgenommen.« Sie sagte: »Du hast eine Frau und drei Kinder; gib ihnen das Geld. Gib es deiner alten Lady, die braucht es dringender als ich.« Aber ich sagte: »Du hast doch dafür bezahlt –« Und sie darauf: »Na und, du Arschloch?« Selbst so ein Wort, das war bei ihr kein Schimpfwort, das meinte sie völlig anders.

Ich war auch draußen gewesen und hatte eine Menge Sachen gemacht, das war's aber nicht, ich bin rumgekommen, trotzdem konnte ich mich nie ganz an diese Art von Leben gewöhnen, das war immer so oberflächlich. Diese Leute hingen da rum – wir wußten, wieso sie da rumhingen – sie versauten ihr die Karriere – und da bist du und magst die Frau wirklich und arbeitest jeden Abend mit ihr, und wenn sie gut drauf war und hinausging auf die Bühne – ich konnte es einfach nicht erwarten. Wissen Sie, Bobby und ich probten immer zusammen und dachten uns massenhaft Sachen aus, die wir dann nach ihr machten; und wenn sie gut drauf war, und du gehst raus auf die Bühne, und sie fing an zu singen – guuuut! Das ist einfach was, das man nie mehr vergißt.

... Und das eine Mal, wo ich schon Manager war, das war, als Nancy Wilson ihren ersten Auftritt im Coconut Grove hatte, und ihre Show – Luther Henderson und ich hatten wirklich mit ihr kämpfen müssen, bis das Programm endlich stand. Und wie sie loslegte! Und die ganzen Leute standen auf und fingen an zu klatschen, es war der Eröffnungsabend, und ich setzte mich hin und weinte. (Und ich wurde rausgeschmissen, drei oder vier Monate später.) Sogar mit George Shearing, diese ganzen Jahre; wir verdienten viel Geld und machten manchmal wirklich gute Musik miteinander, und auch mit Roberta war's manchmal ganz großartig, aber diese Gefühlswallungen wie mit Stuff oder Billie, die hatte ich nie mehr ...

Die Show sollte um neun Uhr anfangen, aber sie war garantiert nie vor elf da; dann kam sie rein mit Mister, setzte ihn auf einen Hocker, und sie gaben ihm ein bißchen Milch, die er aufschleckte, währenddessen genehmigte sie sich ein paar Drinks und quatschte mit jedem an der Bar, und dann ging sie auf die Bühne – die Leute standen um den ganzen

Block herum Schlange, nur um sie zu sehen. Diese Zeiten sind vorbei; heute steht keiner mehr für irgendwen Schlange. Die jüngere Generation, die verstehen das nicht, die waren ja nicht dabei – Billie Holiday war keine Sängerin in dem Sinn wie eine Nancy Wilson oder auch wie eine Ella oder eine Sarah – sie war eine totale Stilistin. Wenn man Billie Holiday singen gehört hat, dann hat man gespürt: das ist ihre eigene Erfahrung, das hat sie erlebt, und sie erzählt eine Geschichte von sich selber ...

Sie war eine tolle Frau; sie hatte mehr Gefühl für alles und für die Menschen als irgendwer anderes, mit dem ich je zu tun hatte.

Bobby Tucker mußte oft erklären, daß es zwei John Levys gab und daß der eine Baß spielte: »Er ist wirklich ein feiner Mensch.«

Doch leider hatte man es auch noch mit dem anderen Levy zu tun. Im Anschluß an den Silvesterabend im Billy Berg's wurden Levy der Zuhälter und Lady verhaftet und gegen eine Kaution von je 2500 Dollar freigelassen; die Anklage lautete »Angriff mit tödlicher Waffe«. Am 13. Januar 1949 hatte Lady ihren ersten Auftritt in Joe Tenners Café Society in San Francisco, in dem es nur Stehplätze gab; am 22. Januar fand eine Razzia im Hotel statt, und laut Auskunft von Colonel George H. White, dem Leiter des Bundesdrogendezernates, wurde in ihrem Zimmer eine Opiummenge im Wert von weniger als 50 Dollar nebst einer Pfeife gefunden. Sie wurden abermals verhaftet und gegen eine Kaution von je 500 Dollar freigelassen.

Um diese Verhaftung gab es viel Gerede, es hieß, Levy selbst habe Lady angeschwärzt. Dazu wäre er zweifellos in der Lage gewesen; sie verdiente viel Geld, und er hatte ihr ein knappes Jahr lang soviel gestohlen, wie er nur konnte, er hatte seine Geschäftsinteressen und seine Familie in New York, und vielleicht war er diesmal zu der Erkenntnis gelangt, daß er sie auch mit Gewalt nicht mehr beherrschen konnte. Vielleicht hatte er sogar begriffen, daß sie imstande war, ihn zu manipulieren, und von diesem Aspekt her betrachtet – zumal nach dem, was am Sylvesterabend geschehen war –, konnte sie ihm mehr Scherereien machen, als sie wert war. Aber für ein Komplott gegen sie gibt es keinen Beweis; Bobby Tucker glaubte nie daran (und niemand verachtete Levy mehr als Tucker); und wenn Levy sie hätte loswerden wollen, hätte er einfach nur zu gehen brauchen. Es paßt indessen besser zu seinem Charakter, sich so zu verhalten, wie er es tatsächlich tat – nämlich weiterhin ihr Geld zu stehlen, solange er konnte. Was immer angeblich geschehen oder nicht geschehen ist, den Behörden jedenfalls gelang es, die Sache gründlich zu verpfuschen.

»Zufällig«, sagte White, »hatten wir zur selben Zeit, als sie in der Stadt war, vier oder fünf kleine farbige Prostituierte unter Anklage von Drogenbesitz festgenommen; sie waren in irgendeine Verschwörung verwickelt, keine große Sache; aber sie beschwerten sich sinngemäß mit dem Argument: Wieso greift ihr arme kleine Leute wie uns auf und laßt eine wie Billie Holiday frei herumlaufen und Drogen nehmen?« Er habe sehr wohl begriffen, worum es ihnen ging, sagte White in einem Interview 1971, doch er widersprach sich selbst. Er wies darauf hin, daß sie ein sehr aufsehenerregendes Leben führe und daß es nur recht und billig sei, die Reichen ebenso zu verhaften wie die Armen; aber er sagte auch, daß Holiday ihnen nichts bedeutet habe, daß sie mit ihrem Drogenkonsum nur sich selbst geschadet habe und daß es beim Rauschgiftdezernat nicht üblich sei, Süchtige zu verhaften, es sei denn, es seien noch andere Umstände im Spiel. Er sagte, sie seien hinter Levy her, denn sie wüßten, daß er Verbindungen habe.

> Jedenfalls trommelte ich an einem Samstagmorgen ein paar Polizeibeamte zusammen – damals waren Durchsuchungsbefehle nur vor Bundesgerichten, nicht vor Landesgerichten erforderlich, wenn wir also etwas fanden, wurde die Sache vor einem Landesgericht verhandelt, denn wir hatten keine Durchsuchungsbefehle –, und ich hatte von irgendwem gehört, daß sie im Mark Twain im Tenderloin-Bezirk wohnten. Wir fuhren also hin und fragten den Pförtner, in welchem Zimmer sie seien, gingen hinauf und klopften an ... »Gleich, gleich, nur einen Augenblick« ... schließlich traten wir die Tür ein. Es ist egal, wer die Verhaftung vornimmt; in dem Fall war ich es; wir nahmen sie mit und brachten sie vor das Landesgericht. Anscheinend hatte Levy das Zubehör und eine kleine Menge Opium zusammengerafft und ihr befohlen, die Sachen wegzuschaffen. Sie stand hinter der Tür des anderen Zimmers – ich glaube, sie knallte die Tür hinter sich zu, und ich machte sie auf –, und sie rannte in das Bad des anderen Zimmers und wollte wohl das Zeug in der Toilette

> runterspülen, allerdings waren diese Rauchutensilien so, daß sie sich wohl nicht leicht hätten wegspülen lassen; es war eine improvisierte Pfeife mit einer kleinen Glasflasche, irgendeine kleine Lampe und ein bißchen Opium ... Wir erreichten das Bad beide zur gleichen Zeit, und sie versuchte, das Zeug in die offene Toilette zu werfen, dabei fiel sie irgendwie in die Badewanne, verletzte sich aber nicht.

Sie seien beide im Schlafanzug und stocknüchtern gewesen; es habe nicht nach Opium gerochen, folglich konnten sie nicht kurz zuvor geraucht haben; im Zimmer habe nicht einmal eine Flasche Gin gestanden, sagte White. Sie hätten nach der Beschlagnahme der Drogen keinen Widerstand geleistet, Lady sei durchaus ruhig gewesen. White hatte in New York gearbeitet und kannte »Jake« Levy seinem Ruf nach: er wußte, daß Levy Opiumraucher und vorbestraft war und daß er ein Informant gewesen war. Noch bevor sie auf dem Revier eingetragen wurden, hatte man sich bereits darauf geeinigt, daß sie beide Opiumraucher seien und die gefundene Menge Rauschgift allein zum eigenen Gebrauch diene. White sagte (mehr als zwanzig Jahre später), er habe den Eindruck gewonnen, daß Lady die eigentliche Besitzerin des Opiums gewesen sei, obwohl Levy sich darüber nicht ausdrücklich geäußert habe. Levy sei ihm sofort mit den Namen etlicher Beamter in New York gekommen, für die er gearbeitet habe, und habe ihm angeboten, ihm »ein paar sehr wichtige Leute im Drogengeschäft zu nennen«.

> Ich wollte wissen, was das für Leute seien, aber er war sehr vage, obwohl ich sicher war, daß er uns sehr wohl ein paar sehr wichtige Namen hätte nennen können, wenn er gewollt hätte. Aber wir haben bei diesem Spielchen bald gelernt, uns nicht auf Namen zu verlassen, deshalb sagte ich ihm, er würde eine Kaution hinterlegen müssen, und wenn sie dann irgendwas halbwegs Wichtiges zustande brächten, würden wir versuchen, auf die Richter einzuwirken, damit sie nicht belangt würden. Levy sagte: »Wenn Sie heute abend in den Club kommen, kann ich Ihnen sagen, wer diese Leute sind, mit denen ich im Geschäft bin, dann werde ich sie anrufen, um herauszufinden, ob meine Verbindung noch intakt ist.« Also ging ich hin, und wir saßen zusammen an einem Tisch, Billie stand auf der Bühne, und Levy sagte immer wieder: »Geduld! Das braucht alles seine Zeit.«

Sollte White tatsächlich irgendein handfestes Angebot aus Levy herausgeholt haben, erwähnt er jedenfalls nichts davon.

> Das übliche Vorgehen am Landesgericht war damals, und ist auch heute noch, daß zuerst, bevor man einen Fall zur Verhandlung bringen kann, eine vorherige Anhörung durch einen Richter stattfindet, der entscheidet, ob genügend Beweismaterial für einen Prozeß vorliegt; sie können dann dieses Beweismaterial vor die Grand Jury bringen und Anklage erheben, damit kommt es sofort zu einem Prozeß vor dem Obersten Gericht ... Jedenfalls erhob die Grand Jury zu meiner großen Überraschung nicht Anklage gegen Levy, sondern gegen Billie Holiday ... Ich wollte unbedingt erfahren, wieso Levy nicht angeklagt wurde, und erkundigte mich beim stellvertretenden Staatsanwalt, denn selbstverständlich tut die Grand Jury alles, was der Staatsanwalt ihr vorgibt, und der sagte, wir hätten wohl Anklage gegen Levy erheben können, aber die Bekanntere sei schließlich Billie Holiday, und sie wollten ein bißchen Publicity, oder irgendwas von der Sorte. »Levy ist ein kleiner Fisch für uns.« Ich sagte damals, Holiday hätte immer noch die Möglichkeit, später zu behaupten, der Stoff habe Levy gehört, so daß die Jury sie freisprechen könnte. Inzwischen wäre Levy schon weg ... Oh, ich hab' vergessen zu sagen, daß an diesem Abend, als ich in dem Nachtclub war, eine Fotografin ein Foto von Levy und mir an einem Tisch machte, so was ist ja gang und gäbe. Dieses Foto stellte sich dann als schwerwiegendes Beweisstück heraus. Ich glaube nicht, daß das damals so geplant war ...

Lady kam ihrem Engagement in Tenners Club nach: Bis zum 9. Februar trat sie Abend für Abend vor einem ausverkauften Haus auf; zehn Tage später wurde die Anklage erhoben: nur gegen sie, nicht gegen Levy, der auf der Stelle aus dem Bundesstaat verschwand, um nicht als Zeuge geladen zu werden. Im März ging Lady mit einem Trio unter Leitung von Red Norvo auf eine Tournee durch Nordkalifornien; das Unternehmen wurde ein Reinfall, und sie brach die Tournee vorzeitig ab. Dann fuhr sie zurück nach New York und tat sich wieder mit dem Zuhälter zusammen, der sie dem Anschein nach verpfiffen hatte. In dieser Zeit stellte sie ihr Gesuch um die polizeiliche Auftrittserlaubnis für Nachtclubs und wurde abgewiesen. Im Mai kehrte sie nach Kalifornien zurück; denn nun sollte ihr Prozeß stattfinden.

Sie wurde freigesprochen, »was mir nicht unrecht war«, sagte White. »Enttäuscht war ich, daß Levy davonkam, denn mir war klar, daß ich ihn zum Informanten hätte machen können, wenn ich was gegen ihn in der Hand gehabt hätte. Jetzt hatte ich weder Levy noch Holiday, noch die Informationen, um die's mir ging. Das einzige, was ich erreicht hatte, war die Überführung der kleinen Nutten, die wir mit gutem Gewissen gegen die Reichen einsetzen konnten ...« White war sich ebenso im klaren, daß der Fall dem Gerücht über eine Verschwörung zwischen ihm und Levy gegen Billie Auftrieb verlieh.

Einerseits, wenn White Levy in die Hände bekommen wollte, weshalb machte er dies dem Gericht nicht vor der ersten Anhörung klar? Das einzige, wofür White im ganzen Bundesdrogendezernat bekannt sei, sagte Jimmy Fletcher, sei sein Alkoholismus; vielleicht hat er es vergessen. Und andererseits, wenn Levy tatsächlich Lady einen Strick drehen wollte, weshalb sollte er, ein notorischer Opiumraucher, sie ausgerechnet mit Opium erwischen lassen statt mit Heroin? Hätte er nicht bewerkstelligen können, daß sie allein im Zimmer war, als die Drogenfahnder die Tür eintraten? Und falls es tatsächlich ein Komplott gab, wäre White so dumm gewesen, sich in dem Club fotografieren zu lassen, vor oder nach der Verhaftung?

Unterdessen hatte Tenner sich mit Jack Ehrlich in Verbindung gesetzt, der als Billies Anwalt fungierte.

> Sie mußte gegen Kaution rausgeholt werden, und das war nicht gar so einfach, weil sie ja wegen Drogenbesitz vorbestraft war. Zu dem Zeitpunkt, als ich Levy rausholte, wußte ich nicht genau, in welcher Beziehung sie zueinander standen. Wie sie mir später erzählte, schröpfte er sie; ich hielt die beiden für ein Liebespaar, deswegen dachte ich, wenn ich den einen raushole, muß ich auch den anderen rausholen ... Dann schlug ich ihr vor, zu ihrem Arzt zu gehen und sich in eine Klinik einweisen und ausnüchtern zu lassen, sozusagen, denn wenn wir vor Gericht gingen, wollte ich das nicht auch noch am Hals haben – oder vielmehr *sie* hätte es am Hals gehabt. Ich ging davon aus, daß sie Opium rauchte; er hatte es ihr gegeben, damit sie es beiseite schaffte. Ich bin Anwalt,

ich gehe auf Nummer sicher; ich hatte keine Lust, vor Gericht zu treten, und dann passiert irgendwas, das eindeutig auf Drogenkonsum hinweist, und ich könnte nicht gewinnen …

Ich fragte sie, ob sie diesen White kenne. Sie kannte ihn nicht. Ich sagte: »Denken Sie nach; lassen Sie sich Zeit. Hat Levy irgend jemanden in dem Club getroffen, hat er mit jemandem getrunken?« Damals war das ein ziemlich bekanntes Lokal, wissen Sie; wir hatten nicht solche Schwierigkeiten wie jetzt. Es gab da ganz nette Clubs in Fillmore … Wie auch immer, schließlich sagte sie ja – das war ein paar Tage später – na ja, so sind die Leute: Man braucht nur mit einer Kamera irgendwohin gehen, und sofort will jeder Scheißkerl sich fotografieren lassen. Ich ging also an einem Abend dorthin und traf eine Frau, die fotografierte; wir nahmen ihre Filme mit, ganze Schachteln voll, ließen sie röntgen, und tatsächlich, da sind mein alter Freund George White *und* Mr. Levy, sitzen zusammen am Tisch, jeder mit einem Drink vor sich. Und ich sagte: »Machen Sie davon einen Abzug.«

Vor Gericht dann begann ich George White ins Verhör zu nehmen – natürlich ist er ein Freund von mir, und ein Mann, vor dem ich den größten Respekt habe. Er ist einer der ganz wenigen, die einem Zeugen kein Haar krümmen würden; er ist ein ehrenwerter Mann. Ich hatte schon andere Verhandlungen mit ihm. Ich fragte ihn, ob er sich mit Levy abgesprochen hätte, das Mädchen dranzukriegen, und so weiter, und ich sagte: »Also, Sie kennen doch Levy, nicht wahr?« Und er sagte: »Nein, nicht besonders gut. Ich weiß, daß er in New York ein Informant war.« Und ich sagte: »Jedenfalls kennen Sie ihn gut genug, um mit ihm einen trinken zu gehen« und holte das Bild raus. Mitten im Prozeß. Natürlich prüfte der Staatsanwalt es nach, und natürlich war es nicht zulässig, aber die Geschworenen haben es gesehen. Es war unzulässig, weil ich die Voraussetzungen nicht geschaffen hatte, um es als Beweismaterial vorzulegen: Ich hätte erst beweisen müssen, daß ich in dem Club war und wie das Foto zustande kam, wer es gemacht hat und das alles – es hätte einfach nicht dieselbe Wirkung gehabt.

White war entsetzt, als er das Bild sah, und im Gerichtssaal entstand erhebliche Heiterkeit, als er hervorstieß: »Das ist aber kein gutes Bild von mir!« Ehrlich mußte wider Willen mitlachen. Er war überzeugt, daß das Bild vor der Verhaftung aufgenommen worden war, seine Argumentation war jedoch ein Zirkelschluß: White wäre nach der Verhaftung nicht in den Club gegangen, denn wenn er die Absicht gehabt hätte, Levy laufenzulassen, hätte er sich nicht mit ihm in der Öffentlichkeit gezeigt; es gebe aber keinen Beweis dafür, daß White je beabsichtigt habe, Levy laufenzulassen, und keinen Grund, weshalb White hätte Bedenken haben sollen, in den Club zu gehen, es sei denn, er konspirierte mit Levy, um Billie vor Gericht zu bringen, was zu glauben Ehrlich sich weigerte.

Als Linda Kuehl Ehrlich interviewte, wollte sie unbedingt an ein Komplott zwischen White und Levy glauben, woraufhin Ehrlich ein wenig herablassend meinte: »Junge Frau, Sie begreifen nicht, worum es geht!«, schließlich aber einräumen mußte: »Es tut mir leid, daß Sie das nicht verstehen, ich kann es nicht erkären.« Er war ein guter und geschickter Anwalt und schließlich selbst von Levys Komplott gegen Billie überzeugt, denn eine Verteidigung auf dieser Grundlage war am wahrscheinlichsten, wenn er selbst daran glaubte. Der junge Staatsanwalt brauchte sicherlich den Rat, den er von White nicht bekommen hatte; er war der Gegenseite hoffnungslos unterlegen.

»Levy war ein zweitrangiger Zuhälter und Opiumraucher. Ich wollte ihn nur als Spitzel haben«, sagte White, und tatsächlich empfand er, wenn auch wider Willen, beinahe Bewunderung für ihn.

Ehrlich war der Meinung, Levy habe sie »geschröpft«, und sie sei »auf dem absteigenden Ast«, was unsinnig war: Lady verdiente sehr viel Geld. Vielleicht dachte Ehrlich, Levy wolle sie loswerden, weil sein Gewissen ihn plagte, was wiederum eine lachhafte Vorstellung ist. »Er rief mich nach dem Urteil von New York aus an. Er wollte meine Frau und mich nach New York einladen, wir sollten uns seine Kinder anschauen. Können Sie sich das vorstellen?« Er verachtete Levy, was ja alles gut und schön ist; Lady jedoch hat Ehrlich eindeutig um den Finger gewickelt.

Ehrlich sagt, Ladys Arzt habe Henderson geheißen; die allgemein anerkannte Version der Ereignisse lautet, daß sie und Levy Herbert B. Henderson bereits seit Jahren gekannt hätten, daß er sie beide nach der Verhaftung bei sich zu Hause aufgenommen habe, weil kein Hotel sie nehmen wollte. Was immer die Wahrheit sein mag, Dr. James Hamilton, der hinzugezogene Psychiater, erzählt die Geschichte genauer. Als der Termin für Billies Prozeß näherrückte, schritt die Verteidigung zur Tat. »Ich kam durch George White mit ihr in Kontakt«, sagte Hamilton.

> Kaum hatte er sie verhaftet, empfand er wohl, sozusagen als Privatmensch, das Bedürfnis, ihr zu helfen, und deshalb brachte er mich ins Spiel. Ich dachte, solange irgendwo die Behauptung im Raum steht, diese Frau ist drogensüchtig, ist es verdammt schwierig, sie freizukriegen ... Sie kam zu mir, und ich sagte, ich könnte ihr nur helfen, wenn ich wüßte, ob sie auf Drogen ist oder nicht, und die einzige Möglichkeit, das rauszufinden, sei, sie einzusperren; sie zögerte, aber ich sagte: »Gut, dann auf die harte Tour.« Sie sagte: »Okay, wie?« Ich verfrachtete sie nach Twin Pines, ein psychiatrisches Sanatorium, fünfundachtzig Meilen entfernt in Belmont, und das einzige, was sie ihr dort nicht gaben, war Heroin. Sie fand, um die Gefangenschaft zu überstehen, bräuchte sie Unmengen Schnaps, und soweit ich mich erinnere, stand sie auf eine Mischung aus Crème de Menthe und Brandy, allein davon schaffte sie fast einen Drittelliter am Tag ...
>
> Wenn sie nun tatsächlich heroinsüchtig gewesen wäre, hätte sie Durchfall und Entzugserscheinungen gehabt, aber das war nicht der Fall; nach fünf Tagen war mir eindeutig klar, daß sie nicht süchtig war. Ich unterwarf sie allen psychiatrischen Kontrollen, außer was den Alkohol betraf. *Eine* Information hatte ich: Sie hing nicht an der Nadel. Wenn sie hingegen Opium rauchte, dann war das eine andere Größenordnung als das Zeug, das man sich spritzt ... Ich weiß nicht, was für Mittel sie nahm, das sagte sie mir nicht. [Zweifellos wurden auch Blut- und Urintests vorgenommen; wahrscheinlich war sie im Mai, mehrere Monate nach der Verhaftung, vollkommen clean.] Aber da war noch immer die Anklage wegen Drogenbesitz, und George White hatte das Zeug praktisch aus ihrer Hand bekommen. Und als ich mit Ehrlich die Sache besprach, wurde ich dahingehend instruiert, daß ich mein Argument sozusagen in einem Atemzug vorbringen sollte.
>
> Nachdem ich also in den Zeugenstand gerufen und für geeignet befunden worden war, fragte mich Ehrlich: »Sind Sie mit dieser Dame bekannt?« Ich sagte: »Ja, das ist Miss

> Holiday. Sie kam vor einer Woche in meine Obhut, und ich stellte sie sofort unter vollständige psychiatrische Überwachung und bewies damit, daß sie nicht süchtig ist.« Woraufhin die Anklage aufsprang und rief: »Einspruch, Einspruch, Einspruch, darum geht es überhaupt nicht – es geht um Drogenbesitz!« Und der Richter knallte seinen Hammer auf den Tisch und schrie mich an: »Das können Sie nicht sagen!« Dann verließen die beiden Anwälte und der Richter den Verhandlungssaal, während ich noch auf dem Zeugenstand war, auch die Geschworenen wurden rausgescheucht, und es gab eine Pause von etwa fünfundvierzig Minuten. Dann kamen sie alle wieder rein, und ich erhielt ein paar sehr strenge Belehrungen, als hätte ich die schlimmste Sache der Welt gesagt – die Tatsache, daß diese Frau nicht süchtig war. Ich wurde vereidigt, mußte eine oder zwei belanglose Fragen beanworten, dann wurde ich entlassen.
>
> Aber zufällig kannte ich einen der Geschworenen, deshalb erfuhr ich nachher die ganze Geschichte. Als sie über den Fall sprachen, sagten sie: »Das ist merkwürdig, daß sie diesen Hamilton zum Schweigen bringen, wenn er doch ihr Arzt gewesen ist; warum haben sie ihn nicht aussagen lassen? Unserer Meinung nach ist an dem Fall irgendwas nicht ganz koscher, und wir glauben, der wahre Schuldige ist Mr. Levy, der aus der Stadt verschwunden ist.

Was Lady betrifft, so tat sie bei ihrer Aussage den famosen Spruch: Als Levy ihr etwas in die Hand gedrückt habe, das sie wegwerfen solle, habe sie nur getan, was ihr Mann ihr befohlen habe. White meinte, sie habe alles andere getan, gewiß aber habe sie nicht am Klavier gesessen und »My Man« gesungen. Hamilton hielt Ladys Abgang von der Bühne für Ehrlichs Verdienst, der dafür gesorgt habe, Levy als den Schuldigen darzustellen, was ihm auch gelang.

> Der Grund war, daß sie einfach wunderbar war, edel, dachten wir – dachte ich, und ich glaube, auch George White dachte so. Er hat sie zwar festgenommen, das stimmt, aber warum sonst hätte er mich hinzuziehen sollen, und ich bin ein wirklich harter Bursche im Umgang. Ich sag' Ihnen, warum, weil George mit Leib und Seele Polizist ist, ein Bulle mit rauher Schale, aber einem Herzen aus Gold, deswegen hat er mich ins Spiel gebracht, und deswegen ist die Sache so ausgegan-

gen – nicht mit seiner stillschweigenden Billigung, so was würde er nie tun, sondern indem er mich mit Jake Ehrlich zusammengebracht hat – weiter konnte er nicht gehen, als Bulle, er mußte ja in Kauf nehmen, daß die Entscheidung gegen ihn ausfiel. So war das.

Als White Ehrlichs Äußerung zu Ohren kam, er könne ein gestrenger Bulle sein, sagte er:

> Damit meinte er, wenn ich jemanden verhafte, bin ich streng, und wenn einer Widerstand leistet, nagle ich den Burschen so fest, daß – dahinter steht die Theorie, daß es besser ist, einem die Faust in den Magen zu rammen, als ihn zu erschießen. Ich war einer der besten Drogenbeamten im Geschäft; das war einer der wenigen Fälle, die ich verloren habe ... Ich habe zu Ehrlich gesagt, er sei ein Winkeladvokat erster Güte, der mit Gaunern gemeinsame Sache macht, aber er lachte und hielt das für ein Kompliment.

Hamilton sagte:

> An dem Tag, an dem ich sie zum erstenmal gesehen habe, steckten wir sie nach Twin Pines. Sie übernahm das Kommando über die ganze Klinik. Sie bestimmte, wann sie essen wollte, und sie bekam ihre Drinks, wann sie wollte, fertig gemixt, wann immer sie wollte – ich meine, der Koch einer psychiatrischen Klinik pflegt sich normalerweise nicht als Barmann zu betätigen ... Danach zog sie zu den Hendersons.

Dies alles geschah, lang nachdem Levy den Bundesstaat verlassen hatte. An einem Samstag abend suchte Hamilton Billie bei den Hendersons auf, es waren ungefähr vierzig Gäste anwesend, und es sei »eine erstklassige, schwungvolle Party« gewesen. »Henderson«, fügte Hamilton 1971 hinzu, »hat eine riesige, ziemlich gutgehende Schwarzpraxis, das sind dann die Burschen, die hunderttausend Dollar von der staatlichen Gesundheitsfürsorge abzocken und diese ganze Scheiße. Die nehmen an die zweihundert Patienten am Tag, drunter sind sie nicht zufrieden.«

Vielleicht ist die Geschichte wahr, daß Henderson und seine Frau Lady nach Twin Pines brachten, daß sie unterwegs einen Chihuahua kaufte und die Hendersons bat, sich um ihn zu kümmern, während sie in der Klinik war. »Sie hatte einen kleinen Hund, als sie aus der Klinik kam«, sagte Hamilton, »und sie kam um elf Uhr vormittags zu mir in die Wohnung und sagte: ›Ich geh' jetzt einkaufen. Es macht Ihnen doch sicher nichts aus, den kleinen Hund einstweilen hier zu haben‹, und ich sagte: ›Gewiß nicht.‹« Sie setzten den Hund auf einen Tisch, wo er zwei Stunden lang spielte, während Lady einkaufte. Alles in allem hat man dabei nicht den Eindruck einer Frau, die sich Sorgen macht, sie könnte in nächster Zeit wieder inhaftiert werden.

> Was war es, das Billie antrieb? Ich benutze das Wort nicht gern – es ist kein gutes Wort –, aber sie ist wirklich eine Psychopathin. Eine von ihren Impulsen getriebene, starke, talentierte, aber unzuverlässige Frau ... die jedem plötzlichen Einfall nachgibt. Ich denke, alle, die weniger impulsiv sind, machen einen langen Lernprozeß durch, bei dem wir lernen, unsere Impulse zu kontrollieren, oder wenn wir ihnen unbedingt nachgeben müssen, dann fahren wir nach Las Vegas und spielen oder tun sonst irgendwas Verrücktes, aber wir toben uns aus, ohne daß die Gesellschaft alles mitbekommt, denn wir denken an morgen und ans nächste Jahr, wenn wir die Folgen ausbaden müssen. Billie hat das nie gelernt.

Mit anderen Worten, wie es Pony Kane ohne Vorbildung und ohne gescheite Begriffe erfaßt hatte: Sie war ein Leck-mich-am-Arsch-Typ.

Lady beklagte sich, sie würde oft von Männern vom Typ Agent mit Bürstenschnitt belästigt, die zu ihr in die Garderobe kämen und sie warnten: sie behielten sie stets im Auge; in Wahrheit aber gelang es den Behörden selbst dann nicht, sie zu überführen, als sie mit dem Rauschgift in der Hand erwischt wurde. Zweimal hatte die Polizei ihre Liebhaber/Drogenlieferanten zu fassen versucht, zweimal waren sie ungeschoren davongekommen. Nach ihrem Freispruch im Juni sang sie mehrmals vor ausverkauftem Haus in einem Theater in Los Angeles, während ein Konzertveranstalter sie wegen Nichterfüllung eines Engagements im März im Norden des Bundesstaates gerichtlich belangte; dann fuhr sie zurück nach New York zu einem turbulenten Empfang im Apollo: Sie tat, was sie wollte, und sie machte es nicht schlecht für eine ehemalige

Gefängnisinsassin. Am 17. August fand eine Aufnahmesession für Decca statt, und die erste Nummer, die sie einspielte, war nun für immer ihr Lied: schleppend langsam, und doch rhythmisch moduliert, so daß der Gesang auf neue Weise forsch wurde, herausfordernd. Es war »'Tain't Nobody's Business If I Do« – was ich tue, geht niemanden etwas an.

14 *Das letzte Jahrzehnt bricht an*

Die Welt, in der Lady aufgewachsen war, verschwand allmählich. Die meisten Harlemer Clubs gab es nicht mehr, die 52nd Street lag im Sterben, und es gab immer weniger Arbeit für die Musiker, die seit je ihre besten Freunde gewesen waren. Alle kopierten Lady, die in der Tat mit einer gewissen Dankbarkeit zur Kenntnis nahm, daß sie eine Kultfigur war: weil ihr nichts anderes übrigblieb. Sie tat weiterhin, was sie wollte, aber innerhalb der Grenzen, die eine Welt ihr auferlegte, in der sie bald nicht mehr mitkam.

Die fünfziger Jahre behandelten auch Lester Young nicht freundlich. Die Tenorsaxophonisten Dexter Gordon, Sonny Rollins und andere folgten Coleman Hawkins' Tradition des voluminösen Tons, aber Stan Getz, Zoot Sims, Al Cohn, Paul Quinichette (den man »Little Prez« nannte) und andere ließen sich durch Lester inspirieren, und manche unter ihnen (vor allem die Weißen) arbeiteten mehr und verdienten mehr Geld. Von Lester erzählt man sich, er sei auf ein Podium zugetreten und habe einen der Musiker angeschrien: »Du bist nicht du, du bist *ich*!« Über Quinichette sagte er: »Ich weiß nicht, ob ich spielen soll wie ich selber oder wie Lady Q – er spielt ja genauso wie ich.« Bei anderer Gelegenheit soll er gesagt haben: »Es ist ziemlich bitter, wenn deine ganzen Schüler Arbeit haben, und du kriegst nur ab und zu einen Job.«

Seine Erfahrungen in einem US-Militärgefängnis in Georgia hatten seiner sanften Seele nicht gut getan; nur die Militärs wissen, weshalb sie ihn, obwohl sie seinen körperlichen Zustand diagnostiziert hatten, trotzdem noch Monate nach dem Kriegsende behielten, nur um ihn unehrenhaft zu entlassen. Die verbreitete Behauptung, Lester sei durch das Militär derart geschädigt worden, daß seine Musik darunter gelitten habe, stimmt nicht; er wußte sehr wohl, was er mit seinem Horn tat, bis zum Ende: Er hatte sein

Talent entwickelt und alle seine Erfahrungen verarbeitet, aber wenn ein Künstler sich beklagt, »man kann doch nicht dasselbe Zeug immer und immer wieder machen«, wollen die Kritiker oft nichts davon hören, und die Kritiker der fünfziger Jahre waren darin keine Ausnahme. Jimmy Rowles sagte: »Hammond war in einer anderen Welt ... Aber die Burschen horchen die Musiker aus und bilden sich daraufhin ihre fertige Meinung. Das ist so, seitdem sie damals mit Charlie Parker den Anschluß verpaßt haben. Hätten sie sich die Zeit genommen, zuzuhören, hätten sie's begriffen. Aber das haben sie nicht.«

Dies alles galt auch für Lady. Roy Harte sagte, 1946 habe sie andere Sängerinnen imitiert, die sie imitierten: »Sie sagte: ›Hast du diese Aufnahme gehört? Ich klinge wie Dinah Shore!‹« Ihre Unzuverlässigkeit trug ihr zusätzliche Probleme ein, doch die meisten hatten ohnehin nie Gelegenheit, sie zu sehen, und selbst ihre Platten erhielten in den letzten zehn Jahren nur noch höfliche, lauwarme Rezensionen, denn die wenigsten Kritiker hörten wirklich zu. Trotzdem wird heute, fünfunddreißig Jahre nach ihrem Tod, noch die letzte Bagatelle, die sie aufgenommen hat, in der ganzen Welt auf Compact Discs verkauft; und wo ist Dinah Shore? Wo ist Patti Page? Freilich waren die letzten zehn Jahre ihres Lebens nicht so schlimm, wie sie uns im Rückblick erscheinen; sie erlebte Höhen und Tiefen, wie immer.

Der Schlagzeuger Denzil Best und der Bassist John Levy hatten Ende 1948 das sinkende Schiff verlassen und sich mit dem Pianisten George Shearing zusammengetan; der getreue Bobby Tucker hielt noch ein paar Monate länger aus, doch mit Beginn des neuen Jahrzehnts war auch er fort. »So nahe, wie wir uns standen, ich konnte John Levy einfach nicht mehr ertragen. Die Situation war völlig absurd. Er beschuldigte mich dauernd, ich hätte ein Verhältnis mit ihr, er beleidigte mich, aber ich war machtlos: Er war ihr Mann.« Ralph J. Gleason schrieb in *down beat*, zu ihrem Prozeß in San Francisco sei sie mit einem blaugeschlagenen Auge erschienen und habe sich beklagt, daß Levy ihren Nerzmantel konfisziert habe – vermutlich eine Vorsichtsmaßnahme, falls sie inhaftiert würde; wenn das stimmt, dann hatte sie zwischen ihrem Sanatoriumsaufenthalt und dem Prozeß den ganzen Weg nach New York offenbar nur für eine Tracht Prügel auf sich genommen. Sie erzählte jedem, Levy sei ihr Mann, er sorge für sie: »Er weiß, was ich will.« Jimmy Rowles ging Levy aus dem Weg, doch im Billy Berg's war er Zeuge des ganzen Elends:

> Dieses Arschloch Levy kommt daher und sagt [hier führt Jimmy eine sehr überzeugende Gangster-Imitation vor]: »Du hast sicher nichts dagegen, raufzugehen und dich ans Piano zu setzen, bis Lady Day raufkommt, oder? Ich muß runter und ihr den Arsch versohlen, die Scheiße aus ihr rausprügeln, die Sau braucht das, damit sie gut singt.« – »Jawohl, selbstverständlich, John«, sage ich, weil ich eine Heidenangst vor ihm hab' und lieber Piano spiele, als ihn am Hals zu haben. Also setze ich mich ans Piano, die Leute sagen: »Jesus Christus, wo ist ...«, derweil hat er sie da unten auf den Boden geschmissen und tritt ihr in den Bauch, um sie für die Show in Form zu bringen, dabei ist sie noch nicht einmal angezogen und hergerichtet, und der Geschäftsführer sagt: »Geh lieber runter und sieh zu, daß du ihr dieses Arschloch vom Hals schaffst, sonst kriegen wir heute überhaupt nichts mehr von ihr zu hören.« Und die Leute fragen: »Wo zum Teufel ist Lady Day?« Und Tucker sagt, *er* geht nicht runter: »John Levy ist unten; du hast sie nicht alle, wenn du glaubst, ich misch' mich da ein.« Tucker ging nicht runter, und ich ging nicht, niemand hat sich getraut. Also saßen wir alle oben und warteten.
>
> Und dann kam sie rauf. Jetzt reißt sie sich zusammen. Und sie sagt: »Hey, Arschloch, wie seh' ich aus? Schau mich an.« Geh zu, hier entlang; du zeigst ihr den Weg. Sie hat es die Treppe herauf geschafft; jetzt muß sie's noch von hier zum Podium schaffen, und das ist ein anderes Problem, das ist jedem klar, der Lady kennt, denn von dem Moment an, wo sie erscheint, wird sie von allen umringt, ihren Freunden, ihren Fans, sie war ja irre beliebt. Sie hat nie einen Ärger angefangen, sie hat nur manchmal Ärger *verursacht.* Gleich spricht jemand sie an: »Lady Day«, und sie sagt: »Hi, Baby«, und schon ist sie mitten drin in einer Fete. Okay, das dauert wieder eine Dreiviertelstunde. Sie setzt sich hin, Drinks werden gebracht. Aus heiterem Himmel fängt sie mit einem Kerl zu streiten an, gerät in Rage, sie wünscht den Hurensohn zum Teufel und stapft davon: »Du Arschloch!« Sie macht ungefähr drei Meter, kommt bis zum Ende der Bar, dann sagt wieder jemand: »Lady Day«, und wieder: »Oh, hi Baby«. Wenn wir's schaffen, sie an den nächsten zwölf

Stühlen vorbeizulotsen, kann die Show anfangen. Auf ihrem Weg an der Bar entlang, hat sie so an die zwölf Gläser getrunken, dann ist sie endlich oben auf dem Podium, ich ziehe ab, und Tucker übernimmt.

(»Ich werd's diesen Hurensöhnen zeigen.« – »Du glaubst, du kannst eine Sängerin begleiten; ganz sicher nicht: Scheißdreck machst du, das ist es!« – »Warte, bis du meine Scheiße hörst. Warte, bis dieses Miststück endlich raufkommt, ich werd's dir zeigen. Ausradieren werd' ich dich!« – »Für *die* Frau kannst du nicht spielen.« – »Verpiß dich.« – »Verpiß dich selber.« Tucker und ich streiten so rum, bis sie ungefähr bei den letzten zweien ist. Wir sind Kumpels, wir machen das oft, uns so niederzumachen. Das haben wir uns angewöhnt, als wir mit Art Tatum rumgezogen sind; der hat uns auf den Trichter gebracht, und es war ein Mordsspaß. »Mach das einmal, diesen Tonartwechsel.« – »Ich hab' das schon gemacht, als du noch so ein winziger Knirps warst!« So war das. Eine harmlose Medizin.)

Jetzt kommt sie endlich rauf. Der letzte, mit dem sie geredet hat, hat sie in Wut gebracht, und jetzt haßt sie die ganze Welt. Sie hatte angefangen wie ein Engel, hatte sich hergerichtet und schöngemacht und war bereit, auf die Bühne rauszugehen und jeden scharfzumachen, da kommt dieser John daher und schlägt sie zusammen, jetzt schmerzt ihr ganzer Körper und brennt, zwischen den Beinen tut's ihr weh, was super ist, denn von dort raus singt sie. Wenn ihr alles weh tut, dann ist es recht, dann ist sie happy; wenn er sie gut geprügelt hat, kann sie singen. Inzwischen denkt sie darüber nach, was sie singen soll, und kommt auf »My Man«, aber bis sie soweit ist, hat sie das schon zwölfmal gehabt; das ist wie die Atombombe, die Hiroshima zerstört hat, sie kann's nicht mehr hören. Sie kommt also rauf, total neben sich. Sie schaut ins Publikum und sieht diese ganzen Leute, die auf sie gewartet haben, mit ihren Pelzmänteln und ihrer ganzen Beverly-Hills-Scheiße; sie kommt rauf, Tucker wartet auf sie, und sie platzt fast vor Wut, und sie dreht sich zu ihm und sagt: »Strange Fruit«. Aber das ist das Ende ihrer Show, die letzte Nummer, die sie singt. Und er sagt: »Aber Lady ...«, woraufhin sie sich umdreht, und den Deckel zuhaut, bumm, er kriegt gerade noch rechtzeitig seine Hände raus, sie hätte ihm die Hände am Handgelenk abhauen können. Er schaut mich an und sagt: »Mann!« und runzelt die Stirn. Und sie hat eine Hand auf dem Piano und sagt: »Strange Fruit«. Er sagt: »Okay«, und sie singt »Strange Fruit« und marschiert wieder ab, nach einer einzigen verdammten Nummer. Und diese ganzen gestopften Arschlöcher haben glatt drei Stunden auf sie gewartet …

Ich mußte Levy nur anschauen, um zu wissen, daß er ein Schläger und ein Saukerl war. Sie hatte leider diese Macke, daß sie unbedingt einen Kerl haben mußte, der ihr dreimal die Woche das Mark aus den Knochen prügelte, um sie bei Laune zu halten. Das war ihr Pech. Es ist der Untergang sehr vieler Sängerinnen. Das kommt von dieser Macke.

Weil er nichts anderes im Sinn hatte, als sich ständig als harter Bursche zu zeigen, machte Levy der Zuhälter Fehler. Er hätte Tucker besser behandeln sollen, aber war zu dumm, um das zu erkennen; bis zum Sommer 1949 hielt Bobby aus.

Ich fuhr von Milwaukee rein und sagte ihnen, daß ich nicht weitermachen würde. Ich war dabei, mir ein Haus zu bauen, mit dem Vertrag lief was schief, und deshalb sagte ich ihnen, ich müßte mich um mein Haus kümmern, und er sagt, okay. Er war in New York, er befahl ihr, nach Chicago zu fahren, er würde sie dort treffen.

An unserem letzten Abend in Milwaukee sagte sie zu mir: »Hau nicht ab. Wir haben eine Verabredung für morgen abend zum Essen.« Ich sagte: »Ich nicht. Ich hab' ein Ticket für die Zwei-Uhr-Maschine.« Sie sagte: »Läßt du mich hier sitzen?« »Ich sagte: »Nein, geh und buch deinen Flug.« Sie sagte: »Ich kann nicht weg, mein Daddy hat mich nach Chicago bestellt.« Ich sagte: »Ich muß ihm die Kohle bringen.« Ich kümmerte mich nämlich um das Geld, wenn er nicht da war. Wir bekamen eine Prozentbeteiligung plus eine Garantie, die Kasseneinnahmen gegen die Einnahmen in der Bar, und ich mußte ihm die Kohle bringen. Er behielt die Knete eine Woche lang, bevor er mich auszahlte, lauter scheußliche Sachen.

Ich hab's einfach nicht mehr ausgehalten. Ich mochte sie wirklich, und ich konnte es nicht ertragen, wie er sie behandelte. Wenn sie fünfzig Dollar von ihm haben wollte, machte er sie fertig: »Geh mich nie vor anderen Leuten um Geld an!« sagte er. Er hat sie buchstäblich fertiggemacht – schlug sie mit der Faust ins Gesicht, in den Magen, überallhin.

Einmal sagte er, Pianisten gibt es wie Sand am Meer. Er fuhr dann also nach Chicago, und sie fragte: »Wo ist Bobby?« Er sagte: »Er macht nicht mehr mit.« Sie ging sofort an die Decke, schrie, tobte, drohte mit Mord und Totschlag. Er rief mich an und sagte: »Ich schätze, wir waren etwas voreilig, sie will dich nicht weglassen.« Ich sagte: »Hör zu, ich hab's dir erklärt ...«, woraufhin er wieder seine Gangsternummer abzog. Er sagte: »Ich schick dir die Kohle, ein Flugzeug – ich hab' ein paar Jungs, du wirst nie wieder Klavier spielen!« Ich schrieb ihr einen Brief, und sie antwortete, sie verstehe mich.

Von Joe Glaser bekam ich einen Brief, er schrieb, daß sie mich zurückhaben wollte. Sie wußte, wie ich zu John stand. Glaser schwor, John sei von der Bidlfläche verschwunden, aber jeden Abend hörte ich, daß ein Ferngespräch für mich gekommen sei, aus Washington, und dann stellt sich heraus, daß es John Levy ist. Schließlich kriegte er mich an den Apparat und sagte: »Hey, Kumpel, glaub mir, sie ist sauber, und ich hab' ihr gesagt, wenn sie sauber bleibt, hol' ich dich zurück.« Er glaubte tatsächlich, ich sei deshalb gegangen, weil sie ein Junkie ist. Ich sagte: »John, ich kann hier nicht weg; ich arbeite jetzt für Billy Eckstine.« Er sagt: »Ist mir egal, was du verdienst, ich zahl' dir das Doppelte.« Er erzählt mir, Pianisten gibt es wie Sand am Meer, er weiß nicht einmal, wie hoch meine Gage ist, und daß ich jetzt als Dirigent arbeite. Ich sagte nur: »Später«, und legte auf.

Sie lebte wie immer in ihrer Traumwelt; 1949 verkündete sie, sie habe sich endlich von Monroe scheiden lassen und tags darauf Levy geheiratet. In Wirklichkeit waren sie und Monroe noch immer verheiratet und trafen sich sogar von Zeit zu Zeit als gute Freunde. Ihr nächster Begleiter war Carl Drinkard.

Gleich um die Ecke des Howard Theaters in Washington, DC, wo alle Bigbands und Sänger auftraten, gab es den Club Little Harlem, im ersten Stock über einem Restaurant: eine kleine Kneipe, wie sie für die damalige Zeit typisch war, mit nicht mehr als fünfzig Sitzplätzen. Im Spätsommer 1949 erhielt Carl Drinkard, der dort spielte, einen Anruf von Al Suter, dem Manager des Club Bali, des damals prunkvollsten Jazzclubs von Washington, in dem Lady auftrat. Der Besitzer Benny Caldwell hatte Coolridge Davis engagiert, aber er hatte »am Piano diese gewaltige, orchestermäßige Art, wie Fats Waller«, sagte Carl, und das wollte Lady nicht.

Al sagt also, Lady Day sei in der Stadt, und sie hätte mich früher einmal auf der Durchreise gehört (das wußte ich aber nicht) und hätte ihm vorgeschlagen, mich anzurufen. Na ja, ich wollte gerade wieder zurück zur Howard University, ich hatte nie Ladys Musik gespielt, außerdem war sie die Art Person, die jeder Musiker glühend verehrt, aber ich sagte zu Al: »Vielen Dank, ich bin sehr geschmeichelt, bla-bla-bla, aber ich glaube wirklich nicht, daß ich das kann.« In Wahrheit hab' ich mich zu Tode gefürchtet.

Ich legte den Hörer auf und setzte mich wieder ans Piano, und ungefähr zwanzig Minuten später höre ich einen Aufruhr, und da steht Lady Day an der Treppe.

Also, wenn man sie zum erstenmal gesehen hat, auch wenn man keine Ahnung hatte, wer sie war, dann dachte man sofort: »Ehrlich, ich weiß nicht, wer die Frau ist, aber sie *muß* wer sein.« Sie hatte eine Art zu gehen, ganz geradeaus, ohne nach rechts oder links zu schauen, so daß jeder den Eindruck hatte, sie sei total unabhängig; später hab ich freilich gemerkt, daß sie alles andere als unabhängig war. Sie trug ein weißes Kleid mit lauter Pailletten, von Kopf bis Fuß war sie voller Pailletten, das sah aus wie die Rüstung eines Kreuzritters. Sie war ohne jeden Zweifel die schönste Frau, die ich je in einem Abendkleid gesehen habe; die Frau und das Kleid waren irgendwie miteinander verschmolzen, und die Art, wie das Kleid über ihre Hüften fiel, war *irrsinnig*, und sie wußte sehr gut, wie sie gehen mußte, mit genau bemessenen Bewegungen, um verführerisch zu sein, ohne billig oder vulgär zu wirken. Sie kommt also zum Piano rüber, und Gott sei Dank wollten wir sowieso grad' aufhören; sie zeigt mit dem Finger auf mich und sagt: »DU – DU KOMMST MIT MIR!«

Okay! Ich gehorchte und ging mit und dachte, ich werd' es auf jeden Fall versuchen müssen, obwohl ich ihre Musik bestimmt nicht kann, aber wenn ich Mist baue, kann ich immer noch rechtzeitig ins Harlem zurückkommen, um meinen Job zu retten. Aber statt geradewegs in den Club Bali zu gehen, nimmt sie mich mit in eine Kneipe namens Crystal Cavern Club und bestellt was zu trinken.

Sie trank ihre gemeine Mischung aus Brandy und weißer Crème de Menthe, von der John Levy, wie Carl später sagte, sie stets fernzuhalten versuchte; in manchen Verträgen stand ausdrücklich, diese

Sorte Cocktail würde das Management ihr nicht servieren. Sie bestellte einen doppelten Gin für Carl, der Alkohol nicht gewohnt war; er sei ihm zu Kopf gestiegen, sagte er, so daß er bald geglaubt habe, was sie ihm sagte: »Mach dir keine Gedanken über meine Musik. Wenn du ›The Man I Love‹ spielen kannst, dann kannst du für mich spielen. Für mich spielen, das ist die *aller*leichteste Sache von der Welt!« So saßen sie zusammen und tranken, während im Club Bali Scharen von Zuhörern auf Lady warteten.

> Endlich steigen wir wieder ins Auto, und unterwegs denke ich: Sicher wird sie *jetzt* mit mir über die Stücke reden. Aber nein, wir gingen in ihre Garderobe, sie nahm die ersten fünf Nummern aus ihrem Buch, drückte sie mir in die Hand und sagte: »Machen wir weiter.« Einfach so: *»Machen wir weiter.«* Ich wollte auf der Stelle tot umfallen.

Der Club Bali bestand aus einem geräumigen Saal, überall standen Tische, das Podium für die Musiker, zu dem mehrere Stufen hinaufführten, erhob sich etwa 1,20 Meter über dem Boden und wurde von einer ausladenden hufeisenförmigen Bar eingerahmt.

> Sie werden's nicht glauben, aber wissen Sie, wer da an der Bar saß? Kein anderer als der große Art Tatum. Als ich aufsah und Art erblickte, wollte ich sofort wieder rausgehen. Art war das Idol jedes Pianisten, wir spielten zwar anders als er, trotzdem war er derjenige, den man sich auf den Sockel stellt, und erst dann schaut man sich die anderen an. Aber Art sagte zu mir – das war das zweite Wunder, das an diesem Abend passierte –: »Schau, Carl, mach's einfach so gut, wie du kannst.« Und das brauchte ich mehr als alles andere, denn da war mir klar, wenn ich Mist baue, würde zumindest Art es verstehen.
>
> Zum ersten Set gehörten »My Man«, »Waterfront«, »Them There Eyes« und »My Kind of Man«, das sie nie wieder sang und nie aufnahm; Dinah Washington sang die Nummer schließlich auf Platte. Dieses Lied war angeblich ihrem Mann, John Levy, gewidmet; sie erzählte allen, sie würde die Nummer aufnehmen, seinetwegen. Aber sie hatten soviel Krach miteinander, und es kam nie dazu … Sehr zu meiner Überraschung kriegte ich diese ersten Nummern zu ihrer vollsten Zufriedenheit hin, und als wir rausgingen,

sagte sie: »Von jetzt an gehörst du zu mir! Du bist jetzt mein Pianist!« Können Sie sich vorstellen, wie ich mich gefühlt habe?

Wir können natürlich nur Vermutungen darüber anstellen, ob Lady, falls sie allmählich einsah, daß Levy auch ihre Musik ruinierte, das Bedürfnis empfand, sich einen neuen harten Burschen zu suchen; jedenfalls war Bobby Tucker schon eine ganze Weile nicht mehr bei ihr, als Levys Zeit endlich abgelaufen war. Sie hatte Erfolg, wo immer sie auftrat; als sie Anfang 1950 wieder in San Francisco war, erfuhr sie, daß sie sich vor dem Obersten Gericht von Los Angeles einzufinden habe, um etliche anhängige Verfahren zu bereinigen. An einem Montag flog sie hin, nur um festzustellen, daß das Gericht wegen eines Feiertags geschlossen war; am Dienstag kam sie zu spät, doch am Mittwoch schaffte sie es rechtzeitig. Der *Los Angeles Times* gegenüber sagte sie: »Der Pilot hat mich schon gefragt, ob es mich nicht billiger käme, wenn ich mir mein eigenes Flugzeug kaufe.« Ed Fishmans Schadensersatzklage auf 75000 Dollar wurde abgewiesen, weil er in Kalifornien keine Lizenz als Veranstalter besaß, allerdings mußte Lady ihm etwas mehr als zweitausend Dollar zahlen. Bei der Messerstecherei an jenem Silvesterabend waren zwei Personen verletzt worden, doch es war eine gewisse Marian Epstein, der 1540 Dollar Schmerzensgeld zugesprochen wurden, weil ein fliegender Teller ihr den Knöchel aufgeschnitten hatte. Auch Jake Ehrlich ging gerichtlich gegen sie vor, weil, wie sie feststellen mußte, ganze Stöße von Rechnungen nicht bezahlt worden waren; Levy behauptete zwar immer wieder, er bezahle alle Rechnungen, doch sie hatte überall Schulden.

Auch die Tatsache, daß ihr Chauffeur wegen Drogenbesitz verhaftet und ihr neuer blauer Lincoln beschlagnahmt wurden, war kaum dazu angetan, ihre Stimmung zu heben. Im darauffolgenden Oktober wurde Cottrell Cortes Amos zu einer Haft von mindestens einem bis höchstens sechs Jahren in San Quentin verurteilt.

Die Hauptsache war jedoch die Musik. Der Impresario Jimmy Lyons hörte Lady zum erstenmal im Jahr 1950, als er noch Rundfunkmoderator war. Sie trat in einem Kellerlokal auf, möglicherweise im Club Alabam im San Franciscoer Stadtviertel Fillmore.

> Die Kneipe war ziemlich voll, und ich wartete ewig, bis sie endlich auftrat – und das war das Merkwürdigste: auf einmal verstummte das ganze Lokal. Hinter dem Rücken aller kam durch die Eingangstür Miss Holiday mit einem Hund, keiner hat es eigentlich gemerkt, aber es war wie eine elektrische Spannung. Irgendein Kribbeln im Hinterkopf. Sie kam einfach rein und stieg aufs Podium und sang einen perfekten Set, aber nie in meinem Leben hatte ich so eine Spannung erlebt. Da hat man eine Million Shows erlebt, aber dann …

Der Trompeter Chlora Bryant erinnerte sich an ein Engagement im Club Alabam während dieser Zeit; in der Band spielte auch Wardell Gray.

> An einem Abend gab sie mir hinter der Bühne ein Foto von ihr mit Autogramm für eins meiner Kinder, und sie schrieb drauf: »Bleib glücklich.« Eine ungewöhnliche Widmung, so was hatte ich vorher nie gesehen, und sie gab eine Erklärung dazu – auch das hatte ich noch nie erlebt, daß jemand erklärt, was er mit einer Widmung sagen will. Wir redeten über Kindererziehung, und sie sagte: »Sieh zu, daß deine Kinder glücklich bleiben.« Was sie meinte, war ungefähr das: Probleme kriegen sie sowieso früher oder später, aber man muß dafür sorgen, daß sie sich trotzdem zumindest ihr Lächeln bewahren.
>
> Sie war nicht so, wie die Zeitungen sie darstellten. Ich hatte jemand erwartet, der laut ist und sich dauernd in Szene setzt, eine Art Monster. Für mich war sie immer eine Lady; sie hatte immer alles im Griff. Ich war viel mit Dinah [Washington] zusammen; sie war eine, die auf Frauen losgegangen ist, bloß weil sie ihr nicht sympathisch waren. Die beiden waren ein krasser Gegensatz: nämlich hat sich Dinah genau so verhalten, wie ich's eigentlich über Billie gehört hatte. Aber einfach da in der Band zu spielen, hinter ihr – das war irre.

Im August 1950 drehte Lady unter der Regie von Will Cowan einen Kurzfilm für Universal International mit einem Count-Basie-Septett; der weiße Klarinettist Buddy DeFranco gehörte dazu und spielt auf dem Soundtrack, auf der Leinwand hingegen ist an seiner Stelle Marshal Royal zu sehen. Im Juni ging sie mit einer Bigband unter Gerald Wilson auf eine Tournee, die ein Desaster wurde: entweder weil Levy schlichtweg alles Geld an sich raffte, das ihm in die Hände fiel, vielleicht um sich auf diese Weise für seinen bevorstehenden Abgang aus Ladys Leben schadlos zu halten, oder – bestenfalls – weil er in jeder Hinsicht eine Niete war; es gab keinerlei Werbung, und in South Carolina schließlich blieb die Band liegen.

Gerald Wilson ist ein Trompeter, Komponist, Arrangeur und Bandleader, der jahrzehntelang an der Westküste sowohl beim Publikum wie auch bei den Kritikern sehr gut ankam, aber in den Medien und im internationalen Showbusineß kaum Beachtung fand; als er 1971 interviewt wurde, hatte er soeben ein Album mit Ella Fitzgerald aufgenommen. Seit er Mitte der vierziger Jahre erstmals als Bandleader aufgetreten war, hatte er viel Erfahrung gesammelt; 1949 arbeitete er sowohl für Dizzy Gillespie wie für Count Basie, aber 1950 reduzierten beide ihre Bands auf Combos.

> Eines Abends ging ich in die 125th Street entlang und wurde von einem Burschen namens Earl Dancer angesprochen. Er war einmal Produzent im Cotton Club gewesen; ich glaube, er war mit Ethel Waters verheiratet ... Billie Holiday plante eine Tournee durch den Süden, und Dancer wußte, daß ich eine erfolgreiche Band im Apollo gehabt hatte, 1946, und daß ich ein einwöchiges Engagement zusammen mit Billie hier in Los Angeles hatte, im Plantation Club; ich glaube, das war ebenfalls 1946. Jedenfalls sind damals Sarah Vaughan und Billy Eckstines Band dort aufgetreten, aber irgendwas ist passiert, sie mußten gehen, und als Ersatz kamen wir für eine Woche ... Wie auch immer, ich sprach darüber mit ihrem Manager, das war damals John Levy; er hatte eine Bar, in der Eighth Avenue, glaub ich, genannt Poor John's. Ich habe Billie Holiday immer bewundert, schon als ich noch in Detroit zur Schule ging.

Die Band probte in Philadelphia und hatte ihren ersten Auftritt in Baltimore, wo »draußen im Park eine riesige Menschenmenge war, das war eine Art Tanzlokal am Strand«; von hier aus ging es weiter Richtung Süden, durch Delaware, Norfolk, Virginia nach Nord- und Südcarolina, wo die Tournee abbrach: »In Greenville, South Carolina, oder Greensboro, irgendso ein Ort mit Green. Sie schmissen uns aus dem Bus, weil sie die Busgesellschaft nicht bezahlt hatten. Niemand wurde bezahlt. Ich kannte alle diese Lokale, weil ich dort aufgetreten war mit Jimmie Lunceford und Basie, sogar mit Dizzy, aber wenn wir hinkamen, wußte keiner, daß Billie Holiday in der Stadt war. Eine miserable Promotion war das.«

Melba Liston, damals vierundzwanzig, spielte Posaune:

> Levy steckte mich immer zusammen mit Lady in ein Zimmer, damit ich aufpaßte, daß ihr nichts zustieß. Sie wurde immer leicht nervös. Sie wachte auf und wollte ihren Kaffee und saß im Bett und wollte Bourbon dazu, dann quatschte sie eine Weile, zog sich an und drehte eine Runde durch die Restaurants ... nicht reizbar, normalerweise recht angenehm. Sie tanzte auch, warf die Jukebox an und legte los; ich fand sie toll. Ich hab' sie wirklich irrsinnig gemocht.
>
> ... Nach der Show hingen wir noch zusammen rum. Wir waren alle nicht aus dem Süden, und die Leute nahmen uns nicht besonders gut auf – mit dem Erfolg, daß wir wie eine Familie zusammensteckten. Wir blieben also zusammen, hörten Platten und improvisierten. Wir spielten in schwarzen Lokalen, trotzdem waren wir dort Fremde. Das ist eine Art Revierangelegenheit: Die Schwarzen aus dem Norden waren was anderes als die Schwarzen aus dem Süden, zumindest für die Leute, vor denen wir auftraten. Wir sprachen nicht dieselbe Sprache, wir waren Außenseiter.
>
> Wir spielten in diesen Strandlokalen mit Tanzboden, das waren eigentlich eher Schuppen, ziemlich primitiv. Schnaps wurde kaum verkauft, obwohl, ab und zu hatte ein Lokal auch eine Bar. Eine Sommertournee, die Leute brachten sich ihr Essen selber mit. Wir verbrachten viel Zeit auf der Fähre – hin und zurück über die Chesapeake Bay, diese Gegend war das. Der Bus fuhr auch mit der Fähre.

Je weiter nach Süden sie vordrangen, desto schlimmer wurde es. »Es kam kein Geld rein«, sagte Melba, »keiner hat sich um Anzeigen und Werbung und Radio gekümmert, deshalb kamen sehr wenig Leute.« Levy war selten anwesend, aber wenn er auftauchte, gab es Ärger.

Ich war ein schüchternes Kind; Streit konnte ich überhaupt nicht haben. Von Levy hielt ich mich möglichst fern; ich hab' meistens gelesen. Saß in der Ecke. Billie war stark, weil sie sich immer geprügelt haben … Von einer Schlägerei hab' ich gehört, die fand in einem Hotel statt, sie mußten beide ins Krankenhaus; sie hatte ihm mit einer Colaflasche oder was ähnlichem den Kopf eingeschlagen, und er hat sie geschnitten, aber am Abend waren sie beide wieder okay, und wir sind aufgetreten; man hat ihr nichts angemerkt.

Ein andermal fingen sie im Bus an, sich zu prügeln, und ich mußte unter dem Sitz Deckung suchen. Sie waren vorne im Bus, und dort hing ein Schild, ein Rollschild mit einem Gitter drüber auf der Innenseite, darauf stand: »The Lady Day Orchestra« oder so was ähnliches – und sie sagte, sie hätte die Schnauze voll davon, sie wollte ihren Namen nicht dort stehen haben, sie riß das Schild herunter und zerfetzte es …

Wir waren in einem Hotel und räumten unsere Zimmer, und der Busfahrer hatte sein Geld nicht gekriegt; sie zahlten ihn nicht, deshalb ließ er uns in South Carolina sitzen, und wir verbrachten mehrere Nächte im Bus und warteten, daß er zurückkam. Sie und John zogen ab mit dem Versprechen, uns Geld zu schicken … Es war schrecklich in diesem Bus. Jeden Abend kamen die Bullen mit Schlagstöcken und drohten uns, daß sie uns verantwortlich machen würden, wenn in der Stadt irgendwas passiert, wir kriegten Angst, und bis wir da endlich rauskamen, war ich total am Ende.

Sie warteten umsonst. »Tatsache ist, daß meine gesamten Ersparnisse draufgegangen sind, ich zahlte damit das Orchester«, sagte Gerald Wilson. Wilson und Melba fuhren zurück an die Westküste; in Kansas City, sagte Wilson, »trafen wir glücklicherweise einen Freund von mir, der damals in Bull Moose Jacksons Band mitspielte und mir ein bißchen Geld lieh«. Alle wußten, daß es nicht Wilsons und nicht einmal Ladys Schuld war, dennoch gingen bei der Musikergewerkschaft Beschwerden ein.

Wilson sagte, er glaube, für die Publicity während der Tournee sei ein Mann namens Dewey Shewey verantwortlich gewesen: »Ich glaube jedenfalls, daß er so hieß.« Carl Drinkard sagte, er sei glücklicherweise auf diese Tournee nicht mitgefahren; Dewey sei ein Geschäftspartner von Levy gewesen: nebenberuflich Chauffeur, hauptsächlich jedoch Fassadenkletterer – ein Einbrecher, der während der Tournee verhaftet wurde. Levy hätte kaum ungeschickter vorgehen können: die Promotion einer Figur wie dieser anzuvertrauen, die zudem wohl auch für die Bezahlung des Busfahrers zuständig war. Levy steckte Ladys Geld ein, ohne das Geringste dafür zu leisten.

Aus dieser Zeit ist ein Brief erhalten, undatiert zwar, aber geschrieben auf dem Briefpapier eines Hotels in Norfolk, Virginia: er stammt eindeutig von jener katastrophalen Tournee. Maely, die Empfängerin des Briefes, war eine russische Jüdin, die nach New York geflüchtet war und offensichtlich eine Begabung dafür besaß, sich ins Leben anderer Leute einzumischen. Sie und Lady waren beide Waisen; sie lernten einander 1947 kennen, als Maely mit Freddie Bartholomew verheiratet war, einem Schauspieler aus England und einstigen Kinderstar, der 1936 die Hauptrolle in *Little Lord Fauntleroy (Der kleine Lord)* gespielt hatte. Carl Drinkard beschrieb Maely als »eine von Ladys intimsten Freundinnen, bis zu ihrem Tod«.

> Hi Mailey mein Schatz
> Du wirst sicher überrascht sein daß du von mir hörst und von mir und von diesem gottverlassenen land also Mr. John Levy hat alle deine voraussagen erfüllt er gibt mir keinen lumpigen penny mit nachhaus und wenn ich was zu essen will muß ich warten bis er sich dazu herabläßt ich habe Joe geschrieben und um Geld gebeten das er mit nach New York bringen soll Als ich neulich abends darauf bestand daß er mich für meine Arbeit zahlt hat er mir mit einer Flasche auf den Kopf gehauen ich bin jetzt fünfmal genäht worden so mein Schatz wenn du dies liest erwarte mich bitte jeden Tag Grüß Freddie Will von mir Ich telegrafiere bevor ich komme
>
> *Billie Holiday*
>
> PS Du Liebe bitte entschuldige die schlechte Schrift aber ich bin so wahnsinnig aufgeregt

Lady war an Gewalt gewöhnt und rechnete sogar damit, aber Levy trieb es mit seiner Gewalttätigkeit zu weit – um so mehr, als er sie durch keinerlei positive Eigenschaften wettmachte. Und Drinkard nennt einen weiteren Grund, weshalb Levy kurz darauf verschwand. Mittlerweile kam es vor allem darauf an, Lady alles zu besorgen, was sie wollte, und was sie wollte, war Rauschgift. »Ich trug die weißen Abendkleider und die weißen Schuhe, und jede Nacht brachten sie mir die weißen Gardenien und den weißen Schnee«, schreibt Lady in ihrer Autobiographie. So wollte sie es.

> Lady konnte keine Angewohnheiten aufgeben. Lady *wollte* keine Angewohnheiten aufgeben und erst recht keine Sucht. Sehr oft hat sie zu mir gesagt: »Carl, wenn ich ohne Drogen leben müßte, wär' das Leben nichts wert.« Lady war ein Mensch, der eigentlich leicht zu verstehen war; sie wollte nichts anderes, als am Morgen aufwachen und sich toll fühlen, und sich toll fühlen hieß für Lady, gleich beim Aufwachen zu wissen, daß sie genug Drogen hatte, um sich toll zu fühlen. Sie konnte sich an nichts anderes erinnern, außer ob sie Stoff hatte oder nicht.

Wir wissen, daß Jimmy Monroe nicht das Zeug dazu hatte, auf Lady achtzugeben. Drinkard tat es leid um Monroe; er hatte seit Jahren immer wieder von ihm gehört und wußte, daß Monroe Dinge getan hatte, die zu tun die meisten schwarzen Männer nicht einmal eine Chance haben; dennoch war die Begegnung mit ihm eine Enttäuschung. Levy brüstete sich vor Carl, er selbst habe Ladys Verhaftung im Jahr 1947 in die Wege geleitet, um sie für sich zu gewinnen, sobald sie entlassen würde; in der Tat war Levy so hinterhältig, daß Drinkard ihm derlei ohne weiteres zutraute. Nachdem Joe Guy endgültig verschwunden war, trat sie auf einmal in Levys Ebony Club auf, obwohl ihr die polizeiliche Erlaubnis dazu fehlte. Vielleicht hatte jetzt Joe Glaser Monroe zu Hilfe gerufen, denn irgend jemand mußte sich um Lady kümmern; jedenfalls erzählte sie Carl, Levy sei eines Abends in ihre Garderobe gestürmt und habe Monroe angeherrscht, er solle »machen, daß er fortkommt«.

> Daraufhin fragte ich Lady: »Und was hast du getan?« Sie sagte: »Ich hab' Jimmy angesehen, weil ich wissen wollte, was *er* tun würde.« Ich fragte: »Und, was hat er getan?« Sie sagte: »Er machte, daß er fortkam. Deshalb ging ich nachher mit John, weil ich diese Flasche nicht mehr ertragen konnte.«

Drinkard war zunächst der Meinung gewesen, Levy sei Jude, doch nach dem alten amerikanischen Prinzip genügte schon ein Tropfen schwarzes Blut, um jemanden zum Schwarzen zu machen. »Ihr Lieblingswort war ›Arschloch‹. Sie konnte das sagen wie niemand sonst – außer John Levy. Ich hab' nie einen Weißen auf die Art ›Arschloch‹ sagen hören, und deswegen dachte ich: Mein Gott, der ist ja einer von uns.« Aber laut Drinkard war Levys Untergang besiegelt, als er sich zwischen Lady und ihr Heroin stellte.

Levy hatte »eine Heidenangst« vor der Droge, denn ihm war klar, daß Heroin ihm schneller als irgend etwas sonst die Polizei auf den Hals hetzen würde, und immerhin war Lady wegen Drogenbesitz bereits vorbestraft. Abgesehen davon: die von Levy so sehr bewunderten Gangster mißbilligten Heroin; für die Herren der Unterwelt waren Kokain und insbesondere Opium die Drogen der Wahl – Heroin war etwas für Junkies. Opium sei damals so teuer gewesen, sagte Drinkard, daß die meisten Rauschgiftsüchtigen nie damit in Kontakt gekommen seien. (Später jedoch, als Opium knapp wurde, wandten etliche Gangster sich dem zu, was sie »white stuff« nannten.) Levy und seine Genossen pflegten nach Hot Springs, Arkansas zu reisen und sich einer Ruhekur zu unterziehen, von der sie sich genügend Regeneration versprachen, um ihre Opiumgelage fortsetzen zu können; Heroin lehnte Levy ab. Er stellte ihr *seine* Droge zur Verfügung – was der Hypothese eines Komplotts gegen Lady 1949 in San Francisco ebenfalls widerspricht –, aber Opium war nicht das, was sie wollte.

Drinkard war der Ansicht, John müsse gewußt haben, daß Pensicola, einer von Leys besten Freunden, Lady mit Drogen belieferte – »das gibt's nicht, daß er es nicht gewußt hat«. Und so verschlagen und habgierig, wie Levy war, wunderte sich Drinkard, weshalb er keine Anstalten machte, aus Ladys Rauschgiftsucht Profit herauszuschlagen, obwohl sie ihm zuwider war. Jedenfalls: »Er unterschätzte sie, oder zumindest unterschätzte er die Macht von Heroin. Das war mit ein Grund, weshalb John abtreten mußte.«

Es ging auch um Geld. »Lady machte sich nichts aus Geld an sich«, sagte Drinkard, »aber gelegentlich brachte sie die Frage aufs Tapet. Einmal zum Beispiel im Earle Theater in Philadelphia.« Das muß im April 1950 gewesen sein; sie war die letzte Nummer in einem Programm, in dem auch George Shearing auftrat, und am 14. war sie auf der Bühne derart zerrüttet, daß sie eine vernichtende Kritik erhielt: Ein empörter Berichterstatter einer Lokalzeitung schrieb, sie sei »kaum verständlich« gewesen. Ansonsten aber muß es eine recht erfolgreiche Woche gewesen sein.

John hatte die ganze Woche über eine Riesenmenge Geld versiebt; ich hörte ihn Wetten am Telefon abschließen, und anscheinend hat er immer verloren. Am letzten Tag sehe ich diese zwei bestellten Schläger – bestens gekleidet zwar, aber man sah ihnen an, daß sie hartgesottene Burschen waren; sie standen gleich hinter dem Bühneneingang. Ich ging also rauf in die Garderobe und sagte: »Hör zu, John, ich will mich nicht in deine Angelegenheiten einmischen, aber da unten am Bühneneingang stehen zwei Kerle ...« Woraufhin John krebsrot wurde und ich wußte, daß ich den Nagel auf den Kopf getroffen hatte. John hatte nämlich die Absicht gehabt, an der Kasse das Geld einzusacken, sich nach New York abzusetzen und Lady später nachkommen zu lassen. John ging runter zur Kasse, kam wieder zurück, redete mit den Schlägern und verschwand. Offensichtlich hatte er ihnen das Geld gegeben.

Lady hatte in der ganzen Woche ziemlich viel verdient, und ab einem bestimmten Betrag sollten wir eine Beteiligung bekommen. Es war eine gute Woche gewesen – George Shearing stand auf dem Programm, und es war abgemacht, daß wir am Gewinn beteiligt würden; sie wußte, daß sie viel Geld gemacht hatte. Sie wußte zwar selber nicht genau, wie hoch unsere Beteiligung war, aber schon die Grundgage war nicht schlecht. Lady fragte also John nach ihrem Geld, und das nächste, was ich hörte, war ein fürchterliches Geschrei in ihrer Garderobe; Lady hatte John einen Fernseher an den Kopf geschmissen. Das war einer der ersten tragbaren Fernseher, die's damals gab. Jedesmal, wenn sie und John eine ihrer üblichen Schlägereien anfingen, platzte er fast vor Wut, weil er meistens den kürzeren zog; er schlug sie zwar nieder, aber sie schaffte es immer wieder, ihn irgendwie zu verletzen. Nachdem sie ihm den Fernseher an den Kopf geknallt hatte, lief er eine Zeitlang mit einem kreuzweise geklebten Pflaster auf der Glatze rum und sah komisch aus, vor allem weil er doch so ein eitler Typ war und gern furchterregend wirken wollte, und jetzt mußte er's hinnehmen, daß eine Frau es geschafft hatte, ihn zu verletzen ...

Levy sei fett und vulgär gewesen, sagte Drinkard; Marie Bryant meint, er habe absolut nichts Anziehendes an sich gehabt. Wie Lady zu Drinkard sagte, schliefen sie nicht einmal mehr miteinander; sie erzählte ihm von der Opiumgeschichte und der Verhaftung im Jahr 1949: Wenn wir ihr glauben können, war Levy zu dem Zeitpunkt, als sie im Gerichtssaal die Nummer mit »ihrem Mann« abzog, in dem Sinne längst nicht mehr ihr Mann. »Er hat sogar ihre Gedanken beherrscht. John war so mächtig, daß er Lady alles einreden konnte, was er wollte; sie glaubte es. Es war nicht so, daß er sie eingeschüchtert hätte, aber er hat sie davon überzeugt, daß alles, was er sagte, richtig war ... John hat sie immer zu einem kleinen Kind gemacht.«

Levy hatte in St. Albans auf Long Island ein Haus gekauft. 1950 wohnte Drinkard dort eine Weile mit Lady und Levy zusammen; jeder hatte sein eigenes Schlafzimmer. »Die Einrichtung stammte von einem kleinen Burschen aus dem Dorf, er hieß Jay. Er war der Erfinder dieser Tapeten aus Nylonfasern: er hat jeweils ein Viereck von vielleicht zwanzig Zentimetern im Quadrat mit Kleister vollgepinselt und Nylonfasern draufgeblasen.« Lady hatte ein rundes Bett mit einer Fläche von dreieinhalb Quadratmetern; die faserige Wand, der Teppich und der Bettüberwurf waren alle hellgrün. Wenn Lady nicht gearbeitet habe, sagte Drinkard, habe sie sich zwischen zehn und zwölf Uhr mittags in ihr Zimmer zurückgezogen und Gin zu trinken begonnen; sie aß nicht viel, aber sie kochte gern für andere, Hausangestellte gab es nicht, denn sie kümmerte sich gern um den Haushalt. Es gab zwar nicht viele Möbel, aber sie waren von guter Qualität, und Levy war selten da; es war ein Ort, an dem Lady sich entspannen konnte, doch auch um dieses Haus wurde sie betrogen. Angeblich war es sowohl auf ihren wie auch auf Levys Namen eingetragen; das stimmte natürlich nicht. »Die Tatsache, daß sie ja nie was unterschrieben hatte, kam ihr gar nicht in den Sinn.«

Vielleicht war es seine Fähigkeit, ihr Denken zu kontrollieren, die Levy auf den Gedanken verfallen ließ, er könne sie vom Heroin abbringen und zur Opiumraucherin machen; doch auf einmal funktionierte keiner seiner Tricks mehr. Was immer den Ausschlag dafür gab, letztlich schaffte sie es, sich von ihm zu trennen; seine Macht war indessen so groß, daß sie sich heimlich davonschleichen mußte, genau wie Tonda ein paar Jahre zuvor. Es muß

Ende 1950 gewesen sein; Drinkard hatte eine Combo im Brown Derby in der Connecticut Avenue in Washington, und offensichtlich versuchte er sich, aus Ladys Umklammerung zu befreien, denn er hatte seinen Musikern gesagt, was immer geschehe, er würde mit ihnen zusammenbleiben, und er warnte sie: Lady sei zu allen Tricks fähig. Lady und Levy wohnten im Charles Hotel:

> Lady kletterte die Feuerleiter runter, ohne irgendwas, nur ihren Hund hatte sie dabei, ihren Pelzmantel und ungefähr siebzehntausend Dollar, die sie heimlich im Hotelsafe untergebracht hatte, wo John nicht rankam. Lady und ich hatten uns eine Zeitlang nicht gesehen; sie freute sich so, mich wiederzusehen, und um die Wahrheit zu sagen, ich freute mich auch. Aber sie vermurkste mir meine Band. Am letzten Abend hielt sie mir einen Vertrag vor die Nase: Sie hatte meine ganze Band angeheuert. Ich hatte geschworen, daß ich mich nicht von ihnen trennen würde, und jetzt waren die drauf und dran, sich von mir zu trennen!

Levy der Zuhälter starb 1957 an einer Gehirnblutung. Bobby Tucker beschwerte sich Jimmy Rowles gegenüber, Levy habe »nicht einmal soviel Anstand gehabt, sich von irgendeinem erschießen zu lassen«.

Nun betrat Monroe wieder die Bühne. Lady war ihm offenbar sehr zugetan; diese Zuneigung schien sie sich aus der Zeit bewahrt zu haben, als sie ihn heiratete, als sie dachte, sie würde ihr Leben jetzt in die Hand nehmen und hätte einen Mann gefunden, auf den sie sich verlassen konnte. Monroe indessen war es gewohnt, allein aufgrund seines Aussehens von den Frauen alles zu bekommen, was er wollte, und er konnte ihr die Gewalttätigkeit, die sie anscheinend brauchte, nicht bieten: Sie hatte längst allen Respekt vor ihm verloren. Ihre Männer seien immer nur hinter ihrem Geld hergewesen, sagte Drinkard, alle außer Monroe: »Sie verdiente viereinhalbtausend Dollar in der Woche, und ihr Ehemann hatte nur fünfzig in der Tasche.«

Drogenabhängige sind trickreich, und Drinkard erkannte all die Tricks und spielte mit, denn auch er war heroinsüchtig – auch Monroe war es mittlerweile geworden. »Ziemlich oft gab sie mir Geld, damit ich ihr Stoff besorgte; dann tauchte hinter ihr auch Jimmy auf und gab mir ebenfalls das bißchen, was er hatte, für

Stoff.« Lady sagte zu Drinkard, sie müsse stets mit einem offenen Auge schlafen; er fragte sie, weshalb. »Weil, wenn Jimmy glaubt, ich schlafe, schleicht er sich ins Bad, bleibt dort die ganze Nacht hocken und verdrückt mein gesamtes Dope. Ich werd' an Schlafmangel sterben, wenn ich dieses Arschloch nicht loswerde.« – »Sie muß Jimmy irgendwas sehr Böses gesagt haben«, fügte Drinkard hinzu, denn auf einmal war er verschwunden.

Lady kam immer wieder von der Nadel los, doch ohne Heroin war sie praktisch nie; eine Sklavin des Rauschgifts, predigte sie dennoch immer wieder gegen Drogen, genau wie Charlie Parker. Drinkard war mit der Szene bestens vertraut:

> Die Leute haben mir so oft unterstellt, ich hätte ein Verhältnis mit Lady Day, daß ich's schon gar nicht mehr zählen kann. Das ist eine hundertprozentige Lüge. Wenn einer mir sagt: »Ich weiß, daß du mit Lady Day ins Bett gehst«, dann sag' ich ihm: »Würdest du auch nur im Traum dran denken, was mit einer zu haben, die deine Mutter sein könnte?« Weiß Gott, als ich zum erstenmal für Lady spielte, war sie die größte Jazzsängerin der Welt, keine Sexmaschine.
>
> Und Lady Day hat man verdammt oft vorgeworfen, sie hätte mich süchtig gemacht ... Das allererste Mal, daß ich Stoff genommen habe, das war lang bevor ich Lady getroffen habe. Das heißt, für mich war's eine lange Zeit, denn alles, was war, bevor ich sie kennengelernt habe, war lang her.
>
> Ich wußte schon, was Heroin war. Ich hatte schon eine Connection und war in der Lage, ihr was zu beschaffen. Aber Lady war ein Witzbold. Sie war in der Lage, allen Ernstes anderen Predigten zu halten, sie sollten sich ja von dem Zeug fernhalten. Darin war sie kategorisch; sie konnte es nicht haben, wenn einer drücke, *außer* sie selbst. Der ganzen Welt erzählte sie, sie könnte Junkies nicht ausstehen; sie tat so, als wär' sie die einzige, die stark genug ist, um das Zeug auszuhalten, und alle anderen wären irgendwie degeneriert. Zu mir sagte sie: »Hör auf mich, Carl, nimm das Zeug nicht. Halt dich fern. Du sollst nicht so enden wie ich.«
>
> Ich habe gleich in der ersten Woche gemerkt, daß Lady süchtig war. Ich arbeitete für sie, und sie hat keinerlei Anstalten gemacht, die Sache zu vertuschen. Jedesmal, wenn John aus dem Zimmer war, griff sie zu ihrem geheimen Vorrat, den sie oben in ihrem Strumpf versteckt hatte, machte

> ein Röhrchen aus einem Streichholzheft und schnupfte; manchmal waren an ihrer Nasenspitze noch Spuren zu sehen. Lady war eine Snifferin, sie schnupfte. Jedesmal, wenn sie irgendwen überzeugen wollte, daß sie clean war, wenn sie ihren Mann hinters Licht führen wollte oder fast jedesmal, nachdem die Bullen sie geschnappt hatten, fing sie wieder an zu schnupfen. Sie hing nicht regelmäßig an der Nadel, erst als wir in San Francisco waren, 1950, und John nach New York zur Beerdigung seiner Schwester fuhr.
>
> John warnte mich, als wir nach Frisco kamen, er sagte: »Hör gut zu, Carl, du bist wahnsinnig, wenn du anfängst, mit Lady Scheiße zu bauen. Die haben hier dieses Gesetz über internen Drogenbesitz, weißt du, was das ist: Die stecken dich schon in den Knast, wenn du nur Einstiche hast. Laß dich ja nicht von Billie zu irgendeinem Scheiß überreden, daß du ihr Stoff besorgen sollst, sonst buchten sie euch beide ein!«

Sie war auch eifersüchtig, und sie bemutterte Carl wie jeden anderen:

> Ich hatte zwei Mädchen, Elissa und Jeanette, die mit mir lebten, und Lady wollte dieses Verhältnis beenden. Sie konnte aber nicht rauf in mein Zimmer; ich hatte allen im Hotel Anweisung gegeben, Lady nicht in mein Zimmer zu lassen; also beschloß sie, wenn sie schon nicht in mein Zimmer konnte, um meine Mädels rauszuschmeißen, würde sie mich wenigstens den ganzen Tag von ihnen fernhalten. Früh am Morgen trommelte sie uns zu einer Probe zusammen, dann nahm sie mich mit und fuhr mit Jarbooty in seiner abgehalfterten Minikarre in seine Bruchbude, wo er sein Vorratslager hatte. Jarbooty holte eine Nadel und einen Löffel raus, kochte ein bißchen Stoff auf und spritzte Lady in die rechte Hand; ich hatte Lady vorher nie drücken sehen. Dann sagte sie zu Jarbooty: »Gib auch Carl was ab.« Daraufhin gab Jarbooty mir was zum Schnupfen. Ich war ziemlich fertig, und Lady war ebenfalls ziemlich fertig, aber sie hielt mich den ganzen Tag auf Trab, und irgendwie machte es mir wohl nichts aus.

Ladys Warnung vor Heroin war eine Warnung vor der Nadel: Drinkard begriff sie wohl, doch sie stieß auf taube Ohren.

Zusammen mit ihrem Dope und ihrem Bargeld trug Lady eine zweischneidige Klinge im Strumpf mit sich herum: »Meine süße kleine Rasierklinge« – das war Lady, wenn sie sich rowdyhaft gab; aber sie verletzte nie jemanden mit ihrer Klinge, sondern benutzte sie, wenn sie die Beherrschung verlor, um sich am nächstbesten Gegenstand abzureagieren. Auf Levy ging sie mit Messern los, und einmal schlitzte sie ihm mit einer Glasscherbe die Brust auf (»Eigentlich hatte sie es auf seine Kehle abgesehen«, sagte Drinkard); im Club Blue Mirror in Washington, DC, griff sie ihn mit einem Fleischermesser an, und er »kreischte wie ein Weib«. Ein andermal war die nächste greifbare Waffe ein Fernsehapparat. Louis McKay behauptete später, er sei einmal mit der Rasierklinge geschnitten worden, aber das habe er sich nur eingebildet, sagte Drinkard, weil er zu dem Zeitpunkt sturzbesoffen gewesen sei. In Wahrheit hatte Lady mit einer Gabel zugestochen.

In San Francisco, sagte Drinkard, und zwar wahrscheinlich vor Levys Rückkehr aus New York, habe sie an Carl ein Päckchen liefern lassen, ohne ihm zuvor Bescheid zu geben.

> Ein Hotelpage brachte es mir aufs Zimmer und sagte: »Das ist für Billie.« Also, ich hatte verdammt Schiß wegen dem, was John mir über diesen Mist mit internem Drogenbesitz und so weiter erzählt hatte. Ich hatte damals noch nie einen Knast von innen gesehen, und da hatte ich jetzt dieses Päckchen, und drin war das, was man heutzutage reines Heroin nennt – schätzungsweise sechzig Gramm, würde ich sagen.
>
> Ich brachte es zu einer Probe mit. Lady wußte zwar, daß sie's kriegen würde, aber sie schaffte es nicht, in dem Club die Nerven zu behalten. Ja, sie mußte die Treppe runterrennen wie ein kopfloses Huhn, und John direkt hinter ihr her, er fragt sich natürlich, wieso sie sich so freut, nachdem sie die ganze Nacht auf Turkey war. Aber Lady hüpfte rum und verriet damit alles. John sagte zu ihr – und John mußte immer nur ein paar Worte zu ihr sagen – »Billie, geh sofort in die Bar«, und sie *ging* sofort in die Bar. Daraufhin stieß John mir eine Kanone in die Rippen, schob mich aufs Männerklo und sagte: »Carl, ich sollte dich umlegen« – er versuchte schon wieder mich mit seiner Gangsternummer zu beeindrucken –, er sagte: »Eigentlich sollte ich dich umlegen. Du bist doch wie ein Sohn für mich. Du darfst dich von Lady nicht ausnützen lassen. Lady nützt jeden aus.«

Drinkard wußte also sofort Bescheid über die Tricks und Manipulationen, die Junkies veranstalten. Unterdessen lief Ladys Aufnahmevertrag mit Decca aus.

Bei der Studiosession im August 1949 wurde außer dem Porter-Grainger-Song »'Tain't Nobody's Business If I Do« ein freches Lied von Leonard Feather aufgenommen: »Baby Get Lost«. Buster Harding leitete eine hervorragende vierzehnköpfige Band, bei der Clayton, Lester und weitere alte Freunde mitspielten, sie lieferten jedoch nur die Begleitung, keine Soli. Bei den nächsten beiden Studioterminen Ende August und Anfang September spielten ähnliche Bands unter Sy Oliver, dem früheren Arrangeur von Jimmy Lunceford und Tommy Dorsey; diesmal gab es hier und dort auch Soli (allerdings nicht von Lester). Eingespielt wurden »Them There Eyes« (mit Olivers Two-Beat-Rhythmus hinter dem Gesang, der zu diesem Song perfekt paßt) sowie drei weitere Nummern von Bessie Smith: »'Taint't Nobody's Business« hatte Bessie im Jahr 1923 berühmt gemacht; nun kamen noch »Keeps On a Rainin'«, »Do Your Duty« und »Gimme a Pigfoot and a Bottle of Beer« hinzu (bei letzterem wurde »shim-sham-shimmy« durch ein »oo-bop-a-dop« ersetzt, und Bessies Anspielung auf Matrosen war verschwunden).

Am letzten Tag im September nahm Lady mit einer etwas kleineren Band, aber nach wie vor mit Oliver als Bandleader, »Now Or Never« auf, das sie selbst zusammen mit Curtis Lewis geschrieben hatte, sowie zwei Duette mit ihrem geliebten Louis Armstrong: an beiden hatte James P. Johnson mitgearbeitet; sie waren für *Sugar Hill* entstanden, eine erfolglose Broadway-Show aus dem Jahr 1931: »You Can't Lose a Broken Heart« und »My Sweet Hunk o' Trash«. Die zweite Nummer ist besonders köstlich: Louis mit seinem breiten Humor klingt an einer Stelle wie Moms Mabley, und nach der Art, wie er die Worte »Fuck 'em, baby« hervorstößt, amüsiert er sich offenbar königlich. Genau in der Form wurde die Aufnahme veröffentlicht, aber es gab Beschwerden – Walter Winchell war nicht einverstanden –, so daß Gabler eine neu aufgelegte Matrize einfügen mußte, auf der es statt dessen heißt: »Come on, baby«.

Die beiden letzten Decca-Sessions fanden im Oktober 1949 und im März 1950 statt; beide Male waren Streicher und eine Flöte dabei, Gordon Jenkins leitete die Band. Aufgenommen wurden »Your're My Thrill« (wovon es eine denkwürdige Aufnahme aus dem Jahr 1941 mit Lena Horne und Charlie Barnet gibt), »Crazy He Calls Me«, »Please Tell Me Now«, »Somebody's on My Mind« und »God Bless the Child« (die beide von Lady und Herzog stammen) sowie »This Is Heaven to Me«. Die ersten vier Nummern sind sehr viel besser arrangiert und, was den Klang betrifft, auch besser aufgenommen als Ladys früheste Decca-Platten: Die Streicher klingen weder dünn, noch stören sie, das Jazzfeeling bleibt erhalten. Die beiden letzten Aufnahmen jedoch stammen von Ladys einziger Decca-Session, die nicht in New York, sondern in Hollywood stattfand und nicht von Gabler produziert wurde; bei »God Bless the Child« singt eine Gruppe von Background-Vokalisten die Einleitung. Gabler sagte dazu:

> Ich hätte diese Einleitung unbedingt weggelassen. Ich hätte mich beschränkt auf die linke Hand am Piano als Einleitung zu »God bless the Child« ... Gordon war ganz verrückt nach Billie. Er liebte die Sänger, und alle Sänger liebten ihn. Wenn man vor Gordon Jenkins gesungen hat, dann war das, als hätte man Tschaikowsky und ein halbes Symphonieorchester hinter sich. Er hatte soviel Geschmack! Das einzige, was er nicht hatte, war das Gespür des schwarzen Musikers für diese Einleitung – die gehört einfach nicht hierher.

Die zweite Seite der Platte, »This Is Heaven to Me«, war ein beinahe religiöses Epos (die B-Seite eines Songs mit »Gott« im Titel); hier endet der Chor in einem Ton, der viel Ähnlichkeit mit »That Lucky Old Sun« hat: Von dieser Komposition waren im Vorjahr sechs Einspielungen herausgekommen, die allesamt Hits wurden, darunter auch Louis Armstrongs Version auf Decca. Die Bands, die bei Ladys letzten Aufnahmen mit Jenkins spielten, waren vergleichsweise klein – zwölf Musiker im Oktober 1949, neun plus der Chor im März 1950 –, aber seine Arrangements lassen sie mächtiger klingen. Die Ballade mit Streichern wurde zunehmend beliebt und verbreitet in der Popmusik, denn im Nachkriegsamerika mußte alles gewaltiger und besser sein als je zuvor; in den fünfziger Jahren waren die herkömmlichen Tanzkapellen mit (mehr oder weniger) sechzehn Musikern auf Tourneen nicht mehr rentabel, im Studio hingegen blähten die Begleitbands sich auf und erreichten die Größe von Symphonieorchestern. Und wäre Ladys letzte Decca-Aufnahme so erfolgreich gewesen wie »That Lucky Old Sun«, wäre ihr Vertrag zweifellos verlängert worden; der Erfolg jedoch blieb aus, und ihre Karriere bei einer bedeutenden Plattenfirma endete in eher gedämpftem Ton.

Nach »Lover Man« kam keine ihrer Decca-Aufnahmen in die Charts, obwohl Gabler meinte: »Eine der neuen Balladen, ›Crazy He Calls Me‹, war ziemlich populär«; allerdings führten die *Billboard*-Charts in jenen Jahren ohnehin nur die dreißig besten Titel auf, und viele Platten brachten Gewinne ein, ohne je in die Charts zu gelangen. Gabler beschrieb außerdem, wie er eine Aufnahmesession zu leiten pflegte, wie er mit der Band probte und für Lady Brandy, Honig und Tee bereithielt, falls sie Stärkung brauchte, denn, sagte er, »man darf nicht vergessen, daß für einen Künstler, der nachts in den Clubs arbeitet, eine Session im Studio um zwei Uhr nachmittags sozusagen vor dem Frühstück ist«. Zwanzig Jahre später vermutete er, es müsse wohl schwierig gewesen sein, Aufnahmetermine zu vereinbaren, denn Lady, die ja für New York keine polizeiliche Auftrittserlaubnis besaß, arbeitete oft in anderen Städten; allerdings dürfte dies kein allzu großes Problem gewesen sein: Lady spielte ihre letzten fünfzehn Decca-Platten in sechs Sessions innerhalb von nicht einmal acht Monaten ein.

Außerdem klingt sie nicht nur gut auf den Platten, sondern sie arbeitete mit der besten in der Branche verfügbaren Aufnahmetechnik. Bing Crosby, Deccas größter Star, hatte bereits 1946 begonnen, seine Radioshows aufzuzeichnen, um sich selbst das Leben leichter zu machen, und war Mitbegründer von Ampex, die damals große Teile der Studioausstattungen lieferte; er sorgte (unter anderen) dafür, daß die Decca-Studios auf dem neuesten Stand waren. Alles in allem müssen diese letzten fünfzehn Decca-Platten, die Lady einspielte, zu den besten Popaufnahmen der damaligen Zeit gerechnet werden.

Vielleicht lag es an Ladys schlechtem Ruf, daß ihre Platten weniger häufig im Radio gespielt wurden, als sie verdient hätten; mit Sicherheit aber ist dies der Grund, weshalb ihr Decca-Vertrag nicht verlängert wurde. Jack Kapp hatte sich den Luxus erlauben dürfen, alles zu tun, was er wollte; aber er war 1947 gestorben. Sein Bruder Dave Kapp stand noch bei Decca unter Vertrag, doch ihm fehlte Jacks feines Gespür. Gabler meinte dazu: »Sagen wir so: Die Bosse der Firma wollten kein Risiko eingehen. Lady war mittlerweile ja ziemlich berüchtigt … Sie dachten wohl, es würde Probleme mit ihr geben.«

Im Rahmen eines kurzzeitigen Vertrags mit Aladdin im April 1951 entstanden vier Aufnahmen mit einer Band unter Leitung des Gitarristen Tiny Grimes; Heywood Henry spielte die Holzblasinstrumente. Die Diskographien nennen Bobby Tucker als Pianisten: nach Bobbys Aussage stimmt das nicht, Carl Drinkard hingegen erinnert sich recht genau, wann diese Session stattfand. Er sagte, auch Grimes' Pianist habe bei einer Nummer mitgespielt, um sich ein wenig Geld zu verdienen, erinnerte sich jedoch nicht an seinen Namen; auch der Bassist und der Schlagzeuger bleiben anonym.

Aufgenommen wurden »Blue Turning Grey over You« von Fats Waller und Andy Razaf, eine verhaltene Interpretation im Vergleich zu den sehr viel früheren Einspielungen von Louis Armstrong und Waller selbst; ferner zwei Bluesnummern, »Be Fair With Me Baby« und »Rocky Mountain Blues«, und eine Ballade: »Detour Ahead«. Drinkard sagte, Lady habe »Detour Ahead« von Jeri Southern übernommen (und Jeri Southern wiederum, damals eine hervorragende Nachtclubsängerin, übernahm »You Better Go Now« von Lady). In Anbetracht der Zeit und der Plattenfirma, die vorwiegend die schwarze Gemeinde belieferte, ist es nicht überraschend, daß beide Aufnahmen einen starken Touch von Rhythm & Blues haben. In »Be Fair to Me Baby« klingt Drinkard ein wenig wie Avery Parrish in seinem Hit »After Hours« mit Erskine Hawkins aus dem Jahr 1940. »Rocky Mountain Blues«, sagte Drinkard, sei das Stück mit den zwei Pianisten gewesen; der Ton ist ein wenig verschwommen, aber jemand spielt einen langsamen Kling-Kling-Kling-Stil, wie Fats Domino.

Ladys treuen Fans mag es vorgekommen sein, es gehe abwärts mit ihr. Seit der Anklage wegen Opiumbesitz in San Francisco hatte sie eine schwierige Zeit durchgemacht: Im Herbst desselben Jahres kam es zu einem bestürzenden Zwischenfall in Detroit; sie hatte einen alten Freund aus der Shaw-Band wiedergetroffen, den Trompeter Chuck Peterson, der sie vor rassistischen Angriffen zu schützen versuchte und niedergeschlagen wurde (die Presse bezeichnete die Angreifer als »Hinterwäldler«). Wenige Monate später folgte das Desaster der Tournee durch den Süden, und gelegentlich gab es auch Schwierigkeiten mit Clubbesitzern; und schließlich mußte sie Levy loswerden. Während der Feiertage zum Jahresende 1950 hatte sie jedoch einen Auftritt im Hi-Note in Chicago im Rahmen eines gemeinsamen Programms mit Miles Davis, der ein voller Erfolg wurde: Der Clubmanager lobte sie in den Himmel.

In Chicago war Lady stets ein Kassenmagnet; sie jedoch beschwerte sich über den Chicagoer Winter, der so kalt sei, daß sie sich sämtliche Kleidungsstücke mit Pelz füttern lassen müsse, »sogar meinen Waschbeutel«. Sie trat mehrmals im Hi-Note auf; wann aber genau der nächste Abschnitt unserer Geschichte stattfand, ist nicht ganz klar; es war jedenfalls hier in Chicago, daß Carl Drinkard der Nadel verfiel:

> Seit diesem Auftritt in Kalifornien hatte ich immer wieder mal geschnupft, immer mehr; was uns zu unserem Engagement im Hi-Note in Chicago bringt. Der Club war kurz zuvor umgezogen, in den Norden des Loop. An dem Morgen, als wir ankamen, war gerade eine Chemiefabrik in die Luft geflogen, es gab einen irren Verkehrsstau, und es hatte sechsundzwanzig Grad unter Null. Zufällig war es Miles Davis, der mit seiner Band zusammen mit uns auf dem Programm stand, und er hatte keinen Pianisten, deswegen fragte er Lady, ob sie was dagegen hätte, wenn ich für die Zeit unseres beiderseitigen Engagements auch mit ihm zusammenarbeite.
>
> Und das ist interessant: Miles war nämlich der einzige, den Lady immerhin so gern mochte, daß sie mir erlaubte, mit ihm zu spielen. Bei jedem anderen sagte sie sofort: »Carl ist *mein* Pianist; er spielt für keinen sonst, und damit Schluß.« Einmal, erinnere ich mich, traten wir in Providence, Rhode Island auf, mit Stan Getz und seiner Band; Lady stand als letzte auf dem Programm. An dem Abend saß King Pleasure im Publikum. Von ihm war kurz vorher eine Platte rausgekommen mit dem Titel »Moody's Mood for Love«, die sich ziemlich gut verkaufte, und irgend jemand fragte Lady, ob sie bereit wäre, ihn anzukündigen, und sie sagte, in Ordnung: sie würde vorgeben, jemand zu kennen, den sie in Wirklichkeit nie im Leben gesehen hatte, aber schließlich waren sie beide im Showbusineß, und da ist man solidarisch. Also kündigte Lady ihn an: »Meine Damen und Herren, bitte einen großen Applaus für King Pleasure! Holen wir ihn auf

die Bühne!« Und King Pleasure marschiert rauf, grinst jeden an und ist mächtig stolz. Ich spielte Ladys Rausschmeißer, und als Lady von der Bühne lief, gab Pleasure mir ein Zeichen, mit »Moody's Mood« anzufangen. Ich spielte die Einleitung, und er fing an zu singen: »There I go, there I go, there IIII got, pret-ty ba-by, da-da-da-da-dada«, schmettert diesen fabelhaften Song aus voller Kehle hinaus, er ist toll in Schwung, und in dem Moment kommt Lady aufs Podium zurück. Ich dachte, sie will mit einstimmen; statt dessen packt sie mich am Arm, zieht mich vom Schemel hoch und zerrt mich mit in ihre Garderobe und läßt den armen Pleasure, der sich die Seele aus dem Leib singt, vor diesen ganzen Leuten da stehen – er wär' wahrscheinlich am liebsten im Erdboden versunken.

Es war also eine außergewöhnliche Sache, daß Lady mich im Hi-Note mit Miles zusammenarbeiten ließ. Mir hat es unwahrscheinlich Spaß gemacht, denn ich fand Miles toll, überhaupt hatte ich selten Gelegenheit, mit einer Band zu arbeiten, ich durfte sonst ja nur begleiten. Das Geld von Miles nahm ich für Drogen her, und das Geld von Lady sparte ich. Wir traten ein paar Wochen dort auf, und Dope war damals viel billiger. Miles hatte Israel Crosby am Baß und einen kleinen Schlagzeuger aus Chicago namens Jimmy Green; jede Nacht holte Miles das Geld für die Band ab, und Miles, Jimmy und ich – wir waren die Junkies in der Band, Israel war der einzige, der clean war –, wir gingen also runter zum Judson Boulevard, um Stoff zu besorgen. Anschließend gingen wir rüber in Greens Wohnung und teilten den Stoff in drei Teile. Dann wurden wir high und saßen da und schrieben die ganze Nacht, und alles, was wir schrieben, spielten wir am nächsten Abend.

Sie drückten, und ich schnupfte, und eines Nachts sagte Miles zu Green: »Wenn Carl nicht endlich aufhört, den Stoff zu vergeuden, nehmen wir ihn ihm weg.« Er hat nur Spaß gemacht, aber in dieser besagten Nacht fing ich an, mich zu fragen, wieso Drücken so anders ist als Schnupfen. Also, verstehen Sie, nur aus reiner Neugier ließ ich mir von ihm in den rechten Arm fixen und mir damit mein Leben ruinieren. Sicher, ich kann keinem einen Vorwurf machen, schließlich war ich an sich ja ein erwachsener Mensch, und er hatte auch nur was vorgeschlagen, was ich sowieso schon im Kopf hatte, nämlich rauszufinden, was diese ganzen Idioten am

Drücken so toll fanden. Ich fühlte mich total stark; ich dachte, ich könnte es einmal ausprobieren und dann wieder aufhören, ich würde bestimmt nicht abhängig werden. Das sind die berühmten letzten Worte, die jeder sagt, bevor er heroinsüchtig wird. Es ist die absolute Wahrheit, und ich bin der lebende Beweis dafür.

Ja, rausgefunden hab' ich's schon; der Unterschied war so erstaunlich, daß ich in der nächsten Nacht geschnupft habe wie sonst auch, nur daß nichts passiert ist ... Dann kam ich auf die Idee, wie blöd es ist, quer durch ganz Chicago zu laufen, wenn ich gleich unten im Hotel ein Mädchen kenne, das eine Nadel benutzt. In der Nacht fragte ich sie, ob sie mir eine leihen würde, und sie holte eine Schachtel raus und sagte: »Such dir eine aus.« So kam ich zu meinem ersten Besteck.

Na ja. Als Lady rausfand, daß ich angefangen hatte zu drücken, sagte sie: »Carl, du verdammter Idiot, ich hab' dich immer wieder gewarnt, und jetzt hängst du an der Nadel, und ich kann nichts tun, als versuchen, dir zu helfen.« Daraufhin kochte sie einen Schuß auf, ganz phantastisches Zeug. Sie hatte einen Eßlöffel, den sie randvoll machte, so daß der Stoff kaum klar wurde. Ich hatte ein bißchen Angst, mich selber zu fixen, und so tat sie es für mich, und dieser erste Schuß, den ich von Lady bekam, hätte mich eigentlich umbringen müssen, dabei hat er nichts anderes bewirkt, als mich wieder normal zu machen – genau das ist es nämlich: Man wird wieder »normal«. So was wie »high werden« gibt's überhaupt nicht. Nach dem ersten Schuß kannst du das verdammte High sowieso vergessen.

So fing die Beziehung zwischen Lady und mir und unseren beiden Bestecken an.

Nach Miles' Sucht befragt, sagte Drinkard: »Er drückte so oft, wie's ihm seine Finanzen erlaubten. Die Abstände hängen davon ab, wieviel Geld man hat. Natürlich hat niemand soviel, wie er gern hätte.« Lady fixte, bevor sie in den Club ging, manchmal nahm sie den Stoff auch mit in ihre Garderobe; jedenfalls spritzte sie soviel, daß sie nach dem Auftritt nichts mehr brauchte. Sie war dafür bekannt, daß sie sich nach der Show zurückzog, statt mit ihren Fans zu feiern, wie andere es taten, doch der Grund ihrer Zurückhaltung war nicht, daß sie es eilig hatte, nach Hause zu kommen und sich einen Schuß zu setzen: Sie wollte einfach diese Stunden für sich haben.

Zu der Zeit war sie auch Alkoholikerin; Drinkard sprach von einem täglichen Quantum von mindestens einem Viertelliter Gordon's Gin. Auch hatte sie die Gewohnheit, von Tisch zu Tisch zu gehen, mit ihren Fans zu plaudern, für den Club-Photographen zu posieren und an jedem Tisch einen Doppelten zu kippen – allerdings ließ sie überall auch halbvolle Gläser stehen. »Sie dachte, sie hält das Publikum zum Narren, auch die Polizei. Damals glaubten die Leute, wer soviel trinkt, kann unmöglich drogensüchtig sein.« Sie kannten Lady nicht. »Zu mir sagte sie immer, vor allem in Kalifornien, wo sie dieses Gesetz haben über internen Drogenbesitz, wo man verhaftet werden kann, bloß weil man süchtig ist – ›So, wie ich trinke‹, sagte sie, ›kommt keiner auf die Idee, ich könnte Drogen nehmen.‹ Lady drückte zuerst, und dann trank sie.«

Miles kam Mitte der fünfziger Jahre von den Drogen los. Stan Getz hatte Drinkard auf Besorgungsgänge geschickt, aber kurz danach machte er einen Entzug und blieb clean. Duke Ellington hatte von Zeit zu Zeit Junkies und Säufer in seiner Band, aber er weigerte sich, sie zu bevormunden: Es war ihm klar, daß sie entweder früher oder später erwachsen werden oder aber es nie schaffen würden. Lady indessen gab eine Sucht bestenfalls für kurze Zeit auf.

15 Der letzte Reigen: Lust, Last und Lorbeerkranz

Anfang 1951 traf Lady in Philadelphia mit Lester Young zusammen und sah ihn danach drei Jahre lang nicht mehr: Sie frönte den Drogen, während er sich in den Alkohol flüchtete, beide auf der Suche nach einem Weg, Kummer und Schmerz zu betäuben. In diesem Jahr hatte sie keinen Manager, keinen festen Pianisten, und nach der Aladdin-Session fanden keine Studioaufnahmen mehr statt; hingegen war Maely Bartholomew gewillt, sich um sie zu kümmern. Drinkard beschrieb diese Freundschaft:

> Immer wenn wir in New York waren, schaute sie bei Maely vorbei; jedesmal, wenn sie von einem Mann abgehauen war, rannte sie zu Maely und kroch bei ihr unter. Und Maely war ziemlich schlau; sie dachte, sie würde Lady Day sowieso überleben, und dann hätte sie eine sehr gute Sache in der Hand. Mir kam sie immer vor wie eine Frau, die's versteht, jede Situation zu ihren Gunsten auszunützen – man reicht ihr den kleinen Finger, und sie nimmt sich den ganzen Arm. Jedenfalls hat Lady sie so beschrieben … Lady hat ziemlich häßlich über Maely gesprochen. Sie sagte immer, was für ein fettes, stinkiges, verlogenes Weib Maely sei, und daß sie sie nicht ausstehen könnte. Ich hör' sie ja selber noch, wie sie immer sagte: »BIL-LIE«, in diesem falschen Ton, den sie draufhatte; sie versuchte immer gewählt zu klingen, so britisch: »Daaaling« und das alles; dabei war das geheuchelt. Und Lady sagte darauf immer: »Hör auf, so eine Scheiße zu reden. Als Hitler dich barfuß mit einem Tritt in den Arsch aus Polen verjagt hat, hast du dich auch nicht so piekfein ausgedrück.« Lady sprach über Maely wie über einen Hund.

Levy der Bassist sagte, Lady habe Maely als »fette, verlogene Schlampe« beschimpft, »mitten ins Gesicht. Aber Maely saß nur da, und schaute sie an und schluckte alles.« Drinkard berichtet weiter über die kurze Zeitspanne zwischen Levy dem Zuhälter und Louis (Louie) McKay:

> Also, Maely hatte eindeutig ein Auge auf Lady geworfen, und sie kam auf die Idee, sie könnte das Roadmanagement für Lady übernehmen … Einmal waren wir auf dem Weg nach Detroit, wir stiegen in New York ins Taxi, um zum Flughafen zu fahren, und Lady drückt Billy Sharpe ihren Koffer in die Hand, in dem sie ihr Dope hatte – der arme Billy, Gott segne ihn, er ist inzwischen gestorben; er hat nie gewußt, wie oft er für Lady Drogen befördert hat. Jedenfalls, auf dem ganzen Weg zum Flughafen hat Maely sich den Mund fußlig gequatscht, aber mir war nicht klar, daß es derart drastisch war. Es war kein Geheimnis, daß Maely gern Ladys Management übernommen hätte. Bis zum Flughafen fuhr sie mit und redete die ganze Zeit auf Lady ein, sie sollte ihr ein Ticket kaufen und sie mitnehmen, ohne Gepäck, ohne alles. Und die ganze Zeit, die sie mit uns zusammen war, trug sie Ladys Unterrock, und sie trug ihn wie einen normalen Rock.

Viele beschreiben Maely als Opportunistin; Drinkard meinte: »Ich weiß nicht, was passiert wäre, wenn Louis nicht aufgekreuzt wäre.« Die Frage ist in der Tat interessant. Maely hatte Grund zu der Annahme, daß Lady der Gewalt allmählich überdrüssig war; aber ausgerechnet in Detroit begegnete sie Louis McKay und ließ sich schließlich mit ihm ein. Drinkard sagte, McKay habe eine Frau und zwei Kinder gehabt und mit seiner Gattin einen Handel abgeschlossen: Es wäre nicht schlecht für ihn, sich mit Lady zusammenzutun, allerdings nur unter der Auflage, daß er weiterhin für seine Familie sorge. Drinkard erinnerte sich an eine Autofahrt mit sämtlichen McKays, während der Lady McKay vor den Augen seiner Frau verliebte Avancen machte.

Drinkard entsann sich auch an einen Auftritt im High Hat in Boston: George Wein sei im Club erschienen und habe Lady überredet, zur Eröffnungsfeier seines neuen Lokals Storyville im Untergeschoß des Buckminster Hotels mitzukommen. Sie hatten nicht viel Zeit, denn im High Hat wartete die nächste Serie auf sie, das Publikum indessen bestürmte Lady, sie müsse unbedingt singen. »Die Kneipe war voll bis zum Dach, und Lady dreht sich zu mir um und sagt: ›Wir müssen was tun, damit wir hier rauskommen.‹ Ich ging zum Piano, aber sie, statt ein Lied zu singen, sang, ich weiß nicht wie viele Nummern, bis man sie endlich von der Bühne ließ.«

Ende Oktober 1951 hatte sie den ersten von einer Reihe legendärer Auftritte im Storyville, mit Harding am Piano, John Fields am Baß und Marquis Foster am Schlagzeug; sie teilten sich das Programm mit Stan Getz, der sogar ein paar Nummern mit Lady gemeinsam spielte. Von Harding sprach sie in hohen Tönen: »Buster spielt nicht nur und schreibt für mich, sondern er fühlt auch genauso wie ich. An manchen Abenden bin ich müde, mir geht's nicht besonders, und ich will kein zu schnelles Tempo; er weiß das und findet genau das richtige Tempo und die richtige Tonart.«

George Wein wurde kurz darauf Produzent des Newport Jazz Festivals; im Oktober 1951 war der Pianist und angehende Impresario gerade sechsundzwanzig geworden, dennoch wußte er bereits einiges über Öffentlichkeitsarbeit: Manche der Vorstellungen im Storyville wurden im Rundfunk ausgestrahlt, und folglich existieren legendäre Mitschnitte von Ladys ersten Auftritten, entstanden in einem Zeitraum von drei Tagen. Besonders interessant sind zwei verschiedene Versionen von »Miss Brown to You«: Bei der einen singt sie relaxed, fast ein Legato, perfekt im Takt – offensichtlich fühlte sie sich wohl. Bei der anderen eilt sie dem Takt voraus, hämmert wild die Worte, wie eine Warnung: Das Stück dauert nicht einmal zwei Minuten, und es ist haarsträubend: alle ihre Eigenheiten waren noch intakt und ausgewogen.

Während dieses Engagements gab sie Nat Hentoff für *down beat* ein ungewöhnlich beschwingtes Interview: Sie sagte, sie sei wieder verheiratet, mit Louis McKay. Sie kenne ihn schon seit vielen Jahren, er sei fünf Jahre älter als sie und habe zwei Kinder; zumindest habe sie jetzt jemanden, der sich um sie kümmere, und sie wolle einen letzten Versuch machen, ein normales Leben zu führen. Aber sie redete schon wieder ins Blaue hinein: Lady und McKay heirateten in der Tat, aber soweit war es damals noch lange nicht.

Im selben Interview schwärmte sie von der Sängerin Jo Stafford: »Seit sechs oder sieben Jahren höre ich ihr schon zu. Sie klingt wie ein Instrument.« Zu dem Zeitpunkt erlebte Stafford eine anhaltende Glückssträhne und produzierte eine lange Reihe von Hits, im Krieg hatte man sie »G. I. Jo« genannt; sie hatte eine im Grunde perfekte Stimmlage und sang in wunderbar klarem und kühlem Stil mit einer einzigartigen Klangfärbung, die mitreißend war.

Im Frühjahr 1952 begann Lady mit einer Reihe von Aufnahmen für Norman Granz, zuerst auf Mercury und im folgenden Jahr für Granz' eigene Plattenfirma Clef. In den nächsten fünf Jahren war ihre Studiokarriere in guten Händen, ihr Leben freilich veränderte sich kaum.

Levy der Bassist lernte McKay später kennen:

> Er war ein Idiot – die armselige Sorte von Zuhälter, keiner, der irgendwie Klasse hatte oder je sein Glück machte. Im Vergleich zu den anderen war er fast ein umgänglicher Bursche, und er blieb bis zum Ende mit ihr zusammen; er war nicht wie John Levy, der einfach absolut grausam war, wie jeder mitgekriegt hat; sondern er hängte sich an sie, weil's ihm das Leben leicht machte, er hatte ja sonst nichts. Er versuchte, ins Management einzusteigen, rief mich an: »Wie machst du das? Kann ich für dich arbeiten?« Vergiß es. Er war auch wieder nur ein Zuhälter, und sie war auf dem absteigenden Ast.

Im Vergleich zu Levy dem Zuhälter war jeder ein umgänglicher Bursche. Die Gewalt nahm indessen kein Ende; Billie erschien regelmäßig mit blaugeschlagenem Auge und blauen Flecken am ganzen Körper. Gleichwohl waren Jimmy Rowles, Drinkard und andere der Meinung, sie habe McKay wirklich geliebt, und was noch mehr zählt: Sie selbst war überzeugt, daß sie ihn liebte. Manche glaubten, sie wolle noch immer eine Familie gründen, aber sicherlich war ihr zu dem Zeitpunkt endgültig klargeworden, daß sie nie eigene Kinder haben würde; sie sprach von Adoption, aber auch das war nicht sehr wahrscheinlich. Daß McKay sie schlug, ist nicht überraschend. Drinkard sagte, sie habe ihn respektiert, weil er der einzige Mann war, der noch abgebrühter war als sie und sie schlagen konnte, ohne Spuren zu hinterlassen. Sie spielten alle ihre Rollen: McKay war nicht so gewalttätig um seiner selbst willen, wie Levy gewesen war, und sie bemutterte ihn auf ihre Weise, manipulierte ihn und ließ ihn ansonsten machen, so gut er eben konnte; sie hing an ihm genauso wie er an ihr.

Anfang 1952 hielt sie sich an der Westküste auf und verdiente Geld, um ihre Rechnungen bezahlen zu können. Im März 1952 überschlug sich ihr Wagen dreimal, nachdem ein Reifen geplatzt war; Lady wurde aus dem Wagen geschleudert (was hätte tödlich enden können), doch sie kam beinahe ungeschoren, mit ein paar Schnittwunden und blauen Flecken davon und trat gleich anschließend vor dreihundert Soldaten im Fort-Ord-Krankenhaus auf. In einem Interview, das im April im *Melody Maker* erschien, trug sie eine neue Identität zur Schau und sagte: »Ich steh' nicht auf dieses ganze moderne Zeug… Jazz ist nicht mehr das, was er war. Für mich ist Benny Goodman immer noch der Größte.« Sie trat damals im Tiffany's in Hollywood auf und wurde von Wardell Gray, Hampton Hawes und Chico Hamilton begleitet: alles Modernisten; 1952 war »Modern Jazz« jedoch kein Markenzeichen, sondern ging in den typischen Hits der Zeit unter. Große Orchester, ein gewaltiger Sound und fortgeschrittene Technik mit zahlreichen Mikrofonen waren angesagt, Intimität nicht mehr gefragt. Benny Goodman war nach wie vor ein Star, und vielleicht versuchte Lady mit ihrem Statement sich beim Publikum einzuschmeicheln – schließlich brauchte sie Geld.

Billie kannte Granz bereits seit zwölf Jahren und war bei seinen »Jazz At The Philharmonic«-Tourneekonzerten aufgetreten (zwischen 1945 und 1947 wurden fünfzehn Titel von ihr live aufgenommen). Granz war gewiß nicht im Pop-Chart-Geschäft. Er sagte: »Billie war eine große Künstlerin und brauchte das Studio, also machten wir Aufnahmen.« Er bezog sich dabei auf die letzten Jahre ihres Lebens, als jede Aufnahmesession mit ihr ein Wagnis war, doch tatsächlich hatte er diese Einstellung gegenüber jeder Platte, die er aufnahm. »Granz war kein kommerzieller Produzent«, sagte Stoller. »Es war zum Beispiel nicht ungewöhnlich, daß wir für eine Viertelstunde mit Oscar Peterson ins Studio gingen, dann aber stundenlang spielten; wenn die Stimmung da war, stieg er drauf ein. Er hätte nie eine Session abgebrochen.«

Granz gründete die Plattenfirmen Clef und Norgran, die sich 1956 zu Verve zusammenschlossen; bis 1960, als er seine Firma an MGM verkaufte, hatte er einen beachtlichen Jazz-Katalog aufgebaut. Dann begann er noch einmal von vorn mit dem Label Pablo, das er 1987 an Fantasy verkaufte. Viele Jahre nach seiner ersten Aufnahme mit Lady, zu einer Zeit, in der die maßgebliche Plattenindustrie auf Rockalben mit Millionenverkaufszahlen aus war, sagte Granz, auch wenn er nur neuntausend Dollar mit einem Album gemacht habe, sei es noch immer ein Profit gewesen – und was sei daran schlecht? Was noch mehr zählt: von dem ersten mitgeschnittenen JATP-Konzert im Jahr 1944, das 1946 auf Achtundsiebziger-Schellackplatten herauskam, produzierte er Aufnahmen, die sich noch heute verkaufen.

In zwei Sessions in Los Angeles im Frühjahr 1952 nahm Lady fünfzehn Lieder für Granz auf und war damit wieder in dem Umfeld, in dem ihre Fans sie hören wollten: Das aus erstklassigen Musikern bestehende Sextett bildeten Oscar Peterson am Piano, Charlie Shavers an der Trompete, Flip Phillips am Tenorsaxophon, Barney Kessel an der Gitarre, Ray Brown am Baß und Stoller am Schlagzeug. Sechs weitere Nummern wurden im Juli in New York aufgenommen, mit Peterson und Brown, Joe Newman an der Trompete, Paul Quinichette am Tenorsax, Gus Johnson am Schlagzeug und Ladys einstiger Liebhaber Freddie Green an der Gitarre.

Zu diesen Einspielungen gehörten etliche Remakes, so zum Beispiel die dritte Studioaufnahme von »My Man« (die Zeile »He beats me too« [»Auch er schlägt mich«] hat nun ihren festen Platz); sehr schön ist Duke Ellington's »Solitude«. Unter den neuen Songs war erstklassiges Material wie »Autumn in New York«, und endlich nahm sie auch »If the Moon Turns Green« auf, das sie fast zwanzig Jahre zuvor zum erstenmal gesungen hatte. Shavers spielte viel mit offenem Horn, und genau wie 1937 mit Red Allen fanden ihn viele zu übermächtig für diese Konstellation; der Meinung bin ich allerdings nicht, und Lady dachte gewiß nicht so. (Er spielt wunderbar, in »Solitude« und anderen übrigens gestopft.) Großartig ist »I Only Have Eyes for You«, in moderatem Tempo. »Love for Sale« wurde ein Duett, nur mit Peterson und Lady. Peterson muß es genossen haben, für sie zu spielen: Shirley Horn, die hervorragende Pianistin und Sängerin, die erst in den letzten Jahren bekannter wurde, sagte: »Oskar streute ihr Blumen vor die Füße.« Vor kurzem äußerte Peterson gegenüber Joel E. Siegel:

> Ich wollte nicht *zuviel* machen – das ist etwas, das man mir immer zum Vorwurf gemacht hat –, deshalb hab' ich mich zuerst einigermaßen zurückgehalten, aber das wollte sie nicht. Sie wollte, daß jeder einfach nur spielte. Billie

> merkte gar nicht, daß die anderen ihr vier Takte hinterher waren, sie sang einfach ihren eigenen Rhythmus, und irgendwie paßte es plötzlich zusammen. Es war unglaublich. Sie konnte meilenweit vorausrennen, und auf einmal kam sie wieder zurück auf eine Weise, mit der man nie gerechnet hätte. Auf einmal stand sie wieder neben einem …

Wie bei den Sessions mit Teddy Wilson in den dreißiger Jahren fanden keinerlei Proben statt, und in Sachen Arrangements wurde auch nicht viel unternommen; so wollte es Granz. Sie sei genau wie jeder andere für ihre Arrangements verantwortlich gewesen, sagte Peterson: »Sie ließ uns wissen, in welcher Form sie eine Nummer haben wollte, und dann holte sie sich irgendwen, von dem sie die Soli wollte.« Sie hatte die Musik im Griff wie immer und war in ihrem Element; die Platten sind der Beweis dafür. Linda Kuehl schrieb das Beiheft zu einer 1976 erschienenen Wiederveröffentlichung dieser Aufnahmen: »Die Art, wie sie die letzten Silben von ›Yesterdays‹ singt, geht einem unter die Haut, und man versteht nun, was Imamu Baraka (LeRoi Jones) meinte, als er schrieb: ›Manchmal hat man Angst, dieser Lady zuzuhören.‹« Aber man muß keine Angst haben, Lady zuzuhören, niemals; gleich im nächsten Satz schreibt Linda: »… zu der Dunkelheit tritt ein unterschwelliges Lachen und ergänzt sie … immer das Spielerische, neckend und einnehmend …«

Es waren und sind wunderschöne Aufnahmen. Ihre Stimme ist rauher, hat ihre Jugendlichkeit verloren und läßt damit die künstlerische Leistung noch glanzvoller, noch deutlicher sichtbar hervortreten. Mit dieser Stimme muß man sich anfreunden, das war immer so, und zweifellos gibt es viele, die sie nie mochten; das zeigt aber eher, daß sie nicht wirklich zuhören: immer wieder, so etwa in dem Satz »can't save a cent« (»kann keinen Cent sparen«) in »He's Funny That Way«, wird die Geschichte, die sie erzählt, ihre eigene – gleich, wie oft wir sie schon gehört zu haben meinen.

»Lover, Come Back to Me« schlägt ein schnelles Tempo an, und auch hier macht die Band die Arbeit, während Lady auf dem Rhythmus swingt, wie sie es immer unter solchen Umständen tat – wozu sie auch in der Lage gewesen sein mußte, als sie mit Basie und den Bigbands zusammenarbeitete. Sie drängt sich nicht ins Rampenlicht, muß nicht länger versuchen, ein Popstar zu sein, sondern ist wieder einfach einer von den Jungs. Linda Kuehl schrieb, Lady habe Oscar nicht besonders gemocht, ihrer Ansicht nach habe er »zu viele Noten« gespielt, doch dafür gibt es keinen Beweis; Shirley Horns Meinung scheint in dieser Hinsicht zuverlässiger zu sein. Petersons swingendes Solo, hot und cool zugleich, in »Lover, Come Back to Me«, ist unvergleichlich, und ich kann nicht glauben, daß Lady nicht ebenfalls entzückt gewesen sein soll.

Tatsächlich hatten die Kritiker sie immer wieder zurück in diese Richtung gedrängt, aber bekanntlich sind Kritiker nie zufrieden, wenn sie bekommen, was sie laut eigener Aussage wollen. Wie Granz treffend formuliert, ist das nicht eine Frage verschiedener Maßstäbe, sondern vielmehr verschiedener Wertvorstellungen. Miles Davis sagte: »Ich höre sie jetzt lieber. Sie ist viel reifer geworden. Manchmal kann man fünf Jahre lang jeden Abend dieselben Worte singen, und dann, ganz plötzlich wird einem klar, was der Text wirklich bedeutet.« Granz war überzeugt, daß sie genausoviel Geld verdiente wie Sarah Vaughan oder Ella Fitzgerald; wenn sie sich beklagte, sie sei knapp bei Kasse, so deshalb, weil sie viel für Drogen und Alkohol ausgab – und weil McKay, wie alle ihre Männer, sie ausnahm.

1952 war eine Europatournee mit ihrem Freund und Verehrer Dick Haymes geplant, die aus absurden Gründen nicht stattfinden konnte: Sein Vater war Engländer, seine Mutter Irin (eine Konzertsängerin), er selbst in Argentinien zur Welt gekommen; obwohl er seit seiner Kindheit in den Vereinigten Staaten lebte und vom amerikanischen Bundesfinanzamt durchaus zur Kenntnis genommen wurde, das ihm Anfang der fünfziger Jahre Schwierigkeiten machte, drohten die Behörden ihm mit der Ausweisung, verboten ihm aber gleichzeitig, das Land zu verlassen. Die Tournee mußte abgesagt werden, und beiden Sängern ging damit ein Einkommen verloren, für das sie in den USA Steuern gezahlt hätten.

Im November 1952 sang Lady in der Carnegie Hall anläßlich der Konzerte zum fünfundzwanzigjährigen Jubiläum der Duke-Ellington-Band; ihre Begleiter waren außer Jimmy Hamilton und Ray Nance von Ellingtons Band dieselben, mit denen sie mehr als ein Jahr zuvor im Bostoner Storyville aufgetreten war, auch Buster Harding war dabei; sie war einer der größten Stars in einer Show, die ausschließlich von Jazzgrößen bestritten wurde. Damals spielte Drinkard wieder für sie, und im August sollten sie in einem Programm zusammen mit Ellington im Apollo auftreten, einem Ort, den sie immer geliebt hatte; aber ihr Gesicht war schlimm geschwollen – offiziell hieß es, sie leide unter einem Abszeß; doch wer sie näher kannte, war der Ansicht, sie sei verprügelt worden. Annie Ross trat an ihrer Stelle auf.

Annie Ross war im Showbusineß groß geworden und kannte Duke Ellington seit ihrer Kindheit, Lady jedoch war sie nie begegnet; dabei war sie ihr Idol: die allererste Plattenaufnahme, die sie besaß, stammte von Lady. Vor dem ersten Treffen mit Lady lernte sie allerdings Joe Glasers Gangsternummer kennen:

> Ich fuhr in die Stadt zu einem Termin mit Glaser, und ich muß sagen, er hat mir eine höllische Angst eingejagt – er war ein Mensch von sehr energischem, lautem, ungehobeltem und grobem Charakter. Er sagte: »Okay, schaun wir mal, was wir für dich tun können. Was machst du denn so, Schätzchen?« Ich sagte: »Ich singe.« Am nächsten Morgen rief er mich an und fragte: »Hast du ein Kleid?« – »Ja.« – »Hast du irgendwelche Songs auf Lager?« – »Ja.« – »Kannst du dir einen Pianisten organisieren?« – »Ja.« – »Gut. Ich will, daß du um halb elf im Apollo bist.« Ich fragte: »Heute abend?« Er sagte: »Nein, jetzt gleich.« – »Was soll ich dort tun?« fragte ich. »Du bist Ersatz für jemand.« Ich fragte: »Für wen?«, und er sagte: »Billie Holiday.«

»Nachdem ich mich wieder gefangen hatte«, fuhr sie fort, sei sie zum Apollo gefahren und habe festgestellt, daß Duke Ellington ebenfalls auf dem Programm stand.

> Und die erste Show am Montag war gleich der schwerste Brocken, weil die ganzen Jungs kamen und sehen wollten, was sich so tat. Duke kam zu mir in die Garderobe und war sehr freundlich zu mir, nett und ruhig und süß wie immer, und er fragte: »Wieso bist du so nervös?« Ich sagte: »Na ja, weißt du, es ist doch Billie Holiday«, worauf er fragte: »Hast du sie je kennengelernt«, und ich sagte: »Nein, und das möchte ich auch nicht.« Er fragte, warum, und ich sagte: »Weil ich gehört habe, wenn sie jemand nicht mag, dann kann sie einen wirklich fertigmachen.« – »Nein, das stimmt überhaupt nicht«, sagte Duke, »sie ist eine wirklich

> großartige Frau.« Und er ging mit mir zu ihrer Garderobe, Lady war da, und sie erzählte, sie hätte eine Zahnentzündung, ihr Kiefer sei völlig im Eimer.

Lady fragte Annie, ob sie ein Kleid habe, einen Pianisten und so weiter, »und sie war einfach toll«. Man hatte verkündet, daß Lady nicht auftreten würde, woraufhin etliche Zuhörer wieder gegangen waren.

> Aber ich hab' meine Show gemacht, und als ich von der Bühne kam, stand Lady mit ausgebreiteten Armen vor mir, und ich fing an zu weinen, und sie fing auch an zu weinen, und dann kam Duke rüber und sagte: »Wieso steht ihr Frauen da und weint? Kommt raus und verbeugt euch.« Also gingen wir zu dritt hinaus und verbeugten uns.

1953 brachte der erste von *down beat* veranstaltete jährliche Kritiker-Poll Lady zusammen mit Sarah Vaughan auf den zweiten Platz; bei der Umfrage unter den Lesern im selben Jahr wurde sie Siebte. (Ella war immer Erste.) Im Oktober trat sie in ihrer dritten Fernsehshow auf, einer von George Jessell moderierten Serie namens *The Comeback Story;* in der ersten Folge war Bobby Breen aufgetreten, ein Kindergesangsstar und -schauspieler aus den dreißiger Jahren, beim nächstenmal ging es um einen blinden Baseballspieler; insofern war es absurd, Lady zu einer Sendung wie dieser einzuladen, sie war ja nirgendwo gewesen, woher sie hätte »zurückkommen« können. Dennoch war es in mehrerlei Hinsicht eine interessante Publicity. Manche von Ladys früheren Freunden verweigerten entweder ihre Teilnahme oder verlangten zuviel Geld, doch Mae Barnes, Artie Shaw, Pod Hollingsworth (der wenige Monate später starb), Arthur Herzog, Leonard Feather und Louis Armstrong nahmen die Einladung an: Jessel stellt jemanden als »eine der größten Persönlichkeiten unserer Zeit« vor, nennt jedoch keinen Namen: Wahrscheinlich war es Tallulah Bankhead. (Manche Stimmen klingen, als wären sie vorher aufgezeichnet worden.)

Vielleicht war Lady nervös; sie klang jedenfalls, als wäre sie nur mit halbem Herzen bei der Sache. Das Bemerkenswerte an diesem halbstündigen, landesweit ausgestrahlten Fernsehprogramm war, daß es das Thema Drogensucht behandelte – im Jahr '53 – und eine mutige schwarze Frau zusammen mit ihren Freunden, die sowohl schwarz wie weiß waren, einem über alle, auch die Südstaaten verstreuten Publikum präsentierte, ob es ihm gefiel oder nicht. Es war ein Beispiel dafür, welche Wirkung das Fernsehen auf die Welt auszuüben begann: Nur vier Jahre später machte Armstrong Schlagzeilen, als er beim Anblick von schwarzen Kindern, die von weißen Slumbewohnern in Little Rock bespuckt wurden, vor Zorn explodierte und die Bürgerrechtsbewegung definitiv begann.

1952 und ein weiteres Mal 1953 trat Lady erneut im Storyville in Boston auf; Chilton sagt, ihr übliches Lampenfieber vor dem ersten Auftritt habe ihr im September 1953 eine schlechte Kritik eingetragen – natürlich saß der Autor des Artikels nur am ersten Abend im Publikum und erlebte die zwölf folgenden Vorstellungen nicht mit. 1953 war Drinkard ihr Pianist im Storyville.

Ende 1949, wenige Monate, nachdem er sie kennengelernt hatte, arbeitete Drinkard ausschließlich für Lady, später kam und ging er. Nachdem er geheiratet hatte, ließen Drinkard und seine Frau sich freiwillig ins Bundeskrankenhaus von Lexington, Kentucky einweisen; er brach den Klinikaufenthalt vorzeitig ab und kehrte geradewegs zu Lady zurück. Auf ihrem Garderobentisch lag ein Päckchen Heroin; kurz danach hatte auch Carl die Sucht wieder gepackt. Lady, Drinkard und McKay waren alle drei Heroinkonsumenten und spielten all die Spielchen, die Drogensüchtige spielen – bei der Konstellation dieser drei kamen noch einige Varianten hinzu. Carl kannte sie beide gut und hatte viel Mitgefühl für sie.

Louis McKay war Afroamerikaner, er schlug sich durch, so gut er konnte; immerhin gelang ihm, wie Jimmy Monroe vor ihm, einiges, wozu andere schwarze Amerikaner nicht einmal die Möglichkeit haben. Laut Drinkard war er einer der ersten, die einen Cadillac El Dorado erstanden, und in Los Angeles überhaupt der erste, denn er hatte ihn von Chicago her überführt. Drinkard vermutete, er habe den Wagen wohl mit dem Profit finanziert, den er als Heroindealer erzielte; aber um Geld zu machen, muß ein Grundstock vorhanden sein, und McKay hatte Ladys Geld. Anscheinend wollte Lady nichts anderes, als sich schlagen, sich ihr Geld stehlen zu lassen und mit Drogen beliefert zu werden; und anscheindend war McKay der einzige ihrer Männer, von dem sie genau das bekam, was sie wollte, zumindest eine Zeitlang. McKay spielte seine Rolle und strich den Lohn dafür ein; soweit wir wissen, verspielte er kein Geld bei Pferderennen, auch schlug er sie nicht öfter oder heftiger, als sie wollte.

Ihre Spiele waren genau definiert und folgten unausgesprochenen Regeln. Sie reizte McKay und ging ihm wie ein unartiges Kind so lange auf die Nerven (das tat sie mit allen ihren Männern), bis es Zeit für ihn war, sie zu verprügeln. Im Foyer eines Hotels erlebte Drinkard einmal zufällig mit, wie sie mit den Lippen lautlos das Wort »Arsch-loch« formte. Drinkard kannte den Mechanismus: Offensichtlich hatte McKay ihr eine Sekunde zuvor verboten, ihn so zu nennen; folglich tat sie es sofort noch einmal, woraufhin er sie mit der Faust niederschlug, aber auffing, bevor sie zu Boden fallen konnte. Keiner außer Carl hatte den Schlag gesehen; McKay trug sie aus dem Raum.

> Kurz darauf kommt Lady tänzelnd zurück aus der Garderobe, frisch wie ein Maiglöckchen, als wär' nichts gewesen.
> Also das war typisch Lady. Das ist ungefähr das klarste Bild, das ich von ihr geben kann. Sich in der einen Minute k. o. schlagen lassen und in der nächsten aus der Garderobe stolzieren, als käme sie frisch aus der Dusche.

Sie war glücklich.

Seit jeher hatte sie auch einen ausgeprägten Hang zur Häuslichkeit. In St. Albans, sagte Drinkard, habe sie sich eine Auswahl an teuren, bequemen Morgenmänteln zugelegt. Sie ließ das Radio laufen, ohne zuzuhören, einfach als Hintergrundkulisse. Sie liebte es, zu häkeln und zu stricken, manchmal nahm sie auf Reisen je einen Satz Strick- und Injektionsnadeln mit. Einmal wollte sie für Drinkard einen Pullover stricken und fragte ihn, welche Farbe er sich wünsche; er entschied sich für Tomatenrot, was ihr nicht gefiel; deshalb strickte sie statt dessen einen Pullover für ihren Hund. Diesen Hund hatte sie immer bei sich, und laut Aussage sämtlicher Freunde war das nicht einfach ein Image, das sie sich zulegte: Sie liebte die Hunde wirklich. Ihren Mister schenkte sie schließlich Bobby Tucker und seinen Kindern; ihr erster Chihuahua hieß Chiquita, später erwarb sie (durch Ava Gardner, sagte Drinkard) noch einen zweiten, den sie Pepe nannte.

Lady hatte nie den Kontakt mit ihrem Kindheits-Ich verloren. Kaufhausdiebstähle liebte sie: Oft ließ sie belanglose kleine Gegenstände mitgehen, zum Beispiel eine Schere. Drinkard sagte,

McKay sei manchmal heimlich ihren Spuren gefolgt und habe ihr Diebesgut bezahlt, wohl um peinliche Konfrontationen mit der Polizei zu vermeiden, aber er war sorgfältig darauf bedacht, nicht von ihr entdeckt zu werden – es hätte ihr den Spaß verdorben. (Ein paar Jahre später, berichtete Annie Ross, besuchten sie in Paris einen erstklassigen Juwelierladen, in dem Lady zwei oder drei eher kostbare Schmuckstücke erbeutet habe.)

Aber je älter sie wurde, desto schwerer war mit ihr auszukommen; vielleicht lag es auch einfach daran, daß sie fast ständig unterwegs war, in Hotelzimmern lebte und in Kneipen sang. Mittlerweile war sie schon so lange auf Junk, daß sie sich vielleicht gerade deshalb verhalten konnte, wie es ihr einfiel, daß sie ihre Umgebung – im bildlichen Sinn – an der Nase herumführte, während ihre eigentliche, geistige Natur sich immer mehr verbarg. Wie wir noch sehen werden, wurde ihr die seelische und gefühlsmäßige Distanziertheit in ihrer Beziehung zu McKay am Ende zu aufreibend. Einmal brachte sie sogar Drinkard soweit, daß er sie schlug.

Er bezeugt – wie viele, die sie kannten –, daß Lady auf der Bühne immer freundlich war: »anders als viele andere Sänger, die ich beim Namen nennen könnte«. Nie wies sie einen Musiker vor dem Publikum zurecht; hatte sie mit jemandem ein Hühnchen zu rupfen, tat sie es nach der Show. Drinkard zog sich in derartigen Fällen in sein Zimmer zurück und rührte sich nicht von der Stelle, um einer Begegnung aus dem Weg zu gehen, manchmal aber schickte sie jemanden nach ihm, und dann war er nicht mehr Carl, sondern »Mr. Drinkard«.

> »Ich nehme an, Sie wissen, daß Sie meine Karriere ruiniert haben, Mr. Drinkard.« Dann wußte ich schon, daß sie eine längere Strafpredigt vorhatte, denn Lady legte nie im Zorn los; sie fing mit Andeutungen an. »Ich weiß nicht, warum, aber jedesmal wenn ich auf diese gottverdammte Bühne gehe, tun Sie genau das Gegenteil dessen, was ich von Ihnen will. Ich weiß nicht, warum. Carl, ich hab' dich jahrelang trainiert!« (Sie hat mich jahrelang trainiert: jetzt weiß ich, daß sie sich in eine Wut hineinsteigert.) »Ich denke, du könntest allmählich wissen, daß so ein Tempo zu schnell für mich ist.« Zufällig weiß ich, daß es keineswegs zu schnell war; Lady war, was die Tempi anging, ziemlich willkürlich. Aber sie muß alles, was sie auf der Seele hat, loswerden, erst

dann kann ich versuchen, mich zu verdrücken. Wenn ich gleich versuche, mich aus dem Staub zu machen, geht sie auf der Stelle in die Luft; sie will nur, daß ich mir diese ganze Scheiße anhöre, die sie mir hinknallen will. Ich versuche, die Ohren auf Durchzug zu stellen ...

Eines Abends spielten wir im Senator Hotel in Philadelphia, in einem Programm, in dem auch Barbara Carroll auftrat, in der Rendezvous Lounge; das war die vordere Bar, in der die Leute aufgetakelt waren und praßten, hinten war die Pioneer Bar, wo Faßbier ausgeschenkt wurde und keiner besonders gut angezogen war. Sie ging zwischen zwei Shows immer in die hintere Bar; sie hockte gern mit dem Volk zusammen. Sie liebte es auch, laut zu reden und sich vorzustellen, daß die Leute auf jedes Wort von ihr eingingen. Sie drehte also ihre Runde durch die Bar, und die Leute tranken den Whisky, den sie spendierte. Sie hatte eine Art Dienstmädchen, eine Tunte namens Grady; mit weiblichen Dienstmädchen gab es immer Zoff, also versuchte sie's jetzt mit einem männlichen, und sie und Grady soffen sich zu; das hatten sie schon den ganzen Abend getan, und allmählich waren sie beide richtig blau. Irgendein Kerl kommt in die Bar und fragt sie, wo ihr Begleiter ist. Lady sagt: »Carl schwirrt hier irgendwo rum.« Und der Kerl sagt: »Ich brauch' ihn, er schuldet mir Geld.« Und sie geht sofort auf die Palme.

Sie müssen das verstehen: Nachdem ich für sie der Sohn war, den sie nie hatte, und nachdem sie eine krankhafte Lügnerin war – wenn sie sich lang genug was einredete, glaubte sie am Schluß selber dran –, war sie extrem besitzergreifend. Irgendwer, der zu ihr gehörte, *gehörte* ihr, im wahrsten Sinn des Wortes. Ohne ihre Erlaubnis durfte er keinen Schritt tun, keinen Atemzug. Deshalb ging sie allein bei der Vorstellung auf die Palme, daß ich von irgendeinem dreckigen Hurensohn Geld geliehen hatte, der dann herumrannte und allen davon erzählte. Wieso kam ich nicht zu ihr, wenn ich Geld brauchte? Also schickt sie Billy Sharpe auf die Suche nach mir, unseren Roadmanager, der für Glaser arbeitete. Er kommt in mein Zimmer und sagt: »Lady will dich sehen.« Ich denke, sie will die Songs für die nächste Serie zusammenstellen; ich denke noch, das ist ein bißchen früh, aber gut, bringen wir's hinter uns. Also gehe ich mit Stift und Block runter in die Bar.

Lady schaute auf, als ich reinkam, und ich hörte einen Burschen sagen: »Ach nein, das ist er nicht«, und sie streckt den rechten Arm aus, nimmt mir die Brille weg und schmeißt sie quer durch die Bar; während ich schaue, wo meine Brille hingeflogen ist, schlägt sie mich mit links. Ohne Brille bin ich blind, ich merke nur, daß jemand mich schlägt, und ohne nachzudenken, schlage ich zurück, ihr ans Kinn, und sie geht k. o.! Dann kommt Grady angerannt, und Billy Sharpe kommt angerannt, und sie heben Lady vom Boden auf.

Also, ich war fuchsteufelswild. Lady hat meine Brille zerbrochen, und überhaupt kotzt der ganze Mist mich an. Ich hatte es einfach satt, mich von Lady rumkommandieren zu lassen, also gehe ich rauf und packe meine Sachen. Ungefähr fünfzehn Minuten später erscheint Billy Sharpe und meint: »He, Carl, Lady tut es wirklich leid; sie weiß, daß sie einen Fehler gemacht hat, bitte dreh ihr keinen Strick draus.« Ich sage ihm, daß ich die Nase voll von ihrer Scheiße habe und daß sie ihre letzte Serie selber spielen kann; ich wußte wohl, daß sie keine einzige Note spielen konnte. Und er sagt immer wieder: »Carl, willst du bitte Lady sich entschuldigen lassen und alles?« Dann fing ich an, vernünftig zu denken: Es ist Ende der Woche, ich hab' noch keinen Pfennig gesehen und kann nicht mal mein Hotelzimmer zahlen.

Drinkard sagte, entgegen allgemeiner Überzeugung sei weder ihr Gehör noch ihr Rhythmusgefühl fehlerlos gewesen; das mag daran liegen, daß ihre Lebensweise allmählich ihren Tribut forderte. Er bat sie immer wieder, sich während eines Stücks an ein und dasselbe Tempo zu halten: »Wenn du langsamer wirst, machst du den Song kaputt. Du kannst manchmal schneller werden, ein bißchen, ohne daß du viel Schaden anrichtest, aber weder das eine noch das andere ist gut.« Oft heuerten sie einen Bassisten und einen Schlagzeuger an, die entzückt waren, mit Lady spielen zu dürfen, aber mit ihren Gewohnheiten natürlich nicht vertraut; er erinnerte sich an einen Auftritt in der Carnegie Hall mit George Duvivier als Bassisten. Der Name des Schlagzeugers sei ihm entfallen, sagte er, »aber er war auch sehr gut!«

Lady trug immer Keilabsätze, damit sie größer wirkte, und wenn sie das Tempo verlangsamen wollte, trat sie mit dem Absatz auf den Boden. Ich hatte den Bassisten und den

Drummer angewiesen, darauf zu achten, was ich tat, während ich Lady beobachten würde. Mitten in einem Stück fing sie an, mit dem Absatz zu stampfen. Die beiden beobachteten mich, und ich wußte zwar, was Lady tat, aber sie wußten es nicht – und das in der Carnegie Hall, ausgerechnet! Und sie wird immer langsamer und langsamer, so daß ich auch langsamer werden mußte, und die anderen zwei spielen wirklich gut, mit Feeling, und wollen es gut machen für Lady, aber sie kümmert sich überhaupt nicht, wo wir anderen alle waren. Ich hab' sie immer wieder angefleht, sich an ein Tempo zu halten, und sie versprach immer wieder, sie würde nicht langsamer werden, aber beim nächsten Mal machte sie es wieder.

Ich rede jetzt natürlich von Abenden, an denen es schlecht gegangen ist. Es gab auch sehr viele gute Abende.

Für Lady zu spielen war ein musikalischer Höhepunkt in Drinkards Karriere, genau wie für Bobby Tucker und John Levy den Bassisten. An ein Stück und einen Abend erinnert er sich besonders deutlich. Er konnte nicht erklären, was an solchen Ereignissen so außergewöhnlich war: Es sei darum gegangen, sagte er, genau das richtige Tempo für die Stimmung zu finden, in der sie war. Russ Freeman, der Anfang der fünfziger Jahre für Chet Baker Piano spielte, beschrieb diese magischen Augenblicke so: »... Ich hab' das Gefühl, als würde ich hinter meiner rechten Schulter stehen und mir selber beim Spielen zuschauen, ich *beobachte,* im wahrsten Sinn des Wortes, meine Hände auf den Tasten ... man macht Musik, man erschafft Musik, das ist, wie wenn man Wasser aus einem Krug gießt.« Drinkard suchte sich das erwähnte Stück manchmal als letzte Programmnummer aus, freilich spielte er es nicht zu oft, um es nicht abzunutzen; auf jeden Fall liebte er es. Es war »I'll Be Seeing You«.

Drinkard fand, Lady sei immer ein »Tuntenherz« gewesen: Das war ihre eigene Wortschöpfung, um verächtlich jemanden abzutun, der sein (oder ihr) Herz sehen ließ, aber er meinte, sie selbst sei viel weichherziger gewesen als die meisten, auf die sie diese Bezeichnung anwandte; sie führte eine rüde Sprache, aber im Grunde war sie ein kleines Mädchen, das sich wie eine verwöhnte Göre benahm. Drinkard meinte, sie habe sich gern als einer von den Jungs gefühlt, wenn sie im Bus unterwegs war wie mit Basie oder Shaw, doch jetzt war sie Lady Day und hatte ein Image, dem sie gerecht werden mußte; sie benahm sich wie eine Göre, weil sie damit durchkam und weil man es von ihr erwartete, gleichzeitig aber distanzierte sie sich und umgab sich mit einer weiteren Schutzschicht, einer neuen Identität.

So schwierig Lady auch sein konnte, hatte Drinkard doch fast sofort erkannt, daß sie absolut direkt war. In der allerersten Woche, 1949, kam ein Mann in die Garderobe und sagte: »Lady, stell dir vor, was passiert ist. Odessa ist verhaftet worden.«

> Sie sagte: »Odessa? Du meinst, die *schwarze* Big Odessa?« Big Odessa war eine Kokaindealerin in Washington. Lady dreht sich zu dem Burschen um, als wollte sie fragen, wie um alles in der Welt konnten sie ihr was anhängen? Sie bewahrte nämlich nie Stoff bei sich auf. Er sagte: »Na ja, sie hatte einen Mann, einen Junkie, und sie mußte Stoff zu Haus haben, um ihn bei der Stange zu halten.« Daraufhin sagte Lady: »Wie bitte? Odessa mit einem *Mann*?« Odessa war nämlich in ganz Washington als fabelhafte Lesbe bekannt. Er sagt, ja. Sie sagt: »Einem richtigen, lebenden Mann mit einem *Schwanz*?« Während ich bei mir dachte: O Gott, hat man je eine Frau so reden gehört? Damals fing meine Erziehung an. Von dem Tag an wurde mir klar, daß Lady kein Blatt vor den Mund nahm – ich meine, vor niemandem, egal, wer's war.

Zur Veranschaulichung einer der Rollen, die das Publikum ihr zugewiesen hatte, erzählt Drinkard die Geschichte, als Lady zwei »geldig aussehende« weiße Frauen abschleppte:

> Sie waren wirklich superreich, alle beide. Sie trugen beide Silberfuchsjacken, sahen supergut aus, die typischen amerikanischen Schönheiten – Madison-Avenue-Schick. Eine hatte rötliche Haare, die andere war brünett. Gut, sie wollten Lady unbedingt kennenlernen. Der Manager kommt rüber und sagt, sie seien schon den ganzen Abend da und hätten ein kleines Vermögen ausgegeben, und ob es ihr was ausmachte, mit ihnen einen zu trinken. Jeder im Club beobachtet Lady, schließlich hat sie einen Ruf als tolle Lesbe, und alles, was Lady ist, *muß* toll sein. Wir müssen aber gleich zum letzten Set auf die Bühne, und sie sagt zu den beiden:

> »Geht nicht weg, Mädels, ich komm' gleich wieder«, und als wir in der Garderobe ankommen, fragt sie mich: »Willst du die beiden Flittchen, Carl?« Lady hat massenhaft Bräute für mich aufgerissen, aber dann hat sie mir doch wieder einen Strich durch die Rechnung gemacht, hat sie beschimpft oder was und in letzter Minute alles vermasselt.

Carl fand es schwer zu beschreiben, *wie* Lady es schaffte, jedenfalls war sie imstande, sich genau so zu verhalten, wie die Mädchen es von ihr erwarteten: Sie ließ sie in dem Glauben, daß sie beide nach Hause mitnehmen würde. Sie gab auch Äußerungen von sich wie: »Die Leute erwarten von mir, daß ich diese Bräute mit rausnehme, und ich werd' sie nicht enttäuschen.« Tatsächlich kam es anders. Als das Vierergespann im Sherman Hotel eintraf, sperrte Carl Ladys Zimmertür auf und wollte ihr wie immer den Schlüssel in die Hand drücken; dabei fragte er sich, ob die Mädchen nun mit ihm aufs Zimmer kommen würden, sofern Lady nicht wieder alles durchkreuzte. »Und diesmal zog Lady mich am Handgelenk in ihr Zimmer und sagte: ›Gute Nacht, Mädels‹ und knallte die Tür zu.«

»Lady sagte zu mir: ›Selbstverständlich bin ich mit Frauen im Bett gewesen, Carl, aber *der Mann* war immer ich.‹ Da war ich fertig!« Lady und Tallulah Bankhead lernten einander 1948 kennen, als Lady mit Basie im Strand auftrat und Tallu in *Private Lives* am Broadway; eine von Tallus hervorragenden Eigenschaften war, daß John Levy sich vor ihr fürchtete. Sie war berühmt, weiß, unerschrocken und hatte zahlreiche Kontakte zur Presse; wenn sie an Lady auch nur einen blauen Flecken entdeckte, konnte sie ihm die Hölle heiß machen; folglich war sie imstande, jederzeit Krach in Ladys Garderobe zu schlagen, wie es ihr in den Sinn kam, und Levy wagte keinen Laut von sich zu geben. Für Lady war die Situation mit Sicherheit ein Genuß. »Als wir im Riviera in St. Louis auftraten«, sagte Drinkard,

> kam Tallulah mit einem anderen Mädchen rein, ich hab' nie rausgekriegt, wer das war, denn Tallulah nannte sie immer ihre Tochter, aber in Wirklichkeit war's ihre Sekretärin oder Begleiterin, was weiß ich. Jedenfalls geht Lady während der Pause an ihren Tisch ganz vorn an der Bühne, und John sagt: »Sieh dir diese Schlampe an, Carl, sieh dir das an. Die ist doch nicht mehr dicht, die Schlampe, die frißt sie ja auf«, sie

herzte und küßte Lady, und der Mann, dem die Kneipe gehörte, ich weiß seinen Namen nicht mehr – der hat Tallulah rauskomplimentiert.

Drinkard wußte, daß das Gerede über Ladys Liederlichkeit übertrieben war – schon allein deshalb, weil er zu viele Leute traf, die ihm gegenüber von angeblichen Erlebnissen mit ihr prahlten, er jedoch sicher war, daß sie logen: manchmal waren es Leute, die nicht ahnten, wer er war; in einem Fall sollte irgendein Ereignis an der Ostküste stattgefunden haben, während sie sich nachweislich an der Westküste aufhielt.

> Wissen sie, das ist wirklich komisch, da gibt's diese Geschichten, wie famos Lady angeblich war, über Partys, auf denen sie's angeblich mit ihrem Hund Mister getrieben hat, diese ganzen Geschichten über ihr abartiges Liebesleben, *soixante-neuf* zum Beispiel, das war geradezu ein Beiname von ihr, dabei stand Lady in Wirklichkeit auf stinknormalen Sex. Einmal sagte sie zu mir: »Carl«, sagte sie, »weißt du, diese ganzen phantastischen Burschen, die so phantastisch lecken können und diese ganzen phantastischen Sachen machen, ich mag das nicht so wahnsinnig. Ich steh' auf guten altmodischen Sex. Ich gehör' zu den Frauen, die gern ficken. Trotzdem, verdammt noch mal, dieser Stump war wirklich ein Miststück.«

Aber Drinkard sagte:

> Wenn Lady je einen Mann geliebt hat, dann war es Louie. Sie sagte: »Dieser Louie McKay ist ein Miststück. Ich hab nie einen Mann gekannt, der so gut ficken konnte wie Louie.« Und da muß schon was dran gewesen sein, denn Louie hatte ein Mädchen an der Westküste namens Gloria, ein knallhartes Luder, die Dinah Washington dazu kriegte, daß sie ihr ein brandneues Auto schenkte. Es geht also die Geschichte – Louie hat sie so erzählt und Gloria auch –, daß Gloria mit Louie eine Nummer geschoben hat, und Louie war so gut im Bett mit seinem altmodischen Sex, daß sie ihm sein Geld zurückgab und ihn fragte, ob er ihr Mann sein wollte. Aber Louie war ein Bastard und brachte mich mit ins Spiel, weil er die Sache vor Lady geheimhalten wollte; also sagte er zu mir:

> »Weißt du, Carl, Gloria steht total auf dich.« Gloria war wirklich ein schönes Mädchen, und ich war selber scharf auf sie, sie arbeitete im Watkins Hotel, in dem wir wohnten, und ich sagte zu ihr: »Schätzchen, ich find dich auch sehr ansehnlich, weißt du das?«
>
> Dann fuhren wir ab aus L. A. und gingen nach Frisco, und eines Nachts konnte ich nicht schlafen, also ging ich runter in Jumbo's Bop City in der Post Street, und was glauben Sie, wer da am Tisch sitzt mit dem gottverdammten Louie McKay? Gloria. Von der ich dachte, sie sei mein Mädchen. Aber abgesehen davon kamen Louie und ich nicht schlecht miteinander aus.

Mit Ladys Spielchen waren sie beide bestens vertraut. Einmal stürzte McKay in Drinkards Zimmer und rief: »Carl, sperr die Tür ab, laß mich auf keinen Fall raus. Halt mich von diesem Drecksstück fern!«

> »Was ist denn los?« fragte ich. Es gab da ein Mädchen, mit dem ich rumzog, und sie sollte mich eines Nachts im Club treffen, leider war es so, daß ich in meinem Zimmer eingeschlafen war und deswegen zu spät kam. Und dieses Mädchen ging an den Tisch, wo die beiden saßen, und wollte Louie fragen, wo ich sei. Lady wußte sehr gut, daß *ich* mit dem Mädchen ging, sie *wußte,* daß das Mädel nicht zu ihnen gekommen war, weil sie was mit Louie hatte; Lady wollte einfach Zoff machen und ein Drama veranstalten. Mitten in dem Club quetscht sie das Mädel aus, woher sie die Frechheit nimmt, Louie wegen irgendwas anzuquatschen. Sie krempelt sich sozusagen schon die Ärmel hoch, und die Kleine rennt um ihr Leben. Louie versuchte, Lady festzuhalten und sie zu beruhigen, und nachher sagte er zu mir: »Carl, diese Schlampe hat mich vor diesen ganzen weißen Mackern als schwarzes Arschloch beschimpft!« Er war dermaßen fuchtig, daß er sie am liebsten umgebracht hätte.

Aber sowohl Carl als auch Louis wußten, daß Lady nicht so zäh war, wie sie sich gab. Sie konnte keine Art von Schmerz ertragen (mit Ausnahme der sexuellen Schmerzen, wenn ihr Mann Nummer eins sie vor der Liebe schlug), und der Gedanke, ein zweites Mal ins Gefängnis zu müssen, versetzte sie in Angst und

Schrecken. McKay und Drinkard besorgten beide Stoff für Lady, und »nach einer Zeit standen wir uns so nah, daß wir auch drüber redeten.« Sie waren sich bewußt, daß Lady sie beide notfalls verpfeifen würde, um ihre eigene Haut zu retten. »Aber wir liebten sie dafür, wie sie wirklich war, nicht wegen dem, was sie vorgab zu sein«, sagte Drinkard und fügte hinzu, ihm sei auch klar gewesen, daß die beiden zusammen ihn, Carl, den Löwen zum Fraß vorgeworfen hätten, wenn es nötig gewesen wäre. Denn so ist das Leben eines Junkies.

McKay war Ladys erster Mann, sagte Drinkard, der erkannt habe, daß es sinnvoll war, Heroin sozusagen en gros einzukaufen, wenn er seinen Teil des Abkommens erfüllen und sie ständig mit Drogen versorgen wollte. Zu einer Zeit, in der die meisten Junkies niemals ein Kilo Heroin zu sehen bekamen, kaufte McKay in dieser Größenordnung, denn so bekam er es billiger. McKay drückte nicht, er schnupfte. Alle paar Wochen nahm er Epsomer Bittersalz ein, um seinen Körper zu reinigen – damit das Dope, das Lady ihm ins Essen mischte, keine Wirkung habe, sagte er zu Carl: »Sie will mich genauso abhängig haben, wie sie selber ist.« McKay behauptete, er nehme überhaupt keine Drogen, und Carl tat, als glaubte er ihm – »Aber das war Blödsinn. Sie mischte ihm nichts ins Esssen; er schob es sich in seine verdammte Nase, ganz allein.«

Wenn es um Dope ging, spielten alle drei Gott. Als Lady sich während der Ära Levy einmal von der Nadel losgesagt hatte, versteckte Drinkard sein Besteck in einem Korridor zwischen ihren Zimmern, damit Lady sich einen Schuß setzen konnte, sobald die Luft rein war. »Dann brachte sie alles wieder zurück ins Versteck und ließ mir ein bißchen Stoff übrig. Aber dann kriegte ich Mitleid und besorgte ihr ein eigenes Besteck, woraufhin sie aufhörte, mir Stoff zu schenken. So war sie.« Später, wenn McKay nicht in der Nähe war, bewahrte Lady den Stoff selbst auf und hielt Drinkard die ganze Nacht und den ganzen nächsten Tag lang hin, bis die Entzugserscheinungen einsetzten; so ließ sie ihn zappeln, bis es Zeit für den Auftritt war: Dann gab sie ihm gerade soviel, daß er wieder normal funktionierte und sie weitermachen konnten.

Und McKay veranstaltete mit ihnen beiden dasselbe: Ladys unterschiedliche Bedürfnisse zu befriedigen war anstrengend, und so war es verständlich, daß McKay von Zeit zu Zeit für eine Weile verschwinden mußte, zumal er auch noch eigenen Interessen nachzugehen hatte. Lady sei sich durchaus bewußt gewesen, sagte Drinkard, daß ihre Männer nebenbei immer auch noch andere Mädchen hatten, und es habe ihr anscheinend nichts ausgemacht, »die jungen Flittchen hätten ihn eben gereizt«, aber oft lag sie McKay in den Ohren, er solle verschwinden und »sich's auf griechisch besorgen lassen«. »Das war so ein Ausdruck von ihr«, sagte Drinkard, »das hieß, äh, sich's von hinten machen lassen, bei einem Mann. Aber das braucht man gar nicht erst sich vorzustellen versuchen, ein Mann, der sich's von einer Frau von hinten machen läßt. Damit wollte sie vielmehr sagen, daß Louie sich von seinen Flittchen ausnutzen ließ.«

Ärgerlich war, daß McKay des öfteren mit sämtlichen Dopevorräten verschwand. Sie wußten, daß er rechtzeitig zurückkommen und dafür sorgen würde, daß sie bereit zur nächsten Show waren, »sonst hätte es überhaupt keine Show gegeben, das war ihm auch klar«, erklärte Drinkard. Aber Junkies geraten immer in Aufregung, wenn ihnen der Stoff ausgeht; es kam auch vor, daß sie ein paar Tage frei hatten und nicht wußten, wann McKay wieder auftauchen würde. »Wahrscheinlich liegt er irgendwo rum mit seinen Flittchen und schläft seinen Rausch aus; wahrscheinlich hat er die Nase voller Stoff, und das hat ihm so den Rest gegeben, daß er glatt den ganzen Tag verpennt, der Sack!« So Drinkard. Wenn das der Fall war, schickte Lady Drinkard auf die Suche nach Dope. »Es heißt ja, daß Süchtige keinen Tropfen Wasser auf ihrem Körper ertragen könnten, wenn sie auf Turkey sind«, sagte Drinkard, »aber bei Lady war das anders. Sie stieg in eine Wanne mit heißem Wasser und sagte: ›Ich komm' hier erst wieder raus, wenn mir jemand einen Schuß besorgt.‹ Und ich wußte schon, wer dieser Jemand war.«

In der Regel verfügte sie über genügend Bargeld, um sich und Carl aus der Klemme zu helfen; den »Notgroschen«, den sie sich wöchentlich zusammensparte, fünfhundert Dollar in der Woche, verwahrte sie in ihrem Strumpf. Wenn sie Geld brauchte, konnte sie es zwar von Joe Glaser bekommen, mußte sich dafür aber stets seine Fragen anhören: »Du machst so einen Haufen Geld; wieso hast du nichts mehr?« Aus ihrer Zeit mit Levy waren ihr noch etliche wertvolle Schmuckstücke geblieben; Drinkard sprach von einer Uhr, die mit Diamanten übersät war und die Levy einmal für zehntausend Dollar verpfändete. »Er kaufte ihr öfter solche

Sachen, die angeblich als Geschenk gemeint waren, die er aber als Sicherheiten für seine verschiedenen Geschäfte verwenden konnte.« Drinkard verpfändete einen Gegenstand wie diesen für ein paar hundert Dollar – Junkies denken in anderen Kategorien: nicht um Bargeld geht es ihnen, sondern um den Kauf von Drogen –, und wenn das Geld verbraucht war, schickte sie ihn mit einem weiteren Schmuckstück los; irgendwann lösten sie ihre Pfänder wieder aus.

Manchmal verfügten sie über Heroin in Mengen, manchmal saßen sie auf dem trockenen. In Florida gab es einen gewissen Dr. Green, der ihnen mit Morphium aus der Not half, aber Lady vereitelte diesen Kontakt. »Ärzte mußten sehr vorsichtig sein, vor allem schwarze Ärzte«, sagte Drinkard. Dr. Green ließ das Morphium auf den Boden fallen, sie mußten es aufheben, damit er nicht sagen konnte, er hätte es ihnen tatsächlich gegeben. Anläßlich einer solchen Übergabe war Drinkard im Nebenzimmer; er hörte einen Krawall ausbrechen, gleich darauf kam der verblüffte Arzt herein und sagte: »Herrgott, sie hat mich Arschloch genannt! Das hat noch nie einer zu mir gesagt.« Lady war der Meinung gewesen, wenn er ihr Geld in die Hand nehmen konnte, dann konnte er ihr auch mit ebendieser Hand die Droge überreichen. Das war das Ende ihrer Beziehung zu Dr. Green. Lady war in der Tat unberechenbar.

> Zum Beispiel hätte ich nie, auch in meinen ärgsten Träumen nicht, gedacht, daß sie die Sache mit Dr. Green versauen würde. Da steckten wir natürlich in der Klemme. Und wie sich's gehört, sagt Lady: »Ich warte jetzt, bis *irgend* jemand mit einem Vorschlag kommt«, das hieß natürlich wie immer: Carl. Und ich denke: Erstens, Carl, du brauchst selber was, zweitens, der Stoff wird hier nicht von allein reinmarschieren, es *gibt* keinen Stoff in Miami, an den wir rankämen. Lady hat deine letzte Hoffnung versaut, und du kannst nicht länger warten. Und Lady sagt: »Okay, Carl, mein Schatz, ich möchte dich nicht darum bitten, aber würdest du, könntest du« – und ich weiß schon, was als nächstes kommt –, »würdest du nach New York fliegen und uns Dope besorgen?«
>
> Lady gibt mir meine Gage für meinen eigenen Stoff und das Geld für ihren Stoff und sagt: »Du zahlst das Ticket, Carl, ich geb's dir wieder, wenn du zurück bist.« Nun ja. Ich

Auf der Bühne im Strand Theater 1948, während eines ihrer längsten und erfolgreichsten Engagements, mit Bobby am Piano *(Magnum Photos)*.

Lady und John Levy vor Gericht in San Francisco Anfang 1949, angeklagt wegen Opiumbesitzes. Rechts ihr Verteidiger Jack Ehrlich *(Temple University Archives).*

rechte Seite unten: Während der Jazz Club USA-Tournee, bei der Ankunft im Stockholmer Bahnhof im Januar 1954, nach einer im Zug verbrachten Nacht im Schneesturm. Von links nach rechts: Beryl Brooker, Inez Cavanaugh, Lady und Leonard Feather. Inez war mit Timme Rosenkrantz verheiratet; laut Carl Drinkard kamen Lady und Inez nicht gut miteinander aus *(Max Jones)*.

Von links nach rechts: Der Pianist Jimmy Jones, Lady, Sarah Vaughan und der Tänzer Bobby Johnson. Jones war Sarahs Pianist von 1947 bis 1952 und noch einmal später, gegen Ende der fünfziger Jahre *(Delilah Jackson/Black Patti).*

EAN AIRWAYS

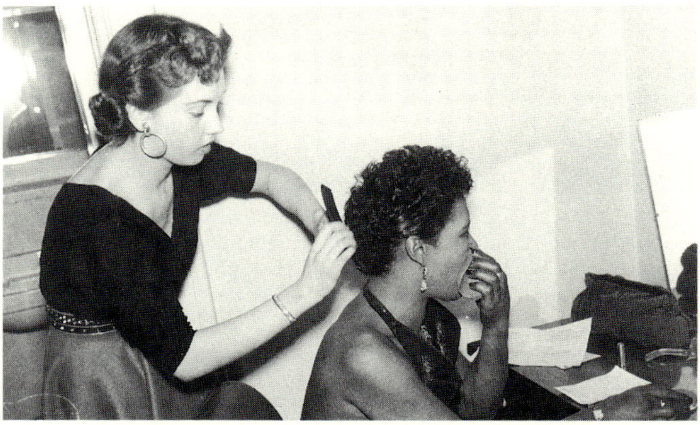

Eine undatierte Aufnahme von einem nachdenklichen Augenblick in einer Bar *(Brown Brothers)*.

linke Seite oben: Ankunft in London-Heathrow im Februar 1954: Carl Drinkard, Billie Holiday und der Tänzer Taps Miller, der zufällig in derselben Maschine saß und wegen Drogen gesucht wurde *(Max Jones)*.

mitte: Ein Schnappschuß in der Garderobe, aufgenommen in Nottingham im Februar 1954 von Louis McKay *(Max Jones)*.

unten: Louis McKay und Lady präsentieren sich zu Hause *(Bob Willoughby/Redferns)*.

Eine von Ladys letzten Aufnahmesessions, wahrscheinlich Anfang 1958 *(AP/Wide World Photos)*.

Jimmy Monroe 1987. Er galt als übler Bursche, doch war er jahrelang immer zur Stelle, wenn Lady einen Freund brauchte, und er überlebte sie alle *(Nancy Miller Elliott)*.

Lester Young in Paris, Anfang 1959, wenige Wochen vor seinem Tod. Er hatte die Musik von Grund auf und für immer verändert, aber er ertrug es nicht, alt zu werden *(Herman Leonard)*.

Ein Foto unbekannter Herkunft. Der jahrelange Drogenmißbrauch macht sich deutlich bemerkbar *(Donald Clarke)*.

hab's so dringend, hier rauszukommen, daß ich praktisch mit allem einverstanden bin. Ich nehme also die erste Maschine, die zufällig in Washington, DC zwischenlandet, und ich denke, meine Frau ist in DC, ich kenne Leute dort, wieso soll ich nicht hier aussteigen und mit dem Taxi zu Edna Higgins fahren, wo ich was besorgen kann?

Edna war die Frau von Tony Higgins, der eine Zeitlang im Knast saß. Tony war ein berüchtigter Drogendealer, und Edna führte sein Geschäft solange weiter. Sie hatte einen richtigen Umschlagplatz aufgezogen, hatte Zimmer, verkaufte Kokain, H, und war spezialisiert auf Leute aus dem Showbiz und Gangster. Sie hatte zwei Mädchen, Mildred und Marie, und als ich um vier Uhr morgens dort aufkreuzte, machte mir Mildred die Tür auf. Ich sagte: »Mildred, ich brauche dringend Stoff für Lady Day und muß gleich wieder zurück nach Miami.« Sie sagte: »Du kommst grad' rechtzeitig, Carl. Die buchten die halbe Stadt ein, gerade haben sie Sugarfoot Green verhaftet.« Sugarfoot hatte in Howard Betriebswirtschaft studiert und wurde später ein berüchtigter Drogenhändler im Dunbar Hotel, wo er eigentlich Buchhalter war.

Mildred verkaufte mir Kapseln für fünfhundert Dollar, und ich dachte, ich werde mit Lady gerecht teilen. Aber auf einmal hatte ich keine Lust mehr, nach Miami zurückzufliegen; ich wollte bei meiner Frau vorbeischauen und sie besuchen… So kam ich auf die Idee, die Kapseln ins Flugzeug zu verfrachten und Leon zum Flughafen zu bestellen, damit er sie abholt. Leon machte für Lady den Chauffeur, wenn sie in Miami war. Ich füllte also die Hälfte der Kapseln in einen Benzinkanister, stellte das Ding eigenhändig in eine Chartermaschine und rief Georgias's Tea Room an, einen Puff, in dem Lady in Miami immer wohnte, und bat Georgia, Leon zum Flughafen zu schicken.

Drinkard hörte nichts weiter und ging deshalb davon aus, daß die Sache planmäßig verlaufen war. Wenige Wochen später, nach einem Engagement in Philadelphia, schickte er sich an, zu seiner Frau zu fliegen; am letzten Abend wartete er in der Hotellobby, um sich zu verabschieden; Billy Sharpe kam herunter und zahlte Ladys Hotelrechnung, aber Lady selbst ließ sich Zeit. Endlich erschien sie mit Mister und Grady.

> Ich merkte, daß Lady irgendwie sauer war, obwohl sie die ganze Woche nett zu mir gewesen war. Sie reicht mir einen Umschlag, und ich denke, darin ist meine Gage minus der Vorschuß, den ich mir geholt habe, das sollten zweihundertfünfundsiebzig Dollar sein. Aber in dem Umschlag sind fünfundzwanzig Dollar. Sie hat zweihundertfünfzig abgezogen für die Kapseln, die sie, behauptet sie, in Miami angeblich nie erhalten hat.

Leon hatte sehr wohl die Ware an Lady geliefert und war bereit, sie deshalb zur Rede zu stellen, aber, sagt Drinkard, »der Vorfall war jetzt vorbei und vergessen, es spielte sowieso keine Rolle mehr«. Das war ihre Strafe: weil Drinkard, statt mit fliegenden Fahnen zu ihr zurückzukehren, nach Hause zu seiner Frau gefahren war.

> Das ist ein sehr anschauliches Beispiel für ihre Rachsucht und ihr besitzergreifendes Wesen. Ich hätte zurückgehen und sie um Verzeihung bitten sollen; dann hätte sie mir eine Standpauke gehalten und mir am Ende auch geholfen, aber ich war fest entschlossen, nicht hinter ihr herzukötern. Lady war auf dem Weg zum Bahnhof, um nach New York zurückzufahren; ich ließ mein Gepäck im Hotel, weil ich nicht wollte, daß alle Welt erfuhr, was zwischen uns los war. [Offensichtlich hatte sie ihn auch mit der Hotelrechnung sitzen lassen.] Ich nahm einen Zug nach Washington und ging schnurstracks zu Slappy White, er wohnte in einem Gästehaus in der U-Street, das zugleich ein Nachtlokal war und nach der Sperrstunde noch offen hatte ...

Slappy White war Entertainer, Pearl Baileys Exgatte und -partner in ihrem Programm. Nebenbei betätigte er sich hin und wieder als Dealer.

> Ich sagte Slappy, ich müßte vorbeikommen und die fünfhundert Dollar abholen, die er Lady schuldig war. Jedesmal, wenn er ihr eine Lieferung schickte, gab sie ihm fünfhundert für die nächste, und so wußte ich, daß Slappy fünfhundert Dollar von Lady hatte. Slappy langt also in die Tasche und gibt mir fünf Hundertdollarscheine. Daraufhin sagte ich: »Hör zu, Slappy, ich werd' dir die Wahrheit sagen.« Und ich erzählte ihm die ganze Geschichte. Es wußte ja jeder, daß wir

dauernd miteinander im Clinch waren ... Ich sagte ihm, er soll Lady in New York anrufen und ihr sagen, daß er mir das Geld, das ich in ihrem Auftrag abholen sollte, gegeben hat. Auf die Weise war Slappy aus dem Schneider.

Wir gingen zu einem öffentlichen Telefon und riefen Lady an, und er sagt: »Ich habe Carl die fünf Scheine gegeben, um die du ihn geschickt hast.« Sie fragt: »Was? Was?« Er mußte es dreimal wiederholen. Lady sagt: »Gottverdammte Scheiße, Slappy, ich will, daß du dir auf der Stelle ein paar Kerle besorgst, irgendwelche Schlägertypen, gib ihnen fünfzig, gib ihnen hundert, nein, zweihundert, ich schick' dir das Geld, Slappy! Ich will, daß sie diesen Carl windelweich prügeln!« Sie schrie so laut, daß sie heiser wurde. Wir fingen beide wie die Irren an zu lachen. Slappy sagt: »Okay, wird gemacht.« Lady sagt: »Vergiß es nicht, ich schick' dir das Geld. Sieh zu, daß du ihn kriegst. Das wird er mir büßen, dieser miese Dreckskerl ...«

Ich hab' mich neunmal von ihr getrennt, aber wir kamen immer wieder zusammen.

Sie legten sogar einen von Ladys ältesten Freunden aufs Kreuz. »John Hammond war wirklich ein feiner Kerl«, sagte Drinkard, »er wußte, wo's langging.« Lady und Drinkard traten mehrmals beim Lighthouse Concert für Blinde in der Carnegie Hall auf, und Lady sagte zu Hammond: »Schau, ich kann ein Benefizkonzert geben, aber die Musikergewerkschaft wird Carl nicht zu wohltätigen Zwecken auftreten lassen.« Woraufhin Hammond sagte: »Billie, das *ist* aber eine Wohltätigkeitsveranstaltung . Es ist kein Geld da, um irgend jemanden zu bezahlen.« Lady jedoch wandte ein: »Ich kann ohne Carl nicht auftreten.« Also zahlte Hammond aus seiner eigenen Tasche eine Gage an Drinkard, und die beiden gaben die Summe für Drogen aus. »John wußte, daß wir ihn übers Ohr gehauen hatten«, sagte Drinkard, »aber er ließ es sich gefallen.« Und Hammond bekam für wenig Geld einen Star von Weltklasse für eine Wohltätigkeitsveranstaltung unter seiner Ägide; sie tat es bereitwillig.

Drinkard sagte, Lady habe Sarah Vaughan nicht ausstehen können und ihm erzählt, wie »schmierig« sie als junges Mädchen gewesen sei; auch ihm erzählte sie die Geschichte von jenem Konzert im Jahr 1948, bei dem Sarah sie angeblich geschnitten hatte –

was laut Bobby Tucker ja nicht stimmte. Lady war unentwegt eifersüchtig auf Sarah, Lena Horne hingegen verehrte sie: »Lady hat immer sehr freundlich über Lena gesprochen«, sagte Drinkard, »obwohl ich sie nie zusammen gesehen habe. Aber Lady und Dinah hab' ich zusammen gesehen.« Dinah Washington war eine durchaus selbstbewußte und robuste Frau und stand überdies in dem Ruf, eine Schwäche für ihre Geschlechtsgenossinnen zu haben. Im Strand Theater jedoch beobachtete Drinkard, wie Dinah immer wieder vergeblich an Ladys Garderobentür klopfte.

> Keine Ahnung, wieso sie nicht aufmachte; ich wußte genau, daß sie drin war. Am Ende brüllte sie: »Wer ist da?«, und Dinah sagte: »Ich bin's, Queenie.« Lady riß die Tür auf, sah sie an, dann knallte sie ihr die Tür vor der Nase zu. Zu meiner Überraschung rannte Dinah tränenüberströmt die Treppe hinunter. Ich glaube nicht, daß irgendwer anders auf der Welt ihr das hätte antun können.

Vielleicht war genau das der Grund, weshalb Lady sie so behandelte. Doch als Drinkard im Blackhawk in San Francisco die beiden zum letztenmal zusammen sah, waren sie ein Herz und eine Seele, vielleicht nicht zuletzt deshalb, weil Dinah stark abgenommen hatte und wunderbar aussah.

Es sei eine Ironie des Schicksals, meinte Drinkard, daß ausgerechnet die Pillen, mit denen Dinah ihr Gewicht unter Kontrolle hielt, zu ihrem frühen Tod führten: sie starb 1963 im Alter von neununddreißig.

> Lady hatte eine magnetische Anziehungskraft, sie schaffte es, daß jeder sie liebte, wenn sie's darauf anlegte … Wenn man ihr zeigte, daß sie einem den Buckel runterrutschen konnte, überschlug sie sich geradezu vor Freundlichkeit, sie stellte sich auf den Kopf für einen. Und umgekehrt, wenn einer an ihr hing und das auch zeigte, unternahm sie alles, um einem das Herz zu brechen, und eins können Sie mir glauben: Lady war darin unübertrefflich.

Als Drinkard heiratete, glaubte er, Lady würde ihn nun sein eigenes Leben führen lassen, aber er wurde bald eines Besseren belehrt.

> Einmal waren wir in Philadelphia, und Lady rief Bobbie an und sagte ihr, ich hätte die ganze Garderobe voller Mädels, woraufhin Bobbie sofort angerannt kam und vor Wut kochte; ich saß aber ganz allein da. Lady hatte einfach Lust, Scheiße zu bauen. Übrigens hat Bobby Lady auch frisiert – Lady hatte sehr weiche Haare, man brauchte nicht viel mehr zu tun, als mit dem Kamm durchzufahren –, und einmal, kaum hört Lady mich durch die Tür kommen, was sie selber so arrangiert hat, fängt sie an zu schreien und zu toben ... und ich schaue Bobbie an, und Bobbie sah völlig ratlos drein, als wollte sie sagen: »Ist sie wahnsinnig geworden?« Und ich kannte ja meine Frau; das hat sie wirklich sehr gekränkt, aber Lady hört nicht auf: »Sie hat mich absichtlich verbrannt.« Da war mir klar, was ich tun mußte. Am nächsten Tag schickte ich Bobbie nach Hause, ich setzte sie ins Flugzeug nach Washington. Ich erklärte ihr, wie Lady war.

Lady trug ihr Haar kurzgeschnitten, sie besaß aber auch ein Haarteil, einen im Nacken zu befestigenden Knoten, und jedesmal wenn sie mit McKay in der Öffentlichkeit handgreiflich wurde, war das erste, was geschah, daß der Knoten abfiel. Sie trug ihn je nach Lust und Laune, und McKay sagte ihr immer wieder: »Lady, die Leute sind nicht blöd. Wenn du zur ersten Serie mit langen Haaren erscheinst und zur nächsten mit kurzen und zur dritten wieder mit langen, spätestens dann haben sie's kapiert.« Sie aber lachte nur und sagte: »Das sind meine Haare; ich hab' sie bezahlt.«

Es waren jedoch die Drogen, die sie am meisten beschäftigten und für die sie am meisten Energie aufwandten. Ehemalige Junkies verfügen über einen unerschöpflichen Fundus an Anekdoten über ihre eigene Dummheit; Drinkard war darin keine Ausnahme. Einer ihrer Lieferanten, Slim genannt, kassierte soviel Geld von Lady, daß er ihnen eine Zeitlang immer eine Draufgabe schenkte; Drinkard wog das Heroin sorgfältig ab, so daß Lady nur soviel bekam, wie sie tatsächlich bezahlt hatte, und er sich einen Geheimvorrat anlegen konnte. »Ich hab' den Stoff nie gestreckt, für einen Süchtigen wäre das ein Sakrileg gewesen. Es war sowieso schon schwer, Stoff aufzutreiben, der stark genug war, daß man so, wie er war, was mit ihm anfangen konnte. Slims Stoff war von erstklassiger Qualität.« Es war das einzige Mal in seinem Leben, daß er Großzügigkeit von einem Dealer erlebte, und das unverhoffte

Glück freute ihn um so mehr, als »Louie ja angeblich überhaupt keine Drogen nahm, und ich wußte, daß es ihm verdammt schwerfiel, die Ration für seinen persönlichen Gebrauch abzuzweigen«.

Und natürlich beschaffte Drinkard nicht nur Drogen für Lady, er nahm auch die damit verbundenen Risiken auf sich. Anfang 1954 sollten Ladys Fans in Europa endlich Gelegenheit haben, sie leibhaftig zu sehen; Drinkard freute sich schon auf die Reise nach Europa, als er am 15. Dezember 1953 in San Francisco verhaftet wurde. Sie hatten zu der Zeit ein Engagement in Joe Tenners Club Down Beat in der Market Street.

> Zusammen mit uns standen Jerome Richardson und seine Band auf dem Programm, mit George Morrow am Baß. Außerdem kam auch Kenny Drew, er trat als Sänger auf und als Lückenbüßer. Buddy DeFranco war gegangen, hatte Sonny Clark mitgenommen und Kenny hier sitzenlassen. [Clark und Drew waren beide gute Pianisten und beide Junkies. Clark starb 1963; Drew starb 1993 in Europa.]
>
> Der Abend fing an wie jeder andere. Wir saßen in der Lounge, wo die Leute sich entspannen konnten und was trinken, bevor sie in den Club gingen. Wir hingen dort immer rum, während Richardson spielte ... Da war auch ein Bursche, mit dem Louie kurz zuvor einen Krach gehabt hatte, in einem Club namens Say When. Den Krach hatte Lady herausgefordert. Sie kam an den Tisch, wo [der Besitzer] Dutch Lehmann und Louie und ich saßen und redeten, und sagte: »Mr. Lehmann, ich weiß nicht, was für eine Sorte Club Sie hier führen. Ich hätte nicht gedacht, daß es die Sorte Club ist, in dem ein Mann zu einer Frau hingehen und sie Arschloch nennen kann.« Sie sagte das zu Dutch, sah dabei aber Louie an. Wir begriffen alle die Botschaft: Ein Mann, der behauptete, sie zu lieben, mußte für sie in den Krieg ziehen, und sie stellte Louie dauernd auf die Probe.
>
> Es war jedesmal dasselbe. Lady legte sich mit dem größten Kerl in der Kneipe an, und Louie, ohne zu fragen, rannte los, um sie zu retten ... Er sagte irgendwas zu ihm, blablabla, ich hab's nicht gehört – jedenfalls ist das nächste, was ich sehe, daß Louie die Hände auf den Rücken legt und seinen Ring rumdreht. Das war das Zeichen dafür, daß er den Burschen niederschlagen würde. (»Einen königlichen Schwinger« hat Lady das immer genannt: wenn Louie sie k. o. geschlagen

hatte, sagte sie, er hätte ihr »einen königlichen Kinnhaken verpaßt«.) Ich weiß, daß Louie dem Kerl gleich eine reinhauen wird, und ich denke: Herrgott im Himmel, fängt die Scheiße schon wieder an.

Im Fallen klammerte der Mann sich an McKays Anzug fest, so daß auch McKay zu Boden ging. Drinkard wollte sich keinesfalls einmischen, denn falls er versehentlich dem anderen einen Vorteil verschafft hätte, wäre McKays Zorn über *ihn* hereingebrochen. »Statt ihn also zurückzuhalten, fing ich an, auf ihn einzuflüstern: ›Bring ihn nicht um, Louie, bring ihn nicht um.‹«

Um ehrlich zu sein, was mir wirklich Sorgen gemacht hat, war, daß Louie unser ganzes Dope in der Tasche hatte; ich wollte auf keinen Fall, daß die Bullen auf der Bildfläche erscheinen, denn dann hätten wir alle wegen diesem Mist in der Scheiße gesessen. Die Schlägerei hörte auf; der Bursche wurde rausgeschmissen, und Louie hatte eine Jukebox mit einem Spiegel, die in die Wand eingebaut war, zusammengeschlagen. Dutch kam rüber, sagte, der Kerl sei ein Unruhestifter, und er wäre froh, daß Louie ihm eine Tracht Prügel verabreicht hätte. In aller Fairneß: Ich glaube, Dutch wußte sehr wohl, daß das genau die Sorte von Scheiße war, die Lady hören wollte; es war die Bestätigung, daß sie recht gehabt hatte, Louie zu provozieren.

Um also auf den Abend im Down Beat zurückzukommen: Der Bursche, mit dem Louie sich angelegt hatte, erscheint im Down Beat und hält nach Louie Ausschau. Sie schreien sich gegenseitig an; auf einmal zieht Louie seine Kanone und jagt den Kerl aus dem Lokal. Er denkt, daß der andere sich selber eine Kanone holt und zurückkommt; jeder rechnet damit, daß die Polizei aufkreuzt, denn alle haben Louie mit seiner Pistole rumfuchteln sehen; er sagt: »Was zum Henker mach ich jetzt damit?« Ich sage: »Gib sie mir; mich hat keiner damit gesehen.« Louie sagt: »Gute Idee«, und gibt mir die Pistole. Ich stecke sie in die Hosentasche, und das Gewicht zieht mir die Frackhose so runter, daß ich sie dauernd festhalten muß. Wir machten die nächste Serie und gingen von der Bühne; der Bursche war nicht zurückgekommen, auch die Polizei war nicht aufgetaucht, und ich ging in meine Garderobe und versteckte dort die Pistole, so daß ich wieder wie ein normaler Mensch rumlaufen konnte.

Drinkard hatte aber auch den Eindruck, daß McKay den ständigen Ärger allmählich leid war. Mittlerweile war er um die Fünfundvierzig; er war ein zäher Bursche, aber früher oder später mußte er damit rechnen, seinen Meister zu finden.

Für diesen Abend jedenfalls schien im Down Beat Ruhe eingekehrt zu sein. Wieder in der Lounge, »quatschte Lady sich den Mund fußlig, wie üblich«; als Drinkard an der Bar vorbeiging, hielt ein Mann ihn auf und bat ihn, Lady zu fragen, ob sie mit ihm etwas trinken wolle.

> Er sagt: »Ich wäre wirklich dankbar.« Gerade als ich sagte: »Sicher, wieso nicht«, obwohl ich nicht glaubte, daß sie ihre Meute sitzenlassen würde, um mit einem Unbekannten einen zu trinken, sagt er: »Du bist Carl; ich hab' von dir gehört. Weißt du, ich war Ladys Chauffeur; ich komme frisch aus dem Knast.« Da fiel mir auf einmal ein, wer er war. Zu irgendeinem Zeitpunkt, als ich mich gerade wieder mal von ihr getrennt hatte, war der Junge nicht nur ihr Fahrer gewesen, sondern hatte ihr auch Dope besorgt; die Bullen lauerten Billie Holidays Wagen auf, aber sie saß nicht drin, und deshalb buchteten sie den Chauffeur wegen Drogenbesitz ein und beschlagnahmten ihr neues Auto. So ist das; deswegen finde ich, daß die Bullen so verdammt unfair sein können: Sie wußten ganz genau, wessen Auto das war und wem der Stoff gehörte, sie hätten den Jungen nicht festnehmen müssen. Wenn er geredet hätte, dann hätten sie ihn nicht eingesperrt, und dafür, daß er für sie Stoff besorgte, hat sie ihm bestimmt nicht genug gezahlt – der Mann war total umsonst im Knast: weil er den Mund gehalten und kein Wort gesagt hat, wem der Stoff wirklich gehörte.
>
> Ich war sicher, daß Lady ihn nicht gesehen hatte. Ich ging also zu ihr und sagte: »Lady, schau, wer da sitzt, drüben an der Bar –.« Sie schaut zur Bar hinüber und starrt ins Leere. »Lady, dein Fahrer; er ist gerade entlassen worden!« Sie sagt: »Na und? Was erzählst du *mir* das?«

Danach, sagte Drinkard, hätte er alles geglaubt. Er ging zurück zur Bar und setzte zu einer Erklärung an: »Wie du siehst, ist Lady gerade mit ein paar Leuten beschäftigt ...« Aber der Mann sagte: »Schon gut, Carl, ich hab' kapiert. Ich kenne Lady.« Der Chauffeur, meinte Carl, habe die Haftstrafe auf sich genommen, weil er Lady genauso liebte wie alle anderen, trotz allem, was sie tat, und aus demselben Grund habe er sogar die Abfuhr eingesteckt.

In der Zwischenzeit ging Louis von einem Tisch zum anderen und erzählte jedem, der Kerl, den er mit der Pistole in die Flucht geschlagen habe, sei ein Killer, ein Mitglied der schwarzen Westküstenmafia, und so weiter; und je finsterer McKay den Burschen darstellte, desto heldenhafter erschien er selbst, und das war es, was Lady so gefiel. Doch als sie nach der nächsten Serie von der Bühne kam, brach zwischen Lady und McKay ein Streit aus. Er müsse nach Oakland, sagte er, und sich um geschäftliche Angelegenheiten kümmern, sie hingegen warf ihm vor, in Wahrheit wolle er sich von seinen Flittchen »in den Arsch ficken lassen«. Wütend marschierte er aus dem Club; zuvor gab er allerdings Carl die Anweisung, bei ihr zu bleiben und sich um sie zu kümmern. Sie ließen sie nie aus den Augen: man konnte ja nie wissen, was ihr als nächstes einfallen würde, zumal sie nun schon so lange drogenabhängig war, daß man sie zu keinem Auftritt allein gehen lassen konnte. Drinkard antwortete darauf: »Hör zu, Louie, ich hab' mit euren Scheißstreitereien nichts am Hut. Ich will's nicht jedesmal ausbaden müssen, wenn ihr Krach miteinander habt. Ich weiß schon, was du jetzt vorhast, du fährst weg und läßt Lady hier sitzen und leiden, aber laß nicht *mich* drunter leiden. Mach, was du willst, aber gib mir zuerst meinen Stoff.« McKay wußte, wann die letzte Serie zu Ende war, und Lady würde gar nicht erst erfahren, daß er im Haus war; deshalb versprach er Drinkard, ihn in seinem Hotelzimmer aufzusuchen, sobald sie, Carl und Lady, dort eingetroffen seien. »Wer's glaubt, wird selig«, meinte Carl:

> Nach dem Auftritt fahren Lady und ich zurück ins Hotel, und ich bringe sie zu ihrem Zimmer. Sie geht rein, zieht sich das Kleid aus, und ich gebe ihr den Schlüssel; ich bin kaum fünf Minuten in meinem Zimmer, läutet schon das Telefon. Lady. Ich sage: »Hör zu, du und Louie habt euch verkracht. Keiner von uns hat Stoff, also werd' ich mich jetzt hinlegen und schlafen, bis Louie hier zur Tür reinkommt. Auf die Weise kann ich's vielleicht schaffen.« Ein schöner Idiot war ich!

McKay tauchte nicht auf, und kurz darauf läutete das Telefon erneut. »Carl, mein Schatz, kannst du raufkommen, bitte, nur für eine Minute?« Sie hielt alle Welt immerfort auf Trab, es sei denn, sie schlief, und sie wußte, was auch Drinkard wußte – was jedem Junkie schmerzlich bewußt ist, wenn er keinen Stoff mehr hat: daß sie keinen Stoff mehr hatten. McKay litt nie unter Entzugserscheinungen, weil er derjenige war, der die Drogen verwaltete; Carl und Lady hingegen wußten nicht einmal, wieviel er kaufte. »Er rückte jeden Tag soviel raus, wie wir brauchten, um nicht durchzudrehen wie der Durchschnittssüchtige, er selber aber konnte sich soviel nehmen, wie er wollte«, sagte Drinkard. Es war ein feines Hotel, und Drinkard wollte nicht in Pantoffeln und Schlafrock mitten in der Nacht durch die Gänge wandern, deshalb wusch er sich, zog sich an und ging zu Lady aufs Zimmer. »Sie sagt: ›Verdammt, Carl… dieser Louis McKay… dieses Arschloch läßt uns morgen den ganzen Tag hängen … und so weiter.‹« Carl wußte, daß sie recht hatte, und er wußte auch, daß wieder er sich auf den Weg machen mußte, um für Lady (und sich selbst) Stoff aufzutreiben. Er rief also Kenny Drew an, der sich brüstete, er sei in der Lage, jederzeit Stoff zu beschaffen. Er nahm ein Taxi und holte Drew ab; die halbe Nacht waren die beiden unterwegs auf der Suche nach Heroin, aber alles, was sie auftreiben konnten, waren fünf Briefchen zu je zwanzig Dollar.

> Diese Briefchen waren ein Tropfen auf dem heißen Stein. An der Westküste ist der Stoff stärker als an der Ostküste, deshalb reichen fünf Zwanzig-Dollar-Briefchen normalerweise aus, um einen vom Turkey runterzuholen. Aber bei Lady und mir waren fünf Zwanziger das absolute Minimum. Als wir wieder in Ladys Zimmer kamen, sagte sie: »Das ist alles, was du gekriegt hast, Kenny?« Er drückt Lady die Briefchen und das Geld in die Hand. Sie geht ins Bad, holt ihr Besteck und leert alle fünf Tüten in den Löffel. Kenny rinnt das Wasser im Mund zusammen. Ihm war schon die Nase gelaufen, als ich ihn vorhin abgeholt hatte, ich weiß, daß er's kaum erwarten kann, seinen Anteil zu kriegen. Also, was jetzt kommt, das ist typisch Lady, so war sie: total freigebig in allem, außer in Sachen Dope. Kenny ist kein Bote, er ist Musiker, und er war die halbe Nacht unterwegs, um für Lady Stoff aufzutreiben; für Kenny sind fünf Briefchen eine Menge Dope, für Lady hingegen ist es *nichts*. Eigentlich waren fünf Zwanzigerbriefchen auch für mich nicht gerade viel.

Sie kocht also den Stoff auf und saugt ihn in den Tropfer. Sie hat zwei verschiedene Bestecke; sie genoß es, einen Schuß für sich und einen für mich aufzukochen, statt mir meinen Anteil einfach zu geben. In der Nacht hätte ich drauf verzichtet und den Stoff aufgespart, aber sie ließ sich nichts dreinreden. Die Tropfenfläschchen stehen auf dem Glasregal unter dem Spiegel, und Lady sitzt auf der Klobrille, schlägt die Beine übereinander – sie behilft sich mit einem Seidenstrumpf, um den Arm abzubinden – und versucht, die Venen rauszudrücken, damit sie sich die Spritze setzen kann. Kenny starrt unverwandt auf den Kocher, und Lady sagt: »Wieso hängst du immer noch hier rum, Kenny. Du hast nur fünf Päckchen aufgetrieben, und fünf reichen kaum für mich und Carl. Ich hab' noch Geld …« Kenny sagt: »Ich will kein Geld; mir geht's schlecht. Ich bin die ganze Nacht rumgerannt und hab' versucht, irgendwo Stoff zu beschaffen – der hier war der letzte, den die Leute hatten. Ich hab' ihn für *dich* gekauft, und selbst wenn ich Geld *hätte:* mehr kann ich nicht kriegen … *Geld* kann man nicht spritzen, was hab ich davon. Ich will kein Geld …« Er *fleht* geradezu.

Lady hätte ihm schon was übriglassen können. Den größten Teil nahm sie sich selber. Sie füllte den Tropfer mehr als voll, der Stoff stand bis unter den Gummi. Mir hatte sie die halbe Flasche übriggelassen, aber das war so wenig, das kann man kaum als ganzen Schuß bezeichnen. Lady sagt: »Kenny, ich hab' noch jede Menge Geld. Denk doch mal nach, ob du nicht noch jemand kennst … ich hätte nämlich gern noch ein bißchen mehr …« Lady hat es eilig zu spritzen, sie weiß schon, daß Kenny zu weinen anfangen und so lang jammern wird, bis sie den Schuß drin hat. Es fiel ihr sowieso schon schwer genug, eine Vene zu finden, und Kenny macht sie nervös. Ich sitze da und versuche, mir meinen Fix zu setzen, bevor Kenny mich um die Hälfte anhaut; wir kamen uns beide vor wie die Diebe, Lady und ich, aber wir waren beinhart. Ich schaffte es, und Lady kriegte es schließlich auch hin, und Kenny stand immer noch da und weinte. Er sah zu, wie der letzte Tropfen verschwand, dann war ihm klar, daß wir das Zeug in den Adern hatten, und er hörte auf zu reden.

Jetzt wird ihm Lady allerdings keine größeren Geldbeträge mehr anvertrauen, sie weiß, daß sie ihn so gemein behandelt hat, daß er mit Sicherheit nicht zurückkommt, falls er tatsächlich noch Stoff auftreiben sollte, sondern auf geradem Weg nach Haus geht. Kenny kocht vor Wut. Schließlich gibt sie ihm *fünf Dollar* und sagt: »Später!« Er hat fest damit gerechnet, daß er seinen Anteil abbekommen würde, klar hat er nur deswegen das Dope hergebracht, aber immerhin: er *hat* es gebracht, und allein die Taxifahrt hat fünf Dollar oder mehr gekostet. Kenny ballt die Fäuste und haut ab, und ich war froh, daß ich nicht schuld war. Das war Ladys Geschäft.

Ich sagte zu ihr: »Lady, ich leg' mich jetzt hin, bis Louie an die Tür klopft. Jetzt haben wir Stoff im Körper und können's vielleicht schaffen.« Ich war immer noch halb auf Turkey, aber ich ging in mein Zimmer zurück und legte mich schlafen. Das nächste, was ich mitkriegte, war das Telefon. »Ach ja, Lady. Was ist los? Wieviel Uhr ist es?« Sie hat mich zwei oder drei Stunden schlafen lassen. Wir haben noch den ganzen Tag vor uns, und wenn Louie bis jetzt nicht aufgekreuzt ist, dann ist er für den Rest des Tages weg.

Carl wird sich eher widerwillig angezogen haben und zu Lady aufs Zimmer gegangen sein. »Von Rechts wegen hätte ich den ganzen Tag im Bett bleiben dürfen, aber nein. Sowieso ist alles ihre Schuld, und jetzt macht sie mich auch noch fertig, ich *kenn'* sie doch. Irgendwer muß Stoff für sie auftreiben, und ich weiß auch, wer das sein wird.« Selbstverständlich gab sie Drinkard noch einmal zweihundert Dollar, und diesmal rief er George Morrow an, der wie Drew behauptete, jederzeit und überall Dope auftreiben zu können. »*Jeder* kennt Leute, von dem er's innerhalb einer Minute beschaffen kann. Du brauchst bloß mit Geld in der Hand auftauchen und sagen, Okay, beschaff mir Stoff, schon hast du ihn. Es gibt immer welchen.«

Sie suchten jemanden auf, der bereit war, Drinkard vierzig Briefchen zu fünf Dollar zu verkaufen, aber das könne er nicht tun, meinte er, denn »Lady kann mit diesen kleinen Tüten nichts anfangen. Sie ist an loses Pulver gewöhnt, mit dem sie aasen kann.« Wieder auf der Straße, sagte Morrow: »Verdammt, Carl, schau, da läuft meine Connection!«

Die Connection sieht aus wie ein Junkie, hat auch den typischen eiligen Gang. »Ich glaube, Junkies rennen deshalb so schnell, weil sie Angst haben, sie könnten was versäumen«, sagte Drinkard. Morrows Kontaktmann meinte: »Klar, Junge, ich besorg' dir was.

Rück das Geld raus.« Drinkard sieht Morrow an, der seinen Kontaktmann als vertrauenswürdig bezeichnet; also wird er für das Geld haften. Drinkard weiß, daß Morrow nicht gerade reich ist und überdies eine Familie zu versorgen hat: Wie kann er für Ladys zweihundert Dollar haften? Er weiß aber auch, daß Morrow ein ehrlicher Bursche ist, also gibt er das Geld aus der Hand. Dann wartet er Ecke Post und Fillmore Street, eine halbe Stunde, eineinhalb Stunden, zwei Stunden, drei Stunden. Er ist übers Ohr gehauen worden.

Ich weiß verdammt gut, daß er unmöglich in drei Stunden nach L. A. und zurück gefahren sein kann. Ich hätte in mein Zimmer zurückgehen und mich ins Bett legen sollen und mir sagen: Scheiß drauf. Aber wie ich zurück ins Hotel gehe und an der Kasse vorbeikomme, geht über meinem Kopf eine Glühbirne an wie im Comic, und das war die schlechteste Idee, die ich in meinem Leben je hatte. Ich lieh mir zweihundert Dollar, die ich auf meine Zimmerrechnung setzen ließ, unterschrieb die Quittung und marschierte schnurstracks wieder hinaus. Ich ging zur Post Street und war ganz in der Nähe von Georges Probenraum, deshalb ging ich hin und erzählte ihm, was geschehen war, und er sagte: »Waaas?!? Mannomann, das hab' ich noch nie gehört, daß Joe so was tut … Hey, Mann, hast du nicht gesagt, er ist abgehauen? Da ist er, da schau doch!« Ich sagte: »Donnerwetter, das darf nicht wahr sein«, und rannte los, um Joe nicht aus den Augen zu verlieren.

Ich trage meinen gestreiften Gabardineanzug und meine weichen japanischen Halbschuhe und meinen hochmodischen Raglanmantel und eine Sonnenbrille, ich sehe absolut *professionell* aus; so renne ich hinter Joe her, die Straße entlang. Dealer sind normalerweise recht wählerisch; sie können sich schöne Klamotten leisten, also laufen sie dementsprechend rum; aber Joe ist fettig wie ein Schweinskotelett, er sieht aus, als hätte er sich drei Jahre lang nicht mehr umgezogen. Joe ist eigentlich gar nicht alt, aber nach dem, was er durchmacht, um halbwegs auf seine Kosten zu kommen, sieht er zweimal so alt aus, wie er ist, er ist wirklich total im Arsch. Es ist bei Gott nicht witzig, in Kalifornien, wo sie diese irren Drogengesetze haben, wie ein Süchtiger auszusehen, in New York kann einer an der Straßenecke rumsitzen, so zugedröhnt, daß ihm das Gesicht fast schon in den Dreck hängt, aber hier nicht.

Ich hole ihn ein: »Hey, Mann, wo *warst* du? Ich hab' drei geschlagene Stunden gewartet!« Er sagt: »Tja, mein Lieber, ich hatte ein kleines Problem. Ich habe dich gesucht, aber du warst weg. Hör zu, ich muß jetzt nochmal über die Golden Gate und dir dein Zeug besorgen.« Wenn er ohnehin schon dort war, wieso hat er es nicht gleich besorgt? Das ist doch absurd. Sie sind zu dritt, zwei Jungs sind bei ihm, und zufällig spaziert ein Bulle die Straße entlang; die drei flüstern eine Weile miteinander, und dann sagen sie: »Da ist ein Taxi, das nehmen wir.« Ich kam also mit, in der Meinung, wir fahren über die Brücke. In Wirklichkeit hielten wir vor einer dieser legalen Spielhöllen, wie es sie damals in Kalifornien gab, die von vorn aussehen wie zum Beispiel eine Konditorei, und dort werden Joints und Shit verkauft. Wir gehen in den Laden, und Joe sagt: »Paß auf, Mann, ich geh jetzt hinten raus, und zwei Minuten, nachdem ich weg bin, kommst du mir nach. Die Adresse ist 743 Golden Gate; dort kriegst du deinen Stoff.« Ha. Bevor irgendeiner Zeit hat, das Lokal zu verlassen, kommen Sergeant O'Hara und Sergeant Sergeant hereinspaziert, zwei Drogenschnüffler. Weiße.

Wie immer bei einem Bullengespann, ist der eine ein Guter und der andere ein Böser, in dem Fall war Sergeant O'Hara der Böse und Sergeant Sergeant der Gute. Sie krallen sich zuerst die beiden anderen, während Joe und ich eifrig die Platten in der Jukebox studieren und versuchen, nicht hinzuschauen. Sergeant O'Hara aber kommt auf mich zu und sagt: »Aha! Den hier haben wir ganz vergessen!« Ich sagte, ich hätte keine Ahnung, wovon er redet. »Was hast du mit diesen Typen zu schaffen?« fragt er und zückt seine Dienstmarke, peng. Ich sage: »Wissen Sie, Officer, ich bin neu hier in der Stadt, ich war noch nie in dem Viertel, ich bin nur wegen einer Probe hergekommen, gleich hier um die Ecke. Ich arbeite im Down Beat in der Market Street.« – »Aha, ein Musiker. Laß mich deine Taschen sehen.« Er langt nach meiner Brieftasche und findet einen Registrierungsvermerk aus Atlantic City, wo sie mich einmal mit Drogen erwischt haben. »Gottverdammich, du bist einer dieser verfluchten Junkies!« Also spätestens da war mir klar, daß sie mir irgendeinen Scheiß anhängen und mich einbuchten würden, und auf einmal merke ich, daß Joe weg ist. Er hat uns die Bullen auf den Hals gehetzt, es war alles ein abgekartetes Spiel. Sie rufen einen Gefängniswagen – die größte Demütigung überhaupt. Die Streifenbullen fragen: »Wen habt ihr geschnappt?«, und er, der Sergeant, schaut mir direkt ins Gesicht und sagt: »Drei gottverdammte Nigger.« Ich dachte bei mir, wenn ich jetzt eine Pistole hätte, würde ich dem Arschloch das Gehirn rausblasen, und wenn ich selber dabei draufgehe, aber genau das ist es ja, was er erreichen will: daß ich irgendeinen Fehler mache. Wenn ich wenigstens sicher sein könnte, daß ich ihn *zuerst* umbringe. Sie verfrachten uns in den Wagen, und die Leute hängen aus den Fenstern und glotzen, und es ist alles ein großer Mist.

Sie bringen uns in ein Revier und stellen uns an die Wand, und ich hoffe immer noch, daß ich in einem Alptraum bin, aber ich bin hellwach, und irgendeiner sagt, was mir zur Last gelegt wird: Herumtreiberei in der Post Street und Verstoß gegen das Gesundheits- und Sicherheitsgesetz Nummer 434365 irgendwas des Staates Kalifornien, und ich traue meinen Ohren nicht. Die reden sicher über jemand anders. *Die werfen mir vor, ich hätte ohne Genehmigung eine ärztliche Praxis betrieben!* Und das Gefängnis von San Francisco war wie dieser Film mit Paul Muni über die Teufelsinsel; Leute, die sie wegen Drogengeschichten einbuchten, bekennen sich schuldig, bloß um wieder rauszukommen. Es ist dort so überfüllt, daß man auf dem Boden schlafen muß – ich konnte überhaupt nicht schlafen, überhaupt nicht.

Am nächsten Tag hieß es: »Carl, wir wollen gar nicht dich. Du mußt nur eins tun: uns Lady ausliefern. Wir können sie natürlich einfach überrumpeln, aber du könntest damit deine Haut retten. Sie muß nichts davon erfahren. Wieso, zum Teufel, willst du für sie die Strafe absitzen?« Drinkard antwortete: »Ich möchte zurück in meine Zelle.« O'Hara lief vor Zorn dunkelrot an. Drinkard hatte im Hotel angerufen und, ohne Namen zu nennen, Ladys Zimmernummer verlangt, um McKay wissen zu lassen, was geschehen war: »Hallo, Mrs. McKay. Hier ist Carl. Hören Sie, ich hatte ein bißchen Ärger und bin jetzt im Gefängnis.« – »... Was?« fragte sie, »und da rufst du *mich* an ...?« und legte auf. Aber McKay schickte einen Anwalt und ließ fragen, ob Drinkard interessiert sei, gegen Kaution freizukommen. Die Vernehmung war bereits auf den 23. Dezember festgesetzt worden. »Louis weiß, daß ich ein Junkie bin und daß es mir beschissen geht; was ist das für eine idiotische Frage?, sage ich dem Anwalt. Wenn sie mich verurteilen, spielt das auch keine Rolle; ich kann sowieso nicht nach Europa fahren. Also braucht man mich jetzt auch nicht auf Kaution rausholen.«

Die Polizei hatte nicht viel gegen Carl in der Hand, außer vielleicht etlichen Einstichen in den Armen. Obwohl er unter schlimmen Entzugserscheinungen litt, zweihundert Dollar schuldig war, die Europareise für ihn ins Wasser fallen würde, bekamen sie nichts aus ihm heraus. Das Engagement im Down Beat sollte noch mehrere Tage dauern, und McKay muß sich überdies Sorgen gemacht haben, ob Drinkard früher oder später nicht doch reden würde; jedenfalls gelang es dem Anwalt, auf welche Weise auch immer, daß das Gericht die Anklage fallenließ. Die Europatournee begann wie geplant, aber es war in der Tat äußerst knapp. – Ein paar Tage im Leben einiger Junkies.

Um ausreisen zu können, brauchte Lady einen Paß; sie besaß jedoch keine Geburtsurkunde. In der Zeit besuchte sie The Good Shepherd in Baltimore in der Hoffnung, dort Dokumente aufzutreiben; die Insassinnen waren begeistert (und das Personal verwirrt), als sie ein Lied für sie sang. In dem Heim war zwar bekannt, daß Lady aus Philadelphia stammte, aber niemand wußte, daß der Name auf der Geburtsurkunde Harris lautete. Ihr Taufschein sowie ein Brief von der Mutter Oberin von der Sacred Heart Chapel in Baltimore verhalf Lady schließlich zu einem Paß. (Es sind Briefe von Frances Church, einer Mitarbeiterin in Glasers Büro, erhalten, in denen sie um Hilfe bittet, ebenso von der Mutter Oberin. Die Korrespondenz begann am 7. Dezember 1953: auch die Paßangelegenheit wurde erst in letzter Minute geregelt.)

Lady ging mit Leonard Feathers »Jazz Club USA« auf Tournee. Billie war der Star, das Zugpferd; außerdem gehörten das Red Norvo Trio dazu (mit Red Mitchell am Baß und Jimmy Raney an der Gitarre), das Buddy DeFranco Quartet (mit Clark am Piano) und ein englisches Trio mit der Vokalistin und Pianistin Beryl Booker, der Bassistin Bonnie Wetzel und der Schlagzeugerin Elaine Leighton. Zwei Bassisten und zwei Schlagzeuger waren mit auf Tournee, doch Feather schrieb später, sie hätten alle wenig Neigung gezeigt, mit Lady zu spielen, weil sie als schwierig galt; schließlich wurden Mitchell und Leighton verpflichtet, aber für

Proben war es zu spät, nicht zuletzt deshalb, weil der Stockholmer Flughafen wegen eines Schneesturms gesperrt war. Die Truppe verließ die USA am 9. Januar, und das Konzert in Stockholm sollte am 11. stattfinden; sie mußten in Kopenhagen landen und den Nachtzug nehmen, so daß sie erst wenige Stunden vor dem ersten Konzert in Stockholm eintrafen.

Konzerte waren in Schweden, Dänemark, Norwegen, Frankreich geplant, außerdem zehn Auftritte in Deutschland und drei in der Schweiz. Feather hatte vor Beginn der Tournee getan, was er konnte, hatte verkündet, Lady singe besser denn je, aber die lokalen Veranstalter ließen ihn im Stich; manche Säle waren zu groß, und manche fanden die Eintrittspreise zu hoch; in Malmö schrieben die Zeitungen, die Show sei »ein Nepp«. Doch die Fans freuten sich, sie zu sehen. »Gleichgültig, wie groß der Konzertsaal war, sie kam sehr gut an. Am deutlichsten kam dies in Paris zum Ausdruck.« Und wo sie auch eintraf, warteten Fans, Blumen und Fotografen auf sie: »Billie wurde mit einer Wärme und Begeisterung empfangen, die sie zu Hause auf ihren trübseligen Runden durch spärlich besetzte Nachtclubs sehr vermißt hatte …«

Bei dem Lampenfieber, das sie vor dem ersten Auftritt in einer neuen Umgebung stets plagte, muß eine lange Tournee in verschiedenen Städten eine Tortur für sie gewesen sein, doch sie wußte, wie wichtig die Reise war, und sicherlich erinnerte sie sich auch, wie überrascht und dankbar sie gewesen war, als sie vor dem Krieg die erste Fanpost aus Europa erhalten hatte. Alle Augenzeugen stimmen überein, daß sie zu diesem Anlaß der Nadel abgeschworen hatte; Feather verbrachte viel Zeit mit ihr und bemerkte keinerlei Anzeichen. Nach einem Konzert in Stockholm wurde in einer Garderobe eine Nadel gefunden, doch man nahm an, daß sie einem einheimischen Musiker gehörte, der ein bekannter Junkie war. Marie Bryant, die zu der Zeit in England lebte, sagte zu Linda Kuehl: »In London, meine Liebe, trank sie lediglich Gin – bis er ihr zu den Ohren herauskam. Denn sie wollte es gut machen.« Das einzige Problem, so Leonard Feather, war, daß sie zur einen oder anderen Show betrunken erschienen sei.

Einen Konzertmitschnitt hatte man bislang immer einem Auftritt in Köln zugeordnet, der Diskograph Jack Millar jedoch identifiziert ihn neuerdings mit jenem in Basel am 4. Februar. Bei der ersten Nummer, »Blue Moon«, ist sie zu weit vom Mikrofon entfernt, danach jedoch wird der Klang besser; sieben Stücke wurden mit dem Trio aufgezeichnet, ferner zwei weitere im Jam-Session-Stil, an der mit Ausnahme von Wetzel alle oben genannten Musiker teilnahmen. Sie ging auf Nummer sicher und sang nur vertraute Titel, wie sie es immer öfter auch zu Hause tat, dennoch ist der Konzertmitschnitt eine schöne Erinnerung.

In Brüssel verpaßte die Truppe einen Bus und mußte ein Flugzeug nehmen, um nach Frankfurt zu gelangen; in der winzigen Maschine war nur Platz für Lady und Feather, so daß McKay zurückbleiben und zusehen mußte, wie er auf eigene Faust nach Frankfurt kam, doch er erhob keine Einwände. In Frankreich besuchte die englische Sängerin Beryl Bryden eines ihrer Konzerte, und Lady revanchierte sich, indem sie mit ihrem Gefolge in dem Club erschien, in dem Beryl auftrat; einer der Titel, die Beryl sang, war Bessie Smiths »Young Woman Blues«. Lady sagte, sie liebe diesen Song und habe Bessie oft gebeten, ihn zu singen, und nun fragte sie Beryl, ob sie die Akkordfolgen für sie aufschreiben könne.

Als Lady nach England weiterreiste, gab die Musikergewerkschaft lediglich Drinkard die Erlaubnis, sie zu begleiten. Am 8. Februar traf sie aus Paris in Heathrow ein; in derselben Maschine war Taps Miller gekommen, der von den Zollbehörden wegen Drogen gesucht wurde, was Lady zweifellos zusätzliches Unbehagen verursachte. Max Jones, damals der führende Jazzjournalist Großbritanniens, unter anderem beim *Melody Maker,* erschien am Flughafen, um sie abzuholen. Er war einer von Ladys ersten Fans in Europa gewesen, und die persönliche Begegnung mit ihr war eine der größten Freuden seiner Karriere; seine instinktive Diplomatie trug viel dazu bei, die Situation zu retten. Außerdem hatte er ihr eine halbe Flasche Whisky mitgebracht und wurde dafür mit einem Lächeln bedacht, während »die Flasche im Nerzmantel verschwand«. Bei einer Pressekonferenz entdeckte sie Max unter den Journalisten und sagte zu McKay: »Das ist der Mann, der mir draußen auf dem Flugplatz das Leben gerettet hat.«

Der Journalist vom *Daily Express* wollte sie immer wieder über Drogen ausfragen; Jones sprang ein und fragte sie, wie sie und Lester Young zu ihren Spitznamen gekommen seien, obwohl er die Antwort natürlich kannte. Sie erzählte die Geschichte, sicherlich zum x-ten Mal, und sagte, nachdem sie ihn den »Präsidenten« genannt habe, sei sie Vizepräsidentin geworden – »der Viperngesellschaft, wissen Sie.« Sie sprach von dem Problem mit ihrer polizeilichen Auftrittserlaubnis, das, wie sie meinte, nichts mit Rassismus zu tun habe. Max Jones und seine Frau Betsy wurden Ladys treue Freunde bis an ihr Lebensende, und er kannte sie gut genug, um in seinem stimmungsvollen Buch *Talking Jazz* (1987), das ein langes Kapitel über Lady enthält, schreiben zu können:

> Sie war, denke ich, eine rassebewußte Frau insofern, als sie sich weigerte, »weiße« Umgangsformen, Redeweisen und Verhaltensmaßstäbe zu imitieren, und sich über alle, die sich dem Kodex der Weißen unterordneten, lustig machte. Doch auf keinen Fall war sie eine »Berufsnegerin«, noch ließ sie sich in dieser Hinsicht als Galionsfigur für irgendeinen Zweck vereinnahmen. Was sie glaubte, sprach sie aus: und was sie glaubte, war fast immer das Ergebnis ihrer persönlichen Erfahrung. Nach Billies Erfahrung war die Polizei Teil eines Systems, das anfällig war für Bestechung, politische Pressionen, moralische Vorurteile und alle anderen menschlichen Schwächen. Sie hielt es für unfair, daß ihr die polizeiliche Auftrittserlaubnis vorenthalten wurde, war aber nicht bereit, die Beweggründe der Polizisten im Rassismus zu suchen ... Wie Josh White einmal über sie sagte: »Sie mußte ihr ganzes Leben lang kämpfen, und die meisten Menschen verabscheuen Kämpfer, das kann ich Ihnen sagen.«

Oft war sie freundlich und geduldig, zum Beispiel als bei ihrem ersten Konzert in England in der Free Trade Hall von Manchester das Mikrophon ausfiel; jemand brachte ihr ein neues, das ebensowenig funktionierte, und sie hatte Mitgefühl mit dem Ärmsten: »... Er hat sich so oft entschuldigt, daß ich fast das Gefühl hatte, ich hätte ihm die Show verpatzt. Wenn Sie wieder hinkommen, richten Sie ihm unbedingt die allerherzlichsten Grüße von mir aus«, sagte sie. Sie fuhr in Max Jones' Wagen nach London zurück; er hatte kleinere Umbauten an der Kühlung vorgenommen, um die Motorwärme ins Wageninnere zu leiten; mitten in der Nacht, meilenweit von bewohntem Gebiet entfernt, platzte der Kühlschlauch. Sie verzieh jedoch alles; in der Royal Albert Hall in London sagte sie zum Beispiel: »Wenn ich wieder in Amerika bin und alles läuft schief, dann denke ich dran, wie schön es hier war, und bin wieder glücklich.«

Marie Bryant sagte: »Sie rief mich an: ›Marie, ich hab' dieses englische Scheißessen so satt. Es ist schon gut, aber ich brauch' einfach wieder mal Soul Food, Schweinsfüße und Schwarzbohnen.‹ Ich sagte: ›Gut. Für wie viele Leute?‹ – ›Ach, nur für mich und meinen Pianisten und meinen Manager und vielleicht noch eine Person. Wir machen das Konzert und kommen dann rüber.‹«

> Vor diesem Konzert rief sie bestimmt fünfmal am Tag an. Mit jedem Anruf wurden es ein paar Gäste mehr – »Könntest du noch ein paar schaffen, Marie? Ich weiß, ich bin schrecklich, aber ich hab' angefangen, den Leuten davon zu erzählen, und sie haben so was noch nie gegessen …« Mein Mann und ich kauften drei Zinkeimer, und ich bekniete den Metzger, damit er alle Schweinefüße aufhob, drei Kübel voll.
>
> Ich habe die Albert Hall nie so voll gesehen wie bei diesem Konzert … Ihre Stimme war im Eimer, aber es war immer noch Billie mit ihrer ungeheuren Präsenz, das war sie ganz und gar, Lady Day. Ich ging zu ihr und gab ihr einen speziellen Anstecker von *Melody Maker,* darauf stand: »We Love Lady Day«. Wir sagten immer wieder: »Es ist uns gleich. Wir wissen, was für ein Schlauch das war in Amerika und auf der ganzen Tournee, wir finden dich großartig.« Sie war der Lage gewachsen; das Publikum saß bis hinauf zur Galerie, und die Galerie ließ sie nicht von der Bühne. Sie gab viele, viele Zugaben, nachdem das Konzert längst vorbei war. Sie sang »Strange Fruit«, weil das eines der Lieblingsstücke des Publikums war, und »God Bless the Child« und »Porgy«.
>
> Nach dem Konzert sagten wir zu ihr, sie sollte ihre Leute zusammentrommeln und zu uns kommen. Billie ging irgendwohin, wurde völlig high und fuhr mit ein paar Freunden nach Paris. Sie rief mich dann von Paris aus an: »Es tut mir so leid, Marie. Ich hab's versiebt, ich hab's einfach versiebt.«

In Nottingham, wo die Arbeiterinnen der ortsansässigen Textilfabriken die Männer zahlenmäßig bei weitem übertrafen, begeisterte sich Lady über den Anblick von Frauen, die miteinander tanzten. In London trat sie auch im Flamingo Club in Soho auf, einer Kneipe, die bei schwarzen US-Soldaten beliebt wurde, wo Rhythm & Blues bald seinen Einfluß auf die englische Musik ausübte. Nach einer Sauftour durch die Pubs spürte Beryl Bryden die Truppe im Stork Club auf und gab Lady die Noten zu »Young Woman Blues«.

Max Jones sagt, McKay sei gesellig gewesen und habe an diesen Abenden seinen Anteil an der Zeche bezahlt; und er hatte ein Auge auf die Damen. »Er war ein gutaussehender Mann«, sagte Max; auch die Damen fanden Gefallen an ihm. Max hatte freilich auch den Eindruck, daß McKay sich Ladys Talent nicht bewußt war. »Er war nie bei den Proben dabei, und wenn er je zu einem Konzert erschien, saß er nie im Publikum und hörte ihr zu, sondern er wartete hinter der Bühne.« McKay fotografierte eifrig, wie ein Tourist, auch aus dem Fenster des Flugzeugs machte er Aufnahmen; Lady sagte dazu: »Er macht Fotos von der *Luft*!«

Drinkard hatte Max vorgewarnt: »Wenn sie mies drauf ist, widersprich ihr nicht.« Vielleicht spürte Drinkard die Spannung, die in der Luft lag. Vor der Abreise kam es zu einer kleinen Verzögerung – Drinkard hatte seinen Paß verlegt oder irgend etwas vergessen; Lady teilte daraufhin Max im Vertrauen mit, Drinkard ahne zwar nichts, aber seine Tage seien gezählt. Sie stand kurz davor, ihn wieder einmal zu feuern.

Ladys erste Europareise war ein persönlicher Erfolg; aber 1954 forderten ihre zermürbende Lebensweise und ihr ständiger psychologischer Balanceakt allmählich ihren Tribut.

16 *Vorboten des Todes*

Fast das ganze Jahr 1954 hindurch arbeitete Drinkard nicht mit Lady zusammen, was immer der Grund dafür gewesen sein mag: Vielleicht hatte ihn seine Verhaftung Ende 1953 derart erschüttert, daß er beschloß, für eine Zeitlang auf Tourneen zu verzichten; es kann sein, daß er sich zu der Zeit in Lexington einer Kur unterzog. Vielleicht waren aber auch Lady und McKay durch die Verhaftung erschüttert.

Drinkard gehörte offenbar zu der Art von Menschen, denen es widerstrebt, über andere schlecht zu reden, und vielleicht sah er Louis McKay durch eine rosarote Brille. Der Anwalt aus San Francisco schickte bald darauf entrüstete Briefe und bezichtigte ihn der Undankbarkeit; McKay hatte zwar die Anwaltskosten von Drinkards Gage abgezogen, die Rechnung aber nicht bezahlt. Carl erzählte außerdem, er habe mehrmals versucht, vom Heroin loszukommen, aber unweigerlich habe McKay ihm jedesmal ein Päckchen Stoff in die Hand gedrückt, einmal zum Beispiel im Tiffany Club in Los Angeles kurz vor Weihnachten mit den Worten: »Da hast du was zur Bekämpfung von Lampenfieber.« Eine der bewährten Methoden des Zuhälters, um die Leute bei der Stange zu halten, bestand darin, sie mit Rauschgift zu versorgen. Fünfzehn Jahre später war Drinkard nicht etwa wütend oder empört, sondern er war gekränkt, als hätte er nie verstanden, wie McKay so skrupellos sein konnte.

1954 zeigt sich uns McKay von einer anderen Seite; und im selben Jahr begannen Lady die Probleme über den Kopf zu wachsen.

Im April, nach der Rückkehr aus Europa, fand in New York eine Aufnahmesession für Granz mit dem legendären Oscar Peterson Trio statt: Ray Brown am Baß und Herb Ellis an der Gitarre; außerdem mit dem Trompeter Charlie Shavers und Ed Shaughnessy am Schlagzeug. Der Alkohol floß in Strömen, und die Session wurde vorzeitig abgebrochen; nur drei Aufnahmen waren entstanden: eine neue Einspielung und zwei Remakes.

Peterson deutete ein mögliches Problem an, als er sagte: »Sie hatte die Angewohnheit, mit einem ganzen Schwanz von Leuten zu erscheinen, was Norman zuwider war. Er bestand immer auf geschlossenen Sessions, denn er fand, daß Außenstehende die Musiker nur störten.« Lady sagte später, sie sei allen böse gewesen, denn sie hätte das Geld gebraucht. Die Schuld schob sie auf eine nicht genannte Person, die für die Musik verantwortlich gewesen sei; jeder habe sich betrunken, sagte sie, weil die Arrangements völlig unbrauchbar gewesen seien. »Und als ich Charlie Shavers betrunken sah ... er war mein As im Ärmel: wenn er ausfiel, war alles aus.«

Wir wissen indessen, daß ohnehin nie viel Mühe auf Arrangements verwandt wurde; und auf diese Weise Platten zu produzieren war riskant. Lady wollte nicht zulassen, daß Granz die drei entstandenen Einspielungen veröffentlichte; er tat es trotzdem, und sie sind keineswegs schlecht, im Gegenteil. Ganz zu Anfang von »How Deep Is the Ocean« klingt sie zwar, als hätte sie sich zuerst einmal räuspern sollen, aber sie swingt mit Leichtigkeit; Shavers gestopfte Trompete, Petersons Solo in »What a Little Moonlight Can Do« (eine schnelle Version, wie schon 1935; Lady singt hinter dem Beat), und das swingende schnelle Tempo in der zweiten Hälfte von »I Cried for You« verleihen den Aufnahmen die Qualität einer Jam-Session.

Dann jedoch trat eine echte Katastrophe ein, live auf der Bühne. Ungefähr um diese Zeit hielt es Granz für eine gute Idee, Lady als Gaststar für ein JATP-Konzert zu verpflichten, für das bereits Ella Fitzgerald auf dem Programm stand; alle waren einverstanden, auch Ella. Die erste Hälfte des Konzerts verlief gut – »Sie hat das Publikum umgehauen, die Leute waren hin und weg«, sagte Peterson. Doch dann ging Lady in ihre Garderobe und tat von irgend etwas zuviel des Guten: eine Überdosis; nach der Pause jedenfalls »warf ich nur einen Blick auf sie: Sie sah aus wie eine Sphinx, wie ein Götzenbild, völlig erstarrt.« Sie verpaßte immer wieder den Anfang, und als sie endlich zu singen begann, fand sie den Rhythmus nicht. Ausgerechnet Lady Day fand den Rhythmus nicht, und das in der Carnegie Hall, dem Schauplatz einiger ihrer größten Erfolge.

Granz mußte sie von der Bühne führen, und als das Konzert vorbei war, beschimpfte sie Peterson, er hätte ihre Musik ruiniert.

Granz bat Peterson nie wieder zusammen mit ihr ins Studio; ohnehin war Peterson vierzig Wochen im Jahr auf Tournee und spielte selbst zahlreiche Platten ein, vor allem aber konnte man sich derlei mit ihm nicht erlauben: einem absoluten Profi, der mit der Zeit zu Granzens stärkstem Zugpferd wurde. Peterson selbst sagte diplomatisch: »Er wußte schon, daß ich es nicht so gern hatte, in so eine Lage gebracht zu werden.« Auf jeden Fall, fügte er hinzu, »sah ich sie nach diesem Abend noch ein paarmal, und es war wieder alles in Ordnung, wie früher.«

Im Juli 1954 nahm sie am allerersten Newport Jazz Festival teil, begleitet von Buck Clayton, Teddy Wilson, Jo Jones und Milt Hinton. Zum ersten Mal seit vielen Jahren trat sie wieder mit Wilson auf; es war auch das letzte Mal. Lester Young war da, hatte sich jedoch geweigert, mit ihr zu spielen. »An dem Abend machte Gerry Mulligan mich wahnsinnig«, sagte George Wein, »er griff sich sein Horn und marschierte hinaus auf die Bühne, aber dort gehörte er nicht hin. Ich habe ihm nie gesagt, wie wütend ich war, denn ich mag Gerry, er ist ein wirklich feiner Mensch, und ich war auch gerührt, weil er so stark das Bedürfnis hatte, dabeizusein.« Dann kam das Publikum in den Genuß eines besonderen Vergnügens: »Prez saß hinter der Bühne, und auf einmal sagte er: ›Ich kann genausogut rausgehen und mit der Lady spielen.‹« Das *down beat*-Magazin vermutete, Mulligans Baritonsax habe Lester wohl dazu angestachelt, seinen rechtmäßigen Platz einzunehmen: »Er schlurfte auf die Bühne hinaus und war noch einmal Teil einer Vorstellung von Billie. Später in der Garderobe fielen sie sich in die Arme, und die Fehde war vorbei.«

Im September nahm sie für Granz im Capitol-Studio an der Westküste auf. Sie hatte zu der Zeit ein Engagement im Oasis in Los Angeles, Bobby Tucker war in der Stadt, und Granz bat ihn zum Studiotermin. Aus irgendwelchen Gründen muß Granz verärgert gewesen sein, denn er sagte sinngemäß: »Mir ist es gleich, was du machst; zahlen muß ich sie sowieso.« »Ich konnte die Kohle gebrauchen«, sagte Tucker und bestellte Edison, Barney Kessel, den Altsaxophonisten Willie Smith, den Bassisten Red Callender und den Schlagzeuger Chico Hamilton zu sich; er besuchte Lady im Oasis, um sie zu fragen, was sie singen wollte. Lady war offensichtlich erfreut, ihn zu sehen.

Es war Zeit für den Auftritt. Ich fragte sie: »Was soll ich spielen? Der Termin ist morgen.« Sie sagte: »Ach, such du ein paar Sachen aus.« Ihre Knöchel waren geschwollen, und sie konnte kaum reden. Louis sagt: »Sie wird's schon schaffen«, und ich dachte nur: Au weia. Sie sagte: »Spiel du für mich heut abend.« Ich setzte mich ans Piano, und sie sagte: »Rutsch rüber«, und dann sang sie ein paar Stunden lang, im Sitzen, neben mir auf dem Schemel. Ich konnte kaum spielen!

Der Studiotermin am nächsten Tag wurde ein voller Erfolg. Musikalisch war die Session sicherlich besser organisiert als damals im April; über weite Strecken spielt nur das Ensemble.

Anders als bei der Einspielung aus dem Jahr 1941 mit Teddy Wilson fehlt in ihrer neuen Version von »Love Me or Leave Me« die vierzeilige Einleitung, statt dessen liefert die Band ein spritziges Vorspiel. In der Originalkomposition fällt die Melodie in der ersten Hälfte der ersten Zeile zwischen »or« und »leave« um fast eine ganze Oktave, dasselbe geschieht noch einmal im dritten Takt; 1941 änderte Billie den ersten Takt um, sie verzichtete auf das erste Intervall, so daß das zweite im dritten Takt viel stärker hervortritt, viel überraschender wirkt. Dreizehn Jahre später tut sie dasselbe noch einmal, nur ignoriert sie jetzt diesen ersten Oktavsprung mit noch größerer Selbstverständlichkeit: sie singt einfach darüber hinweg; und als sie zum zweiten Intervall kommt, fällt ihre Stimme mit einer herzzerreißenden Eleganz: als sie auf dem tiefen Ton anlangt, zerstreut sich die Rauhheit ihrer Stimme, jetzt voll entfaltet, und gibt Raum, wie damals mit ihrem geliebten Louis Armstrong: nichts hindert sie mehr daran, den Ton genau so zu treffen, wie sie will. Die Zeile über die Liebe, die sie heute bekommt und morgen wieder hergeben muß, lautete ursprünglich: »To have it today/And give back tomorrow«; jetzt fügt sie ein Wort ein: »give it back tomorrow« – und natürlich klingt es, als hätte diese Silbe seit jeher dort hingehört.

»P. S. I Love You«, von Gordon Jenkins und Johnny Mercer 1936 komponiert, wurde vielleicht deshalb ausgesucht, weil 1953 eine Vokalgruppe den Song wieder ausgegraben und einen Hit daraus gemacht hatte (mit dem üblichen Shuffle-Rhythmus, den weiße Popgruppen damals bevorzugten). In der Zeile »Write to the Browns just as soon as you're able/They came around to call«

(»Schreib den Browns, sobald du kannst / sie haben mich besucht«), singt sie »came around« auf eine Weise, daß wir nicht den geringsten Zweifel haben, was für Leute die Browns sind: »Natürlich sind sie öd, aber es sind alte Freunde, also schreib' ihnen doch ein paar Worte. Aber wann kommst du *nach Hause?*«) Im Vergleich dazu ist der Hit der Popgruppe ein Rührstück.

»Willow Weep for Me« ist sehr langsam und sehr elegant; dann folgt »I Thought About You«, ein Duo nur für Tucker und Lady, das ihre alte Partnerschaft wiederaufgreift: der Höhepunkt der Session. (Wie unendlich schade, daß sie nie ein ganzes Album nur zu zweit aufgenommen haben!) Das Stück ist sehr langsam, zieht sich aber nie in die Länge, und so, wie es auf »Willow« folgt, tritt eine weitere (unvermeidliche) Identität zutage: Lady war erst neununddreißig, aber hier ist sie eindeutig eine Frau in mittleren Jahren, die vor sich hin trinkt und jemanden schrecklich vermißt.

»Too Marvelous for Words« ist spielerisch, fröhlich; man hört sie lächeln. Und in »Softly« rettet Ladys Vortragsweise den Text vor der Banalität. Eine weitere Nummer wurde eingespielt, bei der Lady als Komponistin und Texterin zeichnet: »Stormy Blues«. Hamilton rührt die kleine Trommel mit dem Besen und spielt einen verhaltenen Beat im Hintergrund; die Aufnahme erschien auf einer 78er Scheibe, ist aber vielleicht ein wenig zu langsam für die R&B-mäßige Bearbeitung, und Lady klingt unbeteiligt. Es ist schade, daß diese eine Nummer dem Anspruch der übrigen nicht gewachsen ist; »Stormy Blues« hätte das ganze Jahr 1954 in einem zusammenfassen können.

Im Frühjahr 1954 erschien Lady im Down Beat in San Francisco ohne Begleiter und ohne Musik, was Vernon Alley, der damals die Hausband leitete, einiges Kopfzerbrechen bereitete. Alley hatte zusammen mit John Kirby auf einigen ihrer frühesten Aufnahmen als Bassist begonnen; er kannte sie seit ungefähr 1945 und verehrte sie sehr.

> Es war ein irres Gefühl, einfach nur mit ihr auf der Straße zu gehen, wissen Sie – ein richtiger Star an meiner Seite, und so. Ich hab' sie geliebt. Ihre Phrasierung war's, was mich am meisten umgehauen hat. Sie war wirklich ein wunderbarer Mensch; das einzige Laster, das sie hatte, war sie selber. Sie war warmherzig, sie war witzig … Ich glaube nicht, daß

irgendeine andere Sängerin je eine solche Präsenz auf der Bühne hatte. Mann, sie war einfach eine Wucht.

1971 sagte Alley, McKay habe ihn einmal dafür bezahlt, Pusher von ihr fernzuhalten; möglicherweise war das im Frühjahr 1954.

> Alle Blutsauger kriechen aus dem Gebälk, sobald sie einen Junkie wittern. Im Down Beat war sie immer noch gut in Form; sie hatte ein Paar bösartiger Chihuahuas – sie schnappten nach jedem, ich konnte die Köter nicht ausstehen –, aber alle Junkies kamen daher und wollten ihr Dope verkaufen, und Louis versuchte, sie von ihr fernzuhalten, aber er konnte ja nicht immer da sein.
>
> Ich erkannte die Typen immer; man braucht sie nur anzuschauen, um zu merken, was los ist. Sie sind normalerweise ziemlich gerissen; sie kratzen sich, sie quatschen, hängen zugedröhnt in der Gegend rum und sehen immer aus, als würden sie gleich einschlafen, richtig cool, und sie hören zwar, wenn man was zu ihnen sagt, aber sie lassen sich's nicht anmerken. Wenn also einer von denen aufkreuzte, sagte ich: »Hau ab, laß sie in Frieden.« Aber sie kriegte regelmäßig eine Wut auf mich und sagte: »Du verdammter Spießer, laß bloß meine Freunde rein, Mann.« Und ich darauf: »Die sind nicht deine Freunde, sonst wären sie nicht hier.« Sie war sauer auf mich, aber nicht wirklich; auf dem Podium sagte sie immer: »Überlaßt das Vernon, er weiß, was er tut.«

Memry Midgett, eine Pianistin, die im Down Beat als Pausenfüllerin auftrat, spielte auch für Lady während ihres Engagements und ging danach mit ihr mehrere Monate lang auf Tournee; sie traten im Crescendo in Los Angeles auf, und kurz danach reisten sie nach Alaska. Im Oasis, ein paar Monate später, wollte Lady an einem Abend mit Tucker auftreten, aber er, Gentleman wie stets, protestierte: »Lady, du hast doch das *Mädchen!*« Lady setzte sich natürlich durch, wie immer; Memry aber machte es nichts aus: sie bewunderte Tucker. In diesem Zusammenhang sprach sie über die Rolle des Begleiters:

> Es läßt sich schwer beschreiben, weil das so eine nebulöse Sache ist, aber eins kann man sagen: Es geht um die Auto-

rität, die der Sänger dir einräumt, damit du ihm singen hilfst, damit er überhaupt singen kann, die Bühne hat, auf der er stehen kann. Manche glauben, sie müßten die Autorität abtreten, aber das ist es, was einen schwachen Begleiter ausmacht – wenn er neben dem Star zu schüchtern ist: dabei kann einer nicht gut singen. Einen Sänger mit blumigen Klanggeflechten zu überhäufen ist auch nicht gut; aber du mußt genug Autorität haben, daß er sich sicher mit dir fühlt.

In dem Stadium ihrer Karriere sang sie ihre ollen Kamellen, Sachen, die sie berühmt gemacht hatten und die sie gern sang. Wenn ein Sänger am Anfang seiner Karriere steht, hat er immer neues Material, aber Billie war da bereits an einem Punkt, an dem sie kaum noch was Neues übernahm; es wurde nichts für sie geschrieben. Sie sang das, womit sie sich wohl fühlte: »Moonglow«, »Blue Moon«, »What a Little Moonlight Can Do« – ein schnelles Stück ohne Risiko – und »Strange Fruit« – die Leute ließen sie ja nicht von der Bühne, solange sie das nicht gesungen hatte; normalerweise sang sie es einmal pro Abend – »Solitude«, »Easy Living«, »Waterfront«. »My Man« sang sie nicht allzu oft; das ist zu schwer zu singen und zu interpretieren – nicht so sehr technisch schwer, sondern schwer rüberzubringen. Sie sang nicht viele provozierende Lieder. »Willow Weep for Me« sang sie sehr oft. Und oft drehte sie sich zu mir und bat mich, das nächste Stück auszusuchen. Sie stand nie sehr lang auf der Bühne, es war nicht mehr so wie in alten Zeiten, als sie gar nicht mehr aufhörte zu singen.

Sehr empfänglich war das Publikum in Anchorage. Sie war einer der ersten bekannten Stars in Alaska. Das Land hatte damals gerade eine seiner ersten Blütezeiten, die Leute, die sich hier angesiedelt hatten, kamen alle aus den Staaten, lauter schwer schuftende Arbeiter, fast so was wie Pioniere.

Memry, die John Levy nicht kannte, vermittelt uns einen durchaus anderen Eindruck von Louis McKay als Carl Drinkard. Lady sagte zu ihr, sie habe, »als sie mit Levy zusammen war, nicht einmal Geschirr spülen dürfen, denn er wollte immer, daß sie wie eine Dame wirkte – die Illusion, die über die Jahre aufgebaut worden war: die wunderschöne Lady Day – keinen Abend versäumte er, ihr eine Orchidee zu schicken, und sie hatte bodenlange Nerzmäntel.« Daraus schloß Memry:

> Es gibt den Typ Zuhälter, der dich ausnimmt und dir ab und zu den Arsch versohlt, aber trotzdem sehr gut für dich sorgt, denn schließlich bist du seine Handelsware. Louie hingegen gehörte nicht zu dieser Sorte Zuhälter. Er war einer der skrupellosesten Männer, die ich je erlebt habe; er hat sie ausgenommen bis aufs Hemd. Als ich mit ihr zusammen war, hatte sie nicht einmal einen Mantel. Sie ging mit nackten Beinen und kurzen Kleidern und abgetretenen Schuhen auf die Bühne. Und wenn sie nach der Show in die Badewanne stieg, nahm sie ihre Unterhose mit rein, wusch sie aus und hängte sie zum Trocknen auf, damit sie sie am nächsten Tag wieder hatte. Ihr ganzer Schmuck war dahin. Sie war total unterernährt, wegen Louie. Er hat ihr ganzes Geld eingesackt. In der Zeit mit mir war sie nicht ständig auf Drogen; sie hatte einen Entzug hinter sich. Sie funktionierte. Ich war dauernd mit ihr zusammen.

Memry wußte nicht, daß John Levy viel Schlimmeres getan hatte, als Lady hin und wieder zu versohlen, daß er zum Beispiel auch die Blumen keineswegs bezahlte, wenn es sich vermeiden ließ. Drinkard war ein sorgloser Bursche und duldete McKay, aber unterdessen war viel geschehen, wodurch McKays Einstellung sich verhärtete. Der Mythos, Lady würde von der Polizei verfolgt, war bereits im Wachsen: McKay hatte Drinkard gegenüber gesagt, das sei Unsinn, die Drogenfahndung hätte jederzeit Gelegenheit, sie festzunehmen. Doch McKay war offensichtlich nie süchtig (jedenfalls hing er nie an der Nadel), und vielleicht hatte Drinkards Verhaftung ihn überzeugt, daß es vorläufig genug war. Ladys Nerzmantel sei von außergewöhnlicher Qualität gewesen, sagte Drinkard, man habe im ganzen Land nur wenig Vergleichbares finden können – einem Pfandleiher sei bei dem Anblick buchstäblich der Atem gestockt. Falls der Nerzmantel und der Schmuck in Drogen umgesetzt wurden, vielleicht verpfändet und nie wieder ausgelöst, muß McKay, der keinerlei Skrupel mehr kannte, sobald es um Geld ging, wahrhaftig erbittert gewesen sein. Vielleicht war er es auch zunehmend leid, Geld für die Pfandleiher aufzubringen, und hatte Schmuck und Nerz verkauft, bevor sie verschwinden konnten. 1954 jedenfalls, so Memry, sorgte er nicht gut für Lady.

Als wir für ein paar Wochen nach Alaska fuhren, besaß sie einen winzigen Pelz, eine Art Schulterumhang, und obwohl wir Sommer hatten, hab' ich so gefroren wie nie sonst in meinem Leben. Wir standen die ganze Zeit vor dem Ofen; in der Garderobe klapperte sie mit den Zähnen vor Kälte; sie hustete und war derart heiser, daß es schlimmer nicht hätte sein können. Ich glaube, sie lief die ganze Zeit mit einer leichten Lungenentzündung rum. Schließlich gingen wir und kauften ihr einen Abendumhang aus Samt, aber das war immer noch nicht warm genug.

Für Louie war ich eine günstige Gelegenheit, in mir hatte er nicht nur eine Begleiterin für sie, sondern auch ein Kindermädchen – und nicht nur für sie, sondern auch für sich selber. Er setzte mich mit ihr ins Flugzeug und schickte uns zum nächsten Ort, und meistens kriegten wir ihn nicht vor dem ersten Auftritt zu Gesicht. Zu mir sagte sie, daß er sie immer einsperrte – er sperrte sie nachts ein und tagsüber, machte die Fensterläden zu und hielt sie im Dunkeln und ließ ihr nichts anderes da als eine Konservenbüchse mit Innereien, die brachte er ihr, und dazu einen Spirituskocher, das war alles, was sie aß. Er beherrschte sie total, sagte ihr, daß sie niemandem trauen könnte außer ihm und daß sie mit niemand reden sollte außer mit ihm. Und in Alaska rief sie mich von ihrem Hotelzimmer aus an, um halb vier in der Früh, und sagte: »Ich hab' so eine Angst; ich bin hier ganz allein.« Louie blieb nie über Nacht bei ihr.

Manchmal redete sie über die Beziehung zu ihrer Mutter und halluzinierte fast; sie schien ein furchtbar schlechtes Gewissen zu haben wegen der Art, wie sie ihre Mutter behandelt hatte, dann wurde sie sehr deprimiert – obwohl ihre Mutter schon seit Jahren tot war. Aber es passiert schon mal, daß man zu einem Tiefpunkt kommt, wo diese Schuldgefühle auftauchen und einen wahnsinnig machen. Sie dachte, sie hätte nicht soviel für ihre Mutter getan, wie sie hätte tun sollen; offenbar hat ihre Mutter Geld gebraucht zu einem Zeitpunkt, wo Lady ziemlich reich war; ihre Mutter war krank und lag im Spital und hätte Pflege gebraucht, und sie hätte dafür sorgen können und hat's nicht getan. Das sagte sie alles selber. Ich hatte nie den Eindruck, daß sie ihre Mutter geliebt hat, nur daß sie sich schuldig fühlte.

Lady sei bisexuell gewesen, sagte Memry, aber zu der Zeit habe das keine Rolle mehr gespielt. (Lady und McKay rissen Witze darüber, wer von ihnen Memry zuerst aufs Kreuz legen würde, aber Memry machte ihnen klar, daß sie in der Hinsicht keinen Spaß versehe.)

Fünfzehn Jahre später sagte Memry, sie denke, jeder bisexuelle Mensch werde sich früher oder später für die eine oder die andere Seite entscheiden, Lady sei im Grunde heterosexuell gewesen, aber »ihre Männerbeziehungen waren derart, daß es für sie keinen Ausweg gab. Sie redete über die Sorte Männer, die sie kennenlernte – die hätten sie so behandelt, wie wir finden, daß eine Frau behandelt werden sollte: nette Männer, die freundlich gewesen wären, fürsorglich, beschützend, und sie sagte selber, sie wüßte nicht, warum sie diese Art von Männern nicht mochte; sie mochte sie einfach nicht.« Lady habe Affären mit Frauen gehabt und dabei immer der Mann sein wollen, sei aber nicht imstande gewesen, einer Frau gegenüber die Beschützerrolle zu spielen. »Das hat sie verkehrt geprägt. Auch die normale Rolle als Frau spielte sie nicht. Das war das Dilemma. Sie konnte einen echten Mann nicht akzeptieren. Sie suchte sich keine Männer aus, die sie beschützt hätten; sie konnte selber niemand beschützen, und sie konnte sich nicht beschützen lassen.« Auf die Frage, ob sie glaube, daß Lady die männerfeindliche Haltung von ihrer Mutter übernommen habe, antwortete Memry: »Das ist gar nicht so weit hergeholt. Man muß ja mit einem Kind eine Situation nie besprechen. Ein Kind interpretiert das, was es in unserem Verhalten sieht; Kinder irren sich fast nie. Was immer Lady war, es war vorprogrammiert.«

Lady trank unverändert viel, nahm aber kein Heroin, solange sie mit Memry zusammen war. Im Flugzeug nach Alaska war sie auf Entzug und gab Memry Anweisungen, was sie der Stewardeß sagen sollte: sie sei schwer erkältet. »Ihre Drogensucht war auch eine Form von Selbstbestrafung, und eine andere Form von Ausbeutung durch einen Zuhälter: daß sie zuließ, bestraft zu werden. Aber ich weiß, daß sie jederzeit aufhören konnte, wenn sie wollte, ich hab's ja selber miterlebt.« Vielleicht hatten die Wochen in Europa, während deren sie clean war, sie daran erinnert, daß sie durchaus imstande war, von der Nadel loszukommen; auf jeden Fall begann sie nun von Memry abhängig zu werden, und Memry versuchte zu helfen. Sie dachte, Lady habe sich schon so lange so schlecht ernährt, daß ihr Magen geschrumpft sei, bis sie endgültig jeden

Appetit verloren habe; wegen der Unterernährtheit sei sie verwirrt gewesen.

Was ihr Geld angeht, kursierten Gerüchte, daß Louie in Alaska viel Land kaufte und Investitionen machte, aber sie kriegte nie was davon zu Gesicht. Nie bekam sie irgendwas. Deshalb fing sie an, sich immer mehr auf mich zu verlassen. Und ich sagte zu ihr: »In New York gibt es sehr geschäftstüchtige Frauen, die sich gerade jetzt, in dieser Phase deines Lebens, um dich kümmern können. Das einzige Problem mit dir ist, daß du dich zu Tode hungerst.« Ich sagte, sie dürfe nicht so weitermachen, sie würde an Unterernährung sterben. Ich versuchte, sie moralisch aufzubauen, wo es ging, und deswegen wurde Louie sauer auf mich.

Wir waren in Alaska, und ich machte ihr den Vorschlag, in die Stadt zu fahren und sich einen Mantel zu kaufen, aber der Mantel war immer noch nicht warm genug; sie kaufte sich ein Kleid, ein kurzes Kleid, in dem sie auftreten konnte, und natürlich gefiel es Louie nicht. Er sagte: »Du versuchst dich anzuziehen wie Memry. Alles, was du tust, ist wie Memry.« Ich habe aber nichts für sie ausgesucht, ich bin nur mitgegangen. In der Woche und auch noch in den folgenden paar Wochen nahm sie ihre Gage selbst in Empfang und behielt ihr Geld für sich. Louie brachte das natürlich in Weißglut. Zu mir sagte sie: »Das ist das erste Mal seit Jahren, daß ich erlebe, wie es ist, tagsüber auf zu sein und rumzulaufen – überhaupt, mir Gedanken zu machen, was ich anziehe.« Es war nicht, daß sie es nicht hätte tun können; sie konnte es nur nicht, solange ein Zuhälter in der Nähe war. Sie suchte immer Unterstützung bei mir, fragte mich Sachen wie: »Was meinst du? Glaubst du, ich kann das schaffen?«

Ich versuchte, objektiv und ehrlich und ermutigend zu sein. Ich versuchte, sie dazu zu bringen, daß sie sich einen guten Manager sucht, für die nächsten fünf Jahre wieder auf Tourneen geht und genug Geld verdient, um aufhören zu können; aber mit ihm konnte sie das nicht. Sie mußte ihn loswerden. Ich hab' ihr zugeredet, zu Joe Glaser zu gehen, wenn wir wieder in New York wären, und ihn um einen Manager zu bitten. In den Clubs war Louie sowieso verhaßt; in vielen Kneipen, wo wir auftraten, hatte er Lokalverbot.

> Auch in dem Club in Alaska ließen sie ihn nach einer Weile nicht mehr rein. Er war derart streitsüchtig, dauernd fing er irgendeinen Krach an. Im Down Beat wollten sie ihn auch nicht mehr sehen; wenn sie Pause hatte, saß er nämlich immer mit ihr an der Bar und fing an, Zoff zu machen.

Memry sagte, es sei nicht Ladys Schuld gewesen, wenn es Ärger gegeben habe. »Wir traten in einem Club in Philadelphia auf, und er durfte überhaupt nicht rein!« (Dieser spezielle Club hatte ein Piano, »das so miserabel war, daß es eine Gemeinheit war. Kein Flügel, ein altes Klavier, von den Tasten war das ganze Elfenbein abgesprungen.«) »Jedenfalls, in New York sagte sie: ›Memry, morgen steh' ich früh auf und geh' zu Joe Glaser und such' mir einen anderen Manager.‹«

> Am Morgen stand sie auf, zog sich an, und wir fuhren zusammen mit der U-Bahn in die Stadt. Aber an der Haltestelle, wo wir aussteigen mußten, schaffte sie es nicht, die Rolltreppe runterzufahren. Sie stand da oben und sagte: »Ich kann nicht gehen. Ich bin zu schwach.« Das ist diese Veranlagung, von der ich gesprochen habe ... sie liebte es, sich zu bestrafen. Sie war *ganz knapp* davor, ihr Leben selber in die Hand zu nehmen, und dann kippte sie doch wieder um. Ich sagte: »Billie, tu das nicht!« Sie sagte: »Ich kann nicht, ich kann nicht.« Mitten auf dem Bahnsteig. Wir fuhren mit der nächsten U-Bahn zurück nach Flushing.

Memry hatte versucht, gegen Ladys geringes Selbstwertgefühl anzukämpfen, gegen ihre Unfähigkeit, ihr Leben allein zu meistern, aber sie scheiterte. Und doch konnte Lady immer noch Stärke zeigen. Memry erzählte von dem Abend, an dem sie zum erstenmal wieder nach New York zurückkehrten:

> Sie wußte nicht, wo Louie war. Wir kamen nach New York, und sie versuchte, Stoff zu beschaffen. Wir fuhren den ganzen Tag herum, bis nachmittags um fünf, aber sie hatte nirgendwo was auftreiben können ...
>
> An dem Abend oder am nächsten Tag kam Carl Drinkard vorbei, und sie hatten vor, sich gemeinsam einen Schuß zu setzen. Also, ich hatte sie auf Entzug erlebt, aber ich hatte sie nie fixen sehen ... Ich schaute zu, wie sie versuchte, eine

> Vene zu finden, und es nicht schaffte, und kriegte glatt einen hysterischen Anfall, ich fing an zu schreien: »Nein, nein – tu's nicht!« Ich warf mich auf den Boden und schrie, bis sie mich aufhob und in den Arm nahm; sie sagte: »Wenn dir das so zu schaffen macht – zum Teufel damit!« Sie riß sich diese Binde vom Arm und sagte zu Carl: »Scher dich weg«, und Carl ging. Sie hielt mich fest und tröstete mich. Und sie fixte nicht, sie tat es nie mehr, solange ich mit ihr zusammen war. Ich glaube, ich hab' die ganze Nacht geweint, das hat mich dermaßen erschüttert …

Noch ein Gebiet gab es, auf dem sie Kraftreserven besaß, bis zum Schluß: ihre Musik. Memry sagte, sie glaube, Lady habe gewußt, daß sie eine große Künstlerin war:

> Einmal sagte sie, daß so viele Leute versucht hätten, sie fertigzumachen wegen der Art, wie ihr Leben öffentlich bekannt geworden sei, aber auf der Bühne ließ sie sich davon nie vergiften. Sie dachte, nachdem sie als Künstlerin einmal diese Stufe erreicht hatte, konnte nichts mehr ihr Talent beeinträchtigen, und *keiner* war es wert, diesem Talent zu schaden. Sinngemäß war es das, was sie sagte. Sie sagte: »Deswegen warte ich, bis das Publikum völlig still ist, und deswegen tu ich nicht dies oder jenes auf der Bühne, weil *sie* nicht das Recht haben … «

Memry erzählte eine lange Geschichte, die zeigt, wieviel Kraft Lady auf musikalischem Gebiet besaß. Sie ereignete sich anscheinend während der vom Birdland veranstalteten All-Stars-Tournee, die in der Carnegie Hall begann; die Bands von Basie und Ellington traten auf, das Modern Jazz Quartet, Sarah Vaughan, Lester Young (sowohl zusammen mit Basie wie auch als Solist) und etliche weitere; Lady stand als letzte auf dem Programm.

> Wir hatten eine Probe in der Stadt, und das war eines der wenigen Male, wo jemand Arrangements für sie geschrieben hatte – ich glaube, es war einer aus Basies Band. Das Piano und die Rhythmusgruppe sahen sich die Sache an und spielten und brachten das Stück gemeinsam zu Ende, ohne Noten. Die waren so gut aufeinander eingespielt, als ob sie seit hundert Jahren zusammen wären …

Louie hatte einen kleinen Jungen, der war irgendwas zwischen vier und sechs. Er und Louie waren tagelang weggewesen, Billie und ich hatten die Wohnung für uns allein; ich glaube nicht, daß sie überhaupt wußte, wo sie hin waren. Meistens verschwand er dann, wenn ich da war; wenn ich in der Nähe war, brauchte er nicht dazusein, und nachdem ich nicht eine war, die viel ausging, wußte er, daß sie bei mir in Sicherheit war. In der Nacht vor dem Konzert kam er zurück und brachte das Kind mit, das am nächsten Tag auch noch Geburtstag hatte. Am Morgen fuhren wir also zum Probenraum und warteten, daß wir an die Reihe kämen, aber Louie ging das nicht schnell genug. Er sagte zu Billie, sie müßten jetzt weg. »Laß dir von Memry sagen, was sie vorhaben; du kommst jetzt mit mir in die Stadt und kaufst dem Jungen ein Fahrrad.« Damit schob er sie aus dem Probenraum … Sie ging mit ihm weg, und ich blieb im Studio, wir machten uns die Einleitungen aus und so weiter.

Wir sollten spätestens um neun im Konzertsaal sein. Als ich nach Flushing zurückkam, war es fast sieben. Die arme Frau hatte das Haus voll mit Louies Gästen, sie war den ganzen Tag auf den Beinen gewesen, um dem Kind sein Fahrrad zu kaufen, und dann mußte sie auch noch ein Abendessen kochen. Denen war überhaupt nicht klar, was sie ihr antaten. Sie hatte lauter verschiedenes Essen gekocht und serviert, und jetzt stand sie da und spülte Geschirr, die Leute brüllten und grölten durcheinander, tranken und gingen ihr mit allem möglichen Quatsch auf die Nerven; es war überfüllt, das Zimmer voller Rauch, den Leuten war es völlig gleichgültig, daß sie gleich auf die Bühne mußte und überhaupt nicht drauf vorbereitet war … Sie war noch nicht einmal frisiert. Sie war nicht angezogen. Und Louie schiebt natürlich ihr die ganze Schuld zu, daß sie nicht fertig ist. Sie war im wahrsten Sinn des Wortes am Ende.

Sie zieht sich ein Kleid an und richtet sich halbwegs die Haare. Auf dem Weg im Auto von Flushing nach New York fragt sie mich, was sie singen wird, wie die Einleitungen sind, und ich versuche ihr zu erklären, welcher Song acht Takte hat und in welchem Tempo er gespielt wird, und wie wir von einem Tempo ins nächste wechseln; aber das ist natürlich alles völlig sinnlos, denn die Leute im Auto quasseln in einer Tour, und sie versteht überhaupt nur die Hälfte von dem, was ich sage … Endlich kommen wir zum Konzertsaal, die Garderobe ist voller Leute, und Louie holt immer noch mehr herein. Man steigt sich gegenseitig auf die Füße.

Während des Konzerts wurde kein einziger zu einer Zugabe aufgefordert – keiner! Sie bekamen alle sehr viel Applaus, aber man hatte den Eindruck, daß die Leute nur einen Menschen sehen wollten, und das war Billie Holiday.

Als sie auf die Bühne kam, war das erste, was sie tat, daß sie stolperte. Sie stolperte nicht über das Kabel, weil sie betrunken war; sie stolperte, weil sie so verdammt schwach war, daß sie kaum stehen konnte. Sie stelle sich mitten auf die Bühne und kriegte einfach nichts mehr mit. Die erste Nummer auf dem Programm war »Blue Moon« und hatte eine acht Takte lange Einleitung bei doppeltem Tempo, so daß acht Takte wie vier klangen, und sie wußte nicht, was wir spielen. Also, Sie kennen ja die Carnegie Hall, die Bühne ist riesig, und das Piano steht ewig weit entfernt am Rand, und ich sage Ihnen, wir spielten diese Einleitung mindestens sechsmal.

Memry spielte mit der Rhythmusgruppe der Basie-Band, Basie dirigierte; er kam schließlich auf den Gedanken, daß die Musik der Band Lady vielleicht überforderte, und fand, Memry solle die Einleitung allein übernehmen. »Dann spielte ich die Einleitung zusammen mit der Rhythmusgruppe, aber das war immer noch sinnlos. Mittlerweile hatte schon das Publikum das Stück erkannt, es war ja auch offensichtlich.« Auf der Bühne soufflierten die Bandmitglieder, und auch aus dem Publikum wurde geflüstert: »Blue Moon!« Sie wandte sich zu Memry und fragte: »Memry, kannst du mir sagen, was das ist? Was soll ich singen?« Alle hörten ihre Frage, aber Memry saß am anderen Ende der Bühne und hatte kein Mikrophon, und Lady verstand sie nicht. Inzwischen saßen die Zuhörer in den ersten Reihen bereits auf der Stuhlkante; Memry spielte noch ein paarmal die Einleitung, und endlich rief Lady aus: »Oh! Ah – ›Blue Moon‹!«

Und ich sage Ihnen, der ganze Saal hat durchgedreht!
Die Spannung, die immer größer wurde, und dann das überraschte »Oh!«. Und sie stand da – nachdem sie ihren Set gesungen hatte – und gab eine Zugabe nach der anderen.
Ich spielte Stücke für sie, die ich nie vorher gespielt hatte,

zum Beispiel »I'll Be Seeing You«, »All the Things You Are«... Es war ein ungeheuer inspirierender Augenblick. Nachdem sie diese ganze andere Scheiße hinter sich gebracht hatte – dann konnte sie singen. Und das Publikum legte ihr sein Herz zu Füßen, jeder zeigte, wie sehr er sie liebte; das vergesse ich nie, vor allem weil es so erbärmlich und elend angefangen hat...

Nach dem Konzert brach eine Schlägerei aus, im wahrsten Sinn des Wortes, zwischen ihr, Louie und mir, im Birdland. Ich war zum erstenmal dort. Ich sagte irgendwas wie: »Ich finde, das hast du wunderbar gemacht, unglaublich gut, vor allem nach einem Tag wie heute... « Sie hatte ja nicht einmal geprobt. Louie machte daraufhin irgendeine Bemerkung wie »Wieso zum Teufel sollte sie es *nicht* gut machen? Schließlich ist sie Billie Holiday!« Und er fing an, sein großes Maul aufzureißen und halbstarke Reden zu führen. Woraufhin sie für mich Partei ergriff, was die Sache nur schlimmer machte, sowieso hatte er ein unglaubliches Talent, einen Streit vom Zaun zu brechen. Er machte was, das mich total in die Defensive drängte, ich griff mir eine Flasche und wollte sie ihm auf den Kopf hauen, und damit brach im Birdland ein Riesenkrawall los. Wir landeten auf der Straße, er schlug sie buchstäblich quer über die Straße...

Er war irrsinnig wütend auf mich, so daß ich mich in der Nacht nicht in die Wohnung zurück traute. Ich machte mich auf den Weg zur Wohnung meiner Exschwiegermutter, aber ich kannte mich mit dem U-Bahn-System nicht aus und fuhr die ganze Zeit blödsinnig durch die Gegend. Ich hatte meine Kleider dort, und schließlich, ungefähr um vier Uhr morgens, beschloß ich, zu Billie nach Flushing zu fahren.

Lady ließ Memry ein, überrascht, sie zu sehen; noch viel überraschter aber war Memry, als sie feststellte, daß die beiden ein Herz und eine Seele waren. Die Geschichte ist bezeichnend; um ihre Gesundheit stand es immer schlechter, und zudem war sie erschöpft, aber am Ende schaffte sie es doch: für ihr Publikum; offensichtlich hatte sie sich auch selbst schon nach ihren Beweggründen gefragt, sonst hätte sie Memry nie erlaubt, einen Rettungsversuch zu starten. Aber Memry war 1954 erst dreiundzwanzig Jahre alt; sie war Lady nur deshalb nahegekommen, weil sie eine Schwarze war; sie hatte aber einen völlig anderen familiären

Hintergrund, nahm keine Drogen und trank kaum etwas: allein aufgrund dieser Unterschiede war sie gar nicht in der Lage, zu verstehen, worauf sie sich eingelassen hatte. Erst im Lauf der Zeit merkte sie, wogegen sie ankämpfte.

Zunächst einmal war Ladys Husten und Zittern in Alaska zum Teil auf den Heroinentzug zurückzuführen; und sie konnte nicht anständig essen, weil sie nicht nur ein Junkie, sondern auch Alkoholikerin war. (Memry sagt, sie habe mindestens eine Flasche Schnaps am Tag geleert.) Dann, zu Hause in Flushing, tat McKay, was von einem Mann in seiner Lage erwartet wurde: Er spielte den großen Macker. Er empfing seine Freunde (auch Ladys Freunde, wie Memry einräumt: »Manche schienen sie schon ewig lang zu kennen.«) Er war ein Mann, der nicht einfach einen Star unter seinen Fittichen hatte, sondern einen Star, der Essen kocht und Geschirr spült, während der große Macker den Gastgeber markiert. Im übrigen war Lady weithin als gute Köchin bekannt, es hieß, sie habe gern gekocht; und wenn sie viel kochte, aß sie vielleicht auch selbst etwas, was nur zu ihrem Besten sein konnte.

Was das Konzert betrifft, so war Lady nicht gerade für ihre Pünktlichkeit bekannt, sie galt auch nicht als Anhängerin ausgiebiger Proben vor einem Auftritt, und sie hatte seit Jahren nicht mit Big-Band-Arrangements irgendeiner Art gesungen: Basie hatte wahrscheinlich recht, die Band überforderte sie. Für McKays Gewalttätigkeit nach dem Konzert gibt es keine Entschuldigung; allerdings sind wir mittlerweile mehr daran gewöhnt als Memry damals – die heute andere Auswege fände, als McKay mit einer Flasche zu bedrohen. Sie habe nicht gewußt, was sie zu erwarten hatte, als sie nach Flushing zurückkehrte, sagte Memry, »aber sicher hab' ich nicht damit gerechnet, ein Liebesnest vorzufinden. Heute verstehe ich das sehr gut. Es war typisch für Menschen von diesem Charakter, die Bestrafung brauchen. Nachdem sie ihre Strafe bekommen haben, sind sie so komplett befriedigt, daß wieder eitel Wonne herrscht und sie auch miteinander ins Bett gehen können.« Durchaus. Ladys Lust an der Bestrafung war noch nicht erschöpft.

Es ist nicht überraschend, daß Memrys Zeit mit Lady so gut wie vorbei war. Nach der Carnegie Hall ging das Konzert nach Boston und dann nach Philadelphia. »Nach Philadelphia hatte sie kein Engagement mehr; wir hätten nach Detroit gehen sollen, aber das war abgesagt worden.« Und in Philadelphia spürte Memry, daß sie in Gefahr war:

> Louie fing an, mich als Diebin zu bezeichnen. Als wir von Los Angeles abreisten, hatten wir einen Diener, und dieser Diener hatte sich im Zusammenhang mit irgendeiner Drogenanklage in Luft aufgelöst, und ich hatte den Verdacht, daß Louie ihm die Sache angehängt hatte. Das war etwas, das er ganz leicht auch mit mir hätte tun können. Ich erkannte, daß er allmählich zu dem Punkt kam, wo er in seiner Feindseligkeit gegen mich unkontrollierbar wurde. Je mehr Respekt sie vor mir hatte, desto mehr sah er mich als furchterregenden Feind an ... Da kam ich auf die Idee, mir von meiner Mutter ein Telegramm schicken zu lassen, in dem stand, daß mein Vater krank sei, und das zeigte ich ihnen und sagte, ich müßte sofort nach Hause. Ich sagte: »Sobald ich daheim bin, lasse ich euch wissen, ob ich zurückkommen kann oder nicht«, und natürlich, kaum war ich zu Hause, telegraphierte ich ihnen, daß ich nicht zurückkommen könnte.

Die junge Memry hatte den Absprung geschafft. Vieles, was sie sagt, wird von Dorothy Winston bestätigt, die damals in Oakland, Kalifornien lebte und Lady seit 1951 kannte. Immer wenn Lady in die Gegend von San Francisco kam, besuchte sie Dorothy, ein- oder zweimal im Jahr. Bei Dorothy war so gut wie nie von Drogen die Rede. »Sie sah mich als die naive kleine Hausfrau an und wollte, daß es so blieb.« 1953 oder 1954 wurde Lady von einem lokalen TV-Sender interviewt und sagte, sie sei jetzt sauber, aber als Lady abreiste, fand Dorothy ihre besten Silberlöffel im Mülleimer, so verbogen, daß sie sich zum Aufkochen von Heroin eigneten. Sie dachte, nur Louis könne sie weggeworfen haben. »Er war der Gedankenlose von den beiden.«

> Louis verarschte uns: angeblich verschnitt er den Stoff, so daß sie immer geringere Dosen erhielte, am Ende nur noch eine winzige Menge; so würde er sie allmählich davon wegbringen. Wir dachten: Wunderbar, endlich hat sie jemand, der zu ihr hält. Nachdem Memry angefangen hatte, mit ihr auf Tournee zu gehen, erkannten wir, was Louis für einer war. Louis sagte zu Memry, er werde zu seiner Familie nach

Jersey zurückgehen; wie kam er auf die Idee zu glauben, daß sie nicht hingehen und ihr alles erzählen würde? Das war einfach beschissen.

McKay hatte offensichtlich zwei Familien; er erzählte jedem, die Kinder in Kalifornien seien ihm »angehängt worden«, aber er unterstützte sie mit Ladys Geld.

> Er fuhr immer wieder seine Familie besuchen, und manchmal wohnte der kleine Junge bei uns, dann ging Billie hin und kaufte Kleider für ihn. Louis behauptete, er kaufe in Kanada ein Grundstück. Billie konnte es natürlich nicht auf ihren Namen eintragen lassen wegen ihrer Vorstrafe; das war seine Ausrede dafür, daß er das Geschäft in seinem eigenen Namen machte. Es hat lang gedauert, bis man Louis durchschaut hat, bis man merkte, was für ein Windbeutel er war. Er kaufte einen Mantel für sie, angeblich für dreihundertfünfzig Dollar, der in Wirklichkeit nur hundertfünfzig wert war …
>
> Ich erinnere mich an einen Abend, als sie im Say When auftreten sollte und sehr spät dran war, da sagte sie zu mir: »Verlaß mich nicht! Egal, was irgendwer sagt, geh nicht weg, bitte!« Sie hielt mich fest an der Hand, sie hatte eine Heidenangst, daß irgend jemand was zu ihr sagen könnte, weil sie zu spät war; dann warf sie den Kopf in den Nacken und marschierte in den Club, als wollte sie jedem zu verstehen geben: Wage ja niemand, mich anzusprechen! Wir gingen in die Garderobe, und keiner tat einen Mucks. Anderen Leuten gegenüber machte sie den Eindruck, als wäre sie hart wie Eisen und würde jedem den Kopf abreißen, aber so war sie in Wirklichkeit gar nicht.

Je länger Dorothy Winston Lady kannte, desto sentimentaler und einsamer wurde Lady, und desto mehr öffnete sie sich. Sie verwöhnte Dorothys zwei Töchter und setzte sie auf die Liste ihrer Patenkinder.

Carl Drinkard kam bald zurück, wurde abermals gefeuert und kam abermals zurück. Am Valentinstag 1955 fand wieder eine Aufnahmesession für Granz statt, diesmal in New York; sieben Einspielungen entstanden. Auf den Platten war immer Drinkard als Pianist genannt worden; er hatte sich jedoch mit Lady und dem Bassisten Leonard Gaskin gestritten und war vor die Tür gesetzt worden. Jo Jones war im Studio, und er holte Billy Taylor dazu. Gaskin war noch Jahre später der Meinung, daß Drinkard der Pianist gewesen sei; er erinnerte sich, wie enttäuscht er über Drinkards Spiel in »I Wished on the Moon« gewesen war, denn er liebte Ladys Originalversion aus dem Jahr 1935 mit Kirby am Piano. Es ist wohl möglich, daß Drinkard zumindest bei der einen oder anderen Nummer spielte, Phil Schaap jedoch, der Produzent der Wiederveröffentlichung, ist sicher, daß es Taylor war, und Taylor bestätigt dies.

Die Aufnahmen gehören nicht zum Besten, was Lady je produziert hat. Shavers war dabei, außerdem Billy Bauer, der frühere Gitarrist von Woody Herman, Cozy Cole am Schlagzeug, Budd Johnson am Tenorsaxophon und Tony Scott an der Klarinette. Nach den Regeln der Musikergewerkschaft mußte ein Bandleader genannt werden: das war der Pianist und Arrangeur Leroy Lovett; es ist aber nicht recht klar, was er eigentlich tat. Von Arrangements ist nicht viel zu hören; vorherrschend ist dagegen Scotts Begleitung. Scott war ein alter Freund von ihr; doch eine Klarinettenbegleitung für einen Sänger erfordert ein gehauchtes Pianissimo, eine Kunst, in der Benny Goodman ein Meister war. Die Technik, die man einen »frühen Hifi-Klang« nennen könnte, hilft auch nicht viel, sie wirft nur ein grelles Licht auf das Vorgehen.

Aber vielleicht war das Hauptproblem einfach, daß die Rhythmusgruppe nicht mit ihr übereinstimmt; Lady swingt ständig über sie hinweg. Wie immer gelingt ihr die Magie mit dem Text: in »Say It Isn't So« setzt sie weit hinter dem Takt ein; sie singt die Einleitung zu »Everything Happens to Me«, das zur Autobiographie wird, und diesmal singt sie auch die Einleitung zu »I Wished on the Moon«:

> Every night was long and gloomy,
> Shadows gathered in the air,
> No one ever listened to me,
> No one wondered, did I care.

None in all the world to love me;
None to count the stars that hung.
Then the moon came out above me,
And I saw that it was young.

I wished on the moon … *

Aber es waren sehr lange zwanzig Jahre gewesen, und Lady war beinahe jenseits aller Wünsche.

Drinkard kam wieder zurück. Er erzählte vom Charlie-Parker-Gedenkkonzert im Mai 1955, nur wenige Wochen nach Parkers Tod; die Geschichte zeigt, wie hoch ihr Ansehen in der Musikwelt war. Die Carnegie Hall war voller großer Stars; das Konzert dauerte vier Stunden, aber nicht jeder ging auf die Bühne. (Babs Gonzales war einer von denen, die nicht auftraten, aber er sagte zu Drinkard: »Wie verlogen die Leute alle sind. Als Bird am Leben war, gaben sie ihm nicht genug Geld, daß er sich ein Päckchen Heroin davon kaufen konnte, aber jetzt wollen sie alle in seinem Konzert auftreten.«) Hazel Scott habe die Show organisiert, sagte Drinkard, und nicht gewußt, wer den Abschluß machen sollte. Um niemanden zu beleidigen, überließ sie den Höhepunkt Lady: »Dagegen wollte niemand protestieren.«

Im August fand in Los Angeles die Probesession mit Jimmy Rowles statt, die mitgeschnitten wurde. Die Aufnahmetermine standen fest, und vor dem ersten Tag wollte Rowles proben. Das einzige anständige Piano, das er auftreiben konnte, stand zu Hause bei dem Bassisten Art Shapiro; Shapiro ließ dort sein Tonbandgerät mitlaufen. Wie die bereits zitierten Anekdoten von Ladys erster Begegnung mit Rowles fast fünfzehn Jahre zuvor zeigen, gab es

* Jede Nacht war lang und düster,
Schatten ballten sich ringsum,
Keiner hörte mir je zu,
Keiner fragte, wie es mir ging.

Niemand auf der ganzen Welt, der mich liebt;
Niemand, der die Sterne am Himmel zählt.
Dann ging über mir der Mond auf,
Und ich sah, daß er jung war.

Ich wünschte beim Mond …

auch jetzt wieder viel freundschaftliches Geplänkel; die alten Freunde hatten eine Menge Spaß miteinander und konnten dabei auch noch arbeiten. Einmal hört man Ladys Hund bellen.

Rowles bestand immer auf Proben, denn bei zwei Saiteninstrumenten (Klavier und Gitarre) ist es hilfreich, bereits im voraus Tonarten und anderes zu vereinbaren. Granz hingegen legte keinen Wert darauf, und darüber ärgerte sich Rowles genauso wie über die Tatsache, daß Granz Ella mit sechzehn Instrumenten aufnehmen ließ, Lady jedoch nie mehr als eine Combo zugestand. So wollte es Granz, und vermutlich war es eine richtige Einschätzung von Ladys Situation in dieser Phase ihrer Laufbahn; Rowles aber war eisern. Doch es war auch eine wirtschaftliche Frage: Bigbands kosten mehr, und mittlerweile brachten Ellas Alben mehr Geld ein als Ladys Platten.

Rowles sagte, sie seien zu recht merkwürdigen Tonarten gelangt, als sie versuchten, sich Ladys Stimme anzupassen. Bei der Probe von »Nice Work If You Can Get It« verlief ein Teil der Diskussion folgendermaßen:

Shapiro: Das hast du hingekriegt, daß Jimmy jetzt diese Tonart spielt, weißt du das.

Lady: Yeaaah!

Rowles: Du verdammtes Miststück, du hast dir die absolut gräßlichste Tonart aller Zeiten ausgesucht.

Shapiro: Ist schon in Ordnung, das ist eine gute Tonart …

Lady: Und schreib auch den Text drunter, ja, sonst weiß ich ihn morgen nicht mehr. Weißt du, dann bin ich in einer anderen Stimmung … Deswegen kann ich nie gleich singen. Das kann ich nicht, weil ich nie, weil ich mich nicht immer gleich fühle. Ich kann's einfach nicht. Ich kann nicht einmal mich selber kopieren!

Die Musiker bei der Aufnahme am nächsten Tag waren Rowles, Kessel, Edison, Larry Bunker am Schlagzeug, John Simmons am Baß, und Altsaxophon spielte Benny Carter, der zugleich Bandleader und Arrangeur war und heute, mit fünfundachtzig und anscheinend alterslos, immer noch komponiert und wunderbar spielt. Rowles sprach über Carter:

Dann hatten wir Benny Carter. Der Respekt, den sie alle vor ihm hatten ... Er taucht auf, und jeder tut gut daran, sich abzuregen. Ich weiß nicht, warum. Er hat Charisma, eine ungeheuer starke Persönlichkeit. Wenn er wütend genug war, hätte er sogar Joe Louis verprügeln können. Er ist der einzige Mensch auf der Welt, der zu Ben Webster sagen konnte: Schleich dich. Ich hab' sogar einmal daran gedacht, zum Gericht zu gehen und meinen Namen in Carter umändern zu lassen. Ich meine, ich behalte schon weiter meinen Namen, aber ich hätte ihn gern als Vater. Das mein' ich ernst. Als ich spielen lernte, hörte ich mir seine Platten an und studierte seine Soli, denn er ist ein *Lehrer.* Wenn er sein Horn in die Hand nimmt, sollte man sehr genau zuschauen.

Lady hat ihn geliebt. Sie respektierte ihn. Zu jedem anderen konnte sie sagen: »Hey, du Arschloch«, aber zu Benny: »Äh, Benny, würde es dir was ausmachen, wenn ... « Hochachtung. Natürlich. Für sie war er ein Idol. War er für jeden. Benny Carter ist was ganz Besonderes.

Am 23. und 25. August wurden sechzehn Stücke aufgenommen; die Zusammenstellung ist eine der besten, die Lady je hatte. Während der zwanglosen Probesession klang ihre Stimme rauh; bei den eigentlichen Aufnahmen hingegen ist sie sehr gut bei Stimme, und doch baut sie immer mehr auf den Text: am 23. hatte sie manchmal Mühe, bei einem langen Ton die Höhe zu halten; zwei Tage später jedoch war sie besser, noch besser. Sämtliche Aufnahmen sind phantastisch: es kommt eben sehr auf die Band an. Kein Wunder, daß Sinatra Sweets als Begleiter wollte; und Carter wußte bei Lady sehr genau, was er zu tun hatte, genau wie Prez vor ihm.

Auf fünf langsame Stücke folgt ein flotteres: »Please Don't Talk About Me When I'm Gone«; Simmons' Baß ist hier besonders schön, und seine einstige Liebste bringt diesen Text mit Bravour hinter sich: sie ist beiläufig, aber sie meint es durchaus ernst. Danach folgt »It Had to Be You«, wiederum mit Carter, und »Nice Work« wird wieder lebhafter. Sweets spielt ohne Dämpfer bei »I Got a Right to Sing the Blues« (»Mein armes Herz wird arg gebeutelt von einem gewissen Mann in dieser Stadt ... «). Bei dem schönen Lied »What's New?« wechselt Rowles zur Celesta, und

Carter spielt ein Solo. Auf »A Fine Romance« ist Rowles so zurückhaltend, daß er der Miles Davis des Pianos sein könnte, danach setzt die Begleitung von Carter und Edison ein: *diese* beiden drängen sich nie in den Vordergrund. Bei »I Hadn't Anyone Till You« setzen die Hörner aus: großartig ist die Intimität dieses Songs. Die Vokalchorusse bringen lateinamerikanische Elemente in »I Get a Kick out of You«, die Solisten jedoch machen aus dem Stück eine astreine Swing-Nummer. In »Everything I Have Is Yours« nimmt Lady einige Veränderungen vor, und sie endet mit »Isn't This a Lovely Day?« Ein wunderbarer Tag war es ganz bestimmt. Nach all den Problemen, die sie in der Liebe hatte, wußte sie mehr darüber, als sie uns auf irgendeine andere Weise als durch ihre Musik hätte mitteilen können.

Ihr Zeitplan wurde hektisch, eine Verpflichtung jagte die nächste. Große Bühnen und ein riesiges Publikum waren nicht von Natur aus ihr Element, und sie tat sich schwer, umzuschalten und sich für dieses oder jenes seelisch aufzubauen; außerdem verließen sie allmählich die Kräfte. Doch im August 1955, etwa um dieselbe Zeit, als diese wunderschönen Aufnahmen entstanden, trat sie an ein und demselben Abend im Crescendo und im Hollywood Bowl auf: Sie kann nicht bei *beiden* Auftritten in Höchstform gewesen sein; vielleicht war sie bei keinem sehr gut; doch kurz darauf war sie wieder im Storyville in Boston, und Dom Cerulli schrieb in *down beat,* sie habe ihr Publikum fasziniert.

Ebenfalls im Juli und im August 1955 sprach sie mit Jeff Kruger über eine achtwöchige Europatournee im August und September; er bot ihr fünfhundert Dollar in der Woche: das klingt nicht besonders viel, aber hätte er von ihr eine feste Zusage bekommen, hätte er mehr Auftritte organisieren können; sie indessen brachte ihn nicht zu einer klaren Aussage, ob diese Gage die Reisekosten beinhaltete oder nicht. Glaser arrangierte gut besuchte Konzerte in den USA und war gegen eine Reise nach Europa; in Großbritannien zitierte die Presse Krugers Aussage, er verhandle nicht mit Glaser, sondern direkt mit ihr, woraufhin Glaser eine Anzeige schaltete, in der er versicherte, er sei nach wie vor Ladys Repräsentant, so daß die Clubmanager Buchungen von Kruger ablehnten. Die Tournee kam jedenfalls nicht zustande; sicher wäre sie gern noch einmal nach Europa gereist, doch so unkonzentriert und konfus sie mitunter erschien – wenn es um Verträge ging, war sie durchaus gewitzt. Kruger gegenüber war das freilich nicht sehr fair; bis zur letzten Minute hielt sie ihn hin, er kündigte Auftritte an, die nie zustande kamen, was ihn bestimmt einiges kostete.

Früh am Morgen des 23. Februar 1956, als sie im Showboat Club in Philadelphia auftrat, wurden McKay und Lady verhaftet, nachdem die Polizei bei einer Razzia im Hotel in ihrem Zimmer Drogen gefunden hatte. Kurz darauf zahlte McKay Jimmy Monroe zweitausend Dollar für seine Mithilfe, McKay und Lady fuhren nach Mexiko, setzten ihre Scheidung durch und heirateten. Fast fünfzehn Jahre lang war sie mit Monroe verheiratet gewesen; 1952 hatte sie einem Reporter gegenüber geäußert, sie wolle bald aus dem Geschäft aussteigen, zu Hause bleiben und einfach Mrs. McKay sein; McKay jedoch ging es in Wahrheit darum, daß sie als seine Ehefrau nicht gegen ihn aussagen konnte. Er hatte sie lang genug schlecht behandelt und ihr Geld gestohlen, ohne ihr Ehemann zu sein; jetzt war es höchste Zeit für ihn, sich abzusichern.

Jimmy Rowles, Bobby Tucker und John Levy der Bassist hatten alle drei die Art von Vertrautheit mit Lady, die nur entsteht, wenn man miteinander auf Tourneen geht; alle drei sprachen davon, wie schön sie war. Auch Carl Drinkard liebte sie, aber er erreichte diesen Grad von Vertrautheit erst später: Als er ihr in die Badewanne und wieder heraus half, war sie schon in weit schlimmerer Verfassung. Ihre Gewichtsschwankungen über die Jahre waren so erheblich gewesen, daß ihre Haut nun arg strapaziert und schlaff war; schon seit Jahren litt sie unter geschwollenen Beinen und Füßen; sie mochte noch so zäh und stark sein: Sie hatte alles dafür getan, daß die Chancen gegen sie standen. Wenn sie auf die Bühne trat, nahm sie ein Tuch mit, farblich passend zum Kleid, um die Einstiche an den Händen zu verbergen; später trug sie lange Handschuhe, die ihre Arme und Hände bedeckten. Sie habe in der Tat eine wunderschöne, glatte, durchscheinende Haut gehabt, sagte Drinkard. Eine so empfindliche Haut nimmt Einstiche natürlich besonders übel, und so war ihr Körper übersät mit Narben von kleinen Geschwüren, die aufgebrochen waren. Drinkard, der wußte, wie sie wirklich aussah, wunderte sich, weshalb sie nach wie vor so fotogen war.

Wir wissen nicht, woran Sadie letztendlich gestorben war, sie hatte jedoch jahrelang Probleme mit ihren Beinen gehabt; und

Ladys Urgroßmutter hatte unter Wassersucht (Ödemen) gelitten. Eine erbliche Veranlagung zu Kreislauf- und ähnlichen Beschwerden war also vorhanden, und angesichts dessen war Ladys Lebensstil verheerend für ihre Gesundheit. Nach der Verhaftung ging sie in eine Klinik, ließ eine Reihe von Untersuchungen durchführen und versuchte einen Heroinentzug mit Hilfe von Ersatzdrogen. Eine Zeitlang war sie clean, doch sie trank mehr denn je; und letztlich starb sie nicht an den Drogen, sondern am Alkohol. Sie hatte bereits einen ersten Zusammenbruch erlebt. Das muß Anfang 1956 gewesen sein; Drinkard war bei ihr:

> Sie gehörte zu der Sorte von Menschen, die nicht einen Tag in ihrem Leben krank sind, darauf war sie stolz und erzählte es jedem. Aber wenn es sie wirklich erwischte, dann sah man's ihr an, und ich kapierte, daß sie sterblich war wie jeder andere.
>
> Wir hatten ein Engagement in L. A., im Jazz City am Hollywood Boulevard. Am letzten Abend – nach uns sollte Miles Davis auftreten – fiel Lady aus. In ihrem Zimmer wurde es ihr schwindlig, und sie legte sich aufs Bett, dann kollabierte sie einfach, und keiner wußte, was mit ihr los war. Sie war wohl mal zu einem Arzt gegangen wegen ihrer Leber, aber keiner ahnte, wie schlimm es war, nämlich eine Zirrhose. Louie ließ durch den Hotelportier einen Arzt kommen. Am nächsten Morgen, als ich zu ihr ins Zimmer ging – es war das Adams Hotel –, lag sie unter einem Zelt, einem von diesen Dingern, wo es herausdampfte, kein Sauerstoffzelt, sondern eine kleine Maschine, die ihr beim Atmen half, so ähnlich wie ein Inhalator. Ich sah, daß ihre Wangen tief eingefallen waren, sie sah völlig verändert aus, wie ein anderer Mensch. Da hab' ich begriffen, daß Lady sterben konnte wie jeder andere auch.
>
> Am zweiten Tag fing sie schon wieder an, die Leute anzuschnauzen. Das lag an den Drogen, die sie nahm, die hielten sie aufrecht. Heroin wirkt auf eine komische Weise; langfristig bringt es einen wahrscheinlich um, aber vorerst stoppt es alles, was im Körper nicht stimmt. Nicht, daß es irgendwelche Krankheiten heilt, aber es schläfert sie ein, und so hat man zum Beispiel eine bestimmte Krankheit und kann trotzdem weiter funktionieren, als ob nichts wäre; in ihrem Fall war es Leberzirrhose, das Ergebnis vom vielen Trinken.

> Wir gingen für Granz auf Tournee; nach L. A. fuhren wir nach Frisco, Seattle, Victoria in Kanada, dann zurück nach Portland. In Seattle kippte sie wieder um, aber es war nie mehr so schlimm wie beim erstenmal. Sie ging einfach zu einem Arzt, egal, wo wir waren, aber von dem Augenblick an war es nur noch eine Frage der Zeit; sie war immer öfter krank.

Im Sommer 1956 trat sie in The Dunes in Las Vegas auf, neben ihr standen Jerry Gray und seine Band auf dem Programm. Gray war ein Veteran der Swing-Ära, der »Begin the Beguine« für Artie Shaw arrangiert, »String of Pearls« für Glenn Miller und viele andere Stücke komponiert hatte. Wieder einmal erschien Lady ohne Begleiter; Grays Pianistin war Corky Hale, damals zwanzig:

> Lady nahm zu der Zeit überhaupt keine Drogen, aber sie trank Unmengen Gin. Einmal war ich bei einer Probe dabei, und sie sagte: »Wer ist hier der Pianist?« Ich fing schon an zu zittern, und Jerry sagte: »Das ist unsere Pianistin.« Sie sah mich an: ein dummes kleines weißes Mädchen, das Piano spielt – was soll das? Aber wir machten eine Nummer zusammen, sie warf mir irgendwelche Noten hin, und ich spielte vom Blatt – wir verstanden uns auf Anhieb prächtig. Drei Wochen traten wir zusammen in Vegas auf, im Juli und im August.
>
> Ich war so was wie ihr Zimmermädchen. Ich saß bei ihr in der Garderobe, mixte ihr Drinks und half ihr, sich anzuziehen und herzurichten, denn vor allen Dingen war sie ein wirklicher Schatz, sie ruhe in Frieden; aber ihre Intelligenz, würde ich sagen, war die einer Zwölfjährigen, vielleicht hatten ihr auch die harten Drogen und der Schnaps den Verstand ruiniert. Sie war wie ein kleines Kind. Man konnte überhaupt kein Gespräch mit ihr führen, ihr Gehirn war wie betäubt – vielleicht lag es auch daran, daß sie zu oft zusammengeschlagen worden war. Es war, als würde sie hilflos herumirren. Es war richtig mühsam, sie auf die Bühne zu bringen …
>
> Ihrem Hund band sie eine Windel um und gab ihm Wasser aus einer Puppenflasche. Sie redete davon, daß sie Kinder wollte … sie war eine geschlagene Frau, wirklich übel zugerichtet. Sie schrieb mir eine Widmung in ihr Buch: »Für mein

kleines Mädchen Corky.« Das sollte Ihnen doch eine Vorstellung geben. Ich habe sie *bemuttert*; ich mußte ihr unter die Arme greifen. Ich weiß nicht, was dieser Kerl Louis tat; er trieb sich mit Mädchen herum. Mir gegenüber war er aggressiv, und sie machte er die ganze Zeit nieder …

Sie bat mich, nach Vegas mit ihr weiterzumachen, und ich ging mit ihr ins Jazz City in L. A.; inzwischen war ich schon sehr unglücklich – ich bekam zwar eine Menge Geld, um die vierhundert Dollar in der Woche; ich glaube, Louis zahlte mich aus; und ich trat zwei Wochen lang mit ihr dort auf – aber allmählich fiel es mir immer schwerer, es war deprimierend. Als wir nach L. A. kamen, ging es ihr noch schlechter; sie machte zwar jede Show, aber ich mußte ihr aufs Podium helfen und wieder runter. In The Dunes war eine Bigband, aber in L. A. war's ein Trio, und ich war für alles verantwortlich. Ich hab' mich scheußlich gefühlt. Sie verpaßte ihren Einsatz, wir mußten wieder ein paar Takte zurück – jeden Abend die Panik, ob sie das Programm schaffen wird oder nicht.

Ich erinnere mich, daß am ersten Abend José Ferrer da war, offensichtlich ein großer Verehrer von ihr und ein Freund … Er brachte ihr mehrere große Gardenien und heftete sie ihr an die Schulter. Ich weiß noch, daß sie damit auftrat; ich erinnere mich auch, daß er mir mit der Hand vorn übers Kleid fuhr und sagte: »Du siehst hübsch aus, besser als männliche Begleiter.«

Dann hatte sie ein Engagement in Hawaii, und Louis sagte: »Ich gebe dir fünfhundert die Woche, wenn du mitkommst«, aber ich wollte nicht. Weil es schreckliche Szenen mit ihm gegeben hätte – ich hatte Angst vor ihm; es tat einem weh, sie jeden Abend so zu sehen, außerdem hatte ich einen Job in den Studios von Hollywood und konnte nicht weg.

Sie war sehr lieb zu mir … Louis war schrecklich, ein entsetzlicher Mensch, er machte sich über sie lustig, aber ich glaube, sie hat das nicht einmal gemerkt, sie war dermaßen neben sich. Ich half ihr beim Anziehen, und Doe Mitchell, die Frau von Red, kümmerte sich um den Rest, frisierte sie und so weiter.

Sie war ein wandelnder Zombie … wie betäubt …

Corky stieg aus; es muß eines der traurigsten Engagements gewesen sein, die Lady je hatte. In Las Vegas, berichtet John Chilton, sei es kaum möglich gewesen, sie zu frisieren – wegen der Blutergüsse an ihrem Kopf, der mit einem Telefon in Berührung gekommen sei; dennoch brach der Auftritt im Jazz City alle Rekorde des Hauses: Der Grund dafür war die Werbung für das Buch, von dem Corky sprach – Ladys Autobiographie, die ein Ghostwriter für sie schrieb, brachte ihr noch einmal einen letzten großen Ruhm ein, bevor es endgültig mit ihr zu Ende ging.

17 Der triumphale Niedergang der Lady Day

1954 sickerte die Nachricht durch, Lady und Bill Dufty arbeiteten an einem Buch. Zu Memry Midgett sagte Lady, man könne vielleicht Geld damit machen und möglicherweise auch die Filmrechte verkaufen.

Dufty, ein Journalist bei der *New York Post*, war Maelys neuer Ehemann. Er lernte Lady 1953 kennen; sie wurde Patin seines Sohnes Bevan. Das Buch sei McKays Idee gewesen, sagte Dufty. Bücher über Stars, die Alkoholiker waren, gingen gut, *I'll Cry Tomorrow* von Lillian Roth und *Too Much Too Soon* von Diana Barrymore wurden beide sogar verfilmt. Zuerst heuerten sie einen schwarzen Journalisten von Johnson Publications an, der die Zeitschriften *Ebony* und *Jet* herausbrachte. Der Versuch einer Zusammenarbeit scheiterte jedoch, und Lady stürmte daraufhin wutentbrannt in Duftys Wohnung. Dufty schrieb später:

> Niemand, der nicht ein begieriger Leser von *Ebony* und *Jet* in den vierziger und fünfziger Jahren war, konnte verstehen, worüber sie sich so aufregte. Die Anzeigen waren voll von blaßgesichtigen, beigehäutigen Schönheiten, die Haarentkrausungsmittel und Pomade anpriesen. Noch hanebüchener war der Text. Unter Billies Namen waren etliche Geschichten erschienen, die sie angeblich selbst geschrieben hatte, die in Wahrheit jedoch von den Redakteuren stammten: darin klang sie wie eine Erstsemesterstudentin aus irgendeinem noblen Mädchencollege.
>
> Nachdem Billie an jedem, der irgendwie mit ihrem autobiographischen Projekt befaßt war, ihre Wut abreagiert hatte, brachte sie mich derart zum Lachen, daß ich fast auf dem Boden lag – wie üblich. Für mich war sie einfach die urkomischste Frau, die je gelebt hat. Ihr beißender afro-

irischer Witz hob Banalitäten und Gossensprache auf das Niveau von Poesie.

Nun machte Dufty sich an die Arbeit. Er begann Lady zu interviewen, und sie erzählte ihm von einem Artikel, der in dem kurzlebigen Magazin *PM* erschienen war, verfaßt von einem schwarzen Journalisten namens Frank Hariott. (Greer Johnson meint, der Artikel sei ungefähr 1939 unter dem Titel »Das harte Leben der Billie Holiday« veröffentlicht worden, er habe selbst bei der Redaktion mitgearbeitet.) Es war die erste brauchbare biographische Abhandlung über Lady, die allerdings infolge ihrer eigenen ausschmückenden Erzählweise, die es mit der Wahrheit nicht so genau nahm, von Sachfehlern nur so strotzte. Dieser Artikel war der Ausgangspunkt für das Buch, auf das jeder Journalist sich seither mehr oder weniger verlassen hat, obwohl wir alle es besser wußten. Am Ende wurde Ladys Autobiographie eine Art amerikanischer Klassiker; wenn auch nicht alle darin erzählten Geschichten der Wahrheit im strengsten Sinn entsprechen, so sind sie doch wahrheitsgemäß erfunden, und Dufty ließ Lady offensichtlich weitgehend selbst zu Wort kommen. Aber manche ihrer Freunde verabscheuten das Buch; es gibt ein Foto von Lady, auf dem sie mit Brille an der Schreibmaschine sitzt, sie selbst aber sagte, sie habe das Buch nicht einmal gelesen, geschweige denn geschrieben.

Sie wollten es ursprünglich *Bitter Crop* nennen, »Bittere Ernte«, nach einer Zeile aus »Strange Fruit«, doch der Verleger entschied sich für Titel *Lady Sings the Blues*, der ihnen beiden nicht gefiel. Lee Barker vom Verlag Doubleday kaufte das Manuskript:

> Ehrlich gesagt, ich habe keine Ahnung mehr, wie das Ding in meine Hände gelangt ist. Sie schickten mir jedenfalls ein Kapitel, und ich war hingerissen ... Ich kaufte das Manuskript allein wegen diesem ersten Kapitel und einem kurzen Abriß. Ich fand es großartig, was Dufty da geleistet hatte. Er ließ sie ganz einfach in ihrer eigenen Sprache reden – das ist es, was das Buch so verdammt gut macht.
>
> Ich wußte nicht viel von ihr, bevor ich es kaufte, nur daß sie ein ziemlich bekannter Name in der Musikszene war. Ich hatte mich schon lange für Bücher von berühmten Negern interessiert; in den frühen Fünfzigern habe ich Ethel Waters'

> Autobiographie betreut, die ein großer Hit war – *His Eye Is on the Sparrow.* Das war eine großartige Sache mit Ethel; sie war toll …

Die Ironie dabei ist, daß die Sängerin Ethel Waters als »verkommene Schlampe« verschrien war, die »alles und jeden haßte«, weshalb »Lady, Lena, Dinah, Sarah – sie alle zwar von Ethel profitierten, es ihr aber nie dankten«.

Das Buch mußte wegen eventueller Verleumdungsklagen genau geprüft werden, und Barker ging anscheinend davon aus, daß Cousine Ida und andere »in fiktive Personen verwandelt« worden seien, damit sie nicht zu erkennen wären; ohnehin waren die meisten von ihnen bereits tot. Eine Zeile über Peggy Lee mußte gestrichen werden: »Sie hat jede verdammte Nummer, die ich singe, gestohlen.« Tallulah und Charles Laughton mußten ebenfalls herausgenommen werden. »Ich habe versucht, nicht dauernd irgendwelche Prominente zu erwähnen«, sagte Dufty, »aber andererseits bekam Lady von ihnen allen Anerkennung; Künstler wie Paul Muni und Franchot Tone hatten sich mit ihr angefreundet … « »Das Verrückte daran«, sagte Barker, »war, daß alles, was wir herausgenommen haben, gar kein anfechtbares Material war. Mir kam es völlig harmlos vor … Es war auf keinen Fall eine Schmähschrift.« Ein Opfer der Zensur wurde zum Beispiel eine Passage über ein Spaghettiessen bei Lady mit Tallulah Bankhead.

Charles Laughton war homosexuell, was heute kein Geheimnis mehr ist, damals aber eine immer noch delikate Angelegenheit war, zumal Laughton noch mitten in der Öffentlichkeit stand. »Er hatte das ganze Jahr über einen schwarzen Diener auf seiner Gehaltsliste stehen, damit der, immer wenn Laughton in New York war, mit ihm nach Harlem ging«, sagte Dufty. »Er kam, um sich zu amüsieren, auf der Suche nach Abenteuern … Für Billie war er Heinrich der Achte; sie hatte ihn in dem Film gesehen.« Es kursieren Geschichten über den stattlichen, würdevollen britischen Schauspieler, wie er mit seinem gepflegten Akzent in Harlem die Leute ansprach: »Hören Sie, hätten Sie vielleicht etwas Haschisch?« – »Sadie sah ihn und wußte sofort, daß er an Billie nicht interessiert war … « Der Wahrheit halber sei erwähnt, daß Laughton keineswegs Einwände hatte, in Ladys Buch genannt zu werden; laut Dufty sagte er: »Ihr könnt erzählen, was ihr wollt«, doch dann wurden Bedingungen gestellt. Mit anderen Worten: Agenten und Anwälte traten auf den Plan.

Manches, was Dufty berichtet, weiß er eindeutig nur vom Hörensagen, doch er erzählt eine interessante Geschichte aus der Zeit, als Lady in San Francisco mit Opium in der Hand verhaftet wurde. Lady sagte zu ihm, Bankhead habe Macht und Einfluß in Washington, denn ihr Vater sei ein prominenter Politiker gewesen, und sie habe ein Konferenzgespräch am Telefon zwischen Lady, J. Edgar Hoover* und ihr selbst arrangiert: auch dies eine Geschichte, die, wenn sie nicht wahr ist, zumindest wahr sein könnte.

> Tallulah ging auf Hoover los: was er dieser Frau angetan habe, die eine Freundin von ihr sei. Hoover sagte, er habe mit Festnahmen in Drogensachen nichts zu tun [Hoovers und Anslingers jeweilige Dienststellen konkurrierten miteinander], aber Bankhead sagte: »Das brauchen Sie mir nicht zu erzählen; Sie sind der mächtigste Mann in Washington. Sie wissen, daß jeder Künstler ein bißchen was braucht; Sir, helfen Sie ihr lieber ab und zu dabei«, woraufhin Billie sagte: »Bankie, halt die Schnauze, du bringst uns noch alle in den Knast.«

Als das Buch herauskam, war Bankhead in einen Prozeß verwickelt; mit vor Gericht stand eine Sekretärin, die »mit der Ware gefaßt« worden war und unter anderem über Bankheads Beziehung zu Lady aussagte. Bankhead gewann den Prozeß, doch unterdessen hatte Barker ihr einen Auszug aus Ladys Buch zur Genehmigung zugeschickt.

> Kurz danach war Thanksgiving, und ich besuchte meine Mutter ... Während ich dort war, läutete das Telefon, dann kam meine Schwester rein, sie sah bestürzt aus und sagte: »Da ist jemand namens Tallulah am Telefon für dich.« Ich rannte zum Telefon und erhielt die übliche Begrüßung: »Dahling, wie geht's denn?« Ich sagte: »Gut.« Sie fuhr fort: »Wenn du dieses Zeug über mich in dem Buch von Billie

* John Edgar Hoover, 1924–72 Leiter des Federal Bureau of Investigation (FBI). *(A. d. Ü.)*

Holiday veröffentlichst, verklage ich dich für jeden einzelnen Cent, den Doubleday damit macht.«

In einem frohen und zuversichtlichen Brief an Reverend Norman O'Connor schrieb Lady im November 1955 unter anderem:

> Mein neues Album für Granz ist da und heißt »Music for Torching« ... Wer weiß, vielleicht kriegt es eine gute Kritik von *Deadbeat**. Wenn ja, hoffe ich jedenfalls, es wird Ihnen gefallen.
>
> Mein Buch geht demnächst in die Druckerei. Wir feilschen noch wegen ein paar Stellen, wo ich ein paar Leute ein bißchen verunglimpfen will und die Verleger und die Anwälte mir davon abraten. Vielleicht müssen wir vors Schiedsgericht.

Für den Rest ihres Lebens war Lady gekränkt über die Weigerung ihrer alten Freunde, sich mit ihr in Verbindung bringen zu lassen, und drohte in regelmäßigen Abständen, alles zu veröffentlichen, was sie wisse. Der Brief an Reverend O'Connor war sauber getippt; ihre handgeschriebenen Notizen sind lesbar, sehen aber aus, als seien sie in Eile hingekritzelt. 1956 schickte sie einen Kurzbrief dieser Art, undatiert, an die Duftys:

> Hi Bill und Maely
> Also ich weiß nicht ob ihr das kapiert Aber mit meinem Buch ist es wirklich ein Mist habt ihr gesehen was für eine scheiße dieser Mann aus meiner Heimatstadt Baltimore Geschrieben hat Er sagte sogar meine Mom und mein Dad wären Dreckskerle weil sie mich in die Welt gesetzt haben Ich habe nichts davon louie gesagt aber ihr könnt mir glauben daß ich diesen ganzen gottverdammten Blödsinn satt habe du sagst den Leuten die Wahrheit und kriegst sofort eine auf den Deckel Ich habe in diesem Buch niemandem weh getan außer mir selbst Ach der Kerl heißt [J. Saunders Redding] und ist von einer Afro Amerikanischen Zeitung aus Baltimore. Bitte sieh zu daß Bill sich darum kümmert oder Ich muß zu anderen Mitteln greifen der kerl braucht eine

* Verballhornung des Magazins *down beat; deadbeat* bedeutet wörtlich »Schnorrer«. *(A. d. Ü.)*

> Lektion hoffe ihr könnt mein schreckliches gekritzel lesen … Wie gehts meinem PatenKind Küßt ihn von mir Gott weiß wie ich sehr hoffe daß er nicht diese scheiße durchmachen muß wenn er einmal ein Mann ist Wenn ich nach New York komme werde ich euch diesen Brief vorlesen Ich bin im St Clair Hotel bitte schreibt mir oder ruft mich an Ihr fehlt mir alles liebe
>
> *Billie Holiday*
>
> PS … jetzt wißt ihr wieso Ich nicht schreibe ich kanns nicht.

Von ihrem Buch seien im ersten Jahr zwölftausend Exemplare verkauft worden, sagte Barker, was zwar nicht spektakulär sei, aber durchaus zufriedenstellend; für Lady bedeutete das ein gutes Geschäft in den Clubs. Das Buch verkauft sich heute noch und hat auch heute noch kein Register.

»Dieses Buch hat uns wirklich viel Spaß gemacht«, sagte Lee Barker:

> Es war toll. Als es gerade in der Produktion war, gingen wir, meine Frau, meine Tochter und ich, ins Apollo, wo Billie auftrat; ich ging hinter die Bühne. Ich wußte nicht, was für ein Talent sie war, bis ich sie da zum erstenmal hörte … Wenn sie ein Lied sang, spielte sie damit, schöpfte alle Variationen aus, und es ging einem nicht mehr aus dem Kopf: man hörte ihr ständig zu. Und sie war attraktiv, verdammt attraktiv. Sie hatte eine schöne Figur … Ein tolles Weib … Ich fand sie schön … und sie war außerordentlich nett zu meiner Frau und zu meiner Tochter, die damals achtzehn war … Sie war eine nette Frau.
>
> Ich lernte Louis, ihren Mann, und ihren Arrangeur kennen; wir gingen dann alle in eine Kneipe in der 43rd Street, um einen zu trinken. Sie war auf Heroin und ihr Chihuahua auf Gin. Der Hund soff aus einem Schnapsglas und wurde blau. Ein toller Abend.

Zu der Zeit, sagte Barker, habe Doubleday einige Drohbriefe im Zusammenhang mit Ladys Buch erhalten, aber »das Komische daran war, wie jeder danach vom Erdboden verschwunden war«. Nicht jeder. Heutzutage versucht ein Verleger, sämtliche Rechte vom Autor zu erwerben, 1956 aber hatten Lady und Dufty sich die

Filmrechte vorbehalten; Barker sagte jedoch: »Es tauchten etliche Leute auf, die behaupteten, sie hätten in irgendeiner Form Rechte an dem Buch … Außerdem traten mehrere Anwälte auf, angeblich in ihrem Namen. Na ja, das war weniger komisch, eher merkwürdig. Die Filmgesellschaften nervten uns auch ziemlich lange … Wir hatten die Filmrechte aber nie.«

Ständig war die Rede von einem Film, und Dufty schrieb sogar ein Drehbuch. Lady war nach wie vor fasziniert von Hollywood und allem Glanz und Glamour. Es war ihr klar, daß sie Ende der fünfziger Jahre zu alt war, um sich selbst spielen zu können, doch sie hatte die Absicht, zumindest die Songs für den Soundtrack aufzunehmen; einmal war Dorothy Dandridge als Lady-Darstellerin im Gespräch, mit der sie offensichtlich einverstanden war. Später aber fiel der Name Ava Gardner, worüber Lady nicht glücklich war. In der dritten Filmfassung von Jerome Kerns *Show Boat* (die 1954 anlief) hatte Ava Gardner die Rolle der Mulattin Julie gespielt, und für die Gesangseinlagen hatte ihr Eileen Wilson ihre Stimme geliehen; Big Stump meinte, Ava Gardner hätte lieber Lady dafür gehabt: »Lady hielt das für eine Zeitverschwendung, sicher. Lady war Lady; sie wollte nicht. ›Wenn ihr das Lied gesungen haben wollt, holt mich; was soll das?‹ Diese Enttäuschung. ›Ich stehe im Schatten, und Ava Gardner vorn im Rampenlicht und benutzt meine Stimme – warum?‹«

Einige Jahre später besuchte Lady einen Club, in dem Annie Ross auftrat; sie sei fuchsteufelswild gewesen, sagte Annie: »Ich habe gehört, du hättest zu Dorothy Kilgallen gesagt, ich wollte, daß Ava Gardner mich spielt.« Annie war indes unschuldig, und Lady bat sie um Verzeihung, nachdem sie sich wieder beruhigt hatte. Im Juli 1957 wurde Lady mit den Worten zitiert: »Die Rolle ist die einer Farbigen, auch wenn sie eine weiße Schauspielerin dafür nehmen. Wenn sie das ändern, ist die ganze Geschichte nichts mehr wert.«

Im Mai 1956 fand wieder eine Probesession statt, die mitgeschnitten wurde, diesmal in Duftys New Yorker Wohnung. Tony Scott war dabei, ebenso Maely Dufty und der kleine Bevan. Es ging chaotischer zu als damals bei Shapiro, aber Lady genoß das Ereignis und imitierte Sophie Tucker: Sie sang »Some of These Days« und »My Yiddishe Mama« und schreckte auch vor »Roll Out the Barrel« nicht zurück. Scott zog sie auf, weil sie den Titel, den er eigens für sie geschrieben hatte, »Misery«, nie aufgenommen hatte; die einzige Aufnahme, die es von ihr gibt, stammt von dieser Probe: es ist eine überzeugende, kunstvolle Interpretation, im selben Stil wie »My Man« und »Gloomy Sunday«. Sie sang ein weiteres Stück von Scott mit dem Titel »Israel«, das er zusammen mit Herzog geschrieben hatte; Scott war überrascht, daß sie überhaupt Interesse daran zeigte.

Eine weitere neue Komposition war »Lady Sings the Blues«; als Autoren sind Lady und Herbie Nichols genannt. Nichols, einer der herausragendsten Pianisten und Komponisten seiner Generation, verdiente seinen Lebensunterhalt, indem er in Dixieland-Bands spielte. Dufty war es, der Lady und Nichols in seiner Wohnung zusammenbrachte und damit eine Zusammenarbeit in die Wege leitete. Die schöne Komposition, die sie sich aussuchten, hatte ursprünglich den Titel »Serenade«; Dufty sagte, der Text stamme von Lady. Da saßen zwei schwarze Künstler, die zu den größten des Jahrzehnts gehörten, im Wohnzimmer der Duftys zusammen und arbeiteten, und das einzige Publikum waren Bill, Maely und ihr Baby. Jahre später schrieb ein enger Freund von Nichols, der Posaunist Roswell Rudd, von allen brillanten Kompositionen aus Nichols' Feder sei »aus diesem Stück sein populärster Song geworden. Warum? Weil eine berühmte Sängerin sich seiner angenommen hat. Danke, Lady Day, weil du deinen Ohren getraut hast.«

Dann fanden Aufnahmesessions für Granz statt. Im Juni wurden in New York innerhalb von zwei Tagen acht Nummern eingespielt, zum größten Teil Remakes; leider wurden bei diesen New Yorker Sessions fast genau dieselben Fehler wiederholt wie im Jahr zuvor. Wynton Kelly saß am Piano, Quinichette spielte Saxophon, und Scotts Arrangements sind unelegant, plump; die einzige Studioaufnahme von »Lady Sings the Blues« beginnt und endet mit einem Trommelwirbel und einem offenen Trompetensolo, das wie eine Stierkampfmusik klingt. Bei »Strange Fruit« spielt das Horn ebenfalls offen, und diesmal klingt Shavers tatsächlich übermächtig, was teilweise freilich an der Aufnahmequalität liegt. Zudem hatte Lady Schwierigkeiten mit ihrer Intonation und griff auf den Trick zurück, einen Ton höher anzusetzen und dann auf die Tonhöhe abzusinken, die ihr angenehm war.

Im August ging sie, wieder wie im Vorjahr, für zwei Tage ins Studio an der Westküste; dort waren die Ergebnisse besser. Es entstanden wiederum acht Aufnahmen, die meisten neue Kompositionen, mit Rowles, Edison, Kessel, Ben Webster und Stoller, bei den ersten vier Nummern spielt Joe Mondragon den Baß, bei den letzten vier Red Mitchell. Ihre Stimme ist so nackt und bloß, daß ihr Gesang manchmal wie eine Psalmodie klingt; wie Joel E. Siegel erwähnt, konnte jedoch Webster das Lied für sie singen, so daß sie in der Lage war, sich auf den Text zu konzentrieren. Ihr Vibrato wird allmählich unsicher, und doch ist an manchen Stellen unübersehbarer denn je, wieviel sie Louis Armstrong verdankt. In der Zeile »We'll have a lifetime before us« (»Wir haben ein ganzes Leben vor uns«) in »We'll Be Together Again«, schnellt ihr Ton auf die Silbe »life« in einer Weise, daß sie klingt wie jemand, der in der Dunkelheit pfeift, um sich Mut zu machen. Die Überleitung gelingt Webster perfekt; er setzt seine Begleitung fort bis zu ihrem letzten Chorus. Seit 1938 war sie nicht mehr mit ihm im Studio gewesen.

Die Session im Mai, die mitgeschnitten wurde, war, wie es hieß, die Probe für ein ungewöhnliches Konzert in der Carnegie Hall, eine Promotionveranstaltung für ihr Buch, die im November stattfand: Es waren zwei Konzerte an ein und demselben Abend, das erste um acht, das zweite um Mitternacht; das erste wurde mitgeschnitten. Gilbert Millstein las vier lange Auszüge aus dem Buch vor; es hieß, das Publikum habe die Lesung geduldig über sich ergehen lassen, während es auf Ladys Auftritt wartete. Millstein sagte später, er habe sich die Stellen herausgesucht, ohne zu wissen, was Lady singen würde. Bei einer Probe hatte sie anscheinend Mühe, sich zu konzentrieren, aber

> an dem Abend war sie hervorragend, besser konnte sie nicht sein. Sie war durch und durch professionell, immer auf dem Posten, sie reagierte auf jedes Stichwort und machte keinen einzigen Fehler. Es war das Willkürlichste an Organisation, was ich je erlebt habe, aber der Abend selber lief wie geschmiert.

Sie sang dreizehn Nummern, bei zweien begleitete Scott sie am Piano, bei den anderen Drinkard, außerdem Roy Eldridge, Coleman Hawkins und eine Rhythmusgruppe. Sie war gut bei Stimme, und das Publikum lag ihr zu Füßen; ein Lied sang sie, das sie 1944 schon einmal aufgenommen hatte: »I'll Be Seeing You.« Nat

Hentoff schrieb in *down beat,* sie sei an diesem Abend in Höchstform gewesen: »Die beste lebende Jazz-Sängerin.« Die meisten Songs stammten von ihr selbst; die Konzertfassung von »Lady Sings the Blues« ist die beste Aufnahme, die es von dem Stück gibt.

In einem undatierten Brief von den Duftys an Lady und McKay schreibt Dufty, in der Carnegie Hall hätten die Cowans neben ihnen gesessen (die Rede war von dem Produzenten Lester Cowan), der nach dem Konzert gesagt habe: »Was tut das Mädchen in der Carnegie Hall? Sie sollte im Palace auftreten, mit zwei Shows pro Abend, wie Judy Garland.« Dann äußert sich Dufty in wachsender Begeisterung über eine mögliche Verfilmung von *Lady Sings the Blues;* Cowan habe behauptet, man könne »ehrliche, realistische Filme über Leute drehen, die das ganze Jahr über braun sind«, wenn man bereit sei, den Süden abzuschreiben, wofür man freilich mit zusätzlichen Bruttoeinnahmen aus Europa rechnen könne, und von den Kinobesitzern aus dem Norden Kapital für die Produktion auftreibe, die den Film dann vorführten, egal, wie umstritten er sei. Die *New York Times* hatte bereits im September berichtet, Cowan verhandle mit United Artists; der Regisseur solle Anthony Mann sein, Ann Ronell (Mrs. Cowan) schreibe vier neue Songs, und Duftys Drehbuch sei von Geoffrey Shurlock, dem Verwaltungsdirektor des Produktionszentrums in Hollywood, gebilligt worden. Auf die Frage, ob die Hauptdarstellerin tatsächlich weiß sein solle, antwortete Cowan: »Als Produzent ist meine Hauptsorge, daß wir für die Rolle eine Schauspielerin finden, die ihr gerecht werden kann.« Lady habe dazu nichts weiter gesagt als: »Ich habe keine Vorurteile.« Wenige Monate später berichtete Dorothy Kilgallen: »Die Gerüchte über die Besetzung … werden immer idiotischer … angeblich ist der Produzent zur Zeit in Verhandlung mit Lana Turner … «

Unterdessen war Lady wieder an der Westküste, über Weihnachten trat sie im Jazz City auf, und im Januar 1957 folgten fünf Marathon-Sessions über sieben Tage, bei denen sie achtzehn Nummern mit derselben Truppe wie im August aufnahm (Mitchell am Baß, Stoller und, bei den letzten vier Nummern, wahrscheinlich Bunker am Schlagzeug). Bei einer Session nahm die Band auch eine reine Instrumentalfassung von »Just Friends« auf, während sie auf Lady wartete. Es waren ihre letzten Studioaufnahmen für Granz und die letzten, bei denen sie in kleiner Begleitung sang: in der Umgebung, für die sie berühmt war.

Die erste Aufnahme war eine neue Version von »I Wished on the Moon«; die Einleitung zum Text fehlt hier, und das Tempo ist ein wenig schneller; sie wirft die Worte so beiläufig hin, als hätte sie schon keine Wünsche mehr, sondern erinnerte sich nur, was sie einst gewünscht hatte. In »Moonlight in Vermont« klingt ihre nackte Stimme am Anfang unheimlich: kleinmädchenhaft, als wäre sie jünger denn je, und sie hat etwas von Ella Fitzgeralds Klarheit; aber wenige Takte später lassen das unsichere Vibrato und die sehnsüchtige Vergangenheitsform der Verse sie alt erscheinen, älter als je. Webster spielt wunderbar; die Band unterstützt und stärkt sie, selbstlos, genau wie im August; die Musiker sind dazu in der Lage, weil sie nicht eigentlich eine Sängerin begleiten, sondern vielmehr mit einer Musikerin zusammenspielen: sie ist unter ihresgleichen.

Bei den ersten beiden Aufnahmeterminen entstanden jeweils nur drei Einspielungen; zwischendurch ruhte sie sich aus, und am Ende gelang ihr die beste Arbeit, die sie je für Granz geleistet hatte: die Fakten, um die es in »Let's Call the Whole Thing Off« geht, sind nicht weniger einfältig als vor zwanzig Jahren, als das Stück, brandneu damals, ein unbeschwerter Filmsong war, aber das spielt keine Rolle mehr; wichtig ist der Swing, und das abrupte Ende auf dem Wort »off« ist großartig. In der allerletzten der achtzehn Aufnahmen, Don Redmans »Gee Baby Ain't I Good to You«, ist Lady wieder die alte: frech und forsch wie früher.

Sie ging wieder auf Tourneen, und sie begann, mit Mal Waldron zusammenzuarbeiten, der ihr letzter Begleitpianist war. Er war zu Hause in New York, als er einen Anruf von Dufty erhielt, der ihn bat, in Philadelphia im Pep's für Lady zu spielen; Quinichette hatte die Leitung der Band. Waldron sagte, er sei sofort losgerannt und habe sämtliche Platten von Billie gekauft, die aufzutreiben waren; er muß sie die ganze Nacht hindurch gehört haben, denn am nächsten Morgen machte er sich auf den Weg nach Philadelphia. Wie alle anderen Musiker hatte er gewaltigen Respekt vor ihr. Chilton zitiert ihn:

> Ich fand bald heraus, warum die meisten Musiker, die sie kannten, sie Lady nannten. Mit mir sprach sie wie eine große

> Schwester, dabei gefiel ich ihr nicht einmal so gut, und sie gab mir eine Menge Tips, die hilfreich waren. Sie sagte mir auch, daß ich nicht funky genug spielte, und von dem Tag an arbeitete ich daran, immer bluesmäßiger und ursprünglicher für sie zu spielen.

Waldron war dreißig und einer der Hauspianisten bei Prestige Records, er produzierte Alben unter seinem eigenen Namen sowie mit dem jungen John Coltrane und anderen, auch mit Quinichette: vielleicht war es sogar Little Prez, der Waldron empfahl: schon damals war er ein herausragender Komponist und wurde später berühmter als alle, die je für Lady gespielt hatten – mit Ausnahme von Teddy Wilson. Earl Zaidins, Ladys Anwalt, sagte, Waldron habe wie jeder andere an Beschimpfungen seinen Teil abbekommen, doch immer wenn Lady zu einer Tirade ansetzte, habe er ihr beigepflichtet und nicht weiter insistiert. Er sei so loyal gewesen wie einst Bobby Tucker, sagte Zaidins: »Waldron stand voll hinter ihr, glauben Sie mir.« Offensichtlich meinte er dies in finanziellem Sinn: Gegen Ende hatte Lady nicht mehr viel Geld, Waldron aber blieb bei ihr.

Waldron sagte, sie habe an McKay nach wie vor sehr gehangen; einmal, in Detroit, als McKay nicht zur vereinbarten Zeit im Club auftauchte und sie nicht wußte, wo er war, beschloß sie, »Lover Man« zu singen. »Es klingt kitschig, aber als sie fertig war, hatten alle Tränen in den Augen.« Allerdings hatte McKay zu dem Zeitpunkt seine Hauptrolle in Ladys Leben beinahe ausgespielt.

Im Juli trat Lady beim Newport Jazz Festival auf, mit Waldron am Piano, Joe Benjamin am Baß und Jo Jones am Schlagzeug. Die sechs in Newport mitgeschnittenen Titel wurden als »ihre erbärmlichsten Aufnahmen« bezeichnet, aber diese Beurteilung ist fragwürdig; Lady gehört zu der Art von Künstlern, deren Werk es verdient, im ganzen gehört zu werden; ihr Niedergang ist immer noch Teil einer Kontinuität. Es stimmt, sie klingt entsetzlich müde; so legt sie auch eine besondere Bitterkeit in eine Zeile wie: »Tired? You bet!« (»Müde? Allerdings!«) Aber sie hatte schon immer durch ihre Musik gelebt; deshalb war sie eine so große Interpretin. In »Lover, Come Back to Me« wiederholt sie eine Zeile; aber den Sänger, der nie über einen Text stolpert, gibt es wohl nicht; auch bei ihrem – hochgelobten! – Konzert in der Carnegie Hall ein paar

Monate zuvor war es ihr passiert. Am Ende von »Willow Weep for Me« und in geringerem Maß auch in »My Man« dehnt sie die Zeit erbarmungslos in die Länge, als versuchte sie, der Zeit schlechthin zu entkommen. Nichols' komplizierte Melodie in »Lady Sings the Blues« meistert sie hervorragend, und nicht zuletzt trugen die Rauheit und die Müdigkeit in ihrer Stimme dazu bei, daß aus diesem Auftritt ein denkwürdiges Erlebnis wurde.

Im August reiste sie zum Shakespeare Festival nach Stratford, Ontario und zu einem Engagement in einem Club in Toronto; *Melody Maker* spendet ihr hohes Lob für beide Auftritte. Bill Dufty hatte Lady geschrieben, seine Schwester besitze ein Sommerhäuschen in Detroit auf der anderen Seite des Flusses: vielleicht hatte sie Gelegenheit, sich dort eine Weile zu erholen. Danach reiste sie nach Hollywood und trat im Avant Garde auf, aber wegen einer neuerlichen Erkrankung mußte sie das Engagement vorzeitig abbrechen. Als sie wieder nach New York fuhr, ließ sie McKay in Kalifornien zurück. Im Jahr darauf leitete sie das Scheidungsverfahren ein.

Anfang 1957 war nach vielen Vertagungen der nach der Festnahme in Philadelphia anhängige Prozeß mit einer Freilassung auf Bewährung zu Ende gegangen. Louis McKay führte ein Telefongespräch mit Maely Dufty, von dem eine Niederschrift existiert, datiert »Winter 1958, zur Zeit der Studiosession LADY IN SATIN«. Sie ist unvollständig; McKay hatte von Lady ein Telegramm erhalten, in dem es um Geld ging, er war wütend und beschwerte sich bei Maely: Er zog seine Gangsternummer ab, drohte mit Mord und Totschlag: »... Holidays Kadaver irgendwo in der Gosse am East River ... Ich schlag' sie so gnadenlos zusammen, daß sie's ihr Leben lang nicht vergißt ... « Aber ein Teil des Gesprächs ist hochinteressant:

Maely: Louis, ihr seid beide in einen Prozeß in Philadelphia verwickelt; du solltest jetzt lieber nicht anfangen, Mist zu bauen.

Louis: Der Prozeß in Philadelphia ist mir scheißegal. Scheiße, die Sache ist doch schon ewig vorbei. Andere haben sich aufgeregt, ich nicht. Mir war die Sache schnurzegal, weil die richtigen Leute dahinterstanden.

Maely: Was meinst du damit?

Louis: Jedes Arschloch, das ich kenne, hat mir einreden wollen, ich soll die Schlampe laufen lassen, damit sie in ihr Unglück rennt und ihre Zeit absitzt, das kannst du mir glauben.

Maely: Du meinst, sie muß ins Gefängnis?

Louis: Sie muß überhaupt nicht ins Gefängnis. Ich meine, das war vor zwei Jahren. Alle haben mir gesagt, ich soll mich in der Sache von ihr lossagen und mich dann abseilen. Nein, hab' ich gesagt, das schafft sie nicht. Wenn ich's schaffe, schafft sie's auch. Und jetzt geht dieses Drecksstück her und haut mich in die Pfanne ...

Wahrscheinlich ist das alles nur Prahlerei. Aber vermutlich hatte er tatsächlich Verbindungen zur Unterwelt, und vielleicht dachte er, Lady würde eine Gefängnisstrafe nicht überleben. Ist es aber möglich, daß es ihm tatsächlich gelang, sie in irgendeiner Form zu beschützen, indem er zum Beispiel die Polizei bestach, um eine Freilassung auf Bewährung zu erreichen? Daß er sie sogar heiratete – nicht um sich selbst zu schützen, sondern um ihretwillen? Drinkard sagt, nach der Verhaftung habe McKay eine schwarze Polizistin angeheuert, die sie auf Reisen begleiten und auf Lady ein Auge haben sollte, damit sie nicht in noch größere Scherereien geriete (und die romantische, attraktive junge Polizistin habe ihre Pflicht als aufregenden Urlaub betrachtet).

Lady war abergläubisch, aber das hätte sie niemals zugegeben. Ein Hut auf dem Bett, Schuhe auf einem Regal oder ein Besen, der gegen ihre Füße stieß, wenn das Zimmer gefegt wurde, hätten sie in Wut versetzt, sagte Drinkard. Sie unterzeichnete auch nie ein Testament: Ihr Anwalt Earl Zaidins sagt, er habe einen Entwurf für sie aufgesetzt, doch sie wollte danach kein Wort mehr davon hören, aus Aberglauben. Von McKay ließ sie sich nicht scheiden, weil sie krank war. Obwohl sie fünfzehn Jahre gebraucht hatte, um sich von Jimmy Monroe scheiden zu lassen, wollte sie nun McKay nach kaum mehr als zwei Jahren Ehe loswerden. Später sagte sie, sie habe John Levy den Zuhälter »mit einem Fluch belegt«, woraufhin er gestorben sei – ein Wink an McKay, er tue gut daran, auf der Hut zu sein.

John Levy, nach wie vor Eigentümer des Hauses in St. Albans, hatte Mitte der fünfziger Jahre einen so gewagten und raffinierten Coup unternommen, daß er in sämtlichen Zeitungen stand. Tonda sagte, er sei in allem, was mit Elektronik zu tun habe, immer außerordentlich geschickt gewesen; er installierte also eine selbstgebastelte Funkantenne auf dem Dach des Hauses und versuchte, von einem Komplizen, der auf einer nahegelegenen Rennbahn Stellung bezogen hatte, Augenblicksergebnisse zu empfangen, aufgrund deren er Wetten auf die zum Start angetretenen Rennpferde setzen wollte, bevor die Wettbüros schlossen. Auch an diesem Unterfangen war die gesamte Familie beteiligt; Ron Levy sagte, er sei als einziger ungeschoren davongekommen: sogar Tonda wurde ins Verhör genommen. John Levy heiratete daraufhin seine gegenwärtige Freundin aus demselben Grund, weshalb McKay Lady geheiratet hatte: damit sie nicht gegen ihn aussagen konnte. Die Behörden begannen nun Levys Steuerangelegenheiten unter die Lupe zu nehmen, ein Gebiet, auf dem er anfällig gewesen sein muß; Ron gegenüber sagte er jedoch, er würde wegen seiner Klaustrophobie niemals ins Gefängnis gehen. Die halbe Familie litt unter Bluthochdruck – Ron ist der erste männliche Levy, der über das mittlere Alter hinausgelangte –, und am Thanksgiving Day im November 1957 trat bei John Levy eine Gehirnblutung ein, an der er im Dezember starb. Ron sagte, das Justizministerium habe einen Beauftragten zur Beerdigung geschickt, um sicherzugehen, daß John Levy wirklich tot war, und ein weiteres Familienmitglied festzunehmen, das seit einiger Zeit gesucht wurde; in der Todesanzeige wurde der schwierige und grausame Mann als jemand bezeichnet, der er nie war: als Billie Holidays früherer Ehemann.

Jahre später sagte Zaidins, er habe einigen von McKays Mädchen aus Scherereien herausgeholfen, und er berichtete, Lady habe einmal in seiner Wohnung Zuflucht vor McKay gesucht. Er sperrte sie im Bad ein, während McKay an die Tür hämmerte und schrie: »Ich habe eine Pistole!« Zaidins warf ihn hinaus und wollte die Polizei rufen, aber Lady brachte ihn davon ab und wollte auch nicht Anzeige erstatten – was angesichts der unzähligen Male, die sie ihn provoziert haben mußte, nur fair war. Ihre Freunde konnten McKay nicht leiden, räumten andererseits jedoch ein, daß sie gewiß kein Mensch war, mit dem man es leicht aushalten konnte; sowohl Lady als auch McKay galten als »krankhafte Lügner« – allerdings ist diese Art von Lügen ein verzweifelter Kampf derer, die auf der untersten Stufe anfangen mußten, um ihre Umwelt in irgendeine vernünftige Form zu biegen. Wir wissen nicht, was letztlich den Ausschlag zur Trennung gab, aber vielleicht war ihr klargeworden, daß sie die Bestrafungen, die er auszuteilen pflegte, nicht länger ertragen konnte; vielleicht hatte auch er begriffen, daß es mittlerweile keinen Sinn mehr hatte, sie wie Dreck zu behandeln. Zaidins sagte, sie habe es McKay übelgenommen, daß er sie heiratete; in diesem Punkt haben wir jedoch nur seine Ansicht. Man konnte Lady nur insoweit ausnützen, als sie sich ausnützen ließ; eine Heirat war für sie eine ernste Angelegenheit, und sie beklagte sich anderen gegenüber, wie sehr sie litt: er war ihr Mann gewesen, und er hatte sie verlassen.

Ende 1957 kam die letzte wirklich großartige Aufnahme von Lady Day zustande. Sie entstand im Rahmen der CBS-Fernsehshow »Sound of Jazz«, gesponsert von Timex, in der Serie *Seven Lively Arts,* die von John Houseman produziert wurde.

Es war eine Serie voller Schwierigkeiten, der Versuch, eine Art Nachrichtenmagazin über das zwanzigste Jahrhundert zu starten, und dies in einer Zeit, als Fernsehen vorwiegend live produziert wurde. In der ersten Sendung ging es um »Die Wechselfälle der Liebe«, wie sie in den verschiedenen Medien das ganze Jahrhundert hindurch vermarktet worden waren; der Moderator der Serie, John Crosby, war selbst recht umstritten: ein furchtloser Kritiker des Pressesyndikats *Herald Tribune* – »sein Charisma war im wesentlichen literarisch«, formulierte Houseman trocken in seinen Memoiren. Crosby hatte Schwierigkeiten mit seinen Kontaktlinsen, weigerte sich aber, im Fernsehen eine Brille zu tragen, und versuchte deshalb, seinen Text auswendig herzusagen, statt ihn von einem Monitor abzulesen; zu Beginn der Ausstrahlung erstarrte er, und die darauf folgenden achtzehn Sekunden Totenstille gingen in die Geschichte des Fernsehens ein: Die gesamte Serie wurde danach beurteilt, und statt der vorgesehenen sechsundzwanzig Sendungen wurden nur elf ausgestrahlt. Nachdem man sie aus dem Programm gestrichen hatte, wurde sie prämiert – zu spät; doch die vorletzte Sendung dieser innovativen Serie wird immer unvergeßlich sein.

Der Bassist (und Photograph) Milt Hinton berichtete darüber, zuerst jedoch erzählte er eine kleine Geschichte über die Aufnahmesessions mit Teddy und Lady in den dreißiger Jahren und etwas später mit Charlie Parker:

Wir haben nie gedacht, daß diese [Aufnahmen] etwas sind, das Geschichte macht. Wenn eine Session vorbei war, hatten wir halt eine gute Session gemacht und ein tolles Erlebnis gehabt. Die meisten von uns haben die Platten nicht einmal gekauft, das Schöne war ja das Spielen selber. Das war die Zeit damals. Die ist vorbei, heute ist alles ganz anders. Die Straße gibt es nicht mehr, die Musiker gehen weg, und es gibt keine Schule mehr, wie's die 52nd damals war für junge Jazzmusiker, wo sie anfangen konnten und lernen und die Art von Umfeld hatten, wo sie wirklich gefordert wurden und, ja, sich verwirklichen konnten ...

1957. Okay. Ich hatte schon '44 den ersten Preis von *Esquire* gewonnen, ich bin also etabliert; bei *Metronome* wurde ich Fünfter bei dem Poll damals und Zweiter beim internationalen Poll, ich hab' mir also als Mitglied dieser Jazz-Gesellschaft einen Namen gemacht. Man ist als Musiker anerkannt; man braucht sich keine Sorgen mehr zu machen, ob man irgendwo auftreten kann oder nicht; man braucht nur noch auszusuchen. 1957 also wissen wir, wer wir sind und was läuft, und jeder von uns macht seine eigenen Sachen und verdient sich ein bißchen was, wo halt was geht und man was organisieren kann.

Aber jetzt wollen Sie wissen, wo sind sie alle? Billie geht weg und singt in Pittsburgh, und sie zahlen ihr einen ziemlich hohen Preis, aber damit sie sich das leisten können, müssen sie auf die Sorte Musiker verzichten, mit denen sie eigentlich auftreten sollte – wie die, mit denen sie die Platten gemacht hat, deretwegen sie das Engagement überhaupt gekriegt hat. Deshalb zahlen sie ihr in irgendwelchen kleinen Klitschen zwar die Gage, die sie wert ist, besorgen ihr aber irgendwelche Musiker vom Ort, was einfach lächerlich ist – die hatten ja nicht die Erfahrung, sie *wissen's* einfach nicht. Wahrscheinlich werden sie später einmal alle groß, aber im Moment sind sie einfach schrecklich und kriegen fünfzig Dollar die Woche: das ist die Sorte Background, mit dem sie sich durch einen Auftritt quälen muß. Inzwischen bin ich aber auch da, mit jemand anderem, denn mir können sie soviel Geld zahlen, wie ich verlange, und ich spiele mit einem anderen ...

Aber es ist mein Name, der draußen am Lokal steht, und seiner nicht, deswegen kriegt er keine Kohle, und ich bin auch nicht froh, weil ich nicht mit Osie Johnson hier spiele, und überhaupt ist alles total chaotisch. Ben Webster dreht durch, weil er im Rochester zwar seine fünfhundert Dollar die Woche kriegt, aber drei Jungs von der High-School zugewiesen bekommen hat, die mit ihm spielen sollen, und so setzt er sich am Nachmittag hin und bringt ihnen bei, welche Akkorde sie bei welchem Stück spielen sollen, aber bis sie oben auf dem Podium stehen, haben sie alles wieder vergessen, und er, der wirklich große Klasse ist, weil er aus Dukes Band kommt und diese phantastische Musik gewöhnt ist – er muß seinen Hintern in diese Sorte von Background setzen …

Jeder von uns macht für sich privat Kohle, aber wir sind alle unglücklich, weil keiner je zu Ben sagen wird: »Wieso holst du dir nicht Milt?« Denn wenn sich Ben seine eigene Rhythmusgruppe aussucht, muß *er* mich zahlen. Ich hab' Preise vom *Esquire* gewonnen, ich kriege hundert, zweihundert Dollar. Wenn er fünfhundert kriegt, muß ich zweihundertfünfzig kriegen, und das kann sich keiner leisten. Roy Eldrigde hat das Problem, Billie Holiday hat das Problem, wir sind alle sehr, sehr unglücklich, und auf einmal kommt der Produzent dieser Fernsehshow und sagt: »Wir holen euch alle zusammen.«

Da sitzen wir also, und jetzt sind wir echt glücklich; dieser Produzent, ich weiß nicht mehr, wie er hieß, war außerordentlich freundlich, er wußte, wen er da sitzen hatte, er ließ uns machen und störte uns nicht weiter. Basie ist da – übrigens wohne ich neben Basie, er ist mein Nachbar –, und Monk ist da, und wir reden, die Kameras laufen, und die Leute fragen: »Wann gehen wir auf Sendung?« Und der Regisseur sagt: »Na ja, laßt sie noch eine Minute reden.« Und Billie Holiday ist da, ich schaue durch das Piano und seh' sie da stehen mit ihrem langen Pferdeschwanz, neben Basie, und Basie spielt was, und Jo Jones ist auch da, Seine Majestät persönlich steht da rum, und Roy Eldrigde ist da, und Danny Barker und Red Allen, auch Gerry Mulligan, der König des Baritonsax, sitzt dort in der Saxophongruppe mit Coleman Hawkins, Ben Webster und Prez. Wir sind tatsächlich alle hier zusammen und können überhaupt nicht mehr aufhören.

Whitney Balliett und Nat Hentoff hatten an der Programmzusammenstellung mitgearbeitet, und als Hentoff zu Lady sagte, die Idee sei, alles so zwanglos wie möglich zu gestalten, keine

Kulissen, keine Inszenierungen, jeder solle in Straßenkleidern erscheinen, beschwerte sie sich: »Jetzt hab' ich gerade fünfhundert Dollar für ein verdammtes Abendkleid ausgegeben!« Aber die Produzenten wußten, was sie taten. Am 5. Dezember fand eine Probe statt, die mitgeschnitten wurde; Mal Waldrons All-Stars waren dabei, darunter Hawk, Ben und Prez, die drei größten Tenorsaxophonisten der ersten fünfzig Jahre Jazz; Doc Cheatham an der Trompete, ein Veteran aus Cab Calloways Band; Vic Dickenson an der Posaune, Barker an der Gitarre, Jones am Schlagzeug und Jim Atlas am Baß; drei Tage später, bei der Live-Ausstrahlung, kamen noch Mulligan und Roy Eldrigde dazu, mit Milt Hinton am Baß und Osie Johnson am Schlagzeug. Im September hatte die *New York Post* angekündigt, Lady werde »Strange Fruit« singen, aber in diesem Umfeld wäre das Stück ganz fehl am Platz gewesen; sie sang statt dessen »Fine and Mellow«, und es paßte perfekt.

Sie mußte sich kaum überwinden, um dieses Lied zu singen: »Behandle mich anständig Baby, dann bleibe ich jeden Tag zu Hause; aber du bist so gemein zu mir, Baby, irgendwann wirst du mich in die Flucht schlagen.« Wieder einmal schien ein bestimmtes Lied zu einem bestimmten Zeitpunkt ihr Leben widerzuspiegeln: Im Dezember dieses Jahres war ihr Liebesleben praktisch zu Ende, und ihre leichte und doch beziehungsreiche Vortragsweise ist klassische Holiday-Magie.

Der Mitschnitt der Probesession ist besser; während ihres ersten Chorus blies Prez eine kleine Begleitung, gefolgt vom zurückhaltendsten, knappsten Solo, das er je spielte, einem einzigen Blueschorus – aber mit welchem Ausdruck! Webster folgte, wieder ein Chorus von Lady, dann Cheatham, dann Hawk und wieder Lady, Dickenson, und Lady macht den Abschluß. Es dauerte nicht einmal sechseinhalb Minuten.

Vor der Live-Sendung war Ladys Stimme vom Band zu hören, während sie, gefolgt von der Kamera, zwischen den Musikern hin und her geht, alle lächeln einander an, es herrscht eine Atmosphäre voll gegenseitiger Zuneigung: »... Es gibt zwei Arten von Blues... den fröhlichen und den traurigen... Ich weiß nicht, der Blues ist irgendwie eine Mischung, man muß ihn einfach spüren. Alles, was ich – *alles,* was ich singe, gehört zu meinem Leben.« Während ihres ersten Chorus blies Cheatham eine Begleitung mit Dämpfer, dann folgte ein Solo von Webster, dann von Prez. Sowohl

Lady wie auch Prez klangen erschöpfter als bei der Probe, aber in der Fernsehaufzeichnung sieht man, wie sie einander beobachten, einander zuhören, lächeln, und uns wird wieder deutlich bewußt, daß Jazz eine *Live*-Kunst ist. Das Stück dauerte über acht Minuten; es ist Platz für ein Solo von Mulligan und Eldridge – Eldridges Solo ist fast zornig: »Hey, wo seid ihr bloß alle gewesen? Wieso können wir das nicht *öfter* machen?«

In der Zeit gab es noch ein paar weitere, ähnliche Jazz-Sendungen im amerikanischen Fernsehen, aber das war's dann. Denkwürdig waren sie alle, doch ein kurzer Ausschnitt aus einem Programm ist etwas Besonderes: wegen Lady und wegen der Art, wie sie während des Solos von Prez in sich hineinlächelt.

»Prez war an dem Tag total neben sich«, sagte Hinton:

> Es war einfach diese absolut großartige Musik, die er machte. Es war nicht, daß es ihm nicht besonders gutgegangen wäre, sondern er war einfach völlig daneben. Wir dachten uns nichts dabei. Wir ließen ihn da einfach abseits auf einer Bank sitzen. Ich habe sogar Fotos … Es war auch nicht einmal sehr traurig. Ich erinnere mich nicht, daß irgendwer gesagt hätte: »Ich glaube, er stirbt bald.« Daran dachten wir gar nicht.

1957 hatte Lady auch einmal bis vier Uhr morgens mit Waldron im New Yorker Five Spot gesessen; die Polizei drückte ein Auge zu, wenn eine Session nach der Sperrstunde noch weiterging, wohl deshalb, weil die Musiker ohnehin nicht dafür bezahlt wurden. Sie gab auch Konzerte, für die eine polizeiliche Genehmigung nicht erforderlich war und die nach und nach zur Gewohnheit wurden, denn die Künstler selbst waren es allmählich leid, immer nur in Kneipen aufzutreten. Im Juni standen bei einem Mitternachtskonzert in Loews Sheridan Theater im Greenwich Village das Charles Mingus Quintet, das Modern Jazz Quartet, das Randy Weston Trio und die Vokalistin Barbara Lea auf der Bühne. Im Juli wurde im Central Park ein Open-Air-Konzert im Wollman Memorial Theater veranstaltet: »Jazz Under the Stars«, mit Gerry Mulligan, George Shearing, Dave Brubeck, Erroll Garner und Lionel Hampton. Dufty beschrieb, wie Lady hinterher nach Hause zum Columbus Circle ging: »Es war, als würde die Königin durch die Kasba laufen, alle sagten: ›Hi, Billie!‹ ›Hi, Baby!‹, in einer nachbarschaftlichen Atmosphäre voller Zuneigung und Freundlichkeit.

Sie machte ein paar sarkastische Bemerkungen wegen der polizeilichen Auftrittserlaubnis.« Nachdem sie im Park gesungen hatte, fühlte sie sich, als hätte sie die Stadt erobert.

Earl Zaidins hatte sie 1956 in New York kennengelernt, als sie beide ihre Hunde ausführten. Er kam frisch von der University of Wisconsin, und sie bat ihn, die Verträge für sie auszuhandeln, in erster Linie aber kam es ihr darauf an, mit seiner Hilfe Vorschüsse zu bekommen; sie brauchte das Geld, aber haßte es, darum zu bitten. Ende 1957 unterzeichnete sie einen Vertrag mit Columbia Records.

> Sie hatte sich von Verve getrennt, weil sie dort nicht glücklich war; ich fuhr nach L. A. und nahm mir die Buchführung vor, konnte aber keine vollständige Kontenaufstellung machen, weil die Bücher nicht vorlagen. Ich hatte immer das Gefühl, daß keiner ihr eine anständige Abrechnung machte, außer E.B. Marks [der Verleger ihrer Songs]; dort waren sie korrekt in der Abrechnung, die anderen nicht.
>
> Ich habe nie über Glaser verhandelt. Sie regte sich auf, weil ich an seiner Stelle das Geschäft mit Columbia machte; aber seit wir uns kannten, vom selben Tag an, kapierte sie, daß er für ihre Auftritte nie genug Geld für sie herausschlug, außerdem kriegte sie den Burschen nie dazu, daß er ihr eine Abrechnung machte; sie wollte, daß ich das für sie erledige. Wir setzten eine auf, aber es wurde nie was draus. Glasers Methode bestand darin, daß sie jedesmal, wenn ein Vertrag auslief, bei ihm in der Kreide stand, dann kümmerte er sich eine Zeitlang nicht um sie, verschaffte ihr keine neuen Auftritte, so daß sie knapp bei Kasse war und praktisch gezwungen war, wieder bei ihm zu unterschreiben.
>
> Ich war Milt Shaws Anwalt, und der meinte, er könnte mehr für sie tun als Joe. Ich fuhr also mit Milt in Ladys Wohnung, und sie mochte ihn sofort; er war ein toller Bursche, er tat alles für einen, und sie mochte ihn, aber sie hatte ein schlechtes Gewissen: einen Vertrag mit ihm zu machen, das kam ihr vor, als würde sie ein Stück ihres Lebens abtrennen.

Aber Zaidins wußte, wie hilflos Lady war, und wie kümmert man sich um so jemanden? »Im Rückblick glaube ich, daß Glaser gar nicht so schlecht für sie war. Für viele Leute war er eine Vaterfigur;

wenn einer pleite war, ging er zu ihm und bekam Geld, ob er einen Mantel brauchte, ein Auto oder einfach nur heimfahren wollte. Er war für sie da, wenn sie Scherereien hatte; er hat sie oft aus dem Schlamassel rausgeholt.« Zaidins und Glaser waren eine Zeitlang Gegner; schließlich versöhnten sie sich, und als der Columbia-Vertrag zustande kam, gehörte bereits Zaidins zur Familie.

Im Februar 1958 nahm sie für Columbia Records ein Album auf: *Lady in Satin*, ihre umstrittenste Aufnahme. Viele konnten die Platte nicht ausstehen, andere (wie Jimmy Rowles) werden heute noch wütend, wenn jemand sich abfällig darüber äußert. Lady war ein Fan des Arrangeurs und Bandleaders Ray Ellis geworden, nachdem sie eines seiner Mood-Alben, *Ellis in Wonderland*, gehört hatte; irgend jemand, vielleicht Granz, wollte offenbar ein Holiday-Album mit Streichern produzieren, denn Ellis hatte einige Zeit zuvor diesbezüglich eine Anfrage erhalten, er stand jedoch bei Columbia unter Vertrag und durfte für keine andere Firma arbeiten. Vielleicht löste Lady ihren Vertrag mit Granz, weil sie mit Ellis ein Album machen wollte; Jahre später jedenfalls sagte Ellis, kurz danach habe Irving Townsend, damals einer der Produktionsleiter bei Columbia, ihn gebeten, sich im Oktober 1957 ein paar Tage für ein Album mit Lady freizuhalten.

Townsend hingegen sagte, Ellis habe ihn angerufen, und er sei zunächst überrascht gewesen: »Das wäre, als würde Ella Fitzgerald sagen, sie will mit Ray Conniff eine Platte machen.« Auf jeden Fall sagte Townsend, er sei nur zu gern bereit, wenn Lady das wirklich wolle.

Von einem Streichorchester begleitet zu werden ist etwas ganz anderes, als mit Jazz-Background zu singen; Streicher müssen spielen, was die Noten ihnen vorgeben, und der Sänger fühlt sich verpflichtet, dem Orchester zu folgen – nicht umgekehrt. »Johnny Mathis oder Nat Cole haben keine Angst vor Streichern, aber als ich Mahalia mit Percy Faith aufnahm, wäre sie mir beinah aus dem Studio davongelaufen. ›Was soll das heißen, was tust du mir an? Ich kann doch keine Opern singen!‹ Jetzt ist es ihr Lieblingsalbum. *Power and the Glory*.« Lady hatte schon früher mit Streichern gesungen und wollte die Erfahrung gern wiederholen, aber mittlerweile waren zehn Jahre verstrichen und »sie verlor allmählich ihr Selbstvertrauen«, sagte Townsend. »Als Musikerin wußte sie, daß ihre Stimme nicht mehr so war, wie sie sein sollte, sie trank, um ihre Nerven zu beruhigen, und je mehr sie trank, desto schlimmer wurde es.«

Ellis lernte Lady kennen, als sie ihren Vertrag unterschrieb; sie suchten sich einige Lieder aus, und Ellis begann, Arrangements zu schreiben. »Ungefähr fünfundzwanzig Termine ließ sie sausen«, sagte Ellis, weshalb das Album erst im Februar zustande kam. Laut Zaidins waren die Bedingungen für ihre Anwesenheit bei Aufnahmesessions vertraglich vereinbart.

Ellis war ein vielbeschäftigter Mann, er produzierte Alben mit Johnny Mathis, mit Sarah Vaughan und anderen, aber ihm war sehr daran gelegen, mit Lady eine Platte einzuspielen; sie habe es ihm nicht leicht gemacht, sagte er, »weil sie derart daneben war«. Bei der Auswahl der Stücke blätterte sie in den Noten, von manchen Liedern hatte sie nie gehört, oder sie erinnerte sich nicht daran; sie suchte sie allein aufgrund der Texte aus. Er legte den Studiotermin auf elf Uhr abends, sagte ihr aber, die Aufnahme finde um zehn statt, weil er schon wußte, daß sie zu spät kommen würde; um Mitternacht erschien sie dann. Es endete damit, daß er sie anbrüllte und sie ihn verfluchte; vermutlich war es das, was sie beide brauchten. Lady hatte früher einen neuen Song immer sehr schnell gelernt, doch diese Zeiten waren vorbei.

> Wissen Sie, was ich mit ihr gemacht habe? Als erstes warf sie das ganze Stück raus. »Ich mag das nicht ... « Ich ließ also zwei Nummern weg, bis ich merke, daß das Miststück den Song nicht kann – sie macht *mich* fertig, weil *sie* das Lied nicht kann. Also sagte ich zu ihr: »Hör zu, Baby, ich geb' der Band jetzt fünfzehn Minuten Pause, und währenddessen lernst du diese gottverdammte Überleitung.« Ich mußte sie wie ein Schulmädchen behandeln. Sie stand da und schmollte. Dann ging sie mit Hank in eine Ecke und lernte ihre Überleitung ... Die Frau war die ganze Zeit zu, und zwar deshalb, weil sie absolut kein Zutrauen zu sich hatte. Sie kam immer total unvorbereitet und bildete sich ein, wenn sie zu ist, kann sie sich davor drücken. Sie kriegt ein bißchen Hilfe und wird's dann schon schaffen ...
>
> Was sie schließlich tat, war eine Art Sprechgesang zur Musik. Ich hab' nicht mitgekriegt, was sie da machte.

Schließlich war der größte Teil des Albums fertig:

Ein Titel fehlte noch, und wir hatten uns immer noch für keinen entschieden, deshalb sagte ich: »Hey, Baby, wir machen morgen noch mal eine Session, ich hab' noch einen Song, den ich nicht arrangiert habe, und kann ihn nicht schreiben, weil ... « Sie sagte: »Okay, gehen wir zu Colony.«

Es war ungefähr drei Uhr morgens, und sie hatte die ganze Session hindurch Gin in sich reingeschüttet. Ich fuhr mit ihr zu Colony Records. Sie sah wirklich schlecht aus, verfallen, verlebt. Ich setzte sie ins Taxi – Sie kennen das ja, wie das ist, wenn Schwarze und Weiße zusammen sind, auch heute noch, die Leute schauen einen zweimal an ... Ich versuche, sie aus dem Taxi zu kriegen und gleichzeitig den Fahrer zu bezahlen, ich halte sie aufrecht und denke, sie wird gleich umkippen, deshalb lehne ich sie gegen den Telefonmasten, den Laternenpfahl, und ich sage: »Halt dich fest, Baby« ... Ich wohne in Larchmont, das ist ein nettes kleines Kaff voller reicher, weißer, angelsächsischer Protestanten, und ich hab' zwar keine Ahnung, was zwei meiner Nachbarn zu dieser Zeit auf der 52nd suchen, jedenfalls sind sie da und sehen mich, und sie gehen auf die andere Straßenseite, weil sie mich nicht in Verlegenheit bringen wollen. Können Sie sich das vorstellen? Die wissen nicht, wer das ist, die denken nur eins: Ich zieh mit einer schwarzen Nutte rum und hab' noch dazu einen schlechten Geschmack, weil sie aussieht wie eine Katastrophe. Sie blättert in den Noten, aber sie ist total daneben und beschimpft jeden, der in dem Laden rumsteht ... Sie hat sich »You've Changed« ausgesucht.

Jedenfalls, wir machten das Album fertig, und ich war völlig genervt, frustriert, angewidert, am Ende. Als Ivy Townsend mich fragt: »Nächste Woche werden wir versuchen, das abzumischen; willst du dabeisein?«, sagte ich: »Ivy, weißt du was? Ich will dieses Zeug nie wieder auch nur hören. Vergiß es. *Du* machst das ... «

Später rief er mich an. Es war Sommer, meine Familie war verreist. »Ich hab' die Sache versuchsweise fertig gemacht, ich denke, du solltest sie dir anhören.« Er schickte mir das Band rüber, ich legte es ein und hörte mir eine Seite an. Dann stieg ich ins Auto und fuhr nach New York, ich konnte nicht allein in dem Haus bleiben, es machte mich rasend. Ich hatte es endlich kapiert. Es war gleichgültig, ob sie den richtigen Ton sang oder nicht, sowieso sang sie fünfundzwanzigtausend falsche Töne. Aber sie hat ihr Herz ausgeschüttet ...

Sie hatten ein Album über ihre Lebensgeschichte gemacht. Manches davon ist schwer anzuhören, schmerzhaft, aber es ist immer noch Lady; zum Teil rührt der Schmerz daher, daß manche Lieder sich für die Art von Sprechstimme, die sie jetzt anwandte, nicht sehr gut eignen, zum anderen Teil von dem Widerspruch zwischen der ausladenden Produktion und ihrer körperlichen Verfassung. Hinton fotografierte sie, als sie während der Sessions für *Lady in Satin* ihre eigene Aufnahme anhörte; das Foto wurde berühmt, es ist herzzerreißend: als glaubte sie, daß ihre Botschaft diesmal nicht mehr ankommen werde.

Viele gute Musiker waren im Studio, Mal Waldron und Hank Jones am Piano, Billy Butterfield an der Trompete, Gene Quill am Altsaxophon; bei den meisten Nummern spielt Hinton den Baß, Osie Johnson Schlagzeug und Barry Galbraith Gitarre: diese drei bildeten zu der Zeit die berühmteste Rhythmusgruppe in New York. (Zaidins sagt, sie habe sowohl mit Drinkard als auch mit Waldron einzelne Nummern geprobt.) Zu dem Zeitpunkt war Ladys Stimme schwach, auch ihr Taktgefühl war unsicher, sie mußte sich gut mit Gin ölen, bevor sie überhaupt anfangen konnte, und nun fiel es ihr auch schwer, neue Lieder zu lernen. Und was tat Columbia, die damals größte Plattenfirma der Welt? Das Orchester war zu groß, bei manchen Nummern kam ein Chor hinzu, die Arrangements zogen zuviel Aufmerksamkeit auf sich, und Columbia verpaßte ihr die Art von wuchtigem, geschlossenem Studiosound, der das Ergebnis jahrelanger »Hifi«-Tricks war. Man hat den Eindruck, als sollten gerade ihre Unvollkommenheiten hervorgehoben werden, nicht die Wahrheit, die noch immer da und zu hören war.

Hinton formulierte es so: »Die Sache war die, daß zu dem Zeitpunkt ihres Lebens die Produktion eines Albums schon viel zu kommerziell war.« Und doch ist von Ladys sämtlichen Aufnahmen *Lady in Satin* der beste Beweis für das, was ihre größte Stärke war: die Interpretation von Texten. *Lady in Satin* ist deshalb so schwer zu hören, weil diese Aufnahmen akustisch dasselbe sind wie eine Videoaufnahme vom Gesicht eines Trauernden; und doch wachsen sie einem mit der Zeit ans Herz: weil es Lady ist. »You've Changed« ist der beste Song auf der Platte, denn er *wirkt:* Lady sagte, sie habe während der Aufnahme geweint. Auch »For All We Know« erhielt Lob von den Kritikern (Lady mochte das Lied selbst). In diesen Aufnahmen ist ihre Stimme die einer treuen Frau, *der* treuen Frau schlechthin, die zum erstenmal den Verdacht hat, daß sie betrogen wird.

Es gibt einen Rundfunkmitschnitt von einem Auftritt mit Streichern, der wahrscheinlich bereits 1949 entstand; es ist das Orchester von Percy Faith, dessen spätere Alben ebenfalls unter einem vulgären Sound leiden, abgesehen davon, daß die kommerzielle Notwendigkeit, Rocksongs mit Streicherarrangements einzuspielen, fragwürdig ist. Aber Faith war immerhin der talentierteste Arrangeur dieser Art von Musik, und Ladys Fassung von »You Better Go Now« mit ihm ist ein Paradebeispiel dafür, wie man es machen mußte: Auch hier ist sie eine Frau, die nicht mehr jung ist, aber sich noch immer nach Liebe sehnt – sie will ja nicht *wirklich*, daß er geht; und Faiths größte Fähigkeit als Arrangeur waren seine Kontramelodien. Das Orchester liefert Lady dem Zuhörer nicht aus, sondern schmeichelt ihr und schafft ihr einen Hintergrund, einen Rahmen. In der Popmusik ist das Streichorchester ein Weg, der nirgendwohin führt, denn die Arrangeure waren aufs Studio beschränkt, wo es zuallererst um den kommerziellen Wert einer Aufnahme ging; vielleicht ist es bezeichnend, daß Faith als Konzertpianist begann und in der klassischen Tradition ausgebildet wurde. (Lady und Faith nahmen auch »Them There Eyes« auf, eine unbeschwerte, fröhliche Version mit einem »Swing-Band«-Arrangement und ohne Streicher.)

Im Sommer 1958 trat Lady zweimal in einer Fernsehshow auf, in Art Fords »Jazz Party«, und Dan Morgenstern schrieb dazu: »Manche meinen, es sei kein Gesang mehr, was Billie da vorführt; nennen Sie es, wie Sie wollen, eins ist jedenfalls sicher: es ist außerordentlich kommunikativ.«

In den fünfziger Jahren war die sinnlose Kontroverse über »traditionellen« und »modernen« Jazz immer noch im Gang, und Leute wie Leonard Feather versuchten ihr ein Ende zu machen; er produzierte »The Seven Ages of Jazz«, »Die sieben Zeitalter des Jazz«, eine Art Geschichte des Jazz in Form von Konzerten. Im September fanden zwei Konzerte in Warwick, Rhode Island, und in Wallingford, Connecticut, statt, das zweite wurde mitgeschnitten. »Man hat sie eigentlich mir zu Gefallen eingeladen«, sagte Feather. »Sie arbeitete zu der Zeit nicht sehr regelmäßig, aber beide Male sang sie sehr gut. Bei einem der Konzerte sprach sie hinter der

Bühne mit meiner Frau und öffnete sich ein wenig, sagte, wie einsam sie sei und wie schrecklich es sei, wenn ein Mann eine Frau verläßt ...«

Anläßlich des Konzerts in Wallingford wohnte sie bei Irving Townsend in seinem Haus in Westport; er holte sie vom Bahnhof ab und fuhr sie wieder hin. »Vom Bahnhof bis zu mir nach Hause sind es nur fünf Meilen, aber der Boden des Wagens war grau vor Asche, als wären dort ganze Aschenbecher ausgeleert worden. Sie war sehr nett und freundlich, warmherzig, egal, wieviel Bitterkeit sie erlebt hatte.«

Anfang Oktober trat sie im Blackhawk in San Francisco auf. Vernon Alley erhielt von Freunden den Rat, lieber nicht hinzugehen – was ein Hinweis darauf ist, wie über ihren Zustand bereits geredet wurde. Doch an Vinnie Puleo, der sein Leben lang in Clubs aufgetreten war, von der 52nd Street bis zum Blackhawk, den sie seit fünfzehn Jahren nicht gesehen hatte, erinnerte sie sich nicht nur, sondern begrüßte ihn voller Freude. Es sei ihm vorgekommen, sagte er, als habe sie gewußt, daß ihr nicht mehr viel Zeit blieb, als bemühe sie sich, vergangene Torts wiedergutzumachen. Sie erschien zu jeder Show, aber »sie fing an, sich für ihre Leistungen zu entschuldigen«, sagte Puleo:

> Sie sagte: »Ach, ich bin bald wieder auf dem Damm. Morgen abend bin ich viel besser.« Natürlich gab es Augenblicke, in denen sie phantastisch war, dann wieder machte sie Fehler. Gut, sie war nicht mehr die Sängerin, die sie gewesen war, aber egal, für mich war alles, was sie sang, einfach großartig.

Am 5. Oktober trat sie auf dem ersten Jazz-Festival von Monterey auf und war sichtlich in schlimmer körperlicher Verfassung. Jimmy Lyons war der Produzent:

> Hinter der Bühne war es sehr dunkel; als sie rauskam ins Licht, kannte sie sich nicht aus. Gerry Mulligan nahm sie bei der Hand und führte sie rüber, legte sein Horn beiseite und stellte sie einfach auf. Sie war so leicht, wie eine leere Hülle, eine Muschel oder so was.
>
> Am nächsten Morgen ging ich zu dem Hotel in der Stadt, wo alle unsere Künstler untergebracht waren; es war unser erstes Jahr in Monterey, und John Lewis, Monte Kay, Ralph

> Gleason und ich frühstückten miteinander und diskutierten drüber, wie der Abend gelaufen war. Dann gingen wir hinaus in die Lobby, und dort saß Billie.

Gleason schrieb, sie habe gefragt: »Wo geht ihr Jungs alle hin?« und hinzugefügt: »*Ich* muß heute abend die Eröffnung in Vegas machen.« Sie schien abgrundtief einsam zu sein, und Lyons fügte hinzu: »Man konnte überhaupt nichts machen.«

Die Aufnahmen von Monterey waren über zwanzig Jahre lang verschollen; als sie wiederentdeckt und Anfang der achtziger Jahre veröffentlicht wurden, meinten manche, man hätte sie besser nicht ausgegraben. Dieser Live-Mitschnitt weist in der Tat sehr viele Unzulänglichkeiten auf – Flugzeuglärm ist zu hören, und die Begleitung ist mehr oder weniger grob und unbeholfen; das Publikum indes hatte keine Zweifel: Lady mußte zwei Zugaben geben. Ihre Kräfte schwanden zusehends, aber alles, was ihr noch blieb, gehörte ihrem Publikum; man spürt, was Puleo im Blackhawk gespürt haben muß. Es geht zu Ende mit ihr, doch ihre Phrasierung, selbst bei Liedern, die mittlerweile ausgefeilte, formvollendete Werke geworden waren, und der Klang ihrer Stimme bei bestimmten Wörtern erinnern uns daran, daß es immer notwendig ist, Lady Day wirklich *zuzuhören.*

Irgendwann im Jahr 1958 reiste sie nach Hawaii; Maya Angelou traf sie, als sie über Los Angeles zurückkam. Angelou hatte einen aufgeweckten und gesprächigen zwölfjährigen Sohn, der Lady mit einem Sturzbach an Energie und kindlichen Fragen überfiel, aber ihre Liebe zu Kindern war ungebrochen: in Guys Gegenwart zügelte sie ihre gepfefferte Sprache und sang ihm vor. Als sie jedoch »Strange Fruit« sang, fragte Guy: »Was ist eine Hirtenszene, Miss Holiday?«

> Billy sah langsam auf und musterte Guy eine Sekunde lang. Ihr Gesicht bekam einen grausamen Ausdruck, und als sie zu sprechen begann, klang ihre Stimme verächtlich. »Das ist, wenn die weißen Arschlöcher die Nigger umbringen. Wenn sie einen kleinen Nigger wie dich hernehmen und ihm die Eier abreißen und sie ihm in den Rachen stopfen. *Das* ist eine Hirtenszene.«

In dieser Zeit traf sie zufällig einen alten Freund wieder, den Gitarristen John Collins, einen weithin unterschätzten Musiker. Art Tatum hatte ihn um 1937 in Chicago mit Lady bekannt gemacht; später, in der Street, lernte er Lady besser kennen: für eine Weile waren sie mehr als Freunde.

> Ich hab' sie öfter besucht, in Chicago zum Beispiel, und manchmal wollte sie keinen zu sich aufs Zimmer lassen, aber wenn ich anrief, sagte sie: »Komm nur rauf, John.« Wir setzten uns einen kleinen Schuß und wurden high, und ich wußte, wie lang ich bleiben konnte, wann ich gehen mußte ... 1938 zog ich nach New York, weil ich mit Roy Eldridge zusammen war ... Und ab und zu sagten wir: »Hey, heut abend machen wir was miteinander.« Okay. Wir gingen zu mir nach Hause und wurden high und machten es uns richtig schön und hatten überhaupt kein schlechtes Gewissen am nächsten Tag. So war sie. Roy war einer, dem man nichts erzählen durfte, er sagte sofort alles weiter; aber mit Lady war das was Besonderes, keiner hat sie besessen. Man hat sie einfach geliebt. Sie war ein freier Mensch.
>
> Das einzige, was mir leid tut, und was jedem Menschen leid tut, der sie gekannt hat, das war, daß sie total auf Drogen abgefahren ist. Wir haben sie verloren, weil jeder ihrer Männer sie durch Drogen kontrollieren konnte.

1958, als Collins mit Nat Cole in Kalifornien auftrat, kam kurz vor der letzten Show ein Kellner zu ihm und richtete ihm aus, eine Frau wolle ihn unbedingt an einem bestimmten Tisch treffen und lasse sich nicht abwimmeln:

> Wir machten die Show, dann ging ich rüber zu dem Tisch, und dort saß Lady. Sie saß da an dem Tisch und weinte und dachte zurück an frühere Zeiten. Sie trat in mehreren Clubs in der Nähe auf, und wo immer sie war, hatte sie die ganze Sympathie des Publikums, aber das war einfach nicht mehr dasselbe. Es hat mich wirklich überrascht, daß sie drauf zu sprechen kam, aber ich war froh, daß sie's rauslassen konnte, und mit mir konnte sie das. »John, ich hab' dermaßen die Schnauze voll von diesem Scheißgift, ich hab' alles versucht, ich hab' *versucht*, davon wegzukommen, aber ich schaff' es nicht. Nichts macht mir mehr Spaß, Ficken nicht und alles

andere nicht, überhaupt nichts mehr.« Es war wirklich traurig.

Aber sie war eine Kämpferin, eine ausgesprochene Kämpferin. Das war das einzige Mal, daß ich sie wirklich am Boden erlebt habe. Es hat mich überrascht, weil sie sich sonst nie unterkriegen ließ.

In der ersten Hälfte des Jahres 1958 war Lady eine Europatournee angeboten worden; Harold Davison hatte ein Konzert in der Londoner Royal Festival Hall angekündigt, begleitet von Kenny Baker's Dozen (Kenny Baker ist noch heute einer der besten englischen Trompeter). Es war auch geplant, in Frankreich die Songs für den Soundtrack von *Lady Sings the Blues* aufzunehmen, aber alle Projekte fielen ins Wasser, als die französische Regierung wegen der Algerienkrise sämtliche Konzertsäle schloß. Im Oktober jedoch brach sie zu ihrer zweiten und längsten Tournee nach Europa auf. Ein Auftritt in Mailand wurde eine Katastrophe; offensichtlich hatte man sie, wie Dufty es darstellt, zusammen mit allen Jongleuren und Hundedompteuren, die noch nicht in der Ed Sullivan Show untergekommen waren, in ein Programm gesteckt. (Sie schickte Dufty eine Postkarte, auf der sie sich bitter über den Impresario auf dieser Tournee beschwerte: er könne gerade soviel Französisch wie sie, und überall gebe es noch Leute, die nicht wüßten, wer sie sei – ein amerikanischer Clubeigentümer habe sie einmal als »die sensationelle Komödiantin« angekündigt.) Ebenfalls in Mailand organisierte jedoch ein Verehrer einen Auftritt in einem der kleinen Säle innerhalb des Opernhauses, die für de facto private Vorstellungen reserviert sind: Wie sich herausstellte, war es die berühmteste Oper der Welt, und Lady Day sang in der Scala.

In Paris trat sie im Olympia auf und wurde vom Publikum sehr gut aufgenommen, weniger gut jedoch von der Kritik. Sie nahm ein Angebot von einem Jazz Club an und erhielt bessere Kritiken, verdiente jedoch nicht gerade viel. Hazel Scott erlebte sie dort und brach in Tränen aus. »Sie drängte mich in eine Ecke und sagte in kaltem, trockenem Ton: ›Egal, was die Arschlöcher dir antun, laß sie nie sehen, daß du weinst.‹«

Nach England kam sie auf dieser Tournee nicht; aus Paris schickte sie ein Telegramm an Max Jones, in dem sie ihm mitteilte, in welchem Hotel sie wohnte, aber Jazzjournalisten verdienen nicht besonders gut, und in England erst recht nicht; Betsy drängte ihn, nach Paris zu fahren, aber er tat es nicht, was er für den Rest seines Lebens bereute. Er versuchte aber, einen Auftritt oder einen Studiotermin für sie zu organisieren, solange sie London so nahe war, aber niemand wollte sie engagieren; Aufnahmesessions kosten viel Geld, und die Plattenfirmen erhielten reichlich Angebote an Holiday-Material, Rundfunkmitschnitte aus dem Storyville zum Beispiel, und konnten sich nach Belieben bedienen.

Im Januar 1959 war sie kaum aus Europa zurückgekehrt, als sie einen unheilverkündenden Anruf von der Zollbehörde erhielt. Ein obskurer Paragraph des Drogenbekämpfungsgesetzes, der 1956 verabschiedet worden war, verlangte von jedem, der Drogen konsumierte oder transportierte, sich bei jeder Aus- und Wiedereinreise beim Zoll zu melden; und er galt rückwirkend für jeden, der jemals wegen Drogendelikten zu mehr als einem Jahr Haft verurteilt worden war. »Die drehen ihr glatt einen Strick aus einem einzigen Tag!« empörte sich Dufty; Lady war 1947 zu einem Jahr und einem Tag Haft verurteilt worden und war nun nach Europa gereist, ohne sich vorher bei den Puritanern zu melden. Sie bekam Angst, sagte aber zu Dufty, sie werde nirgendwo ohne Anwalt hingehen: Das hatte sie einmal 1947 getan und seither stets dafür gebüßt.

»Zu Glaser wollte ich nicht gehen«, sagte Dufty, »er war schließlich ihr Agent, und sie wollte nicht, daß irgendwer davon erfuhr.« Dufty wußte nicht, ob Zaidins je in einem Gerichtssaal gestanden hatte; er wandte sich also an die Kanzlei Wilkes & Kennedy. »Für mich ist es wahnsinnig wichtig, *wer* was macht – Wilkes war ein weißer Südstaatler, er war in der Bundesstaatsanwaltschaft gewesen, in der Sache kannte er sich also aus, und Flo Kennedy hat Pearl Bailey verteidigt –, deswegen hielt ich sie für gut, und tatsächlich haben sie sie rausgehauen.«

Keiner von ihnen hatte je von dem Paragraphen aus dem Jahr 1956 gehört, im Februar aber erhielt Lady eine Vorladung vor ein Bundesgericht in Brooklyn und wurde dort von drei US-Staatsanwälten in die Mangel genommen. Laut Dufty verhielt sie sich vorbildlich; als man ihr die Verhaftung von 1947 vorhielt, antwortete sie: »Das waren nette Leute, wie Sie; sie haben nur mit mir gesprochen.« Nachdem die Staatsanwälte hiermit bewiesen hatten, daß sie für ihr Gehalt etwas taten, verzichteten sie auf weitere gerichtliche Schritte.

Im selben Monat Februar 1959 reiste Lady wegen eines Auftritts im Fernsehen für drei Tage nach England; sie sang zwei Songs mit einer Band, bei einem dritten begleitete sie der getreue Mal Waldron. »Niemand, der die Sendung sah«, schrieb Chilton, »konnte noch daran zweifeln, daß Billie ernstlich krank war.« Aber sie hatte ein letztes Mal Gelegenheit, ihre Freunde Max, Betsy und Beryl zu sehen.

Ellis hatte die Firma gewechselt und war nun bei MGM, und Lady wollte noch ein zweites Album mit ihm aufnehmen; sie besuchte ihn unangekündigt und wäre beinahe von einer unwissenden Empfangsdame hinausgeworfen worden, wäre nicht zufällig Ellis' Sekretärin vorbeigekommen und hätte die Situation gerettet. Im März 1959 entstand das Album *Billie Holiday,* ihr am wenigsten bekanntes Werk. Man hat den Verdacht, daß dabei das eine oder andere elektronische Hilfsmittel zum Einsatz kam; in der Cole-Porter-Nummer »All of You« zum Beispiel klingt ihre Stimme zu hoch, als hätte sie bei der Aufnahme mit einer vorgefertigten, langsamer abgespielten Begleitung vom Band gesungen. (1959 war das durchaus möglich: Zaidins sagt, für *Lady in Satin* sei bei mehreren Stücken die Tonspur der Begleitung vorher aufgenommen worden, weil sie die Lieder nicht rechtzeitig gelernt habe.) Sie klingt wie eine muntere Siebzigjährige, die ein Comeback versucht, nicht wie ein dreiundvierzigjähriges Wrack. In »There'll Be Some Changes Made« hat auch der Text eine Veränderung erfahren: »Sogar Sinatra hat sich neue Witze zugelegt«. Die sentimentalen Liebeslieder, die sie auf *Lady in Satin* noch gesungen hatte, fielen ihr jetzt vielleicht schwer; die Lieder auf *Billie Holiday,* von »When It's Sleepy Time Down South« bis »It's Not For Me to Say«, damals ein neuer Hit von Johnny Mathis, sind weniger anspruchsvoll.

Die Solisten sind dieselben wie auf *Lady in Satin,* dazu kamen noch Jimmy Cleveland mit seiner Ventilposaune und, als Bester von allen, Sweets. Ellis hat dazugelernt: Die Streicher drängen sich nicht zu sehr in den Vordergrund; bei vier Titeln spielen zwölf Streicher, bei weiteren vieren sind es nur vier, und bei den letzten vier Stücken fehlen sie ganz. Sie singt »Don't Worry 'Bout Me« – nein, wir machen uns keine Sorgen um sie. Manche Stücke werden am Ende ausgeblendet; es ist das einzige Mal, daß man Lady derlei angetan hat; aber es war ihr letztes Album, und ein schlechter Abgang ist es nicht.

Unterdessen war Lester Young von einem Engagement in Paris vorzeitig nach New York zurückgekehrt, mit vor Schmerz zusammengebissenen Zähnen; am 15. März starb er. Lady hatte nur noch vier Monate zu leben.

18 *Die einsamste Frau der Welt*

Lesters Tod traf Lady schwer. Nach der Beerdigung sagte sie, beiläufig: »Ein Unglück kommt nie allein, immer zu dritt.« Sie nannte Lester, einen anderen Namen, an den Bill Dufty sich nicht erinnert, und sagte: »Nummer drei bin ich.« Auch Leonard Feather hörte diese Bemerkung. Ein paar Tage später erhielt Dufty spätabends einen gehetzten Anruf: Ob er vorbeikommen könne, sofort? Und er solle seine Schreibmaschine mitbringen.

Prez hatte mit einer weißen Frau zusammengelebt, was Lady irritierte: Diese Frau habe ihm ständig Vorschriften gemacht; auf der Straße zum Beispiel habe sie ihm Belehrungen erteilt wie: »Du mußt rechts von mir gehen und mußt dich anständig benehmen, schließlich bist du jetzt mit einer Weißen zusammen.« Es ist nicht bekannt, woher Lady diese Informationen hatte, oder ob sie sich vielmehr alles ausgedacht hat; jedenfalls hatte diese Frau sie nun besucht, und über Lady brach das nackte Entsetzen herein, in mehrerlei Hinsicht.

Lester Young besaß ein Haus in St. Albans, aber er bewohnte ein Hotelzimmer in der Innenstadt mit Blick aufs Birdland, hörte Platten von Frank Sinatra und sah vom Fenster aus dem Treiben auf der Straße zu. Er rauchte viel Marihuana, trank zuviel und aß fast nichts. Die Frau hatte sich, so gut sie konnte, um Lester gekümmert (der wie Lady knapp bei Kasse war), selbst vor Ladendiebstahl schreckte sie nicht zurück. Vielleicht war sie keine Weiße; Dufty meinte:

> Sie war ein sehr hellhäutiges, gutbürgerliches Mädchen aus New Jersey, mit College-Bildung, und sie lebte mit Prez zusammen ... Er hatte sich von seiner Frau getrennt, aber als er tot war, erhob sie Anspruch auf seine Leiche, und seine Freundin, die seinetwegen wirklich viel aufgegeben hatte,

stand da wie ein Idiot. Billie war darüber tief erschüttert, sie dachte, Lester hätte irgendwie mehr Glück gehabt als sie, es ginge ihm gut, wirtschaftlich und überhaupt, die Frau aber klärte sie auf, wie es in Wahrheit stand, und das ging ihr ziemlich nahe. Sie hatte geglaubt, mit Lester wäre alles in Ordnung, und was sie aus der Fassung brachte, war ihre eigene Naivität. Billie war richtig entsetzt darüber, daß es dieses gesetzliche Recht der Ehefrau gab, die einfach hergehen und die Beerdigung und alles an sich reißen konnte, während diese arme Frau, die für ihn sogar gestohlen hatte, einfach übergangen wurde.

Die Frau saß bei ihr zu Hause, und Billie wollte, daß ich ihr helfe, ein Buch über Lester zu schreiben; sagen wir's, wie es ist. Und sie fängt an, mir die Geschichte von dieser Frau zu erzählen, die aus einer wohlsituierten, gebildeten Familie kam, aber sie war verrückt nach Lester, richtig besessen, sie fing an, Bücher zu klauen und verkaufte sie und ließ sich auf alle möglichen riskanten Geschäfte ein, um Geld zu machen, und Billie weinte; sie sagte: »Das ist so eine verdammt schöne Liebesgeschichte.«

Es konnte einem glatt das Herz zerreißen, weil sie so eine Horrorgeschichte erzählte, aber was sie wirklich sagte, war: »Wie konnte ich nur so naiv sein zu glauben, er sei gefeit und in Sicherheit, dabei hat er dieselbe Scheiße durchgemacht wie ich, und ich hatte keine blasse Ahnung.« Aber immerhin hatte dieser Mann eine Frau gefunden, die wirklich an ihm hing, die sich um ihn kümmerte und ihn beschützte, was unglaublich war, was sie nie geschafft hatte, und davor hatte sie gewaltigen Respekt. Sie weinte bitterlich, als sie das sagte.

Aus der Idee zu einem Buch wurde nichts, die Frau aber sagte zu Dufty, »nachdem sie einmal als Lesters Flittchen gebrandmarkt worden sei, hätten alle die Burschen, die ihn imitierten, geglaubt, sie müßten jetzt, als unerläßliche Voraussetzung, auch die Frau ins Bett kriegen.«

In den letzten Monaten ihres Lebens war Lady einsamer als je zuvor. In glücklicheren Zeiten, sagte Dufty, »wenn ich mit Billie aus war, dann war das manchmal wie in einem Frauenboudoir – sie vergaßen einfach, daß ich auch da war. Mit Thelma Carpenter, Annie Ross, Blossom Dearie zum Beispiel; und man wußte immer, wenn sie in Superstimmung miteinander waren, dann nämlich, wenn Thelma anfing, sie »William« oder »Bill« zu nennen.« Manche dieser Freunde kamen immer noch, aber, wie Annie sagte: »Auf dem Höhepunkt ihrer Karriere scharten sich die Leute um sie, massenweise, aber als sie dann krank wurde, scharte sich keiner mehr.«

Sylvia Syms, die Lady Jahre nicht gesehen hatte, traf sie irgendwann um diese Zeit auf der Straße; sie sah sie aus einem Taxi aussteigen:

> Sie sah schlechter aus, als ich sie je gesehen hatte, aber sogar ihr schlimmster Zustand war immer noch einer, von dem andere nur träumen konnten. Sie rief mich: »Hey, Baby!« und ich rief zurück: »Hey, Lady.« Sie sagte: »Baby, jemand, den ich liebe, ist tot – und du bist tot, und ich bin tot.« Ich sagte: »Nein, Lady, Mama ist tot, aber du lebst und ich auch.« Sie fragte: »Meinst du?« Ich sagte: »Ja, Lady.« Und sie darauf: »Ruf mich an, Baby.«

Dufty versuchte ihr finanziell zu helfen. Sie erzählte ihm von Charles Laughton, der einmal in Zahlungsschwierigkeiten geraten sei, weil er sein ganzes Bargeld für Marihuana ausgegeben habe. Lady und Sadie erhielten deshalb einen Scheck, was sie als üblen Trick ansahen, und dachten, er würde ihn gewiß sperren lassen, sobald er wieder in England wäre. Lady war so wütend, daß sie ihn zerreißen wollte; sie war überzeugt, sie würde verhaftet werden, wenn sie ihn bei einer Bank einzulösen versuchte. Aber Sadie wollte ihn als Autogramm aufbewahren, und so klebten sie den Scheck in ein Album; Jahre später legte Lady ihn dennoch einer Bank vor und war höchst verblüfft, als sie Bargeld dafür erhielt. Die Geschichte mag fragwürdig sein; Dufty sagte jedoch, ihre Zuhälter hätten ihr eingeredet, es sei gesetzwidrig, wenn ein uneheliches Kind ein Bankkonto besitze: das war eine der Methoden, ihr Geld zu stehlen.

Zaidins sagte, gelegentlich habe er ihr die Miete bezahlt, auch Glaser half ihr hin und wieder aus der Klemme, wenn ihr die Zwangsräumung drohte, weil sie nicht gezahlt hatte. Sie hatte die Wohnung wegen ihres schlechten Leumunds auf den Namen Eleanora Fagan gemietet; kurz bevor sie einzog, fand die Vermieterin zwar heraus, wer sie war, aber sie bekam die Wohnung trotzdem. »Es war sehr wichtig für sie, eine eigene Wohnung zu haben«, sagte Zaidins.

Wie jeder andere, der sie kannte, kam auch Zaidins nicht mehr von ihr los. Manchmal habe sie ihn für seine Dienste als Anwalt bezahlt, sagte er, aber nicht sehr gut. Darum ging es aber nicht.

> Jeder wollte was von ihr. Sie machte sich verletzlich, angreifbar, sie zog das geradezu an. Ich habe sie auch ausgenutzt. Es war gut für mein Ego, auch eine gute Reklame: »Wen vertreten Sie?« – »Ich bin Billie Holidays Anwalt.« Sie forderte die Leute geradezu auf, in ihr Leben einzutreten; mich ließ sie sehr leicht rein. Aber ich kam nicht mehr so leicht raus.
>
> Ich hatte das Gefühl, daß sie sich völlig auf mich verließ. Sie war ehrlich zu mir; sie war eine gute Freundin ... Sie konnte auch beleidigend sein. Dann entschuldigte sie sich dafür – »Weißt du, ich hab's nicht so gemeint, mir ging's nicht so gut« ... Sie hat die Leute oft angeschnauzt, ich weiß nicht mal, ob ihr eigentlich klar war, was sie da sagte oder tat. Ich denke, es war ein tiefsitzender Mangel an Selbstvertrauen. Zu mir sagte sie, sie könnte nicht verstehen, wieso die Leute sie mochten ...

Die Funktion ihrer Freunde bestand zum Teil darin, sie zu bestätigen: »Alle Künstler brauchen ständig Nahrung für ihr Ego«, sagte John Levy der Bassist, der nun Manager war. (Das sei wahrscheinlich Maelys Funktion gewesen, meinte er.) Viele ihrer Freunde, mit Ausnahme der Musiker, werfen sich gegenseitig Opportunismus vor; Zaidins ist der einzige, der zugibt, sie ausgenutzt zu haben. Letztendlich erfüllten sie alle ihren Zweck am Hofe von Lady Day.

Thelma Carpenter, Babs Gonzales und wenige andere Freunde besuchten sie regelmäßig; Annie Ross wusch Lady das Haar und spülte es mit Essig, was Lady entzückte: das kannte sie nicht.

Vom Sommer 1957 bis zu ihrem Tod kümmerte sich Alice Vrbsky um sie, mehr als irgend jemand sonst. Alice war Diabetikerin und hatte damit wenigstens Zugang zu sterilen Injektionsnadeln. Sie nahm weder Drogen noch trank sie. »Einmal hat mir einer Marihuana angeboten, aber ich sagte: ›Nein, danke, ich werde schon von der Musik betrunken.‹ Ich habe damals auch keinen Alkohol angerührt. Der Bursche sah daraufhin Lady an, und sie sagte: ›Sie wird von der Musik betrunken.‹ Das gefiel ihr.«

Alice hatte Lady im Central Park gehört und sie angesprochen; sie sagte, sie habe eine Platte von ihr, natürlich zu Hause, denn sie hätte sich nie träumen lassen, daß sie je mit Lady ins Gespräch käme; ob sie ihr das Album wohl signieren würde?

> Ich wollte ihr sagen, wie sehr ich sie bewunderte, und sie sagte: »Gut, bringen Sie's nur her.« Deshalb kreuzte ich am nächsten Tag mit der Platte auf, und sie sagte: »Eine Frau, die Wort hält.« Wir verstanden uns auf Anhieb, ich kann das nicht erklären. Dann schrieb sie mir auf das Plattencover: »Danke für Deine Zuneigung.« Das hat mich völlig umgehauen – ich hatte das Gefühl, daß sie irgendwas brauchte, irgendwen, aber nicht wußte, was.
>
> Ich hatte zu der Zeit gerade keine Arbeit, und so fragte mich ihr Mann, ob ich ihre Sekretärin sein wollte, ich müßte mich um alles kümmern, was mit den Nachtclubs zu tun hatte; ich fand das toll, denn so würde ich ein bißchen rumkommen. Ich war auch sehr überrascht, daß sie mir so ein Angebot machten. Ich hab' mich um ihre Kleider gekümmert, manchmal auch um ihr Make-up; ich war freilich eine Anfängerin. Aber ich konnte sie immer singen hören. Er zahlte mich in bar, ich glaube, es waren fünfundsechzig Dollar für die erste Woche, und dann war er irgendwie verschwunden, er kam und ging, wie's ihm paßte. Später zahlte sie mich.
>
> Eine meiner Hauptaufgaben waren die Berichte für die Bewährungshelfer in Philadelphia. Sie dachte, solang sie regelmäßig Berichte schickte, würde sie nicht weiter belästigt werden. Einmal im Monat mußte sie melden, was sie vorhatte, wo sie überall auftrat.

Im Spätsommer und Herbst 1957 reiste Alice mit Lady nach Kalifornien, im Jahr darauf unter anderem zweimal nach Baltimore und einmal nach Las Vegas, kurz bevor Lady nach Europa aufbrach. »In Baltimore mußte sie in einem Negerhotel wohnen«, sagte Alice; in Las Vegas war es um nichts besser: Lady wohnte in dem Hotel, in dem sie auftrat, denn sie war der Star, für sie wurden Sondervereinbarungen getroffen; die Musiker aber mußten anderswo wohnen, und bei Ladys Auftritt war schwarzes Publikum nicht zugelassen. Eine Zeitung berichtete, Lady habe sich über die »Faubus-mäßige Einstellung gegenüber der Unterbringung« beschwert;

Faubus war der Gouverneur von Arkansas, ein Anhänger strikter Rassentrennung.

Guido Cacianti, der Manager vom Blackhawk, sagte, sie sei nur drei Abende aufgetreten, obwohl ihr Engagement zwei Wochen dauern sollte: das einzige, das sie im Blackhawk je hatte; es war auch ihr letzter Besuch in San Francisco. Glasers Büro bat Cacianti, sie gehen zu lassen, denn sie könne in Las Vegas als Ersatz für Prima auftreten und doppelt soviel Geld verdienen. Sie schickte ihm eine Postkarte: »Sie bereute, daß sie sich darauf eingelassen hatte, denn dort unten wurde sie wie ein Hund behandelt.« Kein Wunder, daß sie auf Jimmy Lyons und Ralph Gleason, die sie vor ihrem Aufbruch nach Las Vegas noch sahen, den Eindruck tiefer Einsamkeit machte: Zwanzig Jahre, nachdem man sie im Lincoln Hotel in New York gezwungen hatte, den Lastenaufzug zu benutzen, und jetzt, als schwerkranke Frau, hatte sie immer noch mit Rassendiskriminierung zu kämpfen.

Wenn die Leute sie zusammen sähen, sagte Lady zu Alice, eine schwarze und eine weiße Frau, nähmen sie an, daß Alice entweder als Schwarze durchzugehen versuche oder daß sie beide eine lesbische Beziehung miteinander hätten; etwas anderes komme nicht in Frage. Alice sagte, sie habe gewußt, daß es in Ladys Vergangenheit »so was«, nämlich lesbische Beziehungen, gegeben habe, das sei aber vorbei gewesen, als sie sich kennenlernten. Lady konnte es sich schon nicht leisten, Alice nach Europa mitzunehmen, und 1959 wurden auch die Engagements weniger; Lady habe oft und viel in Erinnerungen geschwelgt, sagte Alice.

> Sie war nicht eine, die über Leute herzog, wenn sie ihr Unrecht getan hatten. Über jemanden wie Dinah Washington zum Beispiel sagte sie: »Ach, sie ist boshaft« oder irgendwas in der Art, aber sie ging nie ins Detail, während sie sich an Menschen, die gut zu ihr gewesen waren, immer ganz besonders erinnerte. Das war eine positive Sache und in gewisser Weise erstaunlich für jemanden, den man derart mit Füßen getreten hatte.

Ihr ganzes Leben lang hatte sie Freunde gehabt, die witzig waren. Bobby Henderson erzählte von ihren hemmungslosen Lachanfällen; später lernte sie Slappy White und Redd Foxx kennen, und Bobby Tucker erwähnte einen Komiker namens Willie Lewis, der sie derart zum Lachen bringen konnte, daß sie nicht wagte, ihn unmittelbar vor einem Auftritt zu sich in die Garderobe zu lassen. Wenn er seinen Kopf durch die Tür steckte, schrie sie auf: »Nein, nein, Willie, nicht jetzt, geh weg, geh bloß weg!« Nun beklagte sie sich bei Alice, die Leute glaubten, sie könne das Leben nicht mehr genießen, das Lachen sei ihr vergangen. Billie Holidays Image als tragische Gestalt war bereits im Entstehen, und es entging ihr nicht.

Lady sprach oft von ihrer Mutter und ihren vielen Streitereien; daran habe sie allein die Schuld, sagte sie zu Alice: sie habe jeden Kampf gewonnen, indem sie ihre Mutter so lange anschrie, bis Sadie zu glauben begann, sie sei im Unrecht. »Sie sagte: ›Seit meine Mutter tot ist, habe ich nie mit jemandem so gesprochen wie jetzt mit dir.‹«

Die einzige Weiße, die wirklich den Blues singen könne, sagte Lady, sei Kay Starr (auch Prez bewunderte Kay Starr). Sie sprach voller Wärme von Ella, Louis Armstrong und Mahalia Jackson; Ella bewunderte sie wegen ihrer Stimme und Mahalia dafür, daß sie so lebte, wie sie sang: sie sei nicht eine, die Gospel-Musik singe und anschließend fluche und trinke. Und als Lena Horne 1957/58 am Broadway in *Jamaica* auftrat, nahm Lady Kontakt zu ihr auf; Lena war so ehrlich und fürsorglich zu ihr wie immer.

Einmal legte Alice Opernschallplatten auf, und Lady hörte mit Vergnügen zu; Maely war ebenfalls anwesend und sagte: »Ach! Ich hätte nicht gedacht, daß *du* Opern magst!«, was Lady empörte. Alice sagte, Maely sei »eine abweisende und aggressive Person« gewesen und habe es, Ladys Worten zufolge, nicht leiden können, daß Alice sie auf Tourneen begleitete; anscheinend unterstellte Maely ihr gewisse Hintergedanken. »Einmal war irgend etwas, ich weiß nicht mehr, was: ich hatte wohl etwas getan, was Maely offenbar für okay hielt, jedenfalls sagte sie zu Billie: ›Dumm ist sie nicht.‹ Irgendwas von der Art. Mir kam das einfach höchst sonderbar vor, diese ganze Einstellung.« Wenn man Interviews mit Alice liest oder im Fernsehen sieht, wird klar, daß sie einer der am wenigsten opportunistischen Menschen war, die mit Lady zu tun hatten; Alice zweifelte nicht daran, daß »Maely sich für Billies Busenfreundin hielt und eifersüchtig darüber wachte, daß niemand dazwischentrat«. Bill Dufty sagte, bei seiner ersten Begegnung mit Lady, als Maelys neuer Ehemann im Jahr 1953, habe er das Gefühl gehabt, er müsse sich erst prüfen lassen und ihre Zustimmung finden; am Ende aber, sagte Alice, habe Lady sich mit Bill besser verstanden als mit Maely.

Lady brauchte in Wahrheit gar nicht soviel Fürsorge, und Alice war nicht ihr Dienstmädchen, das ihr rund um die Uhr zur Verfügung stand; sie kam und kaufte für sie ein, aber um den Haushalt kümmerte sich Lady selbst. Sie gingen miteinander ins Kino; Lady wollte immer lang ausbleiben und liebte Double-Feature-Vorstellungen, die die ganze Nacht dauerten. Schließlich war es soweit, daß Alice sich eine Arbeit suchen mußte – Lady hatte nicht sehr viel Geld, und Alice konnte nicht ewig von ihren Eltern leben, wie sie sagte. In den letzten Monaten, sagte Alice, habe sie Lady besucht, wann immer sie sich Gesellschaft gewünscht habe.

Frankie Freedom, ein junger Mann aus Chicago mit Theaterambitionen, erledigte Botengänge für Lady. »Billie hat immer gern jemanden um sich gehabt«, sagte Dufty, »normalerweise einen jungen Mann, was nicht ungewöhnlich ist, jemanden, der ihr nicht auf den Wecker ging, der sich um ihre Kleider kümmerte ...«

> Frankie war recht extravagant – sie hatte mehrere Knaben von der Art um sich, er machte Besorgungen für sie und kümmerte sich um ihre Wäsche, man wußte zwar nicht, was das für Leute waren, aber hatte immer die Hoffnung, daß sie um ihretwillen da waren. Ihr Problem war allerdings, daß sie sich nicht selber Stoff beschaffen konnte, und das gab diesen Burschen Macht – sie war nun mal in einer angreifbaren Lage, und niemand traute sich in ihre Nähe; nur einmal habe ich etwas gemerkt: Ich saß bei ihr in der Wohnung, als sie auf einmal nervös wurde, ich spürte schon, daß was anstand, irgendeine Drogenlieferung, und ich fragte: »Soll ich gehen?«, und sie sagte: »Ja.« Sie legte großen Wert darauf, daß niemand etwas davon mitkriegte, denn sonst wäre man ja zum Mitwisser geworden. Diese ganzen gesetzlichen Vorschriften kannte sie auswendig. Man ist derart angreifbar, daß sogar der naivste Mensch verhaftet werden kann, wenn nur eine Marihuanazigarette im Zimmer rumliegt, und damit die Bullen einen wieder laufenlassen, muß er alles auspacken, was er weiß, und natürlich weiß er nicht, was wichtig ist und was nicht. Deshalb mußte sie sich schützen, indem sie niemanden auch nur andeutungsweise zum Mitwisser machte;

> das ist etwas, womit sie dauernd leben mußte. Und für jeden, der das nicht wußte, war die ganze Choreographie, die da um sie herum veranstaltet wurde, ein komplettes Rätsel.

Drinkard kannte Frankie ebenfalls. »Frankie war ein verrückter kleiner Dandy, ein kleiner schwarzer Bastard, dick drin in der Szene, der kannte sich besser aus als die meisten; und ein ausgefuchster Hurensohn außerdem. Wenn du nicht aufgepaßt hast, war er imstande, dir die Socken von den Füßen zu klauen, ohne dir vorher die Schuhe auszuziehen.«

Im April veranstaltete Lady in ihrer Kellerwohnung in der 87th Street eine Geburtstagsparty; sie dauerte die ganze Nacht, sämtliche Freunde erschienen, sie kamen und gingen. Annie Ross war da und erinnerte sich, daß Lady Kartoffelsalat, Huhn und Rippchen gemacht hatte. Alice versuchte Lady immer wieder dazu zu bewegen, wenigstens zu frühstücken, doch zu dem Zeitpunkt aß sie schon so gut wie nichts mehr; für andere zu kochen aber machte ihr nach wie vor Spaß. »Einmal habe ich was für sie gekocht«, sagte Annie, »aber sie roch nur kurz dran und sagte: ›Shiiiit!‹

Ebenfalls im April hatte Lady ihren letzten Auftritt im Storyville in Boston zusammen mit Waldron, Roy Haynes am Schlagzeug und Champ Jones am Baß. Sie schaffte es noch einmal: John McClellan, der Kritiker der Lokalzeitung, schrieb, sie habe pro Set acht Lieder gesungen: »Ihre Stimme fährt einem jetzt durch Mark und Bein, schmerzhaft wie ein Messer. Aber es liegt eine reife, vollkommen entwickelte Schönheit darin ... und wie Nat Hentoff einmal schrieb: ›Andere singen von Gefühlen – bei Billie *spürt* man das Gefühl in sich selber.‹« George Wein sprach von fünf Shows am Tag sowie einer Matinee am Samstag, die er alle hörte:

> Sie hatte eine Leichtigkeit in der Stimme, wie ich sie jahrelang nicht gehört hatte. Ich ging hin zu ihr und fragte sie: »Lady, was ist los mit dir? Du singst phantastisch gut!« Vor ihrer letzten Show war sie sehr nervös. Sie bat mich um ein Glas Wasser. Ich fühlte ihr Herz und merkte, daß es wie wild schlug. Aber sie sang großartig. Sie sagte zu mir: »George, ich bin jetzt clean. Du mußt mir helfen.« Das waren die letzten Worte, die sie zu mir sagte. Ich antwortete: »Das machen wir.«

> Ein paar Wochen später trat sie in einem kleinen Lokal in Lowell, Massachusetts auf, dem Blue Moon Café. Ich sagte zu jemandem: »Komm, wir gehen hin und hören zu.« Er sagte: »Geh nicht hin. Schau sie dir nicht an. Behalt dir die Erinnerung daran, wie sie in der letzten Woche im Storyville gesungen hat.«

Als Lady wieder zu Hause war, bekam sie Besuch von alten Bekannten, Dr. Terkild Vinding und seiner Frau. Sie hatten gehört, es gehe ihr nicht gut, und sie freute sich, sie zu sehen. Sie erkundigte sich nach der Tochter der beiden, einer aufstrebenden Jazzsängerin, und ließ ihr ausrichten, sie solle »Violets for My Furs« lernen, einen der Songs auf *Lady in Satin*. Sie spielte ihnen das Album vor, und es gefiel ihnen so gut, daß sie ihnen ein signiertes Exemplar schenkte. »Aber sie war in schlimmer körperlicher Verfassung«, schrieb Vinding später:

> Ihre Beine waren geschwollen und ihr Bauch aufgebläht von Ödemen infolge der Leberzirrhose, die ein Stadium erreicht hatte, wie ich es noch nie erlebt hatte … Ich sagte zu ihr, sie müsse sofort ins Krankenhaus und eine Drainage machen lassen. Sie weigerte sich. Ich sagte, ich könnte sie hier nicht behandeln, denn ich hätte für New York keine Lizenz, aber wir würden sie in eine Klinik ihrer Wahl bringen. Auch das wollte sie nicht.

Am 25. Mai fand ein Benefizkonzert für das Phoenix Theater statt, dessen Erlös dazu dienen sollte, das Theater vor der Schließung zu retten. Lady fuhr frühzeitig hin; ebenso Steve Allen:

> Leonard Feather hatte mich gebeten, bei einer Benefizveranstaltung mitzumachen; Komiker tun das ständig: man fragt gar nicht erst; man weiß, es dient einem guten Zweck, und macht mit. Ich bin gern früh da, um sicherzugehen, daß das Mikrophon hoch genug für mich ist, und was es sonst noch alles zu überprüfen gibt … Hinter der Bühne war jemand, irgendein Inspizient oder Bühnenarbeiter, und ich fragte, wo ich hin sollte – Ich bin Steve Allen und trete heute abend auf und so weiter – und er sagte: Irgendwohin, suchen Sie sich was aus. Ich ging also in einem Raum, und dort war eine kleine, alte schwarze Dame, die auf einer Art Pritsche

saß, und ich sagte, einfach aus Höflichkeit: »Hallo, wie geht's?« Sie sagte irgendwas wie: »Gut, und selber?« Es war ein sehr altesTheater, von der Decke ging eine einzelne Glühbirne herunter, eine richtige Funzel ... Ich wußte nicht recht, was tun, ich kannte sie ja nicht, und so musterte ich einen Moment meine Fingernägel, aber auf einmal hatte ich ein unheimliches Gefühl, und ich hob langsam den Kopf und sah sie noch mal an: Diese kleine alte Dame war Billie, sie sah vierzig Jahre älter aus, als ich gedacht hätte ...

Als es Zeit für ihren Auftritt war, führte ich sie auf die Bühne, jemand mußte ihr hinaufhelfen, und das taten Leonard Feather und ich. Schließlich hatten wir sie vor dem Mikro und ließen sie dort stehen, und sie sang natürlich schrecklich, ihre Stimme war rauh und kratzig, ohne Leben, ohne Volumen, gar nichts.

In seinem Buch *Mark It and Strike It* (1961) schrieb Allen, er habe Lady vorgeschlagen, sich vor dem Auftritt noch eine Weile hinzulegen. Sie sagte: »Nein, das will ich nicht. Wenn man das tut, *stirbt* man.« Elaine Lorillard, die mehrere Jahre beim Newport Jazz Festival mitgearbeitet und Lady bei ihrer Geburtstagsfeier erlebt hate, meinte, sie sei wahrlich nicht in der Verfassung für einen Auftritt im Phoenix, aber Joe Glaser sagte, sie werde es schon schaffen.

Feather erschrak tief, als er sie in ihrer Garderobe besuchte und sah, daß ihr der Speichel über das Kinn lief. Lady fragte: »Was ist denn, Leonard? Hast du einen Geist gesehen oder was?« Annie, die dabei war, sagte, Lady habe gehört, wie Feather sich laut Gedanken machte, ob sie sich wohl gut genug fühle, um auftreten zu können, und sei daraufhin in Wut geraten. »Was meinst du damit? Mir geht's gut, keine Angst. Ich mach' das schon.« Nach dem Konzert half Mal Waldron ihr in Tony Scotts Wagen, und Tony fuhr sie nach Hause; sie machten sich alle Sorgen um sie, aber keiner ahnte, daß dies ihr letzter öffentlicher Auftritt war.

Feather war noch besorgter als die anderen. Der aus England stammende Jazz-Autor war jahrelang einer von Ladys engsten Freunden gewesen. Er kannte sie seit 1936, als John Hammond ihn zu der ersten Aufnahmesession eingeladen hatte, die unter ihrem eigenen Namen stattfand; damals wurde »Summertime« eingespielt. Als Lady ihren letzten Geburtstag feierte, hatte Feather bereits an Max Jones in England geschrieben und ihn dringend gebeten, Auftritte und Studiotermine für Lady in Europa zu organisieren (dazu hätte es freilich keiner Aufforderung bedurft). Feather ist bis heute überzeugt, daß Lady länger gelebt hätte, wenn sie New York hätte verlassen können, aber das ist fraglich: sie starb nicht am Heroin, sondern am Alkohol, und sie trank nach wie vor jeden Tag Unmengen Schnaps. Feather war schon früher aufgefallen, daß sie ständig abnahm; an ihrem Geburtstagsfest aber hatte sie die Grenze zwischen Abmagerung und Auszehrung überschritten.

Am 26. Mai, am Tag nach dem Benefizkonzert im Phoenix, rief Feather Joe Glaser und Allan Morrison von der Zeitschrift *Ebony* an; zu dritt fuhren sie zu Ladys Wohnung und wollten sie überreden, ins Krankenhaus zu gehen, die Kosten würde Glaser übernehmen. Sie weigerte sich: sie müsse nach Toronto, am Montag beginne dort ihr neues Engagement, und bis dahin werde sie sich wieder erholt haben. Am selben Tag schrieb Feather an Max Jones, denn er wußte, wie sehr Max ihr zugetan war, und eröffnete ihm, Lady werde wahrscheinlich nie mehr nach England kommen. Er schrieb, in ihrer Garderobe im Phoenix sei er beinahe in Tränen ausgebrochen; so schlecht sie an ihrem Geburtstag beisammen gewesen sei, im Vergleich zu ihrer jetzigen Verfassung habe sie ausgesehen wie das blühende Leben. Glaser, der sie seit Wochen nicht mehr getroffen habe, sei tief erschrocken über ihren Anblick und werde sie weiterhin bedrängen, sich stationär behandeln zu lassen; wenn sie sich aber noch länger weigere, fuhr Feather fort, sei es keine Frage von Monaten, sondern von Wochen, bis alles vorüber sei.

Frankie war es, der am 31. Mai bei ihr in der Wohnung war – er hatte ihr ein Frühstück zubereitet, eine von Dr. Eric Caminer verschriebene Schonkost –, als sie kollabierte. Frankie rief Caminer an, der einen Krankenwagen kommen ließ; sie wurde ins Knickerbocker Hospital gebracht: als Zeitpunkt der Einlieferung ist 3.44 Uhr eingetragen. Sie wurde gründlich untersucht, um 4.47 Uhr abermals in einen Krankenwagen verladen und ins Metropolitan Hospital in Harlem gebracht, ein städtisches Krankenhaus, wo sie um 5.30 Uhr eintraf. Sie war die ganze Zeit über bei Bewußtsein. Kurz vor sechs Uhr kam Caminer ins Metropolitan und fand sie auf einer Trage liegend; er sorgte dafür, daß sie in ein Sauerstoffzelt gelegt wurde. Es ist nicht klar, weshalb das Knickerbocker Hospital sie wieder abwies; vielleicht wußte man dort nicht, daß Glaser sich bereit erklärt hatte, die Kosten zu übernehmen. Doch in den Zeitungsartikeln und dem darauf folgenden Briefwechsel rechtfertigten sich die Klinikverwaltungen mit durchaus plausiblen Argumenten; Caminer sagte Dufty gegenüber, die entwürdigenden Umstände, denen sie ausgesetzt war, seien nicht auf Rassismus zurückzuführen: Das Personal im Metropolitan war zum größten Teil schwarz und überarbeitet, und sie wurde als Eleanora McKay registriert – wer sie wirklich war, wußte niemand. Die Problematik des amerikanischen Gesundheitswesens ist ja nichts Neues.

Es war Memorial Day, der Heldengedenktag am letzten Wochenende im Mai, an dem viele verreisen, so auch Dufty; daß sie im Krankenhaus war, erfuhr er, als

> irgend jemand von der Nachtschicht [der *New York Post*] anrief und sagte, in Earl Wilsons Kolumne stehe was darüber. Sie wissen ja, wie Earl ist, ein unverbesserlicher Optimist; seinen Worten nach hätte man glauben können, sie wollte sich nur kurz einen eingewachsenen Zehennagel behandeln lassen. Ich glaube, Maely ist am Mittwoch ins Krankenhaus gefahren, und dort sagte man ihr, daß Lady in Lebensgefahr schwebte und nur die nächsten Angehörigen zu ihr dürften. Sie lag unter einem Sauerstoffzelt. Als wir endlich zu ihr vorgelassen wurden, war das an dem Tag, bevor der erste Artikel in der *New York Post* erschien. Ich dachte, jemand würde sicher eine Geschichte über Billie Holiday schreiben, deswegen war mein erster Impuls, die Wahrheit zu sagen und zu veröffentlichen. Nach dem großen Drama mit dem ersten Artikel kannten sie mich schon alle; vorher mußte ich mich immer beim Pförtner eintragen, aber danach kam ich rein mit meinem dreckigen Regenmantel und ging einfach rauf, und keiner tat einen Mucks. Ich war ein Reporter, und sie hatten Angst vor mir, und der Witz war natürlich, daß sie alle, kaum hatten sie rausgefunden, daß sie eine Berühmtheit war, signierte Exemplare von ihren Platten und dem Buch wollten.

Lady war auch infolge von Unterernährung sehr geschwächt, ihre Schläfen waren tief, skelettartig eingesunken – Dufty erschrak über ihren Anblick, als er sie sah. Sie kam langsam wieder zu

Kräften, die Zeitungen hingegen stellten den Genesungsprozeß übertrieben zuversichtlich dar. »Meine Absicht war nicht, eine Frau schildern, die im Sterben lag. Was ich über die Blumen schrieb, war eine Lüge; wahr ist, daß sie Anrufe erhielt, aber geschickt wurde ihr überhaupt nichts. Ich erwähnte die Namen nur, um die Leute zu beschämen, damit sie ihr was schickten.« Kaum hatte man das Sauerstoffzelt entfernt, fing sie wieder an zu rauchen; Dufty wechselte seine Zigarettenmarke, damit er ihr hin und wieder ein Päckchen dalassen und so tun konnte, als hätte er es vergessen. Sie wurde intravenös ernährt und begann langsam zuzunehmen.

Sie sagte, Frankie sei in Panik geraten, denn er habe geglaubt, sie sterbe auf der Stelle; verbittert aber war sie nicht. Dufty sagte:

> Lieber wäre es ihr gewesen, sie wäre zu Hause gestorben und man hätte sie in Ruhe gelassen. Der Ärger fing damit an, daß sie ins Krankenhaus gegangen war, denn sobald man einmal dort ist, gehört der Körper dem Staat; das hat sie instinktiv begriffen. *Ich* würde auch nicht ins Krankenhaus wollen, sie können dort ja alles mit einem machen; ich würde mir wünschen, daß die ganze Zeit drei Leute auf dem Gang vor meinem Zimmer Wache halten.

Damals verfügte das Krankenhaus weder über eine Intensivstation noch über die raffinierten Antibiotika, die es später gab; jedenfalls rechneten alle damit, daß Lady sterben werde – sie selbst sagte zu Zaidins, sie denke nicht, daß sie noch lange zu leben habe.

Ihr eigentliches Problem war die Leberzirrhose, doch waren auch das Herz, die Nieren und andere Organe durch Infektionen infolge der Zirrhose und ihres schlechten körperlichen Allgemeinzustandes in Mitleidenschaft gezogen. Drogen – und ihren Freunden war das klar – waren nur noch insofern ein Problem, als sie ihr verweigert wurden. »Sie hatte keine Entzugserscheinungen, denn sie hatte Heroin dabei«, sagte Dufty. Einen Entzug hätte sie in diesem Stadium, während sie wegen all ihrer Leiden behandelt wurde, nicht verkraften können.

Auf der Stelle brach ein Kampf aus: Auf Ladys Seite standen die Ärzte, die den Mut hatten, ihren Kopf hinzuhalten, das Amt des Bürgermeisters (Robert Wagner war eher verständnisvoll) und Ladys Freunde, die sehr viel mehr über Drogen wußten als die Polizei. Auf der anderen Seite standen die Behörden, die Drogenabhängige effektiv umbringen wollten, indem sie ihnen eine angemessene Behandlung verweigerten. »Ich habe über dieses Thema mit einem chinesischen Arzt gesprochen«, sagte Dufty, »einem Internisten, der Bereitschaftsdienst hatte. Es ist ja nicht ungefährlich, ins Krankenhaus zu gehen, weil sie einem normalerweise viel zu viele Drogen verpassen, Medikamente in rauhen Mengen; ihr hingegen wollte man die Drogen entziehen. Das hielten wir beide für einen Hohn.« Caminer war Wiener und hatte in dieser Hinsicht vermutlich eine aufgeklärte Einstellung; das mag der Grund gewesen sein, weshalb Lady ihn akzeptierte. Viele Ärzte schreckten vor dem Thema Drogen derart zurück, daß sie mit der ganzen Sache nichts zu tun haben wollten.

»Glaser, ja, Glaser verhielt sich großartig, wirklich«, sagte Dufty. Sie dachten daran, sie in eine Privatklinik zu verlegen, aber das Drogenproblem wäre dort dasselbe gewesen. Es sprachen noch weitere Gründe gegen eine Verlegung:

> Sie lag zwar nicht ständig darunter, aber immerhin *gab* es im Metropolitan ein Sauerstoffzelt. Außerdem wurde sie intravenös ernährt, und Joe wollte nicht das Risiko eingehen, sie anderswohin zu bringen. Ich sagte zu Joe: »Wir können nur eins tun: sie so schnell wie möglich rausholen und sie in ein Flugzeug nach Bermuda oder in irgendein britisches Staatsgebiet setzen, das besser ist als Kanada.« Das war der Schlachtplan. Joe war bereit, alles zu zahlen.

Als sie nach der Krise wieder halbwegs bei Kräften war, sagte sie: »So was nennt man ein Comeback.« Alice rief Zaidins an und teilte ihm mit, daß Lady im Krankenhaus sei; als er sie besuchte, wurde sie gefragt: »Kennen Sie den Mann?« Sie antwortete: »Was soll der Quatsch? Das ist Earl, mein Anwalt.« Zaidins brachte einen Plattenspieler und ihr neues MGM-Album mit, und sie sprachen über die Option der Firma auf eine weitere Platte. »Schau, Lady, das sind gute Geschäftsleute, sie erkundigen sich genau, sie haben sogar schon mit den Ärzten gesprochen. Wären sie an dir interessiert, wenn sie der Meinung wären, du stirbst?« Sie witzelten darüber, wie es wäre, gleich hier im Krankenzimmer ein Album aufzunehmen, das natürlich »Lady at the Met« heißen müßte. Mitten in der Nacht rief sie Zaidins an und beklagte sich über einen tropfenden Wasserhahn, der sie nicht schlafen lasse. »Tropf-tropf-tropf«, sagte sie, »mir wär's ja egal, aber es *swingt* nicht.« Er riet ihr, ein Handtuch darunter zu legen.

Sie erhielt auch Besuch von einem Psychiater. Darüber hatte sie schon früher mit Freunden gesprochen, war aber stets zu dem Schluß gekommen: »Wieso soll ich zu einem Psychiater gehen, wenn ich ihm am Schluß doch nur erzähle, daß er spinnt?« Dufty sagte:

> Der Witz war jetzt, daß von allen Psychiatern in ganz New York ausgerechnet ein junges Bürschlein daherkam, ein Schwuler, den sie von irgendwoher kannte. Es war ein gutaussehender Knabe, sehr ansehnlich, ziemlich tuntenhaft; er kam eines Tages rein, als ich auch gerade da war, und sie sagte: »Das ist mein Psychiater.« Er machte kräftig einen drauf, zog seine ganze Nummer ab und lachte dauernd. Als er wieder weg war, sagte sie, sie hätte ihn im Village kennengelernt, und er sei eine weiße Tunte.

Ron Levy kam sie besuchen. »Für mich war sie nie eine tragische Gestalt«, sagte er, »sie war eine Frau, die es gern lustig hatte.« Selbst im Krankenzimmer herrschte ein reges Kommen und Gehen. Glaser, seine Assistentin Frances Church, Frankie Freedom und Alice standen auf der Liste der Besucher, die Lady empfangen durfte. Jimmy Fletcher, der mittlerweile pensionierte Drogenfahnder, wollte sie ebenfalls besuchen, wurde aber nicht vorgelassen; sie freute sich jedoch, als sie hörte, er sei dagewesen. »Ich wünsch' ihm alles Gute«, sagte sie. Eine Aufheiterung waren Säcke voller Karten und Briefe von Verehrern: manche beantwortete Alice in ihrem Namen.

Kay Kelly, die Tochter von Phil Gough, Sadies kurzzeitigem Ehemann, die sich als Ladys Schwester ausgab, reiste nun aus Philadelphia an. »Earl Wilsons Artikel war mittlerweile überall erschienen«, sagte Dufty. »Maely hatte es nicht geschafft, zu ihr reingelassen zu werden, aber sie traf zufällig Kay Kelly, die behauptete, sie sei Ladys Schwester; ja, gut, sie ist schwarz – aber wie zum Teufel soll man wissen, ob sie wirklich ihre Schwester ist? Leute riefen uns an und fragten uns, ob Billie Holiday eine Schwester hätte.« Lady selbst sagte: »Sie ist ganz bestimmt nicht meine Schwester.« Aber Dufty meinte, Kelly habe fünfhundert Dollar

Kaution hinterlegt, als Lady 1956 in Philadelphia verhaftet worden sei. Das klingt unwahrscheinlich; sicherlich hätte McKay, der damals ebenfalls festgenommen wurde, sich eine so beträchtliche Summe nicht durch die Lappen gehen lassen, oder Glaser hätte sich darum gekümmert; Dufty indessen glaubte, daß Kelly in der Vergangenheit Lady tatsächlich einmal hilfreich gewesen sei. Jedenfalls »rannte sie jetzt durch die Kaufhäuser und kaufte Nachthemden für ihre Schwester«.

Dann sagte Lady zu Maely: »Du wirst schon sehen, Baby, die sind in der Lage und verhaften mich aus diesem verdammten Bett raus.« Das zumindest waren Maelys Worte. Ein paar Jahre später schrieb sie höchstpersönlich:

> »Loverman, where can you be?« war viel häufiger der Ruf nach einem Briefchen Heroin als nach einem Mann. Doch mit seltenen Ausnahmen, wie zum Beispiel bei ihrer letzten Ehe, schlossen sich die beiden in der Regel gegenseitig ein … Die Nachtschwester behauptete, sie habe Heroin in Billies Handtasche gefunden, die an einem Nagel an der Wand hing – fast zwei Meter vom Fuß ihres Bettes entfernt. Für Billie, die wegen der Infusionen Dutzende von Apparaten an den Armen und Beinen hatte und von dem Gewicht niedergedrückt wurde, war es praktisch unmöglich, sich auch nur fünf Zentimeter auf die Wand zuzubewegen.

Das einzige, worauf man sich bei Maely wirklich verlassen kann, ist ihre Unredlichkeit als Journalistin. Damals wurde die Meldung verbreitet, eine Krankenschwester habe Lady mit Heroin in der Hand und Pulverspuren an der Nase ertappt. »Was ist das?« fragte die Schwester, woraufhin Lady sie anfuhr: »Kümmern Sie sich um Ihren eigenen Dreck!« Dufty sagte, die Drogen seien in einer Schachtel mit Papiertaschentüchern auf ihrem Nachttisch gefunden worden. Am 12. Juni wurde sie festgenommen und des Drogenbesitzes angeklagt; man nahm ihr das Radio, den Plattenspieler, ihre Blumen und das Telefon weg, und vor der Tür wurden zwei Wachen postiert, um die Öffentlichkeit vor ihr zu schützen. Lady behauptete, sie habe das Heroin in ihrer Handtasche mitgebracht, aber die Polizisten glaubten ihr nicht; sie verhörten sie am Krankenbett, zuerst zu zweit, dann zu dritt, und drohten ihr, sie ungeachtet ihres Zustandes ins Gefängnis zu bringen. Maely sagte,

Lady habe sie angeschrien: Sie könnten niemanden verhaften, der laut ärztlicher Aussage in Lebensgefahr schwebe; doch die Beamten, so Maely weiter, hätten diesbezüglich vorgesorgt und vom Klinikpersonal die Auskunft eingeholt, sie sei keineswegs mehr in Gefahr. Es fällt freilich schwer, irgend etwas, das Maely sagte, zu glauben. Frankie Freedom wurde wegen illegalen Besitzes von Schlaftabletten festgenommen und verschwand kurz darauf. Der einzige, der sie nun noch besuchen durfte, war McKay, aber auch er mußte sich jeden Besuch vom nächstgelegenen Polizeirevier genehmigen lassen und durfte sich ihrem Bett nur bis auf einen Meter nähern.

Carl Drinkard erfuhr die Neuigkeiten:

> Zuerst hörte ich, sie sei ins Krankenhaus gekommen. Dann hörte ich: Sie fängt an, sich zu erholen, und es geht ihr sehr gut. Dann spielte ich in einem Lokal in New Jersey, und dort hörte ich über den Lautsprecher die Nachricht: »Die Jazzsängerin Billie Holiday wurde in ihrem Krankenbett in New York wegen Drogenbesitzes festgenommen.« Ich schaute Be-Bop Sam an, einen kleinen Trompeter, und sagte: »Das überlebt sie nicht.« Das wußte ich so sicher, wie ich meinen Namen weiß. Ich wußte, daß Lady unmöglich gegen die Leberzirrhose und die Sucht gleichzeitig kämpfen konnte.

Die Auseinandersetzung griff nun auf die Zeitungen über, und Ladys Freunde stritten hinter den Kulissen. »Das war eine entsetzliche Demütigung – jemanden vom Krankenbett weg zu verhaften«, sagte Dufty, »aber wie sollte man das den Leuten klarmachen?« Als erstes versuchte er, genügend Unterschriften für eine Petition an den Bürgermeister zu sammeln.

> Dann war da der Streit zwischen dem Bürgermeister [Robert] Wagner und der Polizei: es ging darum, ob man einen Süchtigen einsperren oder ihn statt dessen im Krankenhaus behandeln sollte. Dorothy Ross [eine Presseagentin] und ich riefen Leute wie Frank Sinatra, Steve Allen, Basie, Ellington, Ella und Sidney Poitier an. Aber keiner reagierte. Sinatra sagte: »Wagner kann mich sowieso nicht ausstehen.« Earl Brown vom Magazin *Life,* der einer der ersten schwarzen Redakteure bei einer Zeitschrift mit landesweiter Auflage war, ließ von einem Sonderkomitee eine vernünftige Alter-

native ausarbeiten, um die Idioten nicht einfach den Bullen zu überlassen; aber aus der Sicht der Polizei war Ladys Verhaftung eine Bestätigung für ihr Argument: Einen Süchtigen ärztlich behandeln zu lassen ist der Ruin der Krankenhäuser.

Die Puritaner vergaßen freilich, daß sich durch die Möglichkeit einer medizinischen Behandlung von Süchtigen der Drogenkonsum in Krankenhäusern zumindest reduzieren ließe; ganz abgesehen davon, daß es humaner wäre. An anderer Stelle räumte Dufty ein, daß James Baldwin, Dan Wakefield, Nat Hentoff, Ruth Brown, Dakota Staton, Mal Waldron, Denzil Best »und an die tausend weitere« die Petition unterzeichnet hätten.

Die *Post* erwähnte Ladys Verhaftung auf Seite sechs, die *New York Daily News* hingegen brachte die Nachricht groß heraus. »Für die Polizei war das nichts anderes, als ginge es darum, einen Wagen abzuschleppen«, sagte Dufty, »keiner ist verantwortlich, schuld ist irgendwer anderes.« Mit Ladys Verhör am Krankenbett unter Mißachtung der formalen Vorschriften, wonach zumindest ein Anwalt informiert werden mußte, hatten sie eindeutig zu hoch gepokert; es lief auf eine Verhaftung ohne Kaution oder Verhandlung hinaus.

Wilkes suchte um die gerichtliche Anordnung einer Haftprüfung an, die sich gegen Stephen Kennedy, den Polizeichef der Stadt New York, richtete; am 16. Juni wurde sie ihm von Richter H. Epstein vom Obersten Gerichtshof des Staates New York gewährt. Dem Protokoll nach zu urteilen, fühlte der stellvertretende Staatsanwalt Irving Lang sich ziemlich hilflos; er sagte: »Der einzige Effekt, Euer Ehren, wird sein, daß drei Polizisten vor dem Krankenzimmer Wache halten ... « In seinem Plädoyer sagte er, er habe den Eindruck gehabt, daß »diese Droge« sie langsam umbringe. »Hätten die Beamten sie daran gehindert, von einer Brücke zu springen, wären sie als große Helden gefeiert worden. Wenn sie dieses Heroin von ihr fernhalten, tun sie in Wahrheit genau dasselbe.« Davon war er sicherlich überzeugt. Wilkes sagte, die Ärzte hätten sie als »unheilbar« bezeichnet und fügte hinzu, sie würde nie mehr vom Krankenbett aufstehen, und Lang war derselben Meinung. Welchen Sinn hatte es also, sie zu verhaften?

Lady erhielt eine bedingte Strafaussetzung unter Wilkes' Aufsicht; gleichwohl dauerte es weitere acht Stunden, bis die Wachen von ihrem Zimmer abgezogen wurden. Dufty schrieb in der Zeitung, manche Polizisten bäten Lady um Autogramme, während andere sie daran hinderten, irgend etwas zu signieren. Erst als Wilkes mit einer weiteren Verfügung drohte, nahm man auch im 23. Polizeirevier den Gerichtsbescheid zur Kenntnis.

Ob Zufall oder nicht: Genau sieben Tage vor Ladys Verhaftung war Wagners Programm angekündigt worden, wonach Drogensucht nicht als strafrechtliches, sondern als medizinisches Problem zu behandeln sei. »Dafür hat Anna Kross fünf Jahre lang gekämpft«, schrieb Dufty. Am 18. Juni fand die erste öffentliche Anhörung des von Earl Brown einberufenen Stadtrats-Sonderkomitees für Drogenfragen statt; Kross bestürmte Inspector Edward Carey, der Ladys Verhaftung bekanntgegeben hatte, mit unliebsamen Fragen: Warum hatte die Krankenschwester Lady der Polizei überantwortet statt dem zuständigen medizinischen Personal? Und überhaupt, wenn sie eine medikamentöse Behandlung brauchte, weshalb wurde sie ihr verweigert? Auf das Argument, Ladys Verhaftung beweise doch gerade, daß die Einweisung von Drogensüchtigen in Kliniken die Krankenhäuser ruiniere, antwortete sie: »Sind die Herren sich eigentlich im klaren, was für eine monumentale Aufgabe es ist, unsere städtischen Gefängnisse von Drogen freizuhalten?«

Die Kirchen traten auf den Plan und richteten Kliniken zur ärztlichen Betreuung von Drogensüchtigen ein; Dufty erwähnte Reverend Gene Callender und seine Pfarrei, die Mid-Harlem Community Parish. Das Polizeipräsidium hingegen bemühte sich, »noch eins draufzusetzen und repressiver zu sein, als sogar Anslinger verlangt«; man wollte das Recht haben, schon bei einer konspirativen Versammlung zweier Drogenabhängiger Verhaftungen vorzunehmen. »Das sei angeblich eine Maßnahme zur Zerschlagung von ›Rauschgifthöhlen‹, heißt es; faktisch bedeutet es aber die Schließung sämtlicher Drogenkliniken in der Stadt ... Damit dürfte man nicht einmal mehr offene Zusammenkünfte für Süchtige, ehemalige Süchtige und ihre Angehörigen veranstalten; selbst Drogenberatungsstellen und Selbsthilfegruppen müßten aufgelöst werden.«

Dufty hatte so viel mit den Anwälten zu tun, daß er einen Interessenskonflikt auf sich zukommen sah; er faßte deshalb die

Ereignisse für Adam Clayton Powell Jr. zusammen und wies John Bott, der ebenfalls Journalist war, in die Materie ein. Powell schrieb er, argwöhnisch mache ihn der Umstand, daß die Krankenschwester vier Tage lang verschwunden gewesen und dann aus heiterem Himmel in Ladys Zimmer aufgetaucht sei:

> Es ist ein Wunder, daß Billie ihr nicht eine Limonadenflasche oder ähnliches an den Kopf geworfen hat. Statt dessen hatte sie soviel Selbstbeherrschung, sie aus dem Raum zu weisen und ihr zu verbieten, sie je anzurühren. Der geringste Vorfall hätte sich zu einer Story aufbauschen lassen wie »Drogensüchtige Sängerin fällt Krankenschwester an« usw. Dann hätte man Wagners Drogenprogramm für die Personalknappheit in den städtischen Krankenhäusern verantwortlich machen und die Sache unterbinden können, bevor sie überhaupt angelaufen war.

An Bott schrieb er: »Mit dieser Anklage ist irgend etwas faul. Ursprünglich, nach polizeilicher Mitteilung, lautete sie nach Artikel 3305 der Volksgesundheitsverordnung: Drogenbesitz von weniger als dreieinhalb Gramm, ein minderes Delikt; jetzt, nachdem man sich an die Grand Jury gewandt hat, muß ich annehmen, daß es anscheinend um eine Straftat geht, die aufgrund formeller Anklage vor einem Geschworenengericht abgehandelt wird, also mindestens ein Schwerverbrechen.« Kaum war dem Antrag auf eine gerichtliche Verfügung stattgegeben, befand der Staatsanwalt Ladys Zustand nicht länger für bedenklich und setzte eine Vernehmung zur Anklage am Krankenbett für den 22. Juni fest. An diesem Tag wurde McKay mitgeteilt, man habe die Vernehmung absagen müssen, denn die Hauptzeugin der Anklage, die Pflegerin, sei krank; McKay erwiderte darauf: »Die Pflegerin? Und was ist mit der Patientin?« Vielleicht hätten sie es auch noch fertiggebracht, Lady auf dem Sterbebett die Fingerabdrücke abzunehmen.

Die Tatsache, daß die Vernehmung der Kranken zur Anklage abgesagt wurde, mag damit zu tun haben, daß Reverend Callenders Komitee an diesem Tag eine Blockade vor dem Krankenhaus veranstaltete; die Transparente trugen Aufschriften wie: »Laßt Lady leben!« In einer der Pressemitteilungen des Komitees hieß es, allein ihre Klinik habe bereits mehr als hundertfünfzig Süchtigen geholfen; ferner wurde von einem ehemaligen Drogenabhängigen berichtet, der wegen des Besitzes von Tranquilizern verhaftet und unter Anklage gestellt worden sei, doch sein Fall sei nach dreieinhalb Wochen Haft aus Mangel an Beweisen eingestellt worden. Die Mitglieder des Komitees beklagten sich über das Polizeipräsidium, das anscheinend seine eigene Tagesordnung habe, und wollten wissen, wer die Stadt eigentlich regiere.

> Die Polizei hat eine Aufgabe auf diesem Gebiet! Sie soll die Drogeneinfuhr in unser Land stoppen. Sie soll die Spitzenimporteure und Drogengroßhändler festnehmen. Nachdem sie jedoch nicht gewillt oder nicht in der Lage ist, diese Pflicht zu erfüllen, schikaniert sie die Kranken und Hilflosen, untergräbt das konstruktive und aufgeklärte Programm des Bürgermeisters und durchkreuzt die Bemühungen besorgter Gemeindevorsitzender …

Am 24. Juni schrieb Wilkes an Melvin Glass, den für das County New York zuständigen Staatsanwalt; er begann: »Ich danke Ihnen für Ihr Schreiben vom 23. Juni, in dem Sie mir mitteilen, meine Klientin möge sich am 26. Juni um 10.30 Uhr im Verhandlungssaal der Grand Jury in der Leonard Street einfinden; in diesem Fall werde sie ›Gelegenheit haben, in eigener Sache auszusagen‹.« Auf drei Seiten, mit eindrucksvoll beherrschtem Sarkasmus, ging er noch einmal auf einige der erwähnten Vorfälle ein und schloß:

> Lassen Sie mich eines sagen, mein Freund: Diese Meisterleistung stellt dem Staat New York ein Armutszeugnis erster Güte aus – und das Schlimmste daran ist: Es ist typisch.
>
> Ich bin jedoch überzeugt, Sie werden dem Tenor dieses Schreibens entnommen haben, daß wir Ihre üblichen Geschäftsmethoden diesmal Schritt für Schritt verfolgen und anfechten werden.

Louis McKay war in New York eingetroffen – abgebrannt, wie Dufty sagte. Er wandte sich an Glaser, bat ihn um Geld und war bereit, alles zu tun, was Glaser verlangte; deshalb sind sämtliche Informationen durch Glaser gefiltert. Zaidins war gefeuert worden. »Ich kam ins Krankenhaus, und sie trugen Lady die Sache vor;

sie sagte, ich solle sie vertreten, und Joe Glaser meinte, er werde die Anwaltskosten tragen, aber für jeden anderen: nicht für mich. Ich ging ihm natürlich schrecklich auf die Nerven, ich drohte ihm ständig mit einer Buchprüfung und hatte Shaw als Mandanten.« Maely schaltete Donald Wilkes und Florence Kennedy ein. Schließlich kam es zu einer *entente cordiale* zwischen allen Beteiligten; Dufty jedenfalls wollte sowenig wie möglich mit Ladys Gatten zu tun haben, denn ihm war klar, daß McKay wieder versuchen würde, Lady auszubeuten.

Tatsächlich, schrieb Dufty später, hätten Zaidins und McKay versucht, ihn und Lady zur Abtretung der Filmrechte an ihrem Buch zu bewegen. Sie hätten sich aber beide, jeder für sich, geweigert zu unterschreiben und gleichzeitig versucht, sich McKay nicht zum Feind zu machen. »Schließlich gab McKay auf. Er konnte es kaum erwarten, bis sie tot war. Er kam rein und las ihr den dreiundzwanzigsten Psalm vor. Nachher sagte sie zu mir: ›Ich bin schon immer irgendwie religiös gewesen, aber wenn dieses verkommene Arschloch an Gott glaubt, dann überleg' ich's mir anders.‹«

Als Lady erfuhr, daß Glaser private Krankenschwestern bezahlte, sagte sie: »Warte nur, bis er rausfindet, daß er auch die Schwester bezahlt hat, die mich in die Pfanne gehauen hat.«

Glaser hatte einen Arzt vom Rockefeller Institute eingeschaltet, der immerhin so einflußreich war, daß er Lady Methadon verschreiben lassen konnte, eine synthetische Droge, die Entzugserscheinungen verhindert. Aber selbst der prominenteste Arzt konnte einen Drogenabhängigen nur für einen begrenzten Zeitraum versorgen, ohne sich strafbar zu machen. Ladys Zustand besserte sich weiterhin langsam, solange sie auf Methadon war; sie nahm zu und sah besser aus. Doch nach zehn Tagen wurde das Methadon abgesetzt.

Von Anfang an war Dufty klar, daß sie im Krankenhaus Heroin brauchte; er meinte, sie habe sich vielleicht noch in der Klinik eine Zeitlang Injektionen gesetzt. »Ich war nicht in der Lage, ihr Drogen zu beschaffen, aber Kohle konnte ich ihr besorgen, einmal zwanzig Dollar, einmal fünfzig Dollar; so reich war ich freilich auch wieder nicht, aber ich dachte, es hebt ihre Stimmung – ich sah das als eine Art Finanzspritze an.« Er wandte sich an einen Literaturagenten, aber *Playboy* war nicht interessiert, und *Esquire* hatte bereits jemanden. Dann stellte er fest, daß *Confidential** die einzige Zeitschrift war, die Lady je las.

> Also wandte ich mich dorthin und erzählte dem Oberbonzen, daß ich dabei sei, einen Artikel über Billie Holiday zu schreiben, woraufhin er sagte: Sehr gut, aber das gibt's alles schon – Sie müssen einen neuen Aspekt bringen. Und ich dachte: Neuer Aspekt, was denn für einen neuen Aspekt, mir fiel absolut nichts ein, und so sagte ich schließlich: Wie wär's mit »Heroin hat mein Leben gerettet?« Das fand er toll. Sie hatten nur eine Sorge: daß sie den Artikel kriegten, solang sie noch nicht tot war, aber ich konnte nicht garantieren, daß sie noch lang leben würde. Sie haben den Text komplett überarbeitet, der Titel hieß jetzt: »Ich brauchte Heroin zum Leben«; ich weiß nicht, warum sie ihn umgeschrieben haben, sie wollten ihn halt in ihrem eigenen Stil. Und Jerry Tuck ging mit mir ins Krankenhaus und brachte den Scheck mit, sie unterschrieb, und ich sagte zu ihm: Sie haben das Geld, zahlen Sie's ihr aus. Und das Allerbeste daran war natürlich, daß Louis McKay nichts davon erfahren hat.

Nach Ladys Einlieferung ins Krankenhaus waren Maely zunächst alle Besuche verweigert worden; Dufty hatte eine Reihe von Artikeln für die New York Post geschrieben und hatte danach keine Schwierigkeiten mehr, sie zu sehen. Aber in einer Notiz an seine Redaktion Anfang Juli sagte er, aus irgendeinem Grund seien seine Besuche eingeschränkt worden, und selbst Maely hatte etliche bürokratische Hürden zu überwinden, weil sie die Frau eines Reporters war. Lady wurde rund um die Uhr von Privatpflegerinnen und dem krankenhauseigenen Sicherheitsdienst bewacht; »Fotografen kletterten außen an der Mauer bis zu ihrem Fenster hinauf.« Die Einschränkungen wurden bald gelockert; Dufty wurde von den Ärzten und dem Krankenhauspersonal für unbedenklich erklärt und durfte sie als Freund besuchen, aber »diese Behauptung von Danton Walker, ich hätte am Krankenbett Tonbandinterviews mit ihr gemacht, das sind die Träume eines Presse-

* *Confidential:* Berüchtigtes Revolverblatt, das wenige Jahre zuvor durch Enthüllungsstorys – bevorzugte Opfer waren Filmstars – eine Prozeßserie auf sich gezogen hatte. *(A. d. Ü.)*

agenten.« (Das stand offenbar in einer anderen Zeitung.) Und doch konnte in dieser Zeit, nachdem Wilkes' gerichtliche Verfügung das New Yorker Polizeipräsidium ausgeschaltet hatte, Detroit Red einfach in ihr Zimmer kommen und sie besuchen; sie sagte, ihre Tür werde keineswegs bewacht.

Dufty schrieb auch, daß er und McKay versuchten, einen herausragenden Hepatologen vom Rockefeller Institute, der zahlreiche Studien über die Auswirkungen von Drogen auf die Leber durchgeführt hatte, als Berater zu gewinnen; sie dachten immer noch daran, sie in eine Privatklinik zu verlegen. Lady hörte unterdessen immer wieder ihr neues Album, besonders gut gefiel ihr »Just One More Chance«.

> Derzeit sind alle Spezialisten, mit denen ich gesprochen habe, der festen Überzeugung, daß noch nie irgend jemand ein Leberkoma länger als vier Wochen überlebt hat, aber Holiday bricht alle Regeln. Inzwischen kommt sie wieder zu Kräften und nimmt sogar zu. Sie ist hellwach und auf Draht und macht Ärzten und Schwestern die Hölle heiß. Gestern brachte sie es fertig, sich ein Bier holen zu lassen.

An einem drückend heißen Tag lag sie in ihrem Krankenhausbett und hörte im Radio Werbung für kaltes Bier und redete so lange auf die Schwestern ein, bis sie McKay erlaubten, ihr eine Flasche Bier zu besorgen. Sie sah zu, wie eine Schwester beim Einschenken Unmengen Schaum produzierte, und machte sich über sie lustig: »Schätzchen, was sind denn Sie für eine Krankenschwester, wenn Sie nicht mal Bier einschenken können?« Am nächsten Tag versuchte sie es noch einmal, aber ohne Erfolg.

»Sie läßt sich frisieren und die Nägel lackieren, zweifach«, schrieb Dufty. »Sie weist ihre Sekretärin an, sich für die Blumen, die Telegramme, die Geschenke zu bedanken ... [Auf einer Karte stand:] ›Werde bald wieder gesund, Lady, damit Du für meine Kinder singen kannst.‹ Gary Cooper schickte ein ellenlanges Telegramm, durchdrungen vom Heiligen Geist und seinem neuentdeckten Katholizismus ...«

Am 6. Juli schickte Dufty einen Eilbrief an Glaser; Lady hatte ihn gebeten, Glaser mitzuteilen, daß sie das Metropolitan Hospital so bald wie möglich verlassen wolle. Am 10. Juli wurden ihre Diätvorschriften gelockert: Besucher durften ihr Geschenke mitbringen wie »Süßigkeiten, Eis und Obst – *keine* salzigen Lebensmittel«. Mit Dufty sprach sie über ein Lied, das sie schreiben wollte: »Bless Your Bones« sollte es heißen, »Ich wünsche dir alles Gute«: offensichtlich inspiriert von Jimmy Fletchers guter Absicht, sie zu besuchen. Sie unterschrieb einen Filmvertrag und schmiedete bereits Pläne für ihre Garderobe.

Einmal rauchte sie heimlich eine Zigarette, woraufhin eine Krankenschwester ihr Vorwürfe machte: Sie würde sich früher oder später noch selbst in Brand setzen; Alice, Dorothy Winston und andere sagten, sie sei mit ihren Zigaretten sehr sorglos umgegangen und habe überall Brandlöcher hinterlassen. Lady zuckte nur die Achseln: »Vor einem Monat haben sie mich schon verhaftet. Was wollen sie denn noch machen für eine Zugabe?«

Dann hieß es auf einmal wieder, ihr Zustand sei äußerst kritisch.

»Das Zimmer war winzig«, sagte Dufty, »und es hatte von Taillenhöhe an aufwärts eine Glasscheibe, damit man reinschauen konnte, und davor gab es noch einen äußeren Raum, in dem ich mich aufhielt, während sie schlief.« Die Schwestern pflegten sie zu baden, und bei dieser Gelegenheit fanden sie das Geld von dem Artikel in *Confidential.*

> Das war 1959, und damals gab es gewisse Dinge, die konnte man schreiben und andere nicht; jedenfalls kam das Magazin *Jet* mit der Sache raus, und ich weiß, daß zu der Zeit kein anderer Reporter über Lady berichtet hat als ich, aber alle kupfern von mir ab, einschließlich Nat Hentoff; in *Jet* also las ich, sie hätte sich einen Fünfzigdollarschein ans Bein geklebt.
>
> In Wirklichkeit war's anders: sie verlangte ein Stück Klebstreifen, dann rollte sie die Scheine ganz dünn zusammen, wickelte den Klebstreifen herum, damit die Rolle nicht aufging, und versteckte das Geld in ihrer Vagina. Ein ideales Versteck. Sie entdeckten es erst eine Stunde vor ihrem Tod.

Eine Krankenschwester kam zu Dufty heraus und fragte: »Sind Sie Bill?« Er dachte, sie hätten schon wieder Drogen gefunden, doch die Schwester reichte ihm völlig verblüfft das Geld; Lady hatte es ihr in die Hand gedrückt und sie zu ihm hinausgeschickt. Für Dufty war das ein Zeichen: »Wenn sie zu mir sagten, sie sei im

Endstadium oder im Koma, drückte ich ihre Hand, und sie drückte zurück. Aber jetzt, als sie mir mit der Schwester das Geld rausschickte, war das ihr Signal an mich, daß sie sich verabschiedete.«

Er sagte der Krankenschwester, sie solle das Geld in die Verwaltung bringen, es sei Teil ihres Besitzes. »An die vierundzwanzig Stunden dauerte die Agonie«, immer wieder verlor sie das Bewußtsein, »und da war irgend etwas Animalisches, das oberhalb oder jenseits des Bewußtseins war: wenn der Körper weitermacht und auch der Lebenswille noch da ist; und ihr Lebenswille war bis zum Ende da.«

Gegen drei Uhr morgens am 17. Juli »entspannten sich ihre Züge in unglaublichem Frieden«. Die Schwester fühlte ihren Puls und sagte: »Sie ist tot.«

19 *Coda: Die Lady als Kultfigur*

Am 3. November 1956 führte Mike Wallace im Radio ein Interview mit Lady. Drei Wochen zuvor war Art Tatum gestorben. Sie sprach davon, wie sehr sie und ihre Mutter Tatum geliebt hatten; auf die Frage, ob er ein freundlicher Mensch gewesen sei, antwortete sie: »Das hört man doch schon an seiner Musik. Ja, und wie. Er war ein prima Kerl.« Dann fragte Wallace: »Warum sterben so viele Jazzgrößen in so jungen Jahren – Bix Beiderbecke, Fats Waller, Charlie Christian, Charlie Parker?« Lady antwortete:

> Ich kann die Frage nur so beantworten, Mike, daß wir versuchen, hundert Tage an einem einzigen Tag zu leben, und versuchen, allen möglichen Leuten zu gefallen. Ich mach' es selber so, ich will diesen Ton hinkriegen und jenen Ton, auf die Weise singen und auf jene Weise, und das ganze Feeling haben, die ganzen guten Sachen essen und überall hinreisen an einem einzigen Tag. Das schafft man nicht.

Während und nach Ladys letzter Erkrankung hatte die Presse ausgiebig Gelegenheit, ihren üblichen Ungenauigkeiten zu frönen. So schwankte ihr Alter zwischen zwei- und sechsundvierzig; sie war natürlich »die Bluessängerin«, und ein Schreiber ließ sich von seiner eigenen Phantasie hinreißen und bezeichnete sie als »die Bluessängerin mit dem verträumten Blick«. Zwei weitere Autoren – wobei der eine vermutlich vom anderen abschrieb – verwerteten die Geschichte ihrer Entdeckung bei Pod's and Jerry's und fügten einen Klavierspieler namens Lester Young hinzu, der gefragt haben soll: »Kannst du singen, Kleine?« Schon die einfachen Wahrheiten über Lady waren immer knapp gewesen, ganz zu schweigen von den komplizierteren.

Die Anwaltskanzlei Wilkes & Kennedy verbreitete eine auf ihren Todestag datierte Verlautbarung von »Vinod Pethek und

George Morris, Produzent beziehungsweise Drehbuchautor des Films *The Flaming Nude,* der im September gedreht werden wird ... « Sie hatten Lady für die Rolle der Nellie verpflichtet und einen Song für sie geschrieben, der den Titel hatte: »Tired and Disgusted« – müde und überdrüssig. Darin ging es um »den Schmerz und das Elend und das Leid, die das Leben mit sich bringt«. Die Welt sollte wissen, daß dieses Projekt gleichwohl verwirklicht würde, obwohl sie inzwischen tot war; ja, sie seien »stolz darauf, daß ihr Name mit der Produktion verbunden ist«. Soviel zur »witzigsten Frau«, die Dufty je gekannt hatte; die Einsamkeit und die Krankheit der letzten Zeit sollten für alle vierundvierzig Jahre ihres Lebens stehen.

Als sie starb, legte Joe Glaser seinen Streit mit Earl Zaidins bei, denn er rechnete damit, daß Louis McKay ihm Ärger machen werde, und sagte zu Zaidins, wenn er die Bestattungskosten übernähme, brauche er sämtliche Verbündete, die er bekommen könne. Die Beerdigungszeremonie fand in der römisch-katholischen Kirche St. Paul the Apostle in der 60th Street nahe dem Columbus Circle statt; zweieinhalbtausend Menschen hätten daran teilgenommen, hieß es in der Presse.

McKay bat Alice, die Begrüßung der Trauergäste zu übernehmen, aber sie weigerte sich. Daraufhin bot er ihr einen von Ladys Mänteln an: »Ich sagte ihm, ich wollte nicht Ladys Platz einnehmen, aber das verstand er nicht.« Ein Jahr lang konnte sie keine von Ladys Platten hören. Zaidins sagte: »Ich hab' ein paar Wochen lang geweint, als diese Frau tot war ... Ich war auf einmal sehr sentimental. Das hätte ich nie gedacht. Sie hat mir sehr viel bedeutet.«

Dufty schrieb, ein wohlhabender Katholik namens Michael Grace, der überdies ein Jazzfan war, habe die Beerdigungsfeier in der Paulskirche organisiert. Bill Dufty wollte nicht daran teilnehmen – »Ich hatte schon genug Jazz-Begräbnisse erlebt« –, dann ging er doch hin und war froh darüber.

> Niemand sagte irgendwas, kein Reverend Licorice mit irgendeinem idiotischen Sermon, sondern es fand ein Hochamt mit Requiem statt, mit Chor und allem. Das einzig Widerliche daran war, wie ich auf der Treppe stand und die ganzen Leute sah, mit denen ich telefoniert hatte; jetzt auf

einmal waren sie alle da, lauter beflissene Sargträger. So geht das …

Ich hatte mein Bild von ihr und wollte es mir durch keine Beweihräucherung ruinieren lassen. Es war nicht wirklich abscheulich, das nicht, nur, mir ist so was einfach zuwider. Ich weiß noch, daß jemand von der *Post* ein Bild machte von Leuten, die neben ihrem Sarg knieten, und das wollte er mir zeigen, aber ich sagte nur: »Nein, danke.«

Michael Grace hatte außerdem, so Dufty, in einem »neuen, teuren katholischen Friedhof im Norden des Staates New York fünftausend Dollar für ein Grab bezahlt – zwischen George Jean Nathan und Babe Ruth«. Doch McKay schickte den Duftys am 19. Juli ein Telegramm: ZUR GEFÄLLIGEN BEACHTUNG: WÜNSCHE KEINERLEI VORKEHRUNGEN BEZ. BEERDIGUNG MEINER FRAU (ELEANORE MCKAY ALIAS BILLIE HOLIDAY) UND KEINE VERWENDUNG MEINES NAMENS. Die Zeremonie in der Paulskirche konnte er nicht mehr verhindern, aber er sorgte dafür, daß Lady neben ihrer Mutter auf dem Friedhof St. Raymond in der Bronx beerdigt wurde, was sie sich wohl auch gewünscht hätte. Angeblich mußte McKay dreißig Dollar für die Öffnung des Grabes bezahlen, damit Lady über dem Sarg ihrer Mutter beerdigt werden konnte; der Friedhofsverwaltung zufolge aber wurde Sadie 1961 in Ladies Grab umgebettet. »Louis war ein komischer Typ«, sagte Annie Ross. »Ich meine, nach ihrem Tod rief er mich an und sagte: ›Ich habe Ladies Nerzmantel. Sie wollte immer, daß du ihn bekommst.‹ Ich wurde sofort argwöhnisch. ›Ich gebe ihn dir um fünfhundert!‹ Das war Louis.«

Am 25. Juli brachte eine schwarze Zeitung namens *New York Age* eine Story mit der Schlagzeile »Die Lügen der *NY Post* über Billie Holiday: Der Ehemann«: »McKay, der friedlich im Büro seines Anwalts und Freundes Earl Zaidins saß, … biß sich auf die Lippen und fuhr fort.« Er behauptete, bei Lady im Krankenhaus gewesen zu sein, als sie starb. Er beschwerte sich über einen in der *Post* abgedruckten Brief von Dufty, in dem es hieß, Lady habe gern geflucht: »So hat sie nie gesprochen!« Er sagte, das (von Dufty verfaßte) Originalmanuskript ihres Buches sei voller Haß gewesen, aber er, McKay, habe auf Änderungen bestanden. Der Artikel zitiert McKay wörtlich:

Der Hauptgrund, wieso Billie Ärger hatte, war, daß sie nicht regelmäßig gearbeitet hat. In den acht Jahren, die ich mit ihr zusammen war, haben wir keine zehn Wochen am Stück gearbeitet. Und wenn sie dann gearbeitet hat, brauchte sie ein Dienstmädchen und einen guten Pianisten. Deswegen schafften wir es nie, uns ein Polster zusammenzusparen.

Für die Geldnöte machte er die fehlende polizeiliche Auftrittserlaubnis verantwortlich, verschwieg freilich, daß er mit ihrem Geld zwei Familien ernährt hatte. Er beklagte sich über Dufty, der in seinem Nachruf geschrieben hatte, zum Zeitpunkt ihres Todes seien die Ehegatten »entzweit« gewesen.

»Entzweit« heißt, daß man nichts mehr miteinander zu tun hat, was in unserem Fall nicht stimmt. Wir haben mindestens einmal in der Woche miteinander telefoniert. Ich bin im Juni 1958 wegen einem durchgebrochenen Magengeschwür abgereist. Ich habe Billie nie gesagt, wie krank ich wirklich war … Zwei Tage, bevor sie starb, habe ich ihr versprochen, daß ich nie mehr von ihrer Seite weichen würde, und das war mein voller Ernst.

Unmöglich ist es nicht, daß das Zusammenleben mit Lady bei McKay ein Magengeschwür auslöste; in Wahrheit aber hatte er sie bereits ein Jahr zuvor verlassen. Eine von Dufty erstellte undatierte Liste der Ereignisse in chronologischer Reihenfolge zeigt, daß Lady und McKay noch nicht einmal verheiratet waren, als das Buch entstand, und während ihrer letzten Konfrontation mit der Polizei hielt McKay sich in Kalifornien auf. Sie hatten sich in der Tat auseinandergelebt: Lady hatte das Scheidungsverfahren eingeleitet und ein Testament aufsetzen lassen (allerdings nicht unterschrieben). All dies beweisen die Dokumente in Duftys Besitz.

In der Nacht, in der sie starb, verschwand McKay mit dieser Weißen, mit der er damals herumzog … Sie war allein. McKay war nicht da. Wilkes und Kennedy vertraten mich und strengten ein Verfahren gegen diese Zeitung *New York Age*, Clyde Reed, den Verfasser des Artikels, und McKay an. Die Zeitung machte kurz darauf pleite. Donald Wilkes, der Partner von Miss Kennedy, verließ unter mysteriösen Umständen das Land für immer – und das Verfahren verlief sich im Sand. Irgendwann danach kam eine schwarze Wochenzeitung namens *Citizen Call* heraus, der Nachfolger von *Age*. Ich hatte mich inzwischen von meiner Frau getrennt; sie nahm dann bei dieser Zeitung einen Job als Kolumnistin an, bloß um mir eins auszuwischen. Sie tat sich sogar mit McKay zusammen, aber das dauerte nicht lang ... Ich habe seit Holidays Tod nie mehr mit McKay gesprochen, obwohl er mir über Miss Kennedy viele Friedensangebote machen ließ. Ich weigere mich, mit diesem Arschloch irgendwas zu tun zu haben ... Miss Kennedy werde ich immer dankbar sein für alles, was sie für Miss Holiday in ihren letzten Tagen getan hat – in einer Zeit, wo das besonders zählte. Das will ich ganz klar sagen. Sie bekam nie ein Honorar für alles, was sie getan hat. Auch Mr. Wilkes nicht. Beide haben großartige Arbeit geleistet und standen absolut auf Billies Seite. Was Miss Kennedys Verhalten seither betrifft, ihre Anwaltstätigkeit für Mr. McKay, so kann ich dazu nur sagen, daß ich sie, gelinde gesagt, nicht verstehe.

Glaser erhielt eine Honorarrechnung von Wilkes & Kennedy und teilte ihnen seine Verwunderung darüber mit; sie schrieben zurück, ihrerseits erstaunt über seine Verwunderung. Wir wissen nicht, ob Glaser die Rechnung je bezahlt hat; jedenfalls trieb Ladys Tod die Plattenverkäufe in die Höhe: Nach einer Meldung in *down beat* beliefen sich ihre Tantiemen von ihrem Todestag bis zum Ende des Jahres bereits auf hunderttausend Dollar. Wir wissen auch nicht, worin »Miss Kennedys ... Anwaltstätigkeit für Mr. McKay« bestand, sicherlich aber war aus ihrem Nachlaß noch einiges an Geld herauszuholen. Dufty war offensichtlich einer der besten Freunde gewesen, die Lady hatte, und das kostete ihn seine Frau und die beiden befreundeten Anwälte.

Ein Jahr nach der Beerdigung fiel jemandem auf, daß Sadies und Ladys Grab das einzige in der Reihe war, das keinen Grabstein hatte. *Down beat* startete daraufhin eine Sammelaktion bei seinen Lesern; McKay protestierte und kündigte an, er beabsichtige, Ladys und Sadies sterbliche Überreste in den zu St. Paul gehörigen Teil des Friedhofs überführen und für 3500 Dollar ein Denkmal errichten zu lassen. Dazu war ein Bestattungsunternehmer erforderlich; McKay gab einen gewissen Erskine an, der jedoch, wie die Friedhofsverwaltung feststellte, in der Branche nicht bekannt war.

Irgendwann in den sechziger Jahren lief in einem der großen amerikanischen TV-Networks ein Film über Lady, und Carmen de Lavallade porträtierte sie in einer Tanzszene. Florence Kennedy beschwerte sich in McKays Namen bei dem Fernsehsender: die Erben hätten dazu keine Genehmigung erteilt, außerdem sehe die Tänzerin Lady nicht im geringsten ähnlich; Carl Drinkard meinte dazu, Lady hätte es sicher gefallen, von einer Tänzerin mit so schönen Beinen dargestellt zu werden.

Mitte der fünfziger Jahre war eine Columbia-LP mit dem Titel *Lady Day* herausgekommen, auf der manche ihrer berühmtesten Aufnahmen aus den Jahren 1935–37 neu aufgelegt wurden. 1962 erschien eine Dreier-LP, *The Golden Years,* auf die kurz danach *The Golden Years, Volume II* folgte: insgesamt 108 Titel aus der Zeit zwischen 1933 und 1942, keiner davon doppelt. Viele der Commodore-, Decca- und Verve-Aufnahmen waren nahezu ununterbrochen auf verschiedenen Alben erhältlich; dafür müssen an McKay und seine Erben Tantiemen bezahlt worden sein – was einigen Leuten mißfiel, aber es half nichts: Sie hatte McKay geheiratet und sich nicht von ihm scheiden lassen; sie liebte Kinder und war auch zu seinen Kindern sehr freundlich; vielleicht konnte dank den Einnahmen aus Ladys Platten der eine oder andere von McKays Enkeln mittlerweile das College besuchen.

In den sechziger Jahren veröffentlichte Dufty im Bostoner *East West Journal* eine Reihe von Artikeln, aus denen ich mehrmals zitiert habe. Sein Drehbuch wurde nie verfilmt; »es gab einen zweiten Versuch, das Buch zu verfilmen«, schrieb er. »Diesmal wollte keiner ein Drehbuch von mir. Sie wollten es mich nicht einmal sehen lassen. Jemand von der Filmgesellschaft, ein Doppelagent, schickte mir trotzdem eine Kopie davon. Ich habe mich gezwungen, sie zu lesen. Im fünften Akt bekam Lady ein Kind. Aber auch aus diesem Drehbuch wurde nichts.«

Doch 1972 kam es tatsächlich zu einer Verfilmung von *Lady Sings the Blues;* die Hauptrolle hatte Diana Ross: sie kam aus einem städtischen Armenhaus in Detroit und wurde der Star der Supremes, nach 1970 machte sie als Solodiva Karriere. Motown drehte den Film.

Berry Gordy war einer der erfolgreichsten Schwarzen Amerikas, er produzierte Popschallplatten in einer Zeit, die rückblickend als die goldene Ära der Popmusik erscheint, denn das meiste, was seither entstand, ist trostlos; 1964 hatten allein die Supremes vier Hits: es war das Jahr, in dem es erstmals keine *Billboard*-Black Charts gab, denn anscheinend kauften schwarze wie weiße Kinder dieselben Platten. Gordy war erfolgreicher, als jeder andere Schwarze zu Ladys Lebzeiten im Plattenstudio je sein konnte, aber nur dort: außerhalb des Studios war er weniger erfolgreich. Leonard Feather schrieb in seiner Rezension über den Film, Jay Weston, der Produzent, habe zu ihm gesagt, das Originaldrehbuch sei »so authentisch, daß die Verfilmung im Grunde einen Dokumentarfilm ergeben hätte, und der wäre unverkäuflich gewesen«. Erst nach der Überarbeitung des Drehbuchs fand Gordy, er habe »eine starke Rolle für Miss Ross' Leinwanddebüt« gefunden. Als Drehbuchautoren sind Terence McCloy, Chris Clark und Suzanne de Passe genannt; Regie führte Sidney J. Furie.

Gordy hatte neuartige und außergewöhnliche Platten produziert, aber sein Film war nichts anderes als eine der üblichen Hollywood-Filmbiographien. Das Ergebnis, schrieb Feather, sei »eine Produktion, bei der die Stars für ihre Leistung einen Academy Award verdient hätten, Billy Dee Williams und Richard Prior hervorragende Arbeit geleistet haben, das Drehbuch jedoch nur so strotzt vor Anachronismen, Verzerrungen, Fehlern und Auslassungen«. Der Film spielt in dem Zeitraum von 1930 bis ungefähr 1945; John Hammond, Benny Goodman und Artie Shaw untersagten die Verwendung ihrer Namen – vielleicht hatten sie das Drehbuch gelesen. Lester Young, Jimmy Monroe und Count Basie sind nicht erwähnt. Louis McKay kommt jedoch vor. Er hatte zwar in dieser Zeit mit Ladys Leben gar nichts zu tun gehabt, aber er war »technischer Berater« bei der Verfilmung.

Bei der Textzeile »Baby, ich bring' dich in die Carnegie Hall« muß es Ernie Anderson übel geworden sein; überdies trat die Film-Lady in der Carnegie-Szene mit einem gewaltigen gemischtrassigen Orchester mit Streichern auf. Im Film geht Lady mit einer weißen Band auf Tournee, deren Pianist sie mit Heroin bekannt macht: Jack Batten, der in England den Film rezensierte, schrieb an Les Burness, der 1938 Shaws Pianist war, er hätte damit vor Gericht gehen sollen. Dieses Machwerk war um nichts besser als der Film *The Glenn Miller Story* (1954), in dem zum Beispiel Tex Beneke, der Star der Miller-Band, nicht erwähnt ist, weil Millers Erben sauer auf ihn waren, und der Titel »Little Brown Jug«, eine

Aufnahme, die 1939 ein Hit war, ans Ende des Jahres 1944 verlegt wurde, um June Allyson Tränen entlocken zu können. In Hollywood hatte man in den zwanzig Jahren nichts dazugelernt, im Gegenteil: der Film über Miller hatte wenigstens eine bessere Musik. Der talentierte schwarze Komponist Oliver Nelson sollte die Musik zu *Lady Sings the Blues* liefern, aber ihm mißfiel das Drehbuch: Darin gehe es nicht um Billie Holiday, sagte er und lehnte ab; statt dessen wurde Michel Legrand engagiert. Der aus Frankreich stammende Dirigent und Komponist von Mood- und Filmmusik hatte 1968 einen Oscar für »The Windmills of Your Mind« gewonnen; die Musik, die er jetzt komponierte, war »farblos, und es fehlte ihr an der nötigen Jazz-Vitalität«, schrieb Feather.

Einstimmig gelobt wurde Diana Ross, deren Talent ihr allerdings nicht viel mehr einbrachte, als daß sie zur »Vorzeigenegerin« im Hollywood der siebziger Jahre avancierte. Thelma Carpenter und Sylvia Syms waren beide der Ansicht, die Verfilmung von *Lady Sings the Blues* habe zumindest eine neue Generation mit Lady und ihren Liedern bekanntgemacht, und sicher stiegen auch die Plattenverkaufszahlen. Jemand, der den Film auf dem Hollywood Boulevard sah, sagte, das gesamte Publikum habe den Film ausgebuht; trotzdem spielt er heute noch Geld ein, wenn er im Fernsehen gezeigt wird.

Mittlerweile wurde Lady zur Kultfigur. Fotografien wurden als Postkarten verkauft, unzählige Karikaturen entstanden, ihr Konterfei zierte sogar T-Shirts. Als ich dieses Buch zu schreiben begann, wollte ich den Kult um Lady so weit wie möglich herunterspielen, aber dann änderte ich meine Meinung. Gewiß, Kultfiguren der Popszene gibt es heutzutage wie Sand am Meer, weil die Medien sich so bereitwillig manipulieren lassen, aber so schnell, wie sie entstehen, so schnell verschwinden sie wieder, sobald keine Reklame mehr für sie gemacht wird. Lady wurde und blieb eine Kultfigur ohne jede Reklame: Sie war es bereits, als der Film entstand – nur deshalb wurde er gedreht. Gewiß, sie war schwarz, und natürlich hatte ihr Leben tragische Aspekte, die im blutenden Herzen des Liberalen, wie er in vielen von uns steckt, Widerhall finden; und sie war eine große Künstlerin. Aber es gab andere sehr beliebte und große Künstler, deren Platten sich noch viele Jahre nach ihrem Tod verkaufen; und erstaunlich viele von ihnen, Schwarze wie Weiße, hatten ein tragisches Leben und ein frühes Ende. Ich denke, bei Lady steckt noch sehr viel mehr dahinter.

Manche Augenzeugen sagten, Sadie habe regelmäßig die Messe besucht; Lady ging zwar nicht gerade oft zur Kirche, aber sie verlor nie die Verbindung zu ihrer Religion. Ihren mitteilsamen Brief an Reverend Norman O'Connor schrieb sie, weil sie sich einige Bücher von ihm ausgeliehen hatte; sie schrieb, sie habe sich an einen irischen Freund gewandt, der dieselbe Ansicht vertrete wie O'Connor: es sei durchaus möglich, ein guter Katholik zu sein und gleichwohl die schöneren Seiten des Lebens zu genießen; und sie fügte hinzu: »Er würde sofort für Sie als Papst stimmen!« Bobby Tucker sagte, als seine kleine Tochter krank war, habe sie für das Kind gebetet, bis es ihm wieder besser ging.

Pater Peter O'Brien war wie O'Connor ein »Jazz-Priester«; jahrelang war er der Manager der Pianistin und Komponistin Mary Lou Williams gewesen. Mary Lou konvertierte 1956 zum Katholizismus und erzählte O'Brien, sie und Lady hätten nebeneinander gesessen, wahrscheinlich bei einer Beerdigung oder einer Totenwache. »Und Billie sagt zu Mary Lou: ›Mary, sprich mit mir, ich bin auch katholisch.‹ Und sie hebt ihre Hand, um die sie einen Rosenkranz gewickelt hat.«

Interessant ist, daß Lady beschloß, den Namen anzunehmen, den man ihr 1925 als Kind im Good Shepherd gegeben hatte: Theresa. Es gibt zwei Heilige dieses Namens; die eine Therese war eine religionspolitische Aktivistin, Lady aber soll sich für die andere entschieden haben, die eine friedliebende und kontemplative Frau war und mit Rosen in Verbindung gebracht wird. Thelma Carpenter ist ebenfalls Katholikin:

> Eines Abends mußten wir nach Jersey, weil sie dort einen Auftritt hatte, und sie fragte mich, ob ich sie mitnehmen würde. Auf dem Weg nach Newark, auf der großen Brücke, Sie wissen schon: diese Auffahrt, die immer im Kreis geht … das war eine komische Sache, immer wenn ich sie irgendwohin mitgenommen habe, ließen mich meine Bremsen im Stich, und sie wußte das immer schon. So sagte sie auch jetzt: »Bremsen im Eimer, was?«, und ich sagte: »Jawoll!«, und deshalb dachte ich, ich sollte mich an die Autobahn halten, wir beteten inständig, und am Ende schafften wir es tatsächlich. Daraufhin erzählte sie mir von der heiligen

Therese und sagte: »Sie hat ein paar von ihren Rosenknospen auf uns fallenlassen.«

In einem Gespräch stellten Pater O'Brien, Thelma und Michelle Wallace, eine schwarze Feministin und Katholikin, übereinstimmend fest, daß manche von Ladys Liedern in Wahrheit Gebete seien; daß manche der Geschichten in ihrer Autobiographie, selbst wenn sie nicht der reinen Wahrheit entsprächen, gleichwohl ein starkes Empfinden im Hinblick auf Sex, Schuld und Tod verrieten; daß Lady sich in gewisser Weise ihrer Herkunft schämte, aber ihr Leben lang eine Sucherin blieb.

Ein Katholik ist entweder mit Schuld überhäuft, oder aber er kommt mit allen seinen Sünden zu Rande, sofern er regelmäßig zur Beichte geht; auch beides zugleich ist möglich. Bill Dufty war ebenfalls katholisch. Wenn Ladys Katholizismus von irgendeinem irischen, sklavenhaltenden Vorfahren stammte, dann, vermutete er, müsse auch das Wissen um Todsünden in dieser fernen Vergangenheit begonnen haben; katholisch zu sein sei für einen Schwarzen etwas anderes als die Zugehörigkeit zu den Baptisten oder Methodisten, denn es habe nicht viele katholische schwarze Priester gegeben, und ein schwarzer Katholik habe seine religiösen Vorschriften von demselben Ort empfangen wie alle anderen (weißen): aus Rom. »Nichts war dem Zufall überlassen.«

Während eines Interviews mit Lady im Zusammenhang mit dem Buch fragte Dufty, in welchem Alter sie bei der Beichte zu schwindeln begonnen habe; sie war über diese Frage bestürzt. »Ich bin von allen Arten von Bullen ausgefragt worden. Unter den FBI-Leuten gibt es ziemlich gerissene Kerle ... Einmal in New Jersey stand ich vor einer Anklagejury ... Sie wollten alles mögliche von mir wissen, aber keiner hat mich je *so was* gefragt.« Sie fragte ihn, wo er denn geschwindelt habe, und er antwortete, in Michigan sei Masturbation eine größere Sünde gewesen als in Illinois – »dort durfte man's die ganze Nacht tun, vorausgesetzt, man hat sich am Morgen die Hände gewaschen und ist zur Beichte gegangen.«

Sie saßen bei diesem Gespräch in einem chinesischen Restaurant, und in dem Augenblick stellte der Kellner Pappschüsseln mit Sauce auf den Tisch. »Sag ihm, er soll den verdammten Senf wieder mitnehmen«, sagte sie.

> Ich hasse den Geruch von Senf. Ich bin einmal in einer Wanne voll Senf gesessen, achtzehn verfluchte Stunden lang, hab' mein Baby umgebracht, um kein schlechtes Mädchen zu sein. Ein Kind kriegen, ohne verheiratet zu sein. Meine Mutter hatte immer Angst davor. Ihr ist es passiert. Und sie hat drum gebetet, daß es mir nicht passiert. Ich wollte ihr nicht weh tun, deswegen bin ich in dieser verdammten Wanne mit heißem Wasser und Senf gesessen. Gott wird sie bestrafen, sagten die Nonnen immer. Das hat er geschafft, noch dazu verdammt gut. Das einzige, was ich je wollte in meinem Leben, war dieses Baby.

»Und das ist etwas, das du nicht beichten konntest?« fragte Dufty. »Natürlich nicht!« sagte Lady. »Mir wär's zwar egal, das zu beichten. Alle haben's getan. Aber ich habe lange vorher aufgehört, zur Beichte zu gehen.«

Zu Alice sagte Lady, in ihrer ersten Ehe habe sie nach der Liebe stets die Beine in die Höhe gehalten, in der Hoffnung, so eher ein Kind zu empfangen. Später erzählte sie, sie habe einen Traum: sich in ein großes Haus auf dem Land zurückzuziehen und viele Kinder zu adoptieren, jedes von anderer Hautfarbe. (Vielleicht hatte sie von Josephine Baker gehört, die genau dies in Frankreich tat. Baker nannte ihre Kinder den »Regenbogenstamm«.)

Leonard Feather, Mike Gould, Dorothy Winston, Rosemary Clooney, die Duftys, ihr italienischer Fan, der sie in die Scala gebracht hatte, und viele andere machten Lady zur Patin eines ihrer Kinder; Feather benannte seine Tochter nach ihr. Lady fragte Sid und Mae Weiss, ob sie die Patin des Kindes sein dürfe, das sie erwarteten, und war enttäuscht, als sie ihr antworteten, sie hätten die Patenschaft schon jemand anderem versprochen. Es wäre falsch zu glauben, Lady sei eine schlechte Patin gewesen; Dorothy Winston sagte, Lady habe ihre beiden Töchter sehr verwöhnt: »Sie ging mit ihnen in Spielzeugläden und kaufte ihnen kleine Geschenke.« Und sie schickte Bevan Dufty eine Postkarte, als er noch ein Kleinkind war, auf der stand: »Hoffentlich schärfst du dir nicht mehr die Zähne an deinem Daddy ... «

Rosemary Clooney sagte:

> Billie ist die Patin meiner ältesten Tochter ... Als ich mit meinem zweiten Kind schwanger war, sah sie mich an und

> sagte: »Ich glaube, diesmal hast du ein Mädchen im Bauch. Und ich finde, ich sollte ihre Patin sein, weil nur eine sehr schlechte Frau eine gute Patentante sein kann.«

Wichtig ist nicht, was für eine Art von Patin Lady war. Wichtig ist, daß sie wußte, was es hieß, eine Patin zu *haben.*

Es ist in der Tat recht bemerkenswert, daß ihr ganzes Leben viele Leute bei Ladys Anblick anscheinend sich selbst sahen wie in einem Spiegel. So gibt es zum Beispiel widersprüchliche Berichte über Ladys letzte Geburtstagsfeier: Elaine Lorillard war dort und sagte, Lady sei sprunghaft und verbittert gewesen, ihr Lachen feindselig. Trotz rinnender Nase, trotz geschwollener Füße und Knöchel »war sie immer noch schön, sie trug ein Abendkleid und eine Blume im Haar«. Lady habe auf dem Boden gesessen, ihre Platten rings um sich verstreut, und sich fotografieren lassen. Aber Lorillard kam erst gegen fünf oder sechs Uhr morgens, und Lady war natürlich schon die ganze Nacht aufgewesen. Andere erinnern sich anders: Leonard Feather sagte, es sei ein froher Anlaß gewesen, obwohl er bestürzt war, als er sah, wie ausgemergelt Lady war. Vielleicht war sie um fünf Uhr morgens nicht in Stimmung für eine Fotosession; offensichtlich hatte sie sich dafür eigens umgezogen, denn Feather sagte, vorher sei sie in Stierkämpferhosen herumgelaufen. Er bemerkte keine Anzeichen von Drogen; Lorillard sagte, ununterbrochen seien Leute ins Badezimmer gerannt, und beklagte sich, Lady habe nicht mit ihr gesprochen, anscheinend habe sie gar nicht gewußt, wer sie war.

Es war, als hätten die Leute genau das gesehen, was sie erwartet hatten, als hätte Lady selbst gar nicht existiert. Manche sagen, sie sei innerlich weich und warm gewesen, andere erlebten sie, wenn sie das unartige Mädchen spielte: das tat sie, weil man sie so sehen wollte. Squirrel Jackson war ein Junkie aus Baltimore, der Lady Heroin spritzte:

> Ich mußte sie fixen, damit ich selber Drogen bekam. Und mein Freund sagt mir: Das ist Billie Holiday; genausogut hätte er mir sagen können, das ist Tom Jones oder Lucy oder irgendwer, mir ist das gleich; mir geht's schlecht, ihr geht's schlecht, wir sind beide Junkies ...
>
> Wäre sie nicht Sängerin gewesen, wäre sie wohl Prostituierte geworden. Das war die Einstellung, die sie hatte.

Für Billy Eckstine war sie ein kleines Mädchen; der Bassist Al McKibbon, der sie um 1940 in einem Club in Detroit traf, hatte Angst vor ihr:

> Wir waren eine Bande von kleinen Jungs für sie – jung an Erfahrung, nicht an Jahren. Es gab einmal eine üble Szene mit ihrem Mann, sie prügelten sich. Sie kämpfte mit jedem. Sie schlug ein paar Mädchen, während sie dort war …
>
> Ich hatte Angst vor ihr, klar. Einmal war ich auf dem Männerklo, und sie kam rein, sie kam direkt zum Pissoir. Wir redeten. Was sollte ich denn tun? Ich fand das eine starke Sache von einer Frau, ich war schockiert, sie nicht. Sie war wie einer von uns Jungs.

Eine der anschaulichsten Berichte über die Reaktionen, die Lady bei anderen auslösen konnte, einfach indem sie sich so verhielt, wie sie war, stammt von einem weißen Clubeigentümer aus Philadelphia. Dieser entschuldigte sich bei Dufty, weil er ihr nicht fünf- oder sechsmal im Jahr ein Engagement verschaffte: sie sei ihm doch die liebste Künstlerin. Aber es gebe immer Ärger. »Er redete, als müßte ich wissen, wovon er sprach«, schrieb Dufty. Es ging nicht darum, daß sie schwarz war – in dem Club gab es keine Rassenschranken –, es ging auch nicht um Drogen. Es ging um Sex.

> Ein Bursche bringt seine Frau oder seine Freundin mit. Ein Mädchen bringt seinen Mann mit. Sie trinken was. Davon leben wir schließlich, nicht wahr? Lady kommt auf die Bühne. Klar, sie ist schön. Aber ich hatte schon schönere Frauen hier auf der Bühne, und bei ihnen gibt's keinen Ärger. Lady macht ihre Show. Klar, sie ist sexy. Aber sie tut nichts dafür, wie manche andere. Ich habe Mädchen gesehen, die sich zwei Burschen an einem Tisch an den Hals schmeißen, und ihre Frauen sitzen daneben und finden das auch noch süß. Billie kann so was nicht machen. Sie steht einfach nur da und singt »Love for Sale«. Oder irgendwas anders. Irgendein Mann an einem Vierertisch fängt an, sie anzustarren. Seine Frau hat ein Glas zuviel getrunken und sieht, wie ihr Mann glotzt. Eis fängt an zu klirren, Handtaschen fliegen, Stühle scharren, die Leute fallen übereinander her. Also, ich habe sage und schreibe siebenundzwanzig Schlägereien erlebt in der einen Woche, in der Lady da war. Sie ist wirklich eine

> Unruhestifterin. Dabei macht sie gar nichts. Mit Ella oder Dinah oder Sarah oder Della passiert das nicht …

»Anscheinend führte er eine Statistik über den Abreaktionsquotienten verschiedener Unterhaltungsprogramme«, schrieb Dufty. »Daß Lady einen Tisch voller Gäste im Handumdrehen in eine Kampftruppe verwandeln konnte, galt ihm als die höchste Form der Anerkennung.«

Aus unserer Sicht mag uns Ladys Liebesleben gestört erscheinen, doch wurden alle ihre Liebhaber, ob sie es wußten oder nicht, auf die eine oder andere Weise geprüft. Wenn jemand von ihr erwartete, daß sie eine Rolle spielte, dann mußte er sich revanchieren. Sie war bereit, sich ausnutzen zu lassen – dem kann sich ohnehin niemand entziehen –, bei den Männern, die sie an sich heranließ, ging es darum, wie *gut* er es machte. Für schwarze Männer war der Test besonders schwer, weil besonders kompliziert, wie Jimmy Monroe erkannte; und auch sie muß bis zu einem gewissen Punkt gewußt haben, *wie* schwer. Vielleicht ist das ein Grund, weshalb sie auch mit Frauen zusammen war: um sich von der Brutalität des Rassismus zu erholen. Aber sie wußte auch, daß im Grunde jeder selbst für sein Verhalten verantwortlich ist, unabhängig von der Hautfarbe.

Viele Leser dieses Buches werden schon vorher Billie-Holiday-Fans gewesen sein; andere werden vielleicht zugeben, daß sie eine großartige und einflußreiche Stilistin war. Aber was besagt das? Man wird darauf hinweisen, daß es in fast allen Liedern, die sie sang, um romantische Liebe ging, die (wie manche meinen) eine Illusion an sich ist, erfunden in Frankreich im elften Jahrhundert: Nach der Idealvorstellung von höfischer Liebe muß der Liebhaber fähig sein, neben seiner Dame zu schlafen, ohne sie anzurühren. In der realen Welt läßt sich eine Beziehung weder auf einem Ideal noch auf sexueller Anziehung aufbauen – das zeigt die heutige Scheidungsrate, nachdem der gesellschaftliche Druck nachgelassen hat und Scheidungen einfacher geworden sind. Doch die meisten ihrer Lieder sind sehr gut, und in der Art, wie Lady sie interpretiert, sind sie viel mehr als nur Romantik. Es sind Lieder über die Beziehungen zwischen Menschen; es geht darin um die Frage, ob wir in der Lage sind, überhaupt irgendeine Art von Achtung vor anderen zu empfinden. Und hat Lady sich nicht mit

Bernie Hanighen, Jimmy Monroe, Freddie Green, Ben Webster, John Simmons, John Collins und vielen anderen, die ihre Liebhaber gewesen waren, eine Freundschaft bewahrt?

Irgendwann gegen Ende der fünfziger Jahre lernte Lady William Faulkner kennen. Die Rezensionen von *Lady Sings the Blues* konzentrierten sich vor allem auf ihr Drogenproblem und ihre frühe Laufbahn als Prostituierte; Faulkner war zu der Zeit wohl nach New York gekommen, um seinen Verleger zu treffen, und wollte sie offensichtlich kennenlernen. Thelma Carpenter sagte, das Treffen habe wahrscheinlich Bill Dufty organisiert, ein Zeitungsartikel sowie ein Foto seien veröffentlicht worden.

Lady rief Thelma an; sie hatte Bedenken, weil Faulkner ein Südstaatler war. »Sie wollte wissen, wer Faulkner war«, sagte Thelma; sie versuchte zu erklären. »Und sie kamen hervorragend miteinander aus ... er verstand sie vollkommen.«

Flannery O'Connor war ebenfalls eine Südstaatenautorin, aus Georgia, und sehr krank: sie starb 1964, noch jünger als Lady, an systemischem Lupus erythematodes. Auch ihre Erzählungen, die tragisch, manchmal sarkastisch-bitter sind, handeln von Gestalten, die man sich vielleicht nicht als Nachbarn wünscht; doch es sind Menschen, denen Gnade zuteil wurde. Einer der Erzählungen, nach der auch ein Sammelband benannt ist, gab sie den Titel »Everything That Rises Must Converge«*: »Alles, was sich erhebt, muß zusammenströmen«.

Gnade ist ein theologischer Begriff: ein unverdienter Akt der Barmherzigkeit Gottes, ein göttlicher Einfluß, eine Erleuchtung. Niemand kann sich Gande verdienen; und entsprechend hätten wir wohl nie von Lady gehört, wenn sie kein Talent besessen hätte; oder anders: wäre sie eine gutbürgerliche Tochter gewesen, hätte sie ihre Lieder am Küchenherd gesungen und nicht vor Publikum. Lady ist eine Kultfigur; und das war kein Marketingerfolg, sondern sie war eine Ikone, ein Heiligenbild, das selbst als heilig gilt – weil ihr Gnade zuteil wurde. Ihre Kunst erhob sich so hoch, bis zu dem Punkt, wo alles zusammenströmt; sie war gesandt, um uns zu prüfen, und die meisten von uns haben versagt.

Für ihr Problem der verweigerten Arbeitserlaubnis für New York

* Dt.: *Die Lahmen werden die Ersten sein,* erschienen bei Diogenes, Zürich. *(A. d. Ü.)*

machte sie niemanden speziell verantwortlich, sie schob es auch nicht auf den Rassismus. Durch das Auftrittsverbot in Nachtclubs wurde ja nicht das Publikum vor einer Drogensüchtigen geschützt: Sie durfte in Konzertsälen singen, wo Kinder sie hören konnten, die Clubs hingegen wurden von Drogenpushern, Verbrechern, Zuhältern und Prostituierten, aber auch von Touristen und ganz gewöhnlichen Jazzfans besucht. Sie wies lediglich darauf hin, wie ungerecht und dumm dieses Gesetz sei, aber keiner hörte ihr zu. 1967 schaffte der Bürgermeister John Lindsay die polizeiliche Auftrittserlaubnis für Nachtclubs endlich ab; unterdessen, sagte Zaidins, habe Morris Levy, ein Gangster aus der Musikindustrie und Miteigentümer des Birdland, Lady eine Arbeitsgenehmigung angeboten, sofern sie sich verpflichte, sechs Monate im Jahr in seinem Club aufzutreten. Sie habe nicht daran gezweifelt, daß er ihr eine Genehmigung kaufen konnte, aber so wichtig war sie ihr nicht, als daß sie sich dafür einem Ganoven ausgeliefert hätte. Dieser Morris Levy, der sich auch in der Plattenindustrie betätigte, wurde Ende der achtziger Jahre schließlich wegen Geschäftsbetrug verurteilt, doch er starb, bevor er seine Haftstrafe antreten konnte; er wußte nicht einmal, daß er geprüft worden war.

Aber wenn wir wissen, daß wir geprüft wurden, und mehr noch: wenn wir wissen, daß wir durchgefallen sind, dann haben wir vielleicht einen Hauch von Gnade gespürt, auch wenn wir sie nicht besitzen können.

»Woran ich mich erinnere?« sagte Jimmy Rowles. »Oh, ich erinnere mich, wie sie sich umdrehte und schaute und lachte, oder vielleicht haben wir noch irgendeine Nummer gespielt, und sie dreht sich um und umarmt einen und sagt was von der Art wie ›Ich liebe dich.‹ Wenn sie sagte: ›Ich liebe dich‹, Junge, das hat gesessen. Sie sagte das so: *I love you,* sie stieß es hervor, rauh und knurrend, und davon hat man die nächsten zwei Wochen gelebt.« Mag Jimmy Rowles das letzte Wort haben:

> Einmal hat sich meine Frau auf eine bestimmte Weise frisiert, und Lady fand das schön und hat sich genauso frisiert. Sie waren dick befreundet, die beiden. Dorothy hat Lady 1942 zum erstenmal gesehen, damals kamen alle Bands am Sonntagnachmittag zusammen, Count Basie zum Beispiel, Jimmie Lunceford, Duke, und ich weiß noch den Sonn-

tag, an dem ich zum erstenmal meine Frau mitbrachte und Lady mit uns zusammensaß.

Wie auch immer. Nat Cole spielte und Buck Clayton, und Lady fängt an, ihn anzubrüllen: »Los, mach schon, spiel es, du blauäugiger Hurensohn, du Arschloch, gib's ihnen!« Und Dorothy hängt sich an mich und fragt: »Um Gottes willen, was ist da los?« Ich hatte sie vorgewarnt, aber trotzdem, so was hatte sie noch nie erlebt. Sie hat sich dran gewöhnt, und irgendwann konnte sie es auch genießen. Und Prez saß drüben in seiner Ecke und sagte: »Ist das nicht schön. Ist das nicht schön.« Dann sah er ein Mädchen und sagte: »Verdammt, das gefällt mir.« Und er leerte sein Whiskyglas, stieg rauf auf das Podium und fing an zu blasen, und er machte sie alle nieder. Es war ein Wahnsinn. Wer dabeigewesen ist, vergißt es nie ...

Einmal, in New York, als ich aus dem Roxy Theater kam und in diese chinesische Kneipe gegenüber wollte, sah ich Lady daherkommen, sie hatte Pepe dabei, und der Hund wollte sich über sämtlichen Müll hermachen, den er fand, und sie verflucht den Hund, auf der Straße bleiben die Leute stehen und sagen: »Seht euch diese schreckliche Farbige an« und anderen Mist. Ich stehe hinter ihr, und sie fragt: »Was machst du denn hier?« Ich sage: »Ich bin mit Evelyn Knight im Roxy.« Und sie sagt: »Die verdammte Kuh. Sie macht das Roxy für zehntausend in der Woche, und ich bin immer noch im Apollo für anderthalbtausend. Der *Schlag* soll sie treffen. Und *dich* auch.« Dabei hatte ich sie zwei Jahre nicht gesehen! Ich sagte: »Moment mal. Wieso läßt du alles an *mir* aus?« Daraufhin sie: »Du bist ein weißes Arschloch«, und fängt an, mich wild zu beschimpfen, und Pepe kriecht in den Mülleimer, sie brüllt, die Leute stehen und glotzen und überlegen sich, ob sie die Polizei holen sollen. Ach, ich hab' sie geliebt. Ich hab' sie wahnsinnig geliebt.

Lady Day mochte es gern, wenn man ihr sagte, daß man sie liebt. Natürlich hab' ich's ihr gesagt. Jeder hat's ihr gesagt, man konnte gar nicht anders. Sie machte irgendwas, und man mußte einfach sagen: »Jesus, hab' ich dich lieb!«

Ein anderes Mal sagt sie zu mir: »Louis ist weggefahren, deswegen mußt du mich heimbringen.« Ich warte also, bis sie soweit ist. »Du mußt mir was zu essen besorgen, ich möchte zu einem Chinesen.« In Ordnung; und wenn sie nach Tokio will, dann fahren wir nach Tokio.

Wir gehen also in ein chinesisches Lokal einen Block weiter und bestellen was zum Mitnehmen – weil ich sie heimbringen will, sie kriegt ihr Essen, und dann will ich selber heim. Wir sitzen also da, und auf einmal marschiert ein farbiger Bursche mit einem Tablett in die Küche, und sie flippt aus. Sie fängt an, mit Sachen zu schmeißen, zu fluchen, zu schreien: »Hast du das gesehen? Auf der ganzen Welt gibt es keinen Chinesen, der ein schwarzes Arschloch in seine Küche lassen würde. Auch kein weißes Arschloch. Das ist kein chinesisches Lokal hier, das ist ein Scheißladen!« Daraufhin kommt der Besitzer, und sie beschimpft ihn wie verrückt, und endlich kommt der Bursche mit dem Essen, wir nehmen es, und ich versuche, sie aus dem Lokal zu ziehen, Komm schon, Lady, ich lache, aber sie schreit immer noch: »Du verdammtes schlitzäugiges Arschloch, ich wette, dieses Zeug schmeckt wie Scheiße –«

Ich verfrachte sie ins Auto, fahr' sie nach Hause, bring' sie in ihr Zimmer, ins Bett und decke sie gut zu, samt ihrem Essen – »Da hast du deine Garnelen, dein Fu Yang, alles in Ordnung. Jetzt geht's dir gut, gute Nacht also, du kleines Miststück«, und geb ihr einen Kuß, »morgen hören wir voneinander; jetzt iß deine Sachen und schau, da hast du auch noch einen Rest Gin.« Dann wurde sie ganz schüchtern. Sie liegt da im Bett, ihre Titten schauen raus und alles. »Louis ist nicht da, weißt du.« Ich weiß. Ich würde sie nicht vögeln, um nichts auf der Welt, das würde alles ruinieren. Das tu ich, wenn ich tot bin. Wenn ich für eine spiele, will ich sie nicht vögeln. Oh, ich hab's ein paarmal gemacht, aber das war was anderes. Das war nicht für immer.

Mit Lady Day war's für immer.

Diskographie

Zusammengestellt von H. Lukas Lindenmaier

Billie Holidays Schallplattenkarriere läßt sich sinnvollerweise in vier Abschnitte einteilen. Von 1933 bis 1944 war die Sängerin für die Labels Brunswick, Vocalion und Okeh tätig, die derzeit alle zum Katalog der Columbia-CBS-Sony gehören; in diese Zeit fallen auch fünf musikalisch bemerkenswerte Aufnahmetermine für Milt Gablers Label »Commodore«. Von 1944 bis 1950 war sie unter Vertrag bei Decca; diese Aufnahmen erschienen in der Folge auch auf Coral, MCA und GRP. 1952 bis 1957 entstanden die Aufnahmen für Clef, die später – ebenso wie bereits früher für Norman Granz' »Jazz At The Philharmonic« produzierte Konzertmitschnitte – von Verve übernommen wurden. In den Jahren 1958/59 arbeitete Billie Holiday schließlich für Columbia sowie für MGM; die letzteren Produktionen sind mittlerweile ebenfalls Teil des Verve-Kataloges. Seit 1943 erschien außerdem eine große Anzahl von Rundfunk- und Fernsehproduktionen von oder mit Billie Holiday sowie Konzertmitschnitte und Privataufnahmen auf verschiedenen Tonträgern.

Die Diskographie beschreibt in chronologischer Reihenfolge alle Aufnahmesitzungen und Konzerte mit Billie Holiday, von denen in der Folge Tonträger produziert worden sind. Der Rahmen dieser Publikation kann keinesfalls eine ausführliche, akkurate und im weitesten Sinn vollständige Diskographie bieten. Die grundlegende Basisinformation, alle Titel und die möglichst vollständigen Besetzungen zu allen in Veröffentlichungen auftauchenden Aufnahmen mit Billie Holiday sind allerdings in möglichst knapper, dem aktuellen (Ende 1994) Informationsstand entsprechender Form enthalten. Notgedrungen fehlen hingegen viele Details, Kommentare zu ungesicherten oder in den Quellen widersprüchlichen Informationen sowie eine große Anzahl von Veröffentlichungen und Wiederveröffentlichungen.

Der Eintrag der Aufnahmesitzung (Session) beginnt mit dem Datum, das in der gewählten Form gleichzeitig als Ordnungskriterium, sog. Session-Nummer dient; auf die (zweistellige) Jahreszahl folgen nach einem Trennstrich der Monat und der Monatstag (mit jeweils vorangestellter Null). Einige Sessions sind nicht genau datierbar; die fehlenden Zahlen werden in diesen Fällen durch Nullen ersetzt, wenn nötig wird ein Versalbuchstabe (A, B, etc.) beigestellt.

44-0501 = Session vom 1. Mai 1944

46-0300A, 46-0300B = nicht genau datierbare Sessions, ca. März 1946.

Die Session-Nummern verweisen auch in den Registerteilen auf die entsprechenden Einträge in der Diskographie.

Der Session-Nummer folgt der Name des Solisten oder der Gruppe, unter dem, soweit rekonstruierbar, die Erstveröffentlichung erschienen ist. Gelegentlich stehen hier auch Produktionstitel (z. B. bei Filmen, TV-Produktionen, Festivals), folgend die Angabe des Aufnahmeortes, bei Aufnahmen außerhalb der USA ist in Klammern das jeweilige Länderkürzel angegeben.

Im nächsten Block stehen die in der Session beteiligten MusikerInnen. Die Reihenfolge der Auflistung ist konventionell: Blechblasinstrumente – Holzblasinstrumente (Saxophone) – Rhythmusgruppe – Streicher – Sänger/-innen – ev. Weitere. Die Instrumente/Funktionen werden in Kürzeln (siehe dazu Liste) angegeben. N.N. steht für einen unbekannten Solisten.

Die im Verlauf der Session/des Konzerts aufgenommenen Titel folgen, soweit rekonstruierbar, in chronologischer Reihenfolge. Jeder Titel ist mit einem Buchstaben (a., b., c., etc.) gekennzeichnet, bei Studioproduktionen außerdem durch die Matrix-Nummer. Diese ist eine von der Produktionsgesellschaft oder vom Studio vergebene Nummer zur Identifizierung von Aufnahmeträgern – das sind Folien oder Tonbandstücke. Anhand dieser Matrix-Nummern lassen sich auch verschiedene Versionen eines Titels identifizieren. Der Grund für die Produktion verschiedener, meist nahezu identischer Fassungen (sog. Takes) eines Songs liegt ursprünglich darin, bei (immer möglichen) Beschädigungen der mechanisch oder elektromechanisch aufgenommenen Formen (Matern = Matrix) in den folgenden Verarbeitungen (Umkopie, Galvanisierung, Pressung, etc.) auf eine weitere Fassung zurückgreifen zu können. Später wurden von einem Song mehrere Takes aufgenommen, um schließlich eine zufriedenstellende Endfassung auswählen zu können; so entstanden gelegentlich auch sog. »splice masters«, aus mehr als einem Take zusammengesetzte Fassungen. In der Regel wird die in der Erstausgabe veröffentlichte Fassung – nicht notwendigerweise der erste Take – als »master take« bezeichnet, andere, oft erst viel später veröffentlichte Fassungen als »alternate take(s)«.

In einer zweiten Spalte sind die Veröffentlichungen verzeichnet, auf denen sich der entsprechende Titel findet. An erster Stelle stehen, wo rekonstruierbar, die Originalausgaben, folgend eine Auswahl von Wiederveröffentlichungen. Schellackplatten und Vinyl-Singles (das sind in der Regel die Erstausgaben) stehen als Katalognummern, die Firmen (Labels) als vorangestellte Kürzel (siehe dazu Liste). Weitere Vinyl-(Langspielplatten-) Ausgaben sind als zweistellige Zahlencodes in runden Klammern (01) bis (92), CD-Ausgaben dreistellig in eckigen Klammern [101] bis [145] aufgeführt. Die Code-Zahlen verweisen auf die beigegebenen Listen der LP- und CD-Veröffentlichungen. Die Ausgaben sind als Auswahl, keinesfalls vollständig verzeichnet. Vorrangig sind Ausgaben berücksichtigt, die erstmals möglichst vollständige Sessions enthalten; in Deutschland vertriebene amerikanische und europäische Ausgaben wurden bevorzugt (sonst sind die jeweiligen Länderkürzel in Klammern eingefügt).

Billie Holiday ist auch in einigen Tonfilmstücken zu sehen und zu hören, die alle auf VHS-Videotapes im Handel erschienen sind (Vertrieb: Norbert Ruecker, PF 14, D-61382 Schmitten). Neben dem einstündigen Portraitfilm »Lady Day – The Many Faces Of Billie Holiday« (NTV0009) ist an erster Stelle »The Sound Of Jazz« (013KJ, siehe Session 57-1208) zu nennen. Ein einzelner Titel ist auf »The Ladies Sing The Blues« (1313), zwei weitere sind auf »Fats Waller And Friends« (7432115214-3, siehe Session 50-0800A) enthalten.

H. Lukas Lindenmaier, in Basel (CH) geboren, studierte an der Akademie für Bildende Künste in München und ist seit 1980 als Schlagzeuger, Diskograph, Jazz-Journalist und Rundfunkredakteur tätig.

Der Autor dankt Dietlind Bendau, Volker Dueck (jazzpoint Freiburg), Michael Frohne und Norbert Ruecker sowie den Firmen ARIS, EMI , Fenn-Music und ITM-Media für Ihre Hilfe und Unterstützung.

Abkürzungen der Schallplatten-Labels

AFRS	American-Forces-Radio-Service
AFRS-Jub	American-Forces-Radio-Service, Jubilee-Serie
Ala	Aladdin
Br	Brunswick
Col	Columbia
NV-D	Victory Disc, Navy-Serie
OK	Okeh
V-D	Victory-Disc
Voc	Vocalion

Abkürzungen der Instrumentierungen

Blechblasinstrumente

tp	Trompete
co	Kornett
tb	Posaune
btb	Baßposaune

Holzblasinstrumente

cl	Klarinette
bcl	Baßklarinette
ss	Sopran-Saxophon
as	Alt-Saxophon
ts	Tenor-Saxophon
bs	Bariton-Saxophon

Rhythmusgruppe

p	Piano (Klavier)
g	Gitarre
bj	Banjo
b	Baß (Kontrabaß)
dm	Schlagzeug (Drum-Set)
vib	Vibraphon
perc	Perkussionsinstrumente
celesta	

Saiteninstrumente

v	Violine
va	Viola (Bratsche)
cello	
harp	Harfe

Andere

arr	Arrangeur
cond	Leiter, Dirigent (conductor)
mc	Moderator, Interviewparter (master of ceremonies)

33-1127 BENNY GOODMAN AND HIS ORCHESTRA — 55 5th Avenue, New York NY

Charles Teagarden, Shirley Clay tp; Jack Teagarden tb; Benny Goodman cl; Arthur Karle ts; Buck Washington p; Dick McDonough g; Artie Bernstein b; Gene Krupa dm; Billie Holiday voc; Dean Kincaide arr.

a. W152568-3 Your Mother's Son In Law Col-2856 (01) [101] [110] [121] [126]

33-1218 BENNY GOODMAN AND HIS ORCHESTRA — 55 5th Avenue, New York NY

Besetzung wie 33-1127, eventuell Joe Sullivan p für B.Washington.

a. W152650-2 Riffin' The Scotch Col-2867 (01) [101] [110] [126]

35-0312 DUKE ELLINGTON AND HIS ORCHESTRA — Paramount Film Studios, Astoria, Long Island NY

Arthur Whetsol, Freddie Jenkins, Cootie Williams tp; Joe Nanton, Juan Tizol, Lawrence Brown tb; Marshall Royal cl,as; Barney Bigard cl,ts; Johnny Hodges as; Harry Carney bs; Duke Ellington p; Fred Guy bj; Wellman Braud b; Sonny Greer dm; Billie Holiday voc.

a. Big City Blues (28) [121] [122]

Aufnahme für den Film SYMPHONY IN BLACK, später als Filmausschnitt unter dem Titel »Jealousy Blues« veröffentlicht; »Big City Blues« ist derselbe Song wie »Saddest Tale«. Die vollständige Filmmusik erschien außer auf (28) auf verschiedenen LPs.

35-0702 TEDDY WILSON AND HIS ORCHESTRA — 1776 Broadway, New York NY

Roy Eldridge tp; Benny Goodman cl; Ben Webster ts; Teddy Wilson p; John Trueheart g; John Kirby b; Cozy Cole dm; Billie Holiday voc.

a.	B17766-1	I Wished On The Moon	Br-7501 (04) [101] [110] [121] [126] [145]
b.	B17767-1	What A Little Moonlight Can Do	Br-7498 (04) [101] [110] [121] [126] [145]
c.	B17768-1	Miss Brown To You	Br-7501 (04) [101] [110] [121] [126] [145]
d.	B17769-1	A Sunbonnet Blue (ohne Benny Goodman)	Br-7498 (03) [101] [110] [126] [145]

35-0731 TEDDY WILSON AND HIS ORCHESTRA — 1776 Broadway, New York NY

Roy Eldridge tp; Cecil Scott c; Hilton Jefferson as; Ben Webster ts; Teddy Wilson p; Lawrence Lucie g; John Kirby b; Cozy Cole dm; Billie Holiday voc.

a.	B17913-1	What A Night, What A Moon, What A Girl	Br-7511 (03) [101] [110] [126] [145]
b.	B17914-1	I'm Painting The Town Red	Br-7514 (03) [101] [110] [126] [145]
c.	B17915-1	It's Too Hot For Words	Br-7511 (03) [101] [110] [126] [145]

Ein weiterer Titel dieser Session ohne Billie Holiday.

35-1025 TEDDY WILSON AND HIS ORCHESTRA — 1776 Broadway, New York NY

Roy Eldridge tp; Benny Morton tb; Chu Berry ts; Teddy Wilson p; Dave Barbour g; John Kirby b; Cozy Cole dm; Billie Holiday voc.

a. B18196-1	Twenty-Four Hours A Day	Br-7550 (15) [101] [110] [126] [145]
b. B18197-1	Yankee Doodle Never Went To Town	Br-7550 (15) [101] [110] [126] [145]
c. B18199-1	Eeny Meeny Miney Mo	Br-7554 (05) [101] [110] [126] [145]
d. B18209-1	If You Were Mine	Br-7554 (04) [101] [110] [121] [126] [145]

Die hier fehlenden Matrix-Nummern 18198 und 18200 – 18208 wurden für andere Aufnahmen und Umspielungen (ohne Billie Holiday) eingesetzt.

35-1203 TEDDY WILSON AND HIS ORCHESTRA — 1776 Broadway, New York NY

Dick Clark tp; Tom Macey cl; Johnny Hodges as; Teddy Wilson p; Dave Barbour g; Grachan Moncur b; Cozy Cole dm; Billie Holiday voc.

a. B18316-1	These 'N' That 'N' Those	Br-7577 (05) [101] [110] [121] [126] [145]
b. B18317	Sugar Plum (ohne Billie Holiday)	
c. B18318-1	You Let Me Down	Br-7581 (03) [101] [110] [121] [126] [145]
d. B18319-1	Spreadin' Rhythm Around	Br-7581 (15) [101] [110] [126] [145]

36-0130 TEDDY WILSON AND HIS ORCHESTRA — 1776 Broadway, New York NY

Gordon »Chris« Griffin tp; Rudy Powell cl; Teddy McRae ts; Teddy Wilson p; John Trueheart g; Grachan Moncur b; Cozy Cole dm; Billie Holiday voc.

a. B18612-1	Life Begins When You're In Love	Br-7612 (15) [102] [110] [121] [126]
b. B18613	Rhythm In My Nursery Rhymes (ohne Billie Holiday)	

36-0630 TEDDY WILSON AND HIS ORCHESTRA — New York NY

Jonah Jones tp; Harry Carney cl,bs; Johnny Hodges as; Teddy Wilson p; Lawrence Lucie g; John Kirby b; Cozy Cole dm; Billie Holiday voc.

a. B19495-2	It's Like Reaching For The Moon	Br-7702 (03) [102] [110] [121] [126]
b. B19496-2	These Foolish Things	Br-7699 (01) [102] [110] [121] [126]
c. B19497-2	Why Do I Lie To Myself (ohne Billie Holiday)	
d. B19498-2	I Cried For You	Br-7729 (04) [102] [110] [126]
e. B19499-2	Guess Who?	Br-7702 (06) [102] [110] [126]

36-0710 BILLIE HOLIDAY AND HER ORCHESTRA — New York NY

Bunny Berigan tp; Artie Shaw cl; Joe Bushkin p; Dick McDonough g; Pete Johnson b; Cozy Cole dm; Billie Holiday voc.

a. 19535-1	Did I Remember?	Voc-3276 (01) [102] [110] [126]
b. 19536-1	No Regrets	Voc-3276 (01) [102] [110] [126]
c. 19536-2	No Regrets	(42) [117] [120]
d. 19537-1	Summertime	Voc-3288 (04) [102] [111] [121] [126]
e. 19538-2	Billie's Blues	Voc-3288 (04) [102] [111] [121] [126]

36-0929 BILLIE HOLIDAY AND HER ORCHESTRA New York NY
Bunny Berigan tp; Irving Fazola cl; Clyde Hart p; Dick McDonough g; Artie Bernstein b; Cozy Cole dm; Billie Holiday.

a.	19971-1	A Fine Romance	Voc-3333 (01) [102] [111] [121] [126]
b.	19972-1	I Can't Pretend	Voc-3333 (07) [102] [111] [121] [126] [137]
c.	19973-1	One, Two, Button Your Shoe	Voc-3334 (15) [102] [111] [121] [126]
d.	19974-2	Let's Call A Heart A Heart	Voc-3334 (15) [102] [111] [121] [126]

zu b: auf einigen LP-Ausgaben mit eingeblendetem Applaus am Ende.
zu c: mit einleitenden Worten von Cozy Cole.

36-1021 TEDDY WILSON AND HIS ORCHESTRA New York NY
Irving »Mouse« Randolph tp; Vido Musso (nur b.) cl,as,ts; Ben Webster ts; Teddy Wilson p; Allen Reuss g; Milt Hinton b; Gene Krupa dm; Billie Holiday voc.

a.	B20105-1	Easy To Love	Br-7762 (01) [102] [111] [121] [126]
b.	B20106-2	With Thee I Swing	Br-7768 (05) [102] [111] [126]
c.	B20107-1	The Way You Look Tonight	Br-7762 (29) [117] [126]
d.	B20107-2	The Way You Look Tonight	Br-7762 (01) [102] [111] [126]

36-1028 TEDDY WILSON AND HIS ORCHESTRA New York NY
Besetzung wie 36-1021 ohne Vido Musso.

a.	B20142-1	Who Loves You	Br-7768 (08) [117] [126]
b.	B20142-3	Who Loves You	Br-7768 (05) [103] [111] [126]

Von Br-7762 und Br-7768 wurden je zwei verschiedene Versionen gepresst, jeweils entweder mit Take 1 oder 2 von B20107 und B20142.

36-1119 TEDDY WILSON AND HIS ORCHESTRA New York NY
Jonah Jones tp; Benny Goodman cl; Ben Webster ts; Teddy Wilson p; Allan Reuss g; John Kirby b; Cozy Cole dm; Billie Holiday voc.

a.	B20290-1	Pennies From Heaven	Br-7789 (01) [103] [111] [126]
b.	B20290-2	Pennies From Heaven	[117] [120] [121]
c.	B20291-1	That's Life I Guess	Br-7789 (01) [103] [111] [126]
d.	B20291-2	That's Life I Guess	[117] [120] [121]
e.	B20292	Sailin' (ohne Billie Holiday)	
f.	B20293-1	I Can't Give You Anything But Love	Br-7781 (01) [103] [111] [121] [126]

37-0112 BILLIE HOLIDAY AND HER ORCHESTRA New York NY
Jonah Jones tp; Edgar Sampson cl,as; Ben Webster ts; Teddy Wilson p; Allan Reuss g; John Kirby b; Cozy Cole dm; Billie Holiday voc.

a.	20506-1	One Never Knows Does One	Voc-3431 (03) [103] [111] [121] [126]
b.	20507-1	I've Got My Love To Keep Me Warm	(03) [117] [126]
c.	20507-2	I've Got My Love To Keep Me Warm	Voc-3431 (03) [103] [111] [121] [126]
d.	20508-1	If My Heart Could Only Talk	Voc-3440 (07) [103] [111] [126]
e.	20509-1	Please Keep Me In Your Dreams	Voc-3440 (16) [103] [111] [126]

37-0125 TEDDY WILSON AND HIS ORCHESTRA New York NY

Buck Clayton tp; Benny Goodman cl; Lester Young ts; Teddy Wilson p; Freddie Green g; Walter Page b; Jo Jones dm; Billie Holiday voc.

a.	B20568-1	He Ain't Got Rhythm	Br-7824 (09) [103] [111] [121] [126]
b.	B20569-2	This Year's Kisses	Br-7824 (01) [103] [111] [121] [126]
c.	B20570-1	Why Was I Born	Br-7859 (01) [103] [111] [121] [126]
d.	B20571-1	I Must Have That Man	Br-7859 (04) [103] [111] [121] [126]

37-0218 TEDDY WILSON AND HIS ORCHESTRA New York NY

Henry Red Allen tp; Cecil Scott cl,as; Prince Robinson ts; Teddy Wilson p; Jimmy McLin g; John Kirby b; Cozy Cole dm; Billie Holiday voc.

a.	B20698-2	The Mood That I'm In	Br-7844 (01) [103] [111] [121] [126]
b.	B20699-2	You Showed Me The Way	Br-7840 (03) [103] [111] [126]
c.	B20700-2	Sentimental And Melancholy	Br-7844 (03) [103] [112] [126]
d.	B20701-1	My Last Affair	Br-7840 (03) [103] [112] [121] [126]

37-0331 TEDDY WILSON AND HIS ORCHESTRA New York NY

Cootie Williams tp; Harry Carney cl,bs; Johnny Hodges as; Teddy Wilson p; Allan Reuss g; John Kirby b; Cozy Cole dm; Billie Holiday voc.

a.	B20911-3	Carelessly	Br-7867 (03) [104] [112] [126]
b.	B20912-1	How Could You	Br-7867 (03) [104] [112] [126]
c.	B20913-1	Moanin' Low	Br-7877 (03) [104] [112] [121] [126]
d.	B20914	Fine And Dandy (ohne Billie Holiday)	

37-0401 BILLIE HOLIDAY AND HER ORCHESTRA New York NY

Eddie Tompkins tp; Buster Bailey cl; Joe Thomas ts; Teddy Wilson p; Carmen Mastren g; John Kirby b; Alphonse Steele dm; Billie Holiday voc.

a.	20918-1	Where Is The Sun	Voc-3543 (03) [104] [112] [121] [126]
b.	20919-1	Let's Call The Whole Thing Off	Voc-3520 (03) [104] [112] [121] [126]
c.	20920-1	They Can't Take That Away From Me	Voc-3520 (16) [104] [112] [126]
d.	20920-2	They Can't Take That Away From Me	(30) [117] [126]
e.	20921-1	I Don't Know If I'm Comin' Or Goin'	Voc-3543 (16) [104] [112] [121] [126]
f.	20921-2	I Don't Know If I'm Comin' Or Goin'	(30) [117] [126]

zu c: in einigen Ausgaben mit nachträglich zugemischtem Hall-Effekt und Schlußapplaus.

37-0511 TEDDY WILSON AND HIS ORCHESTRA New York NY

Buck Clayton tp; Harry Carney cl,bs; Johnny Hodges as; Lester Young ts; Teddy Wilson p; Allan Reuss g; Artie Bernstein b; Cozy Cole dm; Billie Holiday voc.

a.	B21117-2	Sun Showers	Br-7917 (03) [104] [112] [126]
b.	B21118-2	Yours And Mine	Br-7917 (09) [104] [112] [126]
c.	B21119-1	I'll Get By	Br-7903 (16) [104] [112] [121] [126]
d.	B21119-2	I'll Get By	(03) [117] [126]
e.	B21120-1	Mean To Me	Br-7903 (09) [104] [112] [121] [126]
f.	B21120-2	Mean To Me	(03) [117] [126]

37-0601 TEDDY WILSON AND HIS ORCHESTRA New York NY

Buck Clayton tp; Buster Bailey cl; Lester Young ts; Teddy Wilson p; Freddie Green g; Walter Page b; Jo Jones dm; Billie Holiday voc.

a. B21217-1	Foolin' Myself	Br-7911 (04) [104] [112] [121] [126]
b. B21218-2	Easy Living	Br-7911 (04) [104] [112] [121] [126]
c. B21219-2	I'll Never Be The Same	Br-7926 (01) [104] [112] [121] [126]
d. B21220	I've Found A New Baby (ohne Billie Holiday)	

37-0615 BILLIE HOLIDAY AND HER ORCHESTRA New York NY

Buck Clayton tp; Edmond Hall cl; Lester Young ts; James Sherman p; Freddie Green g; Walter Page b; Jo Jones dm; Billie Holiday voc.

a. 21249-1	Me, Myself And I	(04) [117] [121] [126]
b. 21249-2	Me, Myself And I	Voc-3593 (09) [104] [112] [126]
c. 21250-1	A Sailboat In The Moonlight	Voc-3605 (04) [104] [112] [121] [126]
d. 21251-1	Born To Love	Voc-3605 (09) [105] [112] [121] [126]
e. 21252-1	Without Your Love	Voc-3593 (09) [105] [112] [126]
f. 21252-2	Without Your Love	(01) [117] [121] [126]

37-0630 COUNT BASIE AND HIS ORCHESTRA Savoy Ballroom, New York NY

Ed Lewis, Bobby Moore, Buck Clayton tp; Dan Minor, George Hunt tb; Earle Warren as; Lester Young cl,ts; Herschel Evans ts; Jack Washington bs; Count Basie p; Freddie Green g; Walter Page b; Jo Jones dm; Billie Holiday voc.

a.	They Can't Take That Away From Me	(01) [121] [122]
b.	Swing Brother Swing	(01) [121] [122]

Die zwei Titel sind, Teil einer MBC-Radiosendung, auf einer Vielzahl von LPs veröffentlicht; die nahezu vollständige Sendung (mit weiteren Titeln ohne Billie Holiday) auf den LPs Temple (NL) M553 und Saga (GB) PAN6903. Da es sich, obwohl möglicherweise unter der Regie von John Hammond entstanden und in der Folge auf Columbia/CBS erschienen, nicht um reguläre Columbia-Aufnahmen handelt, sind sie in den Columbia/CBS- und King-Jazz-CD-Ausgaben nicht enthalten.

37-0913 BILLIE HOLIDAY AND HER ORCHESTRA New York NY

Buck Clayton tp; Buster Bailey cl; Lester Young ts; Claude Thornhilll p; Freddie Green g; Walter Page b; Jo Jones dm; Billie Holiday voc.

a. 21686-1	Getting Some Fun Out Of Life	Voc-3701 (01) [105] [112] [126]
b. 21687-1	Who Wants Love	Voc-3701 (10) [105] [112] [121] [126]
c. 21688-1	Trav'lin All Alone	Voc-3748 (01) [105] [112] [121] [126]
d. 21689-1	He's Funny That Way	Voc-3748 (03) [105] [112] [121] [126]

37-1101 TEDDY WILSON AND HIS ORCHESTRA New York NY

Buck Clayton tp; Prince Robinson cl,as; Vido Musso cl,ts; Teddy Wilson p; Allan Reuss g; Walter Page b; Cozy Cole dm; Billie Holiday voc.

a. B21982-1	Nice Work If You Can Get It	Br-8015 (03) [105] [113] [126]
b. B21983-1	Things Are Looking Up	Br-8015 (05) [105] [113] [126]
c. B21984-1	My Man	Br-8008 (03) [105] [113] [121] [126]
d. B21095-1	Can't Help Lovin' Dat Man	Br-8008 (03) [105] [113] [126]

37-1103 COUNT BASIE AND HIS ORCHESTRA — Meadowbrook Lounge, Cedar Grove NJ

Ed Lewis, Bobby Moore, Buck Clayton tp; Dan Minor, Benny Morton, Eddie Durham (?) tb; Earle Warren as; Lester Young cl,ts; Herschel Evans ts; Jack Washington bs; Count Basie p; Freddie Green g; Walter Page b; Jo Jones dm; Billie Holiday voc.

a.		I Can't Get Started	(01) [121] [122]

Der Titel ist Teil einer CBS-Radiosendung und in der Folge u.a. auf mehreren Columbia/CBS-LPs erschienen, jedoch nicht im Rahmen der Columbia/CBS- und King-Jazz-CD-Ausgaben, die nur Columbia-Studio-Produktionen enthalten.

38-0106 TEDDY WILSON AND HIS ORCHESTRA — New York NY

Buck Clayton tp; Benny Morton tb; Lester Young ts; Teddy Wilson p; Freddie Green g; Walter Page b; Jo Jones dm; Billie Holiday voc.

a.	B22192-3	My First Impression Of You	(03) [117] [126]
b.	B22192-4	My First Impression Of You	Br-8053 (10) [105] [113] [126]
c.	B22193	(in dieser Session nicht benutzte Matrix-Nr.)	
d.	B22194-3	When You're Smiling	Br-8070 (01) [105] [113] [126]
e.	B22194-4	When You're Smiling	Col-36208 (10) [117] [126]
f.	B22195-3	I Can't Belive That You're In Love With Me	Col-36335 (10) [117] [121] [126]
g.	B22195-4	I Can't Belive That You're In Love With Me	Br-8070 (03) [105] [113] [126]
h.	B22255-1	If Dreams Come True	Br-8053 (01) [105] [113] [126]
i.	B22255-2	If Dreams Come True	(10) (10) [117] [126]

Erste und zweite Takes der Matrix-Nr. 22192–22195 (mit denselben Songs) wurden bereits am 17.12.1937 von Teddy Wilson And His Orchestra mit der Sängerin Sally Gooding aufgenommen, jedoch nicht veröffentlicht. In der hier vorliegenden Session mit Billie Holiday wurde der Titel 22193 »With A Smile And A Sing« durch (22255) »If Dreams Come True« ersetzt.

38-0127 BILLIE HOLIDAY AND HER ORCHESTRA — New York NY

Buck Clayton tp; Benny Morton tb; Lester Young cl,ts; Teddy Wilson p; Freddie Green g; Walter Page b; Jo Jones dm; Billie Holiday voc.

a.	22281-1	Now They Call It Swing	(03) [117] [126]
b.	22281-2	Now They Call It Swing	Voc-3947 (10) [105] [113] [126]
c.	22281-3	Now They Call It Swing	Br(D)A81486
d.	22282-1	On The Sentimental Side	(01) [117] [126]
e.	22282-2	On The Sentimental Side	Voc-3947 (17) [105] [113] [126]
f.	22283-1	Back In Your Own Backyard	Voc-4029 (01) [105] [113] [126]
g.	22283-2	Back In Your Own Backyard	(10) (10) [117] [126]
h.	22284-2	When A Woman Loves A Man	Voc-4029 (01) [105] [113] [121] [126]

Brunswick (D) A81486 wurde in zwei verschiedenen Versionen gepresst, mit 22281-2 oder 22281-3.

38-0511 BILLIE HOLIDAY AND HER ORCHESTRA — New York NY

Bernard Anderson oder Charlie Shavers tp; Buster Bailey cl; Babe Russin ts; Claude Thornhill p; John Kirby b; Cozy Cole dm; Billie Holiday voc.

a.	22921-1	You Go To My Head	Voc-4126 (01) [16] [113] [121] [126]
b.	22921-2	You Go To My Head	(44) [117]

c. 22922-1	The Moon Looks Down And Laughs	Voc-4126 (17) [16] [113] [126]
d. 22922-2	The Moon Looks Down And Laughs	(29) [117]
e. 22923-2	If I Were You	Voc-4151 (03) [16] [113] [126]
f. 22924-2	Forget If You Can	Voc-4151 (17) [16] [113] [126]

38-0623 BILLIE HOLIDAY AND HER ORCHESTRA New York NY

Charlie Shavers tp; Buster Bailey cl; Ben Webster oder Babe Russin ts; Claude Thornhill p; Allan Reuss g; John Kirby b; Cozy Cole dm; Billie Holiday voc.

a. 23151-1	Havin' Myself A Time	Voc-4208 (07) [16] [113] [126]
b. 23151-2	Havin' Myself A Time	(29) [117] [121] [126]
c. 23152-1	Says My Heart	Voc-4208 (17) [16] [113] [126]
d. 23152-2	Says My Heart	(07) [117] [121] [126]
e. 23153-1	I Wish I Had You	(29) [118] [126]
f. 23153-2	I Wish I Had You	Voc-4238 (17) [106] [113] [126]
g. 23154-1	I'm Gonna Lock My Heart	Voc-4238 (17) [106] [113] [126]
h. 23154-2	I'm Gonna Lock My Heart	(03) [118] [126]

38-0724 ARTIE SHAW AND HIS ORCHESTRA New York NY

Chuck Peterson, John Best, Claude Bowen tp; George Arus, Ted Vesely, Harry Rogers tb; Artie Shaw cl; Leslie Robinson as; Hank Freeman as; Ron Perry ts; Tony Pastor ts; Lester Burness p; Al Avola g; Sid Weiss b; Cliff Leeman dm; Billie Holiday voc.

a. OA24083-1	Any Old Time	BlueBird-B7759 (31) [113] [126]

Neben bisher unveröffentlichten Radiomitschnitten die einzige Aufnahme von Billie Holiday mit dem Artie Shaw Orchester. Auf späteren Pressungen von BlueBird-B7759 ist OA24083-1 durch 20-1575 »Any Old Time« (Artie Shaw Orchester mit der Sängerin Helen Forrest) ersetzt.

38-0915 BILLIE HOLIDAY AND HER ORCHESTRA New York NY

Buck Clayton tp; Dickie Wells tb; Lester Young cl,ts; Margaret Queenie Johnson p; Freddie Green g; Walter Page b; Jo Jones dm; Billie Holiday voc.

a. 23467-1	The Very Thought Of You	Voc-4457 (01) [16] [113] [121] [126]
b. 23468-1	I Can't Get Started	Voc-4457 (10) [16] [113] [126]
c. 23468-2	I Can't Get Started	(10) [118] [126]
d. 23469-1	I've Got A Date With A Dream	(10) [118] [126]
e. 23469-2	I've Got A Date With A Dream	Voc-4396 (03) [16] [114] [126]
f. 23470-1	You Can't Be Mine	Voc-4396 (02) [16] [114] [126]
g. 23470-2	You Can't Be Mine	(11) [118] [126]

38-1031 TEDDY WILSON AND HIS ORCHESTRA New York NY

Harry James tp; Benny Morton tb; Edgar Sampson as; Benny Carter as; Lester Young ts; Herschel Evans ts; Teddy Wilson p; Albert Casey g; Walter Page b; Jo Jones dm; Billie Holiday voc.

a. B23642-1	Everybody's Laughing	Br-8259 (12) [16] [114] [126]
b. B23643-1	Here It Is Tomorrow Again	Br-8259 (12) [16] [114] [126]

38-1109 TEDDY WILSON AND HIS ORCHESTRA New York NY
Besetzung wie 38-1031.

a. B23687-1	Say It With A Kiss	Br-8270 (03) [16] [114] [126]
b. B23688-1	April In My Heart	Br-8265 (18) [16] [114] [126]
c. B23688-2	April In My Heart	(29) [118] [126]
d. B23689-1	I'll Never Fail You	Br-8265 (18) [16] [114] [126]
e. B23690-1	They Say	Br-8270 (18) [16] [114] [126]
f. B23690-2	They Say	(03) [118] [126]

38-1128 TEDDY WILSON AND HIS ORCHESTRA New York NY
Bobby Hackett co; Trummy Young tb; Toots Mondello cl,as; Ted Buckner as; Chu Berry ts; Bud Freeman ts; Teddy Wilson p; Albert Casey g; Milt Hinton b; Cozy Cole dm; Billie Holiday voc.

a. B23760-1	You're So Desirable	Br-8283 (18) [107] [114] [126]
b. B23760-2	You're So Desirable	(30) [118] [126]
c. B23761-1	You're Gonna See A Lot Of Me	Br-8281 (18) [107] [114] [126]
d. B23761-2	You're Gonna See A Lot Of Me	(30) [118] [126]
e. B23762-1	Helly My Darling	Br-8281 (18) [107] [114] [126]
f. B23762-2	Helly My Darling	(30) [118] [126]
g. B23763-1	Let's Dream In The Moonlight	(30) [118] [126]
h. B23763-2	Let's Dream In The Moonlight	Br-8283 (18) [107] [114] [126]

39-0117 BENNY GOODMAN AND HIS ORCHESTRA New York NY
Cy Baker oder Irving Goodman tp; Ziggy Elman, Chris Griffin tp; Red Ballard, Vernon Brown tb; Benny Goodman cl; Noni Bernardi, Hymie Schertzer as; Arthur Rollini, Jerry Jerome ts; Jess Stacy p; Ben Heller g; Harry Goodman b; Buddy Schutz dm; Billie Holiday voc.

a.	I Cried For You	(24) [121] [122]
b.	Jeepers Creepers	[121]

Aufnahme aus einer »Camel Caravan Radio Show«.

39-0120 BILLIE HOLIDAY AND HER ORCHESTRA New York NY
Charlie Shavers tp; Tyree Glenn tb; Chu Berry ts; Sonny White p; Albert Casey g; John Williams b; Cozy Cole dm; Billie Holiday voc.

a. 23992-1	That's All I Ask Of You	Voc-4631 (01) [107] [114] [126]
b. 23992-2	That's All I Ask Of You	(59) [118] [126]
c. 23993-1	Dream Of Life	Voc-4631 (01) [107] [114] [126]

39-0130 TEDDY WILSON AND HIS ORCHESTRA New York NY
Roy Eldridge tp; Benny Carter cl,as; Ernie Powell cl,ts; Teddy Wilson p; Danny Barker g; Milt Hinton b; Cozy Cole dm; Billie Holiday voc.

a. B24044-1	What Shall I Say	Br-8314 (18) [107] [114] [126]
b. B24045-1	It's Easy To Blame The Weather	Br-8314 (18) [107] [114] [126]
c. B24046-1	More Than You Know	Br-8319 (18) [107] [114] [126]
d. B24046-2	More Than You Know	(03) [118] [126]
e. B24047-1	Sugar	Br-8319 (03) [107] [114] [126]

39-0321 BILLIE HOLIDAY AND HER ORCHESTRA New York NY

Hot Lips Page tp; Tab Smith ss,as; Kenneth Hollon ts; Stanley Payne ts; Ken Kersey p: Jim McLin g; John Williams b; Eddie Dougherty dm; Billie Holiday voc.

a.	W24245-1	You're Too Lovely To Last	Voc-4834 (18) [107] [114] [126]
b.	W24245-2	You're Too Lovely To Last	(30) [118] [126]
c.	W24246-1	Under A Blue Jungle Moon	Voc-4786 (18) [107] [114] [126]
d.	W24246-2	Under A Blue Jungle Moon	(30) [118] [126]
e.	W24247-1	Everything Happens For The Best	Voc-4786 (18) [107] [114] [126]
f.	W24248-1	Why Did I Always Depend On You	Voc-4834 (03) [107] [114] [126]
g.	W24249-1	Long Gone Blues	Col-37586 (01) [107] [114] [121] [126]

39-0420 BILLIE HOLIDAY ACCOMPAIGNED BY FRANKIE NEWTON AND HIS ORCHESTRA Brunswick/World Broadcasting Studios, New York NY

Frankie Newton tp: Tab Smith ss,as; Kenneth Hollon ts; Stanley Payne ts; Sonny White p; Jimmy McLin g; John Williams b; Eddie Dougherty dm; Billie Holiday voc.

a.	WP24403-A	Strange Fruit	Com-KICJ43/44 [118] [126]
b.	WP24403-B	Strange Fruit	Com-526 (38) [115] [126]
c.	WP24404-A	Yesterdays	Com-527 (38) [115]
d.	WP24404-B	Yesterdays	Com-KICJ43/44 [118] [126]
e.	WP24405-A	Fine And Mellow	Com-526 (38) [115] [126]
f.	WP24406-A	I Gotta Right To Sing The Blues	Com-KICJ43/44 [118] [126]
g.	WP24406-B	I Gotta Right To Sing The Blues	Com-527 (38) [115] [126]

In den Titeln c. und d. nur Billie Holiday, Kenneth Hollon und die Rhythmusgruppe.
Alle sieben Titel a. – g. auch auf (34), [127] und [129].

39-0705 BILLIE HOLIDAY AND HER ORCHESTRA New York NY

Charlie Shavers tp; Tab Smith ss,as; Kenneth Hollon ts; Stanley Payne ts; Sonny White p; Bernard Addison g; John Williams b; Eddie Dougherty dm; Billie Holiday voc.

a.	W24877-A	Some Other Spring	Voc-5021 (01) [107] [115] [121] [126]
b.	W24878-A	Our Lover Is Different	Voc-5129 (18) [107] [115] [126]
c.	W24879-A	Them There Eyes	Voc-5021 (01) [108] [115] [121] [126]
d.	W24880-A	Swing Brother Swing	Voc-5129 (18) [108] [115] [126]

39-1213A FRANKIE NEWTON AND HIS CAFE SOCIETY ORCHESTRA Café Society, New York NY

Frankie Newton tp; Tab Smith as; Sonny Payne as; Kenneth Hollon ts; Kenny Kersey p; Ulysses Livingston g; John Williams b; Eddie Dougherty dm; Billie Holiday voc.

a.		I'm Gonna Lock My Heart	(43) [122]

Ursprünglich Mitschnitt einer Radiosendung.

39-1213B BILLIE HOLIDAY AND HER ORCHESTRA New York NY

Buck Clayton, Harry »Sweets« Edison tp; Earle Warren as; Jack Washington as,bs; Lester Young ts; Joe Sullivan p; Freddie Green g; Walter Page b; Jo Jones dm; Billie Holiday voc.

a.	W26341-A	Night And Day	Voc-5377 (03) [108] [115] [126]
b.	W26341-B	Night And Day	(30) [118] [121] [126]
c.	W26342-A	The Man I Love	Voc-5377 (01) [108] [115] [121] [126]
d.	W26343-A	You're Just A No-Account	Voc-5302 (18) [108] [115] [126]
e.	W26344-A	You're A Lucky Guy	Voc-5302 (03) [108] [115] [126]

40-0229 BILLIE HOLIDAY AND HER ORCHESTRA New York NY

Roy Eldridge tp; Jimmy Powell as; Carl Frye as; Kermit Scott ts; Sonny White p; Lawrence Lucie g; John Williams b; Harold Doc West dm; Billie Holiday voc.

a.	W26572-A	Ghost Of Yesterday	Voc-5609 (01) [108] [115] [126]
b.	W26573-A	Body And Soul	Voc-5481 (01) [108] [115] [126]
c.	W26574-A	What Is This Going To Get Us	Voc-5481 (19) [108] [115] [126]
d.	W26575-A	Falling In Love Again	Voc-5609 (19) [108] [115] [126]
e.	W26575-B	Falling In Love Again	(03) [118] [126]

40-0607 BILLIE HOLIDAY AND HER ORCHESTRA New York NY

Roy Eldridge tp; Bill Bowen as; Joe Eldridge as; Kermit Scott ts; Lester Young ts; Teddy Wilson p; Freddie Green g; Walter Page b; J.C. Heard dm; Billie Holiday voc.

a.	W26900-A	I'm Pulling Through	OK-5991 (01) [108] [115] [126]
b.	W26901-A	Tell Me More	OK-5719 (01) [108] [115] [126]
c.	W26902-A	Laughing At Life	OK-5719 (01) [108] [115] [126]
d.	W26902-B	Laughing At Life	(13) [118] [126]
e.	W26903-A	Time On My Hands	OK-5991 (01) [108] [115] [126]

40-0912 BILLIE HOLIDAY WITH TEDDY WILSON AND HIS ORCHESTRA New York NY

Roy Eldridge tp; Georgie Auld as; Don Redman as,arr; Jimmy Hamilton ts; Don Byas ts; Teddy Wilson p; John Collins g; Albert Hall b; Kenny Clarke dm; Billie Holiday voc.

a.	28617-1	I'm All For You	OK-5831 (07) [108] [115] [126]
b.	28617-2	I'm All For You	(03) [118] [126]
c.	28618-1 I	Hear Music	OK-5831 (07) [108] [115] [126]
d.	28618-2	I Hear Music	(03) [118] [126]
e.	28619-1	It's The Same Old Story	OK-5806 (07) [108] [115] [126]
f.	28619-2	It's The Same Old Story	(03) [119] [126]
g.	28619-X	It's The Same Old Story	(44) [126] [126]
h.	28620-1	Practice Makes Perfect	OK-5806 (19) [108] [115] [126]
i.	28620-2	Practice Makes Perfect	(23) [119] [126]
j.	28620-3	Practice Makes Perfect	(03) [119] [126]

40-1015 BILLIE HOLIDAY ACCOMPAGNIED BY BENNY CARTER AND HIS ALL STAR ORCHESTRA New York NY

Bill Coleman tp; Benny Morton tb; Beny Carter cl,as; Georgie Auld ts; Sonny White p; Ulysses Livingston g; Wilson Myers b; Yank Porter dm; Billie Holiday voc.

Buchhandlung
Michaelis - Braun GmbH
Biegenstrasse 30
35037 Marburg / Lahn
Ruf: 06421 - 64892

asse 1 Bonnummer 62193

enge	Preis	Mwst.	Betrag
gr. 1/070	Antiquariat aus Buchhandlun		
2	3,00	7,00%	6,00
TOTAL EUR		0,39	6,00
TOTAL DM		0,77	11,73
BAR EUR			6,00
ZURüCK EUR			0,00

s bediente Sie Herr Michaelis-Braun
atum 15.08.2002 12:29

00 Schritte vom Audimax....
...der kurze Weg zum Buch.
mtausch u. Rückgabe nur gegen Gutschein

Wir danken für Ihren Einkauf !

a.	28874-1	St.Louis Blues	OK-6064 (03) [109] [116] [126]
b.	28074-2	St.Louis Blues	OK-6064 (19) [119] [126]
c.	28075-1	Loveless Love	OK-6064 (19) [109] [116] [126]
d.	28075-2	Loveless Love	(07) [119] [126]
e.	28076	Joe Turner Blues (Joe Turner voc für Billie Holiday)	
f.	28077	Beale Street Blues (Joe Turner voc für Billie Holiday)	

Von Okeh-6064 existieren zwei verschiedene Pressungen mit jeweils Titel -a. oder -b.

40-1219 JAM-SESSION WNEW-Radio-Studios (?), New York NY

Hot Lips Page tp; Charlie Barnet sax; Coleman Hawkins ts; Lester Young ts; Teddy Wilson p; unbekannte g,b,dm; Billie Holiday voc.

a.	Jam Session Blues (ohne Billie Holiday)	
b.	The Man I Love	(32) [122]

-b. ist unvollständig, wird eingeblendet. Mitschnitt einer WNEW-Radiosendung, mit zwei weitere Holiday-Titeln (37-0511-e. und 37-0913-a.).

41-0321 BILLIE HOLIDAY ACCOMPAGNIED BY EDDIE HEYWOOD AND HIS ORCHESTRA New York NY

Shad Collins tp; Eddie Johnakins as; Eddie Barefield as; Lester Young ts; Eddie Heywood p; John Collins g; Ted Sturgis b; Kenny Clarke dm; Billie Holiday voc.

a.	29987-1	Let's Do It	OK-6134 (03) [109] [116] [121]
b.	29987-2	Let's Do It	(13) [119]
c.	29987-3	Let's Do It	(30) [119]
d.	29988-1	Georgia On My Mind	OK-6134 (01) [109] [116]
e.	29988-2	Georgia On My Mind	(07) [119]
f.	29988-4	Georgia On My Mind	(30) [119]
g.	29989-1	Romance In The Dark	OK-6214 (01) [109] [116]
h.	29989-2	Romance In The Dark	(30) [119]
i.	29989-3	Romance In The Dark	(44) [119]
j.	29989-4	Romance In The Dark	(07) [119]
k.	29990-1	All Of Me	OK-6214 (01) [109] [116] [121]
l.	29990-2	All Of Me	(07) [119]
m.	29990-3	All Of Me	(13) [119]

41-0509 BILLIE HOLIDAY ACCOMPAGNIED BY EDDIE HEYWOOD AND HIS ORCHESTRA New York NY

Roy Eldridge tp; Lester Boone as; Jimmy Powell as; Ernie Powell ts; Eddie Heywood p; Paul Chapman g; Grachan Moncur b; Herbert Cowens dm; Billie Holiday voc.

a.	30457-1	I'm In A Low Down Groove	OK-6451 (03) [109] [116]
b.	30458-1	God Bless The Child	OK-6270 (01) [109] [116]
c.	30458-2	God Bless The Child	(30) [119]
d.	30458-3	God Bless The Child	(30) [119]
e.	30459-1	Am I Blue	Col-37586 (01) [109] [116]
f.	30459-2	Am I Blue	(27) (45) [119]
g.	30459-3	Am I Blue	(07) [119]
h.	30460-1	Solitude	OK-6270 (03) [109] [116]

41-0600A BILLIE HOLIDAY — Minton's Club at Hotel Cecil, 118th St., New York NY

Floyd Williams as; N.N. p; N.N. b; Billie Holiday voc.

a.		I Cried For You	(37) [122]
b.		Fine And Mellow	(37) [122]

Ursprünglich ein Privat-Mitschnitt von Jerry Newman.

41-0807 BILLIE HOLIDAY ACCOMPAGNIED BY TEDDY WILSON AND HIS ORCHESTRA — New York NY

Emmett Berry tp; Hymie Schertzer as; Jimmy Hamilton cl,ts; Babe Russin ts; Teddy Wilson p; Albert Casey g; John Williams b; J.C. Heard dm; Billie Holiday voc.

a.	31002-1	Jim	OK-6369 (19) [109] [116]
b.	31002-2	Jim	(07) [119]
c.	31003-1	I Cover The Waterfront	Col-37493 (01) [109] [116]
d.	31004-1	Love Me Or Leave Me	OK-6369 (01) [109] [116]
e.	31005-1	Gloomy Sunday	OK-6451 (01) [109] [116]
f.	31005-2	Gloomy Sunday	(45) [119] [121]
g.	31005-3	Gloomy Sunday	(07) [119]

42-0210 BILLIE HOLIDAY ACCOMPAGNIED BY TEDDY WILSON AND HIS ORCHESTRA — New York NY

Besetzung wie 41-0807; Gene Fields g für Albert Casey.

a.	32405-1	Wherever You Are	Harmony-1075 (19) [109] [116]
b.	32405-2	Wherever You Are	(14) [119]
c.	32406-1	Mandy Is Two	(03) [109] [116]
d.	32407-1	It Is A Sin To Tell A Lie	Harmony-1075 (03) [109] [116]
e.	32408-1	Until The Real Thing Comes Along	Col-37493 (19) [109] [116] [137]
f.	32408-2	Until The Real Thing Comes Along	(07) [119] [121]

42-0612 PAUL WHITEMAN AND HIS ORCHESTRA — Los Angeles CA

Paul Whiteman cond; Monty Kelly, Larry Neill, Don Waddilove tp; Alvy West, Danny D'Andrea, Lennie Hartman, N.N. sax; Skip Layton, Murray McEachern, N.N. tb; Buddy Weed p; Mike Pignatore bj,g; Artie Shapiro b; Willie Rodriguez dm; nicht identifizierte Streichergruppe; Billie Holiday voc.

a.	CAP-30-A	Trav'lin' Light	Cap-116 (21) [116] [132]

Drei weitere Titel dieser Session ohne Billie Holiday.

43-0000A BILLIE HOLIDAY WITH HENRY »RED« ALLEN SEXTET — Los Angeles CA

Henry »Red« Allen tp; J.C. Higginbotham tb; Don Stovall as; Alfred Williams p; Benny Moten b; Alvin Burroughs dm; Billie Holiday voc.

a.		Trav'lin' Light	AFRS-Jub-17 [122]

44-0118 ESQUIRE FIRST ANNUAL JAZZ CONCERT — Metropolitan Opera House, New York NY

Roy Eldridge tp; Jack Teagarden tb; Barney Bigard cl; Coleman Hawkins ts; Art Tatum p; Al Casey g; Oscar Pettiford b; Sidney Catlett dm; Billie Holiday voc; Leonard Feather, N.N. mc.

a.	Do Nothing 'Till You Hear From Me	V-D-672 (33) [122] [140]
b.	I Love My Man (Billie's Blues)	NV-D-28 (33) [122] [136]
c.	I'll Get By	V-D-672 (33) [122] [136] [140]

27 weitere Titel dieses Konzertes ohne Billie Holiday. Das gesamte Konzert außer auf Saga(GB)6922/23 auch auf Jazzline(D)95810-14 (5LP) u.a. veröffentlicht.

44-0325 BILLIE HOLIDAY ACCOMPAGNIED BY EDDIE HEYWOOD AND HIS ORCHESTRA — WOR Studios, New York NY

Doc Cheatham tp; Vic Dickenson tb; Lem Davis as; Eddie Heywwod p; Teddy Walters g; John Simmons b; Sidney Catlett dm; Billie Holiday voc.

a. A4742-TK1	How Am I To Know	(40) [129]
b. A4742-1	How Am I To Know	(40) [129]
c. A4742-2	How Am I To Know	(40) [129]
d. A4742-2/-1/-2	How Am I To Know	(26) (34) [127]
e. A4742-3	How Am I To Know	Com-569 (38) (34) [127] [129]
f. A4743-TK1	My Old Flame	(40) [129]
g. A4743-TK2	My Old Flame	(40) [129]
h. A4743-1	My Old Flame	Com-585 (38) (34) [127] [129]
i. A4743-2	My Old Flame	(26) (34) [127] [129]
j. A4744-1	I'll Get By	Com-553 (38) (34) [127] [129]
k. A4744-2	I'll Get By	(26) (34) [127] [129]
l. A4745-TK1	I Cover The Waterfront	(26) (34) [127] [129]
m. A4745-TK2	I Cover The Waterfront	(40) [129]
n. A4745-1	I Cover The Waterfront	(40) [129]
o. A4745-2	I Cover The Waterfront	Com-559 (38) (34) [127] [129]
p. A4745-TK1/TK2	I Cover The Waterfront	(41)

Titel mit den Matrix-Nr. -TKn sind Probenmitschnitte, die übrigen reguläre Aufnahmen.
zu d/p: wie dargestellt aus verschiedenen Takes montierte Fassungen.

44-0401 BILLIE HOLIDAY ACCOMPAGNIED BY EDDIE HEYWOOD AND HIS ORCHESTRA — WOR Studios, New York NY

Besetzung wie 44-0325; ohne Teddy Walters.

a. A4750-TK1	I'll Be Seeing You	(40) [129]
b. A4750-1	I'll Be Seeing You	Com-553 (38) (35) [128] [129] [139]
c. A4750-2	I'll Be Seeing You	(40) [129]
d. A4750-2/-3	I'll Be Seeing You	(26) (35) [128] [139]
e. A4751-TK1	I'm Yours	(40) [129]
f. A4751-1	I'm Yours	Com-585 (39) (35) [128] [129] [139]
g. A4751-2	I'm Yours	(26) (35) [128] [129] [139]
h. A4752-TK1	Embraceable You	(40) [129]
i. A4752-1	Embraceable You	(26) (35) [128] [129] [139]
j. A4752-2	Embraceable You	Com-CMS7520 (39) (35) [128] [129] [139]
k. A4753-1	As Time Goes By	Com-CMS7520 (39) (35) [128] [129] [139]
l. A4753-2	As Time Goes By	(26) (35) [128] [129] [139]

zu d: eine aus A4750-2 und A4750-TK1 montierte Fassung, nachträglich wie angegeben numeriert; ein »take 3« dieses Titels existiert nicht.
Siehe auch Anmerkungen zu 44-0325.

44-0408A BILLIE HOLIDAY ACCOMPAGNIED BY EDDIE HEYWOOD AND HIS ORCHESTRA — New York NY

Freddie Webster tp; Vic Dickenson tb; Lem Davis as; Eddie Heywood p; Teddy Walters g; John Simmons b; Sidney Catlett dm; Billie Holiday voc.

a.	A4754-TK1	He's Funny That Way	(40) [129]
b.	A4754-1	He's Funny That Way	(20) (25) [129]
c.	A4755-TK1	Lover Come Back To Me	(40) [129]
d.	A4755-1	Lover Come Back To Me	(20) (25) [129]

Die Session wurde nach den 4 Takes abgebrochen und später am selben Tag (44-0408B) mit verkleinerter Besetzung weitergeführt.

44-0408B BILLIE HOLIDAY ACCOMPAGNIED BY EDDIE HEYWOOD AND HIS ORCHESTRA — New York NY

Eddie Heywood p; John Simmons b; Sidney Catlett dm; Billie Holiday voc.

a.	4754-TK2A	He's Funny That Way	(40)
b.	4754-2	He's Funny That Way	Com-569 (38) (35) [128] [139]
c.	4754-3	He's Funny That Way	(26) (35) [128] [139]
c.	4755-2	Lover Come Back To Me	Com-559 (38) (35) [128] [139]
d.	4756-1	I Love My Man	(26) (35) [128] [139]
e.	4756-2	I Love My Man	(25) (35) [128] [139]
f.	4756-3	I Love My Man	Com-CMS7519 (39)
g.	4757-1	On The Sunny Side Of The Street	Com-614 (38) (35) [128] [139]

Siehe auch Anmerkungen zu 44-0325 und 44-0408A. Alle Titel a. – g. auch auf [129].

44-0524 BILLIE HOLIDAY — Apollo Theatre, New York NY

Billie Holiday voc mit unbekanntem Orchester.

a.		Do Nothing 'Till You Hear From Me	(22) [122]

Ursprünglich Mitschnitt einer Radiosendung.

44-0625 JAM-SESSION — New York NY

Roy Eldridge, Charlie Shavers tp; Benny Morton, Vic Dickenson tb; Edmond Hall cl; Ben Webster ts; Art Tatum p; Albert Casey g; Slam Stewart b; Arthur Trappier dm; Billie Holiday voc.

a.		Fine And Mellow	(36) [122]
b.		All Of Me	(36) [122]

Mitschnitt der Radiosendung »New-World-A-Coming Nr.17«.

44-1004 BILLIE HOLIDAY WITH TOOTS CAMARATA AND HIS ORCHESTRA — New York NY

Toots Camarata cond,arr; Russ Chase tp; Hymie Schertzer, Jack Cressey as; Larry Binyon, Paul Ricci ts; Dave Bowman p; Carl Kress g; Haig Stephens b; Johnny Blowers dm; 6 N.N. strings; Billie Holiday voc.

a.	72404-A	Lover Man	De-23391 (46) [130] [144]
b.	72405-A	No More	De-23483 (46) [130]
c.	72485-B	No More	(44) [130]

44-1108 BILLIE HOLIDAY WITH TOOTS CAMARATA AND HIS ORCHESTRA — New York NY

Toots Camarata cond,arr; Russ Case tp; Hymie Schertzer, Jack Cressey as,cl; Larry Binyon, Dave Harris ts,cl; Dave Bowman p; Carl Kress g; Haig Stephens b; George Wettling dm; 6 N.N. strings; Billie Holiday voc.

a.	72497-A	That Ole Devil Called Love	De-23391 (46) [130]
b.	72498-A	Don't Explain	(47) [130] [144]
c.	72499-A	Big Stuff	(47) [130] [144]

44-1200A BILLIE HOLIDAY — Apollo Theatre, New York NY

Billie Holiday voc mit unbekanntem Orchester.

a.		I'll Be Seeing You	(43) [122]

Ursprünglich Mitschnitt einer Radiosendung, erste Dezember-Woche 1944.

45-0117 ESQUIRE SECOND ANNUAL JAZZ CONCERT — Philharmonic Auditorium, Los Angeles CA

(Duke Ellington Orchestra) Rex Stewart, Taft Jordan, Shelton Hemphill, Cat Anderson, Ray Nance tp; Joe Nanton, Lawrence Brown, Claude Jones tb; Johnny Hodges ss,as; Otto Hardwicke as; Jimmy Hamilton cl,ts; Al Sears ts; Harry Carney bs,cl,bcl; Billy Strayhorn p; Junior Raglin b; Hillard Brown dm; Billie Holiday voc; Danny Kaye, Jerome Kern mc.

a.		I Cover The Waterfront	(32) [122]

Der Titel erschien auch auf FDC (I) 1008-9 und weiteren Veröffentlichungen im Rahmen des gesamten Radio-Mitschnittes dieses Konzerts, ferner als Einzeltitel in verschiedenen LPs.
Ein weiterer Titel »Lover Man« (mit Duke Ellington p statt Billy Strayhorn) ist nur aus schriftlichen Quellen bekannt.

45-0212 JAZZ AT THE PHILHARMONIC — Philharmonic Auditorium, Los Angeles CA

Howard McGhee und ev. Joe Guy tp; N.N. tb; Willie Smith as; Illinois Jacquet ts; Wardell Gray und/oder Charlie Ventura ts; Milt Raskin p; Dave Barbour g; Charles Mingus b; Dave Coleman dm; Billie Holiday voc.

a.		Body And Soul	Clef-MGC169 (48) [131]
b.		Strange Fruit	Clef-MGC169 (48) [131]

45-0814 BILLIE HOLIDAY ACCOMPAGNIED BY BOB HAGGART AND HIS ORCHESTRA — New York NY

Joe Guy tp; Bill Stegmeyer as; Hank Ross, Armand Camgros ts; Stan Webb bs; Sammy Benskin p; Tiny Grimes g; Bob Haggart b; Specs Powell dm; Morris Leftkowitz, Frank Siefield, George Swernoff, Leo Kruczek, Charles Jaffe v; Armand Kaproff va; Toots Camarata arr; Billie Holiday voc.

a.	W73006-A	Don't Explain	De-23565 (46) [130]
b.	W73007-A	Big Stuff	(47) [130]
c.	W73008-A	You Better Go Now	De-23483 (49) [130]
d.	W73009-A	What Is This Thing Called Love	De-23565 (49) [130]

45-1215 BILLIE HOLIDAY Apollo Theatre, New York NY
Oran »Hot Lips« Page tp; Apollo-Theatre-Orchester (unbekannte Besetzung); Billie Holiday voc.

a.		Fine And Mellow	(43) [122] [140]
b.		All Of Me	(43) [122] [140]

46-0122 BILLIE HOLIDAY ACCOMPAGNIED BY BILL STEGMEYER AND HIS ORCHESTRA New York NY
Joe Guy, Chris Griffin tp; Bill Stegmeyer as,cl; Hank Ross, Bernard Kaufman, Armand Camgros ts,cl; Joe Springer p; Tiny Grimes g; John Simmons b; Sidney Catlett dm; Billie Holiday voc.

a.	W73300-A	Good Morning Heartache	De-23676 (46) [130] [144]
b.	W73301-A	No Good Man	De-23676 (49) [130]
c.	W73301	No Good Man	[130]
d.		Big Stuff	[130]
e.		Big Stuff	[130]

zu d: abgebrochene, unvollständige Aufnahme.

46-0313 BILLIE HOLIDAY AND HER ORCHESTRA New York NY
Joe Guy tp; Joe Springer p; Tiny Grimes g; Billy Taylor p; Kelly Martin dm; Billie Holiday voc.

a.	W73440-A	Big Stuff	De-23463 (50) [130]

46-0409 BILLIE HOLIDAY ACCOMPAGNIED BY BILLY KYLE AND HIS TRIO New York NY
Joe Guy tp; Billy Kyle p; Jimmy Shirley g; Thomas Barney b; Kenny Clarke dm; Billie Holiday voc.

a.	W73497-A	Baby, I Don't Cry Over You	De-23957 (50) [130] [144]
b.	W73497	Baby, I Don't Cry Over You	[130]
c.	W73498-A	I'll Look Around	De-23957 (46) [130]
d.	W73498	I'll Look Around	[130]

46-0527 JAZZ AT THE PHILHARMONIC Carnegie Hall, New York NY
Buck Clayton tp; N.N. tb; Coleman Hawkins, Lester Young, Illinois Jacquet ts; Kenny Kersey p; John Collins or Tiny Grimes g; Curley Russell b; J.C. Heard dm; Billie Holiday voc.

a.		I Cried For You	(43) [131] [122]
b.		Fine And Mellow	(43) [131] [122]
c.		He's Funny That Way	(43) [131] [122]

zu b: irrtümlich als »Billie's Blues« auf Phoenix-LP8.
Zwei weitere Titel dieses Radio-Konzertmitschnittes ohne Billie Holiday.

46-0603 JAZZ AT THE PHILHARMONIC Carnegie Hall, New York NY
Joe Guy tp; Georgie Auld as; Illinois Jacquet, Lester Young ts; Kenny Kersey p; Tiny Grimes g; Al McKibbon b; J.C. Heard dm; Billie Holiday voc.

a.		The Man I Love	Clef-MGC169 (48) [131]
b.		Gee Baby Ain't I Good To You	Clef-MGC169 (48) [131]
c.		All Of Me	Clef-MGC169 (48) [131]
d.		Billie's Blues (I Love My Man)	Clef-MGC169 (48) [131]

46-0900A NEW ORLEANS (Film) Hal Roach Film Studios, Culver City CA
Charlie Beal p; Billie Holiday voc.

a.	Do You Know What It Means To MissNew Orleans	(51) [122]

Siehe Anmerkungen 46-0900C.

46-0900B NEW ORLEANS (Film) Hal Roach Film Studios, Culver City CA
Louis Armstrong tp; Kid Ory tb; Barney Bigard cl; Charlie Beal p; Bud Scott g; Red Callender b; Zutty Singleton dm; Billie Holiday voc.

a.	Do You Know What It Means To Miss New Orleans	(51) [122]
b.	Farewell To Storyville	(51) [122]

Siehe Anmerkungen 46-0900C.

46-0900C NEW ORLEANS (Film) Hal Roach Film Studios, Culver City CA
Louis Armstrong, Robert Butler, Louis Gray, Fats Ford, Ed Mullins tp; Russell »Big Chief« Moore, Waddet Williams, Nat Allen, James Whitney tb; Don Hill, Amos Gordon as; Joe Garland, John Sparrow ts; Ernest Thompson bs; Earl Mason p; Elmer Warner g; Arvell Shaw b; Edmond McConney dm; Billie Holiday voc.

a.	The Blues Are Brewin	(51) [122]

Aufnahmen zu/aus dem Film NEW ORLEANS (Regie: Arthur Lubin). (51) und (44) sowie die CD-Ausgaben enthalten die originalen Studioaufnahmen der Filmmusik. Dieselben Aufnahmen erschienen gekürzt, mit Dialogen und Geräuschen abgemischt auf der Tonspur des Films sowie in verschiedenen andern LP-Ausgaben.

46-1007 JAZZ AT THE PHILHARMONIC Shrine Auditorium, Los Angeles CA
Howard McGhee oder Buck Clayton tp; Trummy Young tb; Illinois Jacquet oder Flip Phillips ts; Kenny Kersey p; Barney Kessell g; Charles Drayton b; Jackie Mills dm; Billie Holiday voc.

a.	Trav'lin' Light	Clef-MGC169 (48) [131]
b.	He's Funny That Way	Clef-MGC169 (48) [131]

46-1227 BILLIE HOLIDAY ACCOMAIGNED BY JOHN SIMMONS AND HIS ORCHESTRA New York NY
Rostelle Reese tp; Lem Davis as; Bob Dorsey ts; Bobby Tucker p; John Simmons b,cond; Denzil Best dm; Billie Holiday voc.

a. W73767-A	The Blues Are Brewin'	De-48259 (50) [130] [144]
b. W73768-A	Guilty	(50) [130]
c. W73768-	Guilty	[130]
d. W73768-	Guilty	[130]

zu d: abgebrochene, unvollständige Aufnahme.

47-0113 BILLIE HOLIDAY CBS Broadcasting Studios, New York NY
N.N. p; Arthur Godfrey mc; Billie Holiday voc.

a.	The Man I Love	(36) [122] [140]

Radiomitschnitt der Preisverleihung des »Esquire Gold Award 1947« an Billie Holiday, Teddy Wilson u.a.; T. Wilson trat in diesem Programm als Solopianist auf, Billie Holiday wurde vom (unbekannten) Pianisten der Archie Blyer Band begleitet.

47-0208A LOUIS ARMSTRONG CONCERT Carnegie Hall, New York NY

Louis Armstrong voc,tp; Ed Mullins, Chiefy Scott, Thomas Grinder, Bob Butler tp; Russell »Big Chief« Moore, James Whitney, Alton »Slim« Moore tb; Arthur Dennis, Amos Gordon as; Lucky Thompson, Joe Garland ts; John Sparrow bs; Earl Mason p; Elmer Warner g; Arvell Shaw b; Sidney Catlett dm; Billie Holiday voc.

a.		Do You Know What It Means To Miss New Orleans	V-Disc-760 (43) (61) [122]
b.		Don't Explain (B.Holiday mit Bobby Tucker p)	V-Disc-771 (43) (61) [122]

47-0213 BILLIE HOLIDAY ACCOMPAGNIED BY BOB HAGGART AND HIS ORCHESTRA New York NY

Billy Butterfield tp; Bill Stegmeyer as,cl; Toots Mondello, Al Klink as; Hank Ross, Artie Drelinger ts; Bobby Tucker p; Danny Perry g; Bob Haggart b,arr,cond; Benny Shawker dm; Billie Holiday voc.

a.	W73792-A	Deep Song	De-24138 (46) [130]
b.	W73793-A	There Is No Greater Love	De-23853 (46) [130]
c.	W73794-A	Easy Living	De-24138 (46) [130]
d.	W73795-A	Solitude	De-23853 (46) [130] [144]
e.	W73795-	Solitude	[130]

47-0524 JAZZ AT THE PHILHARMONIC Carnegie Hall, New York NY

Bobby Tucker p; Billie Holiday voc.

a.		You Better Go Now	(43) [131]
b.		You're Driving Me Crazy	(43) [131]
c.		There Is No Greater Love	(43) [131]
d.		I Cover The Waterfront	(43) [131]

48-0707 LIONEL HAMPTON AND HIS ORCHESTRA Geneva NY

Jimmy Nottingham, Teddy Buckner, Wendell Culley, Leo Shepard, Duke Garrette tp; James Wormick, Britt Woodman, Lester Bass, Sonny Craven tb; Ben Kynard cl; Bobby Plater as; Billy Williams, John Sparrow ts; Charlie Fowlkes bs; Lionel Hampton vib; Milt Buckner p; Wes Montgomery g; Charles Mingus b; Earl Walker dm; Billie Holiday voc.

a.		I Cover The Waterfront	(43) (60) [122]

Weitere Titel dieses Radio-Konzertmitschnittes ohne Billie Holiday.

48-0730 BILLIE HOLIDAY unbekanntes Rundfunkstudio, New York NY

a.		Billie Holiday Interview	(43) [122]

Billie Holiday mit einem unbekannten Interviewer; Mitschnitt einer »Turn-Back-The-Turntable«-Radiosendung.

48-1210 BILLIE HOLIDAY WITH BOBBY TUCKER AND HIS TRIO New York NY

Bobby Tucker p; Mundell Lowe g; John Levy b; Denzil Best dm; Billie Holiday voc; The Stardusters (voc-group) mit Johnny Parker (alias Johnny Eager) und fünf weiteren unbekannten SängerInnen.

a.	W74650-A	Weep No More	De-24551 (52) [130]
b.	W74651-A	Girls Were Made To Take Care Of Boys	De-24551 (52) [130]

c.	W74652-A	(I Loves You) Porgy (ohne M. Lowe und Stardusters)	De-24638 (46) [130] [144]
d.	W74653-A	My Man (ohne M. Lowe und Stardusters)	De-24638 (46) [130] [144]
e.	W74653-	My Man (ohne M. Lowe und Stardusters)	[130]

49-0108 BILLIE HOLIDAY — WKQW-Radio-Studio, Los Angeles CA

a.		Billie Holiday Interview	(43) [122]

Billie Holiday mit einem unbekannten Interviewer; das Interview wurde in mehreren Teilen mit Aufnahmen der JATP-Sessions 45-0212, 46-0603 und 46-1007 gesendet.

49-0000A BILLIE HOLIDAY — Babs Gonzales Party, unbekannter Ort

N.N. p; weitere unbekannte Musiker; Billie Holiday voc.

a.		That Ole Devil Called Love	Expubidence-EXP10EP (43) [122]
b.		I'll Be Seeing You	Expubidence-EXP10EP (43) [122]

49-0000B BILLIE HOLIDAY — (?) Hollywood oder Los Angeles CA

Neal Hefti tp; Herbie Harper tb; Herbie Stewart cl,ts; Red Norvo vib; Jimmy Rowles p; Iggy Shevak b; Blinkie Garner dm; Billie Holiday voc.

a.		My Man	AFRS-JJ45 (53) [122]
b.		Miss Brown To You	AFRS-JJ45 (53) [122] [140]
c.		Lover Man	AFRS-JJ47 (54) [122] [140]
d.		I Wonder Where Our Love Has Gone	AFRS-JJ46 (55) [122] [140]
e.		Them There Eyes	AFRS-JJ46 (55) [122]
f.		I Love My Man (Billie's Blues)	AFRS-JJ48 (55) [122] [140]
g.		You Ain't Gonna Bother Me No More	AFRS-JJ55 (54) [122] [140]
h.		Good Morning Heartache	(54) [122] [140]
i.		You're Driving Me Crazy	(54) [122] [140]
j.		Maybe You'll Be There	(54) [122] [140]

49-0817 BILLIE HOLIDAY ACCOMPAGNIED BY BUSTER HARDING AND HIS ORCHESTRA — New York NY

Emmett Berry, Jimmy Nottingham, Buck Clayton tp; Dickie Wells, George Matthews tb; Rudy Powell, George Dorsey as; Lester Young, Joe Thomas ts; Sol Moore bs; Horace Henderson p; Mundell Lowe g; George Duvivier b; Shadow Wilson dm; Buster Harding cond; Billie Holiday voc.

a.	W75147-A	Ain't Nobody's Business If I Do	De-24726 (46) [130] [144]
b.	W75147	Ain't Nobody's Business If I Do	[130]
c.	W75148-A	Baby Get Lost	De-24726 (46) [130]

49-0827A ART FORD TELEVISION SHOW — unbekanntes TV-Studio, New York NY

Oran »Hot Lips« Page tp; Horace Henderson p; N.N. g; N.N. b; N.N. dm; Billie Holiday voc; Art Ford mc.

a.		Them There Eyes	Continental-211 (43) [123]
b.		Detour Ahead	Continental-211 (43) [123]
c.		I Cover The Waterfront	(53) [123]
d.		Billie Holiday Interview	(53) [123]
e.		All Of Me	(53) [123]

49-0827B EDDIE CONDON FLOOR SHOW NBC TV-Studio, New York NY
Bobby Hackett co; Cutty Cutshall tb; Pee Wee Russell cl; Joe Bushkin p; Eddie Condon bj,voc; Jack Lesberg b; George Wettling dm; Billie Holiday voc.

a.		Billie's Blues	(56) [122]
b.		Keeps On A 'Rainin'	(56) [122]
c.		Lover Man	(56) [122]

Mitschnitt einer NBC-TV-Sendung; zu a/c: unvollständige Aufnahmen mit zusätzlich eingeblendeten Ansagen.

49-0829 BILLIE HOLIDAY WITH SY OLIVER AND HIS ORCHESTRA New York NY
Bernie Privin, Dick Vance, Tony Fasco tp; Henderson Chambers, Morty Bullman tb; Johnny Mince, George Dorsey as; Budd Johnson, Fred Williams ts; Eddie Barefield bs,cl; Horace Henderson p; Everett Barksdale g; George Duvivier b; Cozy Cole dm; Sy Oliver cond; Billie Holiday voc.

a.	W75203-A	Keeps On A Rainin'	De-27145 (46) [130] [144]
b.	W75204-A	Them There Eyes	De-27145 (46) [130] [144]

Bei einigen LP-Ausgaben fehlt das Saxophon-Solo in Titel b.

49-0903 EDDIE CONDON FLOOR SHOW NBC-TV-Studio, New York NY
Wild Bill Davison tp; Cutty Cutshall tb; Peanuts Hucko cl; Ernie Caceres bs; Joe Bushkin p; Eddie Condon g; Jack Lesberg b; George Wettling dm; Billie Holiday voc.

a.		Fine And Mellow	(57) [123]
b.		(I Loves You) Porgy	(57) [123]
c.		Them There Eyes	(57) [123]
d.		I Love My Man (Billie's Blues)	(57) [123]
e.		Ole Miss	(57) [123]

Mitschnitt einer NBC-TV-Sendung; e. folgt ohne Unterbrechung auf d.

49-0908 BILLIE HOLIDAY WITH SY OLIVER AND HIS ORCHESTRA New York NY
Buck Clayton, Shad Collins, Bob Williams tp; Henderson Chambers, George Stevenson tb; Peter Clark, George Dorsey as; Budd Johnson, Fred Williams ts; Dave McRae bs; Horace Henderson p; Everett Barksdale g; Joe Benjamin b; Wallace Bishop dm; Sy Oliver cond; Billie Holiday voc.

a.	W75241-A	Do Your Duty	De-48259 (46) [130]
b.	W75242-A	Gimme A Pigfoot And A Bottle Of Beer	De-24947 (46) [130]

49-0930 LOUIS ARMSTRONG AND BILLIE HOLIDAY WITH SY OLIVER AND HIS ORCHESTRA New York NY
Louis Armstrong tp,voc; Bernie Privin tp; John Mince, Sid Cooper as; Artie Drelinger, Pat Nizza ts; Billy Kyle p; Everett Barksdale g; Joe Benjamin b; James Crawford dm; Sy Oliver cond; Billie Holiday voc.

a. W75342-A You Can't Lose A Broken Heart De-24858 (50) [130]
b. W75343-A My Sweet Hunk O'Trash De-24858 (50) [130] [144]
c. W75344-A Now Or Never (ohne Louis Armstrong) De-24947 (46) [130]

49-1019 BILLIE HOLIDAY ACCOMPAGNIED BY GORDON JENKINS AND HIS ORCHESTRA New York NY

Bobby Hackett tp; Milt Yaner cl,as; John Fulton cl,ts,fl; Bernie Leighton p; Tony Mottola g; Jack Lesberg b; Benny Shawker dm; 5 N.N. strings; Gordon Jenkins cond; Billie Holiday voc.

a. W75421-A You're My Thrill De-24796 (46) [130] [144]
b. W75422-A Crazy He Calls Me De-24796 (46) [130] [144]
c. W75123-A Please Tell Me Now De-24857 (46) [130]
d. W75124-A Somebody's On My Mind De-24857 (46) [130]

50-0308 BILLIE HOLIDAY AND HER ORCHESTRA Los Angeles CA

Dick Dent Eckles fl,sax; Charlie LaVere p; Robert Bain g; Lou Butterman b; Nick Fatool dm; David Friscina v; Joseph Quadri v; Maurice Perlmutter va; Kurt Reher cello; The Gordon Jenkins Singers voc group; Billie Holiday voc.

a. L5416 God Bless The Child De-24972 (46) [130] [144]
b. L5417 This Is Heaven To Me De-24972 (46) [130]

50-0524 BILLIE HOLIDAY Apollo Theatre, New York NY

nicht identifiziertes Orchester, wahrscheinlich die Apollo-Theatre-House-Band; Billie Holiday voc.

a. You're My Thrill (53) [123]

50-0800A BILLIE HOLIDAY WITH COUNT BASIE AND HIS SEXTET Universal Studios, Hollywood CA

Clark Terry tp; Buddy DeFranco cl; Wardell Gray ts; Serge Chaloff bs (?); Count Basie p; Freddie Green g; Jimmy Lewis b; Gus Johnson dm; Billie Holiday voc.

a. God Bless The Child (55) [123]
b. Now Baby Or Never (55) [123]

Aufnahmen für einen Kurzfilm mit Count Basie u.A., mit weiteren Titeln ohne Billie Holiday. Ton und Bild wurden getrennt aufgenommen, daher erscheint im Film Marshall Royal cl, während für die Tonspur Buddy DeFranco cl spielte.

50-0925 BILLIE HOLIDAY Los Angeles CA

nicht identifiziertes Orchester; Billie Holiday voc.

a. You Gotta Show Me (43) [123]
b. Crazy He Calls Me (nur p,b und Billie Holiday) (43) [123]

51-0429 LADY DAY WITH TINY GRIMES SEXTET New York NY

Frank »Haywood Henry« Haywood ts; Bobby Tucker p; Tiny Grimes g; N.N. b; N.N. dm; Billie Holiday voc.

a. WOR1681 Be Fair To Me Ala-3094 (58) [132]
b. WOR1682 Rocky Mountain Blues Ala-3102 (58) [132]
c. WOR1683 Blue Turning Gray Over You Ala-3102 (58) [132]
d. WOR1684 Detour Ahead Ala-3094 (58) [132]

51-1029/30 BILLIE HOLIDAY Storyville Club, Boston MA

Stan Getz ts (nur a.–c.); Buster Harding p; John Fields b; Marquis Foster dm; Billie Holiday voc.

a.	You're Driving Me Crazy	Dale-EP205 Dale-LP25 (62) [133] [134] [137] [146]
b.	Lover Come Back To Me	Dale-EP206 Dale-LP25 (62) [133] [134] [137] [146]
c.	Ain't Nobody's Business If I Do	Dale-EP205 Dale-LP25 (62) [133] [134] [137]
d.	He's Funny That Way	(62) [133] [134] [146]
e.	Billie's Blues (I Love My Man)	(63) (62) [133] [134]
f.	Miss Brown To You	(63) (62) [133] [134] [137] [146]
g.	Detour Ahead	(63) [134] [137] [146]
h.	Strange Fruit	(63) [134] [146]
i.	Ain't Nobody's Business If I Do	(63) [134] [146]
j.	All Of Me	(63) [134] [146]
k.	(I Loves You) Porgy	(63) [134] [146]
l.	Miss Brown To You	Dale-EP206 Dale-LP25 (53) [134]
m.	Billie's Blues (I Love My Man)	[134]
n.	Lover Man	(63) [134] [146]
o.	Them There Eyes	(63) [134] [146]
p.	My Man	(63) [134] [146]
q.	I Cover The Waterfront	(63) [134] [146]
r.	Crazy He Calls Me	(63) [134] [146]
s.	Lover Come Back To Me	(63) [134]

Die Aufnahmen entstanden vom 29.–31.10.1951; eine genaue Datierung der einzelnen Titel ist nicht mehr rekonstruierbar. Alle Titel erschienen in immer wieder veränderten Reihenfolgen und teilweise auch gekürzt auf verschiedenen LPs und CDs. Alle Titel a.–s. auch auf [123].

52-0400 A BILLIE HOLIDAY AND HER ORCHESTRA Los Angeles CA

Charlie Shavers tp; Flip Phillips ts; Oscar Peterson p; Barney Kessel g; Ray Brown b; Alvin Stoller dm; Billie Holiday voc.

a. YBC764-3	East Of The Sun	Clef-89005 (64) [131] [142]
b. YBC765-1	Blue Moon	Clef-89004 (64) [131] [142]
c. YBC766-3	You Go To My Head (ohne C. Shavers, F. Phillips)	Clef-89004 (64) [131] [142]
d. YBC767-5	You Turned The Tables On Me (ohne C. Shavers, F. Phillips)	Clef-89003 (64) [131]
e. YBC768-1	Easy To Love	Clef-89003 (64) [131]
f. YBC769-3	These Foolish Things (ohne C. Shavers, F. Phillips)	Clef-89002 (64) [131] [142]
g. YBC770-3	I Only Have Eyes For You	Clef-89002 (64) [131] [142]
h. YBC771-1	Solitude (ohne F.Phillips)	Clef-89005 (64) [131] [142]

Diese Session wird in vielen Quellen auf den 26.3.1952 datiert; wahrscheinlicher ist ein Datum nach dem 21.4.1952.

52-0400B BILLIE HOLIDAY AND HER ORCHESTRA Los Angeles CA
Charlie Shavers tp; Flip Phillips ts; Oscar Peterson p; Barney Kessel g; Ray Brown b; J.C. Heard dm; Billie Holiday voc.

a.	YBC784-1	Everything I Have Is Yours (ohne C. Shavers)	Clef-EPC224 (64) [131]
b.	YBC785-4	Love For Sale (nur B. Holiday und O. Peterson)	Clef-EPC224 (64) [131] [142]
c.	YBC786-4	Moonglow (ohne F. Phillips)	Clef-EPC224 (64) [131]
d.	YBC787-3	Tenderly	Clef-89064 (64) [131] [142]
e.	YBC788-2	If The Moon Turns Green	Clef-89108 (65) [131]
f.	YBC789-3	Remember	Clef-89096 (65) [131]
g.	YBC790-1	Autumn In New York (ohne C. Shavers, F. Phillips)	Clef-EP225 (65) [131] [142]
h.	YBC790-7	Autumn In New York (ohne C. Shavers, F. Phillips)	Clef-89108 [131]

52-0727 BILLIE HOLIDAY AND HER LADS OF JOY New York NY
Joe Newman tp; Paul Quinichette ts; Oscar Peterson p,org; Freddie Green g; Ray Brown b; Gus Johnson dm.; Billie Holiday voc.

a.	YBC839-6	My Man	Clef-89089 (65) [131]
b.	YBC840-4	Lover Come Back To Me	Clef-89037 (65) [131]
c.	YBC841-3	Stormy Weather (ohne P. Quinichette)	Clef-89064 (65) [131] [142]
d.	YBC842-2	Yesterdays (ohne J. Newman)	Clef-89037 (65) [131] [142]
e.	YBC843-1	He's Funny That Way	Clef-89089 (65) [131]
f.	YBC844-3	I Can't Face The Music	Clef-89096 (65) [131]

52-1114A DUKE ELLINGTON ORCHESTRA 25TH ANNIVERSARY CONCERTS Carnegie Hall, New York NY (Nachmittagskonzert)
Jimmy Hamilton cl; Ray Nance v; Buster Harding p; John Fields b; Marquis Foster dm; Billie Holiday voc.

a.	My Man	(70) [123]
b.	Fine And Mellow	(70) [123]

zu a: als »All Of Me«, b: als »Billie's Blues« auf (70).
Sechs weitere Titel unveröffentlicht.

52-1114B DUKE ELLINGTON ORCHESTRA 25TH ANNIVERSARY CONCERTS Carnegie Hall, New York NY (Abendkonzert)
Jimmy Hamilton cl; Ray Nance v; Buster Harding p; John Fields b; Marquis Foster dm; Billie Holiday voc.

a.	I Cover The Waterfront	(70) [123]
b.	Lover Come Back To Me	(70) [123]

Drei weitere Titel unveröffentlicht.

52-1210 BILLIE HOLIDAY WITH BUSTER HARDING AND HIS ORCHESTRA Apollo Theatre, New York NY
Tony Scott cl; Buster Harding p,cond; weitere Musiker unbekannt; Billie Holiday voc.

a.	Tenderly	(53) [123]
b.	My Man	(53) [123]

53-1016 THE COME BACK STORY unbekanntes TV-Studio, New York NY
Jimmy Raney g (?); Carl Drinkard p (?); N.N. b; Peter Littman dm (?); Geroge Jessel mc; Billie Holiday voc.

a.	The Come Back Story (G. Jessel imGespräch mit Billie Holiday, Artie Shaw, Leonard Feather, Arthur Herzog und weiteren Gästen)	(43) [123]
b.	God Bless The Child	(70) [123]

53-1000A BILLIE HOLIDAY Storyville Club, Boston MA
Carl Drinkard p; Jimmy Woode b; Peter Littman dm; Billie Holiday voc.

a.	I Cover The Waterfront	(66) (62) [123] [133] [146]
b.	Too Marvellous For Words	(66) (62) [123] [133] [146]
c.	(I Loves You) Porgy	(66) (62) [123] [133] [146]
d.	Them There Eyes	(66) (62) [123] [133] [146]
e.	Willow Weep For Me	(66) (62) [123] [133] [146]
f.	I Only Have Eyes For You	(66) (62) [123] [133] [146]
g.	You Go To My Head	(66) (62) [123] [133] [146]

Radiomitschnitt, Ende Oktober 1953.

54-0113 BILLIE HOLIDAY Stockholm (S)
Billie Holiday; N.N. mc.

a.	Billie Holiday Interview	(43) [124]

Runfunkinterview mit einem nicht definierten Journalisten.

54-0123 JAZZ CLUB USA CONCERT (?) Messehalle 5, Köln (D)
Carl Drinkard p; Red Mitchell b; Elaine Leighton dm; Billie Holiday voc; Leonard Feather mc.

a.	Billie's Blues (I Love My Man)	(43) [124]
b.	What A Little Moonlight Can Do	(43) [124]

Buddy DeFranco cl; Red Norvo vib; Sonny Clark, Beryl Booker p; Jimmy Raney g; Red Mitchell b; Elaine Leighton dm; Billie Holiday voc.

c.	Lover Come Back To Me	(43) [124]

54-0124 JAZZ CLUB USA CONCERT Palais des Beaux-Arts, Buxelles (B)
Carl Drinkard p; Red Mitchell b; Elaine Leighton dm; Billie Holiday voc; Leonard Feather mc.

a.	He's Funny That Way	(43) [124]
b.	All Of Me	(43) [124]
c.	My Man	(43) [124]
d.	Them There Eyes	(43) [124]
e.	Don't Explain	(43) [124]
f.	I Cried For You	(43) [124]
g.	Fine And Mellow	(43) [124]
h.	What A Little Moonlight Can Do	(43) [124]

54-0200 JAZZ CLUB USA CONCERT unbekannte(r) Ort(e) (Europa)
Carl Drinkard p; Red Mitchell b; Elaine Leighton dm; Billie Holiday voc; Leonard Feather mc.

a.		Nice Work If You Can Get It	[137]
b.		Willow Weep For Me I	(43) [124] [137]
c.		I Only Have Eyes For You	[137]
d.		God Bless The Child	[137]
e.		Please Don't Talk About Me When I'm Gone	[137]
f.		Billie's Blues (I Love My Man)	(43) [124] [137]
g.		All Of Me	[137]
h.		Willow Weep For Me II	(43) [124]

Aufnahmen der JAZZ CLUB USA Europatournee, zwischen dem 11.1. und 7.2.1954

54-0204 JAZZ CLUB USA CONCERT — Mustermesse, Basel (CH)

Carl Drinkard p; Red Mitchell b; Elaine Leighton dm; Billie Holiday voc; Leonard Feather mc.

a.		Announcement (Leonard Feather mc)	(67) [132]
b.		Blue Moon	(67) [132]
c.		All Of Me	(67) [132]
d.		My Man	(67) [132]
e.		Them There Eyes	(67) [132]
f.		I Cried For You	(67) [132]
g.		What A Little Moonlight Can Do	(67) [132]
h.		I Cover The Waterfront	(67) [132]

Buddy DeFranco cl; Red Norvo vib; Sonny Clark, Beryl Booker p; Jimmy Raney g; Red Mitchell b; Elaine Leighton dm; Billie Holiday voc.

i.		I Love My Man (Billie's Blues)	(67) [132]
j.		Lover Come Back To Me	(67) [132]

54-0414 BILLIE HOLIDAY AND HER BAND — Fine Sound Studios, New York NY

Charlie Shavers tp; Oscar Peterson p; Herb Ellis g; Ray Brown b; Ed Shaughnessy dm; Billie Holiday voc.

a.	YBC1567-4	How Deep Is The Ocean	Clef-89132 (65) [131] [142]
b.	YBC1568-8	What A Little Moonlight Can Do	Clef-89132 (65) [131]
c.	YBC1569-5	I Cried For You	Clef-EPC225 (65) [131]

54-0903 BILLIE HOLIDAY AND HER ORCHESTRA — Capitol Studios, Los Angeles CA

Harry »Sweets« Edison tp; Willie Smith as; Bobby Tucker p; Barney Kessel g; Red Callender b; Chico Hamilton dm; Billie Holiday voc.

a.	YBC1930-2	Love Me Or Leave Me	Clef-89150 (68) [131] [143]
b.	YBC1931-5	P.S. I Love You	(69) [131]
c.	YBC1932-6	Too Marvelous For Words	(68) [131] [143]
d.	YBC1933-7	Softly	(69) [131]

e.	YBC1935-3	I Thought About You (nur Billie Holiday mit B. Tucker p)	Clef-89150 (68) [131] [143]
f.	YBC1937-4	Willow Weep For Me	Clef-89141 (68) [131] [143]
g.	YBC1938-3	Stormy Blues	Clef-89141 (69) [131]

54-0925 BILLIE HOLIDAY WITH COUNT BASIE AND HIS ORCHESTRA — Carnegie Hall, New York NY

Thad Jones, Reunald Jones, Wendell Culley, Joe Newman tp; Bill Hughes, Henry Coker, Benny Powell tb; Marshall Royal as,cl; Ernie Wilkins as,ts; Frank Wess ts,fl; Frank Foster ts; Charlie Fowlkes bs; Carl Drinkard p; Freddie Green g; Eddie Jones b; Gus Johnson dm; Billie Holiday voc.

a.		All Of Me	(71) [124]
b.		Ain't Nobody's Business If I Do	(71) [124]
c.		Lover Come Back To Me	(71) [124]
d.		My Man	(71) [124]
e.		Them There Eyes	(71) [124]
f.		Lover Man	(71) [124]

Weitere Titel, alle auch auf (71), ohne Billie Holiday.

55-0208 BILLIE HOLIDAY/STEVE ALLEN TONITE SHOW oder JOHNNY CARSON TONIGHT SHOW — unbekanntes TV-Studio, New York NY

N.N. tp; N.N. ts; Skitch Henderson oder Carl Drinakrd p; N.N. b; N.N. dm; Billie Holiday voc; Steve Allen oder Johnny Carson mc.

a.		My Man	(70) [124]
b.		Them There Eyes	(70) [124]
c.		Lover Man	(70) [124]

55-0214 BILLIE HOLIDAY ACCOMPAGNIED BY TONY SCOTT AND HIS ORCHESTRA — Fine Sound Studios, New York NY

Charlie Shavers tp; Tony Scott cl; Budd Johnson ts; Billy Taylor p; Billy Bauer g; Leonard Gaskin b; Cozy Cole dm; Billie Holiday voc.

a.	YBC2274-4	Say It Isn't So	(72) [131]
b.	YBC2275-5	I've Got My Love To Keep Me Warm	(72) [131]
c.	YBC2276-4	I Wished On The Moon	(72) [131]
d.	YBC2277-3	Always	(72) [131]
e.	YBC2278-2	Everything Happens To Me	(72) [131]
f.	YBC2279-2	Do Nothing 'Till You Hear From Me	(72) [131]
g.	YBC2280-2	Ain't Misbehavin'	(72) [131]

55-0506 BILLIE HOLIDAY — Carnegie Hall, New York NY

Buck Clayton tp; Lester Young ts; Count Basie org; ev. Bobby Tucker p; N.N. b; N.N. dm; Billie Holiday voc.

a.		Stormy Weather	(70) [124] 360 365

55-0822 BILLIE HOLIDAY — Artie Shapiros Wohnung, Los Angeles CA

Jimmy Rowles p; Artie Shapiro b; Billie Holiday voc.

a.	Nice Work If You Can Get It	[131]
b.	Mandy Is Two	[131]
c.	Prelude To A Kiss	(73) [131] [141]
d.	I Must Have That Man	(73) [131]
e.	Jeepers Creepers	(73) [131] [141]
f.	Please Don't Talk About Me When I'm Gone	(73) [131] [141]
g.	Moonlight In Vermont	[131]
h.	Misery	[131]
i.	I'm Restles	(73) [131] [141]
j.	Moonlight In Vermont	(73) [131] [141]
k.	Everything Happens To Me	(73) [131]
l.	I Don't Want To Cry Anymore	(73) [131] [141]
m.	Everything Happens To Me	[131]
n.	When You Are Away, Dear	[131]
o.	It Had To Be You	[131]
p.	The Mood That I'm In	[131]
q.	Gone With The Wind	[131]
r.	I Got It Bad And That Ain't Good	(73) [131] [141]
s.	A Sunbonnet Blue	[131]
t.	I Don't Stand A Ghost Of A Chance	(73) [131] [141]
u.	I'm Walking Through Heaven WithYou	(73) [131] [141]
v.	Just Friends	(73) [131] [141]
w.	The Nearness Of You	[131]
x.	It's Too Hot For Words	[131]
y.	They Say	[131]
z.	I Won't Believe 'Till I Hear It From You	[131]

Aufzeichnungen von Proben für die Studiosession 55-0823. Einige Titel sind unvollständig, auch in mehreren Wiederholungen eingespielt, unterbrochen durch Gespräche B. Holiday's mit den beteiligten Musikern.

55-0823 BILLIE HOLIDAY AND HER ORCHESTRA — Radio Recorders Studio, Los Angeles CA

Harry »Sweets« Edison tp; Benny Carter as; Jimmy Rowles p; Barney Kessel g; John Simmons b; Larry Bunker dm; Billie Holiday voc.

a.	YBC2438-1	I Don't Want To Cry Anymore	[131]
b.	YBC2438-2	I Don't Want To Cry Anymore	Clef-EPC368 (74) [131]
c.	YBC2439-1	Prelude To A Kiss	[131]
d.	YBC2439-2	Prelude To A Kiss	[131]
e.	YBC2439-3	Prelude To A Kiss	(75) [131]

f.	YBC2440-4	I Don't Stand A Ghost Of A Chance	Clef-EPC369 (74) [131]
g.	YBC2441-1	When Your Lover Has Gone	[131]
h.	YBC2441-2	When Your Lover Has Gone	[131]
i.	YBC2441-3	When Your Lover Has Gone	(75) [131]
j.	YBC2442-4	Gone With The Wind	Clef-EPC368 (74) [131]
k.	YBC2443-2	Please Don't Talk About Me When I'm Gone	(75) [131]
l.	YBC2444-1	It Had To Be You	Clef-EPC368 (74) [131]
m.	YBC2445-5	Nice Work If You Can Get It	(75) [131]

55-0825 BILLIE HOLIDAY AND HER ORCHESTRA — Radio Recorders Studio, Los Angeles CA

Besetzung wie 55-0823.

a.	YBC2446-3	Come Rain Or Come Shine	(74) [131]
b.	YBC2447-1	I Gotta Right To Sing The Blues	(75) [131]
c.	YBC2448-3	What's New	(75) [131]
d.	YBC2449-1	A Fine Romance	[131]
e.	YBC2449-2	A Fine Romance	[131]
f.	YBC2449-3	A Fine Romance	[131]
g.	YBC2449-4	A Fine Romance	[131]
h.	YBC2449-5	A Fine Romance	[131]
i.	YBC2449-6	A Fine Romance	[131]
j.	YBC2449-7	A Fine Romance	[131]
k.	YBC2449-8	A Fine Romance	(75) [131]
l.	YBC2450-1	I Hadn't Anyone Till You	(75) [131]
m.	YBC2451-3	I Get A Kick Out Of You	Clef-EPC369 (74) [131]
n.	YBC2452-2	Everything I Have Is Yours	(75) [131]
o.	YBC2453-3	Isn't That A Lovely Day	(74) [131]

56-0210 BILLIE HOLIDAY / STEVE ALLEN TONITE SHOW — unbekanntes TV-Studio, New York NY

Carl Drinkard oder Skitch Henderson p; nicht identifiziertes Orchester mit tp, as, bs, g, b, dm; Billie Holiday voc; Steve Allen mc.

a.		Please Don't Talk About Me When I'm Gone	(43) [124]
b.		Billie Holiday Interview	(43) [124]
c.		A Ghost Of A Chance	(43) [124]

zu c: u.a. auch auf (76).

56-0215 BILLIE HOLIDAY — VOA Studio, Washington DC

Billie Holiday; Willis Connover mc.

a.		Billie Holiday Interview	(43) [124]

56-0530 BILLIE HOLIDAY — W.& M.Duftys Wohnung, New York NY

Tony Scott p,voc; Billie Holiday voc.

a.		Misery I	(43) [131] [125]
b.		Israel	(43) [131] [125]
c.		Misery II	(43) [131] [125]

d.	I Must Have That Man	(43) [131]
e.	Strange Fruit	(43) [131] [125]
f.	God Bless The Child	(43) [131] [125]
g.	One Never Knows, Does One I	(43) [131]
h.	Beer Barrel Polka	(43) [131] [125]
i.	Some Of These Days	(43) [131] [125]
j.	My Yiddish Momme	(43) [131] [125]
k.	Lady's Back In Town	(43) [131] [125]
l.	One Never Knows, Does One II	(43) [131]
m.	unbekannter Titel	(43) [131]

Aufzeichnungen von Proben für die Studiosession 56-0606. Einige Titel sind unterbrochen durch Gespräche B. Holidays mit T. Scott.

56-0606 BILLIE HOLIDAY ACCOMPAGNIED BY TONY SCOTT AND HIS ORCHESTRA — Fine Sound Studios, New York NY

Charlie Shavers tp; Tony Scott cl; Paul Quinichette ts; Wynton Kelly p; Kenny Burrell g; Aaron Bell b; Lennie McBrowne dm; Billie Holiday voc.

a. YBC2650-5	Trav'lin Light	(68) [131] [143]
b. YBC2851-3	I Must Have That Man	(68) [131] [143]
c. YBC2853-1	Some Other Spring	(68) [131] [143]
d. YBC2854-4	Lady Sings The Blues	(68) [131] [143]

56-0607 BILLIE HOLIDAY ACCOMPAGNIED BY TONY SCOTT AND HIS ORCHESTRA — Fine Sound Studios, New York NY

Besetzung wie 56-0606

a. YBC2855-12	Strange Fruit	(68) [131] [143]
b. YBC2856-1	God Bless The Child	(68) [131] [143]
c. YBC2857-8	Good Morning Heartache	(68) [131] [143]
d. YBC1858-1	No Good Man	(68) [131] [143]

56-0814 BILLIE HOLIDAY AND HER ORCHESTRA — Radio Recorders Studio, Los Angeles CA

Harry »Sweets« Edison tp; Ben Webster ts; Jimmy Rowles p; Barney Kessell g; Joe Mondragon b; Alvin Stoller dm; Billie Holiday voc.

a. YBC2914-3	Do Nothing 'Till You Hear From Me	(77) [131]
b. YBC2915-6	Cheek To Cheek	(77) [131]
c. YBC2916-4	Ill Wind	(77) [131]
d. YBC2917-8	Speak Low	(77) [131]

56-0818 BILLIE HOLIDAY AND HER ORCHESTRA — Radio Recorders Studio, Los Angeles CA

Besetzung wie 56-0814; Red Mitchell b für Joe Mondragon.

a. YBC2929-4	We'll Be Together Again	(77) [131]
b. YBC2930-3	All Or Nothing At All	(77) [131]
c. YBC2931-6	Sophisticated Lady	(77) [131]
d. YBC2932-6	April In Paris	(77) [131]

56-0829 BILLIE HOLIDAY/BANDSTAND USA Red Hill Inn, Pennsauken NJ
Carl Drinkard oder Mal Waldron oder Corky Hale p; N.N. b; N.N. dm; Billie Holiday voc.

a.	Willow Weep For Me	(70) [124]
b.	I Only Have Eyes For You	(70) [124]
c.	My Man	(70) [124]
d.	Please Don't Talk About Me	(70) [124]

Mitschnitt einer Radiosendung.

56-0913 BILLIE HOLIDAY unbekanntes TV-Studio, Los Angeles CA
N.N. p; N.N. b; N.N. dm; Billie Holiday voc.

a.	Please Don't Talk About Me When I'm Gone	(78) [124]
b.	I Love My Man (Billie's Blues)	(78) [124]
c.	My Man	(78) [124]

Mitschnitt einer TV-Sendung.

56-1027 BILLIE HOLIDAY »Olivia Davis' Patio Lounge«, Washington DC
Carl Drinkard oder Mal Waldron p; N.N. b; Eddie Phyfe (?) dm; Billie Holiday voc.

a.	Nice Work If You Can Get It	(76) [124]
b.	God Bless The Child	(76) [124]
c.	Please Don't Talk About Me When I'm Gone	(76) [124]
d.	Don't Explain	(76) [124]

Mitschnitt einer Radiosendung.

56-1108A BILLIE HOLIDAY/NIGHT BEAT unbekanntes TV-Studio, New York NY
Billie Holiday; Tex McCleary mc.

a.	Billie Holiday Interview	(55) [125]

Mitschnitt einer TV-Sendung.

56-1108B BILLIE HOLIDAY / PEACOCK ALLEY unbekanntes TV-Studio, New York NY
N.N. g; Billie Holiday; Mike Wallace mc.

a.	Billie Holiday Interview	(55) [125]

Im Rahmen des Interviews spricht Billie Holiday die Texte der Songs »Don't Explain«, »Fine And Mellow« und »Yesterdays«; Mitschnitt einer WABD-TV-Sendung.

56-1108C BILLIE HOLIDAY/STEVE ALLEN TONITE SHOW unbekanntes TV-Studio, New York NY
Carl Drinkard oder Skitch Henderson p; nicht identifizierte Big Band und Streicher; Billie Holiday voc.

a.	(I Loves You) Porgy	(76) [125]

Mitschnitt einer TV-Sendung.

56-1110 BILLIE HOLIDAY & CHICO HAMILTON — Carnegie Hall, New York NY

Roy Eldridge tp; Coleman Hawkins ts; Carl Drinkard p; Kenny Burrell g; Carson Smith b; Chico Hamilton dm; Billie Holiday voc; Gilbert Millstein reading.

a.	Lady Sings The Blues (Tony Scott p für C. Drinkard)	(79) [131]
b.	Ain't Nobody's Business If I Do	(79) [131]
c.	Trav'lin Light	(79) [131]
d.	I Love My Man (Billie's Blues)	(79) [131]
e.	Body And Soul	(79) [131]
f.	Don't Explain	(79) [131]

Buck Clayton tp; Tony Scott cl; Al Cohn ts; Carl Drinkard p; Kenny Burrell g; Carson Smith b; Chico Hamilton dm; Billie Holiday voc; Gilbert Millstein reading.

g.	Yesterdays	(79) [131]
h.	Please Don't Talk About Me When I'm Gone	(79) [131]
i.	I'll Be Seeing You	(79) [131]
j.	My Man	(79) [131]
k.	I Cried For You	(79) [131]
l.	Fine And Mellow	(79) [131]
m.	I Cover The Waterfront	(79) [131]
n.	What A Little Moonlight Can Do	(79) [131]

Aufnahmen des 2. und 3. Teils eines Konzerts. Die von Gilbert Millstein gelesenen Textpassagen aus B. Holidays Autobiographie *Lady Sings The Blues* sind in einigen Abmischungen dieser Aufnahmen ausgeblendet.

56-0000A BILLIE HOLIDAY/ MARTHA RAYE SHOW — unbekanntes TV-Studio, New York NY

nicht identifizierte Big Band; Billie Holiday voc; Martha Raye mc.

a.	You've Changed	(55) [124]
b.	My Man	[124]

Mitschnitt einer TV-Sendung.

57-0103 BILLIE HOLIDAY AND HER ORCHESTRA — Capitol Studios, Los Angeles CA

Harry »Sweets« Edison tp; Ben Webster ts; Jimmy Rowles p; Barney Kessel g; Red Mitchell b; Alvin Stoller dm; Billie Holiday voc.

a. 20498-4	I Wished On The Moon	(77) [131]
b. 20499-7	Moonlight In Vermont	(80) [131]
c. 20500-6	A Foggy Day	(81) [131]

57-0104 BILLIE HOLIDAY AND HER ORCHESTRA — Capitol Studios, Los Angeles CA

Besetzung wie 57-0103

a. 20501-2	I Didn't Know What Time It Was	(81) [131]

b. 20502-7	Just One Of Those Things	[131]
c. 20502-8	Just One Of Those Things	(77) [131]
d. 20503-1	Comes Love	[131]
e. 20503-2	Comes Love	[131]
f. 20503-3	Comes Love	[131]
g. 20503-4	Comes Love	(77) [131]

57-0107 BILLIE HOLIDAY AND HER ORCHESTRA — Capitol Studios, Los Angeles CA

Besetzung wie 57-0103

a. 20504-1	Day In Day Out	(81) [131]
b. 20505-3	Darn That Dream	(80) [131]
c. 20506-7	But Not For Me	(77) [131]
d. 20507-1	Body And Soul	(80) [131]

57-0108 BILLIE HOLIDAY AND HER ORCHESTRA — Capitol Studios, Los Angeles CA

Besetzung wie 57-0103

a. Just Friends (ohne Billie Holiday)		[131]
b. 20561-1	Stars Fell On Alabama	[131]
c. 20561-2	Stars Fell On Alabama	(81) [131]
d. 20562-1	Say It Isn't So	[131]
e. 20562-2	Say It Isn't So	(81) [131]
f. 20563-1	Our Love Is Here To Stay	[131]
g. 20563-2	Our Love Is Here To Stay	(81) [131]
h. 20564-1	One For My Baby	[131]
i. 20564-2	One For My Baby	[131]
j. 20564-3	One For My Baby	(81) [131]

57-0109 BILLIE HOLIDAY AND HER ORCHESTRA — Capitol Studios, Los Angeles CA

Besetzung wie 57-0103; Larry Bunker dm für A. Stoller.

a. 20565-3	They Can't Take That Away From Me	(80) [131]
b. 20566-1	Embraceable You	(80) [131]
c. 20567-4	Let's Call The Whole Thing Off	(80) [131]
d. 28568-6	Gee Baby, Ain't I Good To You	(80) [131]

57-0706 BILLIE HOLIDAY — Newport Jazz Festival, Newport RI

Mal Waldron p; Joe Benjamin b; Jo Jones dm; Billie Holiday voc; Willis Connover, Johnny Mercer mc.

a.	Nice Work If You Can Get It	(82) [131]
b.	Willow Weep For Me	(82) [131]
c.	My Man	(82) [131]
d.	Lover Come Back To Me	(82) [131]
e.	Lady Sings The Blues	(82) [131]
f.	What A Little Moonlight Can Do	(82) [131]

57-1205 BILLIE HOLIDAY WITH MAL WALDRON ALL STARS — New York NY

Doc Cheatham tp; Vic Dickenson tb; Coleman Hawkins ts; Lester Young ts; Ben Webster ts; Mal Waldron p; Danny Barker g; Jim Atlas b; Jo Jones dm; Billie Holiday voc.

a.		Fine And Mellow	(83) [121]

Probeaufnahme für THE SOUND OF JAZZ (siehe 57-1208)

57-1208 BILLIE HOLIDAY/THE SOUND OF JAZZ — CBS Studio 58, New York NY

Roy Eldridge tp; Doc Cheatham tp; Vic Dickenson tb; Coleman Hawkins ts; Lester Young ts; Ben Webster ts; Gerry Mulligan bs; Mal Waldron p; Danny Barker g; Milt Hinton b; Osie Johnson dm; Billie Holiday voc.

a.		Fine And Mellow	(76) [125]

CBS-TV-Produktion THE SOUND OF JAZZ in der Serie THE SEVEN LIVELY ARTS. Der komplette Filmsoundtrack auf Pumpkin-116. Der Film ist auch als VHS-Kopie (KJ013) erschienen.

58-0218 BILLIE HOLIDAY ACCOMPAGNIED BY RAY ELLIS AND HIS ORCHESTRA — New York NY

Ray Ellis arr,cond; Mel Davis, Billy Butterfield, Bernie Glow tp; Urbie Green tb; Gene Quill as; Mal Waldron p; Barry Galbraith g; Milt Hinton b; Osie Johnson dm; Janet Putnam harp; George Ochner, Milton Lomask, Emmanuel Green, Harry Atzmann, David Sarcer, Samuel Rand, Leo Kauczeck, Harry Melnikoff, Harry Hoffmann, David Newman v; Sid Brecher, Richard Dichler va; David Soyer, Maurice Brown cello; nicht identifizierter Chor; Billie Holiday voc.

a.	CO60460-1	You Don't Know What Love Is	(84) [138]
b.	CO60461-1	I'll Be Around	(84) [138]
c.	CO60462-1	For Heaven's Sake	(84) [138]

58-0219 BILLIE HOLIDAY ACCOMPAGNIED BY RAY ELLIS AND HIS ORCHESTRA — New York NY

Besetzung wie 58-0218; Eugene Bergen v für M. Lomask; Al Shulmann cello für M. Brown.

a.	CO60463-1	But Beautiful	(84) [138]
b.	CO60464-1	For All We Know	(84) [138]
c.	CO60465-1	It's Easy To Remember	(84) [138]
d.	CO60466-1	I'm A Fool To Want You	(85) [138]
e.	CO60466-2	I'm A Fool To Want You	(84)

58-0220 BILLIE HOLIDAY ACCOMPAGNIED BY RAY ELLIS AND HIS ORCHESTRA — New York NY

Ray Ellis arr,cond; Mel Davis tp; Urbie Green, Jay Jay Johnson tb; Tommy Mitchell btb; Ed Powell, Romeo Penque, Tom Parshley, Philip Bodner reeds; Mal Waldron p; Barry Galbraith g; Milton Hinton b; Don Lamond dm; Bradley Spinney xyl; Janes Putnam harp; George Ochner, Eugene Bergen, Max Cahn, Felix Giglio, Harry Katzmann, David Sarcer, Samuel Rand, Leo Kruczek, Harry Hoffmann, David Newman v; Sid Brecher, Richard Dichler va; David Soyer, Maurice Brown cello; Billie Holiday voc.

a.	CO60467-1	I Get Along With You Very Well	(84) [138]
b.	CO60468-1	Glad To Be Unhappy	(84) [138]
c.	CO60469-1	You've Changed	(84) [121] [138]
d.	CO60470-1	The End Of A Love Affair	(84)
e.	CO60470-2	The End Of A Love Affair	(86) [138]
f.	CO60471-1	Violets For Your Furs	(84) [138]

58-0529 ART FORD'S JAZZ PARTY unbekanntes TV-Studio, Newark NJ (?)
N.N. tp; N.N. tb; N.N. ts; N.N.vib; Mal Waldron p; N.N. g; N.N. b; N.N. dm; Billie Holiday voc.

a.	You've Changed	(36) [125]
b.	I Love My Man (Billie's Blues)	(36) [125]
c.	When Your Lover Has Gone	(36) [125]

58-0710 ART FORD'S JAZZ PARTY unbekanntes TV-Studio, Newark NJ
Buck Clayton tp; Tyree Glenn tb,vib; Georgie Auld ts; Mal Waldron p; Mary Osborne g; Vinnie Burke b; Osie Johnson dm; Billie Holiday voc.

a.	What A Little Moonlight Can Do	(76) [125]
b.	Foolin' Myself	(76) [125]
c.	It's Easy To Remember	(76) [125]

58-0710 ART FORD'S JAZZ PARTY unbekanntes TV-Studio (Channel 13), Newark NJ
Buck Clayton, Charlie Shavers tp; Tyree Glenn tb; Georgie Auld ts; Harry Shepherd vib; Mal Waldron p; Mary Osborne g; Vinnie Burke b; Osie Johnson dm; Billie Holiday voc.

a.	Moanin' Low	(76) [125]
b.	Don't Explain	(76) [125]
c.	When Your Lover Has Gone	(76) [125]

58-0928 BILLIE HOLIDAY/JAZZ AT THE PLAZA Plaza Hotel,New York NY
Buck Clayton tp; Mal Waldron p; N.N. b; N.N. dm; Billie Holiday voc.

a.	When Your Lover Has Gone	(87) [125]
b.	Don't Explain	(87) [125]

58-0926 BILLIE HOLIDAY Oakdale Jazz Festival, Wallingford CT
Buck Clayton tp; Georgie Auld oder Coleman Hawkins ts; Mal Waldron p; Milt Hinton b; Don Lamond dm; Billie Holiday voc; Leonard Feather mc.

a.	I Wished On The Moon	(88) [131] [125]
b.	Lover Man	(88) [131] [125]

58-0000A BILLIE HOLIDAY WITH PERCY FAITH AND HIS ORCHESTRA Los Angeles CA
nicht identifizierte Besetzung, mit Streichern; Billie Holiday voc.

a.	You Better Go Now	(89) [125] [140]
b.	Them There Eyes	(89) [125]

Mitschnitt einer Radiosendung »Portrait in Music Show«.

58-1005 BILLIE HOLIDAY AND HER FRIENDS — Monterey Jazz Festival, Monterey CA

Buddy DeFranco cl; Benny Carter as; Gerry Mulligan bs; Mal Waldron p; Eddie Khan b; Dick Berk dm; Billie Holiday voc.

a.		Ain't Nobody's Business If I Do	(90) [135]
b.		Willow Weep For Me	(90) [135]
c.		When Your Lover Has Gone	(90) [135]
d.		God Bless The Child	(90) [135]
e.		I Only Have Eyes For You	(90) [135]
f.		Good Morning Heartache	(90) [135]
g.		Them There Eyes	(90) [135]
h.		Fine And Mellow	(90) [135]
i.		What A Little Moonlight Can Do	(90) [135]
j.		Trav'lin Light	(90) [135]
k.		Lover Come Back To Me	(90) [135]

Die Ausgabe Black-Hawk-BKH50701 erschien mit dieser Nummer als LP, CD und Musicassette.

59-0200A BILLIE HOLIDAY WITH PETER KNIGHT ORCHESTRA — BBC-TV-Studio (?) London (GB)

Mal Waldron p; Peter Knight Orchestra, unbekannte Besetzung; Billie Holiday voc; Robert Beatty mc.

a.		(I Loves You) Porgy	(43) [125]
b.		Please Don't Talk About Me When I'm Gone (Nur B. Holiday und M. Waldron)	(43) [125]
c.		Strange Fruit	(43) [125]

59-0303 BILLIE HOLIDAY WITH RAY ELLIS AND HIS ORCHESTRA — Metropolitain Recording Studio, New York NY

Ray Ellis arr,cond; Jimmy Cleveland tb; Romeo Penque as,ts,bcl; Hank Jones p,celesta; Kenny Burrell g; Joe Benjamin b; Osie Johnson dm; Janet Putnam harp; 4 nicht identifizierte Streicher; Billie Holiday voc.

a.	59XY435-	All The Way	(91) [131]
b.	59XY436-	It's Not For Me To Say	(91) [131]
c.	59XY437-	I'll Never Smile Again	(91) [131]
d.	59XY438-1	Just One More Chance	(91) [131]

59-0304 BILLIE HOLIDAY WITH RAY ELLIS AND HIS ORCHESTRA — Metropolitain Recording Studio, New York NY

Ray Ellis arr,cond; Harry »Sweets« Edison tp; Jimmy Cleveland tb; Gene Quill as; Hank Jones p; Barry Galbraith g; Milt Hinton b; Osie Johnson dm; Janes Putnam (?) harp; 12 nicht identifizierte Streicher; Billie Holiday voc.

a.	59XY439-	When It's Sleepy Time Down South	(91) [131]
b.	59XY440-2	Don't Worry 'Bout Me	(91) [131]
c.	59XY441-	Sometimes I'm Happy	(91) [131]
d.	59XY442-	You Took Advantage Of Me	(91) [131]

59-0311 BILLIE HOLIDAY WITH RAY ELLIS AND HIS ORCHESTRA — Metropolitain Recording Studio, New York NY

Ray Ellis arr,cond; Harry »Sweets« Edison, Joe Wilder tp; Billy Byers tb; Al Cohn ts; Danny Bank bs; Hank Jones p; Barry Galbraith g; Milt Hinton b; Osie Johnson dm; Billie Holiday voc.

a.	59XY455-	There'll Be Some Changes Made	(91) [131]
b.	59XY456-	'Deed I Do	(91) [131]
c.	59XY457-	All Of You	(91) [131]
d.	59XY458-	Baby, Won't You Please Come Home	(91) [131]

59-0400A BILLIE HOLIDAY AND HER TRIO — Storyville Club, Boston MA

Mal Waldron p; Champ Jones b; Roy Haynes dm; Billie Holiday voc.

a.	Nice Work If You Can Get It	(92) [125] [146]
b.	Willow Weep For Me	(92) [125] [146]
c.	When Your Lover Has Gone	(92) [125] [146]
d.	Billie's Blues (I Love My Man)	(92) [125] [146]
e.	Too Marvelous For Words	(92) [125] [146]
f.	Lover Come Back To Me	(92) [125] [146]

Mitschnitt einer WMEX-Radiosendung.

LP-Veröffentlichungen

(01) Columbia-C3L21 THE GOLDEN YEARS (3LP)
(02) Columbia-C3L33 THE SOUND OF HARLEM (3LP)
(03) Columbia-3CL40 THE GOLDEN YEARS VOL.2 (3LP)
(04) Columbia-CL637 LADY DAY
(05) Columbia-KG31617 THE TEDDY WILSON STORY (2LP)
(06) Columbia (EUR) ES90054 (unbekannter Albumtitel)
(07) Columbia-G30782 GOD BLESS THE CHILD (2LP)
(08) Columbia-CK44048 THE QUINTESSENTIAL BILLIE HOLIDAY VOL.3
(09) Columbia-CG33502 THE LESTER YOUNG STORY VOL.1 (2LP)
(10) Columbia-JG34837 THE LESTER YOUNG STORY VOL.2 (2LP)
(11) Columbia-CK45449 THE QUINTESSENTIAL BILLIE HOLIDAY VOL.6
(12) Columbia-JG34840 THE LESTER YOUNG STORY VOL.3 (2LP)
(13) Columbia-C2-34849 THE LESTER YOUNG STORY VOL.5 (2LP)
(14) Columbia-KG30788 STARS OF THE APOLLO THEATRE (2LP)
(15) CBS-Sony (J) SOPH61-62 BILLIE HOLIDAY VOL.1 (2LP)
(16) CBS-Sony (J) SOPH63-64 BILLIE HOLIDAY VOL.2 (2LP)
(17) CBS-Sony (J) SOPH65-66 BILLIE HOLIDAY VOL.3 (2LP)
(18) CBS-Sony (J) SOPH67-68 BILLIE HOLIDAY VOL.4 (2LP)
(19) CBS-Sony (J) SOPH69-70 BILLIE HOLIDAY VOL.5 (2LP)
(20) Atlantic-SD1614 STRANGE FRUIT
(21) Capitol-W2140 THE JAZZ STORY VOL.4
(22) Everybodys-EV3003 LIVE AT THE APOLLO BROADCASTS

(23) Epic-SN6042 SWING STREET (4LP)
(24) International-Association-Of-Jazz-Record-Collectors-IAJRC-LP8 BENNY GOODMAN/CHARLIE BARNET
(25) London (J) SLC441 BILLIE HOLIDAY
(26) London (J) SLC453 BILLIE HOLIDAY VOL.2
(27) Meritt-25 JAZZ POTPOURRI VOL.3
(28) Privateer (F) PRV102 DUKE ELLINGTON – SYMPHONY IN BLACK
(29) Queen-Disc (I) Q064 BILLIE HOLIDAY: RARE AND UNISSUED VOL.1
(30) Queen-Disc (I) Q065 BILLIE HOLIDAY: RARE AND UNISSUED VOL.2
(31) RCA-Victor-LPM1570 ARTIE SHAW AND HIS ORCHESTRA: ANY OLD TIME
(32) Saga (GB) 6918 LADY DAY
(33) Saga (GB) 6922/6933 THE FIRST ESQUIRE CONCERT (2LP)
(34) Teldec-6.24055 FINE AND MELLOW
(35) Teldec-6.24291 I'LL BE SEEING YOU
(36) Totem-1037 BILLIE HOLIDAY »ON THE AIR«
(37) Xanadu-112 = Xanadu (J) YS7122 HARLEM ODYSSEY
(38) Commodore-CMS-FL30008 = London (J) LAX3301 BILLIE HOLIDAY
(39) Commodore-CMS-FL30011 = London (J) LAX3302 AN EVENING WITH EDDIE HEYWOOD AND BILLIE HOLIDAY
(40) Commodore (J) KIJJ2061-3 THE GREATEST INTERPRETATIONS OF BILLIE HOLIDAY (3LP)
(41) Meritt-19 JAZZ POTPOURRI
(42) Meritt-504 BUNNY BERIGAN – SIDEMAN AND LEADER
(43) Lady-Day-Box (I) LDB01-22 LIVE AND PRIVATE RECORDINGS IN CHRONOLOGICAL ORDER (22LP)
(44) Lady-Day-Box (I) LDB23 NO MORE
(45) Queen-Disc (I) Q4501 (unbekannter Albumtitel)
(46) Decca-DXB161 THE BEST OF BILLIE HOLIDAY (2LP)
(47) MCA-Coral (D) 622125 (unbekannter Albumtitel)
(48) Verve (GB) 2304104 THE VOICE OF JAZZ VOL.1
(49) Decca-DL8215 THE LADY SINGS
(50) Decca-DL8701 THE BLUES ARE BREWIN'
(51) Giants-of-Jazz-GOJ1025 NEW ORLEANS (ORIGINAL SOUNDTRACK)
(52) Decca-DL8702 LOVER MAN
(53) ESP-3002 THE LADY LIVES
(54) Swing-House (GB) SWH27 MISS BROWN TO YOU
(55) Giants-of-Jazz-GOJ1001 I WONDER WHERE OUR LOVE HAS GONE
(56) For-Discriminating-Collectors (I) FDC1014 CONDON'S FLOOR SHOW
(57) Queen-Disc (I) Q011 LOUIS ARMSTRONG AT EDDIE CONDON'S FLOOR SHOW
(58) Sunset-SUM1147 SHADES OF BLUE
(59) Two-Flat-Disc (I) TFD5006 GUESS WHO
(60) Weka (CH) JSD12 LIONEL HAMPTON CONCERT 1948
(61) Ozone-3 THE BLUES ARE MY LIFE
(62) Black-Lion (EUR) INT147015 BILLIE HOLIDAY AT STORYVILLE
(63) Storyville (D) DALP2-1940 BILLIE HOLIDAY AT STORYVILLE
(64) Clef-MGC690 = Verve-MGV8074 SOLITUDE
(65) Clef-MGC686 = Verve-MGV8027 RECITALS BY BILLIE HOLIDAY
(66) Storyville (J) K18P9350 = Storyville (J) PA3113 BILLIE HOLIDAY AT STORYVILLE

(67) United-Artists-UAJ14014 = Solid-State-SS18040 LADY LOVE
(68) Clef-MGC721 = Verve-MGV8099 LADY SINGS THE BLUES
(69) Verve-VE2-2515 STORMY BLUES (2LP)
(70) ESP-3003 RADIO & TV BROADCASTS VOL.2
(71) Roulette-RE127 BIRDLAND ALL STARS AT CARNEGIE HALL (2LP)
(72) Verve-MGV8302 STAY WITH ME
(73) Paramount-PAS6059 SONGS AND CONVERSATIONS
(74) Clef-MGC669 = Verve-MGV8026 MUSIC FOR TORCHING
(75) Clef-MGC713 = Verve-MGV8096 VELVET MOOD
(76) ESP-3006 BROADCAST PERFORMANCES VOL.3
(77) Verve-MGV8329 ALL OR NOTHING AT ALL
(78) Calliope-CAL303 SESSIONS LIVE
(79) Verve-2304117 THE VOICE OF JAZZ VOL.7
(80) Verve-MGV8197 BODY AND SOUL
(81) Verve-MGV8257 SONGS FOR DISTINGUE LOVERS
(82) Verve-MGV8234 ELLA FITZGERALD & BILLIE HOLIDAY AT NEWPORT
(83) Columbia-CL1098 THE SOUND OF JAZZ
(84) Columbia-CL1157 LADY IN SATIN (mono)
(85) Columbia-CS8048 LADY IN SATIN (1.stereo)
(86) Columbia-CJ40247 LADY IN SATIN (2.stereo)
(87) Columbia-C32471 JAZZ AT THE PLAZA VOL.2 DUKE ELLINGTON
(88) Metro-Jazz-2E1009 THE SEVEN AGES OF JAZZ (2LP)
(89) Giants-of-Jazz-GOJ1018 THE WINNERS
(90) Blackhawk-BKH50701 BILLIE HOLIDAY AT MONTEREY 1958
(91) MGM-E3764 BILLIE HOLIDAY LAST RECORDING
(92) Giants-of-Jazz-GOJ1008 GIANTS THREE

CD-Veröffentlichungen

[101] CBS-Sony-450987-2 THE QUINTESSENTIAL BILLIE HOLIDAY VOL.1
[102] CBS-Sony-460060-2 THE QUINTESSENTIAL BILLIE HOLIDAY VOL.2
[103] CBS-Sony-460820-2 THE QUINTESSENTIAL BILLIE HOLIDAY VOL.3
[104] CBS-Sony-463333-2 THE QUINTESSENTIAL BILLIE HOLIDAY VOL.4
[105] CBS-Sony-465190-2 THE QUINTESSENTIAL BILLIE HOLIDAY VOL.5
[106] CBS-Sony-466313-2 THE QUINTESSENTIAL BILLIE HOLIDAY VOL.6
[107] CBS-Sony-466966-2 THE QUINTESSENTIAL BILLIE HOLIDAY VOL.7
[108] CBS-Sony-467914-2 THE QUINTESSENTIAL BILLIE HOLIDAY VOL.8
[109] CBS-Sony-467915-2 THE QUINTESSENTIAL BILLIE HOLIDAY VOL.9
[110] King-Jazz (CH) KJ156 = Aris(D)874479 THE COMPLETE BILLIE HOLIDAY MASTERTAKES COLLECTION VOL.1
[111] King-Jazz (CH) KJ157 = Aris(D)874480 THE COMPLETE BILLIE HOLIDAY MASTERTAKES COLLECTION VOL.2
[112] King-Jazz (CH) KJ158 = Aris(D)874481 THE COMPLETE BILLIE HOLIDAY MASTERTAKES COLLECTION VOL.3
[113] King-Jazz (CH) KJ159 = Aris(D)874482 THE COMPLETE BILLIE HOLIDAY MASTERTAKES COLLECTION VOL.4
[114] King-Jazz (CH) KJ160 = Aris(D)874483 THE COMPLETE BILLIE HOLIDAY MASTERTAKES COLLECTION VOL.5

[115] King-Jazz (CH) KJ161 = Aris(D)874484 THE COMPLETE BILLIE HOLIDAY MASTERTAKES COLLECTION VOL.6
[116] King-Jazz (CH) KJ162 = Aris(D)874485 THE COMPLETE BILLIE HOLIDAY MASTERTAKES COLLECTION VOL.7
[117] King-Jazz (CH) KJ171 = Aris(D)874486 THE COMPLETE BILLIE HOLIDAY ALTERNATES VOL.1
[118] King-Jazz (CH)KJ172 = Aris(D)874487 THE COMPLETE BILLIE HOLIDAY ALTERNATES VOL.2
[119] King-Jazz (CH) KJ173 = Aris(D)874488 THE COMPLETE BILLIE HOLIDAY ALTERNATES VOL.3
[120] Masters-of-Jazz-MJCD32 (unbekannter Albumtitel) (Ausgabe nicht vollständig berücksichtigt)
[121] Columbia-C3K47724 THE LEGACY (3CD)
[122] Lady-Day-Box (I) JUTB3035-7 (3CD) LIVE AND PRIVATE RECORDINGS IN CHRONOLOGICAL ORDER VOL.1-3
[123] Lady-Day-Box (I) JUTB3038-40 (3CD) LIVE AND PRIVATE RECORDINGS IN CHRONOLOGICAL ORDER VOL.4-6
[124] Lady-Day-Box (I) JUTB3041-3 (3CD) LIVE AND PRIVATE RECORDINGS IN CHRONOLOGICAL ORDER VOL.7-9
[125] Lady-Day-Box (I) JUTB3044-6 (3CD) LIVE AND PRIVATE RECORDINGS IN CHRONOLOGICAL ORDER VOL.10-12
[126] Affinity (EUR) AFS1019-8 THE VOICE OF JAZZ (8CD)
[127] Commodore (D) 8.24055 FINE AND MELLOW
[128] Commodore (D) 8.24291 I'LL BE SEEING YOU
[129] Commodore (J) KIJC43-44 THE COMPLETE COMMODORE RECORDINGS (2CD)
[130] GRP-GRD2-601 (=Decca (J) 45P2-2821/2) THE COMPLETE ORIGINAL AMERICAN DECCA RECORDINGS (2CD)
[131] Verve-517658-2 THE COMPLETE BILLIE HOLIDAY ON VERVE (10CD)
[132] Blue-Note-CDP74878-2 BILLIE'S BLUES
[133] Black-Lion (EUR) BLCD760921 BILLIE HOLIDAY AT STORYVILLE
[134] Fresh-Sound (E) FSRCD151 THE COMPLETE 1951 STORYVILLE CLUB SESSIONS
[135] Blackhawk-BKH50701 BILLIE HOLIDAY AT MONTEREY 1958
[136] Laserlight (D) 15723 THE FIRST ESQUIRE CONCERT
[137] Black-Label (CDN) BLCD8011 JAZZ GREATS
[138] Columbia-CK40247 LADY IN SATIN
[139] Commodore (EUR) 9031-72734-2 CLASSICS IN SWING
[140] Storyville-STCD4103,MASTERS OF JAZZ VOL.3
[141] Original-Master-Recordings MFCD840 BILLIE HOLIDAY IN REHEARSAL
[142] Koch-322082 WELCOME TO JAZZ
[143] Enoch-Music-57271013 LADY SINGS THE BLUES
[144] MCA (EUR) MCD18767 MY GREATEST SONGS
[145] Hep-HEP1012 TEDDY WILSON: TOO HOT FOR WORDS
[146] Jazz-Door-JD1215 THE STORYVILLE CONCERTS (2CD)

Titel-Index (Diskographie)

One For My Baby (Arlen-Mercer) 57-0108
One Never Knows Does One (Gordon-Revell) 36-1119 56-0530
One, Two, Button Your Shoe (Burke-Johnston) 36-0929
Our Love Is Here To Stay (Gershwin) 57-0108
Our Lover Is Different (Clinton-Bernier) 39-0705
P.S. I Love You (Jenkins-Mercer) 54-0903
Pennies From Heaven (Burke-Johnston) 36-1119
Please Don't Talk About Me When I'm Gone (Clare-Stept-Palmer) 54-0200 55-0822 55-0823 56-0210 56-0829 56-0913 56-1027 56-1110 59-0200A
Please Keep Me In Your Dreams (Seymour-Lawnhurst) 36-1119
Please Tell Me Now (Clawson-Pope) 49-1019
Porgy (I Loves You Porgy) (Gershwin) 48-1210 49-0903 51-1029/30 53-1000A 56-1108C 59-0200A
Practice Makes Perfect (Roberts-Gold) 40-0912
Prelude To A Kiss (Ellington-Gordon-Mills) 55-0823
Remember (Berlin) 52-0400B
Riffin' The Scotch (Goodman-Buck-McDonough) 33-1218
Rocky Mountain Blues (Simmonds) 51-0429
Romance In The Dark (Coslow-Neisen) 41-0321
Say It Isn't So (Berlin) 55-0214 57-0108
Say It With A Kiss (Mercer-Warren) 38-1109
Says My Heart (Loesser-Lane) 38-0623
Sentimental And Melancholy (Mercer-Whiting) 37-0218
Softly (Greene-Beal) 54-0903
Solitude (Ellington-DeLange-Mills) 41-0509 47-0213 52-0400A
Some Of These Days (Brooks) 56-0530
Some Other Spring (Kitchings-Herzog) 39-0705 56-0606
Somebody's On My Mind (Holiday-Herzog) 49-1019
Sometimes I'm Happy (Youmans-Caesar-Grey) 59-0304
Sophisticated Lady (Ellington-Mills-Parish) 56-0818
Speak Low (Nash-Weill) 56-0814
Spreadin' Rhythm Around (Koehler-McHugh) 35-1203
St.Louis Blues (Handy) 40-1015
Stars Fell On Alabama (Perkins-Parish) 57-0108
Stormy Blues (Holiday) 54-0903
Stormy Weather (Arlen-Koehler) 52-0727 55-0506
Strange Fruit (Allan-Marks) 39-0420 45-0212 51-1029/30 56-0530 56-0607 59-0200A
Sugar (Pinkard-Mitchell-Alexander) 39-0130
Summertime (Gershwin) 36-0710
Sun Showers (Brown-Freed) 37-0511
Swing Brother Swing (Bishop-Williams) 37-0630 39-0705
Tell Me More (Holiday) 40-0607
Tenderly (Lawrence-Gross) 52-0400B 52-1210
That Ole Devil Called Love (Roberts-Fisher) 44-1108 49-0000A
That's All I Ask Of You (Pope) 39-0120
That's Life I Guess (Lewis-DeRose) 36-1119
The Blues Are Brewin (Bernstein-Hess) 46-0900C 46-1227
The Come Back Story (Holiday) 53-1016
The End Of A Love Affair (Redding) 58-0220
The Man I Love (Gershwin) 39-1213B 40-1219 46-0603 47-0113
The Mood That I'm In (Silver-Sherman) 37-0218 55-0822
The Moon Looks Down And Laughs (Birge) 38-0511
The Nearness Of You (Carmichael-Washington) 55-0822
The Very Thought Of You (Noble) 38-0915

Musiker-Index (Diskographie)

Personenregister

Das Register verweist ausschließlich auf im Haupttext genannte Personen. Die Diskographie wird durch eigene Indices (Titel/Musiker) erschlossen.